現代日本の法過程　上巻

The Legal Process in Contemporary Japan:
A Festschrift in Honor of Professor Setsuo Miyazawa's 70th Birthday, Vol. 1
ⓒ Editors, Authors and Shinzansha Publisher
ISBN 978-4-7972-8211-5
Shinzansha Publisher, Tokyo, 2017
6-2-9-102 Hongo, Bunkyo-Ku, Tokyo-To, JAPAN
Printed in Japan

謹んで
宮澤節生先生に捧げます

執筆者一同

〈上　巻〉

執筆者一覧　Authors（掲載順）

阿部昌樹（Masaki Abe）	大阪市立大学大学院法学研究科教授
北村喜宣（Yoshinobu Kitamura）	上智大学法科大学院教授
斎藤　浩（Hiroshi Saito）	弁護士
谷岡一郎（Ichiro Tanioka）	大阪商業大学学長・総合経営学部教授
新倉　修（Osamu Niikura）	青山学院大学名誉教授，弁護士
武蔵勝宏（Katsuhiro Musashi）	同志社大学政策学部教授
川端和治（Yoshiharu Kawabata）	弁護士
Craig Martin	Professor of Law, Co-Director, International and Comparative Law Center, Washburn University School of Law
櫻井光政（Mitsumasa Sakurai）	弁護士
山口卓男（Takuo Yamaguchi）	弁護士
松本克美（Katsumi Matsumoto）	立命館大学大学院法務研究科教授
川嶋四郎（Shiro Kawashima）	同志社大学法学部・大学院法学研究科教授
須網隆夫（Takao Suami）	早稲田大学大学院法務研究科教授
久保山力也（Rikiya Kuboyama）	大分工業高等専門学校一般科講師
Hiroshi Fukurai	President-Ellect of the Asian Law and Society Association（ALSA）, Professor of Sociology & Legal Studies, University of California, Santa Cruz
濱野　亮（Ryo Hamano）	立教大学法学部教授
福井康太（Kota Fukui）	大阪大学大学院法学研究科教授
吉岡すずか（Suzuka Yoshioka）	桐蔭横浜大学大学院法務研究科客員教授
塚原英治（Eiji Tsukahara）	弁護士
渡辺千原（Chihara Watanabe）	立命館大学法学部教授
遠藤直哉（Naoya Endo）	弁護士
藤本　亮（Akira Fujimoto）	名古屋大学大学院法学研究科教授
武士俣敦（Atsushi Bushimata）	福岡大学法学部教授
浜辺陽一郎（Yoichiro Hamabe）	青山学院大学法務研究科教授・弁護士
上石圭一（Keiichi Ageishi）	追手門学院大学社会学部教授
石田京子（Kyoko Ishida）	早稲田大学大学院法務研究科准教授

Kay-Wah Chan	Senior Lecturer in Law, Department of Accounting and Corporate Governance, Faculty of Business and Economics, Macquarie University
大塚　浩（Hiroshi Otsuka）	奈良女子大学生活環境学部准教授
佐藤鉄男（Tetsuo Sato）	中央大学大学院法務研究科教授
西川伸一（Shin-ichi Nishikawa）	明治大学政治経済学部専任教授
平田彩子（Ayako Hirata）	岡山大学法学部准教授
Mark Levin	Professor of Law and Director, Pacific-Asian Legal Studies Program, William S. Richardson School of Law, University of Hawai'i at Mānoa

〈下　　巻〉

執筆者一覧 Authors （掲載順）

和田仁孝（Yoshitaka Wada）	早稲田大学大学院法務研究科教授
和田安弘（Yasuhiro Wada）	大阪府立大学名誉教授
馬場健一（Ken-ichi Baba）	神戸大学大学院法学研究科教授
柳瀬　昇（Noboru Yanase）	日本大学法学部教授
菅原郁夫（Ikuo Sugawara）	早稲田大学大学院法務研究科教授
城下裕二（Yuji Shiroshita）	北海道大学大学院法学研究科教授
指宿　信（Makoto Ibusuki）	成城大学法学部教授
松原英世（Hideyo Matsubara）	愛媛大学法文学部教授
平山真理（Mari Hirayama）	白鷗大学法学部教授
四宮　啓（Satoru Shinomiya）	弁護士・國學院大學法科大学院教授
藤田政博（Masahiro Fujita）	関西大学社会学部教授
佐伯昌彦（Masahiko Saeki）	千葉大学大学院社会科学研究院准教授
丸田　隆（Takashi Maruta）	関西学院大学法科大学院教授
陳　運財（Yun-Tsai Chen）	成功大學法律系教授
西村　健（Takeshi Nishimura）	弁護士
仲真紀子（Makiko Naka）	立命館大学総合心理学部，北海道大学名誉教授
Matthew Wilson	President and Professor of Law, The University of Akron
Yong Chul Park	Professor of Law, Sogang University Law School
David T. Johnson	Professor of Sociology, University of Hawai'i at Mānoa
Dimitri Vanoverbeke	Professor of Japanese Studies, Director, Area Studies Research Unit, Coordinator, EU-JAMM (ICI-ECP), Katholieke Universiteit Leuven
Erik Herber	Associate Professor, Leiden Institute for Area Studies (LIAS), School of Asian Studies (SAS); Van Vollenhoven Institute for Metajuridica, Law and Governance, Leiden University
飯田　高（Takashi Iida）	東京大学社会科学研究所准教授
秋葉丈志（Takeshi Akiba）	国際教養大学国際教養学部准教授
Jonathan D. Marshall	Director, Legal Studies Program, University of California, Berkeley
吉田邦彦（Kunihiko Yoshida）	北海道大学大学院法学研究科教授

大坂恵里（Eri Osaka）	東洋大学法学部教授
飯　考行（Takayuki Ii）	専修大学法学部教授
菅野昌史（Masashi Kanno）	いわき明星大学教養学部教授
太田勝造（Shozo Ota）	東京大学大学院法学政治学研究科教授
伊勢田道仁（Michihito Iseda）	関西学院大学法学部教授
大河原眞美 　（Mami Hiraike Okawara）	高崎経済大学地域政策学部教授
Bruce Aronson	Professor of Law, Graduate School of International Corporate Strategy, Hitotsubashi University
Eric A. Feldman	Professor of Law, University of Pennsylvania Law School
Tom Ginsburg	Professor of Law, University of Chicago Law School
Chulwoo Lee	Professor of Law, Yonsei University Law School
Chih-Chieh, Carol, Lin	Professor of Law & Association Dean, National Chiao Tung University School of Law
Weidong Ji	Dean & Chair Professor of Law, KoGuan Law School, Shanghai Jiao Tong University and Chairman of Shanghai Law and Society Association
Dan Rosen	Professor, Chuo Law School
Malcolm M. Feeley	Claire Sanders Clements Dean's Professor, Jurisprudence and Social Policy Program, Boalt Hall School of Law, University of California, Berkeley

宮澤節生 先生（近影）

現代日本の法過程

――宮澤節生先生古稀記念――

上　巻

The Legal Process in Contemporary Japan:
A Festschrift in Honor of Professor Setsuo Miyazawa's 70th Birthday

上石圭一・大塚　浩
武蔵勝宏・平山真理　編

Keiichi Ageishi, Hiroshi Otsuka,
Katsuhiro Musashi and Mari Hirayama (eds.)

信 山 社

SHINZANSHA PUBLISHER

はしがき

　2017年5月5日，宮澤節生先生が古稀をお迎えになります．そこで，宮澤先生からの長年にわたる学恩に感謝を表すべく，神戸大学法学部にご在籍当時，大学院でそのご指導を受けた研究者を中心に本書の刊行を企画しました．

　宮澤節生先生は，北海道大学大学院法学研究科にご入学後まもなく，刑事法学の研究を経て，法社会学の分野で経験科学的手法による実証研究を志向されるようになり，1972年からは，同大学助手として，警察研究，のちに企業法務をテーマに加えて本格的な研究活動を開始されました．その間，アメリカ社会学の方法と理論を本格的に身につけられる目的で，フルブライト奨学金を得て，イエール大学大学院社会学研究科に留学し，本書にも寄稿されたマルコム・フィーリー教授のほか，アルバート・リース教授，スタントン・ウィーラー教授，ドナルド・ブラック教授などに師事され，アメリカ進出日本企業の法務組織に関する研究で1985年にイエール大学で社会学博士（Ph.D.）の学位を，1987年には北海道大学から，犯罪捜査をめぐる第一線刑事の意識と行動に関する研究で法学博士の学位を授与されています．

　1983年に，神戸大学法学部法社会学講座に教授として着任されて以降，1990年代にかけては，その研究成果で日本の法社会学を代表する一人と目されるようになり，国内では日本法社会学会や日本犯罪社会学会，海外ではアメリカ法社会学会（Law & Society Association）や国際社会学会法社会学リサーチ・コミッティ（RCSL）などの各学会で，理事を務められています．この時期には社会成層論アプローチを起点に，研究関心を社会運動論，民事紛争，弁護士論，法学教育など法社会学の広範なフィールドに広げられ，数多くの研究プロジェクトを組織するなど，研究活動もさらに活発に展開されています．また，教育面では，神戸大学での研究者養成をはじめとする教育活動はもとより，ハーヴァード・ロースクール，カリフォルニア大学バークレイ校，同ロサンジェルス校，ニューヨーク大学グローバル・ロー・スクール・プログラムなど

海外の数多くの大学で客員教授として教鞭をとられるなど，海外でのご活動も研究・教育両面で驚くべき多彩さで展開され，1993年には日本人としてはじめてアメリカ犯罪学会国際犯罪学部門最優秀図書賞を受賞されるなど，1980年代から1990年代は，宮澤先生の内外での評価が確立した時期といえます．

2000年に早稲田大学法学部に移られて以降は，これらのご活動に，司法制度改革への関与が加わり，ロースクール制度を中核とする新しい法曹養成制度の導入という年来の先生の主張の実現に，その制度設計への数多くの提言と法科大学院起ち上げの実務の両面で多大な貢献をされました．2004年に法科大学院制度が創設されてからは，当初3年間は大宮法科大学院大学（うち1年は副学長）で，2016年まで青山学院大学法科大学院で，それぞれ教鞭をとられ，2013年からはカリフォルニア大学ヘイスティングス・ロースクール教授に就任されています．学会活動においても，2011年には日本犯罪社会学会副会長，2013年にはアジア犯罪学会副会長，2016年には，アジア法社会学会の初代会長に就任されるなど要職を歴任され，現在まで国内外で，各学会の運営や理想とする法曹養成を中心とする教育活動に尽くしてこられています．

また，これらの活動でご多忙となった2000年代以降も含め，宮澤先生は，その広大な研究分野のそれぞれにおいて旺盛な研究活動を継続され，本書業績目録にある通り，日本語，英語，また，国内，海外を問わず，膨大な量の研究業績を公表されてきました．その多年にわたる功績が評価され，2014年には，日本人として2人目となるアメリカ法社会学会国際学術賞も受賞されています．

本書の企画および編集にあたっては，宮澤節生先生古稀記念論文集編集委員会が行いました．メンバーは，武蔵勝宏，上石圭一，大塚浩，平山真理（年齢順）です．目次構成については，大塚浩を中心に決定いたしました．編集に際しては，先生の幅広いご研究分野に対応した構成を採用し，それぞれの分野における現在の議論状況ないし到達点を概観しようという意図のもと，かつて大学院で宮澤先生のご指導を受けた研究者や共同研究など研究上の交流のあった研究者，宮澤先生がかつて在籍されていた大学の同僚を中心にしつつ，法社会学会関係者や司法改革で先生と交流のあった実務家など，国内外に広くお声がけし，寄稿を募りました．

本書の構成は，上下2巻，全9部からなっています．上巻では，1.「立法過

程と行政過程」，2.「法学教育と法律家養成」，3.「法律家」，4.「裁判所と裁判官」を，下巻では，5.「民事紛争処理過程」，6.「刑事司法と刑事政策」，7.「法の変動と社会運動」，8.「災害と法」，9.「理論と視点」を扱っています．この構成は，編者のうち，武蔵，上石，大塚が宮澤先生と共著で執筆し，本書同様先生のご研究分野に対応した構成となっている『ブリッジブック法システム入門（第3版）── 法社会学的アプローチ』（信山社）に倣ったものであり，日本の法過程の重要な局面をカバーするものとなっています．そこに，同書では取り上げることのできなかった8.「災害と法」，9.「理論と視点」を加え，さらに，宮澤法社会学の影響と位置づけを国際的視野からとらえる海外の研究者の論考を集約した10.「Setsuo Miyazawa and Socio-Legal Studies in East Asia」と，中国の法過程を対象にした11.「特別寄稿」，末尾に，宮澤先生との交流，思い出に触れられているエッセイをまとめた12.「Setsuo Miyazawa as a Friend and a Scholar」をおきました．各部内での配列は，日本語論文は原則として内容の連続性を考慮して配列し，英語論文は最後にまとめています．

　本書は，宮澤法社会学の関心が，法社会学のさまざまな領域に及んでおり，今日の法社会学の主要な領域をカバーしていることを反映して上下2巻71本からなる大作となりました．また，宮澤先生の研究・教育・社会的活動が国内外に広く及んでいることを反映して，法律実務家と海外からの寄稿者が多いという点でも大変ユニークなものになっており，国際的な文脈および法律実務の視点も取り入れたうえで日本の法過程研究を再考する契機を提供するものとなれば幸いです．

　宮澤先生は，神戸大学や早稲田大学のゼミでは，熱い「ハート」とクールな「頭脳」，そして「行動力」を身につける，という目標を掲げておられましたが，先生ご自身が正にその三つの要素を体現しており，いつも颯爽とされつつ，また同時に多くの研究者や実務家にさまざまな援助を惜しみなく与えてくださいました．先生の謦咳に接した多くの人々が先生の行動力と温かさを併せもったお人柄に魅了され，その求心力に惹きつけられたはずです．本書が成るにあたって，これほど広い分野から多くの論考が寄せられたもう一つの理由は，そのような先生との交流を多くの方が重要な記憶として持ち続けておられるからではないでしょうか．本書がそのような宮澤先生との交流への感謝の記録とし

ての意味をもつように願っています．

　最後になりましたが，本書の刊行に際しては，学術出版の厳しい折にありながら，信山社の今井守氏から温かくご理解いただき，一方ならぬお世話になりました．深く感謝申し上げます．

　　2017年4月

　　　　　　　　　　　　宮澤節生先生古稀記念論文集編集委員会

　　　　　　　　　　　　　　　　　　　　　　上　石　圭　一
　　　　　　　　　　　　　　　　　　　　　　大　塚　　　浩
　　　　　　　　　　　　　　　　　　　　　　武　蔵　勝　宏
　　　　　　　　　　　　　　　　　　　　　　平　山　真　理

〈上　巻〉

目　次

◆1◆　立法過程と行政過程

1　条例制定過程におけるナショナルな言説とローカルな言説の交錯 ── 小野市福祉給付制度適正化条例をめぐって ──
　　………………………………………………………………〔阿部昌樹〕…5

　　Ⅰ　条例制定過程における言説（5）
　　Ⅱ　生活保護をめぐるナショナルな言説（11）
　　Ⅲ　小野市福祉給付制度適正化条例の制定を正当化した言説（18）
　　Ⅳ　ナショナルな言説とローカルな言説の交錯（23）

2　空家法制定と実施主体としての市町村行政の対応
　　── 132市町村アンケートからみえる現場風景 ── ……〔北村喜宣〕…27

　　Ⅰ　新たな地域的課題としての空き家問題と空家法の制定（27）
　　Ⅱ　空家法の概要（29）
　　Ⅲ　市町村の空き家対策と空き家条例（30）
　　Ⅳ　空家法の実施（33）
　　Ⅴ　実施から1年を経過した行政現場（37）
　　Ⅵ　空家法の実施に関する実証研究の論点（41）

3　大災害緊急事態準備は専門省をつくり行政法規を整える道筋で
　　── 経済，財産分野の緊急事態条項はすでに完備 ── ‥〔斎藤　浩〕…45

　　Ⅰ　大災害の頻発と緊急事態条項（45）
　　Ⅱ　近時の大災害から見えてくる必要な行政法規整備の課題（60）
　　Ⅲ　独立の専門省をつくるべきである（61）

目　次

4 カジノ合法化を含む「特定複合観光施設区域の整備の促進に関する法律（IR法）」の考え方と問題点……………〔谷岡一郎〕…*75*

- Ⅰ　IR法案（*75*）
- Ⅱ　日本の賭博と遊技（*77*）
- Ⅲ　IR法の概要（*81*）
- Ⅳ　入　場　規　制（*83*）
- Ⅴ　費用負担の問題（*88*）
- Ⅵ　オンライン・ゲーミング（*93*）

5 刑事立法過程の比較法………………………………〔新倉　修〕…*97*

- Ⅰ　は じ め に（*97*）
- Ⅱ　内閣提出法案と法制審議会（*100*）
- Ⅲ　フランスにおける刑事立法過程の諸問題（*104*）
- Ⅳ　まとめに代えて ── 刑事立法過程と民主主義（*113*）

6 参議院は無用か ── 二院制の日英比較 ── ………〔武藏勝宏〕…*121*

- Ⅰ　は じ め に（*121*）
- Ⅱ　比較の視点からみた参議院（*123*）
- Ⅲ　ねじれ国会と非ねじれ国会での閣法に対する参議院の影響力の比較（*126*）
- Ⅳ　イギリス貴族院の政府提案への影響力（*134*）
- Ⅴ　「非対称的」に変化した二院制での参議院の役割と改革（*138*）

7 放送法の番組編集準則及びその解釈の変遷と表現の自由
　………………………………………………………〔川端和治〕…*143*

- Ⅰ　放送法前史（*143*）
- Ⅱ　放送法の制定（*145*）
- Ⅲ　放送法の番組編集準則とその政府解釈の変遷（*151*）
- Ⅳ　放送法総則と表現の自由の関係についての考察（*161*）
- Ⅴ　お わ り に（*165*）

8 Laws Without Sanctions: Hate Speech Laws and the Balancing of Rights in Japan……………〔Craig Martin〕…*169*

- Ⅰ　Background to Hate Speech Laws in Japan（*172*）

Ⅱ　The Recent Hate Speech Legislation（*174*）
　　Ⅲ　Putting the Hate Speech Law in Context（*178*）
　　Ⅳ　The Freedom of Expression Objections（*183*）
　　Ⅴ　Looking to Comparative Models（*187*）
　　Ⅵ　Conclusions-Balancing the Competing Rights（*190*）

◆2◆　法学教育と法律家養成

9　司法改革がもたらしたもの……………………………〔櫻井光政〕…197

　　Ⅰ　司法改革――考察の対象（*197*）
　　Ⅱ　司法制度改革審議会（*198*）
　　Ⅲ　審議会意見の結実（*200*）
　　Ⅳ　司法制度改革の成果（*204*）
　　Ⅴ　課　題（*212*）

10　司法制度改革と新しい法曹の養成…………………〔山口卓男〕…215

　　Ⅰ　はじめに（*215*）
　　Ⅱ　司法制度改革の目指したもの（*217*）
　　Ⅲ　法科大学院制度の骨格と課題（*228*）
　　Ⅳ　おわりに（*234*）

11　法科大学院による地域・社会貢献とリーガル・クリニック
　　――立命館大学での実践例と課題――………………〔松本克美〕…235

　　Ⅰ　はじめに（*235*）
　　Ⅱ　RSL の LC 教育のカリキュラム上の位置（*236*）
　　Ⅲ　RSL-LC における法律相談の実施形態（*238*）
　　Ⅳ　RSL-LC の教育方法（*240*）
　　Ⅴ　LC の成果（*241*）
　　Ⅵ　今後の課題（*243*）

目　次

12　日本における近時の「法科大学院問題」に寄せて ── タマナハ『アメリカ・ロースクールの凋落』との出会いを機縁として ──
　　　　　　　　　　　　　　　　　　　　　　　　〔川嶋四郎〕…251

　I　はじめに ── 問題の所在（251）
　II　『アメリカ・ロースクールの凋落』？ ── この著作の含意（253）
　III　おわりに ──「法科大学院問題」？（271）

13　司法修習生への給費制復活と法曹養成制度………〔須網隆夫〕…279

　I　はじめに ── 制度改革への視点（279）
　II　制度改革の動態的構造と法曹養成制度改革（280）
　III　司法修習生と給費制（284）
　IV　司法制度改革を進めるために（291）
　V　結　語（295）

14　法専門家による法教育は評価されているのか ──「司法書士が関わる法教育全国調査」（学校調査）の二次分析 ──
　　　　　　　　　　　　　　　　　　　　　　　　〔久保山力也〕…299

　I　問題状況と総括（299）
　II　学校調査の内容と分析（303）
　III　おわりに（319）

15　Legal Education and the Reproduction of Statist Elites in Japan……………………………………〔Hiroshi Fukurai〕…321

　I　What is Legal Education? For Whom? And For What?（324）
　II　The German Model of Japanese Universities: True or Untrue?（327）
　III　Administrators as Managers, Faculty as Workers, and Students as Raw Materials（328）
　IV　Reproduction of Subservient and Docile Elites（330）
　V　Conclusions（335）

◆3◆ 法 律 家

16　司法ソーシャルワークにおける多職種連携の価値
……………………………………………………〔濱野　亮〕…339

　Ⅰ　はじめに（*339*）
　Ⅱ　司法ソーシャルワークと多職種連携（*340*）
　Ⅲ　MDP（Multidisciplinary Practice）としての多職種連携（*344*）
　Ⅳ　多職種連携における緊張関係とその克服（*347*）
　Ⅴ　多職種連携の価値 —— holistic approach と権利擁護との統合（*355*）
　Ⅵ　むすび（*357*）

17　社会保険労務士の職域の新展開 —— 社労士は独立した「専門職」となりつつあるのか ——……………………………〔福井康太〕…361

　Ⅰ　はじめに（*361*）
　Ⅱ　社労士による人事労務コンプライアンスとその職域：仮説の定立（*362*）
　Ⅲ　アンケート調査の概要：社労士によるコンプライアンス貢献との関連で（*366*）
　Ⅳ　社労士による人事労務コンサルティングの可能性と課題：社労士は独立した「専門職」たり得るか（*384*）

18　弁護士会の自治体との組織間連携 —— 現状と課題 ——……………………………………………〔吉岡すずか〕…389

　Ⅰ　本稿の課題（*389*）
　Ⅱ　組織間連携の現状（*392*）
　Ⅲ　組織的な連携の特徴（*400*）
　Ⅳ　今後の課題（*404*）

19　弁護士法 72 条問題の展開………………………〔塚原英治〕…411

　Ⅰ　はじめに（*411*）
　Ⅱ　弁護士でない者の法律事務取扱規制の国際比較概観（*412*）
　Ⅲ　隣接士業の国際比較（*417*）

目　次

 Ⅳ　司法制度改革審議会意見書と立法の展開（*420*）
 Ⅴ　隣接士業をめぐるその他の立法の展開（*423*）
 Ⅵ　企業法務等の位置付け（*425*）
 Ⅶ　弁護士法72条の要件に関する判例の展開（*427*）
 Ⅷ　業際問題に関する判例の展開（*429*）
 Ⅸ　将来の課題（*432*）

20　プロフェッション概念再考 —— ポスト司法制度改革期の
　　　弁護士役割論に向けて ——………………………………〔渡辺千原〕…*437*

 Ⅰ　はじめに：本稿の目的（*437*）
 Ⅱ　ポスト司法改革期の民事司法と弁護士（*439*）
 Ⅲ　プロフェッションとしての弁護士（*446*）
 Ⅳ　プロフェッション性再構築の視角（*453*）
 Ⅴ　結　語（*462*）

21　法曹増員後の弁護士懲戒と弁護士自治
　　　—— 正当業務型と懲戒5類型 ——…………………〔遠藤直哉〕…*467*

 Ⅰ　弁護士活動の自由と独立（*467*）
 Ⅱ　弁護士懲戒の類型化（*474*）
 Ⅲ　正当業務型の検討（*485*）
 Ⅳ　名誉毀損に対する司法特権と言論の自由（*493*）
 Ⅴ　国民のための弁護士自治（*497*）

22　税務統計にみる弁護士の事業所得
　　　—— 全国データと国税局別データ ——………………〔藤本　亮〕…*505*

 Ⅰ　問題の設定（*505*）
 Ⅱ　全国データの分析 —— 他の専門職との比較（*509*）
 Ⅲ　国税局管轄別の分析（*516*）
 Ⅳ　おわりに（*531*）

23　弁護士の専門化と未分化型経営戦略の市場適合性
　　　………………………………………………………〔武士俣　敦〕…*535*

 Ⅰ　はじめに（*535*）
 Ⅱ　専門分化の現状 ——「2008年全国弁護士調査」から（*536*）

Ⅲ　「未分化型経営戦略の市場適合性」仮説の検証（540）
　　　Ⅳ　結び――市場の状況変化と専門化の展望（548）

24　企業行動に関与する組織内弁護士の存在意義‥〔浜辺陽一郎〕…553

　　　Ⅰ　はじめに（553）
　　　Ⅱ　現状分析（554）
　　　Ⅲ　「業績・効率性の向上」に向けた貢献（556）
　　　Ⅳ　企業活動の健全性への寄与（563）
　　　Ⅴ　高度な倫理観に裏付けられた存在意義（566）
　　　Ⅵ　組織内弁護士の処遇面の課題（570）
　　　Ⅶ　結びに代えて（575）

25　法テラス・公設法律事務所に勤務する新人弁護士をめぐる
　　　現状と課題 ……………………………………〔上石圭一〕…577

　　　Ⅰ　はじめに――問題の所在（577）
　　　Ⅱ　先行研究の検討（580）
　　　Ⅲ　法テラス・公設事務所に就職する弁護士の特性（582）
　　　Ⅳ　法テラス・公設事務所に勤める弁護士は職務に満足しているか（598）
　　　Ⅴ　最後に（602）

26　弁護士コミュニティのジェンダーギャップはなぜ問題なのか
　　　――アメリカの議論からの示唆と日本における課題――
　　　……………………………………………………〔石田京子〕…605

　　　Ⅰ　はじめに（605）
　　　Ⅱ　弁護士コミュニティの多様性はなぜ重要なのか？アメリカの議論（608）
　　　Ⅲ　日本における課題：当事者の問題から専門職責任への転換へ（617）
　　　Ⅳ　まとめ（620）

27　What Have They Done Wrong? An Analysis of Disciplinary
　　　Actions against Japanese Lawyers: Past and Present
　　　……………………………………………〔Kay-Wah Chan〕…625

　　　Ⅰ　Introduction（625）
　　　Ⅱ　Has *Bengoshi's* Misconduct Become More Serious?（627）
　　　Ⅲ　Common Misconduct: Pre- and Post-Reform（629）

目　　次

Ⅳ　Who Are the Common Violators?（635）
Ⅴ　Conclusion（640）

◆4◆　裁判所と裁判官

28　最高裁における個別意見制の現状と活性化へ向けての課題
　　──行政事件の出身母体別反対意見数の分布とグループダイナミクスの作用──……………………………………………〔大塚　浩〕…645

　Ⅰ　は じ め に（645）
　Ⅱ　対象とする事件（647）
　Ⅲ　反対意見のデータ分析（648）
　Ⅳ　なぜ反対意見を書くのが難しいのか（653）
　Ⅴ　なぜ少数意見は活性化しないか（655）
　Ⅵ　少数意見活性化へ向けて（659）

29　倒産事件と裁判所
　　──日本型商事裁判所への布石──………………〔佐藤鉄男〕…663

　Ⅰ　は じ め に（663）
　Ⅱ　倒産事件と裁判所（664）
　Ⅲ　諸外国における倒産事件と裁判所（666）
　Ⅳ　専門部・集中部から日本型商事裁判所へ（676）
　Ⅴ　日本型商事裁判所構想（680）
　Ⅵ　結びにかえて（683）

30　裁判官幹部人事・2010年以降の傾向分析
　　──いかなる変化がみられるか──………………〔西川伸一〕…685

　Ⅰ　は じ め に（685）
　Ⅱ　最高裁判所長官（685）
　Ⅲ　最高裁判所判事（688）
　Ⅳ　高等裁判所長官（696）
　Ⅴ　その他の幹部ポストでの注目すべき人事（706）
　Ⅵ　ま と め（709）

31 分析枠組みとしてのストリート・レベル・ビュロクラシー
　　──「第一線裁判官」という理解は可能なのか──　‥‥〔平田彩子〕…*713*

　　Ⅰ　はじめに：本稿の目的と構成（*713*）
　　Ⅱ　ストリート・レベル・ビュロクラシー（*716*）
　　Ⅲ　第一線公務員の一類型としての「第一線裁判官」？：ストリート・レベル・ビュロクラシーという分析枠組みの応用可能性（*723*）
　　Ⅳ　おわりに（*732*）

32　Speaking Truth to Power: Professor Setsuo Miyazawa's Impact on Overseas Understandings of the Japanese Judiciary
　　‥‥‥‥‥‥‥‥‥‥‥‥‥‥‥‥‥‥‥‥‥‥‥‥‥〔Mark Levin〕…*735*

　　Ⅰ　English-Language Writings on Japanese Judicial Administration and Jurisprudential Consciousness ahead of Professor Miyazawa（*735*）
　　Ⅱ　*Administrative Control of Japanese Judges:* A Brief Summary（*743*）
　　Ⅲ　Post-Work: English-Language Writings on Japanese Judicial Administration and Jurisprudential Consciousness in Professor Miyazawa's Footsteps（*746*）
　　Ⅳ　Looking at Social Justice-Related Litigation in Japan Today（*748*）
　　Ⅴ　Afterward: Any Colour You Like（*751*）

〈下　巻〉
目　次

33　交通事故紛争処理実践の多元的意味構造：「認知された共同体」
　　と紛争の意味……………………………………………〔和田仁孝〕

34　紛争処理とリアリティ……………………………………〔和田安弘〕

35　司法制度利用率の地域研究の示唆するもの ── 沖縄の経験から
　　法と社会を考える ── ……………………………………〔馬場健一〕

36　討議民主主義理論に基づく検察審査会制度の意義の再構成
　　　試論………………………………………………………〔柳瀬　昇〕

37　裁判員裁判における theory と theme ………………〔菅原郁夫〕

38　裁判員裁判における死刑選択基準………………………〔城下裕二〕

39　被疑者取調べ録画映像のインパクト ── 実質証拠化の危険性を
　　めぐって ── ………………………………………………〔指宿　信〕

40　人々はなぜ厳罰化を支持するのか………………………〔松原英世〕

41　今市事件裁判員裁判における被疑者取調べ録音録画映像の
　　インパクト ── 刑事裁判のリアリティ ── ……………〔平山真理〕

42　裁判員の守秘義務について ── その系譜と再構成 ──
　　……………………………………………………………〔四宮　啓〕

43　日本社会における裁判員制度導入の影響についての一考察
　　── 導入７年を踏まえて ── ……………………………〔藤田政博〕

44　手続二分と量刑……………………………………………〔佐伯昌彦〕

45　裁判員制度を問い直す：米国陪審制度の視点から
　　………………………………………………………………〔丸田　隆〕

46　台湾における被疑者取調べ録音・録画の現状と課題

目 次

　　　―― 日本法との比較検討を踏まえて ―― ………………〔陳　運財〕

47　弁護士から見た刑事司法の変化, 現状, 課題 ……………〔西村　健〕

48　録音録画面接における子どもの供述 ―― 質問の仕方, カメラパースペクティブ, 専門家証人が信用性判断に及ぼす効果 ――
　　　……………………………………………………………〔仲　真紀子〕

49　Japan's Lay Judge System: Impact on the Judiciary and Society ……………………………………〔Matthew Wilson〕

50　Criminal Policy in Crimes against Lineal Ascendant in South Korea and Japan …………………〔Yong Chul Park〕

51　On Getting Used To It: The Desensitization of Prosecutors in America and Japan ……………………〔David T. Johnson〕

52　Facing the Jury: A Comparative Perspective on Recent Issues with Defendants' Rights and the Trial by Jury in Belgium and Japan ……………………〔Dimitri Vanoverbeke〕

53　Practicing Asian Criminology: Setsuo Miyazawa's Work as Food for Thought ……………………………〔Erik Herber〕

54　権利を生成する「社会」の力 ―― 理論に関する予備検討 ――
　　　……………………………………………………………〔飯田　高〕

55　国籍法違憲判決と血統主義 ……………………………〔秋葉丈志〕

56　On Rebuilding: Japan and Legal Consciousness
　　　………………………………………………〔Jonathan D. Marshall〕

57　復興借り上げ公営住宅にかかる強制立退き問題 ―― 弁護士倫理・研究者倫理も踏まえつつ ―― …………………〔吉田邦彦〕

58　福島原発事故賠償の実態と課題 ………………………〔大坂恵里〕

59　津波被災者遺族による訴訟提起とその思い ……………〔飯　考行〕

60　東日本大震災が福島県の法システムに与えた影響: 予備的検討
　　　……………………………………………………………〔菅野昌史〕

目　次

61　経験則と事実推定 —— ベイズ推論と統計的証拠 ——
　　　　　　　　　　　　　　　　　　　　　　　　〔太田勝造〕

62　オーストリア学派の法と経済学 —— その可能性 ——
　　　　　　　　　　　　　　　　　　　　　　　　〔伊勢田道仁〕

63　ことばの障壁から考える法律用語 …………〔大河原眞美〕

64　Countering Stereotypes and Taking Japanese
　　(and Asian) Law Seriously ………………〔Bruce Aronson〕

65　Law, Society, and Setsuo: Miyazawa's Influence
　　on Socio-Legal Studies ……………………〔Eric A. Feldman〕

66　The Scholar as Reformer ………………〔Tom Ginsburg〕

67　Setsuo Miyazawa and East Asian Synergies for Law and
　　Society Studies: A Personal Account by a Korean Scholar
　　　　　　　　　　　　　　　　　　　　　　〔Chulwoo Lee〕

68　Professor Miyazawa, the Founding Father of Asian Law
　　and Society …………………………〔Chih-Chieh, Carol, Lin〕

69　The Enforcement of Competition Law and the Establishment
　　of a National Competition Committee in China ………〔Weidong Ji〕

70　The Young Professor ……………………〔Dan Rosen〕

71　Japan as Mirror: Reflections on Four Decades as Setsuo
　　Miyazawa's Student ………………〔Malcolm M. Feeley〕

ご経歴・業績目録

現代日本の法過程

上 巻

1

立法過程と行政過程

1 条例制定過程におけるナショナルな言説とローカルな言説の交錯
——小野市福祉給付制度適正化条例をめぐって——

阿 部 昌 樹

I 条例制定過程における言説

 兵庫県小野市議会において同市福祉給付制度適正化条例が制定されたのは，2013年3月27日のことである．この条例には，「市民及び地域社会の構成員は，受給者に係る偽りその他不正な手段による受給に関する疑い又は給付された金銭をパチンコ，競輪，競馬その他の遊技，遊興，賭博等に費消してしまい，その後の生活の維持，安定向上を図ることに支障が生じる状況を常習的に引き起こしていると認めるときは，速やかに市にその情報を提供するものとする」という規定が含まれている．そして，この規定の存在ゆえに，理事者提案として同条例案が市議会に上程される予定であることが明らかとなるやいなや，生活保護等の受給者が，給付された金銭をパチンコ等で浪費していることを発見した地域住民に，その発見した事実を市に通報することを義務づけることの是非をめぐって，小野市域内部にとどまらず，全国レベルにおいて，賛否両論が巻き起こった．
 全国紙の報道では，生活保護等の受給資格を有する生活困窮者が，受給を開始したならば，自らの生活を不特定多数の者によって監視されるようになることを疎ましく思い，それゆえに受給申請を自粛してしまい，その結果として，生存の危機に曝されることになるといった事態を懸念し，条例案に反対する識者の意見を掲載するものが目立った（読売新聞，2013.2.22付大阪本社版朝刊；朝日新聞，2013.2.27付夕刊；毎日新聞，2013.2.27付大阪本社版夕刊）．また，兵庫県弁護士会が，「市民に受給者の行動について監視する責任を負わせることは，受給者に対する差別や偏見を助長し，受給者の市民生活を萎縮させるもの

1 条例制定過程におけるナショナルな言説とローカルな言説の交錯〔阿部昌樹〕

である」こと等を根拠として,「小野市福祉給付適正化条例案に反対する会長声明」を発表するなど,福祉行政に関心を寄せる各種の団体からの,条例制定に反対する意見も公表された.しかしながら,条例案に賛意を示す者もけっして少なくはなかったようであり,条例制定を間近に控えた 2013 年 3 月 22 日までに全国各地から電話や電子メールによって小野市役所に寄せられた 1,734 件の意見のうち 61% は,「生活費の散財を禁じるのは当たり前」であるとか「自立のためには強制してでもパチンコ禁止は必要」などといった,条例案に賛成する内容のものであったと報道されている(朝日新聞,2013.3.25 付夕刊).

そして,そうした状況を背景としつつ,小野市議会においては,病欠の 1 名を除く議員 15 名のうち 14 名という圧倒的多数の賛成により,条例案が原案どおり可決されている[1].本稿では,全国レベルにおいては,新条例の制定に反対する意見が,相当程度の社会的影響力を有していると考えられる識者や団体の意見を中心に,けっして看過し得ないものとして存在していたにもかかわらず,小野市議会に提出された条例案が取り下げられるような事態には至らず,大多数の議員の賛成によって可決された,この事実に着目する.

たとえ市長与党を自認する会派に所属する議員であっても,理事者から提案された条例案にまったく正当性や必要性が認められなかったならば,それに賛成することはあり得ないであろう.そうした条例案に賛成したことが,その者の議員としての資質に対する有権者の疑念を惹起し,次の選挙における再選を危うくすることに繋がりかねないからである.したがって,条例案が大多数の議員の賛成によって可決されたのは,その提案理由,市議会における理事者側の趣旨説明や答弁,条例案に賛成する議員の討論が,大多数の議員に,新条例を制定することの正当性や必要性を,相当程度の説得力をもって示していると評価されたからであると推測される.すなわち,新条例が制定された理由のひとつとして,その正当性や必要性を基礎づける言説(discourse)が,それなりの説得力を有していたことを挙げることができるように思われるのである.

こうした視角は,M. ハイアールや V. シュミットによって先鞭をつけられた,政策変更が生じるプロセスにおいて言説の果たす役割を重視するスタンスに与

---

[1] 小野市福祉給付適正化条例の制定過程およびその内容について検討した論考として,安田 (2013) と粟野 (2013) がある.いずれも同条例に対して批判的なスタンスに立ったものである.

I　条例制定過程における言説

するものである（Hajer 1995; Schmidt 2002）．すなわち，政策変更は，そのプロセスに関与する諸アクターの利害関心やそれらの諸アクターの行動選択に際しての与件となる制度構造によって説明し尽くされるわけではなく，それらとともに，新たな政策の正当性や必要性を基礎づける言説の説得力の程度が，政策変更が生じるか否かや，どのような政策変更が生じるかを大きく左右すると想定するスタンスである．

　小野市福祉給付制度適正化条例もそこに包摂される福祉政策の領域に関しては，宮本太郎が，言説に着目することの有用性を指摘している．宮本によれば，「生活保障の制度をめぐっては，人々の個別利益（インタレスト）というものは，実はそれほど自明のものではない」し，「人々が自分たちの利益になると判断するその基準そのものが，政治的な操作や言説によって構成されたものかもしれ」ず，それゆえに，「だれが，いかなる言説やアイデアをもって，人々にどのように働きかけたかを独自に考察することがたいせつになる」（宮本 2008：36-37）．宮本は，こうした視角を「言説政治としての福祉政治」を重視する視角として提示しているが[2]，本稿もまた，そうした視角に拠って立つことになる．

　そもそも，生活保護等の受給者が，給付された金銭をパチンコ等で浪費していることを発見した地域住民に，その発見した事実を市に通報することを義務づけることは，地域住民に新たな負担を課すということである．そうした負担を課されることを，地域住民の多くが，自らの「個別利益」にかなう事態であると判断するとは考え難い．そして，地域住民はそれぞれに，自らの「個別利益」を増進したか否かという観点から議員のパフォーマンスを評価し，次の選挙でどの議員に投票するかを決めるとしたならば，再選を望む議員が，地域住民の大多数が自らの「個別利益」にかなっているとは判断しないような条例案に賛成するという事態は想定し難い．小野市福祉給付制度適正化条例案が同市議会において可決されたその要因としては，この条例案の正当性や必要性を基

---

[2] 「言説政治としての福祉政治」に対する宮本のスタンスについては，宮本（2013：183-187）も参照．なお，福祉政策もしくは福祉国家の変容を分析するに際して言説に着目することの有効性を指摘する論考として加藤（2012）を，我が国の国政レベルにおける福祉政策の変容を，政治アクターによって唱道された言説の効果に焦点を合わせて分析した論考として西岡（2008）を，それぞれ参照．

1 条例制定過程におけるナショナルな言説とローカルな言説の交錯〔阿部昌樹〕

礎づける言説が重要であったのではないかと考えざるを得ないのである.

　ところで，シュミットは，政策変更のプロセスに作用する言説を，政策形成に直接的に関与する諸アクターに彼ら相互間の議論の共通の基盤を提供し，採用されるべき政策についての合意の形成を促進するような調整的言説（coordinative discourse）と，それらの諸アクターが，政策形成に直接には関与しない一般の人々に対して，ある特定の政策が必要であることや正当なものであることを説得するために用いる伝達的言説（communicative discourse）とに二分している（Schmidt 2002: 230-246）．このシュミットの区分に従うならば，市議会の本会議における言説は，議員の発言も市長をはじめとする理事者側の出席者の発言も，そのほぼすべてが，伝達的言説に区分されると考えてよいであろう．議場には傍聴者がおり，議事録はいずれ公開されることが予定されている．そのことを前提として展開される言説は，地域の政治や行政の実状についての詳細な知識を共有している者相互間における調整的言説ではなく，不特定多数の聴衆を想定した伝達的言説とならざるを得ないはずであるからである．

　市レベルにおける条例制定に関連して調整的言説が繰り広げられるのは，行政組織内部における条例案の作成過程や，議会の開会に先立って行われる，条例案の作成に携わった市職員による議員個々人もしくは議会会派のそれぞれに対する事前説明の過程や，あるいは，非公開の全員協議会の場においてであろう．それらのプロセスやアリーナにおいて展開される調整的言説は，直接の関与者以外にはアクセス不能なものであり，それゆえ，部外者による事後的な検討の対象とはなり得ない．本稿が分析対象とするのも，それらの非公開の言説ではなく，議事録が公開されている市議会の本会議における言説である．すなわち，本稿は，主として条例制定過程において展開された伝達的言説に焦点を合わせ，それが大多数の議員に相当程度の説得力を有するものとして受容されたのはなぜかを検討することを目的としている.

　それでは，条例制定過程における伝達的言説は，どのような条件を満たしたときに，説得力を有するものとして受容されるのであろうか．この問いに対する答えを探究するに際して重要な手がかりを与えてくれるのは，構築主義の視角から「社会問題」へのアプローチを試みる社会学者の著作である．

　構築主義の視角に拠って立つならば，「社会問題」とは，社会成員の主観的認識とは無関係に，客観的に存在している何ものかではなく，特定の社会成員

の「クレイム申し立て活動（claim-making activity）」と，それに対する反応として生起する他の社会成員の諸活動をとおして，間主観的に構築され，共有されていくものである（Spector & Kitsuse 1977: 75 = 1992: 119）．それゆえに，「社会問題」を研究とするということは，社会成員間の相互作用をとおして，社会的対応を要するある特定の内実を持った「社会問題」が存在するという認識が共有されていく，そのプロセスを研究するということに他ならない．そうした「社会問題」が構築されていくプロセスに照準を合わせたときに，とりわけ重視されるべきなのは，クレイム申し立て活動において用いられる説得の技法すなわちレトリックである[3]．J. ベストが指摘しているとおり，「クレイム申し立ての成功は部分的には，その過程において問題をめぐって活動する様々な人たちが持つ利害関係や資源の付置に左右される」ものの，クレイム・メーカーが「クレイムを表明するやり方もまた，かれらが訴えかけるオーディエンスを説得したり感動させたりするかどうかに影響する」と考えられるからである（Best 1987: 102 = 2006: 8）．

　改めて言うまでもないことであるが，他者を説得することを目的としたクレイム申し立て活動は，特定の社会的・文化的・時代的なコンテクストにおいてなされる．それゆえに，クレイム・メーカーは，自らが置かれている特定のコンテクストにおいて利用可能な様々な語彙，慣用表現，修辞方法等を駆使して，聴衆への訴求力を最も高めると想定されるようなやり方で，クレイムを組み立てていくことになる．すなわち，クレイムは，社会的・文化的・時代的なコンテクストに制約されつつ，そのコンテクストに内在している語彙，慣用表現，修辞方法等を資源として用いることによって表明されていくのである．P. イバラと J. キツセが「日常言語的な資源（vernacular resources）」と呼んでいるもの（Ibara & Kitsuse 1993: 32 = 2000: 60），J. ベストが「文化的資源（cultural resources）」と呼んでいるもの（Best 2013：54），中河伸俊が「言説資源」と呼んでいるもの（中河 2006：159）は，いずれも，クレイム申し立て活動に際し

---

[3]　構築主義の社会学におけるレトリックの位置づけに関しては，赤川（2012：73-90）および林原（2013）を参照．なお，1990年代初頭における「有害マンガ」の「社会問題化」を，その過程に関与したアクターが用いたレトリックに焦点を合わせて分析した論考として中河（1999：161-197）が，1990年前後の司法試験改革の過程における，弁護士が自らについて語るレトリックの変遷を分析した論考として上石（1998）があるが，いずれも構築主義の視角に依拠したものである．

1 条例制定過程におけるナショナルな言説とローカルな言説の交錯〔阿部昌樹〕

て利用可能な，特定の社会的・文化的・時代的なコンテクストに内在している語彙，慣用表現，修辞方法等に他ならない．以下では，中河にならって，「言説資源」という表現を用いることにしよう．この表現を用いるならば，クレイム申し立て活動とは，その時，その場において利用可能な言説資源を適宜動員してなされる説得活動であるということになる[4]．

構築主義の視角に依拠した「社会問題」の社会学におけるクレイム申し立て活動についてのこうした理解は，条例制定過程における伝達的言説にも，ほぼそのまま当てはまるように思われる．すなわち，ある特定の内実を有する条例の制定を企図する者は，そうした条例の必要性や正当性を議員やその背後に控えている地域住民に訴えるために，その者が置かれている特定の社会的・文化的・時代的なコンテクストに内在している言説資源のなかから，自らの主張の説得力を最も高めると思われるものを，適宜選択して利用するであろうと考えられるのである．

こうした観点から，ある特定の自治体の条例制定過程において展開された言説を分析する場合に，まず念頭に置かなければならないのは，今日の我が国の自治体は，けっして外部からの情報の流入がない閉域ではないということである．他の自治体の動向に関する情報も，国政に関する情報も，国際政治に関する情報も，マス・メディアによる報道等をとおして，絶えず流入している．そして，議員もその他の地域住民も，そうした外部から流入する情報に不断に曝されている．それゆえ，区域外から流入し，議員やその他の地域住民の多くが共有している情報も，区域内で生成した，その自治体に固有の情報とともに，条例制定過程における言説にとっての，社会的・文化的・時代的なコンテクストの一部を構成していると考える必要がある．

区域外から流入してくる情報も区域内で生成した情報も，そのほとんどは，言語によって表現されたものであり，それ自体が言説である．そして，そうであるがゆえに，それらの情報には，それぞれに固有の語彙，慣用表現，修辞方

---

(4) 構築主義の視角に依拠しつつ，社会的・文化的・時代的なコンテクストの，クレイム申し立て活動に際して利用可能な言説資源を供給するという側面よりも，聴衆に対して訴求力のあるクレイムの範囲を制約するという側面を強調する著作として，Loseke (2003) がある．社会的・文化的・時代的なコンテクストには，言説資源を供給する側面と有効な言説戦略を制約する側面との両面があるというのが，適切な理解であろう．本稿は，そのことを認めつつ，敢えて前者の側面に着目する．

法等が含まれている．本稿においては，区域外において生成し，全国レベルで流通している言説を「ナショナルな言説」と，区域内で生成した言説を「ローカルな言説」と呼ぶことにしたい．

この表現を用いてこれまで述べてきたことをまとめるならば，次のように言うことができよう．すなわち，ある特定の内実を有する条例の制定を企図する者は，ナショナルな言説やローカルな言説に含まれる言説資源を適宜動員して，自らが制定を企図する条例の必要性や正当性を，議員やその背後に控えている地域住民に訴えるのが通常であり，実際に企図したとおりの条例が制定されるか否かは，そうした説得活動が功を奏し，議員の多くが当該条例の制定が必要でありかつ正当であるという認識を受け容れることに，少なくとも部分的には依存している．

こうした理解を踏まえて，以下においてはまず，各種の福祉給付のなかでもとりわけ議論の対象となることの多い生活保護をめぐる言説に焦点を合わせて，小野市福祉給付制度適正化条例の制定に向けて，同市の行政組織内部における条例案作成作業や議会における審議が行われていた時期に，ナショナルな言説としてはどのようなものが流通していたのかを見ていくことにしたい．

Ⅱ 生活保護をめぐるナショナルな言説

2011年11月9日，厚生労働省は，同年7月の生活保護受給者が205万人を超え，通年の平均で過去最高であった1951年度の204万6,646人を上回ったことを公表した．このことを受けて，『日本経済新聞』は，11月16日の朝刊に「生活保護の増加と固定化に歯止めを」と題する社説を掲載している（日本経済新聞，2011.11.16付朝刊）．この社説においては，「経済力のある人の不正受給は後を絶たず，生活保護から抜けたがらない傾向も指摘される」と述べられた後に，「制度の厳正な運用と，いったん保護を受けても，なるべく早く抜け出せる支援と動機づけも大切だ」という主張が示されている．生活保護の「不正受給」を防止するための「制度の厳正な運用」と，被保護者がなるべく早く生活保護を受けなくても生活できるようにするための「支援と動機づけ」の必要性とを訴えるこの社説は，小野市福祉給付制度適正化条例の制定に先行する時期において説得力を有するものとして流通していた，あるべき生活保護

1 条例制定過程におけるナショナルな言説とローカルな言説の交錯〔阿部昌樹〕

制度についてのナショナルな言説の典型例と見なしうるように思われる．すなわち，生活保護の「不正受給」を防止するために「制度の厳正な運用」が求められていることを強調する「適正化言説」と，被保護者が早期にその状態から脱却できるようにするための「支援と動機づけ」の必要性を訴える「自立支援言説」とが，様々なコンテクストにおいて繰り返し主張され，広範に受容されていたことが，この時期における，あるべき生活保護制度についてのナショナルな言説を特徴づけていたと考えられるのである．

まず「適正化言説」に関してであるが，収入があるにもかかわらず，それを隠して保護費を受給していた者が，逮捕された例，起訴された例，有罪判決を受けた例は，主として新聞の地方面においてであるが，繰り返し報道されている（朝日新聞，2012.1.11付朝刊，愛知地方面；朝日新聞，2012.3.20付朝刊，山梨地方面；朝日新聞，2012.5.9付朝刊，大阪地方面；朝日新聞，2012.7.5日付朝刊，横浜地方面；朝日新聞，2012.9.6付朝刊，熊本地方面；朝日新聞，2012.11.2付朝刊，多摩地方面等）．また，厚生労働省が，2012年3月1日に開催した社会・援護局関係主管課長会議において，2010年度には保護費の不正受給が約2万5,000件，その総額は約129億円となり，件数・総額とも過去最悪となったという集計結果を示したことは全国に向けて報じられ，その記事では，刑事告発をすべき基準を示すことによって不正を減らしたいという厚生労働省の見解にも言及されている（朝日新聞，2012.3.2付朝刊）．これらの新聞報道は，いずれも，生活保護制度の運用を適正化することの必要性を強調する「適正化言説」の社会への浸透に寄与したと推測される．

さらに，2012年5月には，女性週刊誌が，高収入を得ている芸能人の母親が保護費を受給し続けていることを，その芸能人の実名を挙げて報じ，その問題性を指摘したことから，生活保護制度のあり方をめぐって広範な議論が巻き起こり，国会における質疑にまで発展にした（岩永 2012：118-120；稲葉 2013：92-94）．おおかたの論調は，高収入を得ている芸能人の母親が保護費を受給し続けていることに対して批判的なものであり，そうした論調はさらに，この特定の事例にとどまらない，「生活保護バッシング」（尾藤 2012）と呼称しうるような，生活保護制度それ自体や被保護者全般に対する広範な批判へと発展していった[5]．

民法上の扶養義務者がその収入に見合った扶養を行わず，その結果，保護費

Ⅱ　生活保護をめぐるナショナルな言説

が支給されているという事態は，けっして違法ではない（尾藤 2012：71-72；水島 2012：45-46；稲葉 2013：96-98）．しかしながら，違法かどうかはともかく，道義的ないしは倫理的な観点から見て適正なことなのかと問われるならば，議論が分かれるところであろう．「不正受給」を指弾し，それを是正し「適正化」を図ることの必要性を強調する言説は，法的観点から見て合法か違法かという問題と，道義的ないしは倫理的な観点から見て適正か不適正かという問題との区別を曖昧化する傾向があり，この芸能人の母親のケースも，意図的にであったかどうかはともかくとして，まさにそうした曖昧化を施されたうえで，「適正化言説」を広く社会に流布させることとなったのである[6]．

次いで「自立支援言説」に関してであるが，「自立支援」という観念は，2000 年 6 月に実施された社会福祉基礎構造改革の延長線上で，生活保護制度に導入されたものであり，社会福祉審議会福祉部会の生活保護制度の在り方に関する専門委員会が 2004 年 12 月に公表した報告書を踏まえて，2005 年 3 月に発せられた厚生労働省社会・援護局長通知「平成 17 年度における自立支援

---

(5)　高収入を得ている芸能人の母親が保護費を受給し続けていることへの批判を足がかりにして，生活保護制度それ自体や被保護者全般に対する批判を展開していく，その急先鋒としての役割を担った政治家による論考として，片山（2013）を参照．

(6)　法的観点から見て合法か否かという問題と，道義的ないしは倫理的な観点から見て適正か否かという問題との区別が曖昧化される要因としては，生活保護法が「違法」という意味で「不正」という表現を用いていることを，看過し得ないように思われる．例えば，生活保護法 78 条 1 項には，「不実の申請その他不正な手段により保護を受け，又は他人をして受けさせた者があるときは，保護費を支弁した都道府県又は市町村の長は，その費用の額の全部又は一部を，その者から徴収するほか，その徴収する額に 100 分の 40 を乗じて得た額以下の金額を徴収することができる」と規定されているが，「不正な手段」とは，刑事法的に詐欺罪に該当するかは否かはともかくとして，少なくとも民事法的には不法行為と見なしうる程度の違法性を備えた手段を意味するという理解が一般的である（吉永 2006：217）．すなわち，「違法」という意味で「不正」という語が用いられているのである．もっとも，いかなる手段が「違法」な手段なのかは，この法律の条文をいかに解釈するかに依存しており，それゆえ，ある時代には，道義的ないしは倫理的観点からは適正ではないかもしれないが，「違法」とは見なし難いと判断されていた手段が，時代の変遷とともに「違法」と見なされるようになるといった事態は，不可避的に生じる．しかしながら，2012 年の時点で，民法上の扶養義務者がその収入に見合った扶養を行わないために保護費が支給されているという事態が，それ自体として「違法」と見なされてはいなかったことは確かであり，現在においてもその点に変わりはない．

プログラムの基本方針」によって，被保護者を対象とする自立支援プログラムが制度化された．それ以降，自立支援プログラムは，福祉事務所を所管する自治体が厚生労働省からの補助金を得て取り組む事業として，毎年度実施されていくことになる．

そして，制度化への端緒を開いた生活保護制度の在り方に関する専門委員会の報告書においては，「ここでいう『自立支援』とは，社会福祉法の基本理念にある『利用者が心身共に健やかに育成され，又はその有する能力に応じ自立した日常生活を営むことができるように支援するもの』を意味し，就労による経済的自立のための支援（就労自立支援）のみならず，それぞれの被保護者の能力やその抱える問題等に応じ，身体や精神の健康を回復・維持し，自分で自分の健康・生活管理を行うなど日常生活において自立した生活を送るための支援（日常生活自立支援）や，社会的なつながりを回復・維持するなど社会生活における自立の支援（社会生活自立支援）をも含むものである」と述べられていたが，桜井啓太によれば，その報告書を踏まえて制度化された自立支援プログラムは，当初からほぼ一貫して，就労支援を中心としたものであったという（桜井 2013：79）．森川絵美もまた，全国の自治体による個別の自立支援プログラムの策定状況や，各種の自立支援プログラムへの参加者数に関するデータを踏まえて，「生活保護における自立支援事業の最も主要な内容は，就労を通じた被保護者の労働市場への再参入による経済的自立の達成であることが示唆される」と指摘している（森川 2013：58）．主として，被保護者が職を得て，収入を確保することによって，被保護状態から脱却することを支援することが，「自立支援」として語られてきたのである[7]．

実際に具体的な自立支援プログラムを策定するのは，福祉事務所を所管する自治体であり，それゆえ，それらの自治体において福祉行政に携わっている職員には，被保護者が早期に被保護状態から脱却することができるよう，その就労を支援していくことが必要である旨を強調する「自立支援言説」は，遅くとも 2010 年前後には，あるべき生活保護制度についての言説として，十分に馴染み深いものとなっていたと考えられる．小野市も，そうした自治体のひとつに他ならない．

---

[7] わが国における生活困窮者の自立支援が就労支援を偏重したものであることを指摘する論考として，福原（2007：31），中村（2007：67），岩田（2008：168-174）を参照．

Ⅱ　生活保護をめぐるナショナルな言説

　こうした「適正化言説」と「自立支援言説」とがともに動員されている例として，2012 年 5 月 23 日に『日本経済新聞』の朝刊に掲載された，「『働ける人』の自立促す生活保護改革を」と題する社説を挙げることができる（日本経済新聞，2012.5.23 付朝刊）．この社説においてはまず，「生活保護を受けている人は今や全国で 210 万人に迫り，過去最多を更新し続けている」ことが指摘される．そして，「最大の要因とされるのが，リーマン・ショックを契機に『働けるのに生活保護に頼る働き盛りの人たち』が増えたことだ」と述べられ，「この人たちが自立できるように生活保護制度を設計し直すことが急務だ」という主張へと繋がっていく．そして，改革の具体案として，保護費の受給期間に期限を設け，期限が到来した際には，「保護の継続が本当に必要な状態か否かをケースワーカーらが厳格に審査し直す」仕組みを創設することや，「働ける人には就職や生活管理などを指南する『自立支援プログラム』への参加を義務付けること」などが提案されている．そのうえで，この社説は，「働けるのに受給に頼る層が増えるとともに，不正受給も相次ぎ発覚している」ことを指摘し，生活保護制度を，「高齢者や母子世帯，病気や障害などで本当に生活に困っている人のための制度になるよう，一刻も早く改革すべきだ」という主張で終わっている．

　「働けるのに生活保護に頼る働き盛りの人たち」が増えたことが，被保護者の増加をもたらした最大の要因であるという認識も，「不正受給」の相次ぐ発覚を問題視する視点も，まったく疑問の余地がないようなものではない．被保護者の増加に関しては，「言われているほど若年の『稼働層』の増加によるものではなく，高齢化による影響がまず基調にあり，ここに中高年『稼働層』の疾病，失業や収入源による保護開始，あるいは離死別の影響が重なっていると判断できる」という分析が示されているし（岩田 2012：60），「生活保護をめぐる『不正受給』問題は，その量の面でも質の面でも瑣末と呼んでもかまわない程度のもの」であり，「受給要件を満たしていながら受給に至らない」ケースが多数存在していることのほうが，より深刻な問題であるという指摘もある（水島 46-47，同様の指摘として堅田・宮下 2012：141；稲葉 2013：67-70）．しかしながら，事実がどうであれ，全国紙の社説において「適正化言説」と「自立支援言説」とが動員されたことは，そのこと自体が，人々の生活保護に対する評価に影響を及ぼすとともに，「適正化言説」と「自立支援言説」との，あるべ

1 条例制定過程におけるナショナルな言説とローカルな言説の交錯〔阿部昌樹〕

き生活保護制度についてのナショナルな言説としての定着に寄与したのではないかと推測される．

「適正化言説」と「自立支援言説」とがともに動員されている例としてはまた，社会保障と税の一体改革関連法のひとつとして2012年8月10日に成立した，社会保障制度改革推進法も重要である．この法律は，社会保障制度改革を行うために必要な事項を審議するための組織として，社会保障制度改革国民会議を内閣に設置することを主たる内容とするものであるが，附則2条において，「政府は，生活保護制度に関し，次に掲げる措置その他必要な見直しを行うものとする」として，政府が行うべき2つの措置が明記されている．その第1は，「不正な手段により保護を受けた者等への厳格な対処，生活扶助，医療扶助等の給付水準の適正化，保護を受けている世帯に属する者の就労の促進その他の必要な見直しを早急に行うこと」であり，第2は，「生活困窮者対策及び生活保護制度の見直しに総合的に取り組み，保護を受けている世帯に属する子どもが成人になった後に再び保護を受けることを余儀なくされることを防止するための支援の拡充を図るとともに，就労が困難でない者に関し，就労が困難な者とは別途の支援策の構築，正当な理由なく就労しない場合に厳格に対処する措置等を検討すること」である．

「不正な手段により保護を受けた者等への厳格な対処，生活扶助，医療扶助等の給付水準の適正化」の必要性が示されるとともに，「保護を受けている世帯に属する者の就労の促進」や「就労が困難でない者に関し，就労が困難な者とは別途の支援策の構築，正当な理由なく就労しない場合に厳格に対処する措置等を検討すること」の必要性にも言及されている．「適正化言説」と「自立支援言説」とが，生活保護制度の改革方向を示すために，あわせて動員されているのである．

同様に「適正化言説」と「自立支援言説」の双方を動員している例としては，さらに，社会保障審議会の生活困窮者の生活支援の在り方に関する特別部会が2013年1月25日に公表した報告書も看過し得ないものである．この報告書は，多くのページを，「生活困窮者に対し，生活保護受給に至る前の段階で早期に支援を行う」ことを目的とした「新たな生活困窮者支援制度」のアウトラインを描き出すことに割いているが，それとあわせて，「生活保護の見直し」にも言及している．そこでは，「保護開始直後から脱却後まで，稼働可能な者につ

Ⅱ　生活保護をめぐるナショナルな言説

いては，切れ目なく，また，どの段階でも，就労等を通じて積極的に社会に参加し，自立することができるよう支援を行うことが必要」であると，「自立支援言説」が動員されるとともに，「生活保護の不正受給については，把握されているケースを金額ベースで見ると全体の保護費の 0.4% という水準ではあるが，一部であっても不正受給があり，そのことへの対応を放置することは，生活保護制度全体への国民の信頼を損なうことにも繋がりかねないため，厳正に対処することが必要である」ことから，「真に支援が必要な者には確実に保護が行われるということに十分に留意しつつ，不正受給対策の強化を検討していくことが必要である」と，「適正化言説」もあわせて動員されている．

　この社会保障審議会の生活困窮者の生活支援の在り方に関する特別部会報告書に示された諸提言を踏まえて生活保護法が改正され，それとともに生活困窮者自立支援法が制定されるのは，小野市福祉給付制度適正化条例が制定された後の，2013 年 12 月のことである[8]．しかしながら，そこに至る以前の段階においても，「適正化言説」と「自立支援言説」とは，あるべき生活保護制度についてのナショナルな言説として十分に普及し，定着しており，小野市福祉給付制度適正化条例の制定に向けての取り組みは，そのことを背景として進行したと考えられる．

　ところで，ある種の言説が社会において広く受容され，説得力を高めることには，それと両立困難な別種の言説の普及を妨げ，あるいはその説得力を低下させるという効果が伴う[9]．「適正化言説」と「自立支援言説」との普及・定着と並行するかたちで，あるべき生活保護制度についてのナショナルな言説としてのプレゼンスを低下させていったのは，生活困窮者が生活保護を受けることは権利であり，生活保護制度の改革は，何よりもまず，生活保護の権利性を高める方向で進められなければならないという「権利保障言説」であった．

---

[8]　生活保護法の改正経緯および改正内容と生活困窮者自立支援法の立法経緯および立法内容に関しては，伊藤 (2014)，黒田 (2014)，阪田 (2014)，舟木 (2014) を参照．

[9]　棚瀬孝雄は，発話が行われる現実の諸場面のそれぞれの「理想的発話状況」からの乖離を「言説空間の歪み」という表現で捉えているが（棚瀬 2001：6），社会的現実として種々の言説相互間に優劣関係が生じるという事実は，棚瀬のこの表現を用いるならば，「言説空間の歪み」が生じているということに他ならない．なお，棚瀬も指摘していることではあるが，「理想的発話状況」は反事実的仮定であり，現実の言説空間は常に何らかの「歪み」を伴ったものである．

1 条例制定過程におけるナショナルな言説とローカルな言説の交錯〔阿部昌樹〕

「貧困は自己責任によるものではないし,生活保護の利用は,憲法で保障された権利である」(尾藤 2012：82) といった言説は,「適正化言説」や「自立支援言説」に対する対抗言説として主張され続けてはいたものの,マス・メディアや中央府省の審議会等においては十分に顧みられることがなくなり,「確かに生活保護を利用することは法的に保障された権利ではあるが,しかし」といったかたちで,「適正化言説」や「自立支援言説」を展開するに際しての前置きとして言及される程度の扱いを受けることが多くなっていったのである.

それでは,ナショナルな言説のこうした付置状況は,小野市福祉給付制度適正化条例の制定過程における言説に,どのような影響を及ぼしたのであろうか.

Ⅲ　小野市福祉給付制度適正化条例の制定を正当化した言説

小野市長は,同市議会において,同市福祉給付制度適正化条例案の提案理由を,以下のように述べている.

> 本条例では,生活保護世帯の増加とともに社会問題となっている保護費の不正受給を防止するため,国に先んじて,公的な金銭給付の不正受給や,受給者が給付された保護費等をギャンブルなどで浪費し,生活の安定向上に努める義務に違反する行為を市と地域社会が一体となって防止をし,福祉給付制度の信頼確保と受給者の自立した生活を支援することを目的とするものであります.
>
> 本来,生活保護法というのは自立を支援する法律であります.一方で,ギャンブル等において,その支援を妨げておるという事実もあります.私たちは,監視するのではなくて,しっかりと市民と一体となって本当に受けたいと思う人が受けられる環境にし,どう考えてもこれはおかしいですよということを指摘できるような,いわゆる監視から見守りへというキーワードへの,そのような条例をつくろうとしておることであります (小野市議会議事録・第384回定例会第1日 (2013年2月27日)).

この市長の発言に,議員や地域住民に福祉給付制度適正化条例を制定することの正当性を受け容れさせるために動員された言説資源が網羅されている.

その第1は,「適正化言説」である.すなわち,この発言の冒頭においてま

Ⅲ 小野市福祉給付制度適正化条例の制定を正当化した言説

ず,「生活保護世帯の増加とともに社会問題となっている保護費の不正受給を防止する」ことが新条例の制定目的であることが主張されている．そして，生活保護法60条に「被保護者は，……生活の維持，向上に努めなければならない」と規定されていることを踏まえ[10],「受給者が給付された保護費等をギャンブルなどで浪費」することは，この法的義務に違反しており，それゆえに，防止すべき「不正受給」にあたるという認識が示されている．同様に「適正化言説」を動員した，「不正受給」の防止こそが新条例制定の目的であり，それは十分に正当なものであるという主張は，同条例の所管部長である市民福祉部長の以下の発言において，より詳細に述べられている．

　ご承知のとおり，福祉給付制度は，さまざまな事情により，経済的な面で生活が維持できない状況となった場合などに，生活の安定と再建を図っていただくための重要な支援策として運用しているものであり，健全な地域社会を維持する上でも必要かつ不可欠な制度でございます．

　国民にとって貴重な生活上の財産とも言えるこれら給付制度に対して，偽りの受給要件をつくり出し，金銭給付を求めるという行為，また，受給した金銭を本来の目的である生活維持費に充てず，大半をギャンブルなどに使ってしまうという一部の受給者の行動は，懸命に生活再建に取り組まれている大多数の方々の市民権を踏みにじるに等しい行為であり，何としても防止，是正すべきものと考えます．

　そこで本市では，新たに条例を制定し，公的給付を受けていただく受給者の生活上の義務指針を明らかにするとともに，不正と疑われる事案や生活上の義務指針を大きく逸脱していると思われる行為を繰り返し行っていると認められる事案について，市民の皆様にも情報提供などの協力をお願いし，事実確認に基づき，その後の適切な指導などに取り組んでまいる所存でござい

---

[10] 生活保護法60条は，小野市福祉給付制度適正化条例が制定された時点においては,「被保護者は，常に，能力に応じて勤労に励み，支出の節約を図り，その他生活の維持，向上に努めなければならない」という規定であったが，2013年12月の同法改正により,「被保護者は，常に，能力に応じて勤労に励み，自ら，健康の保持及び増進に努め，収入，支出その他生計の状況を適切に把握するとともに支出の節約を図り，その他生活の維持及び向上に努めなければならない」と改められている．健康の保持・増進に努めることと生計の状況を適切に把握することとが，新たに被保護者の義務とされたのである．

1　条例制定過程におけるナショナルな言説とローカルな言説の交錯〔阿部昌樹〕

ます（小野市議会議事録・第384回定例会第1日（2013年2月27日））．

　第2は，「自立支援言説」である．すなわち，市長の発言には，生活保護法は「自立を支援する法律」であり，被保護者がギャンブル等にのめり込むことは，自立支援の妨げになるがゆえに，法的観点から見て許容し難い事態であり，防止する必要があるという認識が示されている．こうした「自立支援言説」を動員した条例案の正当化を，市長は，議員からの質問に対する答弁においても，「自立支援のために生活保護費があるわけだから」，常習的にそれがギャンブル等に浪費されている場合に，「それはやめたほうがいいんじゃないのという社会がなぜあかんのか」と繰り返している（小野市議会議事録・第384回定例会第2日（2013年3月11日））．また，条例案が，生活保護等の受給者が，給付された金銭をパチンコ等で浪費していることを発見した地域住民に，その発見した事実を市に通報することを義務づける規定の他に，「福祉制度の適正な運用を総合的かつ効果的に推進するため」に，「小野市福祉給付制度適正化協議会」を設置するという規定も含んでいることに言及した市民福祉部長の以下の発言においても，「自立支援言説」が動員されている．

　　そもそも本市の条例案は，パチンコなどを一切禁止するとは決して言ってはおらず，不正受給の防止とギャンブルなどへの浪費によりその後の生活維持に困窮を来す状況を常習的に引き起こしている行為の是正，生活に困窮されている方を見逃さない地域づくり，そして自立支援のあり方など一過性の議論で終わらせることなく，真の自立支援とは何かを幅広い分野の方々の参画により継続的に協議する機関の設置がその根幹部分でございます（小野市議会議事録・第384回定例会第2日（2013年3月11日））．

　こうした「適正化言説」と「自立支援言説」の動員は，新条例の正当化のためにナショナルな言説が援用されている例であるが，小野市長の同市議会での同市福祉給付制度適正化条例案の提案理由説明においては，ローカルな言説もまた，新条例の正当性を基礎づけるために動員されている．それは，「監視から見守りへ」というフレーズによってである．このフレーズには，ナショナルなレベルにおいては「監視」という語で，ネガティヴな含意を伴ってしか語りえない事態であっても，小野市というローカルなコンテクストにおいては，

III　小野市福祉給付制度適正化条例の制定を正当化した言説

「見守り」というポジティヴな含意を有する語によって捉え直すことが可能であるという認識が示されている．すなわち，このフレーズは，他の地域はともかくとして，小野市には，地域住民相互間の親身な「見守り」を可能とするような，共同体的関係が息づいているという認識に裏付けられたものなのである．こうした，小野市においては地域住民相互間に共同体的関係が存続しているがゆえに，生活保護費等の福祉給付の受給者が，受給した福祉給付をギャンブル等に浪費しないよう，他の地域住民が注視することは，親身な「見守り」であって非情な「監視」ではないという言説は，「共同体言説」と呼ぶことができよう．この「共同体言説」が，新条例を制定することの正当性を議員や地域住民に受け容れさせるために動員された，第3の言説である．

　もっとも，理事者側の発言においては，「共同体」や「コミュニティ」への直接的な言及がなされているわけではない．市長は「小野市には小野市の特性があり，小野市の地域性がある」と述べているが，小野市の「特性」や「地域性」がどのようなものなのかについては言及していないし（小野市議会議事録・第384回定例会第2日（2013年3月11日）），市民福祉部長が，「生活困窮者の情報提供のご協力は，人々のきずなのあかしと本市ではとらえているところであります」と，地域住民相互間の暖かい「見守り」を可能とするような「きずな」すなわち共同体的な紐帯が小野市には存在していることを言外に示唆するような発言を行っているものの，「小野市では地域住民相互間に共同体的な紐帯が存在している」と明言しているわけではない（小野市議会議事録・第384回定例会第2日（2013年3月11日））．

　地域の特性がいかなるものであるかに直接的な言及がなされているのは，新条例案への賛成討論を行った議員の発言においてである．この議員は，「小野市は心豊かな田園都市であり，心温かい地域性があ」ると述べたうえで，そのことを踏まえるならば，新条例案は「行政と地域社会が一体となり，生活保護受給者の自立した生活を支援していくもの」と理解できるという見解を示したうえで，新条例案への賛意を表明している（小野市議会議事録・第384回定例会第4日（2013年3月27日））．「心豊か」で「心温かい」地域であるがゆえに，地域住民が生活保護費等の福祉給付の受給者の自立支援に直接的に関わることが可能となるのであり，福祉給付の受給者が，受給した福祉給付をギャンブル等に浪費しないよう，他の地域住民が注視することは，そうした自立支援の一

環としての「見守り」であって「監視」ではないという認識が，この発言においては明示されているのである．

ちなみに，新条例案が可決された当日に小野市のウェブサイトの「こんにちは市長です」のコーナーに掲載された「当たり前のことを当たり前に」と題した市長名義の文章には，この議員の発言をパラフレーズしたかのような，以下のような記述がある．

> 一部の反対意見の中には，条例に規定している市民に通報を求める点に関して，「監視社会や偏見を助長する懸念がある」という声もありますが，小野市のような規模の町では当てはまらない議論です．市内各地に昔からの小さなコミュニティが残っており，「監視」ではなく，地域の絆を深める「見守り」社会を目指しているのです（http://www.city.ono.hyogo.jp/1/7/4/42/（2016.9.30 最終アクセス））．

ここでは，小野市に残存する「昔からの小さなコミュニティ」への直接的な言及がなされており，それがあるがゆえに「見守り」が可能であるという認識が明示されている．議員の発言を市長がパラフレーズしたというよりも，議員が市長の思いを賛成討論において代弁したというのが，実際のところであろう．いずれにせよ，小野市の地域特性に言及しつつ，それを根拠として新条例の制定を正当化するこの「共同体言説」は，ローカルな言説の典型に他ならない．

そして，この「共同体言説」は，新条例の制定に反対する論拠としての「権利保障言説」の訴求力を，相当程度減殺する効果を発揮したと考えられる．

「権利保障言説」に立脚するならば，生活困窮者が生活保護費等の福祉給付を受給することは権利であり，それゆえ，その権利を行使することに伴って，他の者には保障されている福祉給付受給権以外の諸権利を剥奪され，あるいは制約されるということがあってはならないということになるはずである[11]．し

---

[11] 竹中勲によれば，「『本人の』社会権を実現するために『本人の』憲法上の自由（身体の自由・精神活動の自由・経済活動の自由）・自己決定権を制約することが正当化されうるとの原理が，憲法 25 条などから導かれると明言する憲法学説は，現在，みあたらない」（竹中 1998：200）．また，遠藤美奈は，「憲法上の最低生活保障が給付を通じて実現することそれ自体は，他の憲法上の権利への制約を正当化しないであろうし，給付を要するに至った同じ原因によって他の憲法上の権利が実現されていない場合には，その実現も図られなければならない」と主張している（遠藤 2003：147-148）．

たがって，福祉給付の受給者も，他の者と同様にプライヴァシーの権利を有しており，それが他者による「監視」によって侵害されてはならないということになる．「監視」という語が，マス・メディア等において，新条例の制定に反対する論者によって用いられたのは，そうした「権利保障言説」に内在する論理に基づいてのことであると考えられる．小野市議会においても，新条例の制定に反対した議員は，自由法曹団兵庫県支部の意見表明や兵庫県弁護士会の会長声明に言及しつつ，新条例は生活保護費等の福祉給付の受給者を地域住民の監視の下に置くものであり，それゆえ，それらの者のプライヴァシーの権利を侵すものであるということを，反対する論拠として強く主張していた（小野市議会議事録・第384回定例会第2日（2013年3月11日））．

これに対して，「監視」ではなく「見守り」であることを強調する「共同体言説」は，「心豊か」で「心温かい」，「昔からの小さなコミュニティが残って」いる地域においては，プライヴァシーの権利が侵害される危険性をあげつらうことそれ自体が場違いなことであるという認識を示すことによって，ナショナルな言説として「適正化言説」や「自立支援言説」に対して劣勢であった「権利保障言説」の訴求力を，小野市というローカルな場において，さらに減殺させたと考えられるのである．

敢えて付言するまでもないことであるが，客観的事実として，小野市が「心豊か」で「心温かい」，「昔からの小さなコミュニティが残って」いる地域であるかどうかは重要ではない．重要なのは，議員やその背後に控えている地域住民に対して「共同体言説」が訴求力を有しているかどうかである．そして，新条例案が圧倒的多数の議員の賛成によって可決されたのは，少なくとも部分的には，「共同体言説」が大多数の議員にある程度の説得力を有するものとして受け止められ，その説得力が，「適正化言説」や「自立支援言説」の説得力と相俟って，それらの議員の，新条例案に賛成するという判断への傾斜を強めた，その結果であったのではないかと推測されるのである．

Ⅳ　ナショナルな言説とローカルな言説の交錯

本稿においては，政策形成過程において他者を説得するために動員される言説の役割を重視する視角から，小野市福祉給付制度適正化条例の制定過程に作

1 条例制定過程におけるナショナルな言説とローカルな言説の交錯〔阿部昌樹〕

用した言説を分析してきた.

　同条例の制定過程においては，新条例を制定することの正当性を基礎づける言説として，その当時，生活保護制度をはじめとする社会保障制度に関するナショナルな言説として有力であった「適正化言説」と「自立支援言説」が援用されるとともに，ローカルな言説である「共同体言説」があわせて動員され，この「共同体言説」は，ナショナルな言説として「適正化言説」や「自立支援言説」に対して劣勢であった「権利保障言説」の訴求力を，小野市というローカルな場において，さらに減殺させるという効果を発揮した．そして，小野市福祉給付制度適正化条例が圧倒的多数の議員の賛成によって制定された，その要因として，これらの種々の言説の資源としての動員は，看過し得ないものであるように思われる．

　しかしながら，「適正化言説」，「自立支援言説」，「共同体言説」のそれぞれが，どの程度の説得力を発揮したのかは未解明のままであるし，また，そもそも，それらの言説の訴求力とそれ以外の要因とのいずれが，議員の各々の判断により強く作用したのかも，明らかにできてはいない．こうした分析の不十分性はあるものの，条例制定過程が，ナショナルな言説とローカルな言説とが交錯するプロセスであることを実例をもって示すとともに，特定の社会的・文化的・時代的なコンテクストに基礎づけられたそれらの言説の訴求力の程度が，提案された条例案が可決されるか否かを左右する，ひとつの重要な要因であるという推測の妥当性を，ある程度は示すことができたとしたならば，本稿の目的は達せられたことになる．

〔文　献〕

赤川学(2012)『社会問題の社会学』弘文堂．
上石圭一(1998)「弁護士の語りにおける『法曹の一体性』(1)・(2・完)」民商法雑誌118巻1号29-70頁，2号18-46頁．
粟野仁雄(2013)「生活保護『適正化』条例がもたらす波紋」世界844号33-36頁．
Best, Joel(1987) "Rhetoric in Claims-Making," *Social Problems*, Vol. 34, pp. 101-121（足立重和訳(2006)「クレイム申し立てのなかのレトリック」平英美・中河伸俊編『新版・構築主義の社会学』世界思想社，6-51頁）．
───(2013) *Social Problems, 2nd ed.*, Norton.
尾藤廣喜(2012)「『生活保護バッシング』を超えて」現代思想40巻11号69-83頁．

Ⅳ　ナショナルな言説とローカルな言説の交錯

遠藤美奈(2003)「『健康で文化的な最低限度の生活』再考」社会保障法 18 号 137-151 頁.
福原宏幸(2007)「社会的排除／包摂論の現在と展望」福原宏幸編『社会的排除／包摂と社会政策』法律文化社，11-39 頁.
舟木浩(2014)「生活困窮者自立支援法の意義と問題点」自由と正義 65 巻 5 号 26-29 頁.
Hajer, Maarten A. (1995) *The Politics of Environmental Discourse*, Oxford University Press.
林原玲洋(2013)「社会問題の構築とレトリック」中河伸俊＝赤川学編『方法としての構築主義』勁草書房，216-233 頁.
Ibara, Peter R. & John I. Kitsuse (1993) "Vernacular Constituents of Moral Discourse," in James A. Holstein & Gale Miller eds., *Reconsidering Social Constructionism*, Aldine de Gruyter, pp. 25-58（中河伸俊訳（2000）「道徳的ディスコースの日常言語的な構成要素」平英美・中河伸俊編『構築主義の社会学』世界思想社，46-104 頁）.
稲葉剛(2013)『生活保護から考える』岩波書店.
伊藤周平(2014)「生活保護制度改革と改正生活保護法の諸問題」法学論集 48 巻 2 号 35-56 頁.
岩永理恵(2012)「『直感』に支配される生活保護」現代思想 40 巻 11 号 112-122 頁.
岩田正美(2008)『社会的排除』有斐閣.
―― (2012)「生活保護を縮小すれば，本当にそれで済むのか？」現代思想 40 巻 11 号 54-68 頁.
堅田香緒里・宮下ミツ子(2012)「貧者の統治の質的変容」現代思想 40 巻 11 号 140-154 頁.
片山さつき(2012)『正直者にやる気をなくさせる!?――福祉依存のインモラル』オークラ出版.
加藤雅俊(2012)「比較福祉国家論における言説政治の位置」宮本太郎編『福祉＋α2・福祉政治』ミネルヴァ書房，133-150 頁.
黒田有志弥(2014)「生活困窮者に対する支援の現状と課題」論究ジュリスト 11 号 65-72 頁.
Loseke, Donileen R (2003) *Thinking about Social Problems 2nd ed.*, Aldine de Gruyter.
水島宏明(2012)「無自覚なマスコミが増産する生活保護の"スティグマ"」賃金と社会保障 1566 号 44-54 頁.
宮本太郎(2008)『福祉政治』有斐閣.
―― (2013)『社会的包摂の政治学』ミネルヴァ書房.
森川絵美(2013)「生活保護における社会福祉実践は，如何に可視化・評価されるのか」埋橋孝文編『福祉＋α4・生活保護』ミネルヴァ書房，55-65 頁.
中河伸俊(1999)『社会問題の社会学』世界思想社.
中河伸俊(2006)「構築主義と言説分析」佐藤俊樹＝友枝敏雄編『言説分析の可能性』東信堂，153-181 頁.
中村健吾(2007)「社会理論からみた『排除』」福原宏幸編『社会的排除／包摂と社会政策』

1 条例制定過程におけるナショナルな言説とローカルな言説の交錯〔阿部昌樹〕

法律文化社,40-73頁.
西岡晋(2008)「脱保守主義レジーム改革の言説政治」季刊行政管理研究124号25-38頁.
阪田健夫(2014)「生活保護法改正について」自由と正義65巻5号18-21頁.
桜井啓太(2013)「『自立支援』による生活保護の変容とその課題」埋橋孝文編『福祉+α 4・生活保護』ミネルヴァ書房,75-88頁.
Schmidt, Vivien A.(2002) *The Futures of European Capitalism*, Oxford University Press.
Spector, Malcolm & John I. Kitsuse (1977) *Constructing Social Problems*, Cummings Publishing Company(村山直之・中河伸俊・鮎川潤・森俊太訳(1992)『社会問題の構築』マルジュ社).
竹中勲(1998)「憲法学とパターナリズム・自己加害阻止原理」米沢広一=松井茂記=土井真一編『現代立憲主義と司法権』青林書院,167-204.
棚瀬孝雄(2001)「法の解釈と法言説」棚瀬孝雄編『法の言説分析』ミネルヴァ書房,1-40頁.
安田浩一(2013)「小野市『適正化条例』と民意」賃金と社会保障1585号4-10頁.
吉永純(2006)「自立のための費用返還とは」尾藤廣喜=松崎喜良=吉永純編『これが生活保護だ〔改訂新版〕』高菅出版,195-224.

2 空家法制定と実施主体としての市町村行政の対応
―― 132市町村アンケートからみえる現場風景 ――

北 村 喜 宣

I 新たな地域的課題としての空き家問題と空家法の制定

1 空き家条例の伝播

　国レベルでもなく都道府県レベルでもない課題への対応については，基礎的自治体である市町村（特別区を含む．以下同じ．）に対して住民の期待が集まるのが通例である．もしも，地域コミュニティに問題解決能力があれば，身近な課題に対しては，住民が自力で対応するだろう．しかし，そうした能力が低下していたり，そもそも私人同士の調整によっては解決できない問題であったりした場合には，住民の期待は，「苦情」「陳情」「要望」という形をとって，市町村行政や市町村議会に寄せられる．

　2010年代前半に顕在化した「空き家問題」は，そうした事例のひとつである．居住者がなく管理が不適正なままに放置される老朽家屋が地域の生活環境に支障を及ぼしたり，さらに進んで建材が崩落したり家屋自体が倒壊したりして事故が発生する蓋然性が高まり，それが地域の安全に対する脅威となる状況は，格別この時期になって急に深刻化したわけではない．ところが，2010年7月に，「所沢市空き家等の適正管理に関する条例」が制定されて以降，市町村において，「空き家条例の伝播」とも評しうる法現象が発生した[1]．

---

[1] 2010〜2012年に制定された空き家条例に関する検討として，北村喜宣「空き家対策の自治体政策法務（一）（二・完）」自治研究88巻7号21頁以下・同8号49頁以下（2012年）参照．

2 空家法制定と実施主体としての市町村行政の対応〔北村喜宣〕

2　国会議員の対応

　老朽空き家といえども建築物であり，これを規制するのは，国土交通省所管の建築基準法である．しかし，同省は，老朽危険家屋に特化した新たな法律の制定には消極的であった．このため，独立条例としての空き家条例を制定する市町村の数は増えていた．また，報道も多くされるようになっていた．

　そうしたなかで，国会議員が「国レベルで制度的枠組みを整え，施策の更なる充実を図ってほしいとの声が日増しに高まっていった．」と感じとり，「空き家問題は，もはや一刻の猶予も許されず，まさに役所の縦割りを排除し，政治のリーダーシップを強く発揮することが必要」と認識して行動に出た[2]．自由民主党空き家対策推進議員連盟（以下「自民党議連」という．）が，衆議院法制局のサポートをえながら，法案作成作業を開始したのである．その結果，衆議院国土交通委員長提案の議員立法として，「空家等対策の推進に関する特別措置法」（以下「空家法」という．）が提案され，2014年11月に可決成立した．

3　義務的法定自治事務としての空家法の実施

　全文16か条の空家法の中核的内容は，後述の「特定空家等」への対応である．特定空家等に関係する事務は，同法が規定する法定自治事務であるが，それは義務的なものであり，実施しない自由は市町村にはない．

　たとえば，2004年制定の景観法は，政令指定都市でも中核市でもない一般の市町村に関して，同法の事務を担当したいのであれば，都道府県知事との協議を経て同法の実施権限を持つ景観行政団体になれると規定する．法律の実施を受け入れるかどうかを，市町村が自主的・自律的に決定できるのである[3]．景観法が，分権時代の法律として評価されているのは，ひとつには，それを利

---

(2)　自由民主党空き家対策推進議員連盟編『空家等対策特別措置法の解説』（大成出版社，2015年）（以下「議連解説」として引用．）5頁．

(3)　2011年に法改正される以前は，都道府県知事の同意が必要であった．景観法が制定される際，450市町村で494の景観条例が制定されていた．景観法制研究会編『逐条解説景観法』（ぎょうせい，2004年）3頁参照．景観法は，条例においては行政指導が中心になっていることに限界があるという点を立法事実のひとつとして制定されたものであるが，そうであるとしても，一般の市町村に対しては，法律の仕組みを強制しなかったのである．2016年3月31日現在，景観行政団体となって同法を実施している市町村は，681にとどまる．

用するかどうかを市町村の自己決定に委ねた点に理由がある．景観法を利用せずに従来の景観条例にもとづく行政をする自由は残されている．

　空家法は，分権改革が進んでいるはずの2014年に制定された．残念ながら，法律制定にあたっては，自治体の自主性と自立性の尊重を求める地方自治法1条の2，2条11項の命令が無視されている．しかし，制定された以上，以前から空き家条例を制定していた市町村は，空家法との関係を整理しなければならないし，そうでなかった市町村は，空家法にもとづく空き家対策を考えなければならない．

　空家法は，市町村の行政現場に，どのような影響を与えているのだろうか．市町村行政は，空家法をどのように受け止めているのだろうか．本稿は，おおむね2016年前半期に実施した市町村に対するアンケート（132団体回収）[(4)]および補充的ヒアリング調査を踏まえ，空家法に向かい合う市町村行政の状況について，きわめて定性的な定点観測をするものである．2015年3月に実施されたNPOの調査結果も参考にしている[(5)]．

Ⅱ　空家法の概要

　本稿に関係するかぎりで，空家法の仕組みを説明する[(6)]．使用されないことが常態である建築物等およびその敷地が「空家等」である（2条1項）．空家等に対して，市町村長は，適切な管理促進のために情報提供や助言ができる（12

---

(4)　なお，アンケートは，法社会学の観点からのものではなく，行政実務の「おおよその状況」を把握するためになされたものである．回答は，原則として，選択肢方式ではなく自由記述方式とした．

(5)　特定非営利活動法人公共政策研究所『2015北海道内市町村の「空き家対策」アンケート調査報告書』（2015年）（以下「北海道調査」として引用.）参照．これは，道内179市町村のうち109団体（61%）の回答を踏まえた分析である．

(6)　空家法の解説書は多く出版されている．議連解説・前掲注(2)書のほか，旭合同法律事務所編『空き家・空き地をめぐる法律実務』（新日本法規出版，2016年）（以下「法律実務」として引用.），北村喜宣＋米山秀隆＋岡田博史編『空き家対策の実務』（有斐閣，2016年）（以下「対策実務」として引用.），西口元＋秋山一弘＋帖佐直美＋霜垣慎治『Q＆A 自治体のための空家対策ハンドブック』（ぎょうせい，2016年）（以下「ハンドブック」として引用.），弁護士法人リレーション編著『よくわかる空き家対策と特措法の手引き：空き家のないまちへ』（日本加除出版，2015年）（以下「手引き」として引用.）

条）．空家等が，そのまま放置すれば著しく保安上危険となるおそれのある状態等になれば「特定空家等」となり（2条2項），それに対して，市町村長は，除却や修繕等の措置を助言・指導，勧告，命令できる（14条1〜3項）．命令不履行の場合には行政代執行ができる（14条9項）ほか，命ずべき相手方を過失なく確知できない場合には略式代執行も可能である（14条10項）．

空家等の所有者等の調査にあたっては，空家法の施行に必要な限度において，固定資産税等の課税関係情報を，行政内部で目的外利用できる（10条）．空家等の実態把握のために，敷地や家屋内部への立入調査も可能である（9条）．

III 市町村の空き家対策と空き家条例

1 空家法に先行して空き家条例を制定していた市町村

空家法制定直前の2014年10月時点の全国調査では，401の自治体が空き家条例を制定していたとされる[7]．都道府県条例はほとんどないと考えられることから[8]，ほぼすべてが市町村条例とみてよい．市町村数は1,741（市町村1,718＋特別区23）であるから，400市町村として，全体の23.0%である．

空家法以前の空き家条例の構成や内容には，それほど大きな違いはみられなかった．おそらくは，所沢市条例およびその後に制定されたいくつかの条例をモデルとして制定されたからであろう．制定しようと考えれば，条文作成はそれほど困難ではなかったと推察されるが．それにもかかわらず，制定していた市町村は，アンケート回答のあった132団体のなかでは31団体（23.5%）にとどまる．この割合は，全国の状況とほぼ等しい．それでは，そのほかの100市町村（76.5%）は，どのような理由で条例を制定していなかったのだろうか．具体的記述のあった89団体をみてみよう．

---

(7) 小林宏和「空家等対策の推進に関する特別措置法」法令解説資料総覧401号（2015年）31頁以下・31頁参照．

(8) 例外として，2011年制定の「和歌山県建築物等の外観の維持保全及び景観支障状態の制限に関する条例」がある．保安上の危険というよりは景観支障への対策に重点を置いた条例である．和歌山県条例については，北村・前掲注(1)「二・完」論文70-72頁，和歌山県県土整備部都市住宅局都市政策課「建築物等の外観の維持保全及び景観支障状態の制限に関する条例について（通称：景観支障防止条例）」自治体法務研究29号（2012年）40頁以下参照．

2　空家法の制定以前に空き家条例を制定していなかった市町村

(1)「不要であった」

　最も多かったのは,「不要だった」と回答した市町村である（51団体＝57.3%）．具体的には,「問題が顕在化していなかった」「市民からの要望もなかった」という趣旨の記述がされている．その市町村に老朽危険家屋がまったく存在していないというわけではないだろうが,住民が不満に感じるほどではなかったということである[9].「行政指導で対応できていた」という回答もある．このような回答をした自治体には,いわゆる地方都市だけではなく,東京都多摩地域の市も少なからず含まれていた．「私有財産ゆえあくまで所有者の問題であり行政が対応すべきでない」という回答もあった．

　不要である理由として,問題があっても建築基準法で対応できていたことをあげる市もあった．これは,同法のもとで,木造建築物に対する違反対応等の執行権限を有する特定行政庁・限定特定行政庁（以下,あわせて「特定行政庁」という.）を置く市である（2条35号, 97条の2, 10条3項）．先にみたように,国土交通省は,こうした立場を前提にして,法律を不要としていた．条例すら必要ないと考えていたこれら市町村は,空家法の制定作業の進行をどのような想いで受け止めていたのだろうか．

(2) 法律の制定を待った

　一方,市町村のなかには,対応の必要性はそれなりに感じており,なかには条例の検討を開始していたけれども,空家法制定の可能性が高まってきたために作業を中止したことから,結果的に,空き家条例を制定しなかったと回答した団体も多かった（34団体＝38.2%）．これは,地方都市かどうかを問わない．

　これらの市町村にとっては,空家法制定の動きはどのように映ったのだろうか．条例制定作業を進めずにすむという点では歓迎すべき状況であったのかもしれないが,法律が規定する内容の事務が義務づけられるという点についてはどうだったのだろうか．

---

(9)　東京都多摩地区の隣接市同士において,一方は,住民からの苦情対応の際に法的根拠のある対応が必要であったからということで条例を制定したと回答した団体と,他方は,空き家は大した問題とはなっていなかったということで条例を制定しなかったと回答した団体があった．地域の状況にそれほどの差は感じられないが,興味深いコントラストである．北海道調査・前掲注(5)によれば,「問題がない」「空き家の件数が少ない」と回答した6町村のすべてにおいて,条例は制定されていなかった．

(3) そのほかの理由

そのほかには，「市町村の責務と考えていなかった」「担当課が明確に決まっていなかった」「建築士がいなかった」「近隣自治体の様子を眺めていた」と回答した市町村もあった（5団体＝5.6％）．

3 空家法の「必要性」
(1)「自治体取組みの限界」

法案作成の中心になった自民党議連は，2013年には，条例を制定していた市（所沢市，大仙市，小野市）や全国市長会・全国町村会のヒアリングをしたり現地視察（墨田区）をしたりしていた[10]．もちろん，立法が目的の作業であるから，議連がヒアリング内容を法律の必要性に引きつけて整理したことは，容易に推測できる．議連は，「空き家の所有者又は管理者の特定が困難な場合があるなど様々な制約があったことから，こうした地方公共団体の取組みに限界があることも現実」と認識した[11]．

上述のように，その時点での法的対応は不要と考えていた市町村は，相当の割合存在していたが，かりに，議連が，早期の段階で全市町村に「法律の必要性」についての調査を実施していたら，どのような結果になっていただろうか．法律制定の動きが具体化したがゆえに条例制定作業を中止した市町村は，かなりの割合あった．また，条例は不要と考えていた市町村も，法律が不要とまで判断したかといえば，おそらくはそうではないだろう．したがって，全体としてみれば，「市町村は新法を待望している」という結果が出たのではないかと推測する[12]．

(2) 分権配慮の立法原則

そうであるからといって，現在は，法律が完結的な仕組みを用意して市町村に事務を義務づけることが常に適正とされる時代ではない．憲法92条にある「地方自治の本旨」を一層意識した立法が求められる．同条を具体化した地方

---

(10) 議連解説・前掲注(2)書10頁，北村喜宣「空家対策特措法案を読む（一）」自治研究90巻10号（2014年）3頁以下・5-6頁参照．

(11) 議連解説・前掲注(2)書5頁．

(12) 空き家条例を制定していた市町村は，条例の実施に支障がない範囲での法律ならば歓迎と考えたかもしれず，また，条例制定作業を中止した市町村のなかには，法律制定後にそれを踏まえた条例を制定する予定であるところもある．

自治法1条の2が規定する「国と自治体の適正な役割分担」，および，これを立法の基本とすることを命ずる同法2条11項に鑑みれば，法律の制定にあたっては，市町村の自主性・自立性が十分に発揮される仕組みを整備する義務が国会にある．同条13項は，空家法の事務のような法定自治事務を法律が規定する際には，地域特性に応じた対応ができるよう特に配慮すべきことも命じていた[13]．

ところが，空家法には，こうした憲法の命令を意識したような規定ぶりがみられない．法律制定に対する市町村の抽象的期待がたとえ大きくても，自己決定という自治の本質をそれぞれの市町村が住民自治のなかで実現できるような仕組みとすべきであった．具体的には，法律ではいわばメニューを規定するにとどめ，それを利用するかどうかは，市町村の条例決定に委ねるべきであった[14]．

IV 空家法の実施

1 体制の整備

実施を義務づけられた空家法にもとづく事務をどのような体制で受け止めるのかは，市町村によって異なる．回答のあった129市町村のうち，専任職員が配置されているところは少なく（22団体＝17.1％），ほとんどが兼務職員のみによる対応であった（100団体＝78.1％）．規模の小さい市町村では，兼務職員1名というところも多い．

傾向として，専任職員を配置しているのは，建築基準法のもとで特定行政庁を置く市が多い．そうでないにもかかわらず専任職員が配置されている団体は，特定空家等の除却というよりも，定住促進のための空家等の利活用に政策の重

---

[13] 塩野宏『行政法Ⅲ（第4版）行政組織法』（有斐閣，2012年）233-237頁，松本英昭『新版逐条地方自治法（第7次改訂版）』（学陽書房，2013年）60-63頁参照．

[14] 筆者が一貫して主張していた点である．北村喜宣「空家対策特措法案を読む（二・完）」自治研究90巻11号（2014年）30頁以下・35頁参照．側聞するところによると，自民党議連は，空家法にもとづく市町村長への授権規定おいて，「……できる」という効果裁量が与えられているから市町村には実施における裁量があると考えていたようである．しかし，これは，個別具体の場面における対応に際しての裁量であり，そもそも事務を担当するかどうかの裁量ではない．

2 空家法制定と実施主体としての市町村行政の対応〔北村喜宣〕

点を置く市町村であった．空家法が全面施行されている調査時において，空家法の実施体制がまだ決まっていない市町村もあった（6団体＝4.7％）．

2 所有者等把握のための固定資産税情報利用

回答をしたすべての市町村が，空家法に固定資産税情報を利用できると明記されたことは，同法実施の第一歩である空家等の所有者等の把握のために有用であると述べている．たしかに，そうした措置がなくても，固定資産税情報の利用が可能である旨を条例で規定する自治体や（2015年に一部改正される以前の「京都市空き家の活用，適正管理に関する条例」16条3項（現18条3項））[15]，一定手続を経たうえで行政内部利用を可能にしていた自治体はある（例：札幌市，大阪市）[16]．しかし，そうした運用を違法と解するようにみえる総務省通知があったため[17]，自主的法解釈をする自信がない市町村にとっては，この点が明記されたことには大きな意味がある[18]．

3 特定空家等の判断基準

空家法の中核は，特定空家等に対する行政対応である．そこに至る作業は，ある物件を「空家等」と認定し，さらにそれを「特定空家等」と認定することから始まる．同法2条2項が規定する特定空家等の定義に該当するかどうかは，市町村の判断に全面的に委ねられている．空家法14条14項は，国土交通大臣および総務大臣に対して，実施のための必要な指針の策定を命じている．それが「「特定空家等に対する措置」に関する適切な実施を図るために必要な指針（ガイドライン）」（平成27年5月26日，国土交通省・総務省）である．法的拘束

---

[15] 青山竜二「空家特措法制定後の空き家条例の整備：京都市条例を素材として」自治実務セミナー2015年7月号15頁以下・17頁参照．

[16] 北海道調査・前掲注(5)によれば，回答があった道内107市町村のうち，札幌市を含む15団体が，空き家等の所有者等の把握方法として，固定資産税情報を利用しているとしている．これは，空家法施行前の状況である．

[17] この論点については，北村喜宣「所有者情報の提供：地方税法二二条と空き家条例」『自治力の躍動：自治体政策法務が拓く自治・分権』（公職研，2015年）79頁以下，南條友之「地方税法二二条と官公署等からの照会について」自治体法務NAVI54号（2013年）2頁以下参照．

[18] 北海道調査・前掲注(5)は，回答団体のうち89市町村（82％）が「固定資産税情報の内部利用」を空家法の成果として評価しているとし，これを「最大の成果」とする．

力がないからか，公表されたのは，空家法の全面施行の当日であった．

　作成した両省自身，このガイドラインについて，「一般的な考え方を示すもの」にすぎないから「各市町村において地域の実情を反映しつつ，適宜固有の判断基準を定めること等により「特定空家等」に対応することが適当」としている．ガイドラインは，〔別紙1〕～〔別紙4〕として，空家法2条2項の定義にある特定空家等の状態4種類について，「参考となる基準」を提示している．しかし，なお抽象的・定性的であり，行政現場で使うには，さらに詳細化する必要があると思われる．

　アンケート対象132市町村のうち，空家法の実施に使用する独自の基準を作成済が14（11.0%），作成中が16団体（12.1%），ガイドラインをそのまま使用するとしたところが4団体（3.0%），検討中が5団体（3.8%）であった．1市は，柔軟性が失われるという理由で「不要」と回答した．圧倒的多数の92市町村は（70.0%）は，作成していなかった．

　行政指導による対応ならば，特定空家等の判断の理由はそれほど厳しく問われないかもしれない．しかし，空家法14条2項勧告や3項命令にもとづく対応が必要な案件が発生したときに作成するのでは，まさに「泥縄」である．指導以上に踏み込む予定がないということであろうか．未作成と回答した市町村のなかには，特定行政庁を置かない市町村が56あるが，36はそうではなかった．一方，作成済，作成中，ガイドラインをそのまま使用，検討中と回答した38市町村のうち25団体が特定行政庁を置く市であった．

　傾向として，特定行政庁を置く市は，ガイドラインを受け止め，それをカスタマイズする技術的能力があるようにみえる．それにもかかわらず，未作成の36の特定行政庁の理由は何だろうか．空家法の実施に消極的ということだろうか．あるいは，特定空家等となる物件は，一見明白に空家法2条2項要件該当性が判断できるがゆえに，それほど詳細なものは必要がなく，作成すると硬直的になってしまうと考えているのかもしれない[19]．

---

[19] 詳細化をしていない鳥取市の認識として，岡垣頼和「総合的な空き家対策の取り組み：危険空き家対策からみえてきたもの」国際文化研修92号（2016年）18頁以下・20-21頁参照．

4　空家法14条各項措置の前の行政指導

　特定空家等と認定されれば，空家法14条1項助言・指導，2項勧告，3項命令へと進み，最後は，9項行政代執行に至る．受命者不明事案においては，10項略式代執行に至る．国土交通省の調査によれば，2016年10月1日現在，4市町村で4件の行政代執行と16市町村で18件の略式代執行が実施されている．1項助言・指導は，280市町村で5,009件，2項勧告は47市町村で137件，3項命令は6市町村で7件であった[20]．ガイドラインが空家法の全面施行日にあわせて出されたことに鑑みれば，法律施行にあたっての準備期間がまったくない状況のもとで，空家法は積極的に利用されていると評価できるだろう．

　空家法14条1項から2項，2項から3項へは，それぞれ講じられた措置が奏功しなかったときに移行する．一足飛びに14条3項命令を発出できると規定されていないから，実務的には，1項指導・助言をするかどうかが重要になってくる．これにより，実質的には，空家等を特定空家等として扱うことになるのである．

　そこで，空家法14条1項を適用する前に「同法にもとづかない行政指導をするか」と問うた．回答のあった56市町村のうち，32団体（57.1%）が「する」，24団体（42.9%）が「しない」と述べた．

　市町村の空き家行政の目的は，空家法にもとづく権限をひたすら行使することではないから，なるべくそれを回避して適正管理なり除却なりを実現したいと考えるのではないかと推測していたが，少々意外な結論であった．もちろん，空家法14条1項が奏功しなくても，指導を重ね打ちすることは可能であるし，2項勧告をするにあたっても，「……することができる．」と効果裁量が認められているから，14条の世界に入ることに抵抗はないと考えているのであろう．

5　勧告の決断と抑制要因

(1)　住宅用地特例の適用除外

　老朽化して保安上危険であったり景観上支障を与えていたりする空き家の除却が進まない原因のひとつとして，200㎡以下の敷地に建てられた家屋を除却すれば，固定資産税および都市計画税に関する住宅用地特例が適用除外されて，

---

[20]　国土交通省ウェブサイト［空家等対策の推進に関する特別措置法関連情報］（http://www.mlit.go.jp/jutakukentiku/house/jutakukentiku_house_tk3_000035.html）参照．

税額が4.12倍になる点が指摘されていた．当該空き家の敷地に対する開発需要があれば何らかの利用はされるが，そうではない場合に，管理不適正な状態で存続してしまうのである．

本来は，居住の用に供せる状態かどうかを課税担当が厳格に審査して，そうでない場合には適用除外をすべきである．しかし，構造等に関する建築学的判定能力がないことなどから[21]，全体としてみれば，積極的な対応はされていなかった．一般には，そうした能力を有する職員が在籍する建築指導課等との連携はされていなかったようである．そこで，空家法の制定を受けて2015年3月に地方税法が一部改正され（349条の3の2第1項），賦課期日である1月1日時点で空家法14条2項勧告がされた状態にある特定空家等に関しては，その敷地にかかる住宅用地特例を適用除外することになった．特定空家とその敷地の所有者が異なる場合には，敷地所有者に対してなされた勧告が1月1日においてされている状態にあるときに，同所有者に関して適用除外がされる．

(2) 空家法14条2項勧告への影響

住宅用地特例の適用除外措置は，羈束的にされるようである．こうしたリンケージが制度化されたことは，空家法14条2項勧告をするにあたって，どのような影響を与えるだろうか．

回答があった51市町村のうち39団体（76.5％）が，「勧告権限の抑制的行使になりうる」とした．これは，興味深い反応である．適用除外がされれば税額があがるから，免税点以下の土地でないかぎりは，市町村の固定資産税収入の増額となる．それにもかかわらず，権限行使に消極的になりうるというのは，どのような配慮からであろうか．

V　実施から1年を経過した行政現場

1　現場行政の現在

回答のあった132市町村のすべてが，空家法の実施は行政現場に対して少なからぬ負担をもたらしたと述べている．重複する面はあるが，指摘される状況

---

[21]　酒井友加「立木が倒れ人が住んでいるようには見えない家屋に固定資産税に係る住宅用地特例は適用されるか：空家対策特措法上の特定空家等」自治実務セミナー2015年11月号34頁以下・35頁参照．

2 空家法制定と実施主体としての市町村行政の対応〔北村喜宣〕

を，2つに整理してみよう．

　第1として，専任職員が配置されない市町村においては，業務が単純に追加されたがゆえに，空家法の実施以外の兼務業務の実施に時間がとれなくなっている．空家法の業務は，まったく新しい仕事であり，ほとんどすべてを最初からスタートさせなければならないため，相当の立上げコストがかかっているようである．それは，許可制や届出制のように，相手方が行政に出向いてくれるようなものではなく，住民からの通報に対応するほか，行政の方から追いかけていかなければならないタイプの事務である．しかも，その相手方は，必ずしも判明しているわけではない．不動産登記法上の義務であるにもかかわらず，建築物に関する表題登記がされていないために登記簿では確認できず，固定資産税情報と住民票や戸籍をたどって現在の所有者等を調査しなければならない場合もある．そうした調査業務に要する交通費や郵送費が激増し，予算の確保が困難な状況になっているとする市町村もある．以前ならば，これ以上は無理として諦められていたケースが多い．絶対的なリソース不足が感じられている．

　第2として，空家法に対する住民の「誤解」にもとづく「行政への過剰期待」への対応に追われている．空き家対策に関しては，条例が先行し，それに関する報道も多くなされた．「空家率は13.5％で過去最高」という「平成25年住宅土地統計調査」の速報集計結果が2014年7月に発表され，これも大きく報道された．そして，同年11月の空家法制定である．最近数年の報道によって，「空き家に関して法律ができ，行政が対応する」という理解が社会に急速に拡大していたときに，同法が施行されたのである．先にみたように，行政代執行・略式代執行による除却事例も増えており，報道もされている．このため，従来ならば寄せられなかったような「苦情」「陳情」「要望」が，空家法担当に押し寄せている．典型的には，「隣の空き家が気味悪いので代執行で除却せよ」「私の敷地にまで繁茂する樹木を伐採してほしい」というような声である．担当者は，空家法の仕組みを説明してすぐにそうした対応をするのは無理であることを理解してもらおうとするが，住民対応コストとストレスは相当のようである．ほとんどの市町村において，「空家法担当」が決められたことにより，「苦情」「陳情」「要望」を関係課でたらい回しにして住民が諦めるのを待つという対応はできなくなった．逃げられなくなったのである[22]．

2 空家法の必要性

　上記のような状況にある市町村行政であるが，空家法の必要性についてはどのように考えているのだろうか．制定され事務が義務づけられている以上，「不要だ」といっても仕方ないことではある．法律にもとづく空き家施策を進めざるをえないなかで指摘された「ご利益」には，次のようなものがあった．

　所有者等を調査するのに固定資産税情報が活用できるようになった点については，先にみた．「空き家の適正管理に対する所有者等の意識を啓発するのに役立った」「自主的に空き家の取り壊しをする例が増えた」「行政指導をしたときに以前より反応がよくなった」「法律を背景とする行政指導の方が権威を感じて受け止めてもらえる」「略式代執行が可能になる」「全国的に同じ事務をするので参考となる事例が多くえられる」「建築基準法ではカバーできない保安上危険以外の理由による対応が可能になった」という回答もある．

　受命者を過失なく確知できない場合になされる略式代執行については，法律の根拠を要するとする解釈がある一方で，これを規定する空き家条例もあった（「山陽小野田市空き家等の適正管理に関する条例」9条2項)[22]．そうした対応まではできない市町村にとっては，たしかに，空家法14条10項の略式代執行規定は有用である．老朽危険空き家である特定空家等に対する略式代執行を実施した市町は，同条同項があったからこそ可能であったと考えているだろう．この点は，筆者の個別ヒアリングによっても確かめられた．

　一方，空家法施行後であっても，「不要であった」と回答した市町村があることにも留意したい．その理由は，「制定していた条例で十分対応できる」「問

---

[22] 空家法だけではなく，法律実施条例を制定して住民の声を広く受け止めることができる仕組みをつくる自治体もある．「要望」「苦情」で最も多いのは樹木・雑草に関するものであるが，特定空家等の認定基準を超えるほどではない空家等の場合にも積極的に対応できる手段を規定する例として，2015年12月に改正された「京都市空き家の活用，適正管理等に関する条例」がある（20条の「軽微な措置」）．

[23] 適法とする根拠が気になるが，筆者の照会に対する山陽小野田市の回答（2016年9月14日付書簡）は，「単に命ずべき者が確知できないことを理由に危険な空き家を漫然と放置することこそ，公益に反する行為であり，市民生活の安心安全の確保を最優先にすべきと考え，条例中に略式の代執行を定めました．」であった．法的には不明確な理由であるが，善解すれば，独立条例のもとで義務づけた事項についてどのような履行確保措置を講ずるかは，憲法94条が保障する条例制定権に含まれているということであろうか．筆者も，そうした方向で解釈し，適法説をとっている．

題が顕在化していないために法的対応はそもそも不要」「建築基準法の改正で足りる」というものであった．

3　既存条例の扱い

　本稿の前提となるアンケートを実施したのは，空家法が全面施行されて半年から1年を経過した時期であった．同法に先行して空き家条例を制定している31市町村は，同条例をどのようにする予定なのだろうか．「廃止，一部（全部）改正，現状存置」という3つの選択肢にもとづいて意向を調査した（検討中という回答が1市（3.2%）あり）．

　「廃止」をしたのは1市（3.2%）である．空家法が「必要かつ十分」な対応をしているために条例の存在理由がなくなったという整理である[24]．「一部（全部）改正」と回答したのは18市町村（58.1%），「現状存置」と回答したのは11市町村（35.5%）である．

　空家法は，空き家条例において「緊急安全措置」「応急措置」と称されるいわゆる即時執行を規定していない．落下や飛散のおそれのある特定空家等の建材に対して最小限の対応をする即時執行は，空き家条例において広く規定されていたように，行政現場においては使い勝手のよい手法であると思われるが，それを規定していた条例を廃止するというのは，住民の安全を確保する市町村の責務に鑑みれば，理解が困難な選択である．

　全体としては，条例の改正により空家法との二重規制状態を法技術的に回避しつつ，従来から条例によって進めてきた市町村の空き家施策のなかに同法を取り込もうという姿勢がうかがえる[25]．存置する手法としては，即時執行を指摘する市町村が多い[26]．一方，現状存置とする市町村が一定程度あるのも興味深い．二重規制状態も存置されるのであるが，一見すれば，そうした状態に合

---

[24]　アンケート調査対象となったこの市を含め，既存条例を廃止したのは，筆者の知るかぎり，室蘭市，つがる市，湯沢市，朝日町，川口市，鴻巣市，船橋市，大田区，糸魚川市，多治見市，笠松町，瑞浪市，御嵩町，和泉市，宗像市，飯塚市，豊後高田市である．

[25]　空家法制定後における条例の分析として，北村喜宣「空家法制定後の条例動向」行政法研究（近刊）参照．

[26]　具体例として，一部改正をした「仙台市空家等の適切な管理に関する条例」がある．北村喜宣「空家対策特措法の成立を受けた自治体対応」自治実務セミナー2015年7月号2頁以下・4頁参照．

理性があるようには思われない．どうやら，行政現場では，空家法は事実上「封印」され，「慣れた」空き家条例が従来通りに適用されているようである．空家法制定後にあえて従来型の空き家条例を制定した自治体へのヒアリングによれば，同法を実施できる能力に自信が持てないため，独自条例の運用により「実力を養成する」とのことであった．講じられる措置は基本的に行政指導であるために，根拠についてそれほどの意識はないのであろう．しかし，より踏み込んだ対応が必要になってくると，「どちらを使うか」を決めざるをえないように思われる．その際に，条例改正が検討されるのであろうか．

VI　空家法の実施に関する実証研究の論点

1　執行過程研究の格好の素材

　空家法は2015年5月26日に全面施行されたが，その日を万全の体制をもって迎えた市町村は，おそらく存在していない．同法の担当課すら決まっていない市町村もあった．現在は，実施のために必要な基準や組織の整備など，まさに「走りながら対応する」という状況である．

　空家法6条にもとづく空家等対策計画に関して，国土交通省は，2018年度までに80％の市町村での制定を期待している．計画のなかでは，市町村なりの執行方針が記されることが予想される．その頃になれば，同法14条のもとでの諸措置の実施経験もそれなりに蓄積される．市町村を比較して執行状況に違いがある場合にその要因の調査・分析をするなど，法律の執行過程研究の素材として魅力あるものになるだろう．

2　空家法の立法過程研究

　もっとも，現時点においても，空家法に関して，実証研究ができないわけではない．同法の立法過程研究は，そのひとつである．自民党議連がリーダーシップをとった法案作成過程において，どのような調整を経て最終案に至ったのか．「問合せ厳禁・取扱注意」という赤字が最初の頁に印字されていたにもかかわらず，草稿段階の法案は，改訂を経るたびごとに（おそらくは意図的に）流出していた[27]．公明党も，別途，法案を検討していたし，関係省庁は，それぞれの立場から法案の修正を求めて「ご説明」をしていたようである．委員長

提案であるがゆえに国会審議はされていないが，関係者へのヒアリングを通じて，最終案に至る過程を再構成できるだろう．

3　行政代執行のケーススタディー

筆者の調査によれば，2016年11月末時点で27件実施されている行政代執行・略式代執行[28]のケーススタディーも可能であろう．これまでの行政執行過程研究の知見によれば，違反に対する不利益処分たる命令の発出やその強制的実現である行政代執行に対して，行政はきわめて消極的であり，日常的な対応ツールのリストには，通常，含まれていない[29]．とりわけ代執行は，「伝家の宝刀中の伝家の宝刀」と認識されていると考えられていた．しかし，これまでの空家法の運用は，こうした「常識」を見直す素材を突き付けている．数十万円から数百万円もの回収のめどが立たない支出を伴う措置は，自治体の規模を問わず，なぜ可能になったのか[30]．注目すべき行政実態であり，調査分析すべき点は多い[31]．

4　都道府県・市町村関係

空家法8条は，都道府県知事に対して，「当該市町村に対する情報の提供及び技術的な助言，市町村相互間の連絡調整その他必要な援助を行う」ことを努力義務としている．これは，地方自治法2条5項が規定する都道府県の役割の確認規定である．その内容は多様である．域内市町村向けにガイドラインを詳

---

(27) いくつかの段階の案を比較したものとして，北村・前掲注(10)論文11-24頁〔資料-1〕参照．

(28) 国土交通省調査によれば，2016年10月1日現在では22件であるが，筆者が知りえたその後の実績を加えると，合計27件になる．

(29) 北村喜宣「インフォーマル志向の執行を規定する制度的要因：自治体における規制執行活動の一断面と今後の研究課題」『行政執行過程と自治体』(日本評論社，1998年) 235頁以下・261-262頁参照．

(30) 人口規模でいえば，2,633人の礼文町（略式代執行を2016年に実施）から約44.4万人の葛飾区（行政代執行を2016年3月に実施．費用は約158万円）まで多様である．

(31) 北村喜宣「学界の常識は現場の非常識？：空家法のもとで活用される代執行」自治実務セミナー2017年2月号31頁では，市町村長の認識，国のガイドラインの存在，危険性の程度，国・都道府県の技術的・財政的サポート，権限不行使常態化の欠如，争訟の可能性，予算調達の可能性，対象の限定性，メディアの報道を要因としてあげ，簡単な検討をした．

細化した基準を作成している都道府県もある（例：静岡県，福井県，大阪府，岡山県，福岡県）．空家法5条1項にもとづき国土交通大臣および総務大臣が作成する「空家等に関する施策を総合的かつ計画的に実施するための基本指針」（平成27年総務省・国土交通省告示第1号）（基本指針）は，市町村相互間の意見交換機会の設定，関係業界との連携支援，市町村から事務の委託や事務の代替執行を受けることなどを例示している．さらに，同法15条1項は，市町村に対する財政上の措置を講ずることを義務としている．都道府県はこうした要請や命令にどの程度応答しているのか，都道府県により違いがあるとすれば何に起因するのか，といったことも，興味深い調査対象である．

マンパワーの慢性的不足に四苦八苦される空家法担当者の貴重な時間をいただいての調査には，気が引ける面はある．それにもかかわらず実施するとすれば，研究を通じて，実務上も有益な運用改善や制度改正の提案をすることでご協力に報いるようにしたい．

〔文　献〕
青山竜二(2015)「空家特措法制定後の空き家条例の整備：京都市条例を素材として」自治実務セミナー637号15頁以下・17頁．
旭合同法律事務所編(2015)『空き家・空き地をめぐる法律実務』新日本法規出版．
弁護士法人リレーション編著(2015)『よくわかる空き家対策と特措法の手引き：空き家のないまちへ』日本加除出版．
自由民主党空き家対策推進議員連盟編(2015)『空家等対策特別措置法の解説』5頁．大成出版社．
景観法制研究会編(2004)『逐条解説　景観法』3頁．ぎょうせい．
北村喜宣(1998)「インフォーマル志向の執行を規定する制度的要因：自治体における規制執行活動の一断面と今後の研究課題」『行政執行過程と自治体』235頁以下・261-262頁．日本評論社．
── (2012)「空き家対策の自治体政策法務（一）（二・完）」自治研究88巻7号21頁以下・同8号49頁以下．
── (2014)「空家対策特措法案を読む（一）」自治研究90巻10号3頁以下・5-6頁参照．
── (2014)「空家対策特措法案を読む（二・完）」自治研究90巻11号30頁以下・35頁．
── (2015)「空家対策特措法の成立を受けた自治体対応」自治実務セミナー637号2頁以下・4頁．
── (2015)「所有者情報の提供：地方税法22条と空き家条例」『自治力の躍動：自治体政

2 空家法制定と実施主体としての市町村行政の対応〔北村喜宣〕

策法務が拓く自治・分権』公職研，79 頁以下．
―― (2017)「学界の常識は現場の非常識？：空家法のもとで活用される代執行」自治実務セミナー 2017 年 2 月号 31 頁．
――「空家法制定後の条例動向」行政法研究（近刊）．
北村喜宣＝米山秀隆＝岡田博史編 (2016)『空き家対策の実務』有斐閣．
小林宏和 (2015)「空家等対策の推進に関する特別措置法」法令解説資料総覧 401 号 31 頁以下・31 頁参照．
松本英昭 (2013)『新版逐条地方自治法（第 7 次改訂版）』学陽書房 60-63 頁．
南條友之 (2013)「地方税法二二条と官公署等からの照会について」自治体法務 NAVI 54 号 2 頁以下．
西口元＝秋山一弘＝帖佐直美＝霜垣慎治 (2016)『Q&A 自治体のための空家対策ハンドブック』ぎょうせい．
岡垣頼和 (2016)「総合的な空き家対策の取り組み：危険空き家対策からみえてきたもの」国際文化研修 92 号 18 頁以下・20-21 頁．
酒井友加 (2015)「立木が倒れ人が住んでいるようには見えない家屋に固定資産税に係る住宅用地特例は適用されるか：空家対策特措法上の特定空家等」自治実務セミナー 641 号 34 頁以下・35 頁．
塩野宏 (2012)『行政法Ⅲ（第 4 版）行政組織法』有斐閣，233-237 頁．
特定非営利活動法人公共政策研究所 (2015)『2015 北海道内市町村の「空き家対策」アンケート調査報告書』．
和歌山県県土整備部都市住宅局都市政策課 (2012)「建築物等の外観の維持保全及び景観支障状態の制限に関する条例について（通称：景観支障防止条例）」自治体法務研究 29 号 40 頁以下．

〔付記〕本稿は，科学研究費助成事業（研究課題番号：15H01930)「人口減少・経済縮小社会での空間利活用の整序政策における合意形成システムの研究」の成果である．

3 大災害緊急事態準備は専門省をつくり行政法規を整える道筋で
―― 経済，財産分野の緊急事態条項はすでに完備 ――

斎 藤 　 浩

I 大災害の頻発と緊急事態条項

1 災害の頻発

わが国は自然災害の国である．加えて，原発災害も起こった．

本稿であつかう大災害，どんな基準で大災害と呼ぶのかは考え方がいろいろあろうが，私は死者の数字でそれを評価している．

阪神・淡路大震災以後の大災害は次のようなことになろうか．

- ・1995 年 1 月 17 日　阪神・淡路大震災．M7.3，震度 7．死者 6433 名
- ・2003 年 8 月 30 日，31 日，9 月 7 日　台風 16 号，23 号．死者行方不明者約 160 名
- ・2005 年 11 月から 2006 年 2 月　豪雪．死者行方不明者約 150 人．
- ・2011 年 3 月 11 日　東日本大震災・津波．M9.0，震度 7．死者行方不明者 20202 名．
- ・2011 年 4 月 11 日　福島県浜通り地震　M7.0，震度 6 弱．死者 3 名
- ・2011 年 9 月 2 日，3 日　紀伊半島豪雨．死者行方不明者（和歌山・奈良）70 名
- ・2013 年 10 月 15 日　伊豆大島台風 26 号被害．死者行方不明者 39 名
- ・2014 年 8 月 20 日　広島市豪雨土砂災害．死者 74 名．
- ・2014 年 9 月 27 日　御嶽山噴火．死者 57 名
- ・2016 年 4 月 14 日，16 日　熊本地震．M7.3，震度 7．死者 157 名．

あらゆる災害がおこっている．死者が出ていない大きな災害も多数起こっている．今後も確実に起こると言われている．南海トラフ地震の死者は 33 万人

3 大災害緊急事態準備は専門省をつくり行政法規を整える道筋で〔斎藤　浩〕

と予測されている⁽¹⁾．

2　改憲論議とその立法事実の検討

今後予想される大災害のために，その対策として種々の論議がなされているが，日本国憲法を改正して，緊急事態条項を入れる必要があるとの一連の動きがあるので，それをまず検討する．

(1) 自民党の日本国憲法改正草案（以下「自民党草案」という）

次のような内容となっている．いずれも現憲法にはない新設規定である．

第九章　緊急事態

（緊急事態の宣言）

第九十八条　内閣総理大臣は，我が国に対する外部からの武力攻撃，内乱等による社会秩序の混乱，地震等による大規模な自然災害その他の法律で定める緊急事態において，特に必要があると認めるときは，法律の定めるところにより，閣議にかけて，緊急事態の宣言を発することができる．

2　緊急事態の宣言は，法律の定めるところにより，事前又は事後に国会の承認を得なければならない．

3　内閣総理大臣は，前項の場合において不承認の議決があったとき，国会が緊急事態の宣言を解除すべき旨を議決したとき，又は事態の推移により当該宣言を継続する必要がないと認めるときは，法律の定めるところにより，閣議にかけて，当該宣言を速やかに解除しなければならない．また，百日を超えて緊急事態の宣言を継続しようとするときは，百日を超えるごとに，事前に国会の承認を得なければならない．

4　第二項及び前項後段の国会の承認については，第六十条第二項の規定を準用する．この場合において，同項中「三十日以内」とあるのは，「五日以内」と読み替えるものとする．

（緊急事態の宣言の効果）

第九十九条　緊急事態の宣言が発せられたときは，法律の定めるところにより，内閣は法律と同一の効力を有する政令を制定することができるほか，

---

(1)　内閣府の想定については http://www.bousai.go.jp/jishin/nankai/nankaitrough_info.html

I　大災害の頻発と緊急事態条項

内閣総理大臣は財政上必要な支出その他の処分を行い，地方自治体の長に対して必要な指示をすることができる．
2　前項の政令の制定及び処分については，法律の定めるところにより，事後に国会の承認を得なければならない．
3　緊急事態の宣言が発せられた場合には，何人も，法律の定めるところにより，当該宣言に係る事態において国民の生命，身体及び財産を守るために行われる措置に関して発せられる国その他公の機関の指示に従わなければならない．この場合においても，第十四条，第十八条，第十九条，第二十一条その他の基本的人権に関する規定は，最大限に尊重されなければならない．
4　緊急事態の宣言が発せられた場合においては，法律の定めるところにより，その宣言が効力を有する期間，衆議院は解散されないものとし，両議院の議員の任期及びその選挙期日の特例を設けることができる．

　これによると地震等による大規模な自然災害を緊急事態の1項目としている．
　内閣総理大臣が緊急事態の宣言をすると，「内閣は法律と同一の効力を有する政令を制定することができるほか，内閣総理大臣は財政上必要な支出その他の処分を行い，地方自治体の長に対して必要な指示をすることができる」というのがその効果とされる．
　そのような政令を自民党は緊急政令と呼んでいる（自民党草案 Q&A 増補版-以下「Q&A」という）．そして「緊急政令は，現行法にも，災害対策基本法と国民保護法（「武力攻撃事態等における国民の保護のための措置に関する法律」をいう．以下同じ．）に例があります．したがって，必ずしも憲法上の根拠が必要ではありませんが，根拠があることが望ましいと考えたところです」と述べている．
　自然災害の場合に，非常事態宣言が必要ではなく，現行法でも対処できると説明するので，緊急事態に大規模自然災害を入れる憲法改正を提起しながら，各論的説明では現行法のままでもいいとするのは意味不明などと軽く見てはならない．
　のちに災害対策基本法の分析において詳述するように，同法の災害緊急事態がカバーする人権は経済的自由権，財産権である．政治的自由，精神的自由，

3 大災害緊急事態準備は専門省をつくり行政法規を整える道筋で〔斎藤　浩〕

生命身体の自由は入っていない．自民党草案は，国民の生命，身体及び財産を制限することを明示しているのである．

(2) 産経新聞社「国民の憲法」要綱（2013 年）の「緊急事態」の章は次のようになっている．

第一一四条（緊急事態の宣言）　外部からの武力攻撃，内乱，大規模テロ，大規模自然災害，重大なサイバー攻撃その他の緊急事態が発生した場合には，内閣総理大臣は，国会の事前または事後の承認のもとに，緊急事態を宣言することができる．

第一一五条（緊急命令および緊急財政処分）　緊急事態が宣言された場合には，危機を克服するため，内閣は法律に代わる政令を定め，および緊急財政処分を行うことができる．

2　前項の目的を達するため，必要やむを得ない範囲で，内閣は，第三〇条〔通信の秘密〕，第三四条〔居住，移転および職業選択の自由〕，第三五条〔財産権および知的財産の保護〕，第三六条〔適正手続きの保障〕および第三七条〔逮捕，抑留・拘禁および捜索・押収に対する保障〕の権利を制限することができる．

第一一六条（失効宣言）　前条の政令および緊急財政処分について，内閣は，速やかに国会の承認を経なければならない．

2　前項の承認が得られなかったときは，内閣はその失効を宣言しなければならない．

この案も大規模自然災害を緊急事態の1項目としている．

この案が赤裸々なのは，内閣総理大臣の緊急命令が発令され，内閣が緊急財政処分をする際には，国民の広範な人権を制限する条項を持つ点である．自民党草案が「最大限に尊重」するという形でいわば裏から制限を意図しているのに対し，この案は正面から制限することを明確にしている．

(3) 百地章説

百地教授はこれまでもブログやマスコミに登場して一定のことを述べていたが[2]，日本会議の依頼で最近ブックレット[3]を出版したので，最も新しい同書における大災害における緊急事態条項の立法事実を拾ってみたい．

①災害対策基本法には災害緊急事態の布告条項がある

I 大災害の頻発と緊急事態条項

　百地 Q&A では，大災害の対応のためには憲法に緊急事態条項を定めなくてはならないと言いつつ，災害対策基本法にある災害緊急事態の布告をすればそれで良いと言っており，出発点と到達点が異なっている．これを憲法改正の立法事実にすることはできない．

　教授は，民主党政権下で起こった東日本大震災に対し，政権が災害対策基本法の緊急事態布告をしなかったから憲法改正が必要というのは，明らかな論理飛躍である．教授の支持する政権が災害対策基本法の災害緊急事態の布告等の具体化準備をすることが，大災害対応としては最も有効かつ手っ取り早いことである．

　②首都直下型大地震や南海トラフ巨大地震が起こったら，新しい法律を作ろうとしてもできないから，自民党草案のような緊急政令制度が必要である．

　この点も①と同様に災害対策基本法の災害緊急事態の布告，緊急政令を使えば解決することであって憲法改正の立法事実にはなり得ない．

　ただ，災害緊急事態の布告で慌ただしく出すよりも，平常時に必要な法整備をしておいた方が良い．第2で述べる私の研究対象である．

　③地方が機能しない時は，国が対策を講ずる必要があると言いつつ，災害対策基本法にある災害緊急事態の布告がそれだとも言っており，これを憲法改正の立法事実にすることはできない．

　以上のように，百地教授の百地 Q&A の内容からは，大災害の対策のために憲法に緊急事態条項を新設するという必要性は出てこない[4]．

(4) 浜谷英博説[5]

　浜谷教授の「緊急事態対処と法体制の整備」論文は，災害対策基本法にある緊急事態条項では足りず，憲法に条項を挿入する必要があるとの立法事実，立

---

(2) 百地章「憲法改正は『緊急事態条項』から一点突破を図れ」(iRONNA　2015.7)，同「まずは『緊急事態条項』が焦点　速やかに憲法改正の国会発議を」(産経新聞 2016.7.12 付) など．
(3) 百地章『緊急事態条項 Q&A　いのちと暮らしを守るために』(明成社，2016 年，以下「百地 Q&A」)．
(4) 百地教授の「国家緊急権」(ジュリスト増刊「憲法の争点〔新版〕」(1985 年) 27 頁，参照．
(5) 浜谷英博「緊急事態対処と法体制の整備——巨大災害対応と憲法への緊急事態条項の創設」(「海外事情」64 巻 11 号，2016 年)．

法理由を提示しているのでそれを整理し検討する．

　教授の主張の第一は「憲法に基本的根拠を持たない各法は，基盤的原則を欠く規定内容にならざるを得ず，大胆かつ迅速な機動性に富む措置を盛り込みにくい欠陥を有する」という点である．

　第二は「人権の制約を含む対処の決断に際して，憲法に規定された人権保障規定が平時と有事を区別していないため，果敢な措置が取りにくい」という点である(6)．

　これら主張の具体的展開としては，憲法に規定を入れておかないと，憲法の人権保障条項により，立憲主義に反し，各法律の緊急事態条項が違憲訴訟や国家賠償訴訟にさらされる，各法律に規定のない対処は超法規的措置とならざるをえず，かえって立憲主義を破壊する，憲法に権限の制約や限界を定めることにより独裁制を防げるという理由付けがなされる(7)．

　これらの主張や理由付けの前提は，緊急事態時には財産権以外の基本的人権も制約しなければならないという点であるが，少なくとも，本稿で論じる大災害時における緊急事態では，災害対策基本法以上の基本権制約は不要である．まして超法規的措置など全く必要ない．それらの点は3以下に具体的に述べたい．教授の主張は，大災害のどのような事態を想定して言っておられるのか具体性がないうえに，想定外事態を過大に拡大しているように考えられる．これまでの大災害の現場で起こったことを具体的に承継し，さらなる大災害にそなえるには別な道の探索（専門省をつくり行政法規をさらに現実的に整える道筋）をし，想定外事態を可及的に少なくする努力の方が有効ではないだろうか．

(5) 河田恵昭説

　土木工学，防災の河田教授は，大規模防災についての数々の貴重な提言をしているが，最近では防災省をつくるべきだと提唱し，さらに憲法をかえて国家緊急権を導入することも考えれば良いと述べている(8)．防災省のことは同感であり後述するが，国家緊急権と憲法については教授は完全な誤解をしている．

---

(6) 以上，前注論文82頁．

(7) 注(5)論文87〜88頁．

(8) 河田恵昭「国難災害なら強制力容認を」（朝日新聞2016年6月20日付）．河田教授は阪神・淡路大震災から10年ほどの間は，国家緊急権主張をしておらず（たとえば河田『スーパー都市災害から生き残る』（新潮社，2006年）参照），このような主張は東日本大震災以後のことであろうと思われる．

災害対策基本法には強制力がないと思い込んでいるからである[9]．自民党も百地教授もこの点の誤解はないので，河田教授には理解を願うしかない．理解されれば，憲法への国家緊急権条項導入には反対されるのではないか[10]．

(6) 橋本大三郎説

橋本教授の国家緊急権の考え方は，憲法の条文や法律のかたちで緊急権を法制化することは，国家緊急権の行使にとって必要でもないし充分でもないというものである[11]．国家緊急権の本質を，政府（行政）が憲法からはみ出る行動を取るという点にあるというのが基本的位置付けなのである[12]．

従って，国家緊急権を行使する者にとって，その原則は次のようになると言われる．

すなわち，

・必要なことは，行わなければならない．
・根拠法がなくても，平時の法律に抵触しても，国民の基本的人権の一部を制約したり無視したりすることがあっても，それは国民の緊急事態を救う緊急避難であるから，政府機関が業務として実行する．
・国家緊急権の行使を命じたことで自分の責任が追及される場合には，刑事罰を受けてもよい[13]．

このような国家緊急権の捉え方は，法律論でなく，政治論，法哲学の世界に属しよう[14]．何れにしても，大災害のために，憲法に国家緊急権条項を導入しようという発想法とは水と油の関係である．

(7) 小 括

憲法改正を必要とする説得力ある立法事実は見出せなかった[15]．

---

[9] 河田惠昭「災害対策基本法では『国難』に対処できない」（明日への選択 2016 年 5 月号）でも盛んに強制力がないと繰り返し主張している．基本的法律知識の欠如である．
[10] 2015 年 11 月に彼と意見交換をした時の感触による．
[11] 橋本大三郎『国家緊急権』（NHK ブックス，2014 年）133 頁．
[12] 同上 134 頁．
[13] 同上 128 頁．
[14] 通常の憲法論の説くところでは，①憲法制度上の国家緊急権（憲法上一定条件の下で立憲主義を一時的に停止して独裁的な権力の行使が認められる場合），②憲法を踏み越える国家緊急権（憲法の授権や枠を越えて独裁的な権力が行使される場合）である（佐藤幸治『憲法（第 3 版）』（青林書院，1995 年）48 頁であるが，橋本の説くのは②の場合のみである．

3 大災害緊急事態準備は専門省をつくり行政法規を整える道筋で〔斎藤　浩〕

大規模災害に際して，緊急事態対応として講ずべき具体的措置について，都道府県，指定都市，県庁所在市，特別区にアンケートを実施し，その結果を分析した研究があるが[16]，それによると，制度を見直すべきであると答えた自治体は1のみであり，それ以外の79はその必要はないとしている．災害対策基本法の緊急事態条項が発動されていないことがそれらの回答の基調にあるものと思われる[17]．

またのちにⅡの6で述べるヒアリング結果も参照されたい．

次に発動されたことのない災害対策基本法の緊急事態条項を詳細に検討する．

3　災害対策基本法における緊急事態条項

同法は他の災害関係法律に対して一般法の性格を有し[18]，災害対策の基本法であり，計画の立案と実務的対応を盛り込んだ実施法でもある[19]．1959年の伊勢湾台風被害を契機に制定の機運が高まり，1961年成立し，以後大災害後に必要な改正がなされ[20]，本稿執筆現在の最新改正は現在2014年の豪雪被災への対応のためであった．同法は多くの悲惨な体験を基本としている[21]．

すでにみたように，自民党草案も，百地教授も，災害対策基本法の緊急事態条項が強力に存在することを認めている．

---

(15)　植松健一「アベ改憲論を問う —— 緊急事態条項の難点と緊急権論の盲点」（法と民主主義（2016年4月号）507号8頁），二宮淳悟「緊急事態条項（国家緊急権）の創設を考える」人権と部落問題68巻10号45頁（2016年）参照．

(16)　武田文男・竹内潔・水山高久・池谷浩「巨大災害に対する法制の見直しに関する課題についての研究」(GRIPS Discussion Papers 16巻6号（2016年）18-19頁).

(17)　小池清彦新潟県加茂市長「『緊急事態条項』は自治体の防災に不要で有害」週刊金曜日．2016年8月5日号20頁参照．

(18)　防災行政研究会編集「逐条解説災害対策基本法（第3次改訂版）」（ぎょうせい，2016年，以下「逐条解説」として引用する）59頁参照．

(19)　津久井進『大災害と法』（岩波新書，2012年）32頁参照．

(20)　改正経過は逐条解説第1章が詳細である．なお沿革は災害対策制度研究会編著『日本の災害対策 —— その現行制度のすべて』（ぎょうせい，1986年）参照．

(21)　同法については，「理念規定を欠いている」（津久井前掲書注(19) 32頁），「基本施策の全体の姿は」捉えられにくい（生田長人『防災の法と仕組み』（東進堂，2010年）11頁），晴山一穂「災害に関わる行政組織に関する規定が現行法上十分な体系性・総合性を備えたものとなっていない」（公法研究76号（2014年）24頁）という評価もあるが，基本理念は2013年改正で導入された（同法2条の2）．またその他の消極評価についても批判がある（鈴木康夫「大規模震災と住民生活」前掲公法研究76号，68頁以下）．

ここではその内容を整理し，大災害対策としての緊急事態条項はこれにて必要十分なものであることを検証しておきたい[22]．

(1) 災害対策基本法の緊急事態条項の枠組み
① 布告-緊急政令の体系

布告-緊急政令で対処するものであり，その要件が規定されている．条文体系に沿ってみれば内容は明らかである．骨格的条文はそのまま採録し，その他は省略形にする．

同法9章全体が災害緊急事態である．

・緊急非常事態の定義と布告の発出　105条

非常災害が発生し，かつ，当該災害が国の経済及び公共の福祉に重大な影響を及ぼすべき異常かつ激甚なものである場合において，当該災害に係る災害応急対策を推進し，国の経済の秩序を維持し，<u>その他当該災害に係る重要な課題に対応する</u>ため特別の必要があると認めるときは，内閣総理大臣は，閣議にかけて，関係地域の全部又は一部について災害緊急事態の布告を発することができる[23]．

・国会の承認及び布告の廃止　106条

布告は事後的に国会の承認を要し，不要になった時等には廃止する．

・災害緊急事態における緊急災害対策本部の設置　107条
・政府の対処基本方針　108条
・情報の公表　108条の2

内閣総理大臣は，第百五条の規定による災害緊急事態の布告に係る災害について，当該災害の状況，これに対してとられた措置の概要その他の当該災害に関する情報を新聞，放送，インターネットその他適切な方法により公表しなければならない．

・国民への協力の要求　108条の3

1　内閣総理大臣は，第百五条の規定による災害緊急事態の布告があつたと

---

[22] 憲法との関係での災害対策基本法の緊急事態制度の研究として，山中倫太郎「災害対策基本法における災害緊急事態制度の趣旨，構造および課題――日本国憲法との関係で」（防衛大学校紀要社会科学分冊108号（2014年）はこの分野の基本文献といえよう．

[23] 2013年改正によってこのように緩和された．それまでの条文に本文で下線を付した部分が追加された．

きは，国民に対し，必要な範囲において，国民生活との関連性が高い物資又は国民経済上重要な物資をみだりに購入しないことその他の必要な協力を求めることができる．

2　国民は，前項の規定により協力を求められたときは，これに応ずるよう努めなければならない．

・災害緊急事態の布告に伴う特例）108条の4，108条の5

この法律の多くの条文や関連法律の条文が，布告が出されることによって変更される．

・緊急措置-緊急政令制定・廃止　109条

1　災害緊急事態に際し国の経済の秩序を維持し，及び公共の福祉を確保するため緊急の必要がある場合において，国会が閉会中又は衆議院が解散中であり，かつ，臨時会の召集を決定し，又は参議院の緊急集会を求めてその措置をまつといとまがないときは，内閣は，次の各号に掲げる事項について必要な措置をとるため，政令を制定することができる．

一　その供給が特に不足している生活必需物資の配給又は譲渡若しくは引渡しの制限若しくは禁止

二　災害応急対策若しくは災害復旧又は国民生活の安定のため必要な物の価格又は役務その他の給付の対価の最高額の決定

三　金銭債務の支払（賃金，災害補償の給付金その他の労働関係に基づく金銭債務の支払及びその支払のためにする銀行その他の金融機関の預金等の支払を除く．）の延期及び権利の保存期間の延長

2　刑罰

3　政令の廃止

4　臨時国会，参議院緊急集会の招集と緊急政令の承認

5，6　国会が意思決定をしない場合の緊急政令の自動的消滅．

・海外支援受け入れのための政令の発出とその廃止等　109条の2

② 特　徴

ア　布告，布告のみの発出

同法105条で災害緊急事態の定義があり，その際に布告を出すことができる．布告が出されれば，必ず対処基本方針を定め（108条），情報を公表しなければならない（108条の2）．国民への協力要求（108条の3），緊急政令を

制定（109条）するかどうかは布告の要件ではない．布告を出して，国民に事態の重大性を知らせ，多くの列挙された法令のギアを災害緊急事態用に入れ直す（108条の4）ことになる．災害の程度と発災後の推移を見て，ここでとめることも十分可能性があるし，布告を出すことを躊躇することはないと考えられる．

イ　緊急政令，その憲法論

　その上で，緊急政令を出すか否かは，内閣が「国の経済の秩序を維持し，及び公共の福祉を確保するため緊急の必要がある場合」で国会に依拠できない状況である（109条1項）と判断するかどうかである．

　この緊急政令は，災害対策基本法109条1項による包括委任である．

　憲法41条との関係が論じられる．

　このような包括委任が憲法41条との関係で許されるのかという論点である．

　消防庁防災課に置かれている防災行政研究会の「逐条解説」は，担当行政解釈としてこの点をつぎのように合憲と述べている[24]．

　①法律の明確な委任があること
　②その制定手続，事後手続に国会の立法権に対する十分な配慮を加え，厳格な要件を付していること．
　③委任する事項の範囲が具体的に規定され第1項各号に掲げる事項以外には命令が規定する余地はないこと．

この点で考察すべきは，猿払事件の最高裁判決（最大判昭和49.11.6）の事例との関連である．猿払事件で問題になった罰則をともなう人事院規則への国家公務員法102条1項の白紙委任ぶりは顕著であり，法廷意見が「政治的行為の定めを人事院規則に委任する国公法102条1項が，公務員の政治的中立性を損うおそれのある行動類型に属する政治的行為を具体的に定めることを委任するものであることは，同条項の合理的な解釈により理解しうる」と許容したことの対し，大隅健一郎，関根小郷，小川信雄，坂本吉勝各裁判官の反対意見は「国公法102条1項における前記のごとき無差別一体的な立法の委任は，少なくとも，刑罰の対象となる禁止行為の規定の委任に関するかぎり，憲法41条，

---

[24]　同書676頁．山中前掲注[22]論文98頁は自説と同趣旨とされる．

3 大災害緊急事態準備は専門省をつくり行政法規を整える道筋で〔斎藤 浩〕

15条1項,16条,21条及び31条に違反し無効であると断ぜざるをえないのである」としている.反対意見の説得力が勝る.

ただ,私は委任と罰則について,猿払事件の反対意見の立場からしても,本稿で検討している災害対策基本法の委任規定は,合憲の範囲にとどまると解する.

上記「逐条解説」のあげる3点に加え,委任政令が罰則規定をともなわない限りもちろん違憲とは言えない.ともなっても現行規定である限り,違憲ではないが,災害対策基本法109条2項の罰則は緊急政令につけないほうがより良い.それは,白紙委任の上述の論点のほかに,次に述べる現実の災害現場の状況からくる.必要がないので,改正で罰則は削除するほうがより良いと考える.

災害緊急事態において,被災者は内閣以下の行政の緊急措置を待ち望む.強力かつ迅速,有効な緊急措置を望むが,それは罰則を担保として確保できるものではない.本稿の課題でないので省略するが,行政上の強制を担保として確保できるものでもない.被災者を先頭とし,ボランティア,全国民の支持と共感だけが実効確保の力である.政府の緊急措置が大きな共感をもって実施されれば,措置への違反,妨害は起こりにくく,仮に起こったとしてもこよなく微細なものに終わるであろう.またそのような違反,妨害は災害救助をとおり復旧,復興の段階になって,他の法律を駆使して事後的に行えばよいことであり,緊急措置の実効性確保に罰則を導入することは有効な方法でないばかりか,人的エネルギーの点で有害であろう.

(2) 導入時の憲法論

3の冒頭に述べたように,災害対策基本法は1961年に成立したが,災害緊急事態の8章は憲法に触れる大問題ということで削除されていたのである[25].その後,字句整理をし,憲法学者の意見を国会で聞いて,ようやく1962年に8章が挿入された.憲法学者田上穣治,大西邦雄,小林直樹教授は,おおむね,災害という特異な事態に限るのであり,緊急事態の布告の要件も絞られており,政治活動等への影響する危険性もなく合憲であるとした[26].

小林教授の国会でのつぎのような公述は,国家緊急権と災害緊急事態の本質を非常に要約して明快であるので引用する[27].

---

[25] 前掲注(18)逐条解説「逐条解説災害対策基本法(第3次改訂版)」8-10頁参照.
[26] 同上10-11頁参照.

I 大災害の頻発と緊急事態条項

　最後に，これはすべての立法あるいは政治について基本的な態度と言いますか，およそ憲法が予定しているところの最も重要な価値体系に触れないかどうかという点を十分に突っ込んで考えるときには，最初に申し上げましたような，そもそも緊急手段的措置を立憲体制のもとにおいて取り上げるのは正しいかどうか，特に日本国憲法の中においてそれを取り入れていくのが妥当かどうかという問題に触れてくるわけであります．法の形式として，こういう災害という特殊な条件のもとにおいてではあっても，緊急政令的手段を認めるということが一たん確立されますと，一般的にそういう法形式が合憲であるという理論に飛躍しないかどうかという，最初に私が申し上げました憂慮はなおかつ残るのではないだろうか．条文をながめますと，おそらくそういうことはないだろうということは，常識的にはわかりますけれども，一たん作り上げられました条文は，私どもの世代をこえてさらに長い生命を持ちますし，それは別な条件あるいは別なイデオロギーによって解釈を下されるおそれがありますから，そういうことを十分に考えて参りますと，どうも一般的に緊急権制度が合憲化されるというロジックにならないかという憂慮は完全には払拭できないのじゃないだろうか．その意味において，本法でいうところの非常特別災害に限定するということを，審議の過程におきましても十分に明らかにされることが望ましいのではないだろうかということを感じた次第でございます．政治に必要なジェラシーと言いますを，憲法をなるべく厳重に解しまして，そこで要求されている立憲的な基本目的に照らして言うならば，今申し上げましたような特別な限定というものをここの段階で明らかにされた上で，これを通過されることを私は個人的に期待したいと存じます．たとえば憲法29条あるいは27条等について，ここの論点でこの法律が触れておりますところの若干の問題がございますけれども，そうしたものは先ほどあげましたような要件の中で大体慎重に配慮されていると思いますので，ここでは省略いたしました．

　ここで言われていることは，第一に国家緊急権は立憲主義をゆるがし，基本的人権規定に触れるものである，第二に災害対策基本法の緊急事態条項はそれらのおそれを払拭する要件が整っているが，一般的な国家緊急権を合憲化するためのロジックにつながるおそれもある，第三に従って特別な限定的解釈が必要である，ということである．

　これをうけて導入にあたっての付帯決議がつぎのようになされた[28]．
　　政府は，災害緊急事態の布告及び緊急措置に関する政令の制定に関する制度の

---

[27]　衆議院地方行政委員会議事録（1962年4月13日）1-2頁．なお，この時代からずいぶん後に，小林教授は『国家緊急権』（学陽書房，1979年）を上梓されたが，災害緊急権問題はほとんどふれていない．

[28]　衆議院地方行政委員会議事録（1962年4月19日）の付帯決議第三点．

3 大災害緊急事態準備は専門省をつくり行政法規を整える道筋で〔斎藤　浩〕

運用について，かりそめにも濫用にわたり，自然災害に由来する事態における経済的規制以外に拡張されることのないよう厳に留意すべきである．

このように災害対策基本法の緊急事態条項は，合憲と違憲のギリギリの狭間で合憲の側に立つ強力な規定なのである．

(3) **強力すぎて阪神淡路大震災でも東日本大震災でも発動されていない「実績」**

強力であるのでこれまでの大災害では発動されていない．

まず，阪神淡路大震災時，村山富市総理大臣は次のように答弁し，緊急事態条項の発動を否定した[29]．

> 災害対策基本法では，非常災害が発生し特別の必要があると認めるときに，内閣総理大臣が閣議にかけて災害緊急事態の布告を行うことができることとされ，その場合は内閣総理大臣を本部長とする緊急災害対策本部を設置することとなっております．
>
> このような災害緊急事態の布告を発するかどうかを決めるに当たっての最大のポイントは，災害対策基本法第百九条に基づく緊急措置が果たして必要かどうかということであります．この緊急措置は，災害緊急事態の布告があった場合には，国会が閉会中または衆議院が解散中などの場合に，国会の議決を経ずして内閣の権限と判断において物資の統制，物価統制，金銭債務の支払い等について国民の私権の制限を含む非常時立法を行うことができるとするものであります．しかも，この非常時立法に当たっては，刑事罰の威嚇をもって国民の私権を制限することも認められております．
>
> このような緊急措置をとるかどうかを判断するに当たっては，国会の尊重，三権分立の観点からも慎重に対処すべきであると考えています．
>
> 現在のところ，この災害対策基本法に基づきまして非常災害対策本部を設置いたしまして，専任大臣を指定して今当たっておりますし，先ほども申し上げましたように，その非常災害対策本部のもとに現地に現地対策本部を設置いたしまして，県庁の中に今部屋を借りて現に活動いたしておりますけれども，県，市町村と連携をとりながら一体となって進めております．
>
> これをさらにバックアップしていく意味で，私が本部長になった緊急対策本部を設置して，全閣僚がそのメンバーになってそれをバックアップするという体制を整えておりますから，私は現在の取り組みが最善の体制であるというふうに考えております．

---

[29]　参議院本会議議事録（1995 年 1 月 24 日）．

Ⅰ　大災害の頻発と緊急事態条項

　次に，東日本大震災時，政府側は次のように述べ，緊急事態の布告について消極である旨を説明した⑶⑼．

　○佐藤正久君　私は，今回はまさにその百五条の災害緊急事態，これに該当する事態だと思いますけれども，なぜ今回はこの災害緊急事態を布告しないんでしょうか．
　○政府参考人（小滝晃君）⑶⑴　この災害対策基本法百五条が自ら言っておりますように，この応急対策を推進するための特別の必要があると判断されるときに発動されるべきものと位置付けられております．それは，具体的にはこの百九条に列記されました措置の必要性が現実に今生じているかどうかという観点から判断されることになろうかと思います．
　そうした点と，もう一つは，現在，国会が開会中でございまして，百九条の規定している国会が閉会中等の場合であるといった状況にないということの中で，総合的に最終的には全体を考えていく必要があるものというふうに考えているところでございます．
　○佐藤正久君　今まさにその緊急事態なんですよ．これを布告しておけば，例えばガソリンが郡山で止まることもないんですよ．今大事なことは二次，三次被害を防がないといけない．片方で二十キロ，三十キロ圏内，安全と言いながら，実際は郡山で止めてしまう．この緊急事態対応であれば，そこは行きなさいと言えるんですよ．こんなに，本当に今窮状で，もう二次，三次被害で屋内で本当に亡くなっている方がいるかもしれないんですよ，屋内退避で．今そのぐらいの状況．しかも，これが発令されれば，買占めやあるいは売惜しみも制限することもできる．今回これをやっておけば，私はもっと柔軟に対応でき，また果敢に実際運用できたと思います．
　今からでも遅くはないと思いますけれども，この災害緊急事態，これを布告する考えはありませんか．
　○政府参考人（小滝晃君）　その緊急事態の布告につきましては，先ほどお答え申し上げました点に加えまして，国民の権利義務を大きく規制するという非常に強い措置であるといったことも踏まえて適切な判断が必要なものではないかと思っております．

　この不発動につき，「内閣参事官の答弁内容によれば，憲法に直接的根拠（緊急事態時における人権の一部制約）を明記していないことが，少なからず影響している」と浜谷教授⑶⑵が述べるのは，牽強付会の感を免れない⑶⑶．

⑶⑼　参議院予算委員会議事録（2011年3月22日）．
⑶⑴　小滝晃氏は国土交通省出身の当時内閣参事官．
⑶⑵　前掲注⑸浜谷論文77頁．
⑶⑶　伊藤真「緊急事態条項は『人権侵害条項』だ」（週刊金曜日2016年8月5日付19頁）．

3 大災害緊急事態準備は専門省をつくり行政法規を整える道筋で〔斎藤　浩〕

　上に見てきた災害対策基本法上の災害緊急事態条項は，強力なシステムであり，本気でこれを発動すれば，今後予想される大災害にも十分に対処できるものである．阪神淡路と東日本の大災害に発動しなかったほどのシステムを，スムーズに動かすべく準備することが責任ある行政の立ち位置ではなかろうか．

4　大災害対策で改憲を唱える事の本当の狙い

　以上の小括として，大災害時のために，憲法に緊急事態条項の必要性を強調する論者，政党の真の意図を推測しておきたい．

　自民党草案以外にはそのことは明言されてない．しかし分析してきたように災害対策基本法にある布告，緊急政令等の強力な制度がありながら，なお憲法に緊急事態条項を規定したいと考えるには理由があるのである．

　それは災害対策基本法の緊急事態条項が対象にしているのは経済的領域における権利（経済的自由権）制限であるのに対し，真意は憲法改正により大災害時における国民の政治的自由，精神的自由の制限に拡大したいというところである．

　阪神淡路大震災以来，さまざまな大災害の救援，復興に一定の関与をしてきた経験から言えば，憲法に緊急事態条項を盛り込むというようなことが発災後必要なのではなく，もっと質的に異なる制度，法制度が必要となることを次に論ずる．

II　近時の大災害から見えてくる必要な行政法規整備の課題

　この点は，私の所属する阪神淡路まちづくり支援機構付属研究会で研究を続けており，一定の結論もあるが，本稿では紙幅の関係から項目だけを表記し，他稿での発表としたい．ただ1の土地の確保については，本稿でも一部後述する．

1　復旧，復興事業用土地の確保対策
2　緊急の病院確保対策
3　シビアアクシデントレベル3の原発事故への対策
4　災害救助法と災害対策基本法の権限のねじれ解消対策
5　自治体間の応援の整備対策

6 地方財政制度の整備対策

同研究会で，阪神・淡路大震災時の兵庫県，神戸市，西宮市の幹部職員に発災時に行政として何が必要だったかのヒアリング調査をあらためて2016年に実施したところ，概略つぎのような結果となった[34]．
- 総理大臣への中央集権的権限はいらない．国の専門省が欲しい．
- 復興予算，財政的準備，基金準備をあらかじめ用意すべきである．
- 人員整理が続く現状の自治体に，瞬時に応援体制が整う事前の計画が必要．
- 事業のための住民合意を得る方法の習熟準備が不可欠．

Ⅲ 独立の専門省をつくるべきである

著名な論者として前述の河田教授のほか石破茂代議士がまだ安倍内閣の地方創生担当大臣であった2016年4月防災省設置を提言した．

ここでは私の提言も含め積極説を概観し，消極説を検討し，現段階での独立の専門省の必要性を整理したい．ただ積極説の方の展開は具体的でない．

1 積 極 説

(1) 河 田 説

河田教授は随所で積極説を述べているが，一番新しいのは注(6)の「明日への選択」誌での発言である．

「私は，関東大震災百年を契機に防災省を作ろうと呼びかけました．なぜかというと，自然災害に対して今は，内閣府に防災特命大臣が置かれ，内閣官房と内閣府の責任職員が百名程度と，他の関連職員が数十名いるだけだからです．これでは，首都直下地震と南海トラフ巨大地震が単独で，あるいは連続する形で複合災害として起これば，職員数は全く足りず，確実にわが国は滅びますよ．そうした事態を防ぐためにも，防災省を創設して，減災に取り組むことが必要なんです」．

ここからは減災目的の独立した専門省を作るべきということは伝わってくる．

---

[34] ヒアリング内容は近日中に公刊する予定である．

***3* 大災害緊急事態準備は専門省をつくり行政法規を整える道筋で〔斎藤　浩〕**

(2) 斎藤説[35]

　名称は私の 2013 年提案が「災害復興業務人材育成・確保省」と長すぎたので，今後は塩崎説や永井・津久井説にあわせて防災復興省としたい．私の構想は元の長い省名にあるように，主たる任務を来たるべき災害復興のための人材育成・確保にあてる災害教育機関の面が強い．以下では今日時点での概略を示す．

・概要，前提

　私は大災害に備えて国に国家行政組織法 3 条 2 項にもとづく省を置くべきであると考える．構想の眼目は，大災害に備えての人材育成・確保，現実災害対応の 2 大柱からなり，官房のほか防災復興人材審議官，3 局，地方支分文部局を設ける本格的な独立官庁であるとともに地方分権を徹底することを旨とする組織である．発足時は，他省庁からの出向職員に依拠するが，設立後毎年独自職員を採用する．

　省をつくる前提として徹底した地方への権限委譲を実現する．災害復興時にそなえ，たとえば下記のような法律で国に認められている権限を可及的に都道府県に委譲する準備作業が重要である．

　　　　　　　　　　　　　記

復興特区法 48 条，49 条が定める各法律における国関与の規定

土地利用基本計画の変更（国土利用計画法），都市計画区域の指定，変更又は廃止（都市計画法），都市計画の決定又は変更（都市計画法），農業振興地域の変更（農業振興地域の整備に関する法律），農用地利用計画の変更（農業振興地域の整備に関する法律），地域森林計画区域の変更（森林法），保安林の指定又は解除（森林法），漁港区域の指定，変更又は指定の取消し（漁港漁場整備法）農地転用の許可（農地法），都市計画区域における開発行為等の許可（都市計画法），都市計画事業の認可等（都市計画法），農用地区域における開発行為の許可（農業振興地域の整備に関する法律），地域森林計画の対象民有林における開発行為の許可（森林法），保安林における立木の伐採等の許可（森林法），特別地域における工作物の新築の許可等（自然公園法），漁港区域における工作物の建設等の許可（漁港漁場整備法），港湾区域における工事の許可

---

[35] 平山洋介＝斎藤浩編『住まいを再生する　東北復興の政策・制度論』（岩波書店，2013 年）61 頁以下．

Ⅲ　独立の専門省をつくるべきである

等（港湾法）
・防災復興人材審議官
・防災復興省の局
災害復興時活動人材育成局

　同局に研修部をおく．全地方公共団体から規模に応じて最低一名以上，半年単位，全職員規模で，下記の職務を可能とするための職員を養成する研修をおこなわしめる．国の費用で，地方からこの研修部に常時出向させる．なお原子力発電所等が存在するか隣接する地方公共団体には，下記に加えて原子力，放射能関係の研修コースを設ける．小規模の地方公共団体には，この出向を可能とする人材確保のための財政支援をし，職員の計画的採用を促す．

記

　まちづくり計画作成業務，防災集団移転促進業務，土地区画整理業務，面的開発業務，土地収用業務，災害公営住宅整備業務，中山間土地・農地修復業務，漁港・漁場整備業務，その他

災害復興時活動人材確保局

　地方公務員の育成は災害復興時活動人材育成局の職務であるが，災害復興時活動人材確保局の職務は災害復興のための民間の人材の確保と活用方法を確立することである．阪神や東京の「まちづくり支援機構」型の専門士業との連携を強化するとともに，まちづくりコンサルタントの組織化，大規模化を援助し，災害復興時活動人材育成局の教育を受けつつ定年退職した元職員たちの予備役兵型団体をつくり，もって半官半民の災害復興活動人材を大量に養成・登録することを任務とする．

災害対応・復興局

　この局の任務は，国家的対策をとらねばならない災害時における災害対策基本法にもとづく2つの対策本部（同法24条の非常対策本部，28条の2の緊急災害対策本部）が発する方針のうち，直接実力部隊として活動する消防，警察，自衛隊以外の広範な職務を担当する．災害救助法の運用を現在の厚生労働省と調整しながら，将来的にはこの局の職務とする．復興に向けての職務は他の2局（災害復興時活動人材育成局，災害復興時活動人材確保局）の成果・蓄積の上におこなう．主として人的資源の有効活用の司令塔である．

3 大災害緊急事態準備は専門省をつくり行政法規を整える道筋で〔斎藤　浩〕

(3) 塩崎説

塩崎賢明教授は，防災・復興省の創設を提言している[36]．

この構想は，被災と復興の経験を系統的に蓄積できる組織で，他省庁からの出向メンバーでつくるのではなく，独自の職員を揃えること，災害対応のために基礎自治体に権限と財源を充実させ，地方と情報を共有し，施策の調整ができる中央組織をつくるべきだという．

私には全く異論はない．さらに詳細な構想を願うものである[37]．

(4) 石破説

後述する内閣府の消極結論に対して，「日本国中，どこで，いつ，何があってもおかしくない状況であって，もう一度『防災省』のようなものをつくる勉強は我々でしてみてもいいのではないか」と述べている[38]．

(5) 永井・津久井説

永井幸寿弁護士と津久井進弁護士は，阪神淡路まちづくり支援機構付属研究会の 2016 年 8 月研究会において，防災復興省の構想を次のように発表した．

1　目的

　　災害発生時・その後の復旧・被災者の生活再建・復興・防災のサイクルにおいて「一貫性をもった政策」を実施するために，「高度の専門性」を確保する「経験の蓄積」「人材の育成」「訓練の実施」を行い，災害時には様々なセクターが強みを活かせるように「総合的・横断的な調整」を行うと共に，現場における「コーディネート」を担い，予定された支援を実施するための「財政的基盤」を保持するために，防災復興省を置く．

（他の目的と混同しない．特に有事とは混同しない）

2　組織

高度の専門性を備えた「防災復興官」を置く．

内閣府防災と，復興庁から移管し，消防・自衛・医療・中央防災会議をはじめ関係部署との間の人事交流

地方自治体の関係者の積極的な関与と，権限の付与

民間人の積極的登用（専門家，研究者，実務家，災害ボラ，企業関係）

国際的な連携が可能な人材

---

[36]　塩崎賢明『復興＜災害＞』（岩波新書，2014 年）191 頁以下．
[37]　塩崎教授はイタリアの 2009 年，2012 年地震からの Protezione Civile（市民安全省）による復興手法をポリタスで報告している（http://politas.jp/features/4/article/346）．
[38]　石破大臣「防災省」設置の検討を（テレ朝 news2016 年 4 月 21 日）．

Ⅲ　独立の専門省をつくるべきである

 3　権限
　　災害発生時において機能する権限はあらかじめ法定
　　国家緊急権は付与しない．
　　原則として地方自治体の相互の応援・支援を支える，調整する権限
 4　行為
　　災対法，災害救助法，被災者生活再建支援法等において法定する
　　災害直後　被災地自治体・応援自治体・民間セクターのコーディネート，人材派遣
　　復旧段階　地方主導の復旧作業を財政面で支援，財源格差の調整
　　復興段階　被災地主権の復興の知のサポート
 5　財源
　　現在の予備費中心を改め，基金（特別会計ではなく相互扶助）の設置
　　防災費，減災費の投入に付き，復旧復興費と関連性を持たせる一貫性
　　基金の運営管理
　　私の構想をさらに発展させている感覚がある．

2　消極説
(1) 政府の危機管理組織の在り方について（最終報告）
　内閣府は，2014年に「政府の危機管理組織の在り方に係る関係副大臣会合」を開催し，2015年3月30日の第三回で「最終報告」をまとめた[39]．
　・組織構成いかんにかかわらず，大規模災害時に国・地方を通じた関係機関が持てる力を最大限に発揮できるかどうかがポイント
　・緊急災害対策本部・非常災害対策本部の指揮の下，都道府県・市町村と密接・的確に連携し，内閣官房・内閣府が総合調整を適切に行い，関係省庁が連携して持てる力を最大限に発揮することが肝要
　・都道府県・市町村や関係省庁との連携・調整がより円滑かつ効率的に行えるよう，平時からの対応を含めて改善を図っていくことが必要
　そのうえで，「日本版FEMAのような統一的な危機管理対応官庁の創設など，中央省庁レベルでの抜本的な組織体制の見直しの検討については，現段階では積極的な必要性は直ちには見出しがたい」[40]．
　「危機管理対応は不断の見直しと改善が不可欠であり，今後とも，上記の取

---

[39]　http://www.bousai.go.jp/kaigirep/kaigou/saishu/pdf/saishu_houkoku2.pdf
[40]　防災情報機構NPO法人の防災情報新聞2015年5月18日付．

3 大災害緊急事態準備は専門省をつくり行政法規を整える道筋で〔斎藤　浩〕

組の進捗状況や成果を検証しながら，組織体制の見直しも排除することなく必要な対策の検討と実践を図り，よりよい危機管理対応体制をめざしていく」と述べている．

この内容への評価はつぎのような報道に尽きるであろう[41]．

> 要するに，新たな危機管理組織の創設という大改革は，わが国ではムリ，現状の体制のもとで持てる力を「最大限に」発揮，総合調整を「適切に」行い，「改善を図る」という国会答弁（？）を彷彿させる修辞的表現となった．
> 果たして現体制・資源の効果的な運用（への期待感）で，国難的な危機管理の課題を解決できるのか疑問が残るところだ．
> "日本版FEMA"創設の是非の議論は東日本大震災以前からあった．大震災で国の縦割りの省庁連携不足による対応遅れなどが顕在化し，大震災の反省と教訓を踏まえて南海トラフ地震や首都直下地震の評価見直しが行われ，想定外を極力排除した最大規模の被害想定が策定されたことで，国難レベルの大規模広域災害に対応する危機管理体制を求める声は急激に高まった．
> また，東京電力福島第1原発事故の「国会事故調」による政府の危機管理体制見直し提言や，自民党東日本大震災復興加速化本部による「緊急事態管理庁」の設置提言もなされ，自民党は昨年末の衆院選公約に「緊急事態管理庁」創設を「検討する」ことを盛り込んだ．
> しかし，今回の「関係副大臣会合」検討結果の「現段階での積極的な必要性は直ちには見い出しがたい」という持って回った表現での"見送り"に，南海トラフ巨大地震や首都直下地震に危機感を高める防災の現場は，予想通りとのあきらめ感と"肩すかし"の観が交錯したようだ．

(2) 消極結論ありき —— 理由が示されない

この消極説には作らない理由が明確に示されていない．

私が提案したのは，前述のように大災害が起こった時にすぐに働ける人材の確保，教育であった．災害救助のための実力部隊である自衛隊，警察，消防などの活動以外の領域である．被災者が，災害救助の次に移っていく避難所，仮設，恒久住宅への道筋を，早急に整え，福祉・医療としっかり連携しながら，1日でも苦しみを短縮していく方策のプロの養成である．

最終報告は，「いわゆる『日本版FEMA』のような政府における統一的な危機管理対応官庁の創設等中央省庁レベルでの抜本的な組織体制の見直しの検討

---

[41]　防災情報新聞 2015年4月18日．

Ⅲ 独立の専門省をつくるべきである

については，……現段階においては積極的な必要性は直ちには見出しがたい」と言い，「緊対本部や非対本部の指揮の下，都道府県や市町村と密接・的確に連携した上で，内閣官房（事態対処・危機管理担当）や内閣府（防災担当）が総合調整を適切に行い，関係省庁が連携して持てる力を最大限に発揮することが肝要」と言うのである．

要するに国・地方の各機関各組織が連携調整してしっかりすれば良いというのであるが，それがこれまでできていないから防災復興省構想が各方面から提起されるのである[42]．

(3) 熊本地震対応で馬脚

しかもこの最終報告が出た2年後に発災した熊本地震において，国・地方の各機関各組織の連携調整が相変わらずできていなかった実態をみたい．

室崎益輝教授により，熊本地震の防災，復興に関する7ヶ月経過時点での一定の総括は次のようになされている[43]．

・不測の事態が「加害側＝自然の側」だけでなく「受害側＝人間の側」にも発生して，初動や応急の対応の混乱や瑕疵を生み出し，被害の拡大と復旧の遅延をもたらしている．

行政や地域の事前の備えや構えが問われる．
(1) 想定を遥かに超える需要の発生……膨大な避難者．
(2) 防災施設や避難施設などの損壊……繰り返し外力．
(3) 火山灰が堆積した地盤との共鳴……地盤の流動化．
(4) 車中泊などの不適応行動の発生……危険な立戻り．

・震災対応の問題
(1) 公的な庁舎，病院，指定避難所などが損壊し，災害対応や緊急避難などに大きな支障．
(2) 救援物資の配送やボランティアの派遣にボトルネックが発生し，被災者にすぐに届けられず．

---

[42] 発災直後の被災者がどのような要求，相談をもっているかについて，私が関係したまとめはつぎのとおり．阪神・淡路大震災については「ワンパック専門家巡回報告」（雑誌「おおさかの街」36号（1995年），東日本大震災については『ワンパック専門家相談隊　東日本被災地を行く』（クリエイツかもがわ，2011年），「士業・専門家の災害復興支援」（クリエイツかもがわ，2014年），熊本地震については『2016年6月熊本ワンパック専門家相談隊の取り組み（改訂版）』（阪神・淡路まちづくり支援機構付属研究会）．

[43] 室崎益輝「日本における震災対策の現状と課題」（中華民国内政部消防署　http://www.nfa.gov.tw/uploads/1/2016111503555）．

3 大災害緊急事態準備は専門省をつくり行政法規を整える道筋で〔斎藤　浩〕

(3) 対応の混乱や遅延により，被災者は過酷で危険な環境に長期間放置……車中泊や軒下避難，震災関連死．
(4) 住宅再建だけでなく，経済再建や教育再建などにも遅れが出ている……公費解体の遅れ，仮住まいの長期化．

(4) **防災復興省は不可欠である —— 熊本地震を例に**

室崎教授の分析も参考にしつつ，幾つかの項目を検討する．

① 想定外，不測の事態をなくす

自然は人間の能力を超える激しさを持って襲いかかるのを常とする．それに備えるのが人知であり，行政組織で言えば防災復興省の設立である．

最初の強い揺れ（2016年4月14日のマグニチュード6.5地震）が本震でなく，4月16日のマグニチュード7.3が本震であるなど誰が予想できようか．多くの人々が避難所から自宅に帰って犠牲になったが，これなどは14日の被災後すぐに応急危険度判定がなされていれば防げるのである．しかし今は地方の市町村にそのような技術職員が揃っていることはないから（大都市災害なら一定人数いても被災の量との関係ではさらに深刻である），ボランティアだが，駆けつけるには一定の時間がかかる．

私の防災復興省構想の中心は，たとえば発災後すぐに応急危険度判定がなせるような人材の地方公務員，民間建築士，技術士の教育，訓練と情報伝達網の整備を国費でおこなうことである．

② 支援物資の滞留をなくし，原発のシビアアクシデントにも備える

政府は被災自治体からの要請を待たずに物資を提供するプッシュ型支援を初めて実施した．しかし支援物資が熊本県の集積拠点に滞留し，避難所まで行き渡らないケースがあった．原因としては，道路網の寸断，行政の人手不足，保管場所確保の困難等が挙げられている[44]．

これなどは最終報告よりも前にすでに研究が進められているテーマである．

代表的研究は，人と防災未来センターにおいて行われている．宇田川真之「救援物資の輸配送業務を事例とした組織間連携のあり方」に詳しい．同センターが東日本大震災である2011年3月11日に開催したシンポ「『スーパー広域災害』の応急期における課題の特徴と災害対応のあり方」の資料をみればその成果がわかる．

---

[44] 読売新聞，毎日新聞2016年4月19日付．

Ⅲ　独立の専門省をつくるべきである

　広域物資拠点から，避難所までの救援物資輸配送業務の困難性をなくすための研究（どこに何があるか分からず避難所に，適切な物を直ぐに送れない状況をなくすため）である．先進自治体（北九州市や横浜市など）を調査し，都道府県，流通業者，自衛隊などとも共同研究し，結論は次のようなものである．
　災害前に，民間物流業者と行政（市，広域調整のため県も）との協定を締結し，物流計画のノウハウ（検品，仕分け，配送）を確立すること．準備する施設等としては，公共スペースのスペック，別倉庫，フォークリフト，トラック（大，小）などである．そしてその訓練である．
　このようなことがいまだに実践の課題になっていないことが2016年の熊本で明らかになった．
　私の防災復興省構想では，民間人材の確保を強調している．運搬流通業は日本のお家芸とも言える発達を遂げている．ヤマト運輸，佐川急便，JPエクスプレス，郵便事業，西濃運輸，福山通運等々の事業者と都道府県単位で，大災害時の流通の確保のための研究を早急に確立し，その費用と便宜，情報を提供することが防災復興省の役割である．また上記の公共スペースの確保，加えて原発保有県での特別体制の援助も防災復興省の任務である．それは現在の電力各社には任せていられないシビアアクシデントレベル3対策のための巨大ドームの準備である．各原子炉ごとに巨大ドーム（石棺）をあらかじめ備え，レベル2を超えた可能性のある時点で，水素爆発に備えて，原子炉を覆うのである．防災復興省と他省との調整は必要だが，この程度のダイナミックな準備業務を防災復興省が負うべきである．
　③　避難所，住居の確保
　・熊本では多くの指定避難所自体が不耐震化のために被災し閉鎖され，被災者は転々とするか車中泊の道を選ばざるを得なかった．車中泊の人々の健康悪化は深刻であった．これが現代日本の姿なのかと涙も枯れる思いだった．その後の住まいの確保も深刻であった．
　大災害準備のためにこの論点が一番深刻かつ必要度の高い問題と言って良いかと思われる．
　久しぶりの大震災であった阪神淡路大震災後の住まい確保は，避難所，応急仮設住宅，恒久仮設住宅の単線であったが，東日本大震災後ではそれぞれのメニューが増え，また津波による集団移転などが加わり，多様化したが混線して

***3** 大災害緊急事態準備は専門省をつくり行政法規を整える道筋で〔斎藤 浩〕

いると言われる[45].

単線を混線させずに複線化するために，避難生活の改善，応急仮設住宅の質の向上，自力仮設の認容，みなし仮設の制度改善，家賃補助制度の導入，被災者生活再建支援金制度の改善，住宅再建（自力，民間賃貸，災害公営）のすべての過程が充実する必要がある[46].

応急仮設住宅，災害公営住宅を建設するための土地確保手法は，本稿では省略した第2の1の部分である．略述すると次の通りである．

現行法でも準備と教育ができていれば次のような方策を機敏にとることができる．

(a) 災害救助法9条における「土地の使用」
(b) 災害対策基本法64条，71条，78条における「土地の使用」
(c) 大規模災害からの復興に関する法律36条の2などにおける「土地の収用」

<u>緊急時ではなく復興時における収用手続面での一定の特例</u>であり，これは<u>土地の収用</u>をあつかう．「土地等」の収用であり，収用委員会での裁決は必要であり，その要件を少し緩和したり，収用委員会への裁決申請には，「登記簿に現れた土地所有者及び関係人の氏名及び住所を記載すれば足りる」等の特例を設けている．

・発災直後の土地確保の具体的イメージ

都市など余剰の土地がない大災害地において救助基地施設等を緊急に整えるためには，これまでの各種公園，運動場に加えて，危険な建物を解体撤去しその敷地を活用する．

ⅰ 市町村長，特別区区長（当該市区町村の機能不全の場合は当該地区長村のある都道府県知事）（以下「被災地方公共団体の長」という．）が指定する応急危険度判定士による第一次第二次応急危険度判定をすみやかにおこない，危険と判断された建物を解体撤去する．

ⅱ 解体・撤去は申請主義でなく，災害対策基本法64条の応急公用負担とし上述の同法71条78条の行政処分によりおこなう（使用または収用）．この場合，同法64条2項前文に関する同法施行令24条以下に保管すべき「工作物

[45] 塩崎・前掲注(36)岩波新書159頁以下参照.
[46] 塩崎・前掲注(36)岩波新書186頁以下参照.

Ⅲ　独立の専門省をつくるべきである

等」に建物は含まないことを明確にする．
　iii　使用する用途に応じ，土地は使用または収用するが，当然損失補償を行わねばならない．この場合の補償額は土地収用法の損失補償に準じる．
・これらの現行法以上に強化された土地収用，収用手続でない収用令書手続の内容
土地（所有権）収用の特別規定を入れる手法は次のようになろう．
　a　救助法，災対法への土地収用，令書手続の導入
　　両法に土地の所有権収用も導入し，令書手続をとる．
　b　大規模災害復興法における土地収用・使用手続の一層の緩和
　　事業認定を1月以内におこなう．
　　緊急使用の使用期間等の特例（期間を延長）
　裁決手続も短期間を定め，延長の場合は緊急許可を与える．
・このような法整備は果たして必要であろうか（他制度との比較を通しての検討）
　駐留米軍特措法（日本国とアメリカ合衆国との間の相互協力及び安全保障条約第6条に基づく施設及び区域並びに日本国における合衆国軍隊の地位に関する協定の実施に伴う土地等の使用等に関する特別措置法）を参考とすることになる．
　1982年までは，「沖縄における公用地等の前提使用に関する法律」での5年使用につづき，「沖縄県の区域内における位置境界不明地域内の各筆の土地の位置境界の明確化等に関する特別措置法（地籍明確化法）」の附則で使用期限を10年に延長するなどの方法をとってしのぎ，1982年駐留米軍特措法を沖縄に適用する改正をおこない，土地使用を続けた．しかるのち，さらに同法を改正し，最終的には，収用委員会が裁決をしない場合，防衛大臣が裁決の代行をおこない（23条），事実上永久に（政府が必要と考える期間），土地を使用できる法体系にしている．
　この沖縄の土地使用「法制」は違憲の疑いが濃く，また国家緊急権的発想の現れでもある．ただ重要なことは，日本国は憲法改正をおこなわずに，このような方式をもっているということである．これを憲法の潜脱だと考える立場からは，この方式で災害時もやれば良いということにはならないであろう．国家緊急権の必要から明文での憲法改正をする動きに対し，制約する立場から，この沖縄の例をどのように使うかは慎重な検討が必要となる．

3 大災害緊急事態準備は専門省をつくり行政法規を整える道筋で〔斎藤　浩〕

・私の防災復興省構想では，複線型住居確保方法の具体化を研究，実践化させることはその職務に入ってくる．他省と協力して，土地確保の新しい法整備についても職務に入れる必要があると思われる．

④　災害廃棄物

熊本県の発表では，損壊家屋等の公費解体は，2016年11月末時点で，対解体想定棟数に対して26.2%の進捗率，災害廃棄物の処理量は，同年10月末時点で，進捗率36.6%という大変な遅れとなっている．

その原因には事業費の負担問題がある．災害等廃棄物処理事業の補助対象を拡充され，事業費の9割は国費負担となるものの，残り1割の市町村の負担がおぼつかないのである．また放棄家屋の所有者の同意の問題も浮上している．また有害化学物質の埋立地不備不足が起こっている．

私の防災復興省構想では，放棄家屋問題は③で上述したことと同様である．

補助差額の問題は防災復興省構想の問題というより，国の方針の問題であり，災害等廃棄物処理事業の補助差額をゼロにする必要がある．

環境問題は防災復興省の職務の一つとして，全国の埋立地の調査，改良，補充を他省庁とともになすべきである．

⑤　被災証明など

発災直後の不可欠で身近なことが現状では市町村においてできない．

東日本大震災に続いて，熊本地震においても，さまざまな手続きの出発点となる罹災証明の発行が遅れに遅れた．4月14日の地震発生から発行開始まで熊本市で33日，益城町で36日，宇城市で40日を要した．その原因は，東日本大震災後，災害対策基本法が改正され，自治体の被災者の援護を図るための措置が盛り込まれ，柱の一つとして90条の2で罹災証明書の速やかな交付が市町村長に義務付けられ，自治体は(1) 被害家屋を調査する専門職員育成(2) 必要となる調査員数の算出(3) 他の自治体との職員派遣協定整備――などが求められたが，政令市熊本市でも発災まで「具体的には何もしていなかった」というのである[47]．

私の防災復興省構想の災害復興時活動人材育成局の中心テーマである．

---

[47]　JIJI.COM 2016年7月14日（http://www.jiji.com/jc/article?k=2016071400084&g=soc）参照．

3 小 括

このように防災復興省の必要性を基礎付ける立法事実はいくらでも上げる事ができる．要は消極なのは今の政権与党であり，その意思を持たないから実現していないだけである．国民的には，災害大国日本の進路としては是非必要であると考えられる．

〔文 献〕

防災行政研究会編集(2016)「逐条解説災害対策基本法（第三次改訂版）」ぎょうせい．
晴山一穂(2014)「災害に関わる行政組織に関する規定が現行法上十分な体系性・総合性を備えたものとなっていない」公法研究 76 号 24 頁．
浜谷英博(2016)「緊急事態対処と法体制の整備 —— 巨大災害対応と憲法への緊急事態条項の創設」海外事情 64 巻 11 号．
橋本大三郎(2014)『国家緊急権』NHK 出版．
平山洋介＝斎藤浩編(2013)『住まいを再生する 東北復興の政策・制度論』岩波書店，61 頁以下．
生田長人(2010)『防災の法と仕組み』東進堂，11 頁．
石破大臣「防災省」設置の検討を (2016)（テレ朝 news2016 年 4 月 21 日）．
伊藤真(2016)「緊急事態条項は『人権侵害条項』だ」週刊金曜日 2016 年 8 月 5 日付 19 頁．
JIJI.COM2016 年 7 月 14 日（http://www.jiji.com/jc/article?k=2016071400084&g=soc）参照．
河田恵昭(2016)「国難災害なら強制力容認を」（朝日新聞 2016 年 6 月 20 日付）．
──(2006)『スーパー都市災害から生き残る』新潮社．
小池清彦新潟県加茂市長(2016)「『緊急事態条項』は自治体の防災に不要で有害」週刊金曜日 2016 年 8 月 5 日号 20 頁．
百地章(1985)「国家緊急権」（ジュリスト増刊「憲法の争点（新版）」27 頁．
──(2015)「憲法改正は『緊急事態条項』から一点突破を図れ」iRONNA（2015 年）．
──(2016)「まずは『緊急事態条項』が焦点 速やかに憲法改正の国会発議を」（産経新聞 2016.7.12 付）．
──(2016)『緊急事態条項 Q&A いのちと暮らしを守るために』明成社．
室崎益輝(2016)「日本における震災対策の現状と課題」（中華民国内政部消防署 http://www.nfa.gov.tw/uploads/1/2016111503555）．
二宮淳悟(2016)「緊急事態条項（国家緊急権）の創設を考える」人権と部落問題 68 巻 10 号 45 頁．
参議院本会議議事録（1995 年 1 月 24 日）．
参議院予算委員会議事録（2011 年 3 月 22 日）．
佐藤幸治(1995)『憲法（第 3 版）』青林書院，48 頁．

3 大災害緊急事態準備は専門省をつくり行政法規を整える道筋で〔斎藤　浩〕

塩崎賢明(2014)『復興〈災害〉』岩波書店，191頁以下．
衆議院地方行政委員会議事録（1962年4月13日）1-2頁．
──（1962年4月19日）の付帯決議第三点．
鈴木康夫(2014)「大規模震災と住民生活」前掲公法研究68頁以下．
武田文男・竹内潔・水山高久・池谷浩(2016)「巨大災害に対する法制の見直しに関する課題についての研究」（GRIPS Discussion Papers 16巻6号，2016年，18-19頁）．
津久井進(2012)『大災害と法』岩波書店，32頁．
植松健一(2016)「アベ改憲論を問う ── 緊急事態条項の難点と緊急権論の盲点」法と民主主義507号8頁．
山中倫太郎(2014)「災害対策基本法における災害緊急事態制度の趣旨，構造および課題 ── 日本国憲法との関係で」防衛大学校紀要社会科学分冊108号（2014年）．
読売新聞，毎日新聞2016年4月19日付．

4 カジノ合法化を含む「特定複合観光施設区域の整備の促進に関する法律（IR法）」の考え方と問題点

谷 岡 一 郎

I　IR法案

　「カジノ合法化」を含む「特定複合観光施設区域の整備の促進に関する法律（以下，「IR法」と呼ぶ）」が，国会に提出されたのは，2013年12月のことである．その法案はひとまず継続審議扱いとなり，2014年6月に再提出されたが，その時は廃案となった．2015年4月には，一部修正・加筆の上再々提出され，2016年12月に衆参両院を通過し，成立した．
この法案がこれまで実質的に審議されず，放置されてきたのは，安全保障関連法案やTPP関連法案など，与野党が対立する案件の処理に時間を費やした結果である．IR法案は，優先度の低い他の多くの法案同様，2016年夏の参議院選挙が終了するまでの間，待機していた状況であったが，各党で研究・精査する時間は充分あったはずである．
　このIR法案，まだプログラム的な基本法であるため，「実施法」がないと何の役にも立たない．IR法によると，一年以内に実施法原案が作られることになっているが，それが順調に進むとは限らない．本稿で扱う法律上の問題点は，順調に進行せずとも（もしくは審議に入らなくとも），問題（issue）として存在していることである．実施法が何らかの理由で通過しなくとも，将来また浮上することもあるかもしれない．たとえ日本で合法化されることが将来なくとも，知識として蓄積されることは必要だと考える．つまり本稿は，「法律上の問題（issue）」として，カジノ合法化の問題を考えることを主目的とする．

4 カジノ合法化を含む「特定複合観光施設区域の整備の促進に関する法律（IR法）」の考え方と問題点〔谷岡一郎〕

1　観光立国への道

　2015年度，日本のインバウンド客は1,900万人に達し，2010年度の倍以上の数に達している．現在の政権は，それを2020年には4,000万人に，2030年には6,000万人にしたいと目標を定めており，そのためにも通過させたい法案のひとつがIR法である．

　名称こそ観光振興を目的とする法案であるが，最も重要なポイントが「カジノを合法化」する点にあることは，IR法への賛成，反対の立場に限らず認識していることである．むろんIR法におけるカジノ合法化部分の重要性は否定しないが，この法案が目指す姿はそれだけではない．法律の名称が示すように，最終的な目的はあくまで「観光を振興すること」であり，日本経済の立て直しの起爆剤としての観光——特に海外からのインバウンド客増による国際観光——を振興する手段のひとつと考えられている．

　IR法が言うところの「特定複合観光施設（integrated resort）」とは，一定の敷地内に「カジノ」，「ホテル／宿泊施設」，「MICE関連施設」[1]，「買物／ショッピング・センター」，「レストラン／バー」，「レジャー施設」，「博物館／美術館」，「スポーツ関連施設」などを統合的に含むコンプレックスをさす．ただしこのすべての要素を含む必要はない．

　法案には明記されていないが，この法案の「基本的な考え方」の中には，IRにも「都市型」と「地方型」がありうる，と考えられており，規模のみならず内容／中味に関しても，比較的自由に決めてよいものとされる．ただし，IRの全体面積の5%以内とされる「カジノ」はほぼ必須の要素であり，それはカジノが「人と金を巡回させる機能」を持つことが期待されているからである．カジノはいわばエンジン役——人間の体における心臓のようなもの——であり，それがゆえにIR法の中核概念は，カジノ合法化にあると考える人が多い．

　本論から遠ざかっていくことは避けたいので，カジノ以外の要素の話はやめておくが，「MICE」については馴染みのない概念であり，少しだけコメントしておこう．MICEのうち，日本で比較的知られているのは「C」，つまりコンベンション・ビジネスであるが，日本はいまや，コンベンション・ビジネス

---

[1]　MICEとは，「Meeting」，「Incentive」，「Convention」，「Exhibition」の頭文字を示す．

に関してですら後進国となってしまっている現状がある．日本で最も広いフロア面積を誇る東京，有明コンベンション施設のスペースでも，世界では72位にすぎず，アジアでも上海，ソウル，香港，その他の都市に追い抜かれてしまっている．この20年ほどの「何もしなかった時間」を取り戻すことが，観光立国として名乗りを上げようとする我が国にとって，命運を左右するほど重要なことなのである．MICEの4つの要素のうち「C」以外においては，日本はさらに遅れている．たとえば「I」は「インセンティブ」を表すが，その内容やコンセプトを具体的にイメージできる人は，少数派に属するものと考えてよい．

IR法は，これまで日本になかった観光資源を開発するのであるから――そして日本の社会システムにとっては新しいもの，つまり「反対が起こりやすい」類のものを導入しようとするのであるから――惹起される問題は，質的にも量的にも小さいものでないことはおわかりいただけよう．その最たるものが，新たなギャンブル種目たる「カジノ」なのである．

II　日本の賭博と遊技

カジノ合法化の問題点を指摘する前に，まず現状の日本におけるいわゆる「賭博行政」がどうなっているのかを説明しておこう．ただし「パチンコ／パチスロ（法律上正しくは，ひらがなで「ぱちんこ」などと記述される．本稿はカタカナとする）」は法律上の賭博行為ではないが，その明らかな性格上，説明の範囲に含めるものとする．釈迦に説法的な説明も多々あると思うが，その点はご容赦願いたい．

1　公営賭博と宝くじ

日本には「公営賭博」と呼ばれる「競馬（中央／地方）」，「競輪」，「モーターボート・レース（「競艇」）」，「オート・レース」の4種目があり，加えて（合法の）ギャンブルとして，「当せん金つき証票（宝くじ）」と「スポーツ振興くじ（toto）／サッカーくじ」とが存在する．また一般に営業が認められているギャンブル（のような気がする）として，「パチンコ／パチスロ」と「麻雀」とが知られている．

犯罪成立の三要件である「構成要件該当性」,「違法性」,「有責性」のうち,刑法35条の規定（正当行為）により,賭博行為の違法性を阻却することができるのは,「競馬法」その他で規定されている公営四種目と,「宝くじ」および「toto」のくじ関連2種目のみである.「パチンコ／パチスロ」と「麻雀」に関しては,「風適法（風俗営業等の規制及び業務の適正化等に関する法律）」が定める「遊技」にすぎず,（もし賭けが行われているなら）違法性を阻却するわけではない点に注意する必要がある.

なお公営賭博4法の存在によって違法性が阻却されるのは,刑法186条（常習賭博／賭博開帳・図利）の営業等であるが,くじ関連2法によって阻却される行為の条文は,刑法187条（富くじ罪）である.さらに特定の法律によって違法性が阻却されず犯罪成立要件が残存する「パチンコ／パチスロ」と,「麻雀」で現金類を賭けたことで（通常）適用されるのは,客は刑法185条（単純賭博）,店は刑法186条が中心であり,どの適用法理も統一性を持っているわけではないため,より注意が必要である.

2　宝くじの問題

宝くじ発行の違法性を阻却する根拠となる「当せん金付証票法」は,古いもの（昭和25年）であるが,最高倍率や法の目的に至るまで,なし崩し的に（あまり議論もなく）条文が変えられたり,加えられたり,削除されたりしてきた経緯がある.たとえば「ナンバーズ・ゲーム」とか,その場で削って当たりのわかる「スクラッチ・くじ／インスタント・くじ」などは,元々の法律からは考えられない形態であり,ほとんど新法を作成したに等しい.これらを認めるならまだ,「商店街の抽選」の方が,本来の宝くじに近いとすら言ってもよいだろう.

昨今（2008年）,この宝くじの文言の変化の中に,のちのち問題となりかねない条文・文言が加わった.それは,ネット上（オンライン）での宝くじ販売への道を開く（将来やる気になれば可能になる）内容であるが,別の法律改正趣旨として「最高倍率の変化」を前面にして提案されたため,何の議論もなされることなく衆・参両議院を通過した.本稿ののちの論点「オンライン・ベッティング」の可能性と関係しているため,あえてここで触れることにした.

海外（たとえばカナダやアメリカ）には,「VLT（Video Lottery Terminal）」と

いう「宝くじを売る液晶の端末」がある．ショッピング・モールや，バーなどに設置されていることが多いが，このVLT端末で「スクラッチ・くじ」をプレイすることができる．自分で（コインや爪で）カードをスクラッチする代わりに，液晶の画面が勝手にスクラッチしてくれるわけである．スクラッチ・くじはいろいろな種類があるが，例として「3ヵ所削って3つとも同じ図柄のものが当たり」というオーソドックスなタイプを考えてみよう．図柄にもレアなものと良く出るものがあるが，たとえば「チェリーが3個揃ったら100倍になる」と想像されたい．そのゲームを液晶端末でプレイすることはつまり，「液晶のスロット・マシン（パチスロ）」をプレイしていることと同じ行為類型になる．自動機械が介在するか否かの差しかない．かりに日本で「オンラインによるスクラッチ・くじ」の販売が，宝くじ協会により実施されたと仮定するなら，それは「お茶の間にキャッシュを賭けたスロット・マシンが登場する」ことと同義であり，一方は「当せん金付証票法」により，もう一方の形態がほとんど同一のパチスロは，「風適法」による営業となるわけである．

この問題は，筆者が奇をてらって大げさに言っているのではなく，実際に海外のVLTにおいて起こり，かつ問題になっている事例である．まだ日本では，オンラインによるスクラッチ・くじは存在しないが，宝くじ協会がいつの間にかスクラッチ・タイプのくじを合法化し，オンラインによるくじの販売を可能にしてしまっている内容の改正が，何の議論もないままに通過している事実を指摘しておきたいのである．つまり，「悪意はない」，「そんなことするつもりはない」という当局の返答を今のところ信じるにせよ，「やろうと思えばできる」状況にあることが重要なことなのだ．より重要なポイントとして，「まったく異なる法律によって同じものが営業されうる」というチグハグなギャンブル法制が，国会で議論されずに通過したことが，手続き上の問題として指摘されるべきなのである．

3　パチンコ

パチンコ／パチスロは，風適法で定義がスタートする「単なる遊技」であり，法律上のギャンブル賭博ではない．ところが今述べたとおり，VLTはスロット・マシーンと同じものであり，欧米ではすでにギャンブル・マシンと位置づけられているのである．特にパチスロは，いわゆる「スロット・マシン／フ

ルーツ・マシン」と見た目も機能も同一で，実質上同じと言っても過言ではない．マシンを作る会社や工場も，両方のマシンを製造しており，違うのは「パチスロは日本の法律で細かい規制が加えられている」点くらいのものか．

　それでもパチンコ／パチスロを遊技と主張し，ギャンブリング・アイテムとは認めない人々がいる．パチンコ／パチスロの監督庁である警察関係者がその中心であるが，その理論構成は赤信号で交差点に突っ込んだ自動車の運転手が，「車のドップラー効果で赤信号が別の色に見えた」と抗弁するような，噴飯ものの「スーパー屁理屈」でしかない．笑止である．

　たとえばパチンコ玉やパチスロのコインを，パーラー内の窓口で特殊景品――たとえば文鎮やボールペンなどが多い――に換え，それを外部の交換所に持っていくと，景品の種類によって1万円とか千円などの金額で買い取ってくれる．その交換所は一応古物商ということらしく，文鎮に1万円の価値を認めて買ってくれるというストーリーだそうだ．多く集まった同種の特殊景品は，(0.7%程度のマージンをつけて) まとめて別の店に売る．その店はまたマージンを載せてパチンコ・パーラーに景品として売る．パーラーと交換所，そして間に入る店を含めて「三店方式」と呼んでいる．つまり景品と現金が，相互に逆方向に三店間をグルグル回っているわけである．

　警察が主導でこの違法行為を放置し，三店方式を指導・監督しているため，このシステムの合法性が裁判所で論じられたことはないが，この本に執筆者として名を連ねている人々はもとより，少しでも脳ミソのある人々にとっては，「グレー・ゾーン」などと生易しく呼べるものではない．刑事法学を少しでもかじった者の立場で言えば，漆黒の黒，まさに真っ黒の違法行為である．百歩譲って，景品交換所を古物商と認めるとすれば，その古物商は消費税を支払う義務があろう．まさか「3,000万円以上の売り上げがない」などとふざけた反論をするとは思えないが，現在古物商や間に入る店は消費税を支払っていない．

　法律論としてまだまだ言いたい点が，パチンコ／パチスロ行政・法律についてあるが，紙幅の関係であとひとつだけ述べるにとどめよう．

　平成27年に風適法は一部改正がなされたが，その中に古物商に関するものがある．ネット・オークションなどが増え，贋作を高く売りつける詐欺的行為が少なくないため，取引き相手のIDを確認する手段と，確認のプロセスを付加することにしたようだ．ただし，あまりにも小額のものは被害程度も少ない

ことから,「1万円以下の物品については本人のID確認は不要」とされた.

パチンコ／パチスロにおいて(細則によって),店が提供してよい景品1個あたりの上限が1万円である.そこにおいて,1個1万円であれば,それが20個でも30個でも刑法185条が言うところの「その場の娯楽に供するもの」にあたるため,構成要件上の価値ある財物ではないと考えているようである.古物商に,ID確認を要求する下限を一万円ちょうどではなく,1万円プラスに改正したことで,パチンコの特殊景品はID確認からギリギリ外れることとなった.おそらく,まれな偶然であろう.

III　IR法の概要

2016年冬に通過・成立したIR法(2015.4.28)をもとに,その概要を説明しておこう.

この法案の目的は,カジノを含む特定複合観光施設の設置・整備によって,「観光及び地域経済の振興の寄与」をすることである(IR法第1条・目的).特定複合観光施設は,地方公共団体が「申請の主体」であるが,民間事業者が「設置及び運営」をすることになっている(第2条・定義).

より強調すべき点として,このIR法はプログラム的性格を持つ「基本法」であり,その方向性やラフな内容を指示するにすぎず,細かな法制上の措置と内容は,のちにできる「実施法」に委ねられることになる.具体的には,「必要となる法制上の措置については,この法律の施行後1年以内を目途として講じなければならない」と規定されている(第五条・法制上の措置等).つまり全体図は「基本法」,「実施法」の二段階に分かれた法案であり,基本法(IR法)は目的や概論,そして組織体について述べているにすぎない.実施法はいくつかの下部法や細則に枝分かれする可能性があるが,基本法施行後1年以内を目途に作成されることになる.法律に明記された「講じなければならない」という文言は,法律に従う行動様式を大切にする官僚らにとって,かなり重いものであることは間違いない.

1　規制システム

「カジノ」という形態のギャンブル行政は,日本にとって初めての経験であ

る．従ってカジノについては，「カジノ施設関係者に対する規制（第9条）」，「カジノ施設の設置及び運営に関する規制（第10条）」において，本来なら実施法で規定されるような内容とも言える，細々したことが決められている．世間の疑問や危惧に答える目的もあって，基本法であえて謳っておくべきだと考えたのであろう．

第11条〜第15条も，類似の「先行的説明」に沿った趣旨であろうが，カジノ運営を厳格に進めるため，「カジノ管理委員会」を内閣府外局として設置することに関するものである．その上部組織として内閣に「特定複合観光施設区整備推進本部（以下「本部」という）」を置き，その本部長に内閣総理大臣，副本部長は国務大臣を充てること，そして残りの国務大臣も「本部員」となることが規定されている（第17条〜第19条）．いわば内閣の「オールスター・キャスト」である．

IR推進本部には，当然であるが本部の「事務局」が置かれる．それ以外に内閣総理大臣が任命する学識経験者ら（20人以内）によって，「特定複合観光施設区域整備推進会議（以下「推進会議」という）」が設置され，本部長に意見を述べることが定められている（第21条）．それに必要な書類の提出要求や調査は，本部の名目で行なわれることになっているが，実質はこの推進会議の発案によるものも含まれるものと考えられる．

以上をわかりやすく図示すると，図のようになるだろう．

図1　IR法関連法および組織図

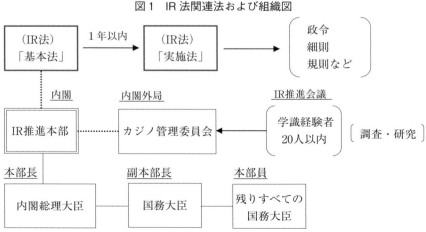

2　10条の2

　以上がIR法の概要であるが，2015年に再提出された際に変化した内容として特筆すべきは，「第10条の2」として次の文言が加えられた点である．

　2　政府は，前項に定めるもののほか，外国人旅客以外の者に係るカジノ施設の利用による悪影響を防止する観点から，カジノ施設に入場することができる者の範囲の設定その他のカジノ施設への入場に関し必要な措置を講ずるものとする．

　その前段部には，「第10条　七／八」として，次のような文言がある．

　　七　青少年の保護のために必要な知識の普及その他の青少年の健全育成のために必要な措置に関する事項

　　八　カジノ施設の入場者がカジノ施設を利用したことに伴い悪影響を受けることを防止するために必要な措置に関する事項

　「第10条の2」は，基本法にはそもそも不要とも考えられる内容であることに気づいた方もおられるだろう．わざわざ加えられたのは，いわゆる「ギャンブル依存症」の問題は水面下で（IR法に反対の立場で）論点となっていたことによるだろう．つまり，実施法による努力目標を越えて，「（ギャンブル依存への対処は）半ば義務なのだ」と規定・確認することで，反対派による無用な質問を牽制した形である．ギャンブル依存については，のちの部分でもう少し触れることになる．

Ⅳ　入　場　規　制

　本稿で取り上げる，ひとつめの問題（issue）は「入場制限」に関してである．IR法には，以前に紹介した「第10条の2」による「カジノ施設に入場することができる者の範囲の設定その他のカジノ施設への入場に関し必要な措置を講ずるものとする」とする文言，および「第10条　七／八」に見られる青少年やギャンブル依存症患者の保護を目的とした規定が存在するが，加えて，同じ10条の三〜五に次のような文言がある．

　　三　カジノ施設関係者及びカジノ施設の入場者から暴力団員その他カジノ施設に対する関与が不適当な者を排除するために必要な規制に関する事項

　　四　犯罪の発生の予防及び通報のためのカジノ施設の設置及び運営をする者

による監視及び防犯に係る設備，組織その他の体制の整備に関する事項
　五　風俗環境の保持等のために必要な規制に関する事項

　つまりここにおいて，「カジノへの入場が制限もしくは禁止されるカテゴリーとして考えられる人々」として，次の5タイプ（それらはさらに細分化される）を考慮する必要がある[2].

　1-a. 一定年齢に達しない者，1-b. カジノ施設関係者，1-c. 暴力団関係者，2.（一定レベルの）犯罪歴のある者，3-a. 自己（家族）の申告により入場を禁止になった者，3-b. ギャンブル依存症のため，裁判所が入場を禁止した者，4-a. 禁治産者，4-b. 生活保護受給者，5-a. 場内で風俗を乱す行為をした，もしくはするおそれがあると考えられる者，5-b. その他「好ましくない」とカジノが判断した者.

　カジノ・フロアは（名目上は）民間による支配空間であるため，カジノ側が独自にブラック・リストを持ち，任意の者の入場を断ることは可能である．この場合は民間側による独自の判断であるが，ここで問題としているのは，今述べた5つのタイプについて，入場を制限する法的根拠，つまり誰がどのような権限で入場を断れるのか，それとも断れないのか，ということである．それ以前に，たとえば犯罪歴など，個人情報の取得・管理・保存・使用制限をどうするかという問題も起こるはずである．

　順に少し考えてみよう．

1　強制的制限

　最初の3項（1-a.～1-c.）は，法律を前提とする強制措置として，入場が禁止・拒否されることになる．

　「1-a. 一定年齢に達しない者」については，青少年保護の観点から，法的に線引きがなされることになる．海外の事例では18歳から21歳まで幅があるため，日本では日本なりの理屈によって，その年齢が決定されることになろう．かりに場内で酒類が提供されるとすれば，20歳より上でなければならない．おそらく特定ID[3]の提示が義務づけられることになり，違反した事業者は罰

---

(2)　美原融による「メモ」を参考としている．
(3)　認められるIDとそうでないIDがありうる．たとえばオーストラリアのクィーンズランド州のカジノでは，顔写真付きの「学生証」は正当なIDとして認められていない．

せられることになるだろう．

　「1-b. カジノ施設関係者」も実施法もしくは細則のレベルで，「どんな職種の人がどこに入ってはならないか」が決められることになろう．たとえばディーラーや他のカジノ職員が，「自分の仕事がない日にカジノに入場できるのか」といった点が問題となるだろう．

　「1-c. 暴力団関係者」で問題になる点があるとすれば，脱退した元暴力団員や，定義上は正式な暴力団員ではないにせよ，特定の組と深い関連のある企業の代表者たち，もしくは暴力団の下部組織に属する人々をどうするか，ということだろう．正式な暴力団員は，平成3年の法律（いわゆる「暴力団対策法」）に基づいて，約5万人の名簿が存在し，それは警察権によってチェックできる．

　人権と絡む問題であるため，慎重な議論がなされる必要はあるが，カジノ管理委員会が公安当局などに身元確認を依頼し，その結果をもとにカジノ側が独自の判断で入場禁止措置をとる可能性が高い．この方法だと本人に対し「禁止の理由」は述べる必要はなく，「当局からNOと言ってきました」と言うだけでよい．不服があれば行政訴訟に訴える可能性もあるが，訴えられるのは公の側．少なくとも民の立場のカジノ側は，「法律による禁止だからダメなんだ」と割り切って考えるべきである．

2　犯罪歴

　たとえば「懲役3年以上の有罪判決を受けた者」と定義して，それらの者をコントロールしようとする努力をせよ，という意見はありうるが，そのデータは通常手に入らない．法務省や警察庁なら，ある程度の追跡は可能であろうが，それとて明確なものではないのである．たとえば「3年以上」の刑であっても，「強姦」と「贈収賄」とでは，内容と意味が異なるが，とりあえずそういった議論は置いておこう．

　犯罪歴データの入手を考えるなら，ヤクザの件と同様，警察庁などにまかせることができるならその方が良いだろう．人権や個人情報の問題には，カジノ運営側はなるべく関わらない方が望ましいからである．

　現実的な解決方法は，「一定の犯罪歴が判った時点で，入場を制限・禁止する措置」であると考える．1回めの入場には目をつぶり，公安などに問い合わせるのである．2回め以降は対処可能となろう．

3　ギャンブル依存症

　海外ではギャンブル依存症状態にある者の「自己除外（self-exclusion）」というプログラムがあり，日本でも採用される予定だと聞く．このプログラムは，本人の申請により，「一定の期間（もしくは永遠に）[4]，来場することをカジノの入口で止めてほしい」というもので，防犯カメラの顔認識システムを利用したものとなっている．申請を出すのは，反省中か健全な思考能力にある時であろうが，申請を出した後でも，変装してカジノに入ろうとするケースはよくあることだと関係者が話していた．今の認証システムは，かなりの精度で本人の確認を行なうことができる．（双子のケースなども含めて）当然ミスはありうるにせよ，ほとんどは把握できる．

　なおこの申請は，本人以外の家族（たとえば妻）が出すことを認めている国（たとえばシンガポールや韓国）や州もあるが，本人の権利との関係で係争になることがある．そのようなケースでは，裁判所が双方の主張を聞いて判断することになる．日本でも何らかの形で，「裁判所の決定による特定人排除」が規定される可能性が高い．

4　保護・援助の必要な者

　「4-a. 禁治産者（準禁治産者）」については，後見人が判断する余地を加えるか，あるいは禁止規定を予め用意しておくことになるだろう．ギャンブル行為は，一般人に対しても誘惑と習慣性の強い行為として知られているのであるから，「本人らを保護する目的の規定」はあってしかるべきである．

　本稿が取上げるべき一番の問題は，「4-b. 生活保護受給者」である．生活の保護を受けているからといって，他の人々が享受する権利を侵害すべきでない，というタテマエ的見解はそのとおり．別に生活に余裕がなくとも，誘惑や習慣性に惑わされ易いと決めつけるわけにいかないだろう．それは判る．しかしここで議論の対象となるのは，「納税者の感情」という少々あやふやな概念である．

　2015年，「生活保護を受けている人が，いつもパチンコをしている」という市民からの通報があり，別府市議会が生活保護受給者によるその種の行為を

---

[4]　アメリカでは州によって異なる期間設定がある．通常は1年，3年，5年，10年といった単位である．

（罰則はないにせよ）禁止した事件が起こった．「我々が納税したお金を支給しているのは，生活に困っている人々を助けるためであり，ギャンブルや遊興に使うためではない」として禁止すべきと考える側と，「生活保護受給者は単に不運な境遇にある人々であり，同等の人権が保障されるべきだ．酒や遊興を含め何に使おうと自由で，ストレス解消のアイテムは本人が決めることだ」とする放置側とのロジックが対立した．どちらにも一考の余地はあったが，議会と議員は「大衆のより大きな怒りの声」を受け入れることが多いのも確かである．前者の声が勝った．

実は類似の事例は，日本でも海外でも少なくない．たとえばカリフォルニア州で宝くじの大当たりを得た男性が，「生活困窮者に配付されるフード・クーポン[5]をスーパーマーケットの外で割引いて（額面の80％くらい）売ったお金」で購入したくじであったことが判明．納税者が「フード・クーポンは，ミルクやパンを買うために我々の税金を使ってよいと設計されたシステムであり，ギャンブルをするためではない」と主張したことがある．それに対し出された，「精神衛生上その方が良いと思ったなら，ミルクより宝くじを買う自由は保証されてよいのではないか」とする反論は，大衆の大きな声を前にして，別府市同様ほとんど消えてしまったのである．

日本でも，売買や譲渡を不可とするフード・クーポンが検討されたことはある．しかし「スーパーでフード・クーポンを出すのが恥ずかしい」という声に押されて，実現はできなかった．ま，日本はそこまで考慮してあげる良い国なのだろう．

生活保護受給者は，地方自治体の管轄である．しかしカジノへの客はいろいろな所から来るため，すべての生活保護受給者を把握することは，まず無理と考えるべきである．ではどうすればよいのか．

ひとつは「生活保護受給者の入場を禁止しない」ことである．もし禁止するにしても，初回時には不可能であるが，その後一定期間内にチェックすることはできる．そのケースでは，特定の自治体が「特定の者の入場を不許可にする依頼状」をカジノに提出することになる．少し煩雑である．シンガポールでは，カジノに6回入場した者は，その時点で当局のインタビュー（強制）を受けな

---

[5] 食料品を買うことのできる金券．ただし酒類や高級食材の購入には，制限がかかることが多い．

ければならない．

5　風俗を乱す者

これまではある程度，法律に準拠した入場制限・禁止措置を取り上げたが，カジノ・フロアが私的空間であることを考慮するなら，任意の人物を退却させたり，入場を断わることは別に問題ない．極言するなら，理由として「アンタがキライだから」でも本当は許されるのである．

ここで取り上げる「5-a. 場内で風俗を乱す行為をした，もしくはするおそれがあると考えられる者」，「5-b. その他『好ましくない』とカジノが判断した者」と定義するのは，従って，カジノ側の主観で足りることになる．とはいえ，何らかの評価基準（クライテリア）がなければ，現場は混乱するであろうし，ある種のスキャンダルや訴訟ざたにもなりかねない．

具体的には，「(他の客や従業員に) いちゃもんをつける」，「酩酊」，「乱れた服装」，「不潔 (体臭がキツイ)」，「客引き行為をした」など，適切に類型化し，注意，警告，即退場，当局への通報などのレベルも内規的に整備されていることが望ましい．ただ「イレズミ」に関しては時代の変化もあり，慎重に決められるべきであろう．本稿は意見を控えたい．

「好ましくない」と判断される人の中には，BJ（ブラックジャック）におけるカード・カウンターや，イカサマ行為の疑いのある人も含まれよう．それ以外にも，大声をあげたり下品な行為などで「他人に迷惑をかけている」と判断されるケースもあるだろう．

V　費用負担の問題

基本法においては直接関係ないにせよ，実施法もしくは細則の段階で問題となることを一点指摘しておこう．それはギャンブル依存症への対応に係る費用を「誰が負担するのか」，そしてそれは「なぜなのか」という点である．

1　責任あるゲーミング（RG）

「自ら生み出すネガティブな効果に対し，ある程度の社会的責任を負担しましょう」．とする考え方はおそらく，工場廃液や空気汚染が社会問題化するこ

V 費用負担の問題

となどによって社会的に生み出された，それまではなかった考え方であると考えられる．特に新産業におけるネガティブ効果は，それまで人々の認識にないものであったがゆえに，社会問題としてよりクローズ・アップされることが多い．

ギャンブル依存症なども，新しい形態としてギャンブル・アイテムが合法化されると仮定したとき，マスコミや反対派によってクローズ・アップされることになろう．アメリカなどギャンブル法制先進国では，企業体が主体となって「責任あるゲーミング（RG）」という活動に取り組み，相応の負担とともに企業側が積極的に責任を取ろうとする意志を打ち出している．

RG の代表は，カジノ産業のビッグ・ネームたちが交替で務め，ギャンブル依存症の治療施設や研究に，毎年（日本円で）何億円という金額を拠出している．つまり民間が主導して，ギャンブル依存症の問題に対処する形態である．

次図は美原融（2012）より借りたものであるが，アメリカにおける RG は，政府が関与・強制する範疇に含まれる前に，社会悪らしきものを作りだす側が関与していることを示す．

図2 「責任ある賭博施行」と「社会的危害縮小化施策」との関係

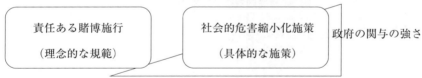

・自主的．任意性が強い　　・強制的（供給の制限や施行の在り方に対する規制を含む）

2 社会のプラスとマイナス

今，「社会悪らしきもの」という言い方をしたが，新しい施策がもたらすポジティブな恩恵とネガティブなコストは，どんな企業体でも起こりうることであることに加え，すべて金銭的な数値に還元できるような単純なものでもないことを確認しておきたい．

たとえば自動車産業を考えてみよう．日本では年間約 5,000 人が交通事故で命を奪われているが，これは自動車なかりせば生じることのない社会的コストである．排気ガスや高速道路にかかるコストも，自動車の存在を前提としたも

のであり,「多くの命と多大な出費を抑えようとするなら,車を禁止すればよい」,という考え方もできないわけではない.

しかしながら,技術立国として日本があり,世界の中でも特に経済的に恵まれた国であることの理由の中心に,自動車産業が存在することもまた,厳然たる事実である.多くの従業員やその家族がおり,日本の流通を支え続ける人々もいる.経済発展は文化的生活を保障し,たとえば衛生環境の向上による恩恵は年間5,000人以上の命を救っている可能性もある.それ以外にも多くのプラスが,短期・長期で存在することを皆が認識しているはずである.そこにおける社会的コストに対して,「誰が」,「なぜ」そのコストに対応するかという問題は,民間と公(政治)とが協力して関与することがあたりまえの問題だ,と考えられてきたのである.

民による対処は「自主的対応」であるが,公による関与は法律的行為も含めて,「義務的(制度的)対応」と考えるのが正しいだろう.美原は民と公の対応を次図のように示す.

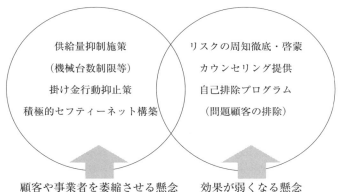

図3　義務的対応と任意的・自主的対応

3 依存症のプロセス

ギャンブルに限らず，依存症というものは，段階的に徐々に進行するものである．まず興味や付き合いでスタートする初期の経験があり，それを程よくたしなむ健全な趣味やストレス解消レベルに進み，楽しみが高じてだんだんやめられなくなっていく．家族や周囲に不義理をしたり，迷惑をかけるようになると「重症」レベルへの突入である．

重症者は隔離や治療によって対応することになるだろうが，重症になる以前（危険域／予備軍）は，「進行を遅らせる」方法が，取るべき手段の第1ステップで，続いて回復へのステップという順になろう．その「危険域／予備軍」に有効なのは，若手層を中心とした「予防教育」ということになる．

時間軸が逆になったが，ギャンブル依存症への対策は，軽い順に①「予防教育」，②「進行停止／回復」，③「隔離／治療」というステップが考えられる．民が関与すべきは，①と②（特に②），公が関与すべきは③が中心であろうが，むろんオーバーラップはありうる．その元資は民のケースは自主的に，公のケースは収益の中から集められたものを強制的に割振ることになるだろう．その旨，法律または細則規則に明記されていることが求められる．

ギャンブル依存症のケースは，周りが発見した時はすでに「その本人が多大な借金を抱えるケース」がほとんどである．レベル③の治療段階で，その返済計画の作成や，場合によっては破産の手続きが必要となる．海外では弁護士が手助けをすることが多いが，日本でも制度的なシステムができるものと期待している．また借金先は，かなり金利の高い，アヤシゲな金融であることが多いため，それらに対する事前・事後にわたる規制も必要と考える．パチンコ店の駐車場などで，サラ金関連の広告を見ることがよくあるが，そもそも自主規制にまかせるのではなく当局が禁止すべきであろう．海外ではそれが趨勢であることは，明記しておこう．

4 マネーロンダリング

「マネーロンダリング（Money Laundering）」とは，違法（税逃れも含む）に得た現金類（証券類や金地金，またはニセ札も含まれる）を合法な出処に見せかけることによって，大手をふるって使用可能な状態にすることで，その名の示すとおり，日本では「資金洗浄」と呼ばれることもある．狭義では国際的な企

業犯罪やテロ資金など，国境を越えた犯罪行為を取締る目的で対策がスタートしたが，カジノ・フロアにおけるマネーロンダリングの多くは，国内での資金洗浄である．国内のそれは，（少々「しょぼい」のは認めるとして）大量の10ドル，20ドル札をまとまった大きな札やクレジットに変えたり，連番の新札を古い紙幣に変えたりするような，広義の洗浄行為も含まれる．加えて，通常カジノには「かなりの量の現金を預かってくれる借金庫」が備わっており，それは本人がカジノへ行った時に自由に引き出して使用する目的であるが，同時に何ヶ所も利用することで，かなりの金額の現金を隠すことができる．存在してはならない現金の隠匿は，定義上はマネーロンダリングそのものではないが，それに類する行為と考えてよい．

いくらマイナーとはいえ，犯罪行為に加担することは避けなければならない．ただでさえ，組織悪とのつながりを強調される—それは過去のことで，この30年以上の期間，マフィアの関与が存在しないことは，カジノ反対派のリーダーたちですら認めているのだが，一般大衆やマスコミがおもしろおかしく考えようとするのは，どこも同じである—カジノ業界であるから，よりプロアクティブにクリーンさを強調し，協力する姿勢を示す必要があるのである．

現在アメリカにおいて，「原子力産業や医療関係組織より，厳格な規制がかけられている産業は，カジノ産業しかない」と言われるほど，カジノ産業は身ぎれいにすることに気をつかってきた．たとえば1万ドル以上の現金を扱う窓口は，すべてのトランスアクションを書類にして報告する義務があり，たとえばチップに両替したケースでも，プレイ後に現金化する際に同じ紙幣で支払われるよう，一定の保管場所を設けなければならないと決められている．むろんすべての金融機関同様，「疑わしい取引（suspicious transaction）」は定義され，その対応も厳格に施行されている．

日本の金融機関は，世界レベルの機構やいくつかの先進国から，「マネーロンダリング対策の遅れ」を指摘されてきた．2010年代に入り，一応の体裁を整えはしたが，「まだまだ甘い」との声を聞くことがある．カジノが合法化された暁には，後発国の利を活かして，穴のない規制を実現してくれるものと期待するが，そうでなければ失敗であり，もともとやらなかったほうがマシ，という状態に陥ることだろう．

VI　オンライン・ゲーミング

　日本が古い刑法と慣習にしがみついて——まさに「土に穴を掘って首をツッコンだ状況」で——何も見ない，何にも気付かない，そして何もしない状態を続けている間，世界のギャンブリング制度は，その考え方も哲学も，（そしてここが重要なのだが）テクノロジー環境も変化し続けている．その代表は「オンライン・ゲーミング（online gaming）」である．

　カジノ・ゲーミングはもうすでに，ネットを通じて，お茶の間に入り込んでいる．日本の当局も半分知らないフリをしているが，実は認識しているようである．いくら犯罪行為を認識しても，サーバーは海外にあるケースがほとんどで，摘発できるのは客として，日本で「実行の着手のあった者」に限定される．より重い方（海外の胴元）は手が出せないのが現状である．

1　合法化と禁止

　ヨーロッパの中でも，ギャンブル合法化を先取りしてきたのはイギリスである．そのイギリスの自治政府のひとつ，マン島において，オンライン・ゲーミングが合法化されたのは20世紀終盤のこと．21世紀までに合法化した国は他に，コスタリカ，アンチグア・バーブーダ，南アフリカなどである．

　合法化の前提として，「イカサマの追放」，「手続きの厳格化」，「明確な会計システム」が法制度化されたのは当然である．ヨーロッパは基本的に国境のない貿易システムを目指しているため，イギリスで合法化されると，他の国々も追随せざるをえない状況が起こる．イギリスは2016年，EU離脱を決定したため，今後，法的・経済的に新たな動きがありうるだろう．

　それと反対の道を行ったのがアメリカ合衆国．1998年7月23日，アリゾナ州選出の上院議員 John Kyle らが提出した「インターネット・ギャンブル禁止法（Internet Gambling Prohibition Act）」が上院を通過したが，翌年11月，下院で否決される．2002年10月にはアイオワ州の上院議員 James Leach が再度（いくつかの意見を一本化して）提出し，下院も2003年6月に通過，禁止するための法が成立した．主としてクレジット・カードによる決裁が著しく困難になるため，実質上プレイできないという内容である．

この法案のエキスは1961年，かつてマフィア対策として作られた，「州境を越えた（ギャンブル関連の）通信を禁止する法」に，インターネットなど最新のデバイスを加える内容である．ここで重要なことは，「連邦法によって（インターネット・ギャンブリングを）禁止した」という事実であって，それによってイギリスのマン島などのサイトは，アメリカ人に対しアメリカ人と知って商行為をすることに，法的制約を受けることになったのである．

逆に言えば，「法律で（明文で）禁止されていない日本市場に対しては，法的制約を受けない」ということである．つまり本来なら日本国民を守るために新法が必要であるのに，それを怠った結果，日本人はアメリカ人のように，オンライン・ゲーミングの侵入から守られていないということである．

2　アンチグア・バーブーダ

2003年のアメリカによる「インターネット・ギャンブル禁止法」によって，最も打撃を被ったのは，カリブ海の島国，アンチグア・バーブーダである．この国は，主として「アメリカ国民向けのオンライン・ギャンブル・サイト」によって，外貨を稼いでいたことでよく知られており，筆者が最後にチェックした折には，800以上のサイトを運営していた．それぞれのサイトは，カジノ・ゲーミングやスポーツ・ブッキングなどに大別されており，それらはさらに特別な種目に細分されている．たとえば「アメリカのカレッジ・バスケットボール」にのみに特化したブッキー・ビジネスのサイトもある．

2003年6月，アメリカの禁止法が通過・成立するとすぐに，アンチグア・バーブーダ政府はアメリカをWTO（World Trade Organization）に提訴（係争パネル開催要求：GATS DSU）した．その主張は，クレジット・カードによる決裁を困難にする法律は，ネヴァダ州など「国内産業（ゲーミング・ビジネス）の保護」を目的としており，域内の公平な貿易（サービスの自由化の協定）を阻害しているという主旨である．

この訴訟は一応アンチグア・バーブーダの勝ちとなったが，アメリカ側も実質上骨抜きにする法などで対抗．今のところアメリカ国民が海外のサイトでゲーミングをプレイすることは難しい状態である．ただしトランプ政権誕生により，将来の見通しは立っていない．

オンライン・ゲーミングは，日本においても近い将来，法律上の態度を明確

にする必要がある．特に IR が合法化される頃にはできていることが望ましい．良くないのは「放っておく」ことであり，それは本論で述べたようにオンライン・ゲーミングに限られたことではない．

〔文　献〕

公営競技問題研究会編(1977)『公営競技の現状と問題』．

美原融(2014)「カジノ施行に伴う社会的対応施策」，谷岡一郎＝美原融編著『カジノ導入をめぐる諸問題〈3〉── ギャンブル依存症の実態とその予防』大阪商業大学アミューズメント産業研究所．

── (2006)「アンティグア・バーブーダ／インターネット・カジノ国際貿易紛争」G&G ニュースレター：ギャンブルと法律（第 6 回），大阪商業大学アミューズメント産業研究所．

Munting, Roger (1996) "An Economic And Social History of Gambling In Britain And The USA", Manchester University Press. U.K.

高野磨央(2016)「古物営業法施行規則の一部改正について ── 古物商による相手方の本人確認方法の選択肢拡大」警察学論集 69 巻 6 号．

5 刑事立法過程の比較法

新倉 修

I はじめに

　本稿は，宮澤節生教授の古稀祝賀に捧げられる．周知のように，宮澤教授は，参与観察という手法を駆使して，警察官の活動を法社会学の視点から分析した著作を発表して，刑事法分野における実証研究で確固たる地歩を築かれ，英語の正確な表現力をもってアメリカ法社会学会においても高い評価を得ただけではなく，後進の指導にも優れた力量を遺憾なく発揮されてきた．縁あって2007年から青山学院大学大学院法務研究科に着任されて，親しく同僚として友誼を暖めていただいただけではなく，持ち前の企画力をもって法科大学院の紀要『青山法務研究論集』を創刊され，私自身数多くの寄稿の機会を得ることができたという点で，ひとかたならぬ恩義を感じる次第である．

　宮澤教授が青山学院大学大学院法務研究科を定年で退職された機会にも，つたない論稿を差し上げる機会があった[1]が，このたび古稀祝賀記念論文集を編むにあたって，お声がけをしていただいただけではなく，遅筆の愚に辛抱強く接していただいたことは，誠に感謝の言葉もない次第である．

　本稿で扱う「刑事立法過程の比較法」は，実は，かつて「刑事法と憲法との交錯」として発表した論稿[2]の続編として企画したものであった．さらに記憶をたぐれば，柏木千秋先生の喜寿記念論文集に捧げた「現代フランスにおける刑事政策の転換と展開」[3]とも問題意識を共有するところがある．ところが，

---

(1) 新倉修「ニュージーランドにおける人権保護のための国内機関の協働」青山法務研究論集11号（2016年）31頁以下．
(2) 新倉修「刑事法と憲法の交錯」青山法務研究論集10号（2015年）17頁以下．

5　刑事立法過程の比較法〔新倉　修〕

　私自身，勤務していた大学を定年で退職することになり，その後始末に翻弄され，かつ，少年法の適用年齢の引き下げ問題や共謀罪法案の4度目の国会上程問題に直面して，十分な準備が叶わないままに，刑事立法過程の比較法の本格的な検討は他日を期すほかない状況にあり，本稿では，その準備作業として，フランスの現状を伝えるいくつかの論稿を紹介しつつ，比較法的研究の論点を示すのにとどまることをあらかじめお断りしなければならない．

　私の問題意識の一端を簡単に述べておくと，日本における罪刑法定主義の形姿と機能は，つとに吉川経夫教授が指摘している[4]ように，旧刑法に罪刑法定主義の規定を置きながらも，かなりいびつなものであり，1907年の現行刑法においては，大日本帝国憲法の規定があることを口実して，削除されて規定を欠くことになり，法原則としての拘束力が次第に弛緩させられて，刑法の明文の規定を超えて，共同正犯の成立範囲を拡大する「共謀共同正犯」や「間接正犯」が認められ，責任無能力の規定の適用を排除する「原因において自由な行為」が認められてきた．その弛緩ぶりは，鉄道軌道上を通行するガソリンカーも刑法129条の汽車転覆破壊罪にいう「汽車」に含まれるとした，有名な判例（大判昭和15年8月22日刑集19巻540頁）に止まらず，枚挙にいとまがない．このような司法のありようは，翻って，立法過程についても，さまざまな偏差となって現れるところである．

　立法過程については，もちろんどのようなプロセスを経て刑事立法がなされるのかということが中心となるが，それだけではない．刑事法の対象として何を選択するのかという問題も，少年法との限界を画する「犯罪と非行」の関係をどう捉えるのか（具体的には触法少年や虞犯少年のように犯罪概念から漏れる場合だけではなく，犯罪少年のうちで刑事処分相当とされるかどうかという限界の設

---

(3)　新倉修「現代フランスの刑事政策の転換と展開」『近代刑事法の理念と現実　フランス革命二百年を機に』（立花書房，1991年）249頁以下．なお，新倉修「フランス刑法と罪刑法定主義」早稲田大学法学会誌28巻（1977年）243頁以下，同「フランス人権宣言と刑事立法改革」長谷川正安＝渡辺洋三＝藤田勇編『人権宣言200年記念　講座・革命と法　第1巻』（日本評論社，1989年）177頁以下，同「ベッカリーア再訪」『人権の刑事法学』（日本評論社，2011年）194頁以下参照．

(4)　吉川経夫「日本における罪刑法定主義の沿革」東京大学社会科学研究所編『基本的人権4巻・各論Ⅰ』（東京大学出版会，1968年）（＝『吉川経夫著作選集第2巻』法律文化社（2001年）32頁以下）．

I はじめに

定に関わる），精神医療と刑事処分との限界に関わる「人格障害者による重大犯罪」をどう理解するのか[5]という線引きがむずかしい分野だけではなく，脳死と臓器移植などの生命倫理にかかわる問題，医療や福祉との接点に関わる多重累犯障害者の処遇問題[6]など，問題の輪郭は比較的わかりやすくても，解決方法が複数あり得て，そのどれを選択するのか，あるいはそのうちのどれを組み合わせるのが社会全体の見地から最も望ましいかということについて容易には合意を形成しにくい問題もある．要するに，刑事立法の問題としてみれば，どのような手続で社会的合意を形成するのかというプロセスや手続が問題になるわけである．また，かつて平野龍一教授が提起した[7]ように，刑罰を社会統制の手段として位置づけた上で，謙抑主義や実体的デュー・プロセスの視点[8]から，制裁手段の選択として補充性という規準を持ち出して，刑罰の多用をいさめるという問題意識も，これまで十分展開されてこなかったもので，改めて見直されなければならない論点として取り上げるべきであろう．これらの問題も含めて，刑事立法論は最近，よく取り上げられてきた[9]が，まだまだ議論が十分展開しているとは言えない状況にある．とりわけ，規範論や法益論の射程で議論されていること[10]は，国民が主体となって立法の掌に当たるという感覚

---

[5] この点，「津久井やまゆり園」事件が深刻な問題を提起している．この点については，「緊急特集＊相模原障害者殺傷事件」『現代思想』2016年10月号の各論稿参照．また，福祉の側から問題をとらえ直すものとして，藤井克徳・池上洋通・石川満・井上英夫編『生きたかった——相模原障害者殺傷事件が問いかけるもの』（大月書店，2016年）参照．

[6] 山本譲司『累犯障害者』（新潮文庫，2009年）参照．

[7] 平野龍一「改正草案の批判」平場安治・平野龍一編『刑法改正の研究1 概論・総論——改正草案の批判的検討』（東京大学出版会，1972年）1頁以下．また，平野龍一『刑法の基礎』（東京大学出版会，1966年）115頁以下，内藤謙『刑法講義——総論（上）』（有斐閣，1983年）および同『刑法原論』（岩波書店，1997年）参照．

[8] この意味で，芝原邦爾『刑法の社会的機能——実体的デュー・プロセスの理論の提唱』（有斐閣，1973年）は先駆的な作品である．

[9] 井上達夫編『立法学のフロンティア(1)立法学の哲学的再編』（ナカニシヤ出版，2014年）および井田良＝松原芳博編『立法学のフロンティア(3)立法実践の変革』ナカニシヤ出版（2014年）参照．また，村井敏邦「刑事法における理念の喪失現象」法学セミナー700号（2013年），松宮孝明「犯罪体系を論じる現代的意義」法律時報84巻1号（2012年）4頁以下，井田良「最近の刑法学の動向をめぐる一考察」法学研究84巻9号（2011年）211頁以下．

[10] たとえば，高橋則夫『刑法講義総論（第3版）』（成文堂，2016年）3頁以下，井田良『講義刑法学・総論』（有斐閣，2008年）2頁以下．

が乏しいという恨みがある．また，刑事法の憲法的な基礎を問い，憲法的刑法ないしは憲法的刑法学を志向する試み[11]や，国民主権が刑法の基礎にあり，「犯罪と刑罰を定めるのは国民自身である」という伝統を尊重する姿勢から刑法の基本原理を説く試みもある[12]けれど，そこからさらに具体的な刑事立法過程のあり方を検討するところまでは，まだかなりの距離があるように思われる．有り体に言えば，多くの批判的な論者が指摘するように，日本における刑事立法のさまざまな提案の実体的な内容に問題があることは明らかであるとしても，そこから翻って，立法過程のあり方や手続の組み立てについて問題を掘り下げたものは少ないように思われる．その中にあって，足立昌勝教授がかねてから「法制審議会の構成が閣議決定に反する」という鋭い批判を加えていることが，注目される．ここでいう閣議決定とは，かならずしも明らかではないが，仄聞するところ，「審議会等の整理合理化に関する基本的計画」（平成 11 年 4 月 27 日閣議決定）[13]を指すのであろう．では，法務大臣の諮問機関として長らく刑事立法を主導してきた法制審議会の何に問題があるのか．これについて，日本における立法の実態を踏まえて，検討してみよう．

II　内閣提出法案と法制審議会

日本国憲法は，しばしば指摘されるように，三権分立主義をとるが，三権の間においてかならずしも強力なチェック・アンド・バランスの仕組みをとっていない．国会は国権の最高機関であり，かつ，国の唯一の立法機関であり（憲法 41 条），さらには予算の議決や条約の承認なども専権事項としているが，法律案も含めて，いずれも内閣が提出する案件について議決することを期待されているという地位にあるように見える．国会はさらに首班の指名を行い，閣僚の出席を要求し，国民の請願を議決し，国政調査権をもち，国政全般を調査することができるほか，議員は自ら法律案を提出することができ，またとりわけ衆議院は首相および閣僚の不信任を議決する権能を有するが，議院の自律は弱

---

[11]　平川宗信『刑事法の基礎』（有斐閣，2008 年）79 頁以下，同『憲法的刑法学の展開——仏教思想を基盤として』（有斐閣，2014 年）参照．

[12]　たとえば，浅田和茂『刑法総論』（成文堂，2005 年）9 頁以下．

[13]　http://www.cas.go.jp/jp/gaiyou/jimu/jinjikyoku/files/satei_01_04_02.pdf

II　内閣提出法案と法制審議会

く，国会で実際採択される法律案の大部分は「閣法」と呼ばれる内閣提出法案であり，また，内閣が提出した法律案は，議院の許諾がなければ修正・取り下げることができない（国会法59条）ので，これが逆向きに作用して，法案提出前に入念に与党との協議を尽くす慣行があり，野党がいったん提出された法案に修正を加えることは，不可能ではないものの，至難の業といってもよい状態にある．また，本会議や委員会での審議も，会派ごとの議員数に応じて配分される委員や理事によって議事日程や審議時間が配分されるが，議事打ち切りの動議が提出され，与党など多数派が賛成すれば，いつでも議決に持ち込まれることになる．

そのような議会の運営実態に照らすと，所轄府省庁における法案づくりのプロセスが，きわめて重要な意味をもってくることがわかる．そこで，行政官庁における政策決定のプロセスや法案作成のプロセスがとりわけ重要視され，しかも，その意思決定が不透明なものであったり，審議会等を隠れ蓑にした省益優先の政策決定がされたりして，政府の「説明責任」が強く要求されるに至って，先に紹介した閣議決定「審議会等の整理合理化に関する基本的計画」が策定されるに至ったというわけである．

その内容は，小渕恵三内閣において，中央省庁等の改革を推進するため，国家行政組織法第8条（いわゆる8条委員会という．）並びに内閣府設置法第37条および第53条の審議会等を整理合理化したものであり，法務省が所管する事項の法案づくりについて法務大臣の諮問を受けて答申する法制審議会も，ここでいう「審議会等」に含まれる[14]．

そこで法制審議会の構成を見てみると，平成29年2月22日現在，その構成員たる会員は19名であり，内訳は大学教授が9名，裁判官・検察官2名，その他8名（報道機関，労働団体，女性団体，弁護士会が各1名，民間研究機関と産業界が各2名）となり，幹事として法務省の民事局長と刑事局長，最高裁判所事務総局総務局長ら3名が参加している．このような構成は，この閣議決定の別紙2「審議会等の組織に関する指針」に合致するものであって，すなわち，

---

[14] 「審議会等の整理合理化に関する基本的計画」の別表「審議会等の整理合理化関係」によると，法制審議会は，(1)基本的政策型審議会（22審議会等），(2)法施行型審議会（42審議会等），(3)時限存置または任務終了時まで存置する審議会等（8審議会等）のうち，第1種に位置づけられている．

5 刑事立法過程の比較法〔新倉　修〕

委員数は20名以内とし，通常の委員のみで構成するとしている原則に沿ったものであり，その他の臨時委員，特別委員，専門委員は，当面のところ，指名ないし任命されていない[15]．また，資格要件である「原則として民間有識者から選ぶものとする．国会議員，国務大臣，国の行政機関職員，地方公共団体又は地方議会の代表等は，当該審議会等の不可欠の構成要素である場合を除き委員等としないものとする．」という基準から見ると，裁判官（東京高裁長官）と検察官（次長検事）がいかなる意味で「不可欠の構成要素」であるのか不明であるが，その他の委員についてもその選任の方法や基準が必ずしも明確でない恨みが残り，男女比や出身母体の性格付け・構成比などについても，もう少しはっきりした説明が必要と思われる．さらに，法制審議会には，下部機関として，いわゆる「特別部会」が設置され，「法制審議会令」（昭和24年5月31日政令第134号）6条によれば，「部会に属すべき委員，臨時委員及び幹事は，審議会の承認を経て，会長が指名する」ことになっている．部会長は，部会に属する委員および臨時委員の互選に基づき，会長が指名することになっている（同令6条3項）．しかしいずれにせよ，部会に属する委員および臨時委員にも，先に引用した「審議会等の組織に関する指針」が適用されるのであるから，部会に属する委員および臨時委員もすべからく原則として民間有識者から選ばれるものと考えるのが素直であり，かりに例外的に「審議会等の不可欠の構成要素として国の行政機関職員」を臨時委員とすることがあっても，その数が民間有識者たる委員および臨時委員の数を上回ることは，許されないのではなかろうか．というのも，先に引用した「審議会等の組織に関する指針」によれば，部会は，委員，臨時委員，特別委員または専門委員によって構成し，部会の結論は，委員および議事に関係のある臨時委員により決定するものとするとあるからである（同令の5．審議会等の下部機関(2)②）．要するに，特別委員も専門委員も議決には加われない（同令1．委員数(2)および(3)）という立て付けになっている．さらに念の入ったことに，閣議決定である「審議会等の設置に関する指針」の別紙3は「審議会等の運営に関する指針」を定めており，これによれば，委員の構成についても「当該審議会等の趣旨・目的に照らし，委員により代表

---

[15] 法制審議会令によれば，委員20人以内で組織するとある（1条）．委員は，「学識経験のある者のうちから法務大臣が任命」し，任期は2年で再任可であり，非常勤である（2条）．

Ⅱ　内閣提出法案と法制審議会

される意見，学識，経験等が公正かつ均衡のとれた構成になるよう留意するもの」とされ，委員の選任にあたっては，「府省出身者の委員への任命は，厳に抑制する．特に審議会等の所管府省出身者は，当該審議会等の不可欠の構成要素である場合，又は属人的な専門的知識経験から必要な場合を除き，委員に選任しない．」とはっきりと定めている．ここでいう「委員」は広い意味であり，通常の委員のほか，臨時委員，特別委員，専門委員を含むものと解せるが，そうであれば，府省出身者の委員が不可欠な構成要素となる場合であっても，議決に加わる委員および臨時委員ではなく，特別委員または専門委員として，その専門的知識経験を審議に反映させればよいのであって，あえて委員ないしは臨時委員とするには，その選任が不可欠の構成要素として必要であることについて特段の理由が開示されるべきであろう．

　さらにまた，「説明責任」の観点からは，人事や組織の透明性のみならず，運営や決定過程の透明性も重要な問題である．この点について，「審議会等の整理合理化に関する基本計画」の別紙3「審議会等の運営に関する指針」は，議事について，(1)規則の制定，(2)基本的な政策の審議および答申，(3)利害関係者の意見聴取等，(4)公開の4点を定めている．このうち注目しておいてよいのは，(2)の③で「審議を尽くした上でなお委員の間において見解の分かれる事項については，全委員の一致した結論をあえて得る必要はなく，例えば複数の意見を並記するなど，審議の結果として委員の多様な意見が反映された答申とする．」とし，また，(4)公開についても，①審議会等の委員の氏名等については，あらかじめまたは事後速やかに公表すること，②会議または議事録は速やかに公開することを原則とし，議事内容の透明性を確保するとしている．また細かいことのように見えるが，実は重要な問題として，パブリック・コメントの募集と集約・公開の問題と，「当該調査審議事項と密接に関連する利益を有する個人又は団体から意見を聴取する機会を設ける」という点である．これは，この「指針」では努力目標として掲げられているが，パブリック・コメントの実施時期や方式，質問事項の整理，集約のやり方や審議会等での議事への反映の仕方について，これまでの実績を踏まえた見直しが必要であり，パブリック・コメントが活かされるような手続の精密化が求められるところである．またかつて，被害者団体の意見を聴取する機会にあたって，ある委員が執拗に団体の資格を疑問視する発言を延々と繰り返したことがあった．これについて部会の

手続として「苦情」を申し立てたのに対して、部会長からの回答はあったものの、ここで紹介する「運営に関する指針」に記されているような扱い、すなわち「各府省は、庶務担当当局としてこれらの整理等をした上で、その結果を適時に審議会等に報告するよう努めるものとする.」という規定から期待できるような処理を受けなかったように記憶している[16]. この点はさておくとしても、いずれにしても、立法過程の重要な一翼を担う審議会においては、いっそうの透明性と公平性を確保することが望ましいことは、言うまでもないであろう. 問題はそれだけではなく、日本の場合は、人権の保護・促進という視点からの立法過程の見直しや補強・補正がなお必要ではないのか、という点にある. これに関して、次にフランスにおける刑事立法過程の現状と問題点をさぐってみることにする.

Ⅲ　フランスにおける刑事立法過程の諸問題

　比較法の詳細な検討は、本来、論点をかみ合わせて、対象領域ごとないし手続過程ごとに比較対照を行う必要があり、そのために情報の入念な収集と有能なライブラリアンによる日常的な情報の整理がもっとも重要な基盤となりうる. この点について、つとに日本学術会議でも「グローバル化と法」分科会において、国際法の専門家による問題提起を受けて、比較法研究センターの設置をめぐって粛々と検討してきたところである. その中で、国立国会図書館調査課による外国の立法調査の実情についても意見交換したことがある. また、個人的な経験[17]を敢えて記せば、パリ大学のキュジャス図書館、ミュンヘン大学の図書館、ベルリンのベル財団の図書センター、コロンビア特別区のジョージ

---

[16]　「刑事法（公訴時効関係）部会」の公開された議事録には、発言者の氏名表記がなく匿名とされ、この被害者団体の代表が顕名を求めたにもかかわらず、団体名も代表者の個人名も議事録に記載はない. なお、新倉修「公訴時効論（1 未完）── 公訴時効の廃止・再延長と遡及適用」青山法学論集 52 巻 1 号（2010 年）33 頁以下参照.

[17]　新倉修「図書館あれこれ」青山学院大学図書館報 84 号（2009 年）12 頁および同「危機の時代と大学 ── 危機とグローバル化」青山学院大学総合研究所紀要 NEWS SOKEN 12 巻 2 号（2013 年）8 頁-9 頁、同「研究条件の現状と課題：社会科学、とりわけ法学の場合」同誌 14 巻（2014 年）6 頁-7 頁、同「未来志向でも、図書館は大学のいのち」AGULI（青山学院大学図書館報）100 号（2016 年）17 頁.

Ⅲ　フランスにおける刑事立法過程の諸問題

タウン大学の生命倫理研究図書館，ジュネーブの国際連合欧州本部の図書館，東京の最高裁判所の国立国会図書館分館など，広範な集書と利便性の高い閲覧設備は特筆に値する．また，ドイツのレクラム文庫，フランス大学出版のクセジュ文庫，イギリスのペンギン・ブックス，オクスフォード大学出版のヴェリー・ショート・イントロダクション叢書と並んで，平凡社の東洋文庫，岩波書店の文庫・新書なども，現代の百科全書にふさわしい．とりわけ信山社による『日本立法資料全集』の周到かつ浩瀚な資料整備は，みすず書房の『現代資料』や原書房，柏書房などによるさまざまな出版活動と並んで，刮目すべき事業として大いに顕彰しなければならない．またもちろん，外国の法令情報としては，国立国会図書館による『外国の立法』や『レファランス』も裨益するところ頗る大きく，最高裁判所事務総局による『司法研究報告書』や法務省による『法務資料』も貴重な知的資源として重要性を失っていない．これらの膨大な資料がディジタル情報として蓄積され，インターネットによる検索が可能なアーカイブに集積されて多大な便益を生んでいる．また法令の英訳も有意義である．その総合的な利用方法の開発については，「弘益人間・グローバル法文化研究所」を設立し長期的なプロジェクトを企画している[18]が，さしあたってはフランスにおける先行業績に注目したい．

　この関係では，フランスの「累犯の防止に関するコンセンサス会議（la conférence de consensus sur la prévention de la récidive）」という方式やそれに付随する手続がきわめて有益であると考えて，かつて紹介したことがあった[19]．とりわけ注目に値するのは，フランスでは議会の委員会による審査機能が充実しており，法案審査報告書はきわめて豊富な作業資料を記録しているだけではなく，とりわけ重要な国民的課題や地方自治体における重要問題について，独自に調査・審議する機関を設置して，斯界の有識者を委員に選任し，加えてかなりの

---

[18]　近々一般社団法人として登録し，ゆくゆくは非営利法人として登録する予定であるが，現在は，韓国教育法に由来する「弘益人間」から着想を得た「共益的正義」概念の刑事法への展開を研究する鄭裕靜氏（青山学院大学非常勤講師）を主任研究員として擁して，研究企画を続々と遂行する予定である．関連して，新倉修・鄭裕靜「死刑廃止のための論点──日本における議論の起点および韓国における死刑の執行停止（モラトリアム）と廃止の展望」青山法務研究論集13号（2017年）参照．

[19]　新倉・前掲注(2)「刑事法と憲法の交錯」17頁以下，特に26頁以下．また，同「重罪再犯リスク軽減法」日仏法学26号（2011年）201頁以下参照．

5 刑事立法過程の比較法〔新倉 修〕

数の関係諸団体および個人の意見を聴取し，意見書を集め，裁判所などの関係機関に出向いて現場の裁判官の意見を聴取したり，関係施設を実地に視察したりするという仕組みが整備されている点である．またそれだけではなく，国内人権機関の設置と役割に関するいわゆる「パリ原則」[20]に基づいて「人権全国諮問委員会（la Commission nationale consultative des droits de l'homme）」がつとに設置され，重要な立法課題については，憲法院による審査手続とは別に，独自に所管事項として受け止めて，調査・審議を尽くして意見を発表している点である．その委員長を2012年以来務めているのが，モンペリエ大学（1979年～2003年）やパリ第1パンテオン＝ソルボンヌ大学（2003年～2012年）の教授職のほかに，国民議会議員としての経歴（1997年～2002年）のなかで，国民議会の常設機関である法律委員会の副委員長（1997年～2000年）や国民議会主席副議長（2000年～2002年）を務め，顕著な功績をあげられた著名なクリスティーヌ・ラゼルジュ氏（Madame Christine Lazerges）である．ラゼルジュ氏とは，私がフランス留学中にフランス刑法学会（モンペリエ大学で開催された）でお目にかかったことがあり，その後，カイロで開かれた国際刑法学会でもお話しをうかがう機会があった．また長年，パリ大学比較法研究所が母体となって刊行されている《Revue de science criminelle et de droit pénal comparé》の刑事政策に関する常設欄に健筆を振るわれ，さらには《Archives de politique criminellë》にも常連として論文を寄稿しているので，日本でもよく知られているフランスの代表的な刑法学者である[21]．「新社会防衛論（la Nouvelle Défense sociale）」で著名なマルク・アンセル（Marc Ancel）の「愛弟子」を自認し，社会党の代議士として活動しているのは，日本から見ると，やや異例な経歴のように思われるが，フランスの知識人の目から見れば人権擁護・人道主義という主軸にブレはない証左と言えよう．そのラゼルジュ教授の古稀記念論文集には数多くの論稿が寄せられているが，注目すべきは，3部構成のうち，第

---

[20] 国連人権委員会決議1992年3月3日1992／54附属文書（経済社会理事会公式記録1992年補足No.2（E/1992/22）第Ⅱ部第A節），総会決議1993年12月20日48/134附属文書．Office of the United Nations High Commissioner for the Human Rights, *National Human Rights Institutions: History, Principles, Roles and Responsibility*, Professional Training Series No. 4（rev.2），2001．新倉・前掲注(1)39頁参照．

[21] 経歴や業績は，*Politique (s) criminelle (s): Mélanges en l'honneur du professeur Christine Lazerges*, Dalloz, 2014, pp. Ⅲ et suiv.

Ⅲ　フランスにおける刑事立法過程の諸問題

1部「アンガージュモン（L'engagement）」と第3部「法の進歩（Les progrès du droit）」[22]との間に挟まる形で第2部「法の形成ないしは造形（La fabrication du droit）」が設けられ，これには，19編の論文が寄せられていることである．いずれも珠玉のような論文で味読に値するものであるが，立法過程に関わるものとして，次に掲げる論文が重要と思われる（掲載順に丸数字を付けたが番号が飛んでいるのは省略したものであり，論文名をイタリックで示した）．

① Julie Alix, *La place de l'homme dans le droit pénal contemporain*
② Pascal Beauvais, *Politique pénale et séparation des pouvoirs*
④ Jean-Marie Brigant, *Faits divers et droit pénal*
⑤ Jacques Chevallier, *La conférence de consensus sur la récidive: un style nouveau de décision en matière pénale ?*
⑥ Audrey Darsonville, *L'élaboration de la loi pénale sous l'influence des citoyens*
⑦ Mireille Delmas-Marty, *Sécurité, je lit ton nom… De la peur-exclusion, à la peur-solidarité*
⑨ Geneviève Giudicelli-Delage, *«Punir dans une société démocratique» ou le devoir d'espérance de l'Etat*
⑫ Haritini Matsopoulou, *Quelques réflexions sur la place des statistiques dans la politique pénale*
⑬ Raphaële Parizot, *Pour un véritable principe de nécessité des incriminations*
⑭ Alberto Manuel Poletti Adorno, *Le pouvoir législatif au XXIe siècle: en quête d'une place au milieu de rêves et de désespoirs*
⑮ Pierrette Poncela, *Le détail et l'évènement. Réformes législatives, comités d'étude et parlementaires*
⑯ Eliette Rubi-Cavagna, *La politique législative de rapprochement des procédures pénales au sein de l'Union européenne*

---

[22]　第3部も大部なものであるが，前半が「司法の進歩（Les progrès de la justice）」に充てられ7編の論文，後半が「法律の進歩（La progrès de la loi）」に充てられ28編の論文が寄せられている．ちなみに第1部には，破毀院名誉院長・憲法院裁判官のGuy Canivet, *De la délicatesse du juriste, Éloge d'une pratique désirable* という論稿の他4編の論文が寄せられている．

5　刑事立法過程の比較法〔新倉　修〕

　これら10指に余る論文のすべてを要約紹介してコメントを付けることは，紙幅の関係から言っても不可能であるので，⑤⑦⑨を中心として紹介してコメントを付することにする．

　まず⑤のジャック・シュバリエ「累犯に関するコンセンサス会議：刑事に関する事項における新しい決定方式か？」は，この方式がきわめてセンシティブで意見が割れる事項について，いわばブレーンストーミングの要領で公開討論を組織し，「落としどころ」をさぐる「熟議民主主義（la démocratie délibérative）」の手法だと位置づける[23]．これは1995年以来頻繁に活用されてきた手法であり，これまでも生命倫理や安楽死，遺伝子組み換え作物，気候温暖化対策，精神病質者問題で利用されてきたが，刑事関係では2009年11月24日の行刑法を制定する過程で，2001年と2007年に国レベルだけではなく，県参事会レベルでも利用された実績がある．とはいえ「累犯の防止」という機微に触れる問題にこの手法を用いるに当たっては主務官庁である司法省内部でもリスクがあるというやや消極的な評価があり，一種の「刑罰ポピュリズム」（populisme pénal）ないしは「ポピュリズム刑事政策」を招くおそれがあると言われている[24]．にもかかわらず，あえて「コンセンサス会議」方式が採用されたのは，2012年に大統領に就任したオランド氏の政策転換にきっかけがあり，これによって2007年・2008年と重罰主義に走った累犯対策法をまき直すという狙いがあった．そのためには，サルコジ大統領時代の厳罰主義政策を見直すに当たって，政治の左右対立点になっていた「累犯対策」を政治的・党派的な文脈から切り離して，厳罰主義の支えとなっていた刑罰制度（「実刑の下限」(peines-planchers）や「保安拘置」（rétention de sûreté）など）をリアルに見直す専門家の知恵と普通の市民の実感とが対話する場（「ハイブリットなフォーラム」forums hybrides）を設定することが必要とされた．こうして，「理論的にも，原理的にも，実務的にも証明されていない」刑務所の抑止力に依拠していたこ

---

[23]　J. Chevallier, La conférence de consensus sur la récidive : un style nouveau de décision en matière pénale ? *op. cit.* note [21], p. 133-145; J. Chevallier, «La démocratie délibérative: mythe et réalité», in *Politique, communication et technologies. Mélanges en hommage à L. Sfez*, PUF, p. 75-87; J. Chevallier, «Le débat public en question», in *Pour un droit commun de l'environnement. Mélanges en l'honneur de M. Prieur*, Dalloz, 2007, p. 489-508.

[24]　J. Chevallier, *op. cit.* note [21], p. 135.

III フランスにおける刑事立法過程の諸問題

れまでの累犯対策法を見直して,「共通の理解と望ましい展開について合意を形成する」ことがめざされた.

この点は,フランスでもこれまでは,刑事立法改革にあたってはもっぱら専門家の委員会を設置し,その答申を得て,法律案をまとめたり,あるいは立法改革の下準備として調査・研究に専念したりする例が一般であった.このような例として,前者では,1981年の「治安と自由法」に関するSoyer-Decocq委員会（1979年），その廃止に関するLéauté委員会（1981年），司法改革に関するTruche委員会（1997年），保健＝司法に関する委員会（2005年），刑事手続の現代化に関するLéger委員会（2008年），少年の刑事司法に関するVarinard委員会（2009年），検察官制度の現代化に関するNadal委員会（2013年）などがあり,後者では,1952年に司法省に設置された刑事立法検討委員会,司法省刑事局に設置された刑事立法評議会などがあり,1981年10月に設置された刑法典の全面改正にかかわる委員会やMireille Delmas-Martyが委員長となった「刑事司法と人権」委員会（1988年）も,長い目で見れば立法に結びついたが,基本的には後者の例に位置づけられるようである[25].

コンセンサス会議はこれらとは違う行き方を模索するものであるが,ここで重要なことは,「社会を構成するあらゆる人たちとの建設的な対話（dialogue constructif avec toutes les composantes de la société）」という方法が辛抱強く追求されたことであり,さまざまな分野の専門家が,実証的なデータを自由に使って,フランス国内はもとより,近隣ヨーロッパ諸国の類似の制度についても実証的な研究と徹底的な分析を行ったという点であり,またとりわけ「知の欠如（défaut de connaissance）」,「評価の欠如（défaut d'évaluation）」を正すという姿勢を貫いた点である[26].言い換えれば,専門家の姿勢や態度についてみても,データの改竄や化石化した知識の受け売りでもなく,対話を拒絶する権威の押しつけでもなく,むしろこのような誤ったエリート主義とは真逆の態度が鮮明に示されている点にあり,すなわち普通の市民の健全な常識との突き合わせを厭わない姿勢がはっきりと現れている点に着目すべきであろう.すなわち,真実の前には謙虚であり,かつ,強靭な精神というものがあって,コンセンサスという方式に敢えてこだわり,一致できる結論を共有するまで対話を継続する

---

[25] J. Chevallier, *op. cit.* note [21], p. 144.
[26] J. Chevallier, *op. cit.* note [21], p. 137.

5 刑事立法過程の比較法〔新倉 修〕

という点において，情熱と誠実さを尊重する態度が明確であって，そのような姿勢で専門家も非専門家も一堂に会した合議体を形成したという点が，このコンセンサス会議方式の真髄であったように思われる．このような方法論は，フランス人とりわけフランスの教養のある人たちにとっては，不思議でも謎でもなく，そのような知性の働きこそが，フランスにおける初等教育・中等教育を通じて尊重されてきた「デカルト」精神（esprit cartésien）の発露と言っても過言ではないであろう．すなわち，権威化したキリスト教的な世界観・社会観に対して，人間の個体としての存在が時間的にも空間的にも有限なものであることを踏まえた上で，限られた存在としての「個人」が，時間的・空間的に無限とも感じられる世界の広がりに向き合って，世界と存在との関係を根源的に問い直したときに，神という神聖な権威によらなければ存在を確認できないという態度ではなく，存在の根拠をまさに疑い，その客観的な根拠を考え，思惟する「個人」ないしは「個我」に根拠を発見するというデカルトの「方法序説」（le discours de méthode）が，累犯の防止というきわめて現代的な課題に立ち向かうのに際して，集合的な知の協働という場を形成し，社会的な資源の浪費とも言うべき政治的な立場を軸にして論争するという方法ではなく，これを政治的・党派的なものとして退け（dépolitiser）つつも，新しい政策の形成（la politique nouvelle）のために，新しい方法論（méthode nouvelle）の選択として，知の協働を効果的に実施して，コンセンサスを形成して，いわば社会的な資源の共同投資という政策選択・政策転換に結実する方法をとったと評価することができるであろう．そこに，デカルトの方法論の集団的な試みと評価すべき実体があるとも言えよう．

　これを踏まえた上で，コンセンサス会議の実施方法を紹介しておきたい．この会議方式は，フランスの独創に係るものではなく，1990年代にデンマークで発展してきた政策決定方式であって，イギリス，カナダ，オーストラリア，ニュージーランド，スイスなどでも，名称や方式に多少の違いはあるが，市民と専門家との討議という形式をとり，その組織化を支える機関を伴うという共通点があると言われており，フランスでは，遺伝子組み換え生物（organismes génétiquement modifiés, OGM）の商品化の是非を討議する会議（1998年）で初めてこの方式が取り入れられたとされている[27]．

　さて，累犯の予防に関するコンセンサス会議では，3つの階層からなる機関

Ⅲ　フランスにおける刑事立法過程の諸問題

ないし組織が関わるという構造で意思決定過程がつくられた．最初の階層は，組織委員会（comité d'organisation）であり，2012 年 9 月 18 日にルーアン控訴院院長 Nicole Maestracci[28]を委員長とし委員 22 名で設置されて以来，コンセンサス会議の準備のために 5 カ月を費やした．次に陪審ないしは評議員（jury）が組織され，2013 年 2 月 14 日・15 日の 2 日間，論点整理にあたったが，これは専門家からなる組織（conseil du jury）である．これについで，公開討論の場が設定されるという構造になっていた．

公開討論のプロセスには，公開討論を組織し，その進行に枠組みをつける役割を持つ事務局的な組織が欠かせない．これは「組織運営にあたる第三者」（tiers organisateur）と呼ばれる組織であるが，独立性が重要な要素となる．すなわち，政治団体（commanditaire politique）からも討議のテーマに関わる利害関係者からも独立したものでなければならない．そこでフランスでは，この種の会議を組織する「全国公開討議委員会」（La Commission nationale du débat public, CNDP）に政令で，「独立行政法人」（autorité administrative indépendante）の資格を付与し，討議の公平性・透明性・誠実性（l'impartialité, la transparence et la sincérité du débat）を確保することにした[29]．

「組織委員会」は，独立性を確保し，かつ，委員の構成はさまざまなバックグラウンドをもつ人たちからなっている．県議会の代表 2 名，フランスの大学の教育職・研究職 3 名，外国の大学の研究職・教育職 2 名，防犯に関係する民間団体の代表 3 名，その他関係機関の職員であるが，司法官 5 名，行刑職員 2 名，保護更生関係職員 2 名というところが主なところであり，その仕事は多岐

---

[27]　J. Chevallier, *op. cit.* note [21], p. 138.

[28]　Nicole Maestracci は 1988 年から 1992 年までミッテラン政権時代に 2 人の司法大臣のもとで官房に勤務していたという経歴があり，1998 年から 2002 年に「薬物および薬物中毒対策省際会議」（mission interministérielle de lutte contre la drogue et la toxicomanie, MILDT）を率いた経歴と「受け入れ再社会化協会全国連盟」（fédération nationale des associations d'accueil et de réinsertion sociale, FNARS）の理事長を務めていた経験が評価されたそうである．その後，2013 年 2 月に憲法院裁判官に大統領の指名で就任した．この指摘は，官僚のキャリアパスの観点からも興味深い．J. Chevallier, *op. cit.* note [21], p. 139, note 29.

[29]　J. Chevallier, *op. cit.* note [21], p. 139. *Voyez aussi* J. Chevallier, «Démocratie de proximité et débat public», in *La démocratie de proximité*, Berger-Levrault, 2013, p. 81-92.

5 刑事立法過程の比較法〔新倉 修〕

にわたり，陪審＝評議員の人選のみならず，会議日程の調整のほか，特に 2012 年 9 月から 2013 年 1 月にわたって 59 回の公聴会を開催して記録を整理し，また 142 通の意見書を受け取り，これらの意見をもとにして，コンセンサス会議で専門家といっしょに議論に参加する非専門家＝一般市民 20 名を委員として選出する作業に従事した[30]．

討議の進行については，見解の対立点を広げるように運営することによって，政治的な争点を開示することに利点があるという信頼を醸成することとともに，論争というやり方によることで，参加者たちにそれぞれの立場を説明したり，正当と考える理由を示したりしてするように誘導し，他者の考え方の合理性を考慮して，一致点を見つける方法を開発するなど，討論を進めることに利点があるという信頼を醸成するという原則的な考え方を徹底したそうである[31]．さらにコンセンサス会議では，一般に，市民から選ばれたパネリストが専門家と討議するよう招聘されるが，専門家のいないところで，あらかじめ討論をして，論点を煮詰める作業がされるが，その場合に，専門家の役割は，公開討論の主役である市民が集団として考察を深めることを手助けするという点にあるが，累犯の防止に関するコンセンサス会議では，20 名の陪審＝評議員が，組織委員会が準備した作業文書を読み込んだ上で，組織委員会が選任した 27 名の専門家の意見を 2013 年 2 月 14 日・15 日に聴取し，専門家と質疑を交わした．このやりとりは，さまざまな社会的背景をもつ 2000 人以上の聴衆の面前でなされ，陪審＝評議員は 2 月 16 日・17 日に評議して，2 月 20 日に報告書を首相に提出した[32]．陪審の長は，ヨーロッパ人権裁判所の元副所長 François Tulkens が務め，20 名の陪審＝評議員の構成は基本的には組織委員会と同じような配分で選任された．

日本でもかつて，民主党の江田五月法務大臣の時代に法制審議会の下部組織として「新時代の刑事司法制度特別部会」という会議が招集され，これまでの例になく，部会長は民間から選ばれ，委員にも，被疑者・被告人として取調べや勾留の経験を持つ厚生労働省の事務次官，冤罪を題材にした映画を製作した

---

[30] J. Chevallier, *op. cit.* note (21), p. 140.

[31] J. Chevallier, *op. cit.* par note (21), p. 140. *Voyez aussi* C. Girard et A. Le Goff (dir.), «Introduction», in *La démocratie délibérative*, Hermann, 2010.

[32] J. Chevallier, *op. cit.* note (21), p. 140-141.

映画監督など7人を含む，かなり大規模な会議が開催されたことがある（平成23年6月29日から平成26年7月29日まで30回開催され，さらに2つの作業分科会が平成25年7月24日から平成26年1月22日までそれぞれ10回開催されている）が，これには大学教授も7名（うち2名は法制審議会の委員）が加わり，弁護士が6名であるけれど，警察庁・検察庁・裁判所の元職が3名含まれており，また5名の充て職の構成員の内訳は裁判官2名（最高裁事務総局刑事局長と東京高裁判事），警察官2名（警察庁刑事局長と警視庁副総監），法務省職員1名（刑事局長）という顔ぶれであり，会議の進行も市民の自由な討議を促すというものではなかったようである[33]．

他方，フランスのコンセンサス会議が，討議の進行については市民のイニシャティブを尊重して，日本の行き方に比べて「熟議民主主義の実践」という観点では優れて配慮の行き届いた手続であることは，疑いない．とはいえ，すべてが理想的というわけではないようである．というのも，コンセンサス会議の結論は，政府による政策決定の「よすが」として，この政策決定に先立って設定されているが，政策の内容については依然として政府に主導権があり，その意味で，コンセンサス会議の影響力は「不確実」だとされている[34]．しかし，累犯の防止というきわめて専門性の高いセンシティブな課題に果敢に取り組み，累犯対策を刑事施設における処遇問題や刑罰の加重化や量刑の要因分析に狭く捉えることなく，刑罰制度の限界や「包摂の刑事政策」の開発に視野を広げ，社会制度の総点検に結びつくきっかけを生み出すという点において，コンセンサス会議には豊かな潜在的な可能性があるということができよう[35]．

Ⅳ　まとめに代えて ── 刑事立法過程と民主主義

コンセンサス会議方式が，参加型民主主義（la démocratie participative）と親和的な関係にあることは容易に理解できることであり，代表制民主主義の代替ないしは補完とみるのには疑義がある[36]けれど，刑事立法過程が，官僚的支配の

---

[33] http://www.moj.go.jp/content/000122717.pdf 　周防正行『それでもボクは会議で闘う ── ドキュメント刑事司法改革』（岩波書店，2015年）参照．

[34] J. Chevallier, *op. cit.* note [21], p. 141-142.

[35] J. Chevallier, *op. cit.* note [21], p. 145.

軛につながれているかのような状態に比べれば，ずっと健全な状態ないしは制度であることは確かであろう．それでも，およそ完全な制度というものは成り立ちがたいのであって，フランスで試みられているコンセンサス会議方式も，そのような意味で実証的・批判的な検討を免れるものではない．本稿を閉じるに当たって，このことを別の角度から取り上げてみよう．それが，Lazerges 祝賀記念論文集第 2 部の⑦⑨の論文を取り上げることの意味である．

　まず⑦ミレーユ・デルマス＝マルティ「安全保障，君の名を読むけど…不安・排除の連鎖から不安・連帯の連鎖へ」は，刑事政策の重点が「安全・治安」（sûreté）から「保安・安全保障」（sécurité）あるいは「安心安全」に移ったという鋭い現状認識から出発する[37]．この対語は，表面的にはよく似ているようだが，実は方向性が異なる．前者は，1789 年の「人および市民の権利宣言」（2 条）にも書き込まれた人権であって，自由，財産および圧政への抵抗とならぶ「人身および財産の安全」という内容をもち，アンシャンレジーム下の封印状（lettre de cachet）に抵抗しこれを否定するものであり，人身保護令状（*habeas corpus*）の制度に結びつくものであって，法治主義の原理（Etat de droit）に連なるものである．これに対して，後者は，犯罪の被害と結びつけて観念され，その反射的な効果として犯罪者の「危険性」が想定され，保安の確保と危険性の早期防止とが正の相関関係として捉えられると，容易に重罰化に傾き，法治国原則は「警察国家」（Etat de police）に席を譲ることになりかねない．その行き着く先は，監視の拡張（l'extension de la surveillance）であり，監視社会（sociétés du regard permanent, société de surveillance）の到来である[38]．さらに言えば，2005 年から 2013 年にわたって「滝のような一連の立法（une cascade de lois）」として名高い累犯対策法で「切り札」とされていた刑期終了後の「保安拘置」（rétention de sécurité）についても，将来の犯罪についての予測が不確実であるので，人身の拘束が不当に長期に及ぶことの懸念があるが，これ自体は立法作業の成果物についての評価の問題であって，本稿の直接の検

---

[36] Franck Laffaille, La démocratie participative, niaiserie contemporaine, Recueil Dalloz – 12 janvier 2017 – n° 2, éditorial, p. 57.

[37] Mireille Delmas-Marty, Sécurité, je lit ton nom... De la peur-exclusion, à la peur-solidarité, *op. cit.* note (21), p. 163-175.

[38] M. Delmas-Marty, *op. cit.* note (21), p. 165-168; de même, *Modèles et mouvement de politique criminelle*, Economica, 1983.

IV　まとめに代えて

討対象ではないとはいえ，専門家を中心とした審議会方式の限界を示すものとして，ここで言及することが許されるであろう[39]．さらに，このようなフランスの治安対策が，ヨーロッパ人権裁判所で人権法の観点からチェックを受けたという経験も，立法過程を構想する上で，人権からの検討を組み入れるという仕組みを採択するのに大きなヒントとなったであろう．先に述べたように，累犯の防止に関するコンセンサス会議方式に，国内人権機関による独立したチェックの仕組みが平行して取られたこととも深く関係する．

次に，⑨ジュヌヴィエーヴ・ジュディスリ＝ドラージュ「『民主主義社会で処罰すること』あるいは希望についての国家の義務」[40]は，コンセンサス会議の答申に掲げる5原則のひとつである「民主義社会と処罰」の関係を掘り下げて検討する．周知のようにヨーロッパでは1950年のヨーロッパ人権条約2条で「生命への権利」を承認し，死刑の廃止への道を開いたが，死刑の廃止はこの人権条約の第6議定書（1983年）や第13議定書（2002年）によって実現した．今問題になっているのは，累犯の防止のために終身刑を科すことが民主主義社会として許容されるのかという点である．とりわけそれが立法を制約する司法（ヨーロッパ人権裁判所）の判断を通して人権（ヨーロッパ人権条約3条）の問題として刑罰制度を制約することができるのかという点である．事案はいわゆる絶対的終身刑に関わるものであった[41]．Power-Forde裁判官が補足意見で「ヨーロッパ人権条約3条には『希望への権利』（le droit à l'espoir）が含まれる」と述べた点が，人権条約に従う判断を求められる国家の側から見ると，「人としての人道性には，国家が希望を奪う権利がない（l'humanité de l'homme dont l'Etat n'a pas le droit de désespérer）」ということを意味し，ひいてはあらゆる人間の平等な尊厳（l'égale dignité de tous les être humains）を保障する義務があるのかという問題を投げかけていると受け止めているわけである[42]．

---

[39] M. Delmas-Marty, *op. cit.* note [21], p. 165-168.

[40] G. Giudicelli-Delage, *«Punir dans une société démocratique» ou le devoir d'espérance de l'Etat*, *op. cit.* note [21], p. 191-198. *Voyez aussi* Conférence de consensus, «Pour une nouvelle politique publique de prévention de la récidive, Principe d'action et méthodë», Rapport du jury de consensus remis au Premier ministre le 20 février 2013.

[41] CEDH Grande Chambre, 9 juillet 2013, *Vinter et al. c/ Royame-Uni*. G. Giudicelli-Delage, *op. cit.* note [21], p. 192 et suiv.「法的および事実上の圧縮できない実刑の終身刑」（la peine de perpétuité réélle, incompressible *de jure et de de facto*）と表現される．

5　刑事立法過程の比較法〔新倉　修〕

　1789年の人権宣言に示されるように，民主主義は人権の保障を意味し，同時にまた権力の分立と立憲主義を意味する．この段階では王政との共存が意図されていたので，民主主義・立憲主義・共和制という等式に必ずしも結びつかない[43]．とはいえ，現代ヨーロッパという時間・空間の枠組みで見ると，ヨーロッパ人権条約，ヨーロッパ評議会・ヨーロッパ連合の設立条約のどれをとっても，人権の保護と促進がヨーロッパの国民国家とそのさまざまな連携・連合という政治的共同体の設立目的・存在根拠となっている．ストラスブールにあるヨーロッパ人権裁判所は，加盟国の数とほぼ同じ程度に公用語があり，すべての公用文書は相互に公用語に翻訳されて，共有されるという気の遠くなるような連合の努力が絶え間なく続けられている．個人が，自分が属する・居住する国民国家を地域国際組織であるヨーロッパ人権裁判所に提訴して，勝訴判決を獲得し法的な権利として，国民国家に国家作用の変更を迫るという仕組みが，ヨーロッパでは正に標準である．このことは，「土地と血縁」による縛りが強く意識され，国民国家が絶対的な主権をもつことを標準としている日本やアジアの文化圏では，天地が逆転するほどの衝撃であり，受け入れるには強い抵抗感があるのは，容易に想像できる．しかし，グローバリゼーションの荒波は間近に迫っており，国境という防波堤が役割を終える日も遠からずやってくるのが，現実である．

　やや省略した表現を使えば，難民とテロに挟撃され，イギリスのヨーロッパ連合からの撤退や国内におけるウルトラ・ナショナリズム政党の勢力拡大によって土台を波で洗われながら，共通の政策と共通の通貨とともに，共通の人権基準を掲げたヨーロッパ社会が，地域・国家・地方自治体という政治的な枠組みを維持して，民主主義・人権・法治国家にそった刑事立法過程をどのように展開させていくのか，これは他人事ではない[44]．

---

[42]　G. Giudicelli-Délage, *op. cit.* note [21], p. 193-164. Power-Forde裁判官の「楽観的な見方」とやや退いた表現を用い，「人間存在における希望の絶対的義務」(un devoir absolu d'epérance en être humain) と表現していることに注意したい．また，「人間として減退させることができないことについて触れてはならない性格」(la caractère intangible de l'irreductible humain) という表現で引用されているのがM. Delmas-Marty, *Résister, responsabiliser, anticiper*, Seuil, 2013, p. 126.

[43]　この点で，樋口陽一『「共和国」フランスと私――日仏の戦後デモクラシーをふり返る』（柘植書房新社，2007年）やシュヴェーヌマンとの対話は興味深い．

Ⅳ　まとめに代えて

〔文　献〕

浅田和茂(2005)『刑法総論』成文堂，9頁以下．

CEDH Grande Chambre, 9 juillet 2013, Vinter et al. c/ Royame-Uni.

Chevallier, Jacques (2006), «La démocratie délibérative : mythe et réalité», in Politique, communication et technologies. Mélanges en hommage à L. Sfez, PUF, p. 75-87.

――(2007), «Le débat public en question», in Pour un droit commun de l'environnement. Mélanges en l'honneur de M. Prieur, Dalloz, p. 489-508.

――(2013), «Démocratie de proximité et débat public», in La démocratie de proximité, Berger-Levrault, 2013, p. 81-92.

――(2013), «Pour une nouvelle politique publique de prévention de la récidive, Principe d'action et méthode», Rapport du jury de consensus remis au Premier ministre le 20 février 2013.

――(2014), La conférence de consensus sur la récidive : un style nouveau de décision en matière pénale ? in Politique(s) criminelle(s) : Mélanges en l'honneur du professeur Christine Lazerges, Dalloz.

Croydon, Silvia (2016), The Politics of Police Detention in Japan, Oxford University Press.

Delmas-Marty, Mireille (1983), Modèles et mouvement de politique criminelle, Economica.

――(2013), Résister, res ponsabiliser, anticiper, Seuil, p. 126.

――(2014), Sécurité, je lit ton nom... De la peur-exclusion, à la peur-solidarité, in Politique(s) criminelle(s) : Mélanges en l'honneur du professeur Christine Lazerges, Dalloz.

藤井克徳＝池上洋通＝石川満＝井上英夫編『生きたかった――相模原障害者殺傷事件が問いかけるもの』大月書店．

Girard, C. et A. Le Goff (dir.) (2010), «Introduction», in La démocratie délibérative, Hermann.

Guidicelli-Delage, Geneviève (2014), «Punir dans une société démocratique» ou le devoir d'espérance de l'Etat, in Politique(s) criminelle(s) : Mélanges en l'honneur du professeur Christine Lazerges, Dalloz.

樋口陽一(2007)『「共和国」フランスと私――日仏の戦後デモクラシーをふり返る』柘植書房新社．

平川宗信(2008)『刑事法の基礎』有斐閣，79頁以下．

――『憲法的刑法学の展開――仏教思想を基盤として』有斐閣（2014年）．

---

(44) エマニュエル・トッド（堀茂樹訳）『シャルリとは誰か？人種差別と没落する西欧』（文春新書，2016年）．Emmanuel Todd, *Qui est Charlie?* Seuil, 2016. また，日本の代用監獄制度を詳細に分析した秀逸な作品も発表されていることに注意したい．Silvia Croydon, *The Politics of Police Detention in Japan*, Oxford University Press, 2016.

5　刑事立法過程の比較法〔新倉　修〕

平野龍一(1966)『刑法の基礎』東京大学出版会 115 頁以下.
── (1972 年)「改正草案の批判」平場安治＝平野龍一編『刑法改正の研究 1　概論・総論── 改正草案の批判的検討』東京大学出版会, 1 頁以下.
井田良(2012)「最近の刑法学の動向をめぐる一考察」法学研究 84 巻 9 号 211 頁以下.
井田良＝松原芳博編(2014)『立法学のフロンティア(3)立法実践の変革』ナカニシヤ出版.
── (2008)『講義刑法学・総論』有斐閣, 2 頁以下.
井上達夫編 (2014)『立法学のフロンティア(1)立法学の哲学的再編』ナカニシヤ出版.
「緊急特集＊相模原障害者殺傷事件」(2016)『現代思想』10 月号.
Laffaille, Franck (2017), La démocratie participative, niaiserie contemporaine, Recueil Dalloz‑12 janvier 2017‑n° 2, éditorial, p. 57.
松宮孝明(2012)「犯罪体系を論じる現代的意義」法律時報 84 巻 1 号 4 頁以下.
村井敏邦(2013)「刑事法における理念の喪失現象」法学セミナー 700 号.
内藤謙(1983)『刑法講義 ── 総論 (上)』有斐閣.
── (1997)『刑法原論』岩波書店.
新倉修(1977)「フランス刑法と罪刑法定主義」早稲田大学法学会誌 28 巻 243 頁以下.
── (1989)「フランス人権宣言と刑事立法改革」長谷川正安＝渡辺洋三＝藤田勇編『人権宣言 200 年記念　講座・革命と法』第 1 巻, 日本評論社, 177 頁以下.
── (1991)「現代フランスの刑事政策の転換と展開」『近代刑事法の理念と現実　フランス革命二百年を機に』立花書房, 249 頁以下.
── (2009)「図書館あれこれ」青山学院大学図書館報 84 号 12 頁.
── (2010)「公訴時効論 (1 未完) ── 公訴時効の廃止・再延長と遡及適用」青山法学論集 52 巻 1 号 33 頁以下.
── (2011)「ベッカリーア再訪」『人権の刑事法学』日本評論社 194 頁以下参照.
── (2011)「重罪再犯リスク軽減法」日仏法学 26 号 201 頁以下参照.
── (2013)「危機の時代と大学 ── 危機とグローバル化」青山学院大学総合研究所紀要 NEWS SOKEN 12 巻 2 号 8 頁-9 頁.
── (2014)「研究条件の現状と課題：社会科学, とりわけ法学の場合」青山学院大学総合研究所紀要 NEWS SOKEN 14 巻 6 頁-7 頁.
── (2015)「刑事法と憲法の交錯」青山法務研究論集 10 号 17 頁以下.
── (2016)「未来志向でも, 図書館は大学のいのち」AGULI (青山学院大学図書館報) 100 号 17 頁.
── (2016)「ニュージーランドにおける人権保護のための国内機関の協働」青山法務研究論集 11 号 31 頁以下.
新倉修・鄭裕靜(2017)「死刑廃止のための論点 ── 日本における議論の起点および韓国における死刑の執行停止 (モラトリアム) と廃止の展望」青山法務研究論集 13 号 3 頁.
Office of the United Nations High Commissioner for the Human Rights (2001), National Human Rights Institutions: History, Principles, Roles and Responsibility, Professional

Training Series No. 4（rev.2）.
芝原邦爾(1973)『刑法の社会的機能 —— 実体的デュー・プロセスの理論の提唱』有斐閣.
高橋則夫(2016)『刑法講義総論・第三版』成文堂，3頁以下.
トッド，エマニュエル（堀茂樹・訳）(2016)『シャルリとは誰か? 人種差別と没落する西欧』文春新書.
Todd, Emmanuel(2016), Qui est Charlie? Seuil.
山本譲司(2009)『累犯障害者』新潮文庫.
吉川経夫「日本における罪刑法定主義の沿革」(1968) 東京大学社会科学研究所編『基本的人権4巻・各論Ⅰ』東京大学出版会(1968年)（=『吉川経夫著作選集第2巻』法律文化社（2001年））.

6 参議院は無用か
―― 二院制の日英比較 ――

武 蔵 勝 宏

I　はじめに

　1955年以降，1989年までの期間，日本政治では，自民党一党優位体制の下で，衆参両院の多数を単独与党の自民党が占めた結果，参議院は衆議院の決定を追認するだけの「衆議院のカーボンコピー」と揶揄されていた．実際には，日本の国会では，諸外国と比較して短期間で閉じられる会期制がとられていることから，野党が国会の制度や慣行を利用し，審議引き延ばしを図ることによって，対決法案を参議院で未成立に終わらせたり，野党の意見を踏まえて修正させたりすることも不可能ではなかった．しかし，そうした成果を求めるあまり，参議院で野党の抵抗による審議拒否が行われたり，与党による強行採決が行われたりすることで，参議院はその理念とされる「良識の府」と程遠い存在として，国民から批判を受けることもあった．シェイエスが述べたように，強すぎる第二院は有害であり，弱すぎる第二院は無用となるのである．特に，近年では，衆議院で小選挙区制が導入され，与党が得票率以上の過大な議席を獲得することにより，衆議院での与野党伯仲は見られなくなり，その反作用として，参議院での与野党伯仲や与野党逆転が顕著に生じるようになっている．1989年から2016年までの28年間で，与党が参議院での多数を失うねじれ国会は，実に10年間も生じているのである．ねじれ国会になると，政府は野党の賛成を得られない法案の提出を手控えることとなり，与党が衆議院で3分の2の特別多数を有していない場合には，野党提出の法案を与党が丸呑みして成立させるという事態すら生じている．法案成立の鍵を握るようになった参議院対策のために，与党が連立政権を組むことが，1999年以降，現在まで常態化

し，参議院の存在が政権形成にも大きく関わるようになっている．

　今日では強すぎる参議院が「決められない政治」の原因であり，法案成立に必要な参議院の憲法上の権限を削減するか，衆参同時選挙を実施してねじれ国会を解消すべきであるといった意見すら出されるようになっている．つまり，強すぎる参議院は有害であるとの論調が提起されるようになっているのである．最高裁も，参議院の選挙区において生じた投票価値の最大較差1対5前後を合憲としていた基準を，2012年の大法廷判決で，違憲の問題が生ずる程度の著しい不平等状態に至っていたと指摘するようになっている（最大判平24・10・17）．その変更の理由としては，衆議院における投票価値の格差が小選挙区制の導入により1対2未満に縮小されたことと比較し，最高裁自身が，参議院の役割の増大，すなわち影響力の増加を斟酌し，衆議院と参議院の投票価値に差異を設ける合理性を見出しえなくなったと考えたのではないだろうか．

　このように，国政の運営や決定において重要な役割を担うようになった参議院も，与党が強大化し，衆参両院の多数を占めるようになると，一転して，その影響力を減じることになる．安倍政権の復活以降，自民党一強多弱といわれる政治体制のもとで，野党が強く反対する法案も特定秘密保護法や安全保障法制，労働者派遣法改正など，ほぼ無修正で成立する事態が続いている．このような無力化された参議院は再び無用の存在に堕してしまうのだろうか．

　そこで，本稿では，まず，第一院に対して第二院がどのような権限関係にあるのかを諸外国との比較の観点から分析し，日本の二院制がどのように位置づけられるかを検証する．そのうえで，第一院の優越度が相対的に小さい（第二院の権限が相対的に強い）日本の二院制のもとで，ねじれ国会と非ねじれ国会での立法過程における参議院の影響力を分析する．当然のことながら，非ねじれ国会においては，参議院での野党の影響力は低下する．では，そうした影響力を持ちえなくなった参議院にはどのような役割があるのだろうか．本稿では，第一院に対して，立法権限で相対的に弱いイギリスの貴族院を参考に，ねじれ国会のみならず，非ねじれ国会での非対称的な（影響力の弱い）参議院の立法過程における役割と改革についても考察を行うこととする．

Ⅱ 比較の視点からみた参議院

　民主主義を多数決型とコンセンサス型に類型化を行ったレイプハルトは，両院の憲法上の権限と民主的正統性から二院制を対称的（対等かほぼ対等）と非対称的（不均等）に区別し，さらに，両院の選挙制度の相違から二院制を調和（類似の方法で選出）と不調和（第二院が特定の少数派を過大代表する）に区別して，二院制を強い二院制と弱い二院制に分類した．
　強い二院制とは，第二院が強い影響力を持つ二院制であり，両院の権限関係が対等かほぼ対等で両院とも直接選挙で選出される対称的で，かつ，両院の構成が不調和になる場合である．これに対して，弱い二院制とは，第二院が影響力を持たない二院制であり，非対称的で調和な場合が該当する．レイプハルトは，この分類法に基づき，36か国の議院構造を一院制の国を含めて指数化を行っている．それによれば，1945年から2010年の日本の議院構造指数は四段階の3.0であり，中程度に強い二院制（対称的・調和な両院関係）に位置づけられている（Lijphart 2012：199）．日本は，権限関係において両院がほぼ対等であり，ともに直接議員が選ばれる点で対称的であり，両院の選挙制度に起因する構成が類似したものであることから，対称的で調和な両院関係となっている．レイプハルトが対象とする36か国で日本よりも議院構造指数が上位にあるのは，米国，ドイツ，オーストラリア，スイス，アルゼンチンであり，いずれも連邦制の国である．すなわち，これらの連邦制の国では，両院の関係が対等またはほぼ対等で，第二院が特定の少数派を過大代表する仕組みがとられており，総じて第二院の強さと連邦制・分権指数との間には相関関係がある（Lijphart 2012：202）．これに対して，日本やイタリアのように，単一国家であっても，第二院の権限が相対的に強い国もある．こうした対称的な国では，両院の構成が類似である点で，第二院の影響力は中程度にとどまっている．一方，フランスやカナダのように，第二院の民主的正統性が低く両院の権限が非対称的な国では，両院の構成が異なる不調和な関係であることによって，第二院の影響力が中程度になっている．同様に，イギリスも，第二院の権限が弱く両院の権限が非対称的であるものの，レイプハルトは両院の構成が異なる方法で選出されているという意味で不調和であるが，上院の形態が前民主主義時代の遺物であ

るという点で，少数派の過大代表とは関係しないとして，不調和には分類していない（Lijphart 2012：200-201）．

これに対して，ラッセルは，74か国を対象に，第二院の選出方法と第一院の再議決権の関係から各国の二院制を比較している（Russell 2013：51-54）．ラッセルは第二院の選出方法を直接または間接選挙と非選挙に分け，選挙によって選出されている国が55か国，非選挙の国が19か国であるとする．第一院の再議決権がない国25か国中，選挙によって選出されている国は22か国，非選挙の国は3か国であるのに対し，第一院の再議決が単純多数で可能な国18か国中，選挙によって選出されている国は7か国，非選挙の国は11か国であるとしている．カイ二乗検定によるP値は0.05未満でいずれも有意であった．つまり，ラッセルが提示したデータは，第二院の選出方法による民主的正統性の有無が，第一院の再議決権，すなわち，両院の権限関係を規定する要因になっていると示しているのである．

こうした両者の関連性がある中で，本稿ではラッセルが対象とした74か国のうち，二院制を採用している欧米の先進民主主義国と日本の14か国について，レイプハルトの分類と併せて比較を行った（表1）．表1で対象とした14か国を見てみると，第一院に再議決権がない国の第二院の選出方法は，完全直接選挙，完全間接選挙，完全任命制など，不均一である．また，再議決に絶対多数を要する国と単純多数の国の選挙制度も不均一である．したがって，完全直接選挙で選出されるか否かという民主的正統性だけではなく，連邦制の有無や，そのほかの要因も考慮しつつ，憲法上の両院の権限関係が規定されていると考えるべきであろう．日本に関しては，参議院は完全直接選挙で選出されており，連邦制は採用していないものの，民主的正統性は高い．このことが，衆議院の再議決に3分の2の特別多数を要求する根拠となったと考えられる．これに対して，同じく単一国家のイギリスは，世襲貴族が縮小され，任命制主体に変更されたものの，その民主的正統性の欠如から，両院の権限関係は，1911年の議会法制定以来，一貫して，庶民院の優位であることに変更はない．同法の内容は，金銭法案が庶民院を通過し，会期終了前少なくとも1か月前に貴族院に送付され，送付されてから1か月以内に修正なしで貴族院を通過しなかった場合には，貴族院が同意していないにもかかわらず，当該法案は，庶民院が反対の指示をしない限り，国王に提示され，裁可が表明されることによって議

Ⅱ 比較の視点からみた参議院

表1：二院制を採用している先進民主主義国14か国の比較

	国家形態	対称的/非対称的	調和/不調和	第二院の選出方法	第一院の再議決権
米国	連邦制	対称的	不調和	完全直接選挙	なし
オーストラリア	連邦制	対称的	不調和	完全直接選挙	両院合同会議の3分の2で議決
スイス	連邦制	対称的	不調和	完全直接選挙	なし
ドイツ	連邦制	対称的	不調和	完全間接選挙	なし
日本	単一国家	対称的	調和	完全直接選挙	衆議院の3分の2の特別多数で再議決
イタリア	単一国家	対称的	調和	主直接選挙・従任命制	なし
オランダ	半連邦制	対称的	調和	完全間接選挙	なし，第二院は修正権なし
スペイン	半連邦制	非対称的	不調和	主直接選挙・従間接選挙	絶対多数
フランス	単一国家	非対称的	不調和	完全間接選挙	単純多数
カナダ	連邦制	非対称的	不調和	完全任命制	なし
イギリス	単一国家	非対称的		主任命制・従世襲貴族	なし（貴族院先議） 単純多数（庶民院先議）
オーストリア	連邦制	非対称的	調和	完全間接選挙	絶対多数
アイルランド	単一国家	非対称的	調和	主間接選挙＋直接選挙・任命制	単純多数
ベルギー	連邦制	非対称的	調和	主直接選挙＋間接選挙・任命制・世襲	単純多数，第二院は否決できない

（出典）　国家形態，対称的/非対称的および調和/不調和については，Lijphart（2012）pp. 194-200，第二院の選出方法および第一院の再議決権については，Russell（2013）pp. 51-54 に基づき筆者作成.

会制定法となるとするものである．つまり，日本の予算関連法案に相当する金銭法案については，庶民院の同意がない限り，貴族院には否決権・修正権とも認められていないのである．金銭法案以外の一般法案に関しても，1949年議会法により，継続する2会期続けて庶民院が可決し，貴族院が否決しても，最初の第二読会と最後の表決まで1年が経過しているという条件を満たすと貴族院が可決していなくても成立するとされた．ここでも，貴族院が庶民院に対抗できるのは，一般法案の成立を1年間遅らせることができるだけである．

このような法案制定における庶民院の圧倒的優位から，イギリスの貴族院は，政府提案を否決し阻止する院ではなく，政府提案を庶民院とは異なる視点から精査する修正の院として位置づけられてきたのである．このように，両院関係において，3分の2の特別多数決を衆議院に要求する日本と庶民院の優位が歴然としているイギリスでは，第二院の影響力もおのずと異なるものになると考えられる．次節以下では，日本とイギリスの第二院の政府提出法案に対するそれぞれの影響力を比較分析することとする．

Ⅲ　ねじれ国会と非ねじれ国会での閣法に対する参議院の影響力の比較

前節では連邦制をとっていないにもかかわらず，日本の二院制は，第一院の優越度が相対的に小さく，第二院の権限が強いことを先進民主主義国との比較から指摘した．こうした対称的な日本の二院制のもとで，野党が最大の影響力を発揮するのは，参議院において野党が多数を占めるねじれ国会である．そこで，本節では，ねじれ国会と非ねじれ国会での参議院の影響力の差異を分析することとする．

当然のことながら，ねじれ国会では，参議院での野党の影響力は増加し，非ねじれ国会では，参議院での野党の影響力は低下する．事実，1995年から2014年までの国会で，ねじれ国会であった時期と非ねじれ国会であった時期を比較すると，ねじれ国会であった時期の内閣提出法案（以下，閣法と略す）の成立率は88.8%であるのに対し，ねじれ国会でなかった時期の閣法の成立率は95.5%であった．また，ねじれ国会であった時期の閣法の修正率は26.1%であるのに対し，ねじれ国会でなかった時期の閣法の修正率は8.0%であった．このうち，閣法が修正されるのは，実際には，衆議院での修正がほと

Ⅲ　ねじれ国会と非ねじれ国会での閣法に対する参議院の影響力の比較

んどである．最近のねじれ国会であった自公連立政権末期（2007年8月－2009年7月）での閣法修正は42件あったが，そのすべてが衆議院での修正であった．当時は，与党が衆議院で3分の2を有していたため，衆議院段階で民主党と折り合えるものは修正し，一致が不可能な法案は参議院で否決されても，衆議院の再可決によって成立させる方針を与党がとっていたからである．また，民主党連立政権後期（2010年7月－2012年11月）におけるねじれ国会では，閣法の衆議院での修正は57件に対して，参議院での修正は6件であった．参議院では野党の自公両党が議事運営権を握っていることから，修正協議は，参議院ではなく，あらかじめ衆議院の委員会において民主，自民，公明の与野党3党によって行われ，自公両党主導の閣法修正が多く成立した．参議院での修正は衆議院で修正できなかった部分を追加的に行ったものにすぎない．当時の与党は衆議院では3分の2の特別多数をもっていなかったため，衆議院での再可決はできなかった．そのため，最終的に野党の自民党・公明党が賛成できる閣法しか成立させることができなかったのである．

　このように，ねじれ国会における参議院の影響力は，参議院における修正や否決によって直接的に行使されるのではなく，あらかじめ参議院での野党の反対を予測した与党の方針によって，衆議院において与野党間の協議によって修正が行われたのである．つまり，参議院の影響力は，与党の予測的行動によって，間接的または黙示的に行使されたことになる．

　ところで，こうしたねじれ国会は，すでに述べたように与党が衆議院の3分の2の議席を有し再可決の可能な「不完全な」ねじれ国会と，与党が衆議院の3分の2の議席を有さず再可決をできない「完全な」ねじれ国会に分類することができる．こうした完全ねじれ国会においては，与党は衆議院での再可決ができないため，参議院での多数派の形成を国会対策の主眼に据えることになる．この場合の交渉の相手は，野党第一党が参議院で過半数を占めている場合には，拒否権を持つことになる野党第一党になる．この場合を「強い相違」と呼ぶことにする．また，野党第一党が参議院で過半数に満たなくとも第一党の場合，議長や議院運営委員会などの主要常任委員会の委員長のポストを占めることで，同党が議事運営権を行使することが可能となり，依然として野党第一党がアジェンダを支配することができる．この場合を「中程度に強い相違」と呼ぶこととする．他方で，野党第一党が参議院の第一党ではなく，議事運営権を与党

が保持している場合には，野党第二党以下の賛成を取り付けることができれば，参議院の過半数を与党が確保することも可能となる．この場合，与党と野党第二党以下がアジェンダを支配することになる．この場合を「弱い相違」と呼ぶことにする．これに対して，不完全ねじれ国会では，与党が衆議院で3分の2の議席を有しており，参議院で否決されても衆議院で再可決が可能なために，与党がアジェンダを支配できる．

以上の2つの形態と3つの相違の観点から，55年体制といわれる自民党の一党優位長期政権時代が始まった1955年から現在までのねじれ国会を分類したのが，下の表2である．

内閣提出法案の成立率や修正率は与党が衆参両院の多数を握っていた時期はほぼ一定の水準であり，成立率は95％前後，修正率も10％弱にすぎない．一方，1990年代までのねじれ国会でも，内閣提出法案の成立率は高く，内閣提出法案の修正率も相対的に低い．このような現象が生じたのは，与党が参議院の第一党を占める弱い相違であり，過半数議席の不足を補う中間政党が野党に存在したからである．1989年から93年までは，公明党，民社党が，1998年から1999年では，自由党，公明党が補完政党の役割を果たした．しかし，自民，

表2：55年体制以降のねじれ国会の比較

期間	内閣	政権	形態	相違	成立率	修正率
1989-1993年	海部・宮澤	自民党	完全ねじれ	弱い相違	99.2%	12.1%
1998-1999年	小渕	自民党→自自連立	完全ねじれ	弱い相違	100%	13.3%
2007-2009年	福田・麻生	自公連立	不完全ねじれ	強い相違	90.2%	26.8%
2010-2012年	菅・野田	民国連立	完全ねじれ	ほぼ中程度に強い相違	80.8%	34.5%
2012-2013年	第二次安倍	自公連立	不完全ねじれ	中程度に強い相違	84%	22.2%

（注）成立率は閣法新規提出件数に対する継続法案を含む成立件数．修正率は閣法成立法案中の修正成立件数．

Ⅲ　ねじれ国会と非ねじれ国会での閣法に対する参議院の影響力の比較

　民主両党が衆議院の議席の8割以上を占める二大政党制が出現することにより，野党第二勢力が縮小し，参議院の過半数を満たす補完政党を確保することが，自民，民主両党とも困難になってきた．政権獲得を巡って，自民，民主両党が敵対的対立の関係になると，野党第一党が参議院の第一党を占める強い相違や中程度に強い相違のねじれ国会では，法案成立率の低下と修正率の増加が顕著になるようになったのである．

　具体的には，自公連立政権末期の福田・麻生内閣では，不完全ねじれ国会であったが，参議院では民主党が過半数を占める強い相違があった．同時期では，衆議院での再可決が可能なことから，与党の立場から見れば，与党が絶対に成立させたいものは再可決で成立させ，譲ってもよいものや野党も賛成するものは，話し合いで成立させることになったと考えられる（川人 2014：124）．与党と民主党が対立し，妥協が困難な法案に関しては，憲法第59条第2項の規定により衆議院での再可決を行ったが，内閣提出法案では11件が再可決された．憲法第59条第4項の規定により参議院での否決とみなし，同条第2項の規定により衆議院で再可決した内閣提出法案は5件であった．これらの再可決された法案に対して，野党第一党の民主党はすべて反対または採決を拒否している．したがって，福田内閣時の補給支援特措法案やガソリン税暫定税率延長のための税制法案では，野党の強い抵抗と反対のもとで，ねじれ国会であるにもかかわらず，国会は修正もできないまま，法案が未修正で成立したのである．また，第二次安倍内閣も不完全ねじれ国会のもとで発足し，衆院小選挙区区割り法案では，付託された特別委員会の委員長が民主党議員であり，同委員長の抵抗により，委員会での審議がまったくなされないまま，60日間の経過によりみなし否決とされ，衆議院での再可決が行われている．

　他方で，完全ねじれ国会であった民主党連立政権後期の菅・野田内閣では，参議院で野党第一党の自民党は第一党ではなかったものの，議院運営委員長の他，常任委員長のポストの半分近くを占め，議事運営の主導権を握る，ほぼ中程度に強い相違があった．同時期では，参議院での与野党対立は内閣提出法案の未成立を意味した．そのため，菅内閣においては，第二次補正予算と赤字国債の発行に必要な特例公債法案，再生可能エネルギー法案の成立と引き換えに菅首相が退陣し，野田内閣も消費税増税法案成立時の近いうちに解散との言質に拘束され，特例公債法案の成立と引き換えに，敗北することが確実に予想さ

れる衆議院解散を余儀なくされた．衆議院で与党が3分の2の議席を有しない完全なねじれ国会では，与党は野党との協議に重点を置き，合意できたものだけしか成立させることができないこととなったのである（川人2014：130）．

　ところで，ねじれ国会は，新憲法施行の1947年からから1956年まで，約10年間存在していた時期があった．当時の政党システムは分極的で，保守政党も革新政党もそれぞれ分裂して多党化しており，同一政党内の両院を通じての党議拘束も緩かった．そのため，完全ねじれ国会であっても，野党や無所属議員からの賛成を得ることで，衆議院での再可決や成案を得るのに3分の2の賛成が必要な両院協議会が機能してきたのである．しかし，55年体制の成立以降は，自民党と社会党の二大政党に保守陣営と革新陣営が収れんされ，政党の党議拘束も両院を通じて同一政党の中で統一して行われるようになり，会派を超えての交差投票は期待できなくなった．その結果，不完全ねじれ国会では，強い相違や中程度に強い相違がある場合，野党の要求に応じつつ，与党側がどうしても譲歩できない場合には，再可決が行われることとなった．これに対し，完全ねじれ国会では，弱い相違の場合は，中道政党の賛成を取り付けて部分的な法案修正で成立させることができるが，強い相違または中程度に強い相違の場合は，野党第一党の同意を得るために丸呑みに近い形で法案を修正せざるを得なかったのである．

　このような衆議院による再可決や両院協議会の仕組みは，比較制度的には，ナベットシステムに相当するものである（Tsebelis and Money 1997：60）．このナベットシステムの下では，上院の影響力はアジェンダの支配の有無や意思決定ルールによって規定される（Tsebelis 2002：148-149）．野党がアジェンダを支配できるのは，与党が衆議院で3分の2の議席を有しておらず，与党による参議院での多数派の形成が不可能な場合である．したがって，ねじれ国会におけるこのようなパターンの違いの要因は，アジェンダを与党と野党のいずれが支配しているかによるものである．また，意思決定ルールに関しては，参議院が衆議院の再可決まで法案の審議を延長することができるのは最大60日間に限定されている点で，会期延長の主導権を握る与党に有利に作用し，みなし否決による再可決が実際にも行われている．また，両院協議会においては，成案議決に3分の2の特別多数を要することから衆参の対等性が強く，参議院で反対した野党からの賛成を取り付けなければ成立できないという点で野党側に有

Ⅲ　ねじれ国会と非ねじれ国会での閣法に対する参議院の影響力の比較

利に作用し，したがって不完全ねじれ国会ではまったく活用されていない．

　以上の点から，政府与党から見た場合，両院間の不一致を解決するためには，不完全ねじれ国会では現行の制度を活用して衆議院で再可決することで支障はなく，完全ねじれ国会で，強い相違，または中程度の相違がある場合には，不一致が生じる前に，衆議院または参議院の審議段階で与野党協議を行い，話し合いで解決するという運用をとるしかない．完全ねじれ国会で与野党の非妥協的な対決により，決定の遅延を招き，国政運営にも支障が生じているのならば，重要な歳入法案に関して衆議院の再可決の要件を緩和するか，両院協議会の決定ルールを与党優位に変更するしかないと考えられる．衆議院の再可決要件の引き下げは憲法改正を要するため実現可能性は低く，両院協議会の決定ルールは憲法事項ではないため，国会法や運用のレベルで変更は可能である．

　実際に，野田内閣における特例公債法案では，野党が一致して，非妥協的な対応をとったために，同法案の成立は予算年度が始まって7か月後の11月16日までずれ込む事態に陥った．そのため，すでに成立した予算の執行を抑制する措置が戦後初めて内閣によってとられるなど，行政運営にも多大な支障をきたした．こうした経緯を踏まえて，民主，自民，公明3党の合意に基づき，2015年度までの間予算が成立すれば自動的に赤字国債を発行できる特例措置を特例公債法案の本則に盛り込む衆議院修正が行われることとなったのである．この事例は，完全ねじれ国会における非妥協的な与野党対立による経済や国民生活への影響を回避するための与野党の緊急避難的な政治的解決であったといえよう[1]．

　このようなねじれ国会のもとでは，内閣提出法案の修正率が増加するだけではなく，野党提出の議員立法の審議・可決件数も増加する．1998年の金融国会では，野党提出の金融再生法案を与党が丸呑みで成立させ，2007年から2009年のねじれ国会では，民主党を中心とする野党提出の議員立法が与野党逆転した参議院において年間平均で10件近く可決されることとなった．民主党は，同党の常任委員会委員長を通じて議事運営権を行使できる参議院を新規提出法案の提出院として選択し，参議院で審議可決することによって，民主党のマニフェストを有権者にアピールすることを図ったのである．政権交代後の

---

[1]　2016年度には改めて特例措置を5年間延長する特例公債法案（閣法）が提出され，自民，公明，おおさか維新の賛成で年度内に成立した．

2011年の震災復興国会では，野党となった自公両党の主導で多くの震災復興法案が議員立法や内閣提出法案の修正案で提出され，与野党協議の結果，与党も賛成することによって，政府立法を補完・代替する役割を担った．ところが，ねじれ国会が解消し，与党が衆参両院で多数を確保すると，こうした野党提出の議員立法は立法過程において完全に影響力を消失することになった．参議院を舞台とする野党による新規提出法案の審議もまったく行われなくなったのである．

もっとも，第二次安倍政権の発足後も，内閣提出法案の与野党修正は限定的であるもののなくなったわけではない．一強多弱とも呼ばれる政党システムのもとで，政府与党の独走に対する世論の懸念に与党側も一定の配慮を示したからである．ところが，こうした安倍政権の野党に融和的な姿勢もねじれ国会の解消後，一転する．それまで，手控えてきた対決法案を国会に提出し，与党の多数で成立を図ろうとするようになったからである．

その嚆矢となったのは，185回国会（2013年）に政府が提出した国の安全保障の秘密情報を漏らした公務員等に厳罰を科す特定秘密保護法案である．同法案に対して野党第一党の民主党が対案を提出したものの，与党はそれを退け，野党第二党の維新の会，みんなの党と衆議院で特定秘密の対象を絞り込む修正を行うことで合意し，強行採決に踏み切った．参議院でも，与党は採決を強行

表3：第二次・第三次安倍政権における国会の立法状況

国会	ねじれ状況	内閣提出法案成立率	内閣提出法案修正率	議員立法成立数
183 常（2013）	不完全ねじれ	84.0%	22.2%	10
185 臨（2013）	非ねじれ	117.4%	25.9%	12
186 常（2014）	同	101.2%	13.4%	21
187 臨（2014）	同	74.2%	0.0%	11
189 常（2015）	同	88.0%	12.1%	12
190 常（2016）	同	96.4%	18.5%	18
192 臨（2016）	同	126.3%	8.3%	17

（注）成立率は閣法新規提出件数に対する継続法案を含む成立件数．修正率は閣法成立法案中の修正成立件数．

III　ねじれ国会と非ねじれ国会での閣法に対する参議院の影響力の比較

し，民主党や共産党が「国民の知る権利」や「報道の自由」が脅かされるとして強く反対した特定秘密保護法が与党のみの賛成で成立することとなったのである．

　さらに，安倍首相は，2014年7月，集団的自衛権の行使を憲法解釈の変更によって可能にする閣議決定を行った後，これを受け，自公両党による与党協議を経て，2015年5月15日に10本の法律の改正を1本に束ねた平和安全法制整備法案と恒久法としての国際平和支援法案の2法案を189回国会（2015年）に提出した．同法案の衆議院での委員会審議は116時間に達し，過去の重要な安全保障法案と比べて最長の審議時間を確保した．しかし，同法案で政府側が新たに打ち出した武力行使新三要件に該当する場合の集団的自衛権の行使について，民主党，維新の党，共産党，社民党，生活の党等の野党が違憲として反対する中で，与野党間の議論が収束することは困難であった．そのため，与党は単独での強行採決に踏み切り，衆議院本会議でも，野党が退席する中で，自民党，公明党，次世代の党などの賛成多数で可決された．同様に，参議院でも100時間に及ぶ長時間審議が行われたが，その内容は衆議院の審議の繰り返しに終わった．参議院では，与党側が質問時間を増やし，政府側も具体的な安全保障上の脅威と法案成立の必要性を強調する方針をとったが，野党第一党の民主党は党の独自案としての対案を参議院でも提出しなかった．野党第二党の維新の党は衆議院に提出した独自の対案を参議院でより具体化して再提出し，与党との相違を示そうとした．一方で，法案提出権のない小会派には修正を探る動きがあり，与党単独での議決を避けるため，与党と小会派の間で修正交渉が行われた．例外なき国会の事前承認，国会の派遣中止決議等での合意を得たものの，法案修正による衆議院での再議決を避けるため，附帯決議（法的拘束力はない）にとどまり，結局，法文の修正はできなかった．与党が衆議院で3分の2の特別多数を有し，参議院でも多数を確保するという与党に圧倒的に有利な状況では，野党の取りうる手段は審議時間の最大化を図り，政府与党との対立点を有権者に明示するというポジションテイキングが国会審議の中心とならざるをえなかったともいえる．反対党は100か0かの選択肢しか示さず，これに対して，政府与党は，最終的な採決の段階で再び強行採決に踏み切り，主要野党との間で修正合意しようとの意図も動機も希薄なままだった．その結果，参議院の衆議院に対する補充的・抑制的役割もほとんど機能しないまま，政府

案が無修正で成立し，法律の執行過程への国会の立法者意思の明確化も中途半端なままに終わってしまったといえよう．

これらの事例は，非ねじれ国会での与野党対決法案をめぐる審議のアドバーサリー・ポリティクス化（敵対の政治）と参議院の影響力の無力化を如実に示すものであったといえよう．

Ⅳ　イギリス貴族院の政府提案への影響力

以上のようにねじれ国会の解消後，与党が衆議院の3分の2を擁する状況での日本の参議院の影響力は極めて弱体化する．では，このような非対称的な二院制における第二院の役割はどこに求めればよいのだろうか．日本よりも第二院の影響力が制度的に脆弱なイギリス議会では，すでに述べたとおり，1911年議会法により，庶民院の議長が金銭法案と認定した法案に関しては，庶民院の可決だけで，貴族院が否決・修正しても，法案受領後，一か月以内に成立する．この金銭法案には，税制改正案を主たる内容とする財政法案の他に歳出予算法案と統合基金法案が該当するが，後者の歳出予算法案は歳出予算の見積もりを定めたものにすぎず，個々の歳出の根拠法となる法案は金銭法案として認定されない．また，新税，増減税，国債発行等に関する歳入法案の約半数も，金銭法案の認定を受けない．しかし，これらの法案に関しても庶民院は1911年議会法の制定以前より財政特権を有している．そのため，歳入法案に関しては，庶民院の全院委員会である歳入（Ways and Means）委員会で歳入決議が認められた場合，庶民院の可決後，貴族院は第二読会の議論で終了し，その後の段階には進まない．実際にも，1911年以降は，全歳入法案が庶民院の可決のみで成立してきたとされる（小堀 2013：111）．また，歳出事項に関しても，庶民院において金銭決議が議決された場合，貴族院の修正に対して，庶民院の財政特権に基づき不同意とすることができる．各種福祉手当を再編する2012年の福祉改革法案では，貴族院によって行われた修正の約3分の1を庶民院が受け入れたものの，政府の反対にもかかわらず貴族院が再度可決した社会保障給付のキャップ制廃止等の修正については庶民院が財政特権を宣言し，貴族院もこれに従った（Russell and Gover 2014：11）．他方で，2015年のタックス・クレジット削減規則案では，同案がTax Credits Act 2002によって委任された制定

Ⅳ　イギリス貴族院の政府提案への影響力

法文書(2)であるにもかかわらず，貴族院が否決したことに対して，保守党から庶民院の財政特権の侵害との強い批判が出たが，結局，政府側が譲歩して貴族院が否決したタックス・クレジットの削減について撤回された．

一方，イギリス議会では，政権党のマニフェスト事項に対しては，貴族院は否決をしないとする慣行が踏襲されてきた．この慣行は，ソールズベリー慣行（Salisbury convention）と呼ばれ，1945年に，労働党の貴族院議員アジソンと保守党の貴族院議員ソールズベリーの間で，労働党政権がマニフェストで明確に有権者に約束し，かつ有権者が選挙で委任した政策に限って貴族院の保守党は修正することはあっても否決しないことで合意し，これが庶民院労働党と貴族院保守党との慣行として始まり，次第に両院の慣行の一種として定着していくこととなったものである（大曲 2009：44）．この慣行により，政権党のマニフェストを実行するための法案については，貴族院における否決を制限することが慣習となっているが，何がマニフェスト事項なのかについての判断が不明確な場合も少なくない．そのため，具体的な詳細を伴わないマニフェスト事項については，提出法案に対するソールズベリー慣行を貴族院側が認めず，法案に反対することも，大幅修正をすることも可能との態度をとることが生じている．

以上の点から，非対称的な二院制とされるイギリス議会においても，貴族院が，金銭法案や財政法案を除いて，政府が提出した法案を修正したり，時には，否決したりするなど，政府側が貴族院の採決で敗北することは少なくない．特に，1999年にブレア労働党内閣が世襲貴族議員を大幅に減らす改革を行うまで，貴族院は保守党系議員が過半数を占めており，労働党内閣において，政府が貴族院の採決で敗北することがしばしば生じてきた（田中 2015：113）．こうした貴族院の保守党優位の傾向に変化が生じたのは，1997年に発足したブレア政権が，一代貴族に労働党系の議員を大量に任命したことによる．その結果，貴族院の構成が保守党も労働党もともに過半数を占めない状況が生じることと

---

(2) 制定法文書に関して議会は修正権限を有していないが，動議を可決することによって，大臣に再提出をさせることで事実上の修正を行うこともある．実際にも，貴族院での否決が想定される場合には，政府側が撤回して修正案を再提出することがしばしば生じており，そうした調整が失敗した場合に，貴族院での否決が起こっているとの分析もある（Russell 2015a）．

図1：貴族院の採決における政府敗北数

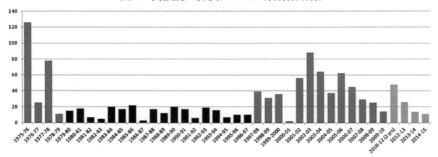

注）1975-1979 および 1997-2010 は労働党政権，1979-1997 は保守党政権，2010-2015 は保守党・自民党連立政権を示す．
（出典） Russell（2015b）

なり，貴族院の約4分の1を占める無党派（クロスベンチ）の議員が法案の帰趨を決めるキャスティングボートの役割を果たすようになっているのである．1997年以降のブレア・ブラウン両労働党政権で，貴族院修正の中心となったのは，保守党議員であるが，自民党議員や，世襲議員に代わって大幅に増えたクロスベンチの一代貴族も関与するようになり，2010年に発足したキャメロン保守党・自民党連立政権では，クロスベンチの議員が貴族院での修正の中心となっていることが指摘されている（Russell 2013：121）．実際には，庶民院先議の法律案に対して，貴族院が政府の意に沿わない修正を加える場合には，政府は否決しようとするが，それでも，政府が敗北した場合には，庶民院の側も，それに同意して受け入れる場合がほとんどである．そのため，庶民院と貴族院の議決が異なる場合の多くは，法案が同一会期中，両院の意思が一致するまで両院間を往復することになり，その過程において貴族院は一定の政策に対する影響力を有することになる（Rogers and Walters 2015：214-216）．こうして，貴族院は修正の院としての役割を果たすことで，1949年の議会法の制定以降，金銭法案以外の法律で貴族院の同意がないまま議会法の適用により成立したのはわずか4件にすぎないのである[3]．

---

[3] War Crimes Act 1991, European Parliament Elections Act 1999, Sexual Offences (Amendment) Act 2000, Hunting Act 2004 が該当する．

Ⅳ　イギリス貴族院の政府提案への影響力

表4：1970年代以降の主な参議院改革の実施状況（年代順）

年	事項
1971	正副議長の党籍離脱
1971-74	審議期間の確保，先議案件増加の要請
1979	エネルギー対策特別委員会の設置など
1982	総予算の委嘱審査制度
1983	調査特別委員会の設置等
1986	調査会制度の発足
1992	社会労働委員会の分割
1992	常会の1月召集
1992	調査会の活性化
1994	行財政機構及び行政監察に関する調査会等の設置
1996	常任委員会を12の基本政策別の委員会に再編
1998	決算審査の充実
1998	本会議における押しボタン式投票の導入
1999	インターネットによる情報提供（ホームページ，インターネット審議中継など）
2001	子どもに開かれた参議院
2001	常任委員会を11の省庁別の委員会に再編
2003	決算の早期審査のための具体策
2003	議員の海外派遣の見直しとODA派遣の実施
2005-06	決算審査充実のための会計検査院法改正とODA特別委員会の設置
2006	公職選挙法改正（4増4減，自民・公明案）
2012	公職選挙法改正（4増4減，民主・自民案）
2015	公職選挙法改正（四県二合区を含む10増10減，自民・維新・元気・次世代・新党改革案）

（出典）　参議院ホームページ「参議院改革の歩み」の記載事項より筆者作成.

V 「非対称的」に変化した二院制での参議院の役割と改革

　以上，非対称的とされるイギリス議会においても，貴族院の影響力は決して過小評価されていないことを指摘した．もちろん，こうした貴族院の影響力の背景には，与党が貴族院の過半数を占めていない日本と同様の「ねじれ」状態があることも事実であろう．日本では，ねじれ国会において急速に影響力を増した参議院を基盤とする野党も，非ねじれ国会になると，その影響力は低下し，55年体制の時期のような参議院の必要性が問われるようになる．衆議院のカーボンコピーと言われた55年体制時から今日まで，参議院では，こうした批判にこたえるため，その独自性を高めることを目的に参議院改革を検討し，実行してきた．表4は参議院の独自の改革状況を年代順にまとめたものである．
　これらの改革案では，委員会審議の方法で特色を出すため，衆議院では省庁別に編成されている常任委員会を政策別に編成し，また，予算や条約の議決において衆議院の優越があるのに対して，参議院では，決算審査の充実やODAの監視・評価などで，予算執行や外交政策としてのODAに対するチェック機能に重点を置くこととしている．また，採決方式で，押しボタン式投票を全面的に取り入れ，議員の投票行動の透明化を図っている．また，参議院議員の6年間の固定任期に着目し，長期的な視点からの調査と政策提言を行うための調査会を設置し，3年程度の時限委員会として，報告書の提出や独自の議員立法の発議も行っている．このように，参議院の独自性発揮のための対策は講じられてはいるものの，与野党の合意がなければ実現できないという制約から，その改革は，微増的なものにとどまっている．2005年には，参議院憲法調査会に設置された小委員会から報告書を提出しているが，各会派の合意が前提であるため（共産党は報告書取りまとめに反対），その内容は，二院制の堅持，両院の違いの明確化のための参議院改革の必要性及び選挙制度設計の重要性，参議院議員の直接選挙制の維持，参議院が自らの特性をいかして衆議院とは異なる役割を果たすべきこと，現行憲法の衆議院の優越規定はおおむね妥当であり，両院不一致の場合の再議決要件の緩和には慎重であるべきことと，これまでの参議院改革を追認し，参議院の存在を自己肯定するものにすぎない．以後の参議院改革は，投票価値の格差を是正するための選挙区選挙の抜本改正に議論が

V 「非対称的」に変化した二院制での参議院の役割と改革

集中し，改革そのものは棚上げになった状態である．しかも，常任委員会の設置を政策別としていた基準を，2001年の中央省庁改革に合わせて，衆議院と同じ省庁別に再編成するなど，改革そのものの後退現象も見られる．ねじれ国会で存在感を増したことで，参議院議員自身が危機感を失ったともいえよう．

　では，参議院には今後，どのような改革が必要といえるだろうか．すなわち，参議院がその役割としている衆議院に対する補完的・抑制的な役割を衆議院とは異なる多角的な代表原理のもとで果たすためには，立法過程における参議院の制度や運用の見直しと，選挙制度の再検討が必要であるといえるだろう．立法過程に関しては，これまで実行されてきた改革に加えて，日本の国会における衆議院の法案審議の特色を踏まえた，その補完と抑制の機能を参議院に付与することが必要である．すなわち，日本の衆議院の法案審議では，これまで，内閣提出法案の審議促進の効率性を阻害する様々なビスコシティが存在してきた．諸外国と異なり，細切れの会期制のもとで，日本の国会会期は相対的に短い．そのため，会期末までの時間切れを狙って，審議を引き延ばすフィリバスターが野党によって行使されてきた．本会議での法案の趣旨説明を求める委員会付託阻止や，委員会での審議を遅らせる会派代表の理事による全会一致の運営方式などがその手段とされてきた（岩井 1988：131-132）．これに対し，衆議院では，多数与党が議事運営権を握っているため，多数決で議事進行を進め，野党が審議・採決を拒否する場合には，強行採決も実施してきた．このように，非ねじれ国会では，与野党とも，衆議院で対決路線をとり，国会審議はアリーナ型になりやすい．もちろん，議院内閣制のもとでは，衆議院は内閣との間で抑制・均衡の関係にあり，野党が政府の提出した内閣提出法案に対して，対案を提出し，首相や閣僚の出席のもとで，政府与党と野党との間で論戦を深め，有権者に対して争点を明示する機能を持つことは重視しなければならない．その半面で，参議院は内閣との関係で，信任・不信任と解散権による抑制・均衡の直接的関係にはなく，衆議院とは異なる視点からの立法過程での役割が求められているといえよう．

　ねじれ国会の解消後も，衆議院と参議院の権限の対等性から，野党は対決法案に対して，参議院を法案成立阻止の最終決戦と位置づけがちである．しかし，こうした与野党対決は，衆議院においてこそ行われるべきものであり，参議院においても，衆議院と同様の対決型の法案阻止闘争を行ったのでは，参議院の

存在は抵抗のためのバリケードと化す．それで，果たして，参議院が良識の府としての役割を果たすことはできるのだろうか．そこで，むしろ，参議院においては，衆議院の対決型の論戦から一歩下がって，国政調査や法案の逐条審査などの精査に重点を置き，法案修正機能や行政監視機能をより高めることに専念すべきではないか（木下 2015：215-217）．参議院では，政策全般の討論はもとより，逐条審議を中心とした緻密な法律論議や執行過程も踏まえた政省令のチェック，有権者からの政策に対する意見聴取などをより重視すべきであろう．その場合，閣僚の出席はかならずしも求めず，衆議院で不足している政府参考人への質疑応答や，有識者，利害関係者からの意見聴取を参考人質疑として頻繁に実施し，多角的な意見を審議過程に取り入れてはどうか．野党の新規提出法案（先行法案）も，衆議院では内閣提出法案の審議が優先されるため，参議院の常任委員会の定例日の空き日や調査会においてまず自由討議を行い，与党側に共同提案を働きかけていくことも検討すべきであろう．こうした参議院の審議の充実は，内閣提出法案に充てるべき委員会の審議時間という機会費用を失うことになるため，与党側からの賛同を得ることは難しい．そのため，参議院側では，より審議時間を確保できるような対策を講じるべきである．具体的には，可処分時間を消耗するだけの引き延ばし戦術は，参議院では自粛する．また，会期制による審議時間の制約も会期の延長を容易化することによって，制限時間を拡大することが可能になる．国会法では，会期延長の議決は衆議院の優越があり，与党の判断で延長幅が決められている．もともと会期延長は審議引き延ばしによる廃案を狙う野党への対抗策として，与党が行使してきた手段である．しかし，会期の延長について，参議院側にもイニシアティブを与えるのならば，野党が自らの政策提案の立場表明や政府追及のために会期を延長戦として活用することも十分に考えられるのではないだろうか．そのため，会期延長に関する衆議院の優越権限を見直し，参議院側の意向も反映させる制度改革（例えば議決が不一致の場合は両院協議会の開催を義務づける）が必要である．このように，参議院が，立法過程において，衆議院とは異なる方法と立ち位置により審議や調査を行うことが，参議院の補完的・抑制的な役割に貢献することになるはずである．

　他方で，参議院議員の構成が衆議院と類似することで，その多角的な民意の反映が阻害される場合もありうる．今日の最高裁の判断は，投票価値の平等の

理由から参議院の選挙区選挙の抜本改正を求めているが，諸外国の二院制では，第二院が特定の少数派を過大代表する不調和な二院制を創出することで，第二院が補完的・抑制的な役割を果たしている国もある．日本は連邦制を採用しておらず，全国民を代表する憲法上の原理からも，都道府県単位の選挙区選出議員を特定地域の代表とは位置づけてはいない．しかし，人口比例の投票価値の均等による衆議院の代表原理とは異なる多角的な民意を反映させるためには，都道府県もしくは複数の都道府県を統合した道州制を単位とする地域代表としての参議院議員の選出原理もありえるのではないだろうか[4]．利益団体の代表を比較的送り出しやすい参議院の比例代表選挙の廃止を含めた見直しも併せて，参議院が，だれをどのように代表するのかの選挙制度の設計が，機能する二院制の観点から改めて必要と考えられる所以である．

〔文　献〕

岩井奉信(1988)『立法過程』東京大学出版会．
大曲薫(2009)「イギリスの二院制と上院改革の現状」『レファレンス』59巻9号37-57頁．
川人貞史(2014)「第5章衆参ねじれ国会と政権の運営」西原博史編『立法学のフロンティア2立法システムの再構築』ナカニシヤ出版，111-133頁．
木下健(2015)『二院制論——行政府監視機能と民主主義』信山社．
小堀眞裕(2013)『国会改造論——憲法・選挙制度・ねじれ』文藝春秋．
Lijphart, Arend(2012) *Patterns of Democracy*: *Government Forms and Performance in Thirty-Six Countries*, 2nd ed., Yale University Press.（アレンド・レイプハルト（粕谷祐子・菊池啓一訳）（2014）『民主主義対民主主義——多数決型とコンセンサス型の36カ国比較研究（原著第2版）』勁草書房）．
Rogers, Robert and Rhodri Walters(2015) *How Parliament Works*, 7th ed., Routledge.
Russell, Meg (2013) *The Contemporary House of Lords*: *Westminster Bicameralism Revived*, Oxford University Press.
—— (2015a) *The Lords and Tax Credits*: *Fact and Myth*, Constitution Unit Blog (https://constitution-unit.com/2015/10/22/the-lords-and-tax-credits-fact-and-myth/)
—— (2015b) *The Lords, Politics and Finance*, Constitution Unit Blog (https://constitution-unit.com/2015/10/29/the-lords-politics-and-finance/)

---

(4)　全国知事会では，都道府県単位の地域代表制を憲法に明記する提言が検討され（全国知事会第4回憲法と地方自治研究会「憲法と地方自治研究会中間報告（案）合区問題への対応を中心に」），2016年7月29日に開催された全国知事会議では，合区制度の解消を国に求める決議を行っている．

Russell, Meg and Daniel Gover (2014) *Demystifying Financial Privilege : Does the Commons' Claim of Financial Primacy on Lords Amendments Need Reform?*, The Constitution Unit. (https://www.ucl.ac.uk/constitution-unit/publications/tabs/unit-publications/160)

最高裁判所大法廷平成 24 (2012) 年 10 月 17 日判決・最高裁判所民事判例集 66 巻 10 号 3357 頁.

田中嘉彦 (2015) 『英国の貴族院改革 —— ウェストミンスター・モデルと第二院』成文堂.

Tsebelis, George (2002) *Veto Players : How Political Institutions Work*, Princeton University Press.(ジョージ・ツェベリス(眞柄秀子・井戸正伸監訳)(2009)『拒否権プレイヤー』早稲田大学出版部).

Tsebelis, George and Jeannette Money (1997) *Bicameralism*, Cambridge University Press.

〔判例〕

7 放送法の番組編集準則及び
その解釈の変遷と表現の自由

川 端 和 治

I 放送法前史

　わが国で無線電波を使用したラジオ放送が初めて行われたのは1925年（大正14年）のことである．放送を行ったのは，その前年に設立が許可された社団法人東京放送局であった．

　当時の電波行政は，1915年に施行された無線電信法に基づいて逓信省が管轄していた．この法律は，その第1条で「無線電信及無線電話ハ政府之ヲ管掌ス」と定めており，電波は全面的に政府の管理するところとなっていた．第2条で主務大臣の許可を受けて私設の電波施設を設けることができることになっており，その第6号は主務大臣が特に必要ありと認めた電波の施設を設けることを認めていた．この第2条第6号の規定を受けて，1923年に放送用施設無線電話規則（逓信省令第98号）が施行され，ラジオ放送に関する法的な規制が具体化された．この規則は，「時事音楽其他ノ事項ヲ放送シ又ハ之ヲ聴取スル為施設スル私設無線電話ハ本令ノ定ムル所ニ依ル」と規定し（第1条），放送事業を起業しようとする際の手続きや施設の性能についての定め等を置いた[1]．全く新しい事業についての法規制であるから，本来は法律で定めるべきであったにもかかわらず省令という法形式が選ばれたのは，法律を作ると放送の所轄について陸海軍両省及び内務省など他省との軋轢を生じることが予想されたからである[2]．

　1924年に「放送用私設無線電話監督事務処理細則」が定められ，1925年の

---

(1) 日本放送協会編（1977b：47-48）．加藤（2011：60），多菊（2009：194）．
(2) 多菊（2009：193-194）．

7 放送法の番組編集準則及びその解釈の変遷と表現の自由〔川端和治〕

逓信省電務局長通達「放送無線電話ノ放送事項取締ニ関スル件」では，放送プログラムの前日までの届け出が要求され，ニュースも，その題目・内容を放送1時間前に届けることとされた[3]．また，この通達で，安寧秩序を害し風俗を乱す事項や，外交・軍事の機密，政府が公にしない事項は放送が禁じられ，所轄通信局長が放送中止を命じたときは直ちに電源を遮断することとされた[4]．「放送用施設無線電話監督事務処理細則」は1930年に全面的に改正・整備され，放送を禁止し又は削除させる事項として，政治上の講演又は論議，広告・宣伝，治安・風致上悪影響を及ぼす恐れのある事項などが列挙された[5]．放送はこれらの運用細則によって，禁止・検閲・遮断の三重苦にあえぐことになったのである[6]．

放送事業を民営の事業とすることが政府の方針であったが，多数の出願者を東京，名古屋，大阪でそれぞれ一本化するという逓信省の方針が大阪で失敗したあと，放送事業は営利を目的としない公益社団法人にのみ許可するという方針が1924年7月に決定された．これは，放送事業を政府の監督容易な組織である公益社団法人に担わせることによって厳重な監督の下に置くという目的によるものであった[7]．当初社団法人東京放送局，同大阪放送局，同名古屋放送局が順次設立されたが，1926年にすべて解散して，社団法人日本放送協会が単独で放送事業を担うことになった．

もともと無線電信法は政府の規制権限の強いものであったが，1929年の改正で「公安ヲ妨害シ又ハ風俗ヲ壊乱スル」無線通信・電話の停止命令と発信者の処罰の規定が付加された（第8条の2）．大日本帝国憲法は法律の範囲内でしか表現の自由を保障しておらず[8]，当時の新聞や出版物は，1909年の新聞紙法，1893年の出版法により，安寧秩序を乱したり風俗を害する事項の掲載・出版

---

(3) 竹山（2002：25）が引用する逓信省電務局無線課『放送無線電話例規類集』「第五類放送事項取締」の中の「放送無線施設者ニ対スル通達事項」のホ及び「放送事項ノ取締ニ関スル件」．
(4) 日本放送協会編（1977b：55-56），竹山（1987：349），津金澤（1991：887-888）．
(5) 日本放送協会編（1977b：56-57），竹山（1987：349-350），津金澤（1991：887-888）．
(6) 竹山（1987：349）．
(7) 多菊（2009：197），加藤（2011：64），竹山（1994：11）．
(8) 第29条は，「日本臣民ハ法律ノ範囲内ニ於テ言論著作印行集会及結社ノ自由ヲ有ス」と定めていた．

が禁止されており，放送も同様の取締に服することになったのである[9]．

そして満州事変以降，戦争の激化と共に検閲がより強化される一方で，ラジオ放送は戦争遂行のための国策メディアとしての役割を果たすことを求められ，軍事に関する事項は軍部の発表以外の報道は全面的に禁止された[10]．これが戦意高揚のためのプロパガンダ放送と，大本営発表による悪名高い戦果捏造放送をもたらすことになったのである[11]．

II　放送法の制定

1　占領初期の放送の規律

1945年8月15日に日本国が受諾したポツダム宣言は，言論の自由の確立をうたうものであったが，1945年9月8日連合国軍総司令部は緒方情報局総裁と松前通信局総裁の出頭を要請し，必要最小限の検閲を行うと告げた．このとき緒方情報局総裁は「大東亜戦争というものはどうして起こったかというと言論を抑圧したからだ．言論抑圧ということはやはり軍国主義的な性格の中においてその傾向をもつものであって，われわれはそれに対していままで徹底的に反対してきた．だから言論，雑誌，新聞，放送その他の言論機関に対する統制はいたしません」と述べたが，司令部の方針に従わないのかと言われ，占領下だからあなた方の方針に従う以外に方法がないと答えざるを得なかったという[12]．終戦直後の政府首脳の心情を吐露したものとして興味深い．

連合国軍最高司令官は1945年9月8日「言論及新聞ノ自由ニ関スル覚書」[13]を発した．この覚書は，日本政府に，事実に即しないか公安を害する新聞・ラジオ等の報道を防止するための命令の発布を命じ，連合国に関する虚偽若しく

---

(9)　その実態については日本放送協会（1951：418-419），検閲の実例については，竹山（1987：351-356）．

(10)　1941年12月8日情報局は「戦況並びに推移に関しては，彼我の状況を含み，大本営の許可したるもの以外は一切報道禁止」と通達した（日本放送協会編（1977a：144））．津金澤（1991：888-890）．

(11)　戦時中の放送が戦争プロパガンダ一色になっていった状況については，竹山（1994）及び辻田（2016）を参照されたい．

(12)　放送法制立法過程研究会（1980：358）収録の松前重義氏からの聴き取り．

(13)　放送法制立法過程研究会（1980：18）英文の表題はMemorandum Concerning Freedom of Speech and Press.

は破壊的な批判や流言を禁じ，最高司令官は事実に即しないか公安を害する刊行物や放送局を停止するとする一方，日本の将来に関する議論は助長し，ラジオ放送は当分の間ニュースと娯楽的音楽を第一にすべしというものであった．さらに1945年9月22日「日本ニ興フル放送準則」(14)を発した．この放送準則（ラジオ・コード）は，報道放送について，事実に即応するものであること，公共の安寧を乱す事項の放送禁止，連合国に対する虚偽若しくは破壊的な批判の禁止，進駐軍に対する破壊的な批判や不信や怨恨を招来する事項の放送禁止，報道放送は事実に即し意見を排除すること，プロパガンダ目的（宣伝的意図）で事実をゆがめることの禁止等を命じ，娯楽番組にも報道放送と同じ制限を課し，連合軍やその国民を侮辱したり揶揄するテーマを禁じ，情報・教養番組については，資料及び解説が事実に即することと，公共の安寧を害する注釈や陳述を禁止する等の制限を課すものであった(15)．

2　放送法案の策定と連合国軍最高司令官総司令部の関与

表現の自由を保障するとともに検閲を絶対に禁止する日本国憲法が，1946年11月3日公布され，連合国軍総司令部から無線電信法を新憲法に即応するものに改めるよう指示がなされた．逓信省は1947年2月無線電信法の改正案を策定したが，その後無線法案と放送事業法案の2本立てとする案とした(16)．

これに対し，連合国軍最高司令官総司令部は1947年10月逓信省及び日本放送協会と会議を持ち，あるべき放送法案についての連合国軍総司令部の総意を示唆した(17)．内容は多岐に亘るが，本稿の主題との関係で重要なのは「A　放送の自由　B　不偏不党　C　公衆に対するサービスの責任の充足　D　技術的諸基準の遵守」という重要な一般原則を反映すべきだとした点である．また米国のTVA(18)のような行政府から独立した自治機関を設立して，そこが放送

---

(14) 放送法制立法過程研究会（1980：23-25）英文の表題は Memorandum Concerning Radio Code for Japan.

(15) 具体的な番組についての連合国軍最高司令部の干渉については，放送法制立法過程研究会（1980：402）収録の古垣鉄郎氏からの聴き取り参照．

(16) 金澤（2012：2-3）．

(17) 放送法制立法過程研究会（1980：149-156）「日本放送法に関する会議に於ける最高司令部「示唆」の大要」．ファイスナー調査課長代理が伝えたので，ファイスナー・メモと呼ばれている．

の管理と運用を行う制度とするべきだとした.

　1948年6月放送法案が第二国会に提出された[19]. この法案の第1章総則の第1条は「この法律は, 左に掲げる原則に従って, 放送を公共の利便, 利益又は必要に合致するように規律すると共に, その自由を保障し, その健全な発達を図ることを目的とする.」として「一　放送が, 情報及び教育の手段並びに国民文化の媒体として, 国民に最大の効用と福利をもたらすことを保障すること. 二　放送を自由な表現の場として, その不偏不党, 真実及び自律を保障すること. 三　放送に携わる者の国民に対する直接の職責を明らかにすることによって, 放送が健全な民主主義に奉仕し, 且つ, それを育成するようにすること.」と規定している. 注目されるのは, ニュース放送についての第4条が,「一　厳格に真実を守ること. 二　直接であると間接であるとにかかわらず, 公安を害するものを含まない. 三　事実に基き, 且つ, 完全に編集者の意見を含まないものであること. 四　何等かの宣伝的意図に沿うように着色されないこと. 五　一部分を特に強調して何等かの宣伝的意図を強め, 又は展開させないこと. 六　一部の事実又は部分を省略することによってゆがめられないこと. 七　何等かの宣伝的意図を設け, 又は展開するように, 一の事項が不当に目立つような編集をしないこと.」と定められ, 時事評論, 時事分析及び時事解説の放送についてもこの原則に従わなければならないとされていたことである (第4条第2項). 連合国軍総司令部が示唆した, 放送の管理と運用を行政府から独立した自治機関が行うという点については, 内閣総理大臣の下に放送委員会を置き (第8条), 放送免許等の放送行政はこの委員会が行うものとした (第9条). また, 日本放送協会の番組編集については「一　公衆に対し, できるだけ完全に, 世論の対象となっている事項を編集者の意見を加えないで報道すること. 二　意見が対立している問題については, それぞれの意見を代表する者を通じて, あらゆる角度から論点を明らかにすること.」等の規定を置き (第46条), さらに「協会の放送番組の編集は, 政治的に公平でなければならない.」という規定も置いている (第47条第1項). 一方民間放送については番組編集や政治的公平についての基準は置いていない. ただし総則のニュース放送に関する規定は民間放送にも適用があるのはもちろんである. さらに「日本国憲法又は

---

(18)　Tennessee Valley Authority.
(19)　放送法制立法過程研究会 (1980：163-200)「放送法案 (第二国会提出)」.

其の下に成立した政府を暴力で破壊することを主張する放送をした者」は7年以下の懲役に，「風俗を害する事項を放送した者」は2年以下の懲役又は5千円以下の罰金に処するものとされた（第88条）．

　この法案については，衆議院及び参議院でいくつかの事項につき修正案が出されるなど審議が進められた[20]ものの国会を通過しなかった．そして連合国軍総司令部法務局は1948年12月この法案に対する反対意見を表明した[21]．反対の内容は多岐に亘るが，特にニュース放送に関する第4条には，「強く反対する．」として「政府にその意思があれば，あらゆる種類の報道の真実あるいは，批評を抑えることに，この條文を利用することが出来るであろう．この條文は，戦前の警察国家のもっていた思想統制機構を再現し，放送を権力の宣伝機関としてしまう恐れがある．」と指摘した．また時事評論に関する第4条第2項についても，条文にあるような制限の下に「評論」が不可能であることは自明であるとし，第4条の全文削除を勧告した．罰則についても，刑法等の法規でカバー出来るので不必要であるとした．

　その後政府は，逓信省を郵政省と電気通信省に分割し，電気通信省の外局として電波庁を設置した[22]．またニュース放送の準則（第4条）を削除するなどした第2次案を策定したが[23]，連合国軍総司令部は，「(A)無線規律委員会を内閣総理大臣の下に作ること．(B)一般放送局を許可すること．(C)プログラム編集の自由を認めること．」を重要点とし，電波庁の権能は無線規律委員会に移すこと，日本放送協会を公共事業体としてプログラムの編集及び協会の運用は政府の制限を受けないこととすること等を勧告[24]した．

　政府は1949年10月放送法案を閣議決定した[25]．放送委員会の規定を削除し，別に電波監理委員会を設置する案であった．第1条及び第3条は若干表現が修正され，国会提出時には現行の放送法第1条及び第3条と同一の文言になった．

---

[20]　放送法制立法過程研究会（1980：200-206）「放送法案修正事項案（参議院通信委員会資料）」．

[21]　放送法制立法過程研究会（1980：207-211）「放送法案に対するL.S（G.S）の意見」．

[22]　1948年12月制定，1949年6月施行の電気通信省設置法．

[23]　放送法制立法過程研究会（1980：225-265）掲載の1949年3月「放送法案」．

[24]　放送法制立法過程研究会（1980：265-268）「ファイスナー氏との会談要旨」．1949年6月連合国軍総司令部のパック大将から伝達されたので，パック勧告と呼ばれる．

[25]　放送法制立法過程研究会（1980：269-289）「放送法案（閣議決定）」．

Ⅱ　放送法の制定

　日本放送協会の放送番組編集準則は第44条に，政治的公平については第45条に，若干の修正がなされて規定された．しかし連合国軍総司令部は，電波監理委員会設置法案について，委員長は国務大臣をもって充てるとされている点と，委員会の決定を内閣が再審議できるという点に反対した[26]．政府は，憲法上行政は内閣が担当し，国会と国民に対して責任を負うものであることを理由に抵抗したが，連合国軍最高司令官マッカーサーの吉田首相宛ての書簡によって，この2点は連合国軍総司令部の意向に従うこととなった[27]．

　1949年12月，電波法案，放送法案，電波管理委員会設置法案の電波三法が国会に提出された．この法案の国会審議で重要なのは，放送法案について，日本放送協会の番組編集準則をさだめた第44条第3項に「公安を害しないこと」という第1号を追加し，また政治的公平についての第45条第1項を第44条第3項第2号に移し，この第44条第3項を一般放送事業者に準用するという規定を置く（第53条）等の修正が加えられ[28]，電波法第76条についても，電波法及びそれに基づく命令・処分違反だけが停波処分の対象だったのが，放送法違反も加える修正がなされた[29]ことである．電波三法は1950年4月に成立し，同年6月1日に施行された．施行と同時に放送法に基づく特殊法人として日本放送協会（NHK）が設立された[30]．

　放送法第44条第3項及び第45条第1項の政府原案は，NHKが公共放送であることから，全国民の知る権利に奉仕するために，事実に基づく多様な意見をそのまま伝え，また政治的に不偏不党の立場を貫く必要があるという，それ

---

[26]　放送法制立法過程研究会（1980：289-291）「増田・リゾー会談報告」．
[27]　放送法制立法過程研究会（1980：297-299）「吉田首相あてマッカーサー元帥書簡」．
　　この書簡は，軍務に服する以前は米国で内国歳入庁や会計検査院で勤務し，免許付与行政は独立行政委員会が行うべきだと確信していたファイスナー氏がマッカーサー元帥に働きかけて実現させたものである．放送法制立法過程研究会（1980：454，467-470）収録の「C. A. ファイスナー氏にきく」．なお政府が抵抗した理由と経緯については放送法制立法過程研究会（1980：527-534）収録の「マッカーサー書簡について―野村義男氏にきく―」，及び放送法制立法過程研究会（1980：535-568）収録の「電波三法と放送体制――綱島毅・荘宏・長浜道夫・野村義男四氏にきく」の「5　通信関係法令の整備と放送法案」及び「6　電波三法制定の経緯」参照．
[28]　放送法制立法過程研究会（1980：340-344）「放送法案に対する修正案」．
[29]　放送法制立法過程研究会（1980：339-340）「電波法案に対する修正案（抄）」．
[30]　なお，このときから受信機の設置は自由となったが，受信機を設置した者はNHKと受信についての契約をしなければならないものとされた（32条）．

7 放送法の番組編集準則及びその解釈の変遷と表現の自由〔川端和治〕

なりに合理的な立法理由で設けられたものと思われる[31]．ところがこれに国民の知る権利とは関係のない「公安を害しない」という条項を付加し，しかもそれを，政治的公平条項を含めて一般放送事業者に準用するという修正をしたために，連合国軍総司令部が憲法第21条に反するという理由で全文削除を勧告したことにより削除された1948年放送法案の総則第4条を復活させたのとあまり変わらない結果となった[32]．

一般放送事業者については，この修正前には広告主の告知義務（第51条）と候補者放送についての義務（第52条）以外の放送内容についての規定がなく，政府も「民間放送につきましてはあくまでも自由闊達に，のびのびと事業の運営をやるべきである．」「民間放送の発達を考えまして，わざわざ条文において事こまかく書かなかった」と説明していた[33]のであるから，民間放送への準用は重要な修正である．また電波法第76条の修正は，上記の放送法の修正と相まって，公安条項や政治的公平条項を含む番組編集準則に違反する放送について停波処分が可能であるという解釈を可能にする途を開いた[34]もので，より重要な修正である．

しかしこのような修正の理由についての国会における審議は，殆ど何も無かった．わずかに修正案提案議員が「（放送法第44条）第3項は，いわゆるラジオ・コードに相当する規定でありますが，諸般の角度から検討の結果，修正案におきましては，（第3項に掲げる）四原則をもって規律することが，最も適当である」と説明し，その一般放送事業者に対する準用については，「放送事

---

[31] 受信料によって放送するNHKを民間放送と併存させ，視聴率よりも質の高い番組制作を追求させることの効用について長谷部（1992：148-153）参照．

[32] 放送法制立法過程研究会（1980：535-568）収録の「電波三法と放送体制――綱島毅・荘宏・長浜道夫・野村義男四氏にきく」の「6 電波三法制定の経緯」で当時電波庁法規経済部長であった野村義男氏が「これは，大体司令部から日本側に出たラジオ・コードあるいはプレスコードをここに入れたわけです．」と発言している（564頁）．

[33] 第7回国会衆議院電気通信委員会・文部委員会連合審査会議録第2号1950年3月8日1頁綱島政府委員の説明．

[34] 西土（2011a：4）．もっとも原（2016：6）は，電波法制定時の，放送法を電波法76条に加えることに賛成する政府答弁（第7回国会参議院電気通信委員会会議録11号1950年3月2日5頁）が「設備に関係する問題，或いはその運用の問題」を前提としていることから，政府は，放送法中の放送設備に関する条項を想定していたものと推測している．

業は民間放送といえども，高度の公共性を帯びる」ことを理由に挙げただけであり(35)．電波法第 76 条に至っては，修正案提案議員が「放送法関係の場合をも含めることに修正いたしました．」と述べただけであった(36)．

III　放送法の番組編集準則とその政府解釈の変遷

1　放送法改正の経緯

　1951 年サンフランシスコ平和条約が締結され 1952 年 4 月 28 日発効したことにより日本は主権を回復したが，その直後である 1952 年 7 月電波管理委員会は電気通信省と共に廃止された．これは吉田首相の意向によるもので，いかに独立行政委員会によって電波行政を行うという制度が政府に嫌われていたかがわかる(37)．これによって，放送免許等の電波管理行政は，電波法 76 条の停波処分を含め，すべて郵政大臣が一手に行うことになった．1951 年 9 月には一般放送局（民間放送局）が放送を開始し，1953 年 2 月には NHK が，同年 8 月には日本テレビジョン放送網株式会社がテレビジョン放送を開始した．

　1959 年に，放送番組の編集基準を定めた第 44 条第 3 項についてその第 1 号を「公安及び善良な風俗を害しないこと」に改め，また放送事業者に放送番組審議機関設置を義務づけ，放送番組の基準の作成及び放送番組審議会への諮問を義務づける等の改正がなされた．これは 1957 年に行われたテレビジョン放送局の大量免許によるテレビジョン放送の普及に対応するためと説明されているが(38)，実際にはプロレス中継によりプロレス遊びをした小中学生に死傷事故が起きたことなどからテレビ番組に対して低俗番組批判が起こり，それが有識者や一般視聴者に広がっていたという背景があった(39)．

　この改正の結果，番組編集準則は，「公安ヲ妨害シ又ハ風俗ヲ壊乱スル」放送を禁じていた戦前の無線電信法第 8 条の 2 とほぼ同じ文言を番組編集準則の

---

(35)　第 7 回国会衆議院電気通信委員会議録第 12 号 1950 年 4 月 7 日 1 頁．
(36)　同上 2 頁，原（2016：4-5）．
(37)　放送法制立法過程研究会（1980：387-418）収録の「古垣鐵郎氏にきく」によれば吉田首相は日本では行政委員会というものは育たないと述べていたという（412 頁）．村上（2013：33）．
(38)　金澤（2012：7）．
(39)　村上聖一（2013：33-36）．

7 放送法の番組編集準則及びその解釈の変遷と表現の自由〔川端和治〕

ひとつとして持つことになった.「善良な風俗を害しないこと」という要件は,あまりにもあいまいで,しかもその時代によって変転きわまりないものなので,郵政相が不当な干渉をする危険があるのではないかということが国会の審議で問題になったが,政府は「社会の一般的道徳観念をさす」もので,基本法である民法の規定の中にも「公の秩序,善良の風俗という言葉が用いられており……放送法にこの言葉を持ってきてもよい」と答弁している[40].

　もっとも戦前とはことなり,これはあくまでも自律的に放送事業者が守るべき基準として制定するものであると政府によって説明された.田中角栄郵政相は衆議院本会議での改正案の趣旨説明で,「放送の言論機関たる特性を十分に考慮し,ごうも表現の自由を侵すものでないように配慮をいたしております」として「積極的意味における準則を設け,放送事業者の指標としてこれを明定することが公共の福祉に適合する」が,「準則を,いかにして表現の自由を侵すことなく実効あらしめるようにするかが最もむずかしい問題でありまして,種々工夫いたしました結果,……放送事業者の放送の準則及び番組審議会を設けて,放送事業者の自律によって番組の適正をはかる措置を講ずることにいたしました.」と述べ,さらに「行政権による規制を避けて」,放送事業者が自主的に設置することを義務づけられた番組審議会に諮問してつくる番組編集の基準の公表義務とその番組基準に従って番組の編集及び放送をすることの義務づけをして,「その遵守を公衆の批判にまかせようとするものであり」,「番組審議機関には,放送された番組の批判機関たる任務をも持たせ,彼我相和して番組の適正を図ろうとするものであります.」と述べた[41].つまり,あくまで自主的な規律として改正案を策定しているのである.

---

[40] 第31回国会参議院通信委員会会議録第11号1959年3月10日11頁.

[41] 第28回国会衆議院会議録第14号18-19頁1958年3月11日衆議院本会議での田中郵政相の説明.なおこの改正案は第28回国会及び第30回国会では審議未了になり,第31回国会に同一の案が再提案されたが,その提案理由の寺尾郵政相の説明もほぼ同一である(第31回国会参議院通信委員会会議録第1号1958年12月16日4頁).政府説明員(郵政省電波監理局次長)も,「放送の番組に関する規定につきましては,できるだけ番組の統制になるようなことのないように,放送事業者の自主性に待って番組をよくしてもらおう,こういう考えで立案をいたした次第でございます.……この「善良な風俗」という言葉は,十分各事業者において着目して,よく考えてその基準を作ってくれるものと,かように考えております.」と答弁している(第31回国会参議院通信委員会会議録第11号1959年3月10日12頁).

Ⅲ 放送法の番組編集準則とその政府解釈の変遷

放送法はその後何度か改正されたが，1988年には第44条第3項の番組編集準則が第1章総則に移され（第3条の2第1項），これによって民間放送事業者にも直接適用されることになった．更に2010年に通信・放送の総合的な法体系の整備がなされた際現在の条数（第4条）に改められた．しかし目的規定である放送法第1条，番組編集の自由を定めた第3条は放送法制定以来変わっておらず，1959年の改正以後は，番組編集準則の第4条，各放送事業者に番組編集基準の策定とその遵守・公表を義務づけた第5条，及び第6条の放送番組審議機関設置の義務づけの内容は変わっていない．

2 実現しなかった放送法改正

放送法には，実現しなかった放送内容規制強化の試みがある．これは政府が放送内容規制についてどのような態度を取っていたのかを知る上で重要である．

1962年郵政省は，前年の行政管理庁の勧告を受けて「臨時放送関係法調査会」を設け，マスメディアの集中・独占の排除など放送法制全体の再検討を行った．注目するべきは，郵政省の事務当局が「法が事業者に期待すべき放送番組編集上の準則は，現実問題としては，1つの目標であって，法の実際的効果としては多分に精神的規定の域を出ないものと考える．要は，事業者の自律にまつほかはない」という意見書を提出したことである[42]．1964年9月に出された答申は，放送行政の公正中立と一貫性のための放送行政委員会の設置，公共放送事業体としてのNHKと民放の2本立ての維持，番組審議機関の改善とNHK・民放共同の番組世論調査機関の設置などを求めるものであった[43]．

1966年この答申を受けて，政府は放送法と電波法を大きく改正する法案を提出した[44]．改正内容は多岐に亘るが，本稿の主題との関係で特記されるべきは，番組編集準則（当時の第3条の2第1項）に第5号として「人命若しくは人権を軽視し，又は犯罪若しくは暴力を肯定することとならないようにすること」，第6号として「青少年の豊かな情操の育成，健全な常識の発達その他人格の向上に役立つようにすること」という規定を加える案であったことである．

---

[42] 1964年1月郵政省提出「放送関係法制に関する検討上の問題点とその分析」．村上（2013：42）．西土（2011：10）．

[43] 村上（2013：42）．

[44] 第51回国会衆議院逓信委員会議録第25号1966年4月21日3-7頁．

また放送局については，電波法の無線局免許に加えて新たに期間3年（更新可能）の事業免許制を導入しようとした（第51条）。しかし野党が猛反対した[45]ことから，暴力否定条項の削除などの修正が試みられたものの結局廃案となった。

次に，法改正による番組内容への介入が試みられたのは，2007年の放送法改正である。この改正はNHKのガバナンス強化，国際放送の要請放送制度などの通信・放送分野の改革推進を目的としたものであったが[46]，その中に「総務大臣は，放送事業者（受託放送事業者を除く。）が，虚偽の説明により事実でない事項を事実であると誤解させるような放送であって，国民経済又は国民生活に悪影響を及ぼし，又は及ぼすおそれがあるものを行い，又は委託して行わせたと認めるときは，当該放送事業者に対し，期間を定めて，同様の放送の再発防止を図るための計画の策定及びその提出を求めることができる。」「2　総務大臣は，前項の計画を受理したときは，これを検討して意見を付し，公表するものとする。」という規定（第53条の8の2）の新設が織り込まれていたため，この点が大きな問題となった。

総務省がこのような規定を設けようとしたのは，2007年1月に関西テレビが放送した「発掘！あるある大辞典Ⅱ　納豆ダイエット」の捏造放送問題があったからである。この番組で納豆がダイエットに効果があるとされたため，全国のスーパーやコンビニで納豆が売り切れるという騒ぎになったが，その根拠とされた専門家コメントやデータは捏造されたものであった。総務省は「報道は事実を曲げない」という番組編集準則と各局が定める番組基準に違反したとして「警告」の行政指導を行った[47]。その上で，行政指導と電波法76条に基づく措置の間に，間がありすぎるとして[48]上記の点の放送法改正を提案したのである。

この改正案に対しては各方面から，総務大臣が放送内容に対する判断を漠然とした概念で行い，しかも再発防止計画の提出を命じて，それに対する総務大

---

[45]　第51回国会衆議院会議録36号1966年4月1日5-8頁。
[46]　金澤（2012：11）。
[47]　三宅・小町谷（2016：277-278）。
[48]　第166回国会参議院総務委員会会議録4号2007年3月20日10-11頁の菅総務大臣の答弁。

臣の意見を付して公表することは，放送に萎縮効果を与えることになるという趣旨の反対意見が出され(49)，日本民間放送連盟（民放連）も「今回提案されている法規制は，放送事業者の経営陣から取材・報道・制作現場までをも萎縮させ，国民が期待する豊かな番組づくりを阻害する側面が大きい」との会長コメントを出した(50)．

NHK，民放連と放送倫理・番組向上機構（BPO）は，BPOに「放送倫理検証委員会」を設立してこの委員会で虚偽放送の疑いが生じたときの調査をするものとし，この委員会は2007年5月に発足した．この委員会は第3者委員会であり，調査権限，判断権限，再発防止策の提出を求める権限を持ち，放送局は委員会の調査に協力し，委員会の意見を尊重し「勧告」を実行するとともに，再発防止策の提出・履行をし，放送により審理結果を視聴者に周知させることとされた(51)．これにより，捏造放送など番組内容の問題が自主的・自律的に是正される制度が整ったとして，法改正は必要がないと主張したのである(52)．結局，虚偽放送に対する再発防止策の提出命令という新たな行政処分の権限を総務大臣に与える条項は国会の修正で削除された(53)．なお，この法案については衆参両院でBPOの効果的な活動に期待する旨の付帯決議がなされた(54)．

3　番組編集準則についての当初の解釈

番組編集準則については，放送法成立の当初から1980年代半ばまでは，あくまでも放送局がそれを目標にした自主的な番組基準を定立することによって自律的に遵守すべきものであり，行政が番組内容に介入できる根拠とならない

---

(49)　鈴木（2007：150）．
(50)　清水（2007：8）．
(51)　「放送倫理検証委員会の設立について」『放送倫理手帳2016』日本民間放送連盟51-52頁．三宅・小町谷（2016：8-16），各放送局とBPOが契約して，調査への協力等が約束されている．
(52)　第168回国会衆議院総務委員会議録7号2007年12月4日の広瀬参考人及び飽戸参考人及び第168回国会参議院総務委員会会議録10号2007年12月13日の川端参考人の発言参照．放送倫理検証委員会の番組編集準則に関連する決定例については三宅・小町谷（2016：183-229）．
(53)　第168回国会衆議院総務委員会議録7号2007年12月4日34頁．
(54)　第168回国会衆議院総務委員会議録8号2007年12月6日2頁．第168回国会参議院総務委員会会議録11号平成19年12月20日22頁．

7 放送法の番組編集準則及びその解釈の変遷と表現の自由〔川端和治〕

というのが，放送行政に携わる事務当局の共通理解であった．

前述したとおり，占領当初に緒方情報局総裁が戦時の反省を踏まえて，一切の統制をしないと表明している(55)．1948年8月に作成された逓信省の「放送法質疑応答録案」には「放送をいかなる政党政府，政府の団体，個人からも支配されない自由独立なものとしなければならない」「憲法は表現の自由を保障しており，又放送番組に政府が干渉すると放送が政府の御用機関になり国民の思想の自由な発展を阻害し戦争中のような恐るべき結果を生ずる．健全な民主主義の発展のためにはどうしても放送を自由にしなければならない．」と書かれていた(56)．

番組編集準則を削除して提出された1949年放送法案については，鍋島電波管理長官が衆議院の委員会で「放送番組につきましては，第1条に，放送による表現の自由を根本原則として掲げまして，政府は放送番組に対する検閲，監督等は一切行わない」と述べた(57)．

1959年放送法改正は番組準則の第1号を「公安及び善良な風俗を害しないこと」に改めるものであったが，前述の通り，田中郵政相が法案の趣旨説明で，放送事業者の自律によって番組の適正をはかる措置を講ずることにした，番組編集準則の遵守を公衆の批判にまかせようとするものだと述べ，郵政省電波監理局次長は，「放送の番組に関する規定につきましては，できるだけ番組の統制となることのないように，放送事業者の自主性に待って番組をよくしてもらおう，こういう考えで立案をいたした次第」であると述べている(58)．この放送法改正に携わった担当行政官の解説書には「第一に考えられた点は，表現の自由との関係，すなわち，憲法及び法によって保障された表現の自由を尊重するため，政府が放送番組の編集について寸毫（ママ）も関与することなく，放送番組の向上適正を図るためには，どうすればよいかという点であった．」「放送番組基準について，法がその内容について放送事業者の自主性にゆだねたのは，法自体がその内容まで立ち入りするまでもなく，放送事業者が立派なものを制定するであろうことが期待できると認められるからである．」「たとえ，放送番

---

(55) 前掲注(12)．
(56) 三宅・小町谷（2016：249）．
(57) 第7回国会衆議院電気通信委員会議録第1号1950年3月2日20頁，西土（2011：5-6）．
(58) 前掲注(41)．

Ⅲ　放送法の番組編集準則とその政府解釈の変遷

組の向上適正化方策であっても，言論統制になるような方法，すなわち『表現の自由』を侵害するような方法はこれを避けなければならないこともももちろんである．放送番組審議機関は，これを政府機関としたり（中略）することなく，各放送事業者自らの機関としてこれを設けなければならないこととし，放送事業者の自主性を尊重しつつ国民（聴取者）の意思が反映できるような機関とし（た）」と記載されている[59]．

　1962年郵政省が設置した「臨時放送関係法調査会」で，前述の通り，郵政省は放送番組編集上の準則は法の実際的効果としては精神的規定の域を出ない，事業者の自律にまつほかはない旨の意見書を提出している[60]．

　1977年衆議院通信委員会で郵政省電波監理局長は，検閲が出来ないことになっているから番組の内部に立ち至ることはできず「番組が放送法違反という理由で行政処分することは事実上不可能」だと答弁した．また郵政省電波監理局放送部長は「政府が番組内容の判断をする権限という意味では，放送法3条に言いますところの権限が与えられていないのが現状で（中略）放送法違反ということがないのかという点につきましては放送事業者が自主的にこれを判断する，あるいは番組審議会あるいは世論といったものがその是非を批判して頂くというのが，現在の言論表現の自由を前提にいたしました放送法のたてまえであ（る）」と答弁した[61]．

　最後の方では番組内容を調査し判断をする権限がないので番組編集準則は事実上強制できない規定だというニュアンスが強くなっているが，まだこのときまでは，番組編集準則は放送事業者の自律に待つしか無い規範だという理解は維持されていた．

　なお，1972年有線テレビジョン放送法第25条2項が「郵政大臣は，有線テレビジョン放送事業者が……放送法第44条第3項（現在の第4条第1項）……の規定に違反したとき……は，3月以内の期間を定めて，有線放送の業務の停止を命ずることができる」と規定したことは，番組編集準則の違反に法的な制裁が伴う規定であることを前提とした立法ではないかということが問題になる．確かに有線テレビジョン放送法の審議の際[62]，郵政相は放送法第44条3項に

---

[59]　田中・平井（1960：35，60-62）西土（2011：6-7）．
[60]　前掲注[42]．
[61]　第80回国会衆議院通信委員会議録13号1977年4月27日20頁，22頁．

違反したと判断されれば電波法76条の措置がなされることになっていると答弁しているが，同時に，事実上放送についてはビデオテープも一切とらないことになっており番組編集準則は「道義的に放送事業者が自覚してやってもらいたいという1つの目標である」と答弁しており，また政府委員も，この法案の仕組みは電波法，放送法の場合と全く同じであり「放送という瞬間的に消えていく媒体につきまして，この44条3項を適用するということは，事実上不可能」と補足の答弁をしている．従って，政府が有線テレビジョン放送法の制定に際して，従来の解釈を変えたということはない．

4 行政指導による番組内容への干渉

政府が放送内容について番組基準や番組編集準則に反することを理由にする行政指導を行い始めたのは，1985年に郵政大臣がテレビ朝日に対して行った，真実でない報道を行った，今後放送法及び放送番組編集基準を遵守して再発防止せよという趣旨の厳重注意が最初であった[63]．以後，真実あるいは事実でない報道を行ったなど番組内容に関する行政指導は，2017年1月現在で34件を数えている．もっとも当初は「放送法及び番組基準」あるいは「番組基準」を引用しての行政指導であり，「放送法第3条の2第1項（現在は4条第1項）を明示して行政指導がなされたのは，2004年6月が最初である．

行政指導の中で最も重いとされる文書による大臣の警告がなされたのは2件であるが，1例目は番組で紹介した白いんげん豆使用したダイエットで多くの健康被害が出たという事案で，2006年，番組基準の適正な運用に重大な遺漏があり放送に対する信頼を損なったとして「今後，このような事態を再度引き起こすことがないよう警告するとともに，貴社の再発防止に向けた真摯な取り組みを強く求める」という指導がなされた．もう一例は前述した納豆ダイエットの効果についての2007年の捏造放送事案であり，同一の警告文言の後に

---

[62] 第68回国会衆議院通信委員会議録20号1972年5月31日2頁．
[63] 三宅・小町谷（2016：263-264）．「番組内容に関する総務省の『厳重注意』等，行政指導の主な事例」『放送倫理手帳2016』日本民間放送連盟83-90頁．なお1980年に郵政大臣が日本テレビに対しておこなった厳重注意があるが，これは免許状記載事項範囲外の放送を理由とするもので，番組編集準則違反を理由としていない．以下の行政指導の実例についての記述は，すべて三宅・小町谷（2016：263-282）にまとめられた一覧表によるものである．

III 放送法の番組編集準則とその政府解釈の変遷

「再発防止のための貴社の取組が十分でなく，放送法違反の状態を再度生ずることになった場合には，法令に基づき厳正に対処する」と申し添え，再発防止に向けた具体的措置についての報告とその実施状況の3ヶ月以内の報告も求めた．この2例が大臣による文書警告となったのは，何れも視聴者に健康上・経済上の実害を及ぼしたからであろうと思われる．

　問題は，あくまで放送事業者が任意に従うことを前提としている行政指導であれば，番組編集準則違反など番組内容に関わる事項について政府が踏み込むことが許されるのかどうかである．郵政省は，1993年にそれまでの番組編集準則についての解釈を明示的に改め，この違反は電波法第76条にいう放送法違反となり，停波処分の対象となると江川放送行政局長が記者会見で言明した[64]．これはテレビ朝日の椿報道局長が民放連の放送番組調査会で「非自民党政権が生まれるよう指示した」と発言したと新聞が報じたことをうけてのことであった[65]．行政指導は，1993年に施行された行政手続法で「行政機関がその任務又は所掌事務の範囲内において一定の行政目的を実現するため特定の者に一定の作為又は不作為を求める指導，勧告，助言その他の行為であって処分に該当しないものをいう．」と定義されており（第2条第6号），行政処分の権限規定がない場合であっても，通例，任務又は所掌事務が規定されている設置法の範囲であれば行うことが出来るとされているから[66]，特に，「放送法の趣旨」と「番組基準」を理由とした当初の行政指導は，放送事業者が自律的に定める番組基準を放送法に従って守る（放送法第5条第1項）よう促すだけものだと理解することも可能であろう[67]．しかしこの記者会見以後は電波法の処分の可

---

[64] 鈴木・山田（2017：106）．なお椿発言の半年前に，衆議院通信委員会で木下放送行政局長は，事実を曲げて報道をすれば放送法違反になり形式論的には電波法第76条の行政処分を行うことは法律上可能だが，放送番組の適正化は自律に基づくことが基本的な考え方とすべきので慎重であるべきだと述べている（第126国会衆議院通信委員会議録4号1993年2月22日16頁）．

[65] 郵政大臣は，放送法違反の事実は認められなかったとしながらも役職者に対する教育を含む経営管理面で問題があったとして厳重注意した．三宅・小町谷（2016：266-267）．

[66] 金澤（2012：57）．

[67] もっとも，単に自律を促す指導であっても，警告や厳重注意というような，処分を想起させる言葉を使い，さらに再発防止策やその実施状況の報告まで求めたのでは，改善命令と実質的に変わりはないから，このようなことを行政指導としてなしうるのかは相当に疑問である．

能性を前提とした事前警告の意味を持つことになった．

　政府は，2007年5月にBPO放送倫理検証委員会が発足してからは，番組に対する大臣名の行政指導を控え，2009年に局長名での3件の行政指導を行ったものの，その最後の，二重行政に関する報道にたいする行政指導について，BPO放送倫理検証委員会委員長が「少なくとも放送界側の自主的・自律的機能の十全な発揮が期待できる限り，その結果を基本的に尊重することが，総務省のあるべき態度なのではないだろうか．」と批判した[68]ことが影響したのか，それ以後番組に対する行政指導を控えていた．

　ところが2015年4月に，総務大臣がNHK「クローズアップ現代」の出家詐欺報道に対する番組編集準則第3号及びNHKの番組編集基準違反を理由とする厳重注意の行政指導を，大臣名の行政指導としては8年ぶりに行ったことから，状況は一変した．この行政指導はNHKの調査報告書の公表日に即日行われたという異例のものであり，しかもその後自民党がNHKの幹部を呼び非公開の場で番組について説明させるという事態も生じたことにより，政府与党がマスメディアの表現の自由に介入する意思を明らかにしたものと受け止められたのである．

　BPO放送倫理検証委員会は，「NHK総合テレビ『クローズアップ現代』"出家詐欺"報道に関する意見」を公表した際，番組編集準則は「放送事業者が自らを律するための『倫理規範』であり，総務大臣が個々の放送番組の内容に介入する根拠ではない．」と批判した[69]．一方，総務大臣は国会で第4条は単なる倫理規定ではなく法規範性を持つ，1つの番組でも番組編集が不偏不党の立場から明らかに逸脱していると認められるといった極端な場合は番組編集準則違反となり，改善要請の行政指導をしてもまったく改善されないで繰り返すというときには，電波法の処分もありうる旨の答弁をした[70]．さらに，電波停止

---

[68] BPO放送倫理検証委員会『放送倫理検証委員会2007〜2012』（2012：175）．
http://www.bpo.gr.jp/wordpress/wp-content/themes/codex/pdf/kensyo/determination/2009/tbs/1.pdf

[69] BPO放送倫理検証委員会「NHK総合テレビ『クローズアップ現代』"出家詐欺"報道に関する意見」26頁．
http://www.bpo.gr.jp/wordpress/wp-content/themes/codex/pdf/kensyo/determination/2015/23/dec/0.pdf

[70] 第190回国会衆議院予算委員会議録9号2016年2月8日30-32頁．

命令の要件について「法律の規定に違反した放送が行われたことが明らかであることに加えまして，その放送が公益を害し，放送法の目的にも反し，これを将来に向けて阻止することが必要であり，かつ同一の事業者が同様の事態を繰り返し，かつ事態発生の原因から再発防止のための措置が十分でなく，放送事業者の自主規制に期待するのでは法律を遵守した放送が確保されないと認められる」ときであると述べた[71].

総務省は，従来，政治的公平性の遵守については放送事業者の番組全体を見て判断するとしていたのであるが，総務大臣が一番組でも判断可能だと国会で答弁したことから「政治的公平性の解釈について（政府統一見解）」[72]を明らかにし，従来からの解釈については何ら変更はないとしながらも，「『番組全体』は『一つ一つの番組の集合体』であり，一つ一つの番組を見て，全体を判断することは当然のことである．」として，総務大臣の発言はこれまでの解釈を補充的に説明し，より明確にしたものだとした．

しかし番組全体で判断するという見解と，一番組でも判断可能という見解は，後者が前者の補充説明だという関係にはないだろう．一番組だけでも政治的に公平でないと判断され，しかも電波法による処分の可能性が生じるというのでは，それだけで放送局は一層強い萎縮効果を受けることになるのである．

Ⅳ 放送法総則と表現の自由の関係についての考察

1 放送法の沿革からみた放送法第1条の解釈

放送法総則は，第1条に3つの原則として，放送の普及の保障，表現の自由の確保，民主主義の発達に資するようにすることを掲げ，この原則に従って放送を規律し，その健全な発達をはかることが放送法の目的だとしている．この第1条については，第2号の「放送の不偏不党，真実及び自律」は，放送局の義務として定めたものであるという解釈が国会の場で表明されている[73]が，それは立法の経緯からみて正しくない．

---

[71] 第190回国会衆議院予算委員会議録10号2016年2月9日4頁．この要件は総務省で放送行政に永く携わった金澤（2012：58-59）の説くところとほぼ同一であり，総務省でとられている見解と思われる．

[72] 鈴木・山田編著（2017：353）．

7 放送法の番組編集準則及びその解釈の変遷と表現の自由〔川端和治〕

まず現在の放送法の元となった1948年放送法案では第1条第2号は「放送を自由な表現の場として，その不偏不党，真実及び自律を保障すること．」という条文であったのであり，「不偏不党，真実及び自律」は自由な表現の場である放送に対して政府が保障するものであったことは明らかである[73]．さらにこの1948年放送法案の原案（1948年6月5日）は，第1条第2項を「放送に関する国の政策は，左のとおりとする」としてその第2号に「放送を自由な表現の場として，その不偏不党性と一体性を保障すること」としていたのであり，国の政策として不偏不党性を保障するものであったことは一層明瞭だった[75]．また，1948年放送法案も1949年放送法も，放送行政を政府からの干渉から独立させるために独立行政委員会に委ねることにしていたのであり，まさに政府が不偏不党な行政を行う体制を整えていた[76]ときの立法なのであるから，放送法第1条第2号の不偏不党は，政府が放送事業者に対して保障するものであることは疑いがないのである．

従って，「不偏不党」に続く「真実及び自律」も，政府が放送事業者に対して保障するものである．戦時中の戦意高揚プロパガンダ放送の強要や，大本営発表が，我が国を滅亡の淵にまで追いやったという痛切な反省は，放送法第1条立法当時の放送行政担当者の胸に刻み込まれていた[77]のであり，政府が真実に反する放送を強要したり放送内容に干渉することはないことを特に保障する必要があったのである．

---

[73] 高市総務大臣の「当該放送事業者の番組編集が不偏不党の立場から明らかに逸脱していると認められる場合……政治的に公平であることを確保しているとは認められない」という答弁（第189回国会参議院総務委員会議録8号 2015年5月12日3頁）等（詳細は村上（2016：95-97）参照．なお金澤（2012：28）は，「放送事業者が一党一派に偏した放送を行ったり，議論のある問題について特定の主張を行うことは公平の観点から見て妥当でないことから，放送においては，不偏不党が保障されるべきものとされている」としつつ，国が放送内容に干渉することはできる限り避ける必要があるため，規律の確保は放送事業者の自律に委ねられるべきものとしている．

[74] 前掲注(19)．是枝（2015）も，1948年放送法案を引用して，同旨の見解を述べている．

[75] 村上（2016：92）．

[76] 網島電波監理局長は，電波監理委員会があくまでも不偏不党な公正な行政をやらなければならないことから7名の委員のうち4名以上が同一の政党所属となってはならないとしたと答弁している（第7回国会参議院電気通信委員会議録7号 1950年2月18日2頁）．

[77] 前掲注(12)．

IV 放送法総則と表現の自由の関係についての考察

2 番組編集準則（放送法第4条第1項）の法的性格

　番組編集準則についての政府解釈は，放送事業者の自律に待つしかない倫理規範であるとの見解から，電波法第76条の停波処分という法的なサンクションを伴う法規範であるとの見解まで変遷している．

　しかし，放送法総則の構造から言っても法規範として立法されたものではないと言いうる．すなわち，放送法は第1条で放送事業者の自律を保障し，それによって表現の自由を確保すると宣言した上で，第3条で放送番組に対する干渉や規律を禁止している．第4条は，この放送事業者に対する自律の2重の保障の条文の後におかれているうえ，それに続く第5条は放送事業者に番組基準の自主的な策定を求めている．放送事業者が自ら定めるべき番組基準の内容についての規定はなく，放送行政に永年携わった金澤（2012：63）も，「この基準の内容については，本法の規律の原則である自律の考え方に基づき，放送事業者が自らの意図により策定することとしその自主性を保障している」ものであると認めている．このように自主・自律を保障する規定が総則として構築されているのに，その間に挟まれた4条のみが行政による他律を定めた規定として挿入されているという解釈はいかにも不自然である．

　1959年に放送法に番組基準と番組審議会の制度が導入され際，番組編集準則第1号に導入された，「善良な風俗」という言葉について，郵政省の立法担当者は「十分各事業者において着目して，よく考えてその基準を作ってくれるものと，かように考えております．」と答弁している[78]．これは，番組編集準則の抽象的な定めを各放送事業者が念頭に置いて自主的にそれを具体化する番組基準を策定する制度を作ったということであり，番組内容については放送事業者の自律によるという原理が貫かれているのである．

　放送法に関する最高裁判例は二つあり，いずれも番組編集準則違反の事例について判示したものではないが，訂正請求に関する判例[79]は，放送法が憲法第21条の下にあって，第1条が原則を定め，それ以下の規定はこの原則の具体化であると説き，取材を受けた者の期待権についての判例[80]は，第1条，第3条及び番組編集準則を列記した上で，これらの規定は，「番組編集の自律性に

---

[78] 前掲注(41)．
[79] 最高裁判所平成16年11月25日第1小法廷判決民集58巻8号2326頁．
[80] 最高裁判所平成20年6月12日第1小法廷判決民集62巻6号1656頁．

ついて規定したものと解される.」と判示している. この判例について最高裁の担当調査官が書いた解説の脚注には, 番組編集準則は法的効力のない倫理的規定だとする見解が通説とされると書かれている[81].

また, 放送法第175条は,「この法律の施行に必要な限度において, 政令の定めるところにより, 放送事業者……に対し, その業務に関し資料の提出を求めることができる.」と規定するが, ここでいう業務に関する資料についての政令である放送法施行令第8条には, 具体的な番組内容に関する資料が含まれていない. 従って総務省は具体的な番組内容を確認するための資料提出を命じる法的権限を持たないのであり, これも放送法が番組内容の規制は放送事業者の自律に委ねるものとして立法されていることの現れである.

それだからこそ, 放送法の専門研究者は, こぞって番組編集準則を倫理規定あるいは「規律された自主規制」と解釈してきたのである[82].

3 番組編集準則の憲法論

現在の総務省の解釈のように, 番組編集基準が法的サンクションを伴う法規範だとすると, このように漠然としていて広汎な規範で表現内容を規制することの合憲性が問題になる.

周知のように, 放送というメディアに対して, 新聞や出版という印刷メディアには見られない規制がなされていることについては, 番組編集準則を中心に多くの憲法論がなされてきた[83]. 紙数の関係でその詳細を紹介することはできないが, 伝統的な見解は, 電波という資源の希少性と社会的影響力の大きさを規制の根拠としてあげる説[84]であり, 近年は, 放送の自由は, 民主的政治過程の維持, 情報の多様性, 視聴者の効用の最大化のために政策的に保障された自由であり, 印刷メディアに完全な自由を認めるのであれば, 情報の多様性の確保により国民の知る権利を保障するために放送メディアを規制することが可能であるという部分規制論[85]と, これとは逆に, 資源の希少性も社会的影響力も,

---

[81] 『最高裁判所判例解説民事編平成20年度』法曹會379頁.

[82] 鈴木 (2007:149), 清水 (2007:6, 9), 村上 (2008:65), 鈴木 (2009:88), 西土 (2011:6-7), 鈴木・山田 (2017:90).

[83] 松井 (1997:310-331), 芦部 (2000:301-314), 西土 (2014:19-20).

[84] 芦部 (2000:304-307), 宍戸 (2012:24-25).

[85] 長谷部 (1992:97-103), 長谷部 (1995:7-8), 宍戸 (2012:27-28).

情報の多様性の確保も，表現内容を理由とする規制の合憲性審査基準である厳格審査基準が要求する真にやむを得ない利益とはならないという違憲説が有力である[86]．

しかし注意しなければならないのは，伝統的見解は番組準則を倫理的意味の規定としており[87]，さらに違憲論のみならず部分規制論も番組準則違反を理由に電波法第76条の停波処分をすることは憲法違反だとしていることである[88]．番組編集準則のような抽象的で漠然とした規定を根拠にする処分を認めるのでは，放送の表現が極度に萎縮してしまうことは明らかなので，そのような解釈は憲法に適合しないのである．

V　おわりに

放送法の沿革をたどれば，戦前の不自由な放送がもたらした結果に対する痛切な反省が，1980年代までは放送行政担当者に受け継がれ，放送の自律が守られなければならないという意識があったことが明らかである．1949年放送法の政府原案は，連合国軍総司令部の干渉があったというものの，総則の第1条と第3条で高らかに放送の自律をうたいあげ，公共放送たるNHKにのみ事実を曲げない報道と多角的な論点提示と政治的公平の規定を置く一方民間放送は自由にし，且つ独立行政委員会たる電波監理委員会により不偏不党の放送行政を保障するものであったから，ある意味で，戦前の反省を踏まえた合理的な制度であったと言えるだろう．しかし，逆に戦前の放送やナチスのラジオ放送利用によって放送の威力も認識されていた[89]ため，冷戦体制下における治安維持が強く求められたのか，「公安を害しない」という条項を付加し，それを民

---

[86]　松井（1995：13-15），松井（1997：332-334）．渋谷（2013：395）．
[87]　芦部（2000：311-312），鈴木（2014：15）．
[88]　田島他4名（1995）（長谷部発言：44）．長谷部（2016：16）．但し濱田（1995：56）は「政治的公平の要請に対する極端な違反が反復された場合にのみ，法的サンクションが科せられるものと」理解すべきだとする．この法的サンクションが電波法の停波処分を含むものかどうかは明らかでない．濱田（2016：12）は芦部説を引用して，「倫理的・精神的規定と解するか……個々の番組内容に公権力の介入を排除するための限定的解釈及び運用がおこなわれなければならない」という考えに同感であると言う．
[89]　鈴木（2014：14）．

7 放送法の番組編集準則及びその解釈の変遷と表現の自由〔川端和治〕

間放送にも準用するという修正と，電波法に番組編集準則も停波処分の対象になり得るかのような修正が，議員提案で国会審議の最後になされたために，政府原案は変質をし，放送内容に対する行政の介入の余地を開くものになってしまった．

その後は，テレビ放送の普及によって，放送の社会的影響力の強さが一層強く意識されるようになり，1964年の塚田郵政大臣のNHK「ユーモア劇場」に対する批判直後の放送取りやめ[90]や，1965年の橋本官房長官の社長への電話が契機になった日本テレビ「ベトナム海兵大隊戦記」放送中止事件[91]など，政治家による放送局の経営幹部に対する介入が相次ぐ一方[92]，テレビ放送に対する低俗番組批判が起こり，これを契機として番組編集準則に，より詳細な放送内容規制の規定を盛り込もうとする政治のうごきも強まった．

このような放送の規制強化と表現の自由のせめぎ合いが転機を迎えたのは，椿発言問題を契機とする1993年の番組編集基準の法的性質に対する行政の解釈の変更であった．その動きは，その後捏造放送の再発防止策提出命令権限を総務大臣に与える2007年の放送法改正提案にまで至ったが，民放連とNHKが合意してBPOに放送倫理検証委員会が設置され，この委員会が放送倫理違反の番組に対する意見を述べるようになったために，一旦は番組内容についての行政指導による行政の介入は収まった．しかし2015年に総務大臣の厳重注意の行成指導がなされた上に，総務大臣が1番組でも番組編集準則違反が極端な場合には電波法の停波処分があり得ると明言したことにより，放送表現の萎縮と自己規制が問題になっている．

放送事業者に対して何の法的処分の権限も持たないBPOの委員会が意見を述べ，これを放送事業者が尊重することにより自律的に番組内容の是正・向上を図るという制度は，総務省が行政指導を控えている限りは，表現の自由と番組内容の適正の要請を両立させうる制度として機能できるのであり，この極めてユニークな制度を関係者のすべてが守り育てていくことこそ最も望ましい結果を期待できるのではあるまいか[93]．

（なお，筆者は現在BPO放送倫理検証委員会の委員長であるが，本稿の意見に渡

---

[90] 日本放送協会編（1977a：348）．
[91] 鈴木嘉一（2016：178-187）．田（1972：153-155）
[92] 村上（2015：106-111）．

V　おわりに

る部分は，全くの個人的見解である.）

〔文　献〕

芦部信喜(2000)『憲法学Ⅲ　人権各論(1)（増補版)』有斐閣.
田英夫(1972)『真実とは何か』社会思想社.
濱田純一(1995)「放送制度の将来像」法律時報67巻8号54-56頁.
─── (2016)「メディアと政治の間」學士會報 No. 920 6-13頁.
原真(2016)「保存版・番組編集準則と行政処分（上）高市発言への曲がりくねった道」放送レポート263号2-6頁.
長谷部恭男(1992)『テレビの憲法理論：多メディア・多チャンネル時代の放送法制』弘文堂.
─── (1995)「メディア環境の変容と放送の自由」法律時報67巻8号6-15頁.
─── (2016)「放送の公平性について」學士會報 No. 920 15-17頁.
放送法制立法過程研究会代表綱島毅編(1980)『資料・占領下の放送立法』東京大学出版会.
金澤薫(2012)『放送法逐条解説（改訂版)』情報通信振興会.
是枝裕和(2015)「誰が何を誤解しているのか？放送と公権力の関係についての私見」
　http://www.kore-eda.com/message/20151117.html.
加藤元宣(2011)「放送制度の成立と犬養毅逓信省内部資料と帝国議会答弁の分析から」放送研究と調査（April 2011) 61巻4号58-69頁.
松井茂記(1995)「放送の自由と放送の公正」法律時報67巻8号10-15頁.
─── (1997)「放送における公正と放送の自由放送法の『公正原則』の再検討」『法と情報』刊行企画委員会編『法と情報石村善治先生古希記念論集』大学図書305-339頁.
─── (2016)「なぜ偏向したテレビ報道を排除することが問題なのか」學士會報 No. 920 18-22頁.
三宅弘・小町谷育子(2016)『BPOと放送の自由』日本評論社.
村上聖一(2008)「放送法『番組準則』の形成過程」放送研究と調査（APRIL 2018) 58巻4号54-67頁.
─── (2013)「シリーズ初期"テレビ論"を再読する【第3回】制度論放送規制論議の変遷」放送研究と調査（November2013) 63巻11号32-47頁.
─── (2015)「戦後日本における放送規制の展開規制手法の変容と放送メディアへの影響」NHK放送文化研修所編『NHK放送文化研究所年報2015第59集』NHK出版49-125

---

(93) 宍戸（2012：38），濱田（2016：12-13）．なお，鈴木（2009：86-87）は，欧米のように独立行政委員会に放送監督行政をゆだねるべきであるという意見について，日本では政権交代の可能性や委員会を監視する諸集団の存在がないことから，規制権限が強化されるだけになると危惧されていることを指摘する.

7　放送法の番組編集準則及びその解釈の変遷と表現の自由〔川端和治〕

　　頁.
　──（2016）「放送法第1条の制定過程とその後の解釈」放送研究と調査（JUNE 2016）66巻6号90-105頁.
日本放送協会編（1951）『日本放送史』日本放送協会.
──（1977a）『放送五十年史』日本放送協会.
──（1977b）『放送五十年史資料編』日本放送協会.
西土彰一郎（2011）『放送の自由の基層』信山社.
──（2014）「マスメディアの『公正』その法的意味を捉え直す」月刊民法（2014年11月号）44巻11号18-22頁.
渋谷秀樹（2013）『憲法（第2版）』有斐閣.
清水直樹（2007）「放送番組の規制の在り方」調査と情報597号国会図書館.
宍戸常寿（2012）「放送の規律根拠とその将来」日本民間放送連盟・研究所『ネット・モバイル時代の放送その可能性と将来像』学文社19-41頁.
鈴木秀美（2007）「情報法制現状と展望」ジュリスト1334号144-154頁.
──（2009）「通信放送法制と表現の自由」ジュリスト1373号86-94頁.
──（2014）「番組編集準則の現代的意味」月刊民法（2014年11月号）44巻11号13-17頁.
──＝山田健太編著（2017）『放送制度概論新・放送法を読みとく』商事法務.
鈴木嘉一（2016）『テレビは男子一生の仕事ドキュメンタリスト牛山純一』平凡社.
多菊和郎（2009）「放送受信料制度の始まり「特殊の便法」をめぐって」江戸川大学紀要「情報と社会」19号189-208頁.
田島泰彦・服部孝章・松井茂記・長谷部恭男・濱田純一（1995）「［討論］放送制度の将来と放送法」法律時報67巻8号28-53頁.
竹山昭子（1987）「放送「政府之ヲ管掌ス」」南博・社会心理研究所『昭和文化1925-1945』勁草書房.
──（1994）『戦争と放送』社会思想社.
──（2002）『ラジオの時代』世界思想社.
田中正人・平井政俊（1960）『放送行政法概説』電波振興会.
津金澤聰廣（1991）「（研究ノート）初期普及段階における放送統制とラジオ論」関西学院大学社会学部紀要63号885-912頁.
辻田真佐憲（2016）『大本営発表改竄・隠蔽・捏造の太平洋戦争』幻冬舎新書.

8 Laws Without Sanctions: Hate Speech Laws and the Balancing of Rights in Japan

Craig Martin

From very early in my journey back to the academy, Setsuo Miyazawa loomed large as one of the most dynamic and influential figures in the study of Japanese law. Not only for his important and insightful scholarship, but because of his seemingly inexhaustible efforts to forge transnational institutions designed to foster the comparative study of Japanese law, and Asian law more generally.[1] It is really very difficult to overstate the importance and significance of Professor Miyazawa's contribution to the development of Asian law scholarship in the English-speaking world.

Unfortunately, my own areas of research did not overlap to any great extent with the focus of Professor Miyazawa's scholarship. But I do have an enduring recollection of comments he made at one Law and Society Association conference, in which he challenged an aspect of John Haley's widely accepted theory that Japanese law often succeeded without relying on formal sanctions. While Haley admired this feature of the Japanese legal system, Miyazawa argued that such explanations overlooked some of the negative aspects and ramifications of such leniency. This is a challenge that bears on a current and rather high-profile issue in Japanese law, being the debate over the recent enactment of a new national hate speech law. The issue evokes Miyazawa's challenge because the new legislation defines specified forms of hate speech and mandates a government response in an effort to eliminate it, but it does not actually prohibit hate speech, and it characteristically lacks any penalty for violations, remedies for the victims, or any other kind of enforcement mechanism.

In such books as *Authority Without Power*, and *The Spirit of the Law*, John Haley developed the hugely influential perspective that Japanese law, as compared to many other modern legal systems, often operates effectively to govern and modify behavior without the application of sanctions to enforce compliance.[2] Indeed, in a chapter on criminal law in

---

(1) Without his inspiration, hard work, and leadership, the Collaborative Research Network on East Asian Law (CRN-33) of the Law and Society Association would likely never have developed into the vibrant and highly active group that it has become over the last decade. It was precisely because of CRN-33 that the Law and Society Association annual conference has been such an important event for scholars of Asian law. Similarly, he was the driving force behind the much more recent establishment of the Asian Law and Society Association, and the Asian Law Chapter of the American Association of Law Schools.

Authority Without Power, entitled "Crime Without Punishment", Haley argued that the formal punitive mechanisms of the criminal law system were weak, and were moreover utilized less frequently, than comparative Western legal systems; but that the state relied to a much greater extent upon informal social mechanisms for mobilizing compliance with the criminal law. Moreover, one of the functions of this weak form of law was to itself help create and shape positive social norms. In short, Haley argued that notwithstanding this relatively weak formal enforcement and sanctions regime, and reliance upon informal societal norms and institutions, Japanese criminal law was a significant factor in explaining Japan's relatively low crime rate and low recidivism rate.[3] This was indicative of a broader observation that Japanese law more generally, as compared to Western legal systems, more often mobilizes compliance through the manner in which it influences informal societal norms than through the formal imposition of sanctions.[4]

Professor Miyazawa, in his comments about this theory, did not dispute the descriptive accuracy of Haley's observation that Japanese law is often comparatively lenient, but he did challenge the normative implications. He argued that these efforts to explain some of the more seemingly successful aspects of Japanese law as being the result of the law's weak sanctions and enforcement regime, helped to obscure real problems within the legal system. What is more, some of the more pernicious problems were in fact related to the very feature of the legal system that was being applauded — the weak sanctions and enforcement aspects of the law. And to top it off, this highly positive portrayal of the system, especially by famous foreign scholars, relieved the pressure on law and policy makers to address and resolve the problems.[5] By way of example, some of the more obvious problems with the Japanese criminal justice system — the harsh interrogation practices, long periods of pre-indictment detention, delayed access to legal counsel, over-reliance upon confessions, and other issues of due-process in the conduct of criminal trials[6]— tend to get obscured by accounts such as

---

(2) John Owen Haley, *Authority Without Power: Law and the Japanese Paradox* (1991), and *The Spirit of Japanese Law* (1998).

(3) Haley, *Authority Without Power*, 138; *Spirit of Japanese Law*, 88-89.

(4) Haley, *Authority Without Power*, 138-40.

(5) Others have argued that Haley's analysis overstates the extent to which Japanese law is comparatively lenient or bereft of power: See, e.g., David T. Johnson, "Authority With Power: Haley on Japan's Law and Politics, Review Essay," 27 *Law and Society Review* 619 (1993).

(6) For a nuanced analysis of such critiques, *see, e.g.,* Daniel H. Foote, "The Benevolent Paternalism of Japanese Criminal Justice," 80 *California Law Review* 317 (1992); *see also* Setsuo Miyazawa, *Policing in Japan: A Study on Making Crime* (1992).

Haley's about the successful aspects of Japan's criminal justice system. And what is more, Miyazawa suggested that while these violations of rights may not contribute to those successful features of the system, there may indeed be a relationship between the violation of rights and the superficially lenient system that Haley admires. To state this in more general terms, the lack of enforcement mechanisms and sanctions in Japanese laws can often disguise and sometimes even contribute to a disregard for, and even a direct violation of, fundamental rights.

    This of course plays out in different ways in different areas of Japanese law. In the criminal law context the leniency can help distract attention away from the manner in which the rights of the accused are often violated.[7] In this instance, the rights of the people who the law is supposed to constrain are being violated, while at the same time the law is not fully respecting the interests of the victims of crime. In the area of human rights, however, the apparent leniency and lack of enforcement operates differently, affecting people on the other side of the equation. There has been a persistent failure to develop legislation that not only defines and prohibits the violation of fundamental rights (such as the rights of minorities not to be discriminated against), but when laws are contemplated or enacted, they generally lack any meaningful sanctions and remedies in the event of a breach. This leniency and lack of enforcement is in relation to those the law is designed to constrain, but rather than masking any violation of the perpetrators' rights, it has contributed to the continued systemic violation of the rights of minorities, the people the law is supposed to protect.[8]

    The recent hate speech laws fall within the framework of this second paradigm. While passed to ostensibly protect minorities, particularly members of the large Korean–Japanese community in Japan, in the face of rising levels of virulent hate speech that will likely contribute to increased discrimination, and possibly even persecution and violence, the laws lack any form of sanction or mechanisms of enforcement. They thus leave the vulnerable group exposed and unprotected, notwithstanding that the very enactment of the law acknowledges their plight. What is more, the passage of the law may create a false sense that action is being taken to protect the vulnerable, thus helping mask the continued violations. In this sense, the hate speech laws tend to provide yet another example of the problem that Miyazawa addressed, and illustrates this underlying problem with rights.

    The defenders of the law, of course, argue that it strikes the right balance between protecting freedom of speech on the one hand, and the rights of the targets of hate speech on the other. And in this sense, the issues in Japan provide yet another example of how difficult it

---

(7) Miyazawa, *supra*, chap. 6.
(8) See notes 28-48, and associated text, *infra*.

can be for law and policy makers to find the right balance in resolving the tension between freedom of expression and equality rights, a problem that has challenged legislatures and courts in many constitutional democracies. In considering these recent developments in Japan we can again explore this tension, examining the scope and enforcement of the competing constitutional values and rights, and consider how to best reconcile these competing claims. In this short essay I cannot do justice to the debate, but I will try to lay out an argument for why Japanese law and policy makers might consider some narrowly defined categories of hate speech that should be prohibited by enforceable laws, so as to give full effect to the constitutional right to be treated equally and as an equal, and not to be discriminated against, while continuing to respect the right to freedom of expression.

I Background to Hate Speech Laws in Japan

There have been calls in Japan for human rights legislation and anti-discrimination protections for many decades now, as I will describe in more detail below.[9] But the recent calls for hate speech laws began in around 2012, in response to an increase in the incidence of anti-Korean rallies and demonstrations. As most readers will know, there is a large population of over half a million people in Japan who are of Korean descent and who do not have Japanese nationality. They are descendants of Koreans who were stripped of their Japanese nationality after World War II. While they are third and fourth generation descendants of those initially brought to Japan, born and raised in Japan, they retain either North or South Korean nationality, depending on where their forefathers came from, and have a special permanent resident status (similar to descendants of Taiwanese in Japan, who were similarly stripped of their nationality after the war). The internal dynamics of this community are complex, and they each suffer different forms and degrees of discrimination, but I will refer to them collectively here as Korean-Japanese.[10]

Several of the rallies against Korean-Japanese were videotaped and received considerable publicity, including one in particular which featured a young girl screaming that Koreans

---

(9) I also explore these issues, in the context of a comparative examination of constitutional equality rights in Japan, in Craig Martin, "Glimmers of Hope: The Evolution of Equality Rights Doctrine in Japanese Courts from a Comparative Perspective," 20 *Duke Journal of Comparative & International Law* 167 (2010), p. 176-78; for an excellent and detailed analysis, though now somewhat dated, see Frank Upham, *Law and Social Change in Postwar Japan* (1987); and see also Timothy Webster, "Insular Minorities: International Law's Challenge to Japan's Ethnic Homogeneity," 36 *North Carolina Journal of International and Commercial Regulation* 557 (2011).

I   Background to Hate Speech Laws in Japan

should be massacred, among other things.⁽¹¹⁾ The protests were characterized by speeches and chants that included highly discriminatory and hateful invective aimed at Korean-Japanese persons. Several of the protests were held outside of Korean-Japanese schools, and so subjected young children to abusive verbal attacks. The first ever government study of the issue in 2015 found that there had been 347 protests and demonstrations in 2013, and a total of close to 1,200 between April 2012 and September 2015.⁽¹²⁾ This is likely a conservative estimate, and the number of instances of lower levels or more individual forms of hate speech is likely several multiples of this number. But these large and widely publicized protests attracted attention, particularly in Tokyo and Osaka, where there are large Korean-Japanese communities.

The uptick in discriminatory and hostile attitudes towards Korean-Japanese in the early part of the decade was likely, in part, due to increased tensions with both North and South Korea, following the death of Kim Jong Il of North Korea at the end of 2011, and the Liberal Democratic Party (LDP) return to power in 2012. A combination of North Korean nuclear weapons ambitions, territorial disputes over uninhabited islands with South Korea, and the perennial issue of how to resolve the Japanese wartime sex-slave issue (the so-called Comfort Women problem), increased tensions between Japan and the Koreas, which in turn

---

(10)　The term often used is "Korean residents", as a translation of the typically used Japanese terms 在日韓国人 [South Korean in Japan] and 在日朝鮮人 [North Korean in Japan], but I do not think the term "Korean residents" really captures the essence of who these people are, and does not distinguish between the third and fourth generation Koreans, most of whom cannot speak Korean and have never even been to the Peninsula, and those who are actually visiting or have immigrated from South Korea. There is a huge literature on the Korean-Japanese community and the discrimination issues the community faces. See, e.g., *See, e.g.*, Yasuaki Onuma, "*Interplay Between Human Rights Activities and Legal Standards of Human Rights: A Case Study on the Korean Minority in Japan*," 25 *Cornell International Law Journal* 515 (1992); Changsoo Lee & George De Vos, *Koreans in Japan: Ethnic Conflict and Accommodation* (1981)；大沼保昭『在日韓国人の国籍と人権』[Yasuaki Ōnuma, *The Nationality and Human Rights of Koreans in Japan*] (2004).

(11)　"Japan's First-Ever Hate Speech Probe Finds Rallies Fewer but Still a Problem," *The Japan Times*, Mar. 30, 2016. For examples of such anti-Korea protests on Youtube, see, e.g., https://youtu.be/Gt6tRLgtBxY; https://youtu.be/JRKdZ1LdelQ.

(12)　"Japan's First-Ever Hate Speech Probe Finds Rallies Fewer but Still a Problem," *The Japan Times*, Mar. 30, 2016. See also, 法務省「ヘイトスピーチに関する事態調査報告書」(平成28年3月) [Ministry of Justice, "Hate Report on the Inquiry into the Situation Regarding Hate Speech," Mar. 2016], available at: http://www.moj.go.jp/content/001201158.pdf (last visited Feb. 2017).

inflamed attitudes towards the Korean-Japanese community. The first initiative to enact national legislation was actually taken by the Democratic Party of Japan, but when the LDP returned to power it somewhat reluctantly responded with a draft bill of its own.[13]

II The Recent Hate Speech Legislation

The government finally enacted a law on hate speech in May, 2016. During the debate of the bill it was roundly criticized as being excessively narrow as well as toothless, and yet it was further watered down during the process of debate and revision. In the end, the law,[14] comprising seven short articles, is indeed deserving of some hard questions. Noting in the preamble that there has been a rise in discriminatory speech and behavior in recent years, it "declares that such unfair discriminatory speech and behavior will not be tolerated," and that the law was enacted to "spread awareness among the general public…to strengthen efforts to eliminate unfair discriminatory speech and behavior."[15] While declaring hate speech intolerable, however, the law does not actually prohibit it, or create any sanctions for engaging in it. In Articles 3-4, under the heading "Basic Principles", the law provides that the "general public shall further their understanding of the need to eliminate unfair discriminatory speech and behavior"; that the "national government has the responsibility to implement measures relating to efforts to eliminate unfair and discriminatory speech and behavior…and…to promote measures relating to efforts to eliminate" such hate speech; and finally, the "local governments shall endeavor to take measures in accordance with the actual situation in the region…with respect to the efforts to eliminate unfair discriminatory speech and behavior."[16]

This is all very general and hortatory, and the remaining articles, under the heading "Basic Measures", which are presumably designed to help achieve these vague aspirations, are similarly vapid. Article 5 contemplates the national and local governments establishing some form of unspecified consultation system for victims of hate speech, which is to help "prevent

---

(13) Mizuho Aoki, "Opposition Slams LDP in Pushing Anti-Discrimination Bill," *The Japan Times*, Aug. 6, 2015; "Japan to Enact Bill to Counter Hate Speech," *The Japan Times*, May 11, 2016.

(14) 本邦外出身者に対する不当な差別的言動の解消に向けた取組の推進に関する法律, available at: http://www.moj.go.jp/content/001184402.pdf (last visited Feb. 2017). The law came into force on June 3, 2016, as Law No. 68, 2016; an English translation, *The Act on the Promotion of Efforts to Eliminate Unfair Discriminatory Speech and Behavior against Persons Originating from Outside Japan* (provisional translation), is available at: http://www.moj.go.jp/ENGLISH/ m_jinken04_00001.html (last visited Feb. 2017) [hereinafter *"Discriminatory Speech Law."*]

(15) Id., preamble.

(16) Id. Arts. 3-4.

II   The Recent Hate Speech Legislation

and resolve disputes in this regard."[17] Article 6 requires the national and local governments to implement education activities to help eliminate hate speech, while Article 7 requires both national and local governments to "spread awareness among the general public about the need to eliminate" hate speech, and to "implement public relations activities for the purpose of furthering understanding" of this need.[18] That is it. There is no actual prohibition of engaging in either the creation or the dissemination of hate speech, nor any sanctions whatsoever for engaging in the communication of hate speech. Indeed, the law never addresses the perpetrators of hate speech directly at all — all the provisions are directed to imposing obligations on the national and local governments to raise awareness and understanding, and on the general public at large to improve its understanding of the issues. The law is not directed at, nor does it even refer to, the individuals or entities engaging in the communication of hate speech. It is for this reason that there has been such criticism of the law as being toothless.[19]

The other cause for criticism of the new law is that it defines hate speech very narrowly. Article 1 of the law defines the subject of the law as "unfair discriminatory speech and behavior against persons originating from outside of Japan".[20] It goes on to define each of the elements of this clause. Unfair discriminatory speech and behavior is defined as "discriminatory speech and behavior to incite the exclusion…from the local community… [by] openly announcing to the effect of harming the life, body, freedom, reputation or property of, or to significantly insult" such persons from outside of Japan.[21] The addition of "significantly insult" was only added at the last minute, and without it the definition could have been construed even more narrowly.[22] But even as it stands now, it is not clear that the definition is really trying to prevent the kind of speech that can foster hatred and

---

[17]   Id. Art. 5.

[18]   Id. Arts. 6-7.

[19]   Mizuho Aoki, "Opposition Slams LDP in Pushing Anti-Discrimination Bill," *The Japan Times*, Aug. 6, 2015; "Japan to Enact Bill to Counter Hate Speech," *The Japan Times*, May 11, 2016; see more generally: 桧垣伸次『ヘイト・スピーチ規制の憲法学的考察：表現の自由のジレンマ』[Shinji Higaki, *A Constitutional Consideration of Hate Speech Regulation: the Freedom of Expression Dilemma*] (2017); 市川正人「表現の自由とヘイトスピーチ」立命館法学 2015 年 2 号（360 号）[Masato Ichikawa, "Freedom of Expression and Hate Speech," 2:360 *Ritsumeikan Hōgaku* 122 (2015)].

[20]   *Discriminatory Speech Law*, Art. 1.

[21]   Id.

[22]   This would be similar to the "fighting words" and "incitement to violence" categories in American freedom of speech doctrine, as described briefly in text associated with notes 76 *infra*.

175

discrimination against minorities. The literature on hate speech, as well as the jurisprudence in other countries, reflect that there is significant harm to minorities caused by speech that denigrates, demeans, and thereby fosters hatred and prejudice towards visible minorities within a society — and such speech need not rise to the level of threatening their life, body, freedom, reputation or property in order to cause this significant harm.[23]

The term "persons from outside of Japan" was itself defined as "persons originating exclusively from a country or region other than Japan or their descendants and who are lawfully residing in Japan."[24] The first major criticism is that the law thereby only purports to be concerned with protecting foreigners, or their descendants. The focus on foreigners and their descendants likely reflects the fact that much of the controversy over hate speech in recent years has been driven by discrimination against members of the Korean–Japanese community. But it clearly overlooks some important constituencies, most obviously members of the *Burakumin* and *Ainu* communities, who have been the victims of systemic discrimination, including hate speech, for generations.[25] What is more, by further limiting the scope of the law to only those foreigners who are "lawfully in Japan", the law tends to signal to society that hateful communication is acceptable if directed at refugee claimants or other foreigners who have overstayed their visa term, or who's immigration status is otherwise not valid. This would include a large percentage of the thousands of children of uncertain parentage who have been born and raised in Japan, but have been denied Japanese nationality, and many of whom are stateless.[26] The Japan Lawyers Network for Refugees among other groups were critical of the new law for this very reason.[27]

In addition to this legislation, there have been moves to enact municipal or prefectural

---

[23] *See, e.g.*, Mari J. Matsuda, "Public Response to Racist Speech: Considering the Victim's Story," 87 *Michigan Law Review*, 2320 (1989), Mayo Moran, "Talking About Hate Speech: A Rhetorical Analysis of American and Canadian Approaches to the Regulation of Hate Speech," 1994 *Wisconsin Law Review* 1425 (1994), Richard Delgado and Jean Stefancic, *Must We Defend Nazis?: Hate Speech, Pornography, and the New First Amendment* (1997), Higaki, *supra*; and for foreign jurisprudence, see, e.g. *R. v. Keegstra*, [1990] 3 S.C.R. 697 (Supreme Court of Canada).

[24] *Discriminatory Speech Law, supra, Art. 1.*

[25] For discussion of the *Burakumin* issues, see, e. g., Japan Federation of Bar Associations, "Japan Federation of Bar Associations Report on Response to the Seventh, Eighth, and Ninth Report of the Japanese Government of the International Convention on Elimination of All Forms of Racial Discrimination," Mar. 19, 2014, [hereinafter, JFBA Report] p. 72-76, and 77-83.

[26] See, e.g., Chen Tien-shi, "Statelessness in Japan: Management and Challenges," 21 *Journal of Population and Social Studies* 70 (2012).

II　The Recent Hate Speech Legislation

ordinances aimed at limiting hate speech. Indeed, some might argue that the enactment of the national legislation helped provide the impetus for such developments, though some of the local efforts pre-dated the national government initiative, and so the influence may well have run in the other direction. The city of Osaka, for instance, promulgated an ordinance that came into effect in July, 2016, which both defined hate speech more broadly and provided for greater enforcement mechanisms than the government legislation. It defined hate speech as any communication that defames and aims to exclude a particular group based on race or ethnicity, and disseminates such information to large numbers of people through such media as the Internet. It included a complaints process, with a panel established to consider complaints, and vested with the power to take such action as publishing the names of those found to have engaged in hate speech, and request Internet servers to remove offending material from client websites.[28] The ordinance lacks the typical form of legal sanctions available to local governments, such as the levying of fines. But the naming and shaming contemplated by the Osaka ordinance would, it has been suggested, provide the basis for municipal authorities to subsequently deny offending groups the licenses and approvals necessary to hold demonstrations and rallies in public areas, and make it difficult for such groups to rent other facilities from private companies.[29]

There have also been a number of recent lawsuits that ended with damage awards against groups engaged in discriminatory speech and behavior,[30] and one that even resulted in an injunction against the nationalist anti-Korean group *Zaitokukai*, prohibiting it from holding a rally near the premises of Korean-Japanese community support group called *Seikyūsha*.[31] It is still too early to tell, given that the new law was enacted little more than half a year ago, but some might be inclined to think that these court cases may reflect that the new hate speech law will have a positive influence on the judiciary. That is, that the law, and particularly its definition of "discriminatory speech and behavior," could help shape the manner in which

---

(27)　"Diet Debates Hate-Speech Bill That Activists Call Narrow and Toothless," *The Japan Times*, Apr. 19, 2016.

(28)　Eric Johnston, "Osaka Enforces Japan's First Ordinance Against Hate Speech, Threatens to Name Names," *The Japan Times*, July 1, 2016.

(29)　Id.

(30)　"Zaitokukai Ordered to Pay Damages for Defaming Korean Resident of Japan," *The Japan Times*, Sep. 27, 2016 (reporting on a decision by the Osaka District Court); The Kyoto District Court awarded damages against the Zaitokutai in 2013.

(31)　Tomohiro Osaki, "Japanese Court Issues First-Ever Injunction Against Hate-Speech Rally," *The Japan Times*, Jun. 3, 2016 (reporting on an decision by the Yokohama District Court).

courts interpret and apply various other relevant laws that provide a civil cause of action. Thus, while the hate speech law itself provides for no sanctions or penalties against the perpetrators of hate speech, or any remedies for the victims of hate speech, it may nonetheless bolster and make possible lawsuits grounded in tort and other legal regimes. This, of course, plays into Haley's famous and favorable interpretation of how Japanese laws exercise authority even while declining to exert or enforce the power of the state.

Ⅲ Putting the Hate Speech Law in Context

This rather optimistic forecast for the law's impact, however, seems unwarranted. The development of the hate speech law has to be put into the broader context of efforts to reduce discrimination against minorities more generally over many decades. Hate speech is only one small slice of the kind of discrimination that minorities in Japan, including foreigners generally, as well as Korean-Japanese, Taiwanese-Japanese (another significant community of people who, like Korean-Japanese, are second, third or fourth generation residents of Japan), *Burakumin, Ainu*, racial and ethnic minorities, persons of Japanese descent who have immigrated from Brazil and Peru, illegitimate children, the disabled, and women, to name only the most prominent. The United Nations Human Rights Committee, the institutional body that oversees the implementation and enforcement of the *International Covenant on Civil and Political Rights* (the ICCPR),[32] has for decades criticized Japan for its failure to develop laws and institutions to prohibit discrimination and to provide a legal framework enabling victims to seek redress. As recently as 2014, the Human Rights Committee, in its "Concluding Observations on the Sixth Periodic Report of Japan," reiterated its concerns. It pointedly noted that Japan had not yet acted to address many of the concerns expressed by the Committee in the past.[33] In particular, it noted that the rights provided for in the ICCPR, including the right to equality and not to be discriminated against, were not generally protected or justiciable in Japanese courts, and that Japan had still not developed any national human rights legislation or institutions. Indeed, the report noted with particular regret that the Japanese government had abandoned an attempt in 2012 to pass a bill establishing a new Human Rights Commission, and that no further action had been attempted since.[34] The report

---

[32] *International Covenant on Civil and Political Rights*, 999 U.N.T.S. 171, entered into force March 23, 1976. Japan acceded to the Covenant in 1979 and ratified the treaty in 1980 [hereinafter, the ICCPR].

[33] United Nations Human Rights Committee, *Concluding Observations on the Sixth Periodic Report of Japan*, UN Doc. CCPR/c/jpn/co/6, 20 Aug. 2014. [Hereinafter, HRC Report, 2014].

[34] Id., paras. 6-7.

III Putting the Hate Speech Law in Context

noted the continued inequality and discrimination faced by women, foreigners, gays and lesbians, and rising levels of hate speech and discrimination directed against minority groups such as Koreans, Chinese, *Burakumin*, and indigenous peoples such as the *Ainu* and *Ryukyu*.[35]

Similarly, the Committee on the Elimination of Racial Discrimination, which is the institutional body that oversees the implementation and enforcement of the *International Convention on the Elimination of All Forms of Racial Discrimination* (the CERD), has been critical ever since Japan acceded to the Convention in 1995, of Japan's failure to respect and enforce the rights in the convention.[36] The CERD imposes very specific obligations on states in relation to hate speech, providing that:

> Article 4. – States Parties condemn all propaganda and all organizations which are based on ideas or theories of superiority of one race or group of persons of one colour or ethnic origin, or which attempt to justify or promote racial hatred and discrimination in any form, and undertake to adopt immediate and positive measures designed to eradicate all incitement to, or acts of, such discrimination and, to this end, with due regard to the principles embodied in the Universal Declaration of Human Rights and the rights expressly set forth in article 5 of this Convention, *inter alia*:
>
> (a) Shall declare an offence punishable by law all dissemination of ideas based on racial superiority or hatred, incitement to racial discrimination, as well as all acts of violence or incitement to such acts against any race or group of persons of another colour or ethnic origin, and also the provision of any assistance to racist activities, including the financing thereof;
>
> (b) Shall declare illegal and prohibit organizations, and also organized and all other propaganda activities, which promote and incite racial discrimination, and shall recognize participation in such organizations or activities as an offence punishable by law;
>
> (c) Shall not permit public authorities or public institutions, national or local, to promote or incite racial discrimination.[37]

As will be discussed in more detail below, Japan registered a reservation to this article of the convention at the time it acceded to it, limiting the scope of the obligation to the extent Japan found it consistent with the constitutional right to freedom of expression. The CERD Committee, however, has criticized Japan for failing to develop specific and comprehensive laws prohibiting both direct and indirect racial discrimination, in accordance with its obligations under Article 4 of the CERD, as well as its failure to establish national human rights institutions in accordance with the Paris Principles.[38] What is more, the CERD

---

(35) Id. Para. 8–12, and 26–29.

(36) *International Convention on the Elimination of Racial Discrimination*, 660 U.N.T.S., 195, entered into force Jan. 4, 1969; Japan acceded Dec. 15, 1995 [hereinafter, the CERD]

(37) CERD, Article 4.

Committee has consistently and repeatedly criticized Japan for maintaining its reservation, arguing that the obligations under the CERD can be reconciled with robust rights to freedom of expression.[39]

As should be quite clear from the description of the new hate speech law above, it does not fulfill Japan's obligations under the CERD. It does not constitute a law that "declares it an offense punishable by law all dissemination of ideas based on racial superiority or hatred, incitement to racial discrimination…," nor does it "declare illegal and prohibit organizations, and also organized and all other propaganda activities, which promote and incite racial discrimination." It is worth noting that it does not even appear to conform to the CERD definition of racial discrimination in its own definition of hate speech. The CERD defines "racial discrimination" quite broadly, as including "any distinction, exclusion, restriction or preference based on race, colour, descent, or national or ethnic origin which has the purpose or effect of nullifying or impairing the recognition, enjoyment or exercise, on an equal footing, of human rights and fundamental freedoms…"[40] The limitation of the hate speech law to expression directed at foreigners and their decedents lawfully in Japan, does not begin to address the obligation in the CERD.

The CERD Committee, in its recent report on Japan, also reviewed the continuing discrimination against foreigners, women, ethnic and racial minorities, the *Burakumin*, the *Ainu*, Muslims and other religious minorities, among others. The Committee also, like the Human Rights Committee, focused on the particular problem of hate speech and hate crimes, both noting the increase in the incidence of hate speech and discriminatory behavior, and criticizing Japan for its failure to implement laws designed to protect minorities from hate speech and to investigate and prosecute those who engage in such conduct, and moreover to sanction public officials and politicians who disseminate hate speech.[41] And for those who may be inclined to dismiss the criticisms of international human rights law institutions as being not entirely relevant to a debate over the domestic laws of Japan, it should be noted that the Constitution of Japan, in the chapter titled "Supreme Law", provides that treaties to which

---

(38) United Nations Committee on the Elimination of Racial Discrimination, *Concluding Observations on the Combined Seventh to Ninth Periodic Reports of Japan*, UN Doc CERD/c/jpn/co/7-9 [hereinafter, CERD Report], paras. 8-9; see also JFBA Report.

(39) CERD Report, para. 10

(40) CERD, Article 1. It should be noted that Article 1(2) does provide that the definition does not apply to distinctions, exclusions, restrictions or preferences made by the state party between citizens and non-citizens — so denying non-citizens the right to vote, for instance, does not violate the convention.

(41) CERD Report, paras. 10-11.

III Putting the Hate Speech Law in Context

Japan is a party, in addition to customary international law, "shall be faithfully observed."[42] This has been interpreted, by the government, the courts, and legal scholars, as meaning that treaties to which Japan is a party are directly and automatically incorporated as the law of the land, without requiring any implementing legislation, and moreover such law prevails over any conflicting statutes.[43]

The repeated observations of the U.N. committees are just part of a larger body of evidence that reflects the fairly well established fact that the rights of minorities in Japan are not well protected by the legal system.[44] Indeed, as I have argued elsewhere, even the constitutional right to equality and not to be discriminated against, provided for in Article 14 of the Constitution of Japan, is not rigorously enforced by the judiciary.[45] What is more, there has been considerable reluctance on the part of successive governments to establish legal protections against discrimination. During the Socialist Party's brief turn as part of a coalition government in the 1990s, a *Law on the Promotion of Measures for Human Rights Protection* was developed, and finally enacted in 1996 — the year after Japan acceded to the CERD.[46] It too lacked any prohibitions, sanctions, or enforcement mechanisms, but it was seen as the first step towards developing a human rights regime. But it was repealed in 2002, after the LDP returned to power. In 2003 and again in 2005 the Diet considered but failed to enact human rights legislation. Similarly, a *Human Rights Commission Bill* was developed in 2012, but it was allowed to die when the Diet was dissolved in November, and never re-submitted for consideration.[47]

This reluctance is not unique to politicians at the national level. Local governments too have been slow to enact ordinances to protect the equality rights of minorities, and what is more, those that have taken action on the issue have often come under intense pressure to reverse course. In 2006, for instance, Tottori Prefecture enacted an anti-discrimination human rights ordinance, the *Ordinance Regarding the Promotion and Procedure for the Restitution*

---

[42] Constitution of Japan, 1947, Art. 98, paragraph 2.

[43] See, e.g., Yuji Iwasawa, *International Law Human Rights and Japanese Law* (1998), at 27, and chap. 3. The Supreme Court has also directly interpreted treaties: see, e.g. 28 *Minshū* 1331 (Sept. 26, 1974); 31 *Minshū* 511 (Jun. 28, 1977). Lower courts have similarly directly implemented provisions of the ICCPR: see, Iwasawa, at 51-56.

[44] See, e.g., JFBA report, *supra*.

[45] Martin, "Glimmers of Hope", *supra*.

[46] Law No. 120, 1996.

[47] 人権委員会設置法案 [*Human Rights Commission Bill*, available at: http://www.moj.go.jp/content/000104039.pdf. Reference is made to its demise in the CERD Report, para. 7, and the HRC Report, para. 9.

for Human Rights Violations, only to be forced by conservative groups and media outlets to revoke it.[48] As mentioned above, some local governments such as that of Osaka have more recently enacted hate speech ordinances, but the reality is that there continues to be considerable skepticism and suspicion regarding human rights legislation designed to protect minorities from discrimination, particularly when the measures are viewed as being primarily for the benefit of Korean–Japanese.

This account provides some basis for arguing that there is a widespread government indifference towards the rights of minorities more generally. And thus, when examining the hate speech law issue within that context, there is good reason to believe that the government's approach simply does not take seriously the rights of the victims of hateful expression or the nature of harm that such speech is likely to cause. There is little acknowledgement that such expression is likely to foster prejudice and incite discrimination, and little apparent understanding that such speech may possibly cause even more harmful behavior towards minorities, and moreover have a broader negative impact on the values of equality and tolerance in society.[49]

Now, viewed through the lens of Haley's "authority without power" paradigm, the argument would be that the hate speech law will nonetheless help to shape cultural and social norms by its mere enactment, and through the awareness raising and educational programs that the law requires the national and local governments to implement. Moreover, as mentioned earlier, it may influence the courts in how they interpret and apply civil laws giving rise to other causes of action, such as defamation, in law suits against the perpetrators of hate speech. Over time these influences of the law will operate to reduce the incidence of hate speech. Perhaps there is some merit to such claims, but the jury will be out for some time before we know if that is right. In the meantime, however, people will continue to suffer harm. And the question has to be asked: why shy away from enacting real prohibitions on a narrow band of hate speech, and establishing real sanctions for those who engage in hateful communication that is likely to foster discrimination and otherwise cause harm to identifiable minorities? The apparent leniency towards the perpetrators of hate speech is at the expense of the victims, whose rights are being discounted or even ignored. Japan has obligations under international law, and arguably under the Constitution,[50] to protect those rights, and yet it has consistently resisted doing so. Considering the issue in the broader context of the failure to protect minorities from discrimination more generally, one is inclined towards rather

---

(48) Debito Arudou, "How to Kill a Bill: Tottori's Human Rights Ordinance is a Case in Alarmism," *The Japan Times*, May 2, 2006.

(49) For more on the harms of hate speech, see the sources cited in note 23, *supra*.

unfortunate and negative conclusions regarding the likely explanations for this. But the more positive explanation that is typically offered by defenders of the government approach, is that it is for reasons of protecting the right to freedom of expression. In other words, the approach is actually motivated by an impulse to defend rights, not to ignore or neglect them. And to be fair, the tension between hate speech and freedom of speech has been a challenge for many constitutional systems, and so we need to explore the argument in the Japanese context more closely.

Ⅳ The Freedom of Expression Objections

The most powerful objection to enacting a more rigorous and enforceable hate speech law is that it can operate to limit or violate the right to freedom of expression. This is the objection that has been made, both by politicians and other public figures in the midst of the political debate over the legislation, and indeed by scholars writing about the issue.[51] The Constitution of Japan includes a robust right to freedom of expression, providing that:

> Article 21. Freedom of assembly and association as well as speech, press and all other forms of expression are guaranteed.
>
> No censorship shall be maintained, nor shall the secrecy of any means of communication be violated.[52]

A law that prohibited certain forms of expression, based on the content of that expression, would on its face appear to limit or infringe this right. And, indeed, when Japan acceded to the

---

(50) I say arguably because of course Article 14 of the Constitution first and foremost governs the relationship between the government and the individual, not between private entities and the individual. But having said that, the courts have on occasion interpreted labor law and other statutes in a manner that explicitly invokes the requirement to conform with the values enshrined in Article 14 — see, e.g., Supreme Court Judgment, (March 24, 1981), 35 *Minshū* 2 300 (*Nissan Motors* case) (holding that "a lower compulsory retirement age for women than for men constitutes discrimination against women based solely on their gender and is irrational discrimination invalid under Article 90 of the Civil Code . . . Article 1-2). For an English translation of this case, under the title *Nissan Motors. Inc. v. Nakamoto*, see , Lawrence W. Beer and Hiroshi Itoh, *The Constitutional Case Law of Japan, 1970 Through 1990* (1996), p. 179-81. It is arguable, therefore, that the government has an obligation under Article 14 not only to treat individuals equally, but also to enact laws to ensure that "all of the people" enjoy a right to equality and are not discriminated against in their interactions with private entities and persons.
(51) For review of the debate, *see, e.g.*, Ichikawa, and Higaki, *supra*.
(52) Constitution of Japan, 1947, Article 21.

CERD in 1995, it registered a reservation to the effect that:

> In applying the provisions of paragraphs (a) and (b) of article 4 of the [said Convention] Japan fulfills the obligations under those provisions to the extent that fulfillment of the obligations is compatible with the guarantee of the rights to freedom of assembly, association and expression and other rights under the Constitution of Japan . . .[53]

Article 4(a) and (b) of the CERD, as explained earlier, imposes explicit obligations on state parties to implement laws that prohibit and punish both expression that promotes and incites racial discrimination, as well as organizations and propaganda activities that promote or incite racial discrimination. So, the key question, of course, is whether such laws would be compatible with the rights to freedom of expression and association in Article 21 of the Constitution of Japan. Indeed, this is not only a question for Japan — finding the right balance between respecting and enforcing the rights to freedom of expression and association on the one hand, and respecting and protecting the right to be treated equally and as an equal, and not to be discriminated against on the other hand, is a significant challenge facing many constitutional democracies in trying to craft laws that govern hate speech. In order to address this question in the context of Japan, however, some discussion is necessary on the right to freedom of expression in Japan.

First, it has to be said that freedom of expression arguments against hate speech laws in Japan, particularly when made by politicians from the governing LDP, are difficult to take entirely at face value. To put it more precisely, it is difficult to interpret such arguments as reflecting good faith concerns for the protection of the constitutional right to freedom of expression, rather than representing convenient pretexts to help justify their refusal to implement more rigorous laws to defend the rights of minorities. Such skepticism arises from the fact that the LDP has itself recently, in the same period in which the hate speech law was being debated, passed laws and engaged in conduct that is widely condemned for undermining the right to freedom of expression. The most significant instance of this was the passage of a state secrets law, the *Act on the Protection of Specially Designated Secrets*,[54] which

---

[53] CERD, reservation of Japan, registered upon accession, Dec. 15, 1995 — available at: https://treaties.un.org/Pages/ViewDetails.aspx?src=TREATY&mtdsg_no=IV-2&chapter=4&clang=_en#EndDec

[54] 特定秘密の保護に関する法律, 平成25年12月3日法律第108号 [*The Law Relating to the Protection of Specially Designated Secrets*, Law No. 108, 2013] [hereinafter, Special Secrets Law], available at http://law.e-gov.go.jp/htmldata/H25/H25HO108.html, and in translation at: http://www.japaneselawtranslation.go.jp/law/detail/?id=2543&vm=04&re=01.

IV The Freedom of Expression Objections

criminalized and established severe prison sentences for the disclosure of a vastly expanded range of information vaguely defined as national secrets.⁽⁵⁵⁾ The law was severely criticized within Japan, not only by various organizations of journalists, but by the Japanese Federation of Bar Associations and other advocacy and human rights groups.⁽⁵⁶⁾ What is more, the UN Human Rights Committee, in its Concluding Observations on the periodic report of Japan under the ICCPR, singled out the *Specially Designated Secrets Law* as likely violating the freedom of expression and freedom of the press provided for in Article 19 of the ICCPR. It noted, in particular, that the law contained vague and overly broad designations of the kind of information that would be subject to the law, coupled with severe criminal sanctions, which together would combine to create a significant chilling effect on the activities of journalists and human rights advocates.⁽⁵⁷⁾

While the enactment of the *Specially Designated Secrets Law* stands out as the most obvious example, the government has engaged in many other activities over the last five years that have been criticized for interfering with and suppressing both freedom of the press and freedom of expression — frequently to influence reporting on such issues as the government efforts to reinterpret Article 9 of the Constitution, and the official failures regarding the Fukushima nuclear disaster.⁽⁵⁸⁾ Concerns have been expressed in many quarters that press freedom in Japan has declined in the last five years as a result of these developments.⁽⁵⁹⁾

---

(55) For analysis of the law, see e.g., Lawrence Repeta, "A New State Secrecy Law for Japan?", 11 *The Asia-Pacific Journal: Japan Focus*, Oct. 18, 2013, available at: http://apjjf.org/2013/11/42/Lawrence-Repeta/4011/article.html; and Lawrence Repeta, "Japan's 2013 State Secrecy Act — the Abe Administration's Threat to News Reporting," 12 *The Asia-Pacific Journal: Japan Focus*, Mar. 3, 2014, available at: http://apjjf.org/2014/12/10/Lawrence-Repeta/4086/article.html

(56) See Repeta, "Japan's 2013 State Secrecy Act," for a compilation of sources, but for the JFBA analysis *see e.g.*, JFBA, "Statement Opposing the Special Secrets Bill and Calling for a Full-Scale Review on the System for a Protection of Secrecy Law in Accordance with the Tshwane Principles," Nov. 15, 2013, available at: http://www.nichibenren.or.jp/en/document/statements/year/2013/131115.html.

(57) HRC Report, 2014, para. 23.

(58) See, e.g., "News Giant in Japan Seen as Being Compromised," *The New York Times*, Feb. 2, 2014, available at: https://www.nytimes.com/2014/02/03/world/asia/news-giant-in-japan-seen-as-being-compromised.html?_r=0; Is Japan's Public Broadcaster Under Threat," BBC News, Mar. 20, 2014, available at: https://www.nytimes.com/2014/02/03/world/asia/news-giant-in-japan-seen-as-being-compromised.html?_r=0; "Anchors Away: Media Freedom in Japan," *The Economist*, Feb. 18, 2016, available at: http://www.economist.com/news/asia/21693269-criticism-government-being-airbrushed-out-news-shows-anchors-away.

What is more, it cannot be said that the government's reluctance to enact a more restrictive and effective hate speech law was driven by some well-founded concern that the law might be struck down by the courts. The passage of the broad, restrictive, and highly punitive *Specially Designated Secrets Law* alone stands against that proposition. But more significantly, the reality is that freedom of expression has never been rigorously enforced by the courts. Indeed, in the seventy years since the Constitution was promulgated, the Supreme Court has never struck down a law or found a government policy unconstitutional by reason of violating Article 21 of the Constitution. And that is not because all laws in Japan respect and comply with the rights in question — there has been no shortage of cases challenging laws as violating freedom of expression and association. As Shinegori Matsui (among many others) has argued, the Supreme Court has simply adopted an overly deferential posture, and employed an excessively relaxed standard for justifying laws that infringe the right to freedom of expression.[60] In most of the seminal cases involving freedom of speech, the Court has simply applied what Americans would call a "rational-basis" standard of review — finding that the limitation on the right is justified as being for the "public welfare" so long as there is a legitimate objective, and there is a rational connection or reasonable relationship between that objective and the means adopted to achieve it.[61] Even when the Court has purported to employ a slightly higher standard of review, engaging in some form of "balancing of interests", it has done so in a manner highly deferential to the government interest, and invariably upheld the challenged law.[62]

In reviewing the seminal cases in which the Supreme Court and lower courts have dismissed constitutional freedom of expression claims, Matsui also examined the range of statutes that quite severely limit both freedom of expression and freedom of association and

---

(59) *See, e.g.*, Reporters Without Borders, "RSF Concerned About Declining Media Freedom in Japan," Apr. 11, 2016, available at https://rsf.org/en/news/rsf-concerned-about-declining-media-freedom-japan; International Federation of Journalists (IFJ), "Japanese Government Threatens to Tighten Grip on Broadcasters," Feb. 25, 2016, available at http://www.ifj.org/nc/news-single-view/backpid/1/article/japanese-governments-threatens-to-tighten-grip-on-broadcasters/.

(60) Shigenori Matsui, "Freedom of Expression in Japan," 38 *Osaka University Law Review* 13 (1991); *see also* 橋本基弘『表現の自由理論と解釈』(2014). [Motohiro Hashimoto, *Freedom of Expression: Theory and Interpretation* (2014).

(61) Matsui, at 21; see also 芦部信喜『憲法判例を読む』(2005) [Nobuyoshi Ashibe, *Reading Constitutional Cases* (2005)], at 184-207.

(62) Matsui, at 16-18, citing the *Hakata Station TV Film* case, Supreme Court of Japan, 23 *Keishū* 11 (1969), 1490, and the *Sarufutsu* case, Supreme Court of Japan, Grand Bench, 28 *Keishū* 9 (1974), 393.

assembly in Japan, in the form of both content-based regulation and content-neutral controls.[63] The substance of some of these, such as the *Public Offices Election Act*, which prohibits the distribution of pamphlets during election campaigns,[64] and the manner in which other laws and public ordinances have been applied,[65] seriously limit political speech and political assembly — activity that is at the very core of theories of the right to freedom of expression.[66] The upshot of all of this is that the government of Japan is not, and has not been in the past, at all reluctant to enact laws that limit and infringe the freedom of expression, nor does it have much to fear in the way of having such laws struck down as unconstitutional by the courts.

All of this having been said, regardless of the government's true motives and the judiciary's failures, it remains the case that scholars and policy makers should be striving to develop hate speech laws that do, nonetheless, respect and comply with the constitutional right to freedom of expression. They should be seeking to find the right balance between respect for freedom of expression and freedom of assembly on the one hand, and the right to equality and not to be discriminated against on the other, in fashioning a hate speech law that is both effective but also entirely consistent with the Constitution. In thinking about how to do that, it is often helpful to consider how other countries have grappled with the challenge — for it is certainly not a challenge unique to Japan.

V Looking to Comparative Models

Given the scope of this short essay, I will leave for another time a more detailed comparative study of how other constitutional democracies have worked to resolve this tension, and precisely how some have managed to develop solutions that might serve as good examples for Japan to consider. But I will sketch out a very brief overview here in support of the argument that Japanese law makers and legal scholars should consider such successful examples in thinking about how Japan could structure a more serious hate speech law — one that provides both real protections for members of identifiable minorities and real sanctions against the perpetrators of hate speech, and which could nonetheless be justified as a

---

(63) Matsui, at 22-23, 29-30, 33-36.

(64) Id., 23-24

(65) Id., 34-35.

(66) *See, e. g.*, Thomas I. Emerson, *The System of Freedom of Expression* (1970), Archibald Cox, *Freedom of Expression* (1981), Thomas Scanlon, "A Theory of Freedom of Expression," in R.M. Dworkin, *The Philosophy of Law* (1977), Thomas I. Emerson, "Toward a General Theory of the First Amendment," 72 *Yale Law Journal* 877 (1963).

reasonable limit on freedom of speech.

Canada provides a good example. It has legal limits on hate speech in both its federal criminal law and in the human rights statutes of several of its provinces. The *Criminal Code* makes it a criminal offense to willfully promote hatred against identifiable groups through public communication, with the term "identifiable groups" defined as being sections of the public distinguished by color, race, religion, national or ethnic origin, age, sex, sexual orientation, or mental or physical disability.[67] The provision is carefully drafted to be as narrow as possible, and to provide a number of defenses, so as to ensure that only the most intentional, public, and untrue communications intended to foster hatred and discrimination are captured. The Supreme Court has held that the provision is a justifiable limitation on the right to freedom of expression enshrined in the *Charter of Rights and Freedoms*.[68]

In the seminal case, *R. v. Keegstra*,[69] the Court accepted extensive evidence that the kind of hate speech that is prohibited by the *Criminal Code* provision has profoundly harmful effects on the individual members of the target groups. The evidence demonstrated that such hate speech undermines the sense of self-worth and the sense of belonging and acceptance within the community of those targeted. Moreover, it is harmful on the society as a whole, in that it can skew attitudes and beliefs such that the hateful views can gain credence and foster discrimination and even persecution against the target groups.[70] Citing the German experience in the 1930s, the Court expressed skepticism that society can always rely on the unfettered and entirely unregulated marketplace of ideas to ensure that the truth will emerge triumphant, at least in the short to medium term — and in the interim, hate propaganda can cause significant harm to target groups, and undermine the principles that form the fundamental fabric of a constitutional democracy.[71] What is more, the Court argued that prohibited hate speech can actually serve to diminish the values that underlie the importance of freedom of speech, and even operate to undermine the operation of the right to freedom of speech itself, in that it can distort the search for truth, and suppress and silence the voices of the members of the target minority.[72]

The Court in *Keegstra* did two other things that are important in thinking about the

---

[67] *Criminal Code of Canada*, R.S.C., 1985, c. C-46 (as amended), s. 319.
[68] *Canadian Charter of Rights and Freedoms*, Part I of the Constitution Act, 1982, being Sched. B to the Canada Act 1982, ch. 11, (U.K.) [hereinafter *Charter of Rights and Freedoms*].
[69] *R. v. Keegstra*, [1990] 3 S.C.R. 697 (S.C.C.).
[70] Id, at 745-49.
[71] Id., at 766-67, 748-49.
[72] Id., at 762-63.

V Looking to Comparative Models

circumstances facing Japanese lawmakers. First, the Court noted the explicit tension between the right to freedom of expression on the one hand, and the right to equality and not to be discriminated against on the other. It explained how the hate speech provision in the *Criminal Code* furthered the right to equality and not to be discriminated against, enshrined in Section 15 of the *Charter*. It went on to explain why the right to equality was not only implicated by discriminatory laws, and did not limit the Court to considering the direct relationship between the state and the individual, but extended to requiring government to take action to protect people from discrimination in the private sphere.[73] In this context, it is to be noted that there is considerable overlap between Section 15 of the *Charter*, and the right to equality in Article 14 of the Constitution of Japan.

The second thing that the Court did that is telling for the Japanese context, was to argue that the international law obligations, imposed by the ICCPR and the CERD in particular, were relevant to the justification of the hate speech law. It held that the human rights obligations were not only relevant to interpreting the competing *Charter* rights in question, but also to considering the importance of the objectives of the hate speech laws in a free and democratic society. What is more, the Court emphasized that the international law treaties themselves contemplate a balance being struck between freedom of expression and equality in imposing an obligation to implement hate speech laws.[74]

Japanese scholars, of course, tend to look far more to the United States in thinking about the tension between hate speech and freedom of expression. In thinking about these issues they often refer, in particular, to the doctrine of U.S. courts on freedom of speech, and to the jurisprudence of the courts on hate speech laws.[75] There is not room here to describe those doctrines and critique the cases involving hate speech cases, but I would suggest that the American experience does not represent a helpful model for Japanese lawmakers, jurists, and scholars when it comes to considering the issue of hate speech. While many state and municipal governments in the U.S. have attempted to pass laws and ordinances designed to limit hate speech, the courts have generally struck them down as being in violation of freedom of speech under the First Amendment.[76] But this is because the courts have refused to recognize a new and separate category of "less-protected speech" to deal with the issue of hate speech. They have instead treated the speech targeted by such challenged laws as being a species of either the "fighting words" or the "incitement" categories of lesser protected

---

[73] Id., *at* 755, citing *Andrews v. Law Society of British Columbia*, [1989] 1 S.C.R. 143 (S.C.C.), per McIntyre J., at 171.

[74] Id., at 751-54.

[75] *See, e.g.,* Higaki, Ichikawa, *supra*.

speech. Since those categories were developed to allow for limits on expression that is likely to be the imminent cause of violence or unlawful conduct, hate speech does not tend to satisfy the standards for inclusion in either category — and so the hate speech laws are typically held to be content-based regulation prohibiting fully protected political speech.[77] What is more, in applying the strict scrutiny standard of review, the courts have not even engaged in a rigorous analysis of why the state interest may indeed be compelling, and the law carefully tailored to achieve it.[78] The reality is that the American courts have failed to sufficiently recognize the harm that hate speech causes to the members of targeted minority communities, or acknowledge that limitations on hate speech represents an effort to fulfill the equal protection rights enshrined in the Fourteenth Amendment. Thus, the U.S. courts do not even really grapple with the tension between equality rights and freedom of expression.

VI Conclusions–Balancing the Competing Rights

To its credit, Japan is at least trying to grapple with the problem of how to reconcile competing rights in enacting hate speech laws. It is not, of course, the only constitutional democracy that has confronted the problem. The challenge is to find the right balance, one that is appropriately respectful to the rights and related interests on both sides of the equation, in developing national law and policy. In thinking about this, however, it is perhaps useful to consider in more detail just how fundamental rights may stand in tension in certain circumstances. I have been referring to this tension throughout, but it is worth pausing here to explain the exact nature of the tension between the rights.

The sharpest and most direct tensions between such rights arise when the government takes action or enacts law for the purpose of fulfilling or enforcing one right, but in the process is said to directly limit or infringe a different right. Thus, for instance, when Colorado sought to amend its constitution so as to prohibit the enactment of any law or ordinance extending to gays and lesbians the right not to be discriminated against on the basis of their sexual orientation, it did so on the ostensible grounds that Colorado was thereby seeking to protect the rights of other residents to religious freedom and to association. The Supreme Court struck the amendment down as itself being unconstitutional,[79] thus finding that Colorado had not

---

[76] For an overview of this, see, Chemerinsky, *Constitutional Law: Principles and Policies* (2015) (Kindle edition), at p.1048-1067; and for key cases, see, *Beauharnais v. Illinois*, 343 U.S. 250 (1952), *Chaplinsky v. New Hampshire*, 315 U.S. 568 (1942), *Brandenburg v. Ohio*, 395 U.S. 444 (1969), *R.A.V. v. City of St. Paul, Minnesota*, 505 U.S. 377 (1992), *Virginia v. Black*, 538 U.S. 343 (2003).

[77] Id.

[78] Id.

VI Conclusions

struck the right balance. In seeking to afford protections for the right to religious freedom it had unjustifiably infringed the right of gays and lesbians to equal protection. The case illustrates what such a direct conflict among rights might look like. Given that constitutional rights relate primarily to the relationship between the state and the individual, such cases as this constitute a true and direct conflict among competing rights, in a zero-sum game in which one right or the other is going to be compromised directly by state action, depending on where the line is drawn and how the tension is resolved. And arguably, governments can find an equilibrium point in which neither right is infringed, or at least each is compromised in equal measure in a justifiable fashion, with each protected to the maximum extent possible without excessively impinging on the competing right.

It is more common for tensions between or among rights to arise in situations in which the conflict is not quite so direct. Rather than competing rights being affected by cross-cutting government action, one side of the equation involves the activity of individuals and entities in the private sector. The more typical situation is one in which the government is seen to be directly infringing one right through law or policy enacted for the purpose of protecting certain constitutional values from being violated by private actors. For instance, such a tension has arisen in the last few years in the United States between the right to the free exercise of one's religion on the one hand, and the right to equal protection and not to be discriminated against, on the other. But the tension is somewhat oblique. It is created by the enactment and enforcement of anti-discrimination laws to prevent private entities from discriminating against people on the basis of race, ethnicity, gender, sexual orientation, and the like. This is the government seeking to protect a right from private encroachment. When such laws have been enforced against persons refusing to serve individuals on the basis of their sexual orientation, however, the accused have argued that the anti-discrimination law (or its application) is a violation of their right to the free exercise of religion under the First Amendment. They argue that being forced to participate in the celebration of gay weddings, for instance, forces them to act contrary to the strictures of their religious beliefs.[80] There is thus a tension between the right to religious freedom on the one hand, and the right to equal protection on the other, but it is not the state that is seen as potentially violating both — it is the manner in which the state is applying laws designed to protect or implement in the private sector the values arising from one of the rights that is at issue (equal protection and the right not to be discriminated against), and in so doing is alleged to be directly violating another

---

(79) *Romer v. Evans*, 517 U.S. 620 (1996).

(80) See, e.g., *Craig v. Masterpiece Cakeshop, Inc.*, Colorado Court of Appeals, Case No. 14CA1351, Aug. 12, 2015.

constitutional right (the right to freedom of religion).

It is this latter form of tension that characterizes the dilemma posed by hate speech laws. Such laws may constitute a direct government infringement of the right to freedom of speech, but if the government chooses not to enact hate speech laws, that only represents a failure to fully implement or protect the right to equality — and the discrimination that is thus permitted to flourish is at the hands of private actors rather than the state directly. To boil it down further, hate speech laws may violate freedom of speech, while a failure to prevent hate speech is to allow private entities to discriminate — and private discrimination itself is not unconstitutional. And this may explain in part why the America judiciary has been so slow to recognize the extent to which the hate speech cases implicate the equal protection rights under the Fourteenth Amendment. The Fourteenth Amendment has been narrowly interpreted as only prohibiting the direct invidious discrimination by the state, rather than requiring governments to correct the discriminatory effect of laws (disparate impact in the American lexicon),[81] far less obliging the government to proactively enact laws designed to realize the promise and values of equal protection by prohibiting private discrimination.

Yet, as discussed above, the Supreme Court of Canada argued specifically that the right to equality in the *Charter of Rights and Freedoms* does require the government to make conscious efforts to protect individuals from discrimination, even in the private sector — and thus, while the tension between the right to freedom of expression and the right to equality is indirect in the context of hate speech laws, it is a tension that governments are required to resolve. And thus, as I have argued elsewhere,[82] the American doctrine on equality rights is not a good comparative model for Japanese jurists and scholars to be emulating, and I would suggest that the failure of the American courts to properly grapple with the tension created by the issue of hate speech laws should not influence Japanese thinking on the issue. Rather, the argument developed in *Keegsta* provides a framework for finding a balanced resolution, and moreover explains why such a balance is feasible, and thus necessary to ensure the protection of minorities. And as the Court pointed out, the international human rights instruments to which Japan is a party, such as the ICCPR and the CERD, clearly contemplate that such a balance is not only possible but is expected.[83]

There is a perspective on all of this, however, that I think gets entirely lost in the context of the Japanese hate speech law debate. It is the extent to which many state and municipal governments in the United States have tried to enact hate speech laws. It is the courts, and in

---

(81) *Washington v. Davis*, 426 U.S. 229 (1976).
(82) Martin, "Glimmers of Hope," *supra*.
(83) See text associated with note 32-44, *supra*.

VI Conclusions

particular the Supreme Court, that have doggedly refused to develop new categories of less-protected speech or otherwise engaged in any meaningful effort to resolve the apparent tension, and to take seriously the rights of the members of identifiable minorities who are harmed by hate speech. The American judiciary's jealous guarding of the right to freedom of speech under the First Amendment may be an appealing example for scholars seeking to goad Japanese courts into developing a more rigorous doctrine for protecting and enforcing the right to freedom of expression in the Constitution of Japan. On freedom of expression more generally, the American doctrine may be instructive. But it need not influence Japanese law makers who are contemplating hate speech laws. The fact is that the Japanese courts have not adopted anything like the U.S. doctrine on freedom of speech. It thus strikes me as somewhat misguided that Japanese scholarship on hate speech tends to become preoccupied with doctrines such as the *Brandenburg* test — which is a standard for determining whether a law targets speech that is likely to incite imminent violence or illegal conduct.[84] This preoccupation is not only misplaced because the *Brandenburg* test, or the related doctrine on "fighting words",[85] is not designed to deal with hate speech, and in fact reflects the failure of the American judiciary to develop a doctrine to deal with hate speech — but more importantly, because there is zero risk to Japanese lawmakers that any law they enact will be subjected to any doctrine remotely similar.[86] As discussed earlier, the Japanese courts have applied the weakest levels of judicial scrutiny when reviewing laws limiting freedom of expression. While Japanese lawmakers should, of course, be seeking to ensure that the laws they craft are consistent with the rights in the Japanese constitution, I fail to see how the American doctrine can be any useful guide in that search. I would suggest, therefore, that Japanese scholars, jurists, and lawmakers who are engaged in the hate speech debate, ought to be looking elsewhere for more meaningful and balanced examples — for analytical models that would actually help the Japanese legal system reconcile the competing rights implicated by the hate speech issue, and bring Japanese law into compliance with its international legal obligations.

Of course, as I have argued earlier, it is not at all clear to me that the lawmakers' reluctance to enact more rigorous hate speech laws is genuinely motivated by concerns over freedom of expression. Nor do I think that the refusal to include strict prohibitions and concrete sanctions has anything to do with a putative desire to exercise authority without power in order to softly and delicately shape social, cultural, and moral norms over time. The

---

[84] See note 76, *supra*.
[85] *R.A.V. v. City of St. Paul, Minnesota*, 505 U.S. 377 (1992).
[86] Matsui, *supra*.

enactment of the vague, overly broad, and harshly punitive *Specially Designated Secrets Law* in the same time frame would seem to refute both suggestions. But the hate speech law does indeed treat leniently the perpetrators of hate speech, and it does so at the expense of the rights of members of minority groups. What is more, the law not only makes it possible for groups within Japanese society to continue engaging in hateful intimidation of Korean–Japanese and other foreign communities within Japan, but the narrowness of the law actually sends a signal to Japanese society that other minority groups, such as the *Burakumin, Ainu,* or refugee claimants not lawfully within Japan, are not even worthy of this very limited protection. In this sense, the hate speech law actually helps to illustrate Professor Miyazawa's point that those laws in Japan that do indeed reflect a comparative leniency and reluctance to exercise state power — in line with John Haley's perceptive insights — can often mask the violation of fundamental rights and an indifference towards the plight of the less fortunate members of Japanese society.

2

法学教育と法律家養成

9 司法改革がもたらしたもの

櫻 井 光 政

I 司法改革 —— 考察の対象

　司法改革という語が最初に用いられたのは，1990年5月25日，日本弁護士連合会（以下「日弁連」と略称する）の第41回定期総会における「司法改革に関する宣言」[1]においてである．

　同宣言は「この間，司法をとりまく状況は大きく変化し，とくに経済活動の発展と行政の拡大は，国民生活の向上をもたらした反面，国民に対する人権侵害等さまざまな摩擦を生じさせている．また一般の法的紛争も増加し，その多様化，複雑化が顕著である．国民は，司法があらゆる分野において人権保障機能を発揮するとともに，各種の法的紛争が適正迅速に解決されることを強く期待している．」と指摘し，現状の問題点として，第一に裁判所が国家の権力行使に対する抑制機能を著しく低下させていることを挙げて，行政訴訟における国の勝訴率の上昇や刑事訴訟における令状主義の形骸化や無罪率の低下を紹介し，第二として民事紛争の処理，解決が国民のニーズに応えておらず，とくに民事訴訟の遅延は放置できない状況にあることを指摘している．

　これらの問題意識は，この後の司法制度改革審議会への参加姿勢を貫くものである．もっとも，司法改革の対象については「司法運営のあり方が中心とならざるを得ない」というように，そこでイメージされている改革の内容は，まだ抽象的，理念的であり，制度の抜本的改革までを見通すものではなかったが，弁護士全体に司法をより国民に身近なものにして行かなければならないという

---

[1]　日弁連第41回定期総会・司法改革に関する宣言（2017年1月11日）

9 司法改革がもたらしたもの〔櫻井光政〕

機運が次第に高まって行った．1990年に大分から始まり1992年に全国実施に至った当番弁護士制度[2]や1996年の第47回定期総会における「弁護士過疎地域における法律相談体制の確立に関する宣言（通称「名古屋宣言」）」[3]などは，そうした機運に裏打ちされた，弁護士による自主的な司法改革の運動であった．

今日「司法改革」というときは，一般的に，1999年に設置された司法制度改革審議会の意見書に沿ってなされた諸改革（これを狭義の「司法改革」と呼ぶべきであろう）を指し，本稿でもこれを考察の対象とするが，その実現過程には，それまでに弁護士の間に醸成されていた上記の機運の影響が強く及んでいることを見ておく必要がある．そして本稿では，狭義の司法改革の成果とされるいくつかの制度の制定及び実施過程と，これが弁護士に及ぼした影響について検討する．

II　司法制度改革審議会

司法制度改革審議会（以下「審議会」と略称する）は「二十一世紀の我が国社会において司法が果たすべき役割を明らかにし，国民がより利用しやすい司法制度の実現，国民の司法制度への関与，法曹の在り方とその機能の充実強化その他の司法制度の改革と基盤の整備に関し必要な基本的施策について調査審議する．」目的で内閣に設置された（司法制度改革審議会設置法第1条，第2条1項）．

政府が司法制度改革に乗り出したのは，それまでの「規制緩和」を中心とする諸「改革」によって行政による事前規制が大幅に緩和されたことから社会が事後チェック型に移行していくことを見越してのことである旨が審議会第1回会議における内閣総理大臣あいさつで述べられているが，この背景には経済界

---

(2)　日弁連コメント・当番弁護士制度全国実施に際して http://www.nichibenren.or.jp/activity/document/statement/year/1992/1992_12.html（2017年1月11日）
　　なお，当番弁護士制度は被疑者国選実施後においても高い受付件数を保っている．2015年の受付件数は50705件に及んでおり，被疑者国選実施前のピークである2006年の67826件の75％にも達している．
(3)　日弁連第47回定期総会・弁護士過疎地域における法律相談体制の確立に関する宣言 http://www.nichibenren.or.jp/activity/document/assembly_resolution/year/1996/1996_3.html（2017年1月11日）

の強い意向があった．

　1994年6月に経済同友会が発表した「現代日本社会の病理と処方——個人を活かす社会の実現に向けて」では，「司法の中核たる裁判について，これにかかる時間とコスト，そしてアクセスの面で個人の利用しやすいよう改善が図られるべきである．」との指摘がなされ，「その最大の原因は，日本の法曹人口が極端に少ないため社会の求めに応じきれていないからである」とされている．また他の先進国の規模に比べて格段に小さい法律扶助制度の拡充も課題とされ，「司法改革推進審議会」の設置が提言されている．

　また，1998年5月19日に経団連が発表した「司法制度改革についての意見」は，規制緩和の進展によって「行政依存型経済・社会から，自由で公正な市場経済・社会への転換が図られる中，企業・個人は「自己責任」の下に「透明なルール」に従って行動することが求められており，経済・社会の基本的インフラとしての司法制度の充実が今こそ必要である．」と指摘し，「司法の人的インフラ」に関して法曹人口の増大と法曹養成のあり方及び弁護士のあり方について言及している．ここでは特に弁護士の法律事務独占を見直すべきだとの提言がなされている．また，「司法の制度的インフラ」について裁判の迅速化や民事執行制度の充実などと並んで準司法機関，準司法手続の充実や知的所有権をめぐる紛争の迅速な解決などが提言されている．

　これらの特徴は，専ら民事紛争処理機関としての司法のサービス充実を目指すもので，法曹，とりわけ弁護士人口の増大ないしは法曹資格の緩和（弁護士独占の廃止）と裁判あるいはこれに代わる機関による紛争処理の迅速化をその重要な核とするものであった．

　司法制度の当事者的な立場で審議会に加わった元日弁連会長中坊公平氏[4]は，こうした流れの中で，従前日弁連が主張していた，国民に対する人権侵害の解消と各種法的紛争の適正迅速な解決を軸に，種々の提言をすることになった．日弁連は審議会のテーマごとにバックアップチームを作り，議論に備え，各種資料の整理や他の委員に対するレクチャーなども行って中坊氏をバックアップした．

　司法制度改革を求める政財界の意向は前述のように主として弁護士人口の増

---

[4] 弁護士委員は中坊氏のほかに藤田耕三氏（元広島高裁長官）と水原敏弘氏（元名古屋高検検事長）がいたが，それぞれ最高裁，検察庁の意見を代弁する役割を担っていた．

9 司法改革がもたらしたもの〔櫻井光政〕

大と民事紛争の迅速処理にあったから,この審議会に参加することによって弁護士人口の増大に日弁連がお墨付きを与えてしまうことを危惧する意見は日弁連内に少なくなかったし,民事紛争の迅速処理についても,裁判所の官僚的統制を強める方向での改革に手を貸すことになりかねないとの意見もあった[5].しかしそのような方向性を危惧するならなおのこと日弁連を代表する委員が参加する必要があるし,さらに司法制度改革の機運が高まったこの時期こそ,悲願であった被疑者国選弁護制度や,後に裁判員裁判制度として結実した陪審制度の実現を目指す好機であった.

III 審議会意見の結実

2001年6月12日に発表された司法制度改革審議会意見書(以下「意見書」という.)は司法制度改革の3つの柱を掲げた.

第1に,「国民の期待に応える司法制度」とするため,司法制度をより利用しやすく分かりやすく,頼りがいのあるものとする.

第2に,「司法制度を支える法曹の在り方」を改革し,質量ともに豊かなプロフェッションとしての法曹を確保する.

第3に,「国民的基盤の確立」のために,国民が訴訟手続に参加する制度の導入等により司法に対する国民の信頼を高める.

---

[5] 「憲法と人権の日弁連をめざす会」ホームページに掲載されている同会の以下の紹介は,そうした消極意見を代表するものである.

「新自由主義政策の中で,司法の諸制度およびその担い手の一角である弁護士会・弁護士のあり方を根本から変質させる「司法改革」が財界から唱えられ,政府も1999年7月,その下に司法制度改革審議会(司法審)を設置し,国策として「司法改革」を推進し始めました.そして日本の弁護士全員が会員として加入する日本弁護士連合会(日弁連)も,「改革」の名に幻惑され,政府(法務省),裁判所,検察庁と一緒になって,その流れに乗りました.

これに対し,「司法改革」が,もっぱら国家と大企業の利益に奉仕する司法であり,「人権と平和」をめざす戦後憲法体制そのものの解体をもたらす危険性を,日弁連会員の多くが見抜き反対に立ち上がりました.1999年10月の「憲法と人権の日弁連をめざす会」の結成です.」

Ⅲ　審議会意見の結実

1　国民の期待に応える司法制度

第1の柱は司法に関する様々な手続の改革として結実することになった．知財高裁の設置や労働審判制度の創設，各種 ADR の誕生などは特に目立った成果である．また，被疑者国選弁護制度の実現や，裁判所へのアクセスの拡充のために法テラス（日本司法支援センターの通称．これ以下も，本稿ではこの通称を使用する）が設立されたことなども大きな成果である．

とりわけ日弁連の長年の悲願と言われていた被疑者国選弁護制度の実現は画期的な成果と言って良いだろう．日弁連は前述のように1992年に当番弁護士制度の全国実施を実現したが，これは初回の接見に止まるものであり，必ずしもその後の起訴前弁護活動につながるものではなかったことに加え，その利用率は最終段階でも3割程度に止まっていた．被疑者国選制度の実現は，被疑者段階の弁護を飛躍的に充実させることを可能にする制度改革であった．

ただ，被疑者国選の実現が段階的なものとされ，2006年10月2日施行当初の対象は，法定刑が死刑又は無期，もしくは短期1年以上の法定刑の罪の被疑者に限られた．そうなった要因が弁護士の対応能力の欠如にあったことは忘れてはならない．この頃は，弁護士ゼロワン支部の解消が急速に進んでいたとはいえ，小規模弁護士会の支部ではまだまだ身体拘束された全被疑者を対象にすることは不可能であった．

本稿を著わしている2017年2月現在においても，被疑者国選の対象は長期3年を超える刑の，勾留決定後の被疑者に限られており，身体拘束された全被疑者に対応するには至っていない．

なお，法テラスが，民事法律扶助の拡充のほか，国選弁護を所管するようになったのは，被疑者国選の実施を踏まえてのことである．起訴前の段階では裁判所が弁護人の活動をチェックすることができないことから，新しく誕生した法テラスがこれを所管することとされたのである[6]．法テラスのスタッフ弁護

---

[6]　被疑者国選弁護制度実現後の国選弁護の所管をどの組織にするかは極めて難しい問題であった．最高裁は，被疑者段階にタッチしない裁判所が弁護士報酬を決めることはできないという姿勢であった．当時設置が検討されていた人権委員会に所管させる案もあったが，人権委員会設置法案が廃案になったためその可能性はなくなった．そうした折に候補として浮上したのが新たに設立されることになった法テラスであった．これに対しては，検察庁を所管する法務省所管の組織に弁護報酬を決めさせるのは論外だという強硬な反対論も日弁連にはあった．

士（法テラスに常勤する弁護士の通称．以下本稿ではこの通称を使用する．）の配置の計画も，被疑者国選制度を破たんなく運営できる最低限の人数をもとに計算して行った．

2 質量ともに豊かな法曹の確保

第2の柱は，司法試験合格者の増加とロースクール制度の創設という形で結実した．

司法試験の合格者数について「平成16年には合格者数1500人を達成・・・平成22年ころまでに3000人程度とすることを目指すべきである」という意見書に基づき，同趣旨の閣議決定がなされた．なお，合格者を年間3000人まで増やす構想に対して当時の日弁連が異を唱えなかったことについて今なお厳しく批判する向きがあるが，当時の社会情勢に照らしてやむを得ない面があったことは指摘しておきたい．

職能団体としての日弁連は当時も今もどちらかと言えば保守的である．合格者を毎年3000人に増やすことの是非のみを単純に問えば，当時も非とする会員の方が多かったはずである．しかし経済界やその意見を色濃く反映させる規制改革推進会議などは最終目標を年間9000人にすることなどを主張しており，これに抵抗することは極めて困難であった．仮に年間1000人から一歩も引かないという態度を取った場合には，日弁連の意見は無視され，3000人よりも相当高い数値目標が設定され，一定期間，少なくとも当初の数年間は，今以上のペースでの増員がなされたはずである．そう考えると，3000人というのは当時の情勢下ではぎりぎりの妥協点であった[7]．

長い間500名前後だった司法試験合格者数は平成3年の616名以降増加を続け，平成11年には1000名を超え，平成16年には意見書が求めたとおり1500名を超えるに至った．また，平成18年にはロースクール卒業生を対象にした新司法試験が実施されるようになり，新旧合わせた司法試験合格者数は1551名（旧試験合格者542名，新試験合格者1009名）となった．これが平成19年には2101名（旧250名，新1851名）となり，以後平成25年まで毎年2000名を超える合格者が生まれた[8]．

合格者の質の確保に関して，「司法試験という「点」のみによる選抜ではなく，法学教育，司法試験，司法修習を有機的に連携させた「プロセス」として

Ⅲ　審議会意見の結実

の法曹養成制度を新たに整備すべきである．その中核を成すものとして，法曹養成に特化した教育を行うプロフェッショナル・スクールである法科大学院を設けるべきである．」という意見に基づいて設立されたロースクール[9]は全国に 74 校を数え，入学定員は 5825 人に及んだ[10]が，初年度の入学志願者は 72,800 人にも達し[11]，その倍率は 13 倍にも上った．

　他方，ロースクールが学問と実務を架橋する教育機関であることから，司法修習はそれまでの 1 年半から 1 年に短縮されることになった．司法試験の形式や出題内容も大きく変化した．

3　国民が訴訟手続に参加する制度の導入

　第 3 の柱は，裁判員裁判制度という形で結実した．陪審制を求める日弁連の要求に対し，当初，裁判所も検察庁も導入自体に消極的であったが，意見書は，陪審制と参審制の中間形態ともいうべき裁判員制を採用した．意見書は裁判員制度についてかなり具体的に踏み込んだ提案をしていた[12]が，これを実現する

---

(7)　興味深いのが，規制改革推進会議の法曹人口拡大等に関する同会議と法務省双方の主張のまとめである．同会議は「司法試験合格者数の拡大について，現在の目標（平成 22 年ころまでに 3000 人程度）を可能な限り前倒しするとともに，最終的な目標を更に大幅に拡大（例えば 9000 人程度）すべきである．【平成 18 年度検討，結論】」と主張したのに対し，法務省は，「司法制度改革審議会意見書及び司法制度改革推進計画には，「法科大学院を含む新たな法曹養成制度の整備の状況等を見定めながら」年間合格者 3000 人に向けた法曹人口の大幅な増加を図ることとされており，記載中の「可能な限り前倒し」とは，この趣旨を前提としなければならない．また，第三者評価機関による認証評価や新司法試験が未実施の現時点においては，まずは，法科大学院の教育成果を見極めつつ，社会の要請なども勘案しながら，将来における法曹人口の在り方が検討されるべきであるから，「最終的な目標を更に大幅に拡大（例えば 9000 人程度）すべきである．」を「その後のあるべき法曹人口について，社会的要請等を十分に勘案して更なる研究・検討を行う．」と修正し，「【平成 18 年度検討，結論】」を「【平成 18 年度検討】」と修正願いたい．」と，強く反論している．

(8)　平成 26 年からは減少に転じ，26,27 年は 1800 人台，28 年は 1500 人台の合格者に止まっている．

(9)　そうした理念とは別に，年間 3000 人合格を前提にした場合に，1994 年に移転したばかりの和光市の司法研修所ではこれを収容・教育しきれないという現実的な問題もあった．

(10)　いずれも 2005 年度．

(11)　2004 年度．

にあたっては更に裁判官と裁判員の構成比と，公判前整理手続についての検討を要した．

裁判員裁判制度の実現に対しては，従前刑事弁護に熱心に取り組んでいた弁護士の一部から強い反対がなされた[13]．その根拠とされたのは，素人である国民が裁判に加わることは裁判官による裁判を受ける被告人の権利を損なうものだという点と，国民に国家権力の行使を強制することは許されるべきではないという点であった．

確かに被告人からの辞退が許されないことや，裁判員候補者の出頭義務等については，裁判員裁判に賛成する者の中にも疑問視する声が少なくなかったが，多くの弁護士は，この制度の導入が，国民の司法参加という目的以上に，刑事司法そのものを大きく変える契機になることを期待していたので，反対意見が多数になることはなかった．

裁判員裁判の実施に向けて裁判所，検察庁及び日弁連は協議と検討を重ね，それぞれの組織で研修等の準備を行った．ある時は三者合同で，またある時はそれぞれ単独で，模擬裁判などを実施し，円滑な制度実施を目指した．

平成21年5月に実施されて以降，本稿を執筆している平成29年1月末までに，全国で1万1801件[14]の裁判員裁判が実施されている．

IV　司法制度改革の成果

1　法テラスの発足

2006年4月に法テラスが発足し，同年10月から業務を開始した．従前法律扶助協会が行っていた民事法律扶助業務を引き継ぐほか，情報提供業務，国選弁護関連業務，犯罪被害者支援業務及び司法過疎対策がその業務内容とされた．法律扶助協会時代に行っていた民事法律扶助に対する国庫補助額は，司法制度

---

[12]　裁判官と裁判員が有罪無罪の決定及び刑の量定を行うこと，裁判員候補者は出頭義務を負うこと，対象事件が重大犯罪とされ，被告人の認否を問わず，辞退が認められないことなどはいずれも意見書の段階で決定されたことである．

[13]　弁護士やジャーナリストの呼びかけで生まれた「裁判員制度はいらない大運動」は，裁判員の呼び出し状を「現代の赤紙」と呼び，今日も裁判員制度廃止の請願書を衆参両院に提出する運動を進めている．http://no-saiban-in.org/about.html

[14]　被告人1人に対する起訴ごとに1件として計上．

改革審議会発足時の1999年の段階でも6億1000万円に止まっていたが，法テラス発足後10年を経た2016年度の運営費交付金は151億1700万円に達している．

法テラスはまた常勤弁護士の制度を設けた．「スタッフ弁護士」と呼ばれる常勤弁護士は，各地の地方裁判所本庁所在地で民事法律扶助・国選弁護等の業務にあたるほか，いわゆる弁護士過疎地域に配置され，日弁連のひまわり基金公設事務所と相まって司法過疎の解消に大きく貢献した．また，スタッフ弁護士の役割は，後述する法曹人口の増加に伴い，徐々に変化を見せて行った．若い弁護士が増加し，扶助・国選事件の担い手が一般の弁護士の中に増えて行くと，スタッフ弁護士たちは地域の行政，とりわけ福祉分野の機関との連携を深めるようになった．そうしていわゆる司法ソーシャルワークの活動分野を切り開いて行った．もちろんこの分野で先行している弁護士会もあったが，多くの弁護士会ではなかなか手が回らずにいたところを切り開いて行った功績は大きい．

2　被疑者国選弁護

被疑者国選弁護制度の導入により，起訴前の弁護活動が活発になった．捜査に厳しいチェックの目を向け，自白の強要を許さず，適切に黙秘権の行使を行

グラフ1　全裁判所勾留請求却下件数

9 司法改革がもたらしたもの〔櫻井光政〕

う．安易な身体拘束を許さず，身体拘束がなされた場合にもの早期解放を目指すなど，それまで刑事弁護に精通した少数の弁護士しか行わなかったような弁護活動が国選弁護の標準的なスタイルになりつつある．近年その成果が数字となって表れるようになってきている．例えば勾留請求却下率はグラフ 1 に見るように顕著に上昇している．2000 年に全国の裁判所で勾留請求により勾留状を発布した件数は 12 万 2354 件，この年に却下されたものが 549 件，おおよその却下率は 0.45％である[15]．この状態は 2005 年まで続くが，被疑者国選弁護が施行された 2006 年から目に見えて上昇するようになり，2015 年には 11 万 1988 件の勾留請求に対し，3133 件と 2.7％に達している[16]．

また保釈に関しても，グラフ 2 に見るように 2000 年には終結前に保釈許可されたのは 8882 人，保釈率は 13％に過ぎなかったが，2015 年には 1 万 4447

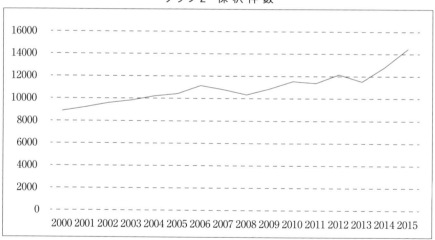

グラフ 2　保釈件数

---

[15] 司法統計年報 16 表による．ここに掲げる勾留請求却下率は，却下数を，請求による勾留数と却下数の和で除したもの．

[16] 全国，全裁判所では 2％台に止まっているが，東京地裁に関していえば，2016 年には 8％に達しているとのことである．その原因の一つに弁護人の弁護活動が活発であることが挙げられている．勾留請求の却下率はより一層高まる可能性があるということである．

人，保釈率26％と著しく増加している[17]．なお，これについては後述するように裁判員裁判が実施されたことと無関係ではない．国民が司法を利用しやすくする制度は確実に前進した．

3 法曹人口の増員

他方，法曹人口の増加はどうか．意見書発表当時1万8243人だった弁護士は，2017年2月現在3万9010人に達している．意見書が述べた「2018年までに5万人」には程遠いものの，かつてない急激かつ大幅な増員となっている．

前述のように，司法試験合格者の大幅増は日弁連がやむなく受け入れた方針にすぎず多くの弁護士が諸手を挙げて歓迎するものではなかった．それゆえ，大量の合格者が生まれるようになると早々に弁護士過剰論が唱えられるようになった．ロースクール未修合格者が登場する平成19年の新旧司法試験の合格者は2000名を超え，新旧61期司法修習生の就職は従来と比較してかなり困難になった．修習を終えても就職先が決まらぬ司法修習生が多数見られるようになり，弁護士の過剰が言われるようになった．もっとも，司法修習生の求人が少ないのはむしろ採用側の弁護士が少ないことに起因している面があった．既存の弁護士が少ないからこそ，多数の合格者を受け入れることが困難だったのである．それゆえ大量合格時代を迎えた60期代の弁護士が採用側に回った今日，就職難は急速に改善されている[18]．

とはいえ，従来弁護士が業務の中心に据えていた事件数が減少しているのは事実で，そうした事件との関係では弁護士過剰の印象はあながち間違いとは言えない．

次のグラフ3は，多くの弁護士が業務として取り扱い，且つ収入のうち多く

---

[17] 保釈についても，司法統計年報16表による．保釈請求の許可率は，終局前に保釈を許可された人員数を，終局前に勾留状が発布された被告人数で除したものである．

[18] 就職難が相当程度改善されていることを如実に物語るのが法テラスのスタッフ弁護士の応募者数の推移である．当初海の物とも山の物ともつかぬ法テラスのスタッフ弁護士に応募するものは少なく，法テラスは募集に苦労した．それが60期前後から応募者が増加するようになり，ピークの66期（2012年合格）は一次募集だけでも192人もの応募者があった．それが68期（2014年合格）は一次募集応募者80人と急激に減少しているのは，就職状況の好転が原因と考えられている．2016年合格の70期の一時応募者はわずか42名に止まっている．

の割合を占めていたと思われる地裁民事通常事件と破産事件の全地方裁判所の年間新受件数を表したものである[19].

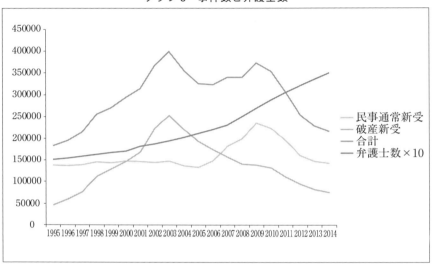

グラフ3　事件数と弁護士数

10年以上増加の一途をたどっていた破産事件の新受件数は2003年に25万件をこえ，そのピークを迎えたが，同年の貸金業規制法改正を機に，減少に転じた．これに対して地裁民事通常事件の新受件数は長く15万件弱を推移していたが，2006年1月に最高裁が期限の利益喪失約款の下での支払につき原則として任意性を否定したため，同年以降過払金返還訴訟が急増し，それが地裁民事通常事件の急増を招くことになった．この事件数の増加は2009年に23万5000件をピークに減少に転じ，2013年には14万7000件と，以前の水準に戻っている．そして破産事件の新受件数と地裁民事通常事件の新受件数を合わせたものが，2つのピークを持つ一番上の折れ線，弁護士数（但し変化を見やすくするためにグラフ上ではその数を10倍している）が右肩上がりの折れ線である．事件数と弁護士数の対比を見ると，1998年頃から2010年頃にかけてはそ

---

[19] 民事通常事件の新受件数と破産事件の新受件数はともに司法統計年報に拠った．弁護士数は日弁連の資料に拠る．但しグラフに表すにあたっては増減の率を比較するため，弁護士数を10倍している．

れまでよりも弁護士1人当たりの事件数が多かったが，2011年以降は弁護士1人当たりの事件数が激減している．従来型の，訴訟中心の経営スタイルの事務所の売り上げが減少し，一部に経営が困難な事務所が出て来ているのはこうした事件数の減少が大きく影響している．

とはいえ，従来型の事件の減少は必然的に弁護士を他の業務への開拓に向かわせた．日弁連，各弁護士会が積極的に企業や官庁に弁護士の雇用，採用を呼びかけ，また個々の弁護士も新たな分野の開拓を目指すようになった．

例えば企業内弁護士の場合，2005年には採用企業数68社123人の企業内弁護士しかいなかったのが，2015年では742社1442人と10年間で10倍以上に増えている．

企業や官庁への就職も進んでいる．2015年に中央省庁及び地方公共団体の職員として勤務している弁護士は187人であるが，今日では市区町村レベルで任期付公務員としての弁護士の採用は急速に増えている．

4 法曹の質

法曹，とりわけ弁護士の質の問題については，議論のある所である．おそらく視点の違いで評価も異なるのであって，司法改革前の旧試験合格者とロースクール世代の質の優劣を漠然と比較するのは適当でないと思われる．

確かにかつて500人程度であった合格者を1500〜2000人に増やせば，試験合格時の下位層の法律知識は500人時代の合格者よりも乏しいものになろう．しかし知識の点は，合格後どれだけ獲得に努めるかで大きく差が出るところであって，500人時代の合格者であってもその後の努力を怠れば2000人時代の合格者に及ばないこともあろう．視点を違えて，弁護士の質の問題を職業倫理などの点から見れば，懲戒等の処分に付されることが多いのはむしろ旧試験時代の中堅・ベテラン弁護士である．従ってロースクール世代の合格者をひとくくりにして，その質一般を論ずるのはあまり意味がない．また，司法改革の成否を問題とする場合に，ロースクール出身か否かで分けることも適当でない．司法改革の流れは修習期50期代前半の合格者の頃から受け継いでいるものだからである．従ってむしろ，司法改革後の法曹とりわけ弁護士の質の変化を丁寧に見る方が，意味があるだろう．

司法改革の後，多彩なバックグラウンドと法曹人口の増加を背景にして，新

9 司法改革がもたらしたもの〔櫻井光政〕

たな試みをする弁護士が登場するようになったことは注目に値する．

例えば日弁連が，2006年10月6日，第49回日弁連人権擁護大会におけるシンポジウムにおいて，「当連合会は，生活保護の申請，ホームレス問題等の生活困窮者支援の分野における従前の取り組みが不十分であったとの反省に立ち，今後，研究・提言・相談支援活動を行い，より多くの弁護士がこの問題に携わることになるよう実践を積み重ね，生活困窮者支援に向けて全力を尽くす決意である」と決議し，2007年4月から法律援助事業として高齢者・障害者・ホームレスの人々に対する生活保護申請等の弁護士費用の援助制度を開始したことを受け，弁護士の有志は首都圏生活保護支援法律家ネットワークという団体を設立して，生活保護申請の支援を積極的に行うようになった．これは，これまで弁護士の業務とされないことに弁護士が積極的に関わって行くことになった一つの典型である．

また，法テラスのスタッフ弁護士1期生として壱岐に赴任し，その任期後に障害者の自立支援を目的とする社会福祉法人での研修を経た浦崎寛泰弁護士は，その後独立して事務所を開設し，さらに任意団体である東京TSネット（「TS」はトラブルシュータの意とのことである．）を設立して，触法障害者を支援するネットワーク作りをして，具体的な成果を上げている．また，同弁護士は，「風テラス」[20]と称して性風俗サービスに携わる女性たちの相談を受ける試みを定期的に行っている．性風俗サービスに携わっていることを負い目に思わず，隠さずに相談できることから，相談者は少なくないとのことである．

誰もが知るところでは，衆議院議員の元榮太一郎弁護士を挙げることができる．同弁護士は1999年，まさに司法制度改革審議会設置の年に司法試験に合格した54期生である．企業法務を扱う大規模事務所で数年間を過ごした後，弁護士ドットコムを設立し，弁護士に情報提供の機会を与え，利用者には弁護士の選択材料を与えるシステムを作り上げた．その上法律事務所関連の諸サービスの提供を開始し，同社を東証マザーズに上場させた．もちろんこのような成功は元榮氏個人の資質能力によるところが大きいが，司法改革の流れの中でその先に求められるものを敏感に掴んで対応したからこそ勝ち得た成功という面も大きいというべきであろう．

---

[20] 語感からわかるように，「法テラス」と「風俗」を掛け合わせた造語である．

Ⅳ　司法制度改革の成果

5　ロースクール

　質量ともに豊かな法曹を確保するための決め手とされたロースクールは，当初，文字通り多様なバックグラウンドを持つ学生を集め，そのうちの少なくない人材を法曹界に送り込んだ．しかし，新司法試験の合格率が当初の想定よりもかなり低かったことに加え，法学既修者としてロースクールに入学した旧司法試験の受験経験者が，新司法試験においても優位を占めたため，社会人経験者の法曹志望者は数年で激減した．現在，ロースクールは残念ながら危機に瀕している．当初74校開設されたロースクールのうち今日までに4割に当たる29校が募集を停止し，現在も学生を募集しているロースクールは45校にまで減少した．また，入学定員は，5825人から平成28年には2724人まで減少した[21]．合格者数は4042人と入学定員を上回ったものの現実の入学者数は1857人に止まった．もはやごく一部のロースクールを除けば，受験すれば合格するような競争倍率になっており，しかも今日の司法試験合格者数を前提とすれば，ロースクール卒業生の大部分が合格することになりかねない事態が生じている．ロースクールが，時間と金がかかる大学院と認識され，しかも弁護士の就職難や経済的困難などが伝えられて法曹志望者自体が減少する中で，学生のロースクール離れは未だに止まる気配がない．

6　国民の司法参加 ── 裁判員裁判導入の成果

　国民の司法参加の目玉として導入された裁判員裁判は，裁判所の努力によって，これまでのところ破たんなく維持されているが，裁判員候補者の辞退は多く，また公判前整理手続に時間がかかるなど，課題がないわけではない．それでも裁判員に選ばれた人々の感想はおおむね好意的で，参加した人たちの間では司法や裁判に対する理解が深まっていると言えよう．

　しかし，裁判員裁判の導入によって得られたより大きな成果は，刑事司法が大きく変わったことである．公判になって裁判員が初めて事件を見聞きする裁判員裁判の公判においては直接主義，口頭主義を徹底する必要がある．実際問題としても，自白の任意性などの分かりにくい議論を裁判員の前で行うことは

---

[21]　中央教育審議会大学分科会法科大学院特別委員会（第70回）H27.7.6, http://www.mext.go.jp/b_menu/shingi/chukyo/chukyo4/012/siryo/__icsFiles/afieldfile/2015/07/15/1359973_04.pdf

9　司法改革がもたらしたもの〔櫻井光政〕

適当でない．そこで裁判所は従来の調書に頼る裁判でなく法廷での供述を重視するようになり，自白調書の偏重が改められるようになった．

また，公判前整理手続で，証拠が速やかに開示され，しかも類型証拠や主張関連証拠の開示請求が認められるようになったことから，弁護人は早い段階で検察官の手持ちの証拠を知ることができるようになり，早期に適切な防御ができるようになった．

さらに，任意性のない自白の温床になりかねない安易な身体拘束についてもこれを見直す姿勢が顕著になってきている．その結果が勾留請求却下率の上昇や，保釈許可率の上昇となって表れていることは前述の通りである．

7　全体的な評価

以上のような成果を概観すると，司法改革は，いくつかの課題を残しながらも全般的に成功したと評価して良いだろう．とりわけ国民が利用しやすい司法という目的は相当程度実現できているように思われる．

ただ，課題の部分が，法曹の大部分を占める弁護士や，法曹の給源たるロースクール生，学生に集中しているところは早急な改善を要するところであろう．近時の法曹志望者の減少は，弁護士自身が将来に対する展望について悲観的になっていることも一因となっている．

そこで最後に課題について論ずる．

V　課　題

1　業務の拡大

法曹人口増加の必要が論じられた時期は，需要が右肩上がりに増加するイメージが語られた．しかし従来型の業務，訴訟や破産などを見る限りはむしろ上昇から下降に転じ，低いところで安定していることは先に見たとおりである．民事事件に限らず，刑事事件においても，犯罪件数の減少と相まって，事件数が減少している．従ってそうした訴訟中心の業務の取り合いでは，自営業者である弁護士1人当たりの業務は減る一方であろう．

これに対しては日弁連や弁護士会が業務の拡大を方針に掲げ，各方面への働きかけを行っており，その成果も徐々に表れてきているところである．未だ弁

護士人口の増加に追い付いてはいないが，引き続き取組を強めるべきである．また，個々の弁護士も，自ら新たな法的サービスの可能性を探って行くことが求められている．最近の弁護士の中には極めてニッチな分野に特化して徹底した専門化をすることで成功している者もあるようである．

さらに法律事務所の経営努力も欠かせない．弁護士の数が少なかった時代は経営について考えなくても経済的な心配をしないで済んだ．また，弁護士数が多少増えても，債務整理と過払返還訴訟が多かったので，そうした困難に直面しないで済んだ．しかしこれからは，経営について考えなければ経済的な安定が得られなくなってきている．幸い今日では各種機器の利用やサービスの外注などを通じて相当程度の経営合理化を図ることが可能である．60期代の若い世代でも経営的に成功している弁護士が多く現れている半面，従前と変わらぬやり方で事務所を運営している中堅やベテランの弁護士に経済的な困難を訴える者が増えているのはそうした事情を反映しているように思われる．

2 扶助国選等の運用改善

法律扶助や国選弁護の報酬の適正算出及び増額も必要である．多くの弁護士，特に最近の若手弁護士は，扶助事件や国選弁護事件にも熱心に取組んでいるが，そうした弁護士から報酬に関する不満を聞くことが少なくない．一つは報酬額が全般的に低いこと，もう一つは報酬算定が杓子定規で且つ理に適っていないことからくる不満である．

例えば1人の被害者がいる国選弁護事件でその1人と示談をすれば100％の示談として示談加算されるのに，複数の被害者がいる事件で全員と示談交渉したが1人としか示談できなかった場合，100％の示談でないため示談加算がなされないなどの例があるとのことである．これなど示談に要した労力などを勘案すれば，後者の方により多くの報酬が与えられてよさそうなケースである．

扶助・国選事件で大儲けをしようという弁護士はまずいないはずであるが，誇りを持って仕事をするためには相応の報酬を得られることが不可欠である．労力や成果が報酬に反映されることは特に重要である．

利用者からの償還が前提となっている民事法律扶助では多額の報酬が利用者の負担につながるから，やみくもに増額すべきだとは思わないが，利用者が償還を免れる場合を多く設け，弁護士に対する報酬は国の予算から然るべき額を

支出させるようにする必要があろう．

3　ロースクールに対する手当

　ロースクールが危機に瀕していることは前述した．このことからロースクールはその制度自体が失敗だったとする声が少なくないが，現時点でロースクール制度自体を失敗と決め付けるのは時期尚早だと考える．確かにロースクール出身者もその多くは大学の法学部から進学してきた既修者が多くを占めるようになったが，それでも社会人経験を経てからロースクールに入学して法曹を目指して来た者の割合は旧司法試験当時よりも相当多く，それらの者たちの多くは法曹界に多様性をもたらしている．前述のようにロースクールの数も入学定員も減少している今日，優秀な人材が多数法曹を目指すようになれば，ロースクールはその選抜機能を適切に発揮できるはずである．そしてロースクールにおいて実務的な教育を施せば，質の高い法曹を多数輩出させることは不可能ではない．実務教育は以前のように全て司法研修所に任せるべきであるという趣旨の議論も聞くが，法曹の大多数を占める弁護士の実務に向けての教育の全てを司法研修所に委ねるのは，弁護士の責任という観点からも適当でないと思われる．

　これまで国のロースクールに対する姿勢は，援助を減らす一方であったが，適正な合格者を確保するのに必要な数のロースクールまで募集停止に追い込むようなことがあってはならないだろう．

4　まとめ

　司法改革が残した課題は，法的サービスの提供者である弁護士とその後継者たるべき学生，ロースクール生に大きな負担を強いることになったが，最近の若い弁護士は新たな活動分野を見つけて様々な試みをしている．弁護士は，いずれこの課題を克服して行くものと確信する．

〔文　献〕
宮本康昭「司法支援センター制度の立法過程」http://no-saiban-in.org/about.html
打越さく良(2005)「総合法律支援法の成立に至る経過と今後の課題」司法改革調査室報第5号．

10 司法制度改革と新しい法曹の養成

山口 卓男[1]

I はじめに

1 新制度の発足と行き詰まり

 平成13年6月に，司法制度改革審議会が意見書（「司法制度審議会意見書―21世紀の日本を支える司法制度―」．以下，「意見書」と言う．）を内閣に提出し，これを「基本設計図」として，わが国の司法制度改革がスタートした．その眼目として，新しい司法を担う人材育成の中核機関たる法科大学院が創設され，平成16年に最初の学生を受け入れた．この新しい養成プロセスから巣立った法曹が実務に就いてから，ようやく10年が経過した段階であるが，新制度は早くも行き詰まりの様相を呈しているように見える．

(1) 司法試験合格者数の推移

 新制度における司法試験の合格者数については，政府は当初，「平成22年ころには…年間3,000人程度とすることを目指す．」との目標を掲げていたが[2]，平成20年から平成25年までは新司法試験の合格者は2,000人台を維持したものの，平成25年に上記目標は撤回され，実際に，平成28年には1,583人にまで減少している．旧試験でも，平成16年・平成17年には1500人近い合格者が出ていたことを踏まえると，合格者数が新試験開始前の水準に戻ったことの

---

[1] 弁護士．弁護士法人筑波アカデミア法律事務所代表．日本弁護士連合会法科大学院センター副委員長．筑波大学法科大学院客員教授（リーガルクリニック担当）．
[2] 司法制度改革推進計画（平成14年3月19日閣議決定）．
 http://www.kantei.go.jp/jp/singi/sihou/keikaku/020319keikaku.html（最終閲覧日：平成28年12月30日）

意味は重い[3].

(2) 法科大学院入学者の減少

　法科大学院の側を見ると，平成17年度に74校あったものが，平成28年度までに32校が募集停止を決め又は廃止され，入学者総数は，ピーク時（平成18年度）の5,784人（定員5,825人，充足率99.3%）から，平成28年度には1,857人（入学定員2,724人，充足率68.2%）まで減少し，多くの法科大学院では入学者が定員を下回るのが常態となっている[4].

(3) 予備試験ルートの拡大

　これに対し，法科大学院を修了せずに司法試験の受験資格が与えられる予備試験が平成23年に開始されたが，予備試験を経由した最終合格者は，平成24年に58人（合格者中の占有率は2.8%）だったものが，平成28年には235名（合格中の占有率は14.8%）まで増加している[5]．学校での教育を要件としない「予備試験ルート」が着実にその地位を固めつつあるように見える．

2　本稿の目的

　司法試験の合格者数が計画どおり増えず，減少に転じる中，法科大学院の志願者は顕著に減少し，すでに4割を超える校が撤退を決定し，残った校の多くも運営上の困難に直面している．本稿では，司法制度改革の理念と構想を，現在の視点に立って，「法曹像」と「教育」の側面から改めて検証することにより，上記の閉塞を生んだ原因を分析し，今後のとるべき道を探ることとしたい．

---

(3) 法務省の発表による．
　http://www.moj.go.jp/jinji/shihoushiken/jinji08_00026.html （最終閲覧日：平成28年12月30日）
(4) 文部科学省作成の資料による．
　http://www.mext.go.jp/b_menu/shingi/chukyo/chukyo4/siryo/__icsFiles/afieldfile/2016/06/27/1373565_06.pdf（最終閲覧日：平成28年12月30日）
　http://www.mext.go.jp/b_menu/shingi/chukyo/chukyo4/012/siryo/__icsFiles/afieldfile/2016/08/02/1374903_02.pdf（最終閲覧日：平成28年12月30日）
(5) 前注(3)．なお，平成18年から平成22年までは経過措置として旧試験が並行実施されていたので，新旧試験の合格者数を合算すると，この期間の合格者総数はさらに増える．

II 司法制度改革の目指したもの

1 司法制度改革意見書の理念と改革の構想
(1) 意見書の理念

意見書は,そのIの冒頭において,今回の司法制度改革の目的は,「法の精神,法の支配がこの国の血肉と化し,『この国のかたち』となる」こと,「すなわち『この国』がよって立つべき,自由と公正を核とする法(秩序)が,あまねく国家,社会に浸透し,国民の日常生活において息づくようになる」ことであるとする.そのために,「司法制度を構成する諸々の仕組みとその担い手たる法曹の在り方を」改革すべきであり,「司法制度の意義に対する国民の理解を深め,司法制度をより確かな国民的基盤に立たしめること」が必要であるとする.

意見書の趣旨は,端的に,「法の支配を,この国の隅々にまで,国民の血肉と化した日常の生活原理として行き渡らせる」ことと理解できる.ただ,ここで注目すべきなのは,意見書が,「民法典編纂から約百年,日本国憲法の制定から五十余年が経った」現在においても,これが実現できていないと認識している点である.たしかに,わが国は,明治期に西欧の法典を翻訳・輸入し,戦後の改革においてもアメリカの法制度を一部導入したが,現在でも,国民各自が,これら欧米由来の法制度を自らのものとして使い慣らすまでには至っていない面はあるだろう.そうであれば,制度設計・運営者の側としては,まず,国民に対し,「使いやすく役に立つ」制度を長年にわたって提供できてこなかったことの真摯な反省に立つべきであろう.もし,意見書の趣旨が,「国民を"啓蒙"して,法の支配を行き渡らせる」という傾きをわずかでも持っていれば,国民の心からの納得は得られないかも知れない[6].国民の意識を「統治客体」から「統治主体」に転換するとの部分も,かえって「上からの改革」のような臭味を持つ.これでは,国民全般からの自発的かつ継続的な協力や,「草の根の運動」としての盛り上がりは期待できない.

---

(6) 現代の相談者は,法律の条文や著名な裁判例などは,あらかじめ知っていることが多いし,彼らが法律専門家に求めるものは,むしろ経験とこれに基づく知恵である.その意味で,問題の本質は法曹の不足にあり,この点で意見書の着想は正しい.

また，意見書は，この改革を，近年の「政治改革，行政改革，地方分権推進，規制緩和等の経済構造改革等の諸々の改革」の流れの中に位置づけたうえ，「自由で公正な社会の構築」を目指し，もって「この国に豊かな創造性とエネルギーを取り戻そうとする」との「志」が通底することを指摘する．

　これを今読み返すと，当時の規制緩和・構造改革に向けた「時代の空気」が伝わってくる．しかし，現代の状況は，単純に「行政による事前規制型社会から司法による事後救済型社会へ」との標語で表現できるものではなく，急速な経済のグローバル化・高度情報化の進展を背景に，伝統的な行政・司法の枠内では処理できないような問題が多発する複雑な調整型社会に移行しつつある．いわば意見書の理念が具現化される前に，時代の方が先に進んでしまった感がある．ただ，このような変化の中で，各領域で，複雑なプロセス管理・利害調整の手法に通じ，調査・分析・判断の技能を持つ人材の需要が生じており，このことは，意見書の想定した状況とはやや異なるものの，法曹有資格者ないし法科大学院修了者の活用可能性を示唆するものである[7]．

　意見書は，その根底にある目的として，個人の尊厳と国民主権という憲法原理の実現を掲げる．それは究極の目的には違いないが，むしろ「この国のかたち」の再構築の「最後のかなめ」であるとの表現からは，端的に，憲法の全体構造（三権分立構造）の中で司法システムの実効化・活性化を図る（司法の地位を高め，機能を強化する方向で三権のバランスを再構築する）ことが，今回の司法制度改革の憲法論的な意義であると捉えられる．

　ともあれ，意見書発表後の十数年間における最も大きな変化は，高度情報化社会ないしインターネット社会の急激な進展であろう．このような急激な時代状況の変化の中で，意見書の想定した法曹の役割（法曹像）も，当然に修正を求められることになる（後記3）．

(2) 改革の構想

ア　2つの柱（制度自体の改革とその担い手の育成）

　前記(1)のとおり，意見書の理念にはある種の限界はあるものの，わが国の司

---

[7] 例えば，国家公務員採用試験では，総合職・院卒者試験に「法務区分」が設けられており，「法科大学院の課程修了者で司法試験に合格した者」等に受験資格が与えられている．http://www.jinji.go.jp/saiyo/siken/dai_gaiyou.pdf（最終閲覧日：平成28年12月31日）．また，任期付き公務員として法曹有資格者の募集を行う官公庁もある．

Ⅱ　司法制度改革の目指したもの

法制度を作りかえることによって，時代・社会の変化に適合させようとする点で，基本的には正しい方向を示していた．

では，この理念を実現する手段として，意見書はどのような制度を構想したか．

その柱は，1つは，民事・刑事の司法制度自体の改革であり，もう1つは，その司法制度を担う人材の育成に関する改革である．このうち，前者よりも後者に重点を置いているのが，今回の司法制度改革の特徴である．本稿のテーマは後者であり，前者については扱わないが，使いやすく効果的な司法制度でなければ，国民の支持が得られず，これを担う法曹への需要が増えないという関係にあることを指摘しておきたい．

イ　法曹の質と量の拡充

法曹養成に関する改革の目標について，意見書はⅢの冒頭において，「質と量を大幅に拡充する」ことであると規定した．

(ア)　質的充実について

意見書は，「質的側面」（法曹に必要な資質）として，「豊かな人間性や感受性，幅広い教養と専門的知識，柔軟な思考力，説得・交渉の能力等」（これらを基本的資質とする．）に加え，「社会や人間関係に対する洞察力，人権感覚，先端的法分野や外国法の知見，国際的視野と語学力等」が求められるとする．これらが法曹に求められる資質であることは疑いないが，法律の専門知識（ないし交渉術）を除けば，どの職業にとっても有益なものとも言え，法曹特有の資質を言い当てているとは思えない．また，前者の「基本的資質」とされるものと，後者のカテゴリー（おそらく応用的・二次的資質とするものか）の区別も本質的ではなく，例えば，人権感覚や人間洞察力などは基本的資質の最たるものであると言ってもよい．このように，ここに列挙された資質の個々の内容には異論はないが，問題は，これによって法曹特有の資質が描き出されておらず，養成されるべき「法曹像」が強固に描写されないことにある．法曹像については，後記3で改めて論じる．

なお，上記の「基本的資質」とそれ以外の資質の区分は，後の法科大学院のカリキュラム構成に影響を与えた可能性があり，例えば，前者の「専門的知識」の領域が「法律基本科目」等に，後者の「先端法分野・・・の知見」が「展開・先端科目」に対応するように見える．しかし，人間洞察力などの面は，

抽象的理念（理想論）とみなされたためか，科目構成には反映されていない．例えば，心理学や精神医学などは，「法律学」の一分野ではないものの，「法実務」にとっては必須知識の一角をなしているが[8]，法科大学院でこれを学ぶ機会は乏しい[9]．このように，意見書が掲げた法曹の資質については，法科大学院の教育カリキュラムを指導する有効な指針とはなっていない．これは，ひいては法科大学院教育が，「プロフェッショナル教育」としての独自性を強く主張できず，魅力の減殺につながっているように思われる．

(イ) 量的拡大について

量的側面について，「法曹人口の大幅な増加が急務であることは明らかである」とするが，その根拠は，①先進諸国との比較において極めて少ないこと，②（現在の）需要に十分に応えられていないこと，③今後需要の増大が見込まれることの3点であると考えられる．

これらの根拠に対する批判として，①については，わが国では伝統的に「隣接法律専門職種」（司法書士，弁理士，税理士，行政書士，社会保険労務士，土地家屋調査士など）によって法律関連業務の多くの部分が取り扱われており，この実情を無視して「法曹」の数を云々するのは正確な議論ではないこと，②③については実証的な根拠を欠くことが挙げられる．

この点，まず①については，現在，隣接法律専門職種が取り扱っている業務も，本来は弁護士が取り扱うべきであり，将来的には，職務権限ごとに細分化された多数の職種を整理して，弁護士資格に統合していくというポリシーをとるのであれば[10]，上記の批判は必ずしも当らない．しかし，意見書は，そのⅢの第3の7において，「隣接法律専門職の活用等」として，司法書士への訴訟代理権付与など，隣接法律専門職の権限拡大を提言しており，単純に「法的サービスの量的増大」を目指すだけのようである[11]．②については，意見書に

---

[8] 伝統的には刑事手続に関わる上で重要であったが，最近では，企業法務において，労務管理上，メンタルヘルスに関わる問題がきわめて重要となっており，これは産業医だけの領域ではなく，弁護士が関わる場面も増えている．

[9] 旧司法試験でも，心理学が教養選択科目の1つとされていた時期があった．

[10] 弁護士は弁護士会による自治を認められ（弁護士法8条，9条，31条1項，56条2項），官庁の監督を受けない点で，その他の職種とは異なる．

[11] これらの職種の大半で，司法制度改革スタート後も一貫して人員数が増加している．日本弁護士連合会「弁護士白書2013年版」98頁．

Ⅱ　司法制度改革の目指したもの

先立って実証的・科学的な需要調査が大規模・組織的に行われたわけではなく，潜在的需要が満たされていないとのア・プリオリな判断が混入している可能性がある．しかし，その後，弁護士業務について各種調査が行われているので[12]，順次，正確なデータは集積されていくであろう．③については，経済の動向と連動しているものであり，その後，経済が低迷し，今のところ予測に沿う展開になっていないものの，今後とも需要が増えないと断定する根拠もない．

　量的拡大に反対する立場からは，一時期，新人弁護士の就職難問題が強調されていた．たしかに，伝統的には弁護士1人の事務所が圧倒的に多かったために，弁護士界全体として新人を雇い入れる余力が小さく，少なくとも，一時的な需給のミスマッチが生じたことは事実であろう[13]．その中で，当初から独立開業を余儀なくされた新人弁護士が十分に先輩の指導を受けられないことは，1つの問題である[14]．しかし，その対応としては，法科大学院の継続教育や弁護士会の研修の拡充が図られており，また，現在のところ，非常に多くの新人弁護士が職場を得られない状況にあるものとも見られない[15]．結局，どんな職種でも全員が漏れなく就職できる保障はなく，制度運用側の需給見通しと養成ポリシー，また，志願者の側の自己判断に帰するということになろう．この点，平成25年6月の「法曹養成制度検討会議取りまとめ」では，「第2　今後の法曹人口の在り方」で，「全体としての法曹人口を引き続き増加させる必要があることに変わりはない．」としながら，「現在の法曹養成制度を取り巻く状況に鑑みれば，現時点において，司法試験の年間合格者数を3,000人程度とすることを目指すべきとの数値目標を掲げることは，現実性を欠く．」としており，少なくとも，意見書のポリシーを根本的に変更してはいない．

---

[12]　例えば，新人弁護士の就業状況について，宮澤節生ほか「第62期弁護士の面接調査—第1報—」青山法務研究論集11号（2016年）61頁以下．

[13]　2008年の統計では，「1人事務所」に所属する弁護士の割合は31.8%，2人以下の事務所に所属する弁護士の割合は46.3%であった．これが，2012年では，それぞれ25.9%，40.6%になっている．日本弁護士連合会「弁護士白書2013年版」100頁．

[14]　アメリカでも，かつては単独開業弁護士が多かったようである．アメリカ法曹協会著，宮澤節生・大坂恵里訳「法学教育改革とプロフェッション」（三省堂，2003年）34-36頁．

[15]　法科大学院協会と連携する法科大学院在学生・修了者向けの就職支援サイトである「ジュリナビ」の調査によると，平成28年1月末現在の弁護士未登録者の割合は10.8%である．https://www.jurinavi.com/market/shuushuusei/shinro/index.php?id=127（最終閲覧日：平成28年12月31日）

2 新しい法曹養成制度の構成

意見書により，法曹の質・量の拡充に対応する専門の人材養成機関として構想されたのが，法科大学院である．

意見書は，そのⅠの第3の2(2)において，旧制度を「司法試験という『点』による選抜」であったとし，これを「法学教育，司法試験，司法修習を有機的に連携させた『プロセス』としての法曹養成制度」に改め，そのプロセスの「中核」に「法曹養成に特化した大学院」，すなわち法科大学院を置くべきものとした．

これは，「点による選抜からプロセスによる養成へ」との標語で表現されるが，法曹養成の根幹にかかわる原理的転換を内容とする．

旧制度は，どこでどのように学んできても，試験に合格しさえすれば能力実証を遂げたものと見る，いわば専門的知識・能力に関する「結果主義」である．司法試験合格を学修の終着点として，その後に，司法修習が用意されていたが，これは，戦前の司法官試補制度の沿革を引く[16]（新任職員研修に準じる）唯一の実践的訓練課程であって，すでに実務界の「内側」に位置していた．

これに対し，新制度は，「何をどのように学ぶか」を学校教育として管理し，プロセス全体を通じて能力を担保しようという「課程主義」又は「教育主義」である．旧制度では，司法試験の競争水準が人材の能力担保の拠り所であったが，新制度では，プロセスの各段階で選抜・育成・評価が行われるので，人材の質を安定的に確保することが可能となる．

このような本質的差異から，新制度の下でも司法試験と司法修習が残されたものの，その位置づけと性格は旧制度下から大きく変化した．すなわち，人材の質の担保は主として法科大学院の役目であり，司法試験は，法科大学院の人材育成の成果を外部からチェックする（成績優秀者の選抜ではなく，成績未達者の排除）という補完機能を担うべきものと位置づけられる．また，司法修習は，旧制度では唯一の実務訓練の場であったが，新制度下では，法科大学院で充実した実務教育が行われるので，修習では，実務の現場において，その「内側」に入らなければ得られない経験の獲得に主眼を置くべきことになる．

しかし，新制度発足後も，司法試験は依然として高倍率の競争試験であり，

---

[16] 早野貴文「統一修習の歴史的背景現実の機能」法曹養成と臨床教育 No.5（2012年）26頁．

学生が試験準備に膨大な労力を要するため，法科大学院教育が空洞化しつつあるのが現状である．他方，現状では法科大学院の教育が不十分であるので，人材の質の維持のためには，司法試験が難関であり続けなければならないとの見方もある．

司法修習は，主として増員対応として期間が短縮されたが，実務修習のコンセプトが「現場で生の事件に触れる」ことにあったので，期間短縮による事象遭遇率の低下は，修習の効果を大きく減殺した．他方，法科大学院の臨床教育は全般的に未だ不十分であり，これを補うに至っていない．

このように，本来，有機的に連携すべき法科大学院・司法試験・司法修習の三者は，現状では，互いに深刻な不整合を起こしているように見える．三者の連携を目指して「法科大学院の教育と司法試験等との連携等に関する法律」が制定されたが，国の責務を抽象的に定めるにとどまり，有機的連携を実現する制度的担保はない．

3 想定された法曹像

(1)「社会生活上の医師」の意味するもの

意見書は，法曹を「社会生活上の医師」と表現した（意見書Ⅰの第2の2）．これは，今まで司法と縁遠かった人々が，近所の「かかりつけ医」にかかるのと同じように，誰もが気軽に身近な弁護士に相談できるようになるという改革の目標を具体的にイメージさせるもので，すぐれた表現である．

しかし，医師からの類推は，たしかに直感的に受け入れられやすい面があるが，「社会生活上の医師」という比喩が，具体的にどのような法曹像を前提としたものかは，それほど明らかではない．意見書が法曹の「資質」として掲げるものからも，法曹像の輪郭を明瞭に描出できないことは，前記1(2)で指摘したとおりである．

(2)「司法」の担い手としての法曹

意見書は，法曹を「司法」の担い手と捉え（意見書Ⅰの第2の2），あるいは「司法を支えるための人的基盤」と表現しており（意見書Ⅲの冒頭部分），かつ，司法について，「当事者を対等の地位に置き，公平な第三者が…判断を下す」ものと捉え，これを担う「司法部門」を「政治部門」と対比し，「具体的事件・争訟を契機に」，「紛争の解決を通じて」等の表現を用いていることからは

（意見書Iの第2の1），一応，訴訟などの法廷活動を軸とした法曹像を想定しているように見える．しかし，他方で，「具体的な生活状況ないしニーズに即した法的サービスを提供する」とも述べているので（Iの第2の2），法曹の活動を，これより広く捉えていると見る余地もある．

(3) 法曹像のバリエーション

法曹像については，(i)裁判所における訴訟をはじめとする各種手続を用いた紛争解決者として狭く捉えるものから，やや広く，(ii)裁判所での結論の見通しを持った交渉担当者・紛争解決者と捉えるもの，さらに進んで，(iii)法律知識又は法的思考方法を用いた課題（問題）解決者[17]とするものまで，捉え方に広狭の幅が大きい[18]．

意見書の立場は，(i)の狭義の法曹像をベースとして，ひとまず(ii)の領域までを視野に入れたものと捉えられるが，法の支配を社会の隅々に行き渡らせることを目指す以上，(iii)の領域も排除するものではないと理解される．法曹像や法曹の職務領域と言っても，これを固定的に捉えるべきではなく，時代・社会の状況と現実のニーズに対応して可変的なものであることが意識されるべきである[19]．

(4) 社会のニーズの所在

最近の司法統計[20]によると，地方裁判所における民事事件の新受件数（総数）の推移は，平成18年に907,079件であったものが平成27年には572,411件となり，顕著な減少傾向を示している．その内訳は，通常訴訟の件数は年により増減があるが，破産・再生事件は目だって減少しており，その他の事件種別についても概して縮小傾向が見られる．少なくとも，現状で，伝統的な法廷弁護

---

[17] 高木剛，佐々木毅，佐藤幸治，北川正恭，小島邦夫「法曹養成制度に関する提言」（2011年2月24日付，法務大臣あて）では，「課題解決者」概念が提唱された．http://www.moj.go.jp/content/000036362.pdf（最終閲覧日：平成29年1月1日）

[18] 拙稿「新しい法曹養成制度における実務教育の位置づけ —— 法科大学院における臨床教育と司法修習」比較法研究73号（2011年）89-91頁．

[19] 池田直樹「法曹養成制度改革論」関西学院大学法と政治65巻3号（2014年）646頁は，「伝統的法曹モデル」と「多様化モデル」を対比した上で，「多様な業務を通じて法曹として共有されるべきコアの能力・資質・行動原理とは何か」という視点を立て，これにより法曹という用語を再定義するとともに，用語自体も「法曹」から「法律家」に改めるべきことを提唱する．

[20] http://www.courts.go.jp/app/files/toukei/492/008492.pdf（最終閲覧日：平成29年1月1日）

士の領域が拡大傾向にないことは明らかである．

　その原因分析は本稿の課題ではないが，法曹（とくに弁護士）の総数が増えながら，裁判所の利用が増えないのであれば，弁護士は伝統領域以外にその職域を求めていかなければならないことは明らかである．これも，意見書以降の情勢変化の1つであり，法曹概念を再定位すべき必要性を示すものである（後記(6)）．

(5) 法曹像の職域拡大と他職への進出

　法曹や法的サービスに対する社会のニーズは時代とともに変化しうるが，専門職たる法曹の概念が際限なく拡散すべきではない．法曹の職務範囲が拡大したと見るべき場合(A)と，法曹の資格を持つ者が職域外の業務に転出したと見るべき場合(B)との区別は重要である．

　(A)の類型としては，最近では，企業その他の組織のコンプライアンス案件やハラスメント案件への関与が代表的なものである．この作業にかかわる弁護士の行動原理・行動様式は，伝統的な訴訟代理人のものとは異なり，客観・公正な第三者としての立ち位置が求められる．しかし，その前提として，法曹の思考・行動様式としての，当事者対立構造のもとでの権利分析と，守秘義務・利益相反禁止の観念は重要であり，法曹の職務たるにふさわしいものである．

　(B)の類型としては，法曹が，行政の首長になったり，国や地方の議員になったりする場合が挙げられる．これらの職務にとって法曹の知識・経験が役に立つとしても，それは，政治家の多様な出身背景の1つに過ぎない．つまり，法曹の知識・経験は有益だが，法曹である必要はないから，職域拡大の場面とは見られない．

　法曹が行政職員や企業の従業員になる場合は，法務ないし訟務の専門家として処遇されている場合は，法曹の職域がこれら組織内まで拡大したもの（(A)の類型）と見られるが，そうではなく，法曹資格を有しながら一般の採用枠で採用され，法務・訟務と関係のない職務に従事しているような場合であれば，それは端的に「転職」したもの（(B)の類型）と見るべきであろう．

　法の支配あるいは法的サービスを広く社会に行き渡らせることが司法制度改革の目的であり，それを実現する柱が法曹の増員であるとするなら，法曹の職域を狭く限る必要はない．しかし，法曹の概念が拡散してしまっては，増員されて広く各分野に配置されていった人材が「何者」であるのかがあいまいにな

り，改革の意義が希薄化しかねない．高度な知識と厳格な倫理規範を持った専門職が，社会の各現場に乗り込み，従来の行動原理を批判し，新しい価値観を提示することができてこそ，「改革」の意味があると言えよう．

(6) 法曹概念の再定位

以上の考察を踏まえ，現時点において法曹像の再定位を試みると，以下のように整理できる．

　　ア　法廷法曹（訴訟弁護士）像からの脱却

法曹の職域は「法廷」に限らず，裁判所における手続はすでにメインの業務ではなくなりつつある．したがって，伝統的な法廷法曹（訴訟弁護士）像からは脱却がはかられなければならない．

　　イ　法曹としてのアイデンティティの拠り所

法曹の職務内容は時代とともに変化するとしても，長い歴史を持つ専門職業である法曹集団内において，自らのアイデンティティを認識する根拠は容易には変わらない．その核心は，法廷法曹としての訴訟活動の中から経験主義的に発生し，形成されてきた，以下のような特有の思考・行動様式であろう．

① 当事者対立構造を基軸とした思考方法
② 規範解釈と事実評価の相互関係（組み合わせ）から，権利義務の存否に関する判断を導く手法
③ 主張・立証責任を当事者間に分配する思考方法
④ 証拠と事実認定の手法と考え方
⑤ 依頼者との高度の信頼関係を基礎とした厳格な倫理規範（特に守秘義務と利益相反の禁止）
⑥ 個人の人格の尊厳（ないし正義の観念）を根底に据える価値観

上記の①ないし④の要素は，訴訟の中で培われた思考・行動様式のエッセンスであるが，訴訟に至る前に，これを用いて事案を分析して訴訟の結末を予測することができるから，訴訟外の和解を進める上で有効なツールとして機能する．さらに，紛争が発生する前であっても，現状を分析して法的弱点を摘出し，その改善を図ることで，紛争を予防する活動に役立てることもできる．

上記⑤の要素は，単なる道徳ではなく，他人間の紛争に介入しながら，自らが紛争に巻き込まれることなく紛争解決者たる地位を保持する技術・技能でもある．高度に規制され，定式化された裁判所における手続よりも，生身の人間

Ⅱ　司法制度改革の目指したもの

として行動する裁判外の任意の交渉の場面の方がリスクが大きいから，法曹倫理を人格の深い部分に定立しておくことがきわめて重要となる．

　上記⑥は，「たった1人であっても，公の場で弁明する機会を与えられる」という裁判制度の理念の根幹にかかわる価値であり，少数者・弱者への多数者・強者による圧迫を許さないという，法曹のメンタリティの根幹部分である．意見書は，このようなメンタリティを持つことが法曹の本質であると捉え，法曹が増えることで法の支配を行き渡らせることができると考えたものであろう．企業法務の領域では，このような要素が希薄のように思われがちであるが，例えば，ハラスメント事件やコンプライアンス対応の場面などでは，法曹の「精神」が発揮されることが期待されている．現に，企業法務の役割は，契約書の審査などから，コンプライアンスをはじめ幅広い領域に展開を始めており，企業における法曹の役割の深化の傾向が看取される[21]．

　ウ　法を用いた問題解決者としての法曹

　現代の社会情勢やニーズを踏まえると，上記イに掲げたような思考・行動様式をアイデンティティのコアに持つ専門職を法曹と捉えることができ，これを端的に表現すると，「法を用いた課題（問題）解決者」ということになると思われる[22]．ここで，法曹が用いる「法」とは，時代とともに目まぐるしく変化する実定法（制定法の規定とその解釈論，あるいは判例）に関する個別的知識ではなく，法曹集団の中で長年にわたって形成・共有されてきた思考・行動様式の集積である．

　このような思考・行動様式は，本来，容易には変化しないものであるが，長い年月の間には徐々に変化していく．例えば，法曹の職務が法廷内（訴訟事務）にほぼ限られている時代であれば，上記イの①ないし④は厳格に守られなければならないが，法曹の活動が法廷外に広がり，紛争の存在すら前提とされないようになれば，①の当事者対立構造は，思考パターンとしては残っても，行動様式としては後退してくるし，交渉を円滑化し，当事者間に合理的な合意

---

[21]　杉山忠昭「新しい企業法務需要（人材像）を踏まえた法科大学院教育への期待」『法曹養成と臨床教育 No. 9』（2016 年）53-58 頁．

[22]　筆者はかつて（2011 年当時），法曹の標準的な自己認識は概ね「裁判所での結論の見通しを持った交渉担当者・紛争解決者」のライン付近にあると見ていたが（拙稿・前注(18)），その後の職域拡大傾向を踏まえ，現在では「法律知識又は法的思考方法を用いた課題（問題）解決者」のレベルにまで進んでいると見てよいと考える．

を形成するためには，③の立証責任の分配に関する原則を緩和して，お互いに手持ち資料を出し合う柔軟な姿勢が求められる．すなわち，訴訟（判決手続）が前提とする当事者対立主義は，権利関係の分析や結論の予測には有用なツールであっても，これを交渉態度として頑なに貫くことは，当事者間の協議によって社会関係を妥当に規律していこうとする場面では，当事者の関係を過度に硬直化させ，問題解決のためにかえって有害ともなりうる．法曹の業務が訴訟よりも裁判外での交渉等を主たる領域とするようになると，上記イの①ないし④の内容も徐々に変貌してくることになる．

なお，法曹の職務の拡大に対応して，例えば，法廷業務を行わない別の法曹資格を創設するという立法主義（法曹資格の多元主義）もありうる．英国では法曹資格がバリスタとソリシタに分かれ，それぞれ別個の養成課程を持つが，これは英国特有の歴史的沿革に基づくものであり[23]，わが国では現在の「隣接法律専門職」の分立状況を踏まえ，まず一元的な法曹資格を維持した上で，これを増強していく段階ではないかと考える．ここでは，弁護士自治の視点が重要である．自治を持った専門職集団の存在が，法の支配を行き渡らせる上で果たす役割は大きい．

III 法科大学院制度の骨格と課題

1 設置基盤・形態
(1) 法曹養成の基盤を大学に置くことの意義

意見書は，従来の「大学における法学教育」について，「学部段階では一定の法的素養を持つ者を社会の様々な分野に送り出すことを主たる目的とし，他方，大学院では，研究者の要請を主たる目的としてきた」ことから，「法律実務との乖離」を生じ，「プロフェッションとしての法曹を養成する」役割を適切に果たしてこなかったと否定的に評価しながら（IIIの第2の1），結局，法曹養成の基盤を大学（大学院）に置くことを選択した．

従来，大学が法曹養成の主体でなかったために，司法試験合格までの知識の修得は制度化されない「自学自習」の学習プロセスに任され，その後の実務訓

---

[23] 田中英夫『英米法総論 下』（東京大学出版会，1980年）404-416頁，436-438頁．

練は司法修習に委ねられていた．このような「学校システム」外の育成の沿革を踏まえれば，新たな法曹養成のために，大学と無関係に，実務界が独自の職業訓練機関を創設するという選択肢もありえたはずである．それにもかかわらず，新しい法曹養成の場を（実績のない）「大学」にあえて移した理由はどこにあったか．

その理由は，意見書の文面上はそれほど明瞭ではないが，大学について「法律実務との乖離」を批判した上で，「理論的教育と実務的教育を架橋する」（意見書Ⅲの第2の2(1)イ）ことを目指していることからは，大学が有する法学の理論的研究・教育に関する既存資源を有効活用するとともに，これをもって実務を「批判的に検討」させることで，法学の研究・教育の刷新を図ろうとしたものと推測される．さらに，自治と学問の自由を保障された大学という場を基盤にすることで[24]，法曹養成における独立性を確保しようとしたものとも考えられる．

ただ，ここで注意すべきなのは，大学が，今までの法曹養成に責任を負っていなかった立場から一転して，法曹養成の中核を担う主体となるためには，厳しい自己改革を進めることを求められるに至ったということである．これは，大学に法曹養成の場が置かれることによって，大学が，司法改革の推進と（法学領域についての）大学教育改革という2つのミッションを一度に背負い込んだことを意味する．しかし，これは大学にとって負担過重であったかも知れず，大学が，司法制度改革の推進について，積極的・主導的地位を占めることができないまま経過している背景の1つをなしていると思われる．

それでも（改革への消極性にもかかわらず），法曹養成が大学という長期に安定的な基盤を得たことの意味は大きい．ただ，法科大学院が「学校教育法上の大学院」（Ⅲの第2の2(2)ア）とされたことから，運営に関する自由度が制約される面はある．もちろん，設置基準[25]が合理的に定められていれば，厳しい設置基準を満たしていることは，一般には学校の信頼性を高める方向に働くが，

---

[24] 宮川成雄「シンポジウム　学術環境における法曹養成—国際動向と日本の法科大学院—— 企画趣旨」比較法研究73号（2011年）2頁は，「法曹養成が徒弟的な養成から大学の学術的な環境での専門職業人の教育へと，歴史的に発展してきているのではないか」と指摘する．

[25] 専門職大学院設置基準（平成15年3月31日文部科学省令第16号）．

まだ，法曹養成に対する信頼性には直結していない．また，例えば，科目を細分し[26]，これを1コマ90分の時間割に乗せてカリキュラムを組み立てていくような「学校の論理」が，ほんとうに実務家の養成に適しているのかどうかは，疑問の余地がある．しかし，セメスター制の導入により，この制約は緩和されうるし（Ⅲの第2の2(2)エ），時間枠にとらわれずに考え抜くような作業は，既存の研究型の大学院でも，論文作成の過程で普通に行われているから，「科目コマ割り」方式になじみにくい臨床教育の位置づけも含めて[27]，改善の方法はあると思われる．

(2) 大学院レベルに位置づけたこと

ア　国際標準との整合

法曹養成課程を大学院に位置づけたことは，制度設計の過程においてアメリカのロースクール制度が参考にされたことから，当然の流れであったと言える．また，高度専門職業人教育を大学院レベルとするのが国際標準であるとの認識もあったものと思われる．現実の効果としては，現代の大学には国際交流活動を担うことが期待されるが，各国の大学に，それぞれ対応する部局（カウンターパート）があれば，その領域の交流は促進される．この面では，法科大学院を設置したことはその第一歩（基盤づくり）として評価できる．

イ　法学部との関係整理

わが国には学部レベルでの法学教育課程が存在していたので，これとの関係を整理しておく必要があった．この点について，意見書は，大学法学部の入学者数が法曹となる者の数をはるかに超えていることを指摘したうえ，学部レベルでの法学教育には「独自の意義と機能」があるとして（意見書Ⅲの第2の1），法曹養成の機能を委ねないことを選択した．

これは，大学法学部が法曹養成を担うことは現実的でないとの認識とともに[28]，入学者の規模が4万5千人余（平成12年度）にも及ぶ古い巨大組織に手

---

[26] 平成15年文部科学省告示第53号（専門職大学院設置基準第5条第1項等の規定に基づく専門職大学院に関し必要な事項）第5条に開設すべき授業科目（分類）が掲記されている．

[27] 医学領域では，臨床教育を軸にカリキュラムが組まれている．北村聖「医師養成の基本理念」（公財）民事紛争処理基金研究会編『法曹養成の新たなヴィジョンを模索する——医師養成の理念と韓国の法曹養成の現状をふまえて』（商事法務，2016年）6‐7頁，24‐29頁．

をつける余裕がなかった，あるいは，法学部のあり方は，司法制度改革で扱う問題というよりは，学部教育改革の一環として，大学が内部問題として取り組むべきものと位置づけたためと推測される．意見書は，法学部の「独自の意義と機能」は「法的素養を備えた多数の人材を社会の多様な分野に送り出す」ことだとし，ある種の教養教育と捉えている．しかも，「基礎的教養教育の面でも」十分でないとするのであるから，法学部の存在意義については，積極的に評価していない．意見書は，法曹養成を担わせないことになった法学部の「行く末」については，とくに関心を持っていないように見える．

この点，アメリカのロースクールが学部段階でのリベラル・アーツ教育を基盤としていることを考えると，学部教育のあり方も法曹養成にとって重要な関心事のはずである．しかし，意見書は，法科大学院には多様な学生を「学部段階での専門分野を問わず広く受け入れ」る（意見書Ⅲの第2の2(2)ウ）とし，「法科大学院における教育内容については，学部での法学教育との関係を明確にする」（意見書Ⅲの第2の1(1)ウ）と述べるだけであり，学部教育に対する関心は概して希薄である．

こうして，法学部がそのまま（手付かずのまま）残置されたが[28]，このことが，後に，「既修・未修問題」（後記ウ）において，また，予備試験ルートの拡大（前記Ⅰ）とあいまって，法科大学院の運営に複雑な課題を突きつけることになる．

ウ　原則形としての3年課程

意見書は，法科大学院課程の原則形を，学部レベルでの法学教育を前提としない完結した3年の教育課程として構想した（意見書Ⅲの第2の2(2)イ）．これは，従来の4年制法学部の教育内容をそのままでは移行できないことと，理論

---

[28] 一部には，法学部に修士課程2年を接続した法曹養成コースの構想もあった．意見書は，この構想を正面からは採用しなかったが，2年制の既修コースを設けることで，実質的にこれを実現する道を開いた．宮澤節生「法科大学院論争のひとつの考古学 —— 異なる法科大学院構想における司法研修所の位置づけを中心に」法曹養成と臨床教育 No. 5（2012年）37-40頁．

[29] 韓国も，2009年に「法学専門大学院」制度を導入したが，これを設置する大学は法学部を廃止しなければならないこととされた．金昌禄「韓国ロースクール・システムの現状と課題」（公財）民事紛争処理基金研究会編『法曹養成の新たなヴィジョンを模索する —— 医師養成の理念と韓国の法曹養成の現状をふまえて』（商事法務，2016年）44頁．

教育に実務教育を合体させ，3年一貫の「パッケージ」として，効果的な教育プログラムを練り上げるという極めて困難な作業が求められていることを意味し，そのためには，教育内容の精選と巧みな教育技能が必須となる．

　教育内容の選別の試みとしては，平成20年度から平成21年度にかけて，共通的到達目標（コア・カリキュラム）策定の取組みがなされた[30]．しかし，法学基本科目については，従来の法学部教育と異なる視点から大幅な見直し，削減ないし再編がなされることはなく，また，実務基礎科目との有機的連携には手がつけられなかったため，3年で完結する効果的な「ミニマム・スタンダード」が定立されるには至っていない．

　教育方法については，意見書は「少人数教育を基本とし，双方向的・多方向的で密度の濃いものとすべきである」とする（意見書Ⅲの第2の2(2)エ）．ここから，少なくとも「大教室における一方的なマスプロ講義」を否定する趣旨は読み取れるが，教育手法や技能に特段の工夫を求める契機は読み取れない．しかし，法科大学院は，「専門職大学院」として，他の研究科・専攻に比して格段に大きな学生定員を擁し，専門職業人を目指す初心者への「手ほどき」をしなければならないのであるから，とくにシステマティックな教材と教育方法論が要求されることになる．

　しかし，多くの法科大学院の授業（とくに法律基本科目）においては，司法試験を念頭に，膨大な知識を限られた時間内に能率的に注入しようとするところから，一方的な講義形式が依然として主流となっている．しかし，法曹のアイデンティティの本体が，個々の法令や判例に関する知識にあるのではなく，歴史的・経験的に形成されてきた思考方法・行動様式の集積にあるとするならば（前記Ⅱ3(6)），知識を使いこなす思考方法を涵養することが先決であり，そのために，教師（主として実務家）と学生の対話が重要になる．考え方を養った上で，個別知識の習得については，学生の自ら調べる能力を涵養するのが本筋である[31]．

---

[30] 文部科学省大学改革推進等補助金専門職大学院等における高度専門職業人育成教育推進プログラム「法科大学院コア・カリキュラムの調査研究」（京都大学を主幹校とする研究グループによる）http://www.congre.co.jp/core-curriculum/purpose.html（最終閲覧日：平成29年1月3日）

[31] 米倉明「ロースクール1年生（法学未修者）に対する民法の教え方――ひとつの覚書」日弁連法務研究財団編『法科大学院における教育方法』（商事法務，2003年）4頁．

教育方法論に関しては，臨床科目（模擬裁判，ローヤリング，クリニック）をはじめとする実務系科目においては種々の意欲的試みがなされたのに対し，法律基本科目では，基本的に伝統的な法学部の教育スタイル（講壇型授業）が維持されているように見える．法曹の思考・行動様式の教育を基軸に，法科大学院のカリキュラム全体を有機的に統合する必要があると考えられるが，その動きは，現在までのところ，きわめて低調である．

　　エ　既修コースの問題

　意見書は，法科大学院の修業年限を原則3年としながら，「法学既修者」を対象とした2年の短縮型を設けた（意見書Ⅲの第2の2(2)イ）．これは，新制度移行に伴う経過措置として，あるいは社会人で既に法律の素養のある者に対する軽減措置であればその合理性を肯定できるが，実際には，法学部が残置されたために（前記イ），法学部と接続する6年制課程の観を呈するに至り，また，法科大学院の未修者に対する教育力の弱さもあって，既修コース修了者の司法試験の合格状況が未修コース（原則型）修了者に比べ，顕著に優位になっている[32]．このことから，当初の制度設計とは異なり，学生の「多様性の確保」（意見書Ⅲの第2の2(2)ウ）という理想からは年々離れているのが現状である．

2　教員組織の問題

　法科大学院の教員組織は，もともとの大学教員である「研究者教員」と実務法曹から任用される「実務家教員」の二者によって構成される（意見書Ⅲの第2の2(2)オ，専門職大学院設置基準5条3項，平成15年文部科学省告示第53号2条）．そして，「理論的教育と実務的教育との架橋を図る」とされているものの，実際上，理論的教育は研究者教員に，実務的教育は実務家教員に割り振られており，両者の「架橋」が十分に図られるには至っていない．このことが，カリキュラム全体の有機的統合の作業が進まないことの1つの背景と見られる．

　ただし，このような二種の教員の存在は，制度創設期における過渡的な状況であり，次世代の教員像は，法科大学院出身の，理論と実務の統合を体現した人材であるべきであるが[33]，その計画的な育成と任用はまだ進んでいない[34]．

---

[32]　平成28年の対受験者合格率は，既修者が30.7%であるのに対し，未修者は11.6%であった．http://www.moj.go.jp/content/001202510.pdf（最終閲覧日：平成29年1月3日）．同様の傾向が毎年続いている．

IV　おわりに

　意見書は，20世紀末までに我々が取り組んできた「この国のかたち」を作り上げる営みの1つの到達点だったと言える．その意味で，一定の限界もあるし，その後の時代の急激な変化によって修正を余儀なくされる部分もある．本稿では，法曹像と教育のあり方を軸に論じたが，他にも意見書について論ずべき点は多い．

　現在は，司法制度改革が包蔵していた種々の弱点や矛盾が次々に露呈してきた段階であり，関係者の間には閉塞感が強い．しかし，大学院において法曹を養成するという試みはまだ始まったばかりであり，現在の閉塞を打開するために解決すべき課題は多い．その中でも，教材・カリキュラムの改善，効果的な教育方法の開発，次世代教員の育成は重要課題であり，これにより法科大学院の教育力を飛躍的に強化することが急務である．司法制度改革の成否を決する鍵は，まさに「教育」にあると思われる．

〔文　献〕

アメリカ法曹協会（宮澤節生・大坂恵里訳）（2003）『法学教育改革とプロフェッション　アメリカ法曹協会マクレイト・レポート』三省堂．
比較法研究（2011）（比較法学会編）73号．
法曹養成と臨床教育（2009, 2016）（臨床法学教育学会編）No. 5（2009），No. 9（2016）．
公益財団法人民事紛争処理研究基金編（2016）『法曹養成の新たなヴィジョンを模索する——医師養成の理念と韓国の法曹養成の現状をふまえて』商事法務．
日弁連法務研究財団編（2003）『法科大学院における教育方法』商事法務．
田中英夫（1980）『英米法総論　下』東京大学出版会．

---

(33)　拙稿「新しい法曹養成制度における実務教育の位置づけ——法科大学院における臨床教育と司法修習」比較法研究73号（2011年）94-95頁．
(34)　文部科学省の「平成29年度法科大学院公的支援見直し強化・加算プログラム」において，「持続可能な高度の法科大学院教育のための法学教員養成事業」（東京大学）と，「法科大学院修了生を理論と実務に精通した法学研究者として養成するための取組」（京都大学）が「特に優れた取組み」に採択されているのは，この問題意識の表れである．しかし，多くの大学では，第1世代の教員が順次定年に至っており，教員不足の状況が先に現出する可能性が高い．http://www.mext.go.jp/a_menu/koutou/houka/__icsFiles/afieldfile/2016/12/26/1380774_01.pdf（最終閲覧日：平成29年1月3日）

11 法科大学院による地域・社会貢献とリーガル・クリニック
―― 立命館大学での実践例と課題 ――

松 本 克 美

I はじめに

　日本に法科大学院が発足して 13 年が経った．この間，法科大学院受験者や入学者の激減，それに伴う相次ぐ法科大学院の撤退など，法科大学院制度の「苦境」や「失敗」が叫ばれている(1)．法科大学院制度の成立に至るまでの議論から今日に至るまでの過去と現在を総括し，今後のあるべき展望を示すことが今，求められているといえよう(2)．ところで「総括」という場合には「失敗」や「危機」などの消極面にだけ目を向けるのでは足りまい．法科大学院制度の発足後，大学が法曹養成教育機関としての役割を果たすことによって，それまでと違うどのような意義が生まれてきたのかという積極面にも目を向ける必要がある(3)．そしてそこに何らかの積極的な意味を見出せるのならば，それを更に充実発展させるためにはどうすべきかを検討しなければならない(4)．

---

(1) 法科大学院志願者は制度発足時の 2004 年度は 7 万 2,800 人，入学者は 5,767 人であったが，12 年後の 2016 年度にはそれぞれ 8,274 人（2004 年度の 11.4％），1,857 人（同 32.2％）である（文部科学省専門職大学院室調べ．http://www.mext.go.jp/b_menu/shingi/chukyo/chukyo4/siryo/__icsFiles/afieldfile/2016/06/27/1373565_06.pdf）．例えば読売新聞 2016 年 5 月 9 日東京・朝刊 35 頁は「苦境　法科大学院」の見出しのもと，「法科大学院の失敗」を論じている．法科大学院は 74 校から 45 校にまで減少した．
(2) 宮澤節生は法科大学院の現状の問題点の根源を法科大学院発足時の二つの潮流（「根本的改革論」と「現状維持的改革論」）の対立という観点から総括している（宮澤節生（2012）33 頁以下）．
(3) 筆者も理事を務める臨床法学教育学会の年次大会では，こうした観点からのシンポジウムを開催してきた（末尾文献欄に掲げた臨床法学教育学会第 7 回年次大会（2014），第 8 回年次大会（2015），第 9 回年次大会（2016）の各テーマ参照）．

本稿はそのような「積極面」の一つとしてのリーガル・クリニック（Legal Clinic. 以下 LC と略す）教育に焦点を当て，かつ筆者が所属する立命館大学法科大学院（以下，RSL = Ritsumeikam University, School of Law と略す）の実践例を中心に法科大学院による地域・社会貢献の意義と課題について考察を試みるものである[5]．

II　RSL の LC 教育のカリキュラム上の位置

LC は実習を通じた臨床法学教育（clinical legal education）の一つである．臨床法学教育には模擬裁判や模擬法律相談などのシミュレーション，弁護士事務所や企業法務，自治体などで短期間の実地研修を行うエクスターンシップ（Extern Ship. 以下 ES と略す）があるが，LC の特徴は，法科大学院生が主体となって実際の法律相談（法律相談型）や受任した事件への関与（事件受任型），立法改革案などの提言（プロジェクト型）を行う点にある[6]．

立命館大学では実務基礎科目（いずれも 2 単位）の 14 単位以上の単位取得を修了要件[7]としているが，そのうち，LC I（法律相談），LC II（女性と人権），ES のうち，いずれか一つを最終学位年次に履修しなければならないとしてい

---

[4] 宮澤節生はこのような観点から「臨床法学教育の将来のために何をなすべきか」を論じている（宮澤（2015）16 頁以下．また後藤昭は「法科大学院制度は失敗したのか」と自問し，「法科大学院制度は，たしかに深刻な問題を抱えている．それにも拘わらず，法科大学院を中核とする新しい法曹養成制度の構想は，やはり基本的に正しかった」とし，重要なことは「この新しい制度の特色をより良く活かす条件を作ることである」とする（後藤明（2011）38 頁．傍点引用者．以下同様）．石田眞も「法科大学院がこの 10 年間で挙げてきた成果についても，しっかりと目を向けて，その成果をかみしめる必要がある」ことを指摘する（近江編（2015）6 頁）．宮川成雄は「この 10 年，決して実績がなかったわけではなくて，今後継続していくべき重要な実績があります．それをきちんと確認をして，これから目指すべき方向を考えてみたい」とする（近江編（2015）9 頁）．

[5] 本稿は早稲田大学宮川成雄教授を代表者とする科研費臨床法学教育グループ主催・臨床法学教育学会，早稲田大学臨床法学教育研究所共催の臨床法学セミナー「地域社会へのリーガルサービスの提供と大学の課題」（2016 年 2 月 1 日・早稲田大学 8 号館 808 会議室で実施）での同趣旨の報告を発展させたものである．当日のセミナーには本稿を捧げる宮澤節生教授にもご参加いただいた．

[6] 日本の法科大学院における臨床法学教育の全体的状況を調査した報告書として，臨床系実務教育調査研究グループ（2007），科研費臨床法学研究グループ（2009）などがある．

る。いわゆる選択必修である。法科大学院の教育理念が理論と実務を架橋する点にあるとすれば、実務的なことを体験する実習教育を必須とすべしという考えがその基礎にある[8]。また最終学年に配当したのは実定法、手続法、要件事実と事実認定、法曹倫理などの授業をすべて履修した上で、実習に臨む方が実習にとって望ましいという判断に基づいている。例えば法的知識が不十分で相談対応ができるかという問題である。

これら3つの実習科目に厳密な定員を設けてはいないが、受け入れ先の数の確保という実際上の要請から、受講者の半数ほどをESに、残りを法律相談の実施に必要な学生数の確保という観点からLCⅠとⅡでそれぞれ2対1くらいの割合で受講者を割り振っている[9]。直近の2016年度の場合は、ES16名（うち女性3名）、LCⅠが15名（うち女性3名）、LCⅡが10名（うち女性2名）であった（ちなみに2017年度のLCⅡは4名全員女性）。

LCを実施している法科大学院の多くでは選択科目にしていることから、入学者の減少と司法試験勉強の圧力により、年々受講者が減少しているという声を聞く[10]。それに対してRSLでは選択必修科目のため、時間のかかる実習科目は司法試験勉強のために選択しないというような後者の要因はないが、前者の入学者減少に伴う受講生減少は深刻である。この点は後述する。

---

(7) RSLの修了要件全体は2012年度から2015年度の入学者で法律基本科目58単位以上（2016年度以降入学者で59単位以上。以下括弧内は2016年度以降入学者のカリキュラム）、実務基礎科目14単位以上（同上）、基礎法学・隣接科目4単位（6単位）、先端・展開科目24単位以上（16単位以上）、合計104単位以上（99単位以上）である。

(8) なお日弁連は2009年の「新しい法曹養成制度の改善方策に関する提言」の中で次のように指摘する。「臨床科目の取扱いは法科大学院によってかなりのばらつきがあり、また、一部には学生が司法試験を過度に意識することによって履修を控える傾向も見られる。しかし、臨床科目は、学生が自ら主体的に事案の解決に関わることにより実務の現場を体感できるのみならず、理論を意識した実務導入教育を行うことによって法理論の理解を深めるための有効な教育手法としても法科大学院のカリキュラムに不可欠の科目として位置づけられるべきである。……法科大学院の臨床科目については、その単位取得を修了要件とするとともに、一層の充実がはかられるべきである。」(6-7頁).

(9) 割り振りの基準はESは外に学生を出すので、GPAの一定の水準を満たすものという成績基準を設け、あとは、学生の第一希望から第三希望を踏まえて、実習科目担当の専任教員で構成するES・LC委員会が受講生の配分を決めている。

(10) 日本の法科大学院で最も積極的にリーガルクリニック教育に取り組んでいる早稲田大学法科大学院でさえ、近時、受講者が減少しているという指摘を前掲注(5)のセミナーで聞いた。同大学院のクリニックの詳細は近江幸治編（2015）参照。

III　RSL-LC における法律相談の実施形態

1　LC I

　LC I は民事の法律相談一般を扱う．2014 年度までは夏期集中のクラスと後期のクラスと 2 つを配置し，夏期集中のクラスでの法律相談は京都北部の舞鶴市において出張法律相談を行うという形で実施してきた[11]．大学が法曹養成を行う場合には，法科大学院が地域社会への貢献を行うことも重要だと考えたからである．もともと立命館大学と舞鶴市の間には提携協定が 2000 年度から締結されていたこともあり，また，舞鶴市は弁護士過疎地域（人口 8 万人以上に対して市内の弁護士事務所は現在でも 3 つしか登録されていない）でもあるので，RSL が LC を舞鶴市で実施することによって，地域の法的サービスの需要の一端を担う意義がある．

　広報や相談場所の提供（2016 年度は舞鶴市西駅交流センター）は舞鶴市にしていただき，9 月の夏期休暇期間中に 1 泊 2 日（1 日目は 13:30-16:30，2 日目は 9:30-14:30）で法律相談を実施している．法律相談の時間は 1 件 60 分で原則予約制（例外的に当日受付あり）で院生 2 名と監督のための教員 1 名の体制で実施している．昨年度の実績では 47 件の法律相談を受けつけた．相談内容では家族法関係の相談（相続 11 件，離婚 10 件，その他の家族問題 5 件），契約 4 件，登記 4 件，近隣紛争 2 件，借地借家 2 件などである．

　2016 年度は教員は研究者教員 4 名（うち 1 名は元裁判官で弁護士も兼任），実務家教員 3 名が担当し，また RSL の修了生で弁護士をしている OB3 名も監督に加わってもらった[12]．

---

[11]　なお 2008 年度には文科省の専門職大学院等における高度専門職業人養成教育推進プログラムとして採択された立命館大学法科大学院「地域密着型司法臨床教育の模索と拡充」事業に基づき，テレビ会議方式で舞鶴市在住市民のための遠隔法律相談も実験的に実施した．その成果の報告書として立命館大学法科大学院（2009）．

[12]　2016 年度の担当教員は生熊長幸（民法），佐上善和（民事訴訟法），和田真一（民法），平野哲郎（民事訴訟法・弁護士），和田吉弘（民事訴訟法・弁護士），彦惣弘（弁護士），山崎笑（弁護士）の各教授であった．

2 LCⅡ

　LCⅡは女性と人権に特化し，女性からの法律相談のみを受け付ける．その趣旨は，DV問題や離婚に伴う財産分与や養育の問題，セクシュアル・ハラスメント，雇用差別など，女性が直面する法的問題は多々あるが，必ずしもその種の法律相談に特化して受け付けるようなものはまだ少ないこと，これらの問題については一定の専門知識も必要であるので，将来，このような問題を扱う法曹希望者にとっても，このような法律相談を集中して扱いLCを設けることに意義がある点にある[13]．

　LCⅡでは実務家教員1名が事前研修・法律相談・事後研修に関わり（吉田容子教授・弁護士），研究者教員2名（二宮周平教授（家族法），松本克美（民法））が事前研修・事後研修を担当し，法律相談時の学生の指導・監督者として女性と人権問題に関わる実務に詳しい数名の女性弁護士に協力実務家として実質的に非常勤講師と同様の処遇で関与をいただいている[14]．LCⅡ受講者には，法科大学院の基礎・法学隣接科目である「ジェンダーと法」，「法と心理」，家事法務関連科目，応用人間科学研究科と連携した「司法臨床研究」などの受講を推薦している．

　LCⅡも当初は夏期集中と後期の2クラスを作り，いずれもRSLが所在する京都市中京区のJR二条駅から徒歩3分の朱雀キャンパス1FのLC室にて実施してきた．残念ながら入学者の減少に伴い2013年度以降は夏期集中の1クラスだけ実施している（8月末から9月中旬にかけての4回の土曜日の10:00-17:30に実施）．

　また，2016年度からは，新たに京都市と隣接する滋賀県大津市からの要請を受け，大津市と提携しての出張法律相談を大津市内で行った．LCⅡの法律相談日の4回目を大津市の明日都浜大津プラザで実施し，離婚を中心に7件の法律相談を行った．これを含めて2016年度の相談受付件数は22件，うち，離婚が13件，相続が2件，介護が2件などであった．

　LCⅡの法律相談も1件60分で，その直後に担当教員からのレクチャー（今の案件の特徴や実務上の留意点，学生の応対へのアドバイスなど）がある．相談業

---

[13] LCⅡについては，担当教員でもある二宮周平（2009）が紹介している．
[14] 2016年度には，青木苗子，糸瀬美保，岩橋多恵，小川恭子，北村純子，河野純子，原田美央子，中川朋子，村松いづみの9名の弁護士の方にご協力いただいた．

務の監督はLCⅡ担当の実務家教員1名と，相談日に実際の相談を分担していただく協力弁護士（全員女性で9名）が担当する．なおLCⅡの法律相談の特徴は4回の土曜日のうち，前半2回は実務家が相談に対応し，横で学生チーム2名がそれを傍聴し，実際の法律相談の進め方を観察し，土曜日後半2回を学生自身が相談対応し，横で協力弁護士が監督するという体制にしている．これはDV問題やセクシュアル・ハラスメントのように接し方にも細かい配慮が必要な案件も予想されることから，これらの問題を数多くとり扱ってきた弁護士の対応を見て参考にすることが望ましいと考えたからである．

また受講者には男性も多いので，女性弁護士が同席していると相談者にも安心感がある．実際の受講者の声では，複数の弁護士さんの相談対応を間近で見て，それぞれ独自の相談スタイルがあることを知ることができ，良かったという声も多い．

Ⅳ　RSL-LCの教育方法

1　概　要

LCではⅢで述べた法律相談を実施する前にLCⅠとLCⅡのそれぞれで事前研修を，相談後に事後研修を行っている．

事前研修は①良くある法律相談についての法的知識の復習的レクチャー（Ⅰでは貸金事件や近隣紛争，家事事件など，Ⅱでは家事事件手続き，DV法，セクシュアル・ハラスメントなど），②法律相談にあたっての留意点（分からないからといって沈黙しないなどの基本的なことも含む），③法律相談のロールプレイを行っている．

2　LCⅠ

LCⅠでは担当教員数が多いので，ロールプレイの際には，教員が相談者役，学生がアドバイス役で行っている．重要な法的事実を伏せていて，それを学生が聞き出すことができるか，難しい専門用語の説明にはそれでは分からないなどと言って学生に平易な言葉で説明する訓練をさせるなども行っている．

事後研修は法律相談と別の日の午後を使って，各担当チームが対応した個別のケースについての事案の紹介，アドバイス内容の紹介，それをめぐる質疑と

まとめという形で行っている．このような事後研修を行うことによって，他のチームが扱った案件やアドバイス内容も知ることができ，また，自分たちでは気のつかなかったような論点や考え方などを知ることができ，学生の理解が深まる．

3　LC Ⅱ

事前研修のロールプレイは学生同士が相談役とアドバイス役のそれぞれを交代しながら行い，それにつき適宜，教員がコメントを行うという形で進めている．またLC Ⅱ受講者に受講を推薦している応用人間科学研究科との連携科目「司法臨床研究」（2単位）では，LC Ⅱ担当の吉田容子教授・弁護士と応用人間科学研究科の村本邦子教授（臨床心理士としても活躍）のチームティーチングのもと，両研究科の院生に法律及び心理の両側面からDVやセクシュアル・ハラスメント，性暴力被害の問題などを検討し，心理的カウンセリングと法的カウンセリング（法律相談）の違いを実際のロールプレイで体験するというユニークな試みを行っている[15]．

事後研修はLC Ⅰと異なり，相談を行った次の週の3時限目から5時限目（13:00〜17:50）までに事後研修を合計4回行っている．進め方はLC Ⅰと同じだが，従来の判例や実務的取り扱いとの関係，教科書にも載っていないような事案ではどのような法的手段が考えられるかを議論するなど，1件あたりに相当な時間をかけ，また，次の事後研修日までに調査しておく課題を出すこともある．

Ⅴ　LCの成果

1　法律相談としての意義

LCの法律相談に来ていただいた方には，事後にその場でアンケートに答えていただいている．回答のほとんどは，無料かつ60分の法律相談で普通の無料法律相談に多い30分の2倍ほど時間があってゆっくり話すことができた，学生が真摯に対応してくれて良かった，法的な問題点や手続きがわかり良かった

---

[15]　「司法臨床研究」については，松本克美（2013）119頁以下参照．

など肯定的な感想がほとんどである．

事前研修も行った上での法科大学院の正式な授業科目であること，弁護士や教員が監督していること，1 回だけの法律相談であることを周知して広報しているので，相談に来られる方もそれを前提に相談に来られる．弁護士事務所を訪ねたり，直接，弁護士が対応するその他の法律相談よりも，法科大学院生が対応するので敷居が低く利用しやすいという面と，法曹になるために法科大学院に来ている学生が授業として取り組んでおり，弁護士や教員が監督もしているという信頼感がある面とがあるのであろう．

2 教育上の効果

受講生からも事後研修の最後に授業アンケートを取っている．こちらも法律相談自体については肯定的な評価がほとんどである[16]．「事実を整理し，法的問題点を発見する重要さを実感した」，「自分の法的知識の足りなさ，運用力不足を痛感した」，「専門用語の羅列ではなく，市民の方にわかりやすく説明する難しさ，重要性を実感した」，「判例の問題点，法制度の不備や法の限界を知ることができた」，「授業では前提となっているような事実（夫の収入や資産）自体が不明確，どうやって証拠を集めるのかが非常に重要ということを実感できた」，「悩んでいる方を目の前にして法曹の使命を自覚した」，「弁護士による相談スタイルの違いを知ることができた」など．これらは，座学として法律を勉強しているだけでは決して体験できないことであり，かつ，法曹として実際に仕事をしていく上で日々直面する問題である．また法科大学院修了後の第一関門である司法試験自体が何が出るかわからない問題をその場で事実を整理し法的問題を発見し，法的知識を運用する試験なのであるから，司法試験との関連でも LC は教育上非常に効果があるといえよう[17]．

3 地域社会貢献

LC が市民に対する無料法律相談を実施するということは地域・社会のリー

---

[16] 実際にこれを受講した修了生で司法修習生の時点での感想意見につき佐藤邦男（2009），弁護士になってからの感想意見につき髙坂明奈（2013）参照．髙坂は現在，大阪の女性協同法律事務所に所属し，大阪弁護士会で会員向け DV 研修を担当するなど，まさに女性の人権のために活躍している．

ガルサービスの需要の一翼を担うということでもあり，その意味で法科大学院，大学としての地域・社会貢献をしていることになる．

この点，立命館大学のLC Iは舞鶴市という弁護士過疎地域での無料出張法律相談を行うことにより，地域の法的ニーズに応えている．またLC IIは京都市で相談業務を行ってきたが，京都市だけでなく，宇治市や高槻市など近隣の市民も相談に来ており，京都市を中心とした近郊の地域の女性と人権に特化した相談のニーズに応えるものとなっている．さらに2016年度からは大津市と提携した出張法律相談を行っている．大津市は舞鶴市とは異なり，滋賀県の県庁所在地で人口は34万人，市内の弁護士事務所数も70数箇所あり，弁護士過疎地域ではないが，母子世帯を中心とした離婚と養育費の問題などについての無料の法律相談は，市が提供しているものだけでは需要を充せないということなので，この意味で，大津市へのLC IIの出張法律相談の意義は大きいと言えよう．

VI 今後の課題

1 入学者減少への対応

以上のように，LCによる法律相談は教育上の効果も高く，また，地域・社会への貢献にもなっている．したがって，これを維持発展させていくことが課題である．そのために現下で重要な問題は，入学者の現象がLCに与える影響である．

前述したように，RSLでは実習科目を選択必修としているので，これを単純な選択科目とした場合に懸念される司法試験の受験のために時間のかかる実習科目は履修しないという現象は起きない．しかし，入学者全体が減少すれば，それと連動してLC受講者の人数も減少する．先に述べたように，LC IもLC IIもかつては夏期集中と後期の2クラス体制であったが，近時は夏期集中1ク

---

(17) この点については，松本克美（2007），同（2012）も参照されたい．花本広志は学習科学の観点から，「学習者自身が主体的に現実の問題の解決に取り組むことになる臨床法学教育は，深い理解を伴う学習を促進」し，「法律専門職としての倫理観と責任感を涵養すること」にも「きわめて有用であること」を強調する（花本広志（2009）44頁以下）．

11 法科大学院による地域・社会貢献とリーガル・クリニック〔松本克美〕

ラスのみに縮小せざるを得なかった．地域・社会への貢献という点からいえば，需要はあるのに，対応件数を減らしたことになるので，後退したことになり残念である．

　入学者減はこのあたりで底をうたせ，今後は入学者増を目指したいのはもちろんであるが，そのためには個別法科大学院の志願者増だけでなく，そもそも法曹志望者全体を増やすことが重要である．また，理論と実務を架橋しプロセスとしての法曹養成教育が重要だということで法科大学院制度を作ったのであるから，その理念を空洞化するような予備試験であってはならないはずである．予備試験に合格すると司法試験を受験する資格が与えられる．しかし予備試験の問題は，いわゆる法律基本科目（憲法・行政法・民法・商法・民事訴訟法・刑法・刑事訴訟法の7科目）と民事・刑事の要件事実や証明責任を問い法律実務基礎科目，それに一般教養科目についての短答式及び論述式試験，そしてそれらの合格者に対する口頭試験のみである．

　他方で法科大学院では法曹倫理や多様な先端・展開科目，基礎法学・隣接科目，法科大学院によっては実習科目なども履修して単位を取らなければ修了できないのである．法律基本科目以外には試験の対象としていない予備試験はそもそも法曹養成制度の理念に真っ向から反するのであり，廃止も含めて根本的に再検討すべきである[18]．

　予備試験が実施されるようになってから，法科大学院志願者の減少に拍車がかかった[19]．これは法科大学院を経由しなくても法曹になれる（法律基本科目と要件事実論さえ勉強すれば良い）というメッセージを予備試験が強烈に出しているからである．その上，予備試験合格者は司法試験合格率が高いなどという表面的な報道がなされ[20]，予備試験合格者の相当数を法科大学院生が占めている事実[21]や予備試験の受験者全体から見ると司法試験合格率は3％にも満たな

---

[18]　既に5年前に宮澤節生は「無制約の予備試験」は「いまや法科大学院制度自体を崩壊させる存在となりつつある」と指摘していた（宮澤（2012）44頁）．臨床法学教育学会10周年記念第2回プレシンポジウム「新しい法曹象を軸とした『教育』と『試験』の統合−司法制度改革の理念の再生に向けて」での大澤恒夫報告もこの点を強調した（大澤恒夫（2017））．

[19]　予備試験が初めて実施された2011年度の法科大学院志願者は22,947人，2016年度は8,274人である．RSLも2011年度入学者133名だったのが，2016年度は30人と激減している．

い旧司法試験並みの合格率しかないこと[22]はほとんど報道されない．マスコミは報道の社会的責任を果たすべきであろう．

2 LC の発展と司法試験

RSL で LC をカリキュラムに設置する上で参考にするためにアメリカのロースクールを手分けして視察した．筆者もワシントン DC のアメリカン大学とジョージタウン大学の LC 担当教員にインタビューする機会を得た[23]．日本と異なり法科大学院生に裁判への関与が認められるアメリカでは，事件受任型のLC も数多く行われ，しかも最終学年では LC 中心の学生生活になると聞き，感心したものである．

大学が法曹養成教育を行うことの意義には，現状にただ追随するのではなく批判的な視点で問題解決のための妥当な法的手段や立法・判例上の問題点を克服する新たな視点を養い，それを実務に活かせる理論的な発展にも寄与することなどが求められる[24]．また，LC のように無料のサービスを市民に提供することによって地域・社会のリーガル・サービスの一翼を担うこともできる．

この意義で LC を充実させていくことは社会全体にとっても大きな意義があ

---

[20] 2016 年度の司法試験合格発表後の新聞報道の見出しは「法科大学院ショック　司法試験合格減　予備試験組は好調」（朝日新聞 2016 年 9 月 7 日東京朝刊 34 頁），「司法試験合格　大幅減 1538 人，初年除き最低，予備試験組は最多」（日本経済新聞 2016 年 9 月 7 日朝刊 38 頁）といった具合である．

[21] 法務省が公表したデータによると，2016 年度の予備試験合格者の資格で司法試験に合格した 235 名中，法科大学院修了者が 19 名，法科大学院在学者が 86 名，法科大学院中退者が 3 名で，これらの者を合計すると 108 名（46%）であった（http://www.moj.go.jp/content/001202510.pdf）．

[22] 2015 年度の予備試験の受験者は 10,334 名，予備試験合格者は 394 名で，翌年度の司法試験合格者のうち予備試験合格者は 235 名である．すなわち，予備試験の受験者のうち翌年の司法試験に合格した者の割合は 2.3% に過ぎないのである．2016 年度の司法試験における法科大学院修了者の合格率は 20.7% なのであるから，予備試験受験者全体の司法試験合格率はその 10 分の 1 程度に過ぎないが，このような事実はほとんど報道されていない（データは前掲注[21]法務省公表データによる）．

[23] その成果の一端は二宮周平・村本邦子編 (2006)「第 II 部　米国調査に学ぶ法と心理の協働」を参照されたい．

[24] 須網隆夫は「クリニック教育の目的の一つは，現在の法実務を常に批判的に捉えて，それを改善していくという，既存の法実務・法令・法解釈に対する『批判的アプローチ』を，学生に身に付けさせること」にあることを強調する（須網隆夫 (2009) 12 頁．

ると言える.

　現在の日本の法科大学院を取り巻く状況の中では司法試験の受験勉強の圧力のもと，例えば受任型のLCの導入実現は容易でない．教育上の効果も高く，地域社会への貢献度も高いLCの充実・発展を目指すならば，現在の平均合格率23%にも満たない[25]法律基本科目中心の司法試験の内容・あり方も変革すべきことになろう．

　厳格な成績評価・修了認定の元に法科大学院を修了したものには法曹になる基本的資質はあることを前提に，司法試験は，これを間違えるようであれば法曹にはなれないというような基本的な問題に限定すべきではないか[26]．司法試験が資格試験であるならば，本来は合格者数にも安易に上限を設けるべきではあるまい．「資格試験」と言いながら，あらかじめ合格者数を決めているのであれば，それは通常の大学入試と同じく「競争試験」であって資格試験などではない．受験者数に対して最初から合格者数が議論され合格者数を絞っているとすれば[27]，大量の不合格者が出ることは必然となっているのである[28]．法科大学院の教育の質が悪いから司法試験の合格率が低い，だから法科大学院は廃止すべきだなどという議論があるとすれば，それは全く「ためにする議論」でしかない[29]．

3　LCと研究

　法科大学院設立以降，法学研究者養成の危機が叫ばれている[30]．当初は法科

---

[25]　全受験者に対する司法試験合格率は2016年度で22.9%である（法務省HP参照．http://www.moj.go.jp/content/001202510.pdf）．

[26]　この点はすでに10年前から論じている（松本克美（2007））53頁参照．

[27]　2015年6月30日に政府の法曹養成制度改革推進会議は司法試験合格者数を1500名程度とすることを提言している．

[28]　ちなみに2016年度の司法試験受験者は6,899人，合格者は1,583名であった（前掲注[25]の法務省公表データ）．合格者数を1,500名程度とすることを予め想定しているとすると，最初から5,300名近く（受験者の77%）は不合格となる試験なのである．「資格試験」を一定の水準を充たしたら合格する試験と言うのであれば，現行司法試験は明らかに資格試験ではなく想定された合格者数規模になるように試験点数上位者から選抜する競争試験である．

[29]　法科大学院が教育の質を上げる努力を絶えずしていく必要があることは当然である．しかし，教育の質は司法試験合格率に還元されるものではない．

Ⅵ 今後の課題

大学院経由で研究者になるものを養成することも目指されたが，専門職大学院としての法科大学院での試験勉強の圧力のもとで研究能力を養成するのは難しい．この意味でも上述した司法試験の基本問題化による改革が望ましい．

また，現代社会における法律問題の解決には他分野の研究者・専門職との連携がますます重要になっている．

筆者が所属する立命館大学では学際的な大規模研究プロジェクトをいくつか立ち上げ，若手研究者の養成にも力を入れている．筆者自身も2012年度から2015年度の法心理司法臨床センターのプロジェクトの中で，「被害者支援グループ」のグループリーダーとして参加し，法と心理の観点からの時効論や損害論の構築を，実際の事件との関係で検討してきた[31]．また立命館大学では同プロジェクトの発展形態として，2016年度から2020年度の5年間のプロジェクトして修復的司法プログラムを設立し，その中には冤罪事件の被害者を支援する日本版イノセンス・プロジェクト（IP）も設置している[32]．IPの源流のひとつはアメリカのロースクールのLCにある[33]．ロースクールの院生が冤罪事件に取り組みIPを発展させた面がある．理想を言えば，法科大学院のLCにプロジェクト型のものを設置し，このようなプロジェクト研究に法科大学院生が関与できるような仕組みを作れると，他専門領域の研究者・実務家との連携を体験できることにもなり，法曹養成にとっても将来の研究者養成にとってもプラスになると思うが，司法試験勉強の圧力の強い現状では，難しい[34]．とり

---

[30] 法科大学院後の研究者養成の課題については，広渡清吾（2009），同（2010），吉村良一（2010）参照．

[31] その成果の一端は，松本克美（2016），（2017a），松本克美・田篭亮博・森田安子・木戸彩恵・中村仁美・山口慶江・サトウタツヤ（2014），松本克美・村本邦子・安田裕子・金成恩・後藤弘子（2015），松本克美・金成恩・安田裕子（2016），木戸彩恵・松本克美・今飯田佳世子・大倉得史・大久保智生（2016），髙田沙織（2016）などを参照されたい．このうち，山口慶江，髙田沙織はRSLのLCⅡ受講者である．

[32] 正確には立命館グローバル・イノベーション研究機構拠点形成型R-GIRO研究プログラム「修復的司法観による少子高齢化社会に寄り添う法・社会システムの再構築」（代表・若林宏輔・総合心理学部准教授）で，この中に3つの研究グループ（1「修復的司法理論の展開」，2「刑事領域における日本版イノセンス・プロジェクトの創生」，3「民事法領域でのケアと修復」）をつくり，学内外の法学，心理学，情報学，社会学等々の研究者や臨床心理士，弁護士等の実務家総勢33名を結集している．日本版イノセンスプロジェクトについては，稲葉光行（2016），笹倉香奈（2016）参照．

[33] 指宿信（2009），笹倉香奈（2012）など参照．

あえず，法科大学院を修了して弁護士になった層をこのようなプロジェクトに積極的に関与してもらおうと構想している[35].

〔文　献〕
後藤昭(2011)「法科大学院制度は失敗したのか」法律時報83巻4号34-38頁.
花本広志(2009)「法学教育における臨床教育の意義について――学習科学の知見から」法曹養成と臨床教育2号26-46頁.
広渡清吾(2009)『知的再生産構造の基盤変動――法科大学院・大学・学術コミュニティーの行方』信山社.
――(2010)「法学における若手研究者養成について――何が問題か」法の科学41号92-101頁.
稲葉光行(2016)「日本版イノセンス・プロジェクト――えん罪救済センターの役割と展望」季刊刑事弁護88号72-75頁.
科研費臨床法学研究グループ(2009)「臨床法学全国クリニック調査報告書」臨床法学セミナー6号1-100頁.
木戸彩恵・松本克美・今飯田佳世子・大倉得史・大久保智生(2016)「容貌変容と法心理――被害者支援のためのアプローチの検討」法と心理16巻1号86-93頁.
髙坂明奈(2013)「法科大学院での学びと弁護士業務」法曹養成と臨床教育6号143-146頁.
大澤恒夫(2017)「司法試験の抜本改革」臨床法学教育学会10周年記念第2回プレシンポジウム「新らしい法曹象を軸とした『教育』と『試験』の統合――司法制度改革の理念の再生に向けて」報告.
近江幸治編(2015)『クリニック教育で法曹養成はどう変わったか？――リーガル・クリニック創設10周年の検証』成文堂.
松本克美(2007)「日本における法曹養成とクリニック教育――研究者教員の視点から」法律時報79巻2号49-54頁.
――(2012)「実定法教育への臨床的視点の導入-立命館大学法科大学院・民法演習での試み」法曹養成と臨床教育5号163-167頁.

---

(34) ちなみにカネミ油症新認定訴訟原告の損害論と時効論の構築支援の研究グループには，当時立命館大法学部4回生の山口慶江が参加し，長崎県五島列島での原告へのインタビュー調査を始め，法と心理学会ワークショップにも報告者として参加した．山口はその後，RSLに進学し，アメリカのイノセンスプロジェクトの現地調査にも参加している（現在，RSLを修了し，立命館大学衣笠総合研究機構補助研究員，RSL法務専修生）．それらの経験については，山口慶江（2016）参照.
(35) 修復司法プロジェクトには，文学部心理専攻からRSLに進学し現在弁護士をしている高田沙織も参加している（高田沙織（2016）も参照されたい）．

Ⅵ　今後の課題

―(2013)「法曹養成教育における法と心理学の連携 ―― 臨床心理の成果の導入の試み」法曹養成と臨床教育 6 号 117-121 頁.

―(2016)「時効論・損害論への法心理学的アプローチ ―― 民事損害賠償請求における被害者支援のために」立命館大学・人間科学研究 33 号 3-13 頁.

―(2017a)「民事消滅時効への被害者学的アプローチ ―― 児童期の性的虐待被害の回復を阻害しない時効論の構築のために」被害者学研究 27 号.

―(2017b)「従軍『慰安婦』被害に対する法的責任論 ―― 修復的正義の視点から」立命館大学・コリア研究 8 号.

松本克美・金成恩・安田裕子(2016)「児童期の性的虐待被害とその回復をめぐる法心理 2 ―― ドイツ・韓国調査の報告」法と心理 16 巻 1 号 69-74 頁.

松本克美・松村歌子・立石直子・桑田道子・村本邦子(2007)「法曹養成教育における法と心理の連携 ――『司法臨床』科目・リーガル・クリニックにおける連携」法と心理 6 巻 1 号 63-70 頁.

松本克美・村本邦子・安田裕子・金成恩・後藤弘子(2015)「ワークショップ・児童期の性的虐待被害とその回復をめぐる法と心理」法と心理 15 巻 1 号 84-89 頁.

松本克美・田篭亮博・森田安子・木戸彩恵・中村仁美・山口慶江・サトウタツヤ(2014)「ワークショップ・損害賠償請求権と時効・除斥期間問題への法と心理からのアプローチ ―― 訴訟継続中のカネミ油症新認定訴訟を中心に」法と心理 14 巻 1 号 71-76 頁.

宮澤節生(2012)「法科大学院論争のひとつの考古学 ―― 異なる法科大学院構想における司法研修所の位置付けを中心に」法曹養成と臨床教育 5 号 33-45 頁.

―(2015)「法科大学院が引き込まれた『負のスパイラル』と臨床法学教育学会の課題」法曹養成と臨床教育 8 号 1-18 頁.

日本弁護士連合会(2009)「新しい法曹養成制度の改善方策に関する提言」.

二宮周平(2009)「立命館大学法科大学院・リーガルクリニックⅡ女性と人権」法曹養成と臨床教育 1 号 127-132 頁.

二宮周平＝村本邦子編(2006)『法と心理の協働 ―― 女性と家族をめぐる紛争解決へ向けて』不磨書房.

臨床系実務教育調査研究グループ(2007)法科大学院等専門職大学院形成支援費プログラム「実務基礎教育の在り方に関する調査研究」プロジェクト「法科大学院における臨床系実務教育の現状と課題」.

臨床法学教育学会第 7 回年次大会(2014)「全体シンポジウム・法科大学院は何を成し遂げ，何を目指すのか ―― 司法制度改革の 10 年とこれから」法曹養成と臨床教育 7 号 22-77 頁.

臨床法学教育学会第 8 回年次大会(2015)「全体シンポジウム・法曹の中核的価値と法科大学院教育の役割」法曹養成と臨床教育 8 号 20-85 頁.

臨床法学教育学会第 9 回年次大会(2016)「全体シンポジウム・新しい法務人材の育成と法科大学院教育の到達点」法曹養成と臨床教育 9 号 20-84 頁.

11 法科大学院による地域・社会貢献とリーガル・クリニック〔松本克美〕

立命館大学法科大学院(2009) 立命館大学法科大学院「地域密着型司法臨床教育の模索と拡充」事業報告集『リーガルクリニックと地域との協働——DV 当事者の支援と DV 防止教育への展望を含めて』.

笹倉香奈(2012)「イノセンス・プロジェクトの活動とそのインパクト」季刊刑事弁護 71 号 189 頁.

——(2016)「えん罪救済センターの始動——日本版イノセンス・プロジェクトの可能性」法学セミナー 736 号 1-3 頁.

須網隆夫(2016)「臨床法学教育の実践と展望——法科大学院制度動揺の時期に」法曹養成と臨床教育 2 号 1-25 頁.

高田沙織(2016)「弁護士実務における法と心理」法曹養成と臨床教育 9 号 169-170 頁.

山口慶江(2016)「専門家協働による被害者支援の実践を学ぶ」法曹養成と臨床教育 9 号 196-199 頁.

吉村良一(2010)「コロキウム＝ロースクール設置後の研究者養成の現状と課題・趣旨説明及び課題提示」法の科学 41 号 91 頁.

12 日本における近時の「法科大学院問題」に寄せて
——タマナハ『アメリカ・ロースクールの凋落』との出会いを機縁として——

川 嶋 四 郎

I　はじめに —— 問題の所在

　日本の法科大学院制度とそれを取り巻く環境を考えるために，まずこのような所感から始めたい．

　ある日，私は空港にいた．ハリケーンが接近しており，ふだんよりも強い風が吹き，横殴りの雨も降っていた．欠航になるかもしれないと思いながら，私は，ざわめくロビーで搭乗案内を待っていた．出発予定時刻を過ぎ，ようやく条件付きながら搭乗を知らせるアナウンスが流れた．乗客の顔には心配の表情も読み取れたが，私は，それほど心配することはないと思った．なぜなら，かなり前にコックピットに向かった機長と副機長の姿を覚えていたからである．機長は，年配の操縦士であった．

　もし私が見た操縦士が若い2人だったら，多少は心配したかもしれない．経験と実績を重ねていることの意義は，そこにあると思った．「亀の甲より年の功」とは，よく言ったものである，すべてがそうではないとしても．

　ところで，日本の法曹養成制度では，学部（特に，法学部）の飛び級や早期卒業を通じた法科大学院入学システムの許容，法科大学院における修学年限を短縮するための既修者コースの設置，さらには，法科大学院教育のプロセスを蔑ろにした予備試験制度の普及等，若年法曹の誕生を促進する様々な仕組が公式に設けられ，一定の評価さえ受けている．2001年6月12日に公表された司法制度改革審議会の『意見書』[1]は，法曹を「社会生活上の医師」に準えてい

---
(1)　http://www.kantei.go.jp/jp/sihouseido/report/ikensyo/（最終アクセス，2016年12月5日）．

るが，医師養成過程では，若年医師の誕生を促進する多様な方策が現実に採用されているとも思われない[2]．高度の専門職を養成するためには，一定のプロセスが必要になると考えられるからである．

日本の法科大学院は，アメリカのロースクール制度をモデルとした側面が強いとされているが，学部段階には法学部が存在せず，国家（連邦・州）レベルにおける司法研修所も存在しないアメリカの制度とは，ずいぶん様相を異にするように思われる（ただし，アメリカでは，飛び級や早期卒業に相当する制度は，大学に至る教育システムのなかに垣間見ることができる．また後述のように，2年制ロースクールに関する議論もみられるが，若年法曹の輩出という視点とは異なる背景がある．）[3]．

しかし，法科大学院における修学年限の問題は，ただ若年法曹の輩出の当否の問題だけではなく，学生（法科大学院生）の学費問題等とも関係する．仮に司法試験の合格率の低さは措くとしても，司法研修所における1年間の研修期間が無給とされたことにより，法曹志望者の経済的な負担がより深刻な問題となり顕在化するからである．

近時日本で翻訳され出版された，タマナハ著の『アメリカ・ロースクールの凋落』（原題は，Failing Law Schools．以下，この訳書を「本書」と呼ぶ．）は，アメリカ・ロースクール学生の経済的な負担をも視野に入れた著作であった．こ

---

[2] ただし，国内で初めて，関西のある国立大学医学部（京都大学医学部）が，2016年度入試（2015年度実施）で，高校2年生から医学部への「飛び級入学」を受け入れると，発表したとのことである．毎日新聞・日本経済新聞2014年3月26日（電子版）を参照．しかし，試験の結果，合格者はいなかったとのことである．京都新聞2016年1月13日（電子版）を参照．

[3] ただし，少し前に，オバマ大統領がロースクール（J. D. コース）を3年制から2年制に短縮することを支持したというニュースが流れたとのことである．宮澤節生「LL. M. オリエンテーションはどのように行われているか──米国ロースクール教員の現場レポート(1)」NBL1012号31頁（2013年）を参照．

なお，同志社大学法学部では，「ダブルディグリー・プログラム」を実施し，修士課程の在学生を対象に，2年間で同志社大学と他大学（チューリッヒ大学〔スイス〕，シェフィールド大学〔イギリス〕，成均館大学〔韓国〕）で修士の学位を取得することができる制度や，学部学生を対象に，2年間でアリゾナ大学ロースクールにおけるJ. D. の学位を取得することができる制度を，それぞれ提供している（後者については，2016年12月の時点で，1名がJ. D. の学位を取得し，1名が同大学ロースクールにも在学中である．）．

II 『アメリカ・ロースクールの凋落』？

の小稿は，近時日本で取り沙汰されている，いわゆる「法科大学院問題」とされるもの自体にかねてから違和感を感じていたなかで[4]，本書の出来により，より大きな視点からアメリカのロースクール制度を眺め，また，日本の法科大学院を取り巻く真の問題に目を向けながら考えなければならないと思い，若干の検討を行わなければならないと考えたことに由来している[5][6]．

II 『アメリカ・ロースクールの凋落』？――この著作の含意

1 本書の公刊時における日本の状況

国民にとっては，いわば「希望の司法制度」ともいえる「21世紀の日本を支える司法制度」を構築するために，上記『意見書』は，司法制度の三つの柱を盤石なものになすべきことを提言した．それは，「国民の期待に応える司法制度の構築（制度的基盤の整備）」，「司法制度を支える法曹の在り方（人的基盤の拡充）」，および，「国民的基盤の確立（国民の司法参加）」であり，人的基盤を拡充するために，プロセスを通じた法曹養成過程の中核として，新たに法科大学院制度が設けられた[7]．現在，この法科大学院制度は，当初の理想や基本構想とは異なり，たとえば，受験者数の激減（社会人志願者の激減も含む．），司法試験の合格者数の頭打ち，大学間格差，閉校数（募集停止校数も含む．）の増加，予備試験の隆盛化等の諸問題に直面しており，また，司法研修所における

---

(4) たとえば，川嶋四郎「日本の法科大学院における法曹養成の課題と展望――研究者教員の観点から」比較法研究73号80頁（2012年）ほか，同号所収の様々な論文等をも参照．

(5) 宮澤先生は，法曹養成制度や法科大学院制度についても，折に触れ建設的な具体的提案を数多く行われてきた．これまで，テキストの執筆や学会での活動等でご一緒させていただき，様々な知見やインスピレーションを授けていただいたことに，心から感謝するとともに，今後ますますのご健勝，ご活躍を心から祈念して，この小稿を捧げたい．

(6) 私のアメリカでの経験も，本稿には生きている．その一端については，たとえば，川嶋四郎『アメリカ・ロースクール教育論考』（弘文堂，2009年）等を参照．それは，1993年に，いわば僥倖により，アメリカのノース・カロライナ大学で研究する機会を得たことから始まる．

(7) この点について詳しくは，たとえば，四宮啓「法曹養成制度の現状と課題」国立国会図書館・国政の論点（平成26年5月7日）（2014年）1頁，後藤昭「法科大学院の10年とこれからの課題」法曹養成と臨床教育7号（2014年）26頁，川嶋・前掲論文注(4) 80頁等を参照．

司法修習の無給化，マスコミが報道する弁護士の就職難や収入問題等（ある種のネガティブ・キャンペーン），ひいては，文部科学省による財政面等からのコントロール等ともあいまって，冬の時代を迎えている．

特に，2015年6月末に，政府が，本来資格試験であるはずの司法試験の合格者数を，当初の3000人から，「1500人程度以上」と変更し，各法科大学院が各年度の修了者の司法試験累積合格率がおおむね7割以上となる教育を目指すことを要請する旨等を決定したこと[8]から，今後ますます法科大学院制度への風当たりが強くなることも予想される．2012年夏にはそのような帰結を導くこととなった政府の有識者会議（法曹養成制度推進会議）が設けられ，その第1回会合が開かれる前の2013年4月に，『アメリカ・ロースクールの凋落』[9]という衝撃的なタイトルをもつ本書が出版されたのである[10]．

2　本書の大要[11]

(1)　書名の含意？

本書の内容は，その訳書のタイトルの広範さとはやや異なり，主としてロー

---

[8] たとえば，毎日新聞2015年6月30日（電子版）等を参照．

[9] ブライアン・タマナハ（樋口和彦＝大河原眞美訳）『アメリカ・ロースクールの凋落』（花伝社，2013年）．訳者の一人である樋口弁護士によって，「法曹養成検討会議での議論が終わらないうちに出版しようとの強い意向を持って」この訳書が出版されたと，「訳者あとがき」の掉尾に記されている（なお，本書の帯には，私の個人的な印象とは異なるが，「日本の法科大学院のモデルになったアメリカ・ロースクールの惨状」というキャッチ・コピーが記されていた．）．書評として，戒能通厚「法科大学院に『持続可能性』はあるか――『アメリカ・ロースクールの凋落』の書評に代えて」法と民主主義480号（2013年）72頁〔本書は，「ロースクールを根底から揺るがすような『告発の書』が書かれたことで，大きな反響を呼んでいる」と記されている．〕，大坂恵里「書評」法曹養成と臨床教育7号（2014年）180頁〔臨床法学教育学会の学会誌に掲載されたこの書評は，本書全体の評価とともに，特に，本書に垣間見られる臨床法学教育〔リーガル・クリニック〕への基本スタンスに対する興味深い指摘がみられる．なお，本書のアメリカにおける主要な書評についても言及されている．また，本書が，著者の「期待どおり，アメリカの法学教育界法曹界に大きな波紋を及ぼすことになった．」ことも，具体的に紹介されている．〕等がある．

[10] 原著は，Chicago University Pressから，2012年に刊行されている．その頃，サン・フランシスコのヘイスティングス・ロースクールで教鞭を執られていた宮澤教授は，米国ロースクールの現職教授が書いた本が，原題以上に危機的な響きをもつ邦題で出版されたと，指摘されている．宮澤・前掲論文注[3] 31頁参照．

II 『アメリカ・ロースクールの凋落』？

スクール制度における経済的側面に関する議論に限定されている．それは，ロースクールの財政問題であり，教員の給与問題であり，学生の経済的な負担の問題である（ただし，それらとの関係で，様々な課題にも言及されているが，教育的側面には深く立ち入らない旨が明言されている〔本書9頁〕）[12]．

Failing の動詞形は，Fail であり，名詞形は，Failure である．Failure は，破産や支払不能を意味する，Bankruptcy や Insolvency と類語であり，一般には，うまく行かないことや失敗することを意味するが，本書での用法は，特に経済面・財政面でのそれを意味すると考えられる．印象的には，本書は，『経済破綻に瀕している法科大学院』の実情を語る書籍である．しかしそれでも，Failing という用語が多義的であり，Without や Unless という意味も存在することから，もう一つのタイトルとして，仮定法的（あるいは反語的）に，『もしもロースクールがなければ……』等と訳すことも可能であるように思われる．そのことから明らかなように，本書のタイトルは意味深長であり，そこからは，単にアメリカ・ロースクールの問題点だけではなく，希望の曙光さえ垣間見ることができるようにみえるのである（あるいは，厳しい論調のなかに，一筋のユーモアの光を感じることもできる．最終章の最後の項目は，「未来への希望」である〔本書219頁〕．）．

このように本書の論述の主題が，アメリカ・ロースクールの経済的側面に関する論評を中心とすることから，その限りで，海の向こうの異なる制度固有の問題という側面もなくはない[13]．しかし，本書は，日本の公立2校を除くほとんどの法科大学院に対する文部科学省の予算面でのコントロール（現在では，「法科大学院公的支援見直し強化・加算プログラム」を通じた法科大学院コントロール）が，いかに大きなインパクトを個々の法科大学院に与えるかを間接的に知るための傍証を満載しているとも考えられる．

本書の著者 Brian Z. Tamanaha は，セント・ルイスにある私立ワシントン大

---

(11) 当初は，本書全体の紹介と検討を予定していたが，紙幅の関係で，本小稿では，本書の全体にわたるコメントを行うことはできなかった．特に，第2部「ロースクール教授について」と第3部「USニュースの格付け」は，若干の言及にとどめているにすぎない．
(12) 大坂・前掲書評注(9) 182頁も参照．
(13) アメリカ・ロースクールにおける様々な教育面からの日本の法科大学院教育に対する示唆としては，川嶋・前掲注(6)の各章を参照．

255

学ロースクールの教授であり，現在，比較法，法哲学，法曹倫理，不法行為法のクラスを担当している(14)．

本書は，「序章」および「4部14章」からなる．原著の全訳である．

(2) 身を捨ててこそ浮かぶ瀬もあれ？

「序章」は，「ロースクールの危機（1997年ころ）」と題されている．そこでは，著者が，ニュー・ヨーク市にあるセント・ジョーンズ大学のロースクール准教授時代に，暫定ロースクール長として改革を行った経験に基づいて，本書を著したことが述べられている．当時，たとえば，教育に関心をもたない教授，弁護士業に忙しく本業があたかも副業のようになっている教授，数年間に一本も論文を書いていない教授，士気の低い学生，USニュースの格付けの低下（Cランク〔101～150位〕からDランク〔151～200位〕への下落）等，問題が山積しているなかで，ロースクール長が辞任し，その跡を受けて，終身在職権（tenure）を得ていない准教授の著者が，暫定ロースクール長となり，改革の大鉈を振ったのである．

その結果，一定の成果は上がったという．たとえば，相当多くの教授が退職し，研究業績の多い教授陣を有するロースクールになり，USニュースの格付けは，もとのCランクに戻ったという(15)．しかし，著者が暫定ロースクール長に在職していた時代は，「全員にとって悲惨な時期だった．色々な手段を取った．たとえば，教授の給与（私〔著者〕のも含めて）を凍結し，研究調査の旅費を切り詰め，新規採用者を除いて夏季研究費補助を廃止し，教授の財布からお金を取り上げた．こうして浮かした分を，学生の奨学金の増加と授業料値上げの1年間凍結に使った．」（本書20頁）という．

日本とは異なり，アメリカのロースクールには定年という概念がないことから，確かに退職の時期は難しい．自己責任に基づく自己決定が要求される．私がアメリカに滞在していたときには，たとえば，小川洋子著の『博士の愛した数式』(16)に登場する，交通事故のために記憶時間が限られた博士のように，前

---

(14) https://law.wustl.edu/faculty_profiles/profiles.aspx?id=7287（最終アクセス，2016年12月5日）．それによれば，本書は，韓国や中国でも翻訳され出版されるとのことである．

(15) 最新のUSニュースの格付け（2016年版）については，http://grad-schools.usnews.rankingsandreviews.com/best-graduate-schools/top-law-schools（最終アクセス 2016年12月5日）を参照．

Ⅱ 『アメリカ・ロースクールの凋落』？

日に翌日の講義の予習をしても内容を記憶できないので，朝早く起きて午前の講義の準備をしていた，ある著名ロースクールの老教授の話を聞いたことがある．法律実務についても，アメリカのロースクール教授のほとんどが弁護士資格を有しているので，確かに法律実務を行うことはできるが，ロースクールによっては，（リーガル・クリニックや公益弁護関係を除き）週に1日のみ法律実務を許している大学があるという話も聞いたことがある（これは，「5分の1ルール」などと呼ばれていた．本業を疎かにしないための工夫である．）．

ちなみに，私が滞在していた時期のノース・カロライナ大学ロースクールの教員は，公民権訴訟の支援等，公益訴訟事件等を除いて，法律実務は行っていないとのことであった．学期中は毎日大学に来て，研究室のドアを開けておき，いつでも学生の質問に応じる態勢を取っている教授が多かった．教員同士が話す姿も，よくみかけた．1990年代の初め頃の話である．しかし，2010年代の初め頃は，ドアが閉ざされた研究室が多かった．また，オフィス・アワーの時間帯をドアに掲示して学生の入室を制限している教授もいた．1週間に数時間という限られた時間のみが，学生に開かれていたに過ぎなかったのである．教員数も増え，施設も拡張されたが，20年程前と比較して，教員間のコミュニケーションさえも，ことのほか少なかったように思われた[17]．

それはともかく，セント・ジョーンズ大学のロースクールにおける著者たち教員の身を切る改革は，日本では改革構想の選択肢としては，ほとんど存在しないようにも思われる．そのようなロースクール制度側・運営者側の自己改革を，一番敏感に感じ取るのは，おそらく学生ではないかと推測される．それは，その種の奨学金を受けたか否かにはかかわりなく，である．ランキングと評価は別のものとしても，そのような改革の成果が迅速に評価に反映されるシステ

---

[16] 新潮社刊，2003年．
[17] しかし，それでもまだ，日本の法科大学院と比較すれば，アメリカの場合には，学生と教員との間の距離は，より近いのではないかと思われる．
　ちなみに，日本ではある司法試験委員の不正問題を契機として，当該法科大学の教員から，（教育環境ではなく）「研究環境が一層向上した」との「喜びの声」を聞いたことがある．すなわち，以後，不正の発生を未然に防止するために，教室以外では教員と学生との接触を原則制限するとの方針が打ち出されたことにより，学生のために割かれるべき時間を，教員は研究時間に回すことが可能となったという．これまた驚くべきことである．日本においてまさに改革すべきは，司法試験制度自体であることが，浮き彫りになったともいえよう．

ム自体は，望ましいことと考えられる．

　要するに，日本の法曹養成制度において，身を捨ててこそ浮かぶ瀬もあれと考え制度改革に邁進する者の数の問題でもあろう．

　(3) 誰がために？

　さて，本書の「第1部」では，「自主規制への衝動」という見出しのもとで，ロースクール教員が，自己の利益を増進させるために，どのように繰り返し規制の仕組を利用してきたかが論じられている．日本の法科大学院制度でも認証評価システムのモデルとしたが，アメリカのロースクールは，7年おきに，アメリカ法曹協会（American Bar Association）の認証評価を受けることとなっている．なお，認証評価機関は，この1機関のみである．

　この認証評価は，ロースクールの改善の機会となる．認証評価の査察団に入っているロースクール教員は，大学とロースクールとの関係では後者に，ロースクール長とロースクール教員との関係でも，後者に肩入れする傾向にあり，その査察団は，ロースクールの利益，すなわち，大学からのより多くの財源獲得やロースクールの自治権の確立を擁護する存在となり，ロースクール教員の報酬，その研究の支援，終身在職権をもつ教員の増員，他学部等の教員よりも良き労働条件を強く要求してくれる存在なのである（本書27頁）．著者は，「認証評価が実施していることは，法学教員が全米のロースクールを駆けずり回って，同僚の教員の便宜を図っているだけである」（本書28頁）と喝破し，酷評するのである．馴れ合い的，談合的，相身互い的，ひいては，お手盛り的なニュアンスさえ感じられる．誰のための認証評価であるのかも，疑わしくなる．その後，独禁法違反事件の同意判決で，アメリカ法曹協会の認証評価権限にも，制約が加えられたとのことである（本書28-29頁）[18]．

　また，本書は，アメリカのロースクールにおいて古くから存在する研究者教員とリーガル・クリニック担当教員との間の亀裂についても言及する．ロースクール内での後者の待遇問題等である（本書33頁）[19]．この点は，日本の場合にはほとんど問題とはならないであろう．むしろ，日本では，ロースクール運営等はともかくとしても，法曹資格を有する臨床法学担当教員の地位は，アメリカとは対照的ではないかと思われる．学生の視点からの評価にも関わる問題でもあるが[20]．

　なお，本書では，「なぜロースクールは3年なのか」についても，論じられ

Ⅱ 『アメリカ・ロースクールの凋落』?

ている．20世紀に至るまで，圧倒的に大多数のロースクールは，2年制であったと，指摘されている（本書38頁）．それを3年制としたのは，様々な理由が付加されてはいるものの，「さらなる1年の授業料収入という魅力的な要素があった」（本書38頁）．ここでも，ロースクール制度が財政問題と絡めても論じられており，ロースクールの「現状は，公然の秘密である嘆かわしい問題は，『弁護士になってもなかなか払いきれない借金の山の負担』なのだが，中流や貧困階級の真の敵は，ロースクールに行くのを思いとどまらせ，ロースクールに行った者には過重の借金を課すお金のかかる3年制課程というロースクールの制度である」と指摘されている（本書44頁）．

本書では，「当の本人にはそのような資質は一つも備わっていないようである」アメリカ・ロースクール協会会長が，ロースクールに終身在職権を有する「社会貢献歴をもつ常勤教員を配置しておくことは，有能な弁護士養成において不可欠である」旨を強調していた（本書47頁）ことに言及している．しかし，著者は，ロースクールにおいて，「法学教授が，知の探求のために金儲けをあきらめ，若者を育てるといった時代は，遠い昔のこと」（本書48頁）なのであると指摘し，ロースクール教員が，アメリカ法曹協会の認証基準変更（終身在職権の保障に対して切り込んだ変更）に反対したことを指摘する．教員の地位の保障は，その研究教育の基礎をなす条件であるが，しかし，ここでの指摘の背景は，多かれ少なかれ日本の法科大学院や法学部にも妥当するであろう．

本書において興味深いのは，アメリカでも，「ロースクールを規制してきた

---

(18) その他，認証評価を通じた校舎の新築・増築の例等については，川嶋・前掲書注(6) 314頁注(2)も参照．

　　日本の場合には，認証評価が現実にどれだけ法科大学院教育の改善に対して有効に寄与しているかは定かではない．司法試験の合格者数や合格率は，直接的には認証評価の対象となっていなかったはずである．ところが，現在では，「法科大学院公的支援見直し強化・加算プログラム」では，本来的には司法試験制度の問題であるにもかかわらず（川嶋・前掲論文注(4) 82頁，88頁を参照），各法科大学院における司法試験の合格者や合格率等がクローズアップされて事後的に査定対象とされている．なお，日本の認証評価システムに関して驚くべきことは，あるとき，現実には認証評価委員の適格性こそ，まず前提問題として評価すべきではないかと，感じさせられたことである．その選任過程も，全く不透明である．

(19) 大坂・前掲書評注(9) 183頁以下の分析と検討も参照．

(20) 川嶋・前掲書注(6) 177-179頁も参照．

アメリカ法曹協会の委員会が，ロースクールとその教員の利益を最大優先している組織の指導者達に占められているという，長い伝統の最新の事例である．繰り返しになるが，規制を受けていた者が規制の規則を書くのである」（本書55頁）という指摘である．誰がために，制度や組織が存在するかを，根源的に考えさせてくれるからである．

日本の場合も，特定の大学出身者等によって，いわば一定の生殺与奪権をもったポジションが占められていることも少なくなく，公平中立な意思決定が行われているか否か，疑問に感じることもなくはない．認証評価委員の出身大学・大学院や所属法科大学院等をも考慮した場合には，他山の石以上の教訓となるであろう（日本では，今後，公正さを期すために，募集停止の法科大学院の教員（または元教員）のみが，認証評価委員として，認証評価を実施することなども，考慮に値するのではないかと思われる．）．しかも，感情をもった人間のことであるので，一見もっともらしい理由をつけて，もっともらしい恣意的評価が行われかねないことも，容易に予想できる．理由付けに長けた法律家集団のことだからである．稀であることを願いたいが，たとえば，公正でなければならない者で不公正を働くもの，公平そうでいて偏見を隠す者，寛容そうでいて陰湿で不寛容な者，都合が悪い場合は恫喝してその場をしのぐ者，金や権力には恬淡との風を装いながら人一倍その志向性の強い者，および，知への探求を装いながら俗物根性を隠す者等，人間も大学人も多様なのである[21]．

問題の本質は，本書が指摘するような不正や不合理が，日本の場合にどれだけ白日の下に曝される可能性があるか，である．アカデミズムの社会さえ狭い日本において，形式的には表現の自由が認められていても，実質的には表現の自由に対する萎縮作用は日常的に存在するからである．経験的に言えば，「裸の王様」と指摘できない世界ほど，怖いものはないであろう[22]．

(4) 天国の日々？

「第2部」は，「ロースクール教授について」論じる．詳細は割愛するが，ロースクール教授が何を行ってどれだけの収入を得るかを明らかにする．そし

---

[21] なお，石坂洋次郎『丘は花ざかり』（新潮社，1956年）を参照．川嶋・前掲書注(6)iv頁も参照．

[22] 実質的には，ジョージ・オーウェルが『1984年』（高橋和久訳，早川書房，2009年）で描いた社会と，それほど変わらないと思われるからである．

Ⅱ　『アメリカ・ロースクールの凋落』?

て，著者は，弁護士や裁判官は，ロースクール教授たちが実務に疎く，弁護士養成をきちんと行っていないことを慨嘆しているとする．

　ここは，「講義の負担を減らすが，給料は上げる」ことを要求するロースクール教員と，その給料の支払いのために高額の授業料を支払う学生について論じられている．そして，「私達，ロースクール教員の生活の質は，弁護士よりもずっと良く，ほとんどの弁護士よりもたくさん稼ぐのである．ロースクールの教授は，教員と弁護士という2つの職業のよいとこ取りをしている ── 心よりお礼を申し上げる」（本書76頁）と，（おそらく良心に基づく）本音が語られている．

　本書では，誰かが語らなければならないことが，語られているように思われる．日本の法科大学院関係では，類書がない[23]．

　アメリカでは，ロースクール教員にとってはいわば天国の日々も，多くの学生にとっては将来につながる希望の光を模索する厳しい道程の始まりである．私は，法学者の世界では，どれだけ目に見えないものを観つつ言葉で伝えることができるか，どれだけ人間に対する温かい眼差しをもちつつ社会正義をも実現することができるかが重要な課題であり，そのためには，想像力も創造力も大切ではないかと考えている（「法」自体が権威であり権力であるので，法律家は権力的であってはならないとも考えている．）．現場のロースクール教員にとっては容易に想像できる学生たちの厳しい道を，どれだけ制度設営者側として共感をもちつつ想像することができるか，そしてそれを制度改革にどのように創造的につないで行くかは，日本でも大きな課題となるであろう．

　なお，本書はロースクール研究者教員についても，手厳しい批判を行っている．「何十年もの間，ロースクールは，実務経験がほとんどない超一流ロースクール出身者で占められていた．50年前，アメリカ法曹協会の法学教育部門の古くからの会員であり，数多くの認証評価に関わった人が『弁護士が実務で何をやっているのかについて理解ができていない多くの人たちが法律を教えようとしている』，『中には，研究することとそれを論文にすることしか興味がな

---

[23]　なお，文学作品ではあるが，文系教授については，筒井康隆『文学部唯野教授』（岩波書店，1990年）等を参照．また，理系教授については，今野浩『工学部ヒラノ教授の事件ファイル』（新潮社，2012年），山崎豊子『白い巨塔（1〜5）』（新潮社，2002年）等も参照．

い教授がいる』」（本書82頁）と述べたという，合点のいく汎用性のある引用もなされているのである．これは，法科大学院の創設当初，その運営に携わっていた者として，このような教員を数多くみてきたことを回顧させる契機となった．法科大学院における教育の価値を話しても，無視されたり，逆切れされたり，蔭でおかしな行動をとられては，たまったものではない．学内委員の負担を頑なに拒否する者たちにも辟易した．自己利益中心思考の裏返しかもしれないが，しかしすべて，研究教育者のレゾンデートルや真価，ひいては研究内容自体の信頼性に関わる問題であろう．「天網恢恢疎にして漏らさず」とは悲願であり理想にすぎないのが，今の日本である．

　一般に，著者のいうように，「特に，卒業生が収入の低い仕事にしか就けない格付けの低いロースクールでは，学生は教員の研究のために経済負担を負うようなことはすべきでない」（本書85頁）とは至言である．本書では，「2011年のトーマス・ジェファーソン校卒業生のわずか33.4％しかカリフォルニア州の司法試験に合格しなかった（2008年の76.2％からの落下である）．何ともショッキングな低率である」（本書202頁）との指摘もみられる．

　この論法を，日本の現状を考慮し，日本の法科大学院に当てはめれば，かなり厳しい指摘となる．2016年度の日本の司法試験において，合格率が30％を超えた法科大学院は，6校にすぎなかったからである．合格率がトップであった一橋大学でさえ，50％には及ばなかった．しかしながら，そもそも司法試験制度が全く異なるので，本書の援用やアメリカとの比較は不当であろう．むしろ本書の指摘からの教訓としては，日本の司法試験制度の改革への提言を導き出すべきであろう．法科大学院制度のボトルネックの除去（司法試験の純粋な資格試験化）である．

　なお，本書では，「教授が増え，予算が増える」ロースクール（それでも盤石なロースクール）も，紹介されている．たとえば，「ハーバード大学は，超一流大学とは何かの新しい定義を定めた．『超一流』ロースクール（またこの地位のためにしのぎを削る大学）は，知的な豊かさを誇示するため教員規模を拡大する．エリート校は学問的才能を蓄積する，というものだ．ハーバード大学には，それをやるだけの財政的基盤〔が〕あるが，多くのロースクールにはない．増収への取り組みが始まったのである」（本書94頁）と[24]．

　ハーバード大学等の超一流大学は，多くのロースクール教員を輩出している．

Ⅱ 『アメリカ・ロースクールの凋落』?

興味深いことに，その卒業生のなかで，ある種のシンジケート的な人的ネットワークが形成されており，ある卒業生があるロースクールに就職または異動すれば，他の卒業生（すでにロースクールに就職している者を含む．）を自校に呼び寄せ，そのネットワークをさらに広げる事実上のシステムが広く確立していることを，アメリカでは何度か耳にした．日本でも，多かれ少なかれ同様の状況がみられる．法律学の世界であるだけに，学問の世界における不合理な排他性が，暗黙裡に形成されないことを願うばかりである．

なお，上記引用の末尾に「増収への取り組みが始まった」と記されているが，問題は，個々のロースクールが，誰から（どこから）その資金を獲得するかである（学費問題については，後述(6)を参照）．

(5) 格差（好き）社会，アメリカ?

「第3部」は，「USニュースの格付け」問題を論じる．なぜロースクールが，USニュースの格付けに牛耳られているか，そして，そのことが，ロースクールの発展にとって，いかにマイナスに作用しているかを明らかにしている．

すでに言及したことがあるが，アメリカ人には，「ランキングがお好き」な人々が多いようである[25]．一例にすぎないが，大学のスポーツも盛んなアメリカでは，シーズンが始まる前から，大学の各種スポーツのチームに関するランキングが公表され，一定期間ごとに更新される[26]．しかも，バスケットボール，野球，フットボール〔アメリカン・フットボール〕等，複数の組織が，ランキングを発表するスポーツの種目もある．

本書では，毎年ロースクールの格付けを行うUSニュースが，ロースクールを支配していると断言されている（本書105頁）．「政府会計局は，ロースクール間の格付け競争が授業料高騰の主な原因だとする報告書を議会に送った」（本書105頁）ことも，紹介されている．より上位の格付けを得るために，様々な不正も行われているという．「エンロン流の会計基準は，ロースクールの間

---

[24] 近時におけるハーバード大学ロースクールの改革については，柳田幸男＝ダニエル・H・フット『ハーバード卓越の秘密──ハーバードLSの叡智に学ぶ』（有斐閣，2010年）を参照．

[25] 川嶋・前掲書注(6) 43頁，48頁を参照．

[26] たとえば，NCAA（National Collegiate Athletic Association〔全米大学体育協〕．http://www.ncaa.com/〔最終アクセス，2016年12月5日〕）の各スポーツ種目別のランキング等を参照．

263

12 日本における近時の「法科大学院問題」に寄せて〔川嶋四郎〕

で標準となった．データを見るたびに不快感をぬぐえない」との指摘も，紹介されているのである（本書105頁）．

定時制のロースクールへの風当たりも厳しいという．かつて「定時制は労働者階級の人々が法律家になるための道だった（連邦最高裁長官であったワレン・バーガーはフルタイムで働きながらミネアポリスの夜間校に通ったのである）」（本書116頁）という．それがアメリカと言えば，それまでであるが，法曹養成のあり方としては，ある種の郷愁さえ感じる（また，最高裁裁判官任用における日米間の懸隔をも感じさせる．）．

なお，「転入学」を広く認め，「現金収入を上げる」ロースクールもみられる（本書119頁）．これは，ロースクールの財源を増やすだけではなく，ランキングの上昇にもつながるようである．

さらにまた，「奨学金」の制度（日本の貸与型のものは，教育ローンであり，この範疇に含まれない．）についても言及されている．「ロースクールの席は飛行機の席に似ている．同じ部屋の席に座りながら価格が異なる」（本書126頁）との指摘は，印象的である．しかし，「抜け目のない学生はときに他の同レベルのロースクールの申し出ている高額の奨学金の話を持ち出して入学決定前に奨学金を釣り上げることもある」（本書126-127頁）との指摘や，「貧しい将来展望しかない学生が裕福な将来展望ある学生の勘定書を受け取るという形で資力を再分配している」（本書128頁）との指摘には，驚きを隠すことができない[27]．

現実には，「法律はアメリカ社会の中心的役割を担い，その中でエリートロースクールの卒業生は高給法律職の席を並はずれた割合で占めている」（本書133頁）のである．ことほどさように，ロースクールのランキングは影響力をもっている．確かに，日本の場合には，そのような格付機関は存在しないが，法務省，文部科学省が，事実上，格付け的な行為を行っているようにみえる．毎年秋に公表される司法試験の合格者数等の一覧表は，ロースクールの教員・

---

[27] 1990年年代の初めにノース・カロライナ大学で研究をしていたさいに，いわゆる割愛の話（他大学からのお誘いの話）をいただいたことがある．悩んでいたこともあり，親しいロースクール教授たちに相談をもちかけると意外な言葉が返ってきたのを思い起こした．「それはめでたい．アメリカなら，まずそのことをロースクール長に話し，給与額をアップしてもらうための交渉を行うが，日本ではどうか」という話である．個人主義の社会であり，交渉社会，競争社会，能力社会，そして，格差社会であるアメリカ社会の一端を垣間見た感じがした．

学生や受験生等にとっては，有益なランキング表のようなものであり，また，毎年冬に公表されることとなった「法科大学院公的支援見直し強化・加算プログラム」の審査結果等も，同様にランキング表として絶大な効用を発揮すると，考えられるからである（いずれも，マスコミによって取り上げられ，ニュースとして全国に伝えられることになる．）．

なお，紹介は割愛したいが，著者は，ロースクール志願者に対して，様々な注意を促すことも怠ってはいない（本書178頁以下）．そのなかで，ロースクール・サイドの提供情報の問題点も，縷々指摘されている．

(6) 学生の視点に立って？

「第4部」は，「壊れた経済モデル」であり，本書の核心部分でもある．ここでは，ロースクール教育における授業料，借金，および経済的な見返りに焦点を当て，ロースクールの財政と経済的な特徴の問題点が，明らかにされている．

アメリカのロースクールにおける授業料高騰と学生の借金の増大は凄まじい．学生の借金負担の実像が，詳しいデータとともに記載されているが，「2010年における借金のある卒業生の最高平均借金額22校のリスト」（本書140-141頁）によれば，カリフォルニア・ウェスタン校の14万5621ドルを最高に，22番目に借金額が多いロースクールでさえ，12万3025ドルである．2010年には，公立・私立を含めた88校の卒業生が，平均10万ドルを超える借金を負っていたとのことである（本書141頁）．

授業料も急騰している．本書では，その理由も整理されている（本書157-159頁）．すなわち，①ロースクール教員の研究促進のために担当授業が軽減されたので，それを埋め合わせるため，また，リーガル・クリニックのプログラムや法律文書の作成を指導する教員数を拡大するために，教員数が増加したこと，②ロースクールにスター教授を獲得するために，資金が必要となったこと，③ロースクール教員が新卒学生と比較して自分たちは十分な給与をもらっていないとし，教授の質を落とさないために，給与アップを主張したこと，④ロースクールにおける研究活動を支えるための費用を捻出すること，⑤奨学金が膨れあがったこと（これは，一部の学生から他の学生への再配分を意味する），⑥いくつかの大学は，ロースクールを「金のなる木」として扱い，ロースクール収入の何十％かを吸い上げていること，⑦州立ロースクールが，議会による予算削減分を埋め合わせるために，授業料を値上げしていること，⑧アメリカ

12 日本における近時の「法科大学院問題」に寄せて〔川嶋四郎〕

法曹協会の認証基準が，図書館の多くの蔵書とロースクールの充実した設備を要求していること，および，⑨USニュースの格付け競争が，学生一人当たりの出費を増加させていること（出費額が格付けのための得点に勘定されるからとのことである．）が挙げられている．

　先に挙げた本年度のUSニュースの格付けによれば，トップランクのイエール大学ロースクールで，5万8050ドル（Tuition and Fees〔授業料と手続費用〕以下同じ．），2位のハーバード大学ロースクールで，5万8242ドルである．州立大学として，トップランクのカリフォルニア大学（バークレー）でさえ，州外の者は，5万2630ドルであり（州民でも，4万8679ドル），同順位のミシガン大学は，5万6112ドル（州民でも，5万3112ドル）であった[28]．

　このようなアメリカの場合と比較して，日本の法科大学院の場合には，ばらつきはあるものの授業料はアメリカよりは低い．2014年度のデータであるが，国立大学は，すべて108万6000円（入学金と授業料）であるが，私学は，慶應義塾大学と中央大学が，群を抜いて高額であり，それぞれ，201万2900円（入学金と授業料等），200万円である．その他の私学は，国立大学の1.5倍程度のものが多い（ちなみに，同志社大学は，140万6000円〔同大学出身者は，126万6000円〕であり，早稲田大学は，159万円である．）．

　一般に考えてみても，日本では，ここに挙げられた9個の事情のほとんどが，妥当しないと考えられる．ただし，②について，日本では，裁判官や検察官を退官した者等を採用するさいに，他の研究者教員等とは異なる給与体系（高給）で採用していることもあるようであるが，それでも，それ自体が授業料を著しく引き上げる要因にはなっていないと考えられる．

　また，著者は，「ロースクールへの警告」として，2005年から続くロースクール志願者数の減少を指摘し，その理由が，このような授業料の高額化と，弁護士の過剰供給による切迫した就職難にあるとする．特に志願者については，2008年のリーマン・ショック後には，「ロースクールは志願者の大幅増を経験するはずだった．伝統的にロースクールは，不況時に卒業したばかりの大学生と新たに解雇された人々が群れを成して飛び込んでくる避難場所として機能してきたからだ．……しかし，そうはならなかった」（本書195頁）．

---

[28]　なお，州立大学の場合，州外からの入学者も，通例1年間州内に住めば，州民となるので，翌年の授業料は州民のそれと同額となる．

Ⅱ 『アメリカ・ロースクールの凋落』？

　そのような志願者数の減少，ひいては，ロースクールの危機の背景には，リーマン・ショック以降の就職難の問題がある．あるロースクール長からは，「景気が回復すればまた良くなる」（本書204頁）という楽観的な声さえ聞かれたというが，しかし，現実はそれほど甘くはないようである．

　著者は，それでも，経済破綻に瀕したロースクールのモデルから，学生たちを救済するために，いくつかの方途を示唆している．著者の学生（志願者も含む．）の視点に立った行論には，深い共感を覚える．この文脈では，日本の法科大学院に対する示唆に富むとも考えられる．

　すなわち，著者は，①先に述べたように，志願者が目指すロースクールの正確な情報を入手するように警告する（ロースクール側には，正確な情報の提供を促す）とともに（本書178頁以下），②ロースクールの役割を分化させ，研究志向のロースクールと実務志向のロースクール[29]に2分すること（本書209頁），③司法試験受験のために，アメリカ法曹協会の認定ロースクールの修了を，受験資格として課さないこと（本書213頁），④連邦ローン受給資格の要件を変更し，各ロースクールごとに，連邦ローンの総額に規制を加えること，および，⑤後述するように，一部州立大学に期待すること等も指摘する．

　日本の場合と比較したときに，これらはいずれも興味深い指摘である．

　①については，情報提供主体が法科大学院であるだけに，提供する情報の正確さと一定程度の詳しさは，不可欠の前提となるであろう．法曹養成機関である法科大学院であるだけに，情報提供者責任は，一層厳しく問われることになるであろう．

　②については，一応示唆的であるが，どのように法科大学院の役割を分化させるかは熟慮すべきである．日本の場合には，定員にも大きなばらつきがみられ，現在，やや意図的に法科大学院自体が淘汰されつつあることから，その見極めは困難である．上記『意見書』では，法科大学院の適正配置が重視され，夜間の法科大学院等の創設も目指されていたこと（これらは，現実化したこと）

---

[29] 著者は，「実務には，多くの実務慣行や特殊知識が存在する．ある種の基本的技術は移転可能だが，それ以外は実務の中で学ぶしかない」（本書209頁）とも指摘され，「野心的なプログラムとしては，ロースクールが，政府出資の機関と協力して，中産階級と貧困層の人々に低価格で法律サービスを提供する活動に参加するというもの」（本書212頁）が存在することも紹介されている．いずれも，臨床法学教育（リーガル・クリニック）の重要性を物語っている．

を考慮すれば，役割分担は有益な示唆であろう．しかし，現在のところ，日本では，閉校を示唆する法科大学院が続出するなかで，法科大学院ごとの役割分担を考えることは難しいかもしれない(30)．しかし，たとえば，臨床法学教育（リーガル・クリニック）等の実務教育の重視の程度については，司法研修所が存在し難関の司法試験が待ち受けている現状では，法科大学院間にばらつきがみられる(31)．

③については，日本と比較して興味深い．アメリカでは，日本の予備試験に相当する制度は存在せず，しかも，アメリカ法曹協会の認定ロースクールではないロースクールの場合でさえ「プロセス」を通じた法曹養成の基本スタンスが堅持されている点は，（そのプロセスの質は措くとしても）特に注意を要する．司法試験受験のために，アメリカ法曹協会の認定ロースクールの終了を，受験資格として課さない州も，すでに存在する．ただ，実際には，その種のロースクール出身者は，たとえ司法試験に合格しても，就職面ではかなり厳しい現実が待っているようである．法科大学院教育を受けることもなく，したがって，法曹倫理の教育や実務基礎科目の受講をすることなく，予備試験で合格した者が優れた法曹であると評価されるような日本は，やはり相当異常であるように思われる（そのような者でも，司法研修所の実務教育をクリアーできるとすると，形式的に考えた場合には，法科大学院における実務教育の価値が再考されるとともに，司法研修所の実務教育がその程度のものであると考えられかねないことにもなるであろう．）．ジェローム・フランク判事の「図書館法学」なる当時のアメリカ・ロースクール批判(32)が，日本的な文脈で改めて想起される．

④については，奨学金の問題は，日本では重要であり，喫緊の課題である．そもそも，日本における奨学金概念には，教育ローンも多く含まれており，それが，アメリカと比較できる文字通り奨学金といえるかどうかには疑問がある．一般に，独立行政法人日本学生支援機構(33)が，大学生に対しても，広範に日本

---

(30) 川嶋・前掲書注(6) 265-267 頁も参照．

(31) 日本の法科大学院におけるエクスターンシップの実践例に関して，川嶋四郎「『エクスターンシップ』の全国調査結果について」臨床法学セミナー12号3頁（早稲田大学臨床法学教育研究所，2015年）を参照．

(32) これは，ジェローム・フランク（古賀正義訳）『裁かれる裁判所——アメリカ司法の神話と現実』（弘文堂，1960年）による．これについては，たとえば，川嶋・前掲書注(6) 192-193 頁参照．

Ⅱ 『アメリカ・ロースクールの凋落』？

的な奨学金の支給を行っているが，驚くべきことに，日本では大学卒業後に奨学金を返済できないで「奨学金破産」に追い込まれる受給者・保証人も，少なからず存在するのが現実である[34]（その前提として，保証人の徴求自体にも違和感を感じる．）．

これまで日本の法科大学院は，各種の奨学金を準備したり，学費の全部または一部免除を行う等，様々なかたちで経済的な支援等を行うことにより，魅力的なイメージを形成し，優秀な学生を集めることに努力してきた．高額の授業料等を徴収しつつ，法科大学院の全入学生に，一律一定額の資金を給付していた大学もある（なお，司法試験合格後の司法修習生に，一定の支援を行う大学もある．）．しかし，文部科学省による法科大学院に対する財政面での統制が厳しくなるにつれて，法科大学院の維持・存立の危機は，今後も続くことが考えられる．

⑤については，日本とは異なり，「官尊民卑」的な発想がほとんど存在しないように思われるアメリカでの指摘として，しかも，USニュースのロースクール・ランキングの上位校にみられるように，私学がランキングの上位をほぼ独占するアメリカ[35]での指摘として，興味深い．

昔の経験であるが，ノース・カロライナ大学の学生の年齢層等は多様であった．社会人経験者も多かったが，経済学部の教授を退職してロースクールに入

---

[33] この組織の歴代理事長には，国立大学の学長経験者等が就任していたが，2011年からは日本銀行出身者（その後，日本証券代行株式会社，ときわ総合サービス株式会社を経た者）が就任し，現在に至っている．要するに，金融機関としての性格が鮮明化されたと言えよう．取立ての強化も，その性格の具体化と考えられる．

[34] たとえば，朝日新聞2016年6月14日版，同2016年2月16日版，安田賢治『教育費破産』（祥伝社，2016年）等を参照．なお，日本とは異なり，アメリカでは，破産手続上，教育ローンは，非免責債権（免責決定を受けても個別的に免責されず支払いが強制できる債権）とされている．川嶋四郎「アメリカ合衆国における消費者破産法制の現況・素描」クレジット研究31号（2003年）61頁，77頁を参照．

なお，無給となった現在の司法修習においては，最高裁判所が，司法修習生の申請により，修習のため通常必要な期間，無利息で，修習資金（司法修習生がその修習に専念することを確保するための資金）を貸与する「修習資金の貸与」制度（裁判所法67条の2）がある．なお，裁判所法67条1項には，司法修習生の職務専念義務が規定されている．ちなみに，容易に想像できるが，たとえば，地方で司法修習を行い（あるいは，行わざるを得ず），大都市での就職活動を行う司法修習生には，そのための旅費等も大きな負担となることがある．

り直した初老の紳士，軍隊経験者，夫婦でロースクールに通学する者，企業の法務部から派遣された外国人，他のロースクールからの転入生等も，印象に残っている．大学の学部を卒業して，社会人として一定期間働き，学費等を貯めてロースクールに来たと話していた学生とも友人となった．1990年代の初めは，そのようにロースクールは魅力的だったのである．その20年後に滞在したときも，学生の基本的な印象は変わらなかった．学生の話では，近くにある私学（デューク大学）の入学者の平均年齢は，ノース・カロライナ大学のそれよりもかなり低いとのことであった．彼の話では，学費は高いが，裕福な子女が大学卒業後すぐに親の支援でロースクールに通うケースが多いからであるという．奨学金を得られなければ大学院に通えなかった者としては，考えさせられる話であった．

　なお，本書の結びでは，興味深い新設校（カリフォルニア大学アーヴァイン校）の情報が明らかにされている．

　すなわち，そのロースクールは，授業料高騰と学生の債務の増大，エリート・ロースクールによる弁護士独占という事態を打開するために，エリート校と競争する目的のために創設された．しかし，結局のところ，格付けの面で二位を狙うために，従前の大学と同じ轍を踏んだという．たとえば，立派な校舎を建て，有名教授を集め，LSAT（Law School Admission Test. ロースクール入学のための適性試験）の得点とGPA（Grade Point Average. 学業平均点）の数値が高い学生を，授業料の全部または一部免除や，充実したリーガル・クリニック等で呼び込んだのである．そのロースクールは，州立であるにもかかわらず，学生には高額の授業料を支払わせることになり，多額の債務を負った学生を生み出しているとのことである（本書219-220頁）．

　本書では，最後に，「未来への希望」も語られている．低いコストで良質の教育を提供することを使命とし続けている州立のロースクールにこそ希望が残されているとの指摘である（本書222頁）．そして，「値ごろ感のある州立ロー

---

(35)　先に挙げた情報では，上位10校の順位としては，7位までを私学（イエール大学，ハーバード大学，スタンフォード大学，コロンビア大学，シカゴ大学，ニュー・ヨーク大学，ペンシルヴェニア大学）が占め，同じ8位に州立校3校（カリフォルニア大学バークレイ校，ミシガン大学，ヴァージニア大学）が入っている．http://grad-schools.usnews.rankingsandreviews.com/best-graduate-schools/top-law-schools/law-rankings?int=a1d108（最終アクセス，2016年12月5日）．

スクール」は，法律学の分野における最後の理にかなった場所であるが，その存在に対する最大の脅威は，予算削減命令から来るか，また，ロースクールの不行跡から来るかは別として，「公的資金の後退」である（本書223頁）と記して，本書は閉じられている．

この最大の脅威に直面しているのが，現在の日本における多くの法科大学院である．その意味で，本書は，日本においては，奇しくも，経済面・財政面で法科大学院のコントロールを行うことが，当局にとって最も効果的な方法であることを，アメリカの具体例を交えて指南する書物のような意味合いをも有することとなったのである．

本書の最初の部分に回帰するが，「序章」は，次の言葉で締めくくられている．すなわち，「ロースクールがしっかり機能するためには，個々の教授が，自己の利益を犠牲にしてでも，自発的で，責任感にあふれ，良心的で，公益を優先していることが求められる．別の言葉で言えば，法学教授は他の人々よりも高い品性を備えなければならないということだ．しかし実際には，悲しいかな，私たちは他の人々と同様に，過ちを犯しやすく，自己優先的なのだ．」（本書22頁）という，事の本質を突いた印象的な言葉である．

そして，「エピローグ」は，次の言葉で締めくくられている．

「全国の多くのロースクールの教授たちは，身近な人には勧めない学位を，自分たちの学生に売りつけているのである．」

Ⅲ　おわりに──「法科大学院問題」？

本書は，直接には日本の法科大学院制度のあり方を考えるうえで具体的に貢献するものではないが，これまでみてきたように，現在のアメリカ・ロースクール制度のいわば「闇の奥」を垣間見るには好個の著作である．本書が，財政的基盤の重要性を指摘している点をきちんと制度設営者が理解すれば，日本の法科大学院制度やその教育の発展に大きく寄与するのではないかと思われる．

しかし，残念ながら，現在の文部科学省によるほぼすべての法科大学院に対する財政的コントロールは，やや異常である．自らが設置認可を与えた法科大学院組織を，自省も謝罪も行うことなく，有識者とされる者たちのお墨付きを得て，財政面からその存立の基盤を掘り崩して行くありさまは，近代社会にお

いて苛斂誅求を窮める時代錯誤的な封建領主のイメージさえ彷彿とさせる．教育の機会均等の保障（憲法26条1項参照）にも，抵触しかねないように思われる．なお，本書には，アメリカのロースクールとの関係で，日本の文部科学省に相当する機関が登場しないことは，興味深い．私は，法科大学院の創設前に何度か文部科学省を訪問したが，残念ながら，担当者からは，必ずしも法曹養成に対する高い志をサポートするという熱い思いを，ほとんど感じることができなかった．

それはともかく，日本の法科大学院の創設前に，藤倉教授[36]は，すでに現在の多くの法科大学院が置かれた状況を予言されていた．2001年の段階で，文部科学省が，法科大学院による公的資金の支出を監視するだけではなく，教育課程をも官僚的に監視するのではないか，また，官僚主義的な財政支援ゆえに，法科大学院間の十分な競争が期待できないのではないかなどの問題点を，指摘されていたのである．

このような経済面での問題のほかに，日本の法科大学院制度を取り巻くいくつかの環境にも，法科大学院を危機に直面させる大きな要因があると考えられる．

第1に，「予備試験」の問題である．その存在と人気，合格者に対する高い評価は，法曹養成のプロセス自体を蔑ろにするからである．それは，法科大学院教育の存在自体を揺るがしかねない．「プロセスを通じた法曹養成」にとっては自己否定を象徴するからである．ただ興味深いことに，本書は，日本における予備試験の迅速な廃止も示唆しているように思われる．なぜならば，本書が述べるように，アメリカの場合には，どのようなロースクールであれ，一定の教育プロセスを経て法曹が養成されるのであり，一発試験に合格すれば司法試験が受験できるわけではないからである．

ちなみに，日本の医師になるための医師国家試験においても，確かに予備試験の制度は存在するが（医事法10条参照），受験資格は限定されている．それは，「外国の医学校を卒業し，又は外国で医師免許を得た者であって，厚生労働大臣が適当と認定したもの」等である．これは，司法試験の予備試験とは，

---

[36] Koichiro Fujikura, Reform of Legal Education in Japan: The Creation of Law Schools without a Professional Sense of Mission, 75 Tulane Law Review, 941 (2001). この論文については，川嶋・前掲書注(6)242頁以下を参照．

Ⅲ　おわりに

全く似て非なるものである．

　第2に，日本の「司法試験」の問題である．興味深いことに，本書では，アメリカの司法試験に関する事項には，ほとんど触れられていない．本書で述べられたロースクール卒業生の就職難という問題でさえ，それはあくまで普通に学んで卒業すれば合格できる試験であるアメリカの司法試験（各州等が実施する司法試験）に合格した後の問題である．アメリカの司法試験自体，日本の司法試験とは大いに異なることには注意を要する．日本の場合には，マスコミなどを通じて，法科大学院のボトルネックとなっている司法試験の難関を突破した後でさえ就職難の壁が待ち構えているなどと，喧伝されているのである．日本のように多様な隣接法律職がなく，弁護士の業務や職務ももとより多様であり，弁護士資格を得たうえで，仕事探しを行う機会が保障されている場合と，法曹になるためには司法試験の難関を突破しなければならず，突破してもさらに1年間無給の研修施設に入り，地方修習を経て，考試（いわゆる二回試験）に合格しなければ法曹資格が得られず，さらに就職難が待ち構えているといった情報は，法科大学院の受験を決断する段階で，大きな差異をもたらすように思われる．皮肉なことに，ハーバード大学元総長は，日本では司法試験が難しいので，リスクをとりたくはない優秀な若者が，理系に進学し，物作り社会の原動力となり，日本の経済発展を下支えしていたと分析し[37]，また，ある教授は，アメリカでは，司法試験が難しくはないので，3年間という短い在籍期間で（特に，ロースクールの2年目，3年目に）特定領域の専門科目を深く学び，専門分野に秀でた弁護士となることができると指摘した[38]．日本の場合には，司法試験科目につき満遍なく細かく暗記しなければならず，合格率の低さと相まって，法曹志望者にとっては大きな障害となっていると考えられるのである．

　第3に，「司法修習の無給化」の問題である．司法修習が，日本国憲法のもとにおける「奴隷的拘束」や「その意に反する苦役」（憲法18条）に該当するとは思われないが，そこには，財産権でさえ侵してはならず，正当な補償を保障する規定さえ置かれていることから（憲法29条），財産権よりも重要な人格権や人身の自由が制約された場合には，相応な補償がなされるべきであるとも考えられる．司法修習生の生存権（憲法25条）に関わる問題でもある．そのよ

---

[37]　川嶋・前掲書注(6)16頁以下を参照．
[38]　川嶋・前掲書注(6)262頁以下を参照．

うな憲法の精神を考えた場合には，給付制の復活や，司法研修所以外の（有給の）研修場所の許容等も切望されるであろう（法曹職に関するいわゆるキャリアシステムのもとで，特に最高裁判所における裁判官や検察官のトレーニングや選抜が必要ならば，選択的に，それらの志願者のみ司法研修所で修習するという方向性も，探求されるべきであろう．法曹三者が「同じ釜の飯」を食べるべき必然性は，必ずしも感じられないからである．）．

　第4に，弁護士会やマスコミ等の基本姿勢も挙げることができる．本稿では言及に止めざるをえないが，本来後継者養成の重要な機関であるにもかかわらず（多くの弁護士も現実に法科大学院教育に携わっているが），弁護士からなる弁護士会自体が，法科大学院を通じた数多くの弁護士養成に消極的な姿勢を示す傾向も看取できる．自己の出身母体であるにもかかわらず，そのような意見に与する弁護士も少なくないようである．まるで芥川龍之介が書いた『蜘蛛の糸』のカンダタの話のようである．また，一部マスコミが，あたかも法科大学院に対するネガティヴ・キャンペーンのように，弁護士の就職難や収入等を取り上げていることも気になる．読者の受け取り方の問題であるが，群盲象を評すような結果が生じないことを願いたい．

　このようにみてきた場合に，そもそも，現在のいわゆる「法科大学院問題」は，本当に「法科大学院の問題」なのかという疑問が湧き起こる[39]．完璧な制度でない限り，何らかの問題を孕んでいることは確かに否めないが，日本の法科大学院制度の場合には，アメリカのロースクールと比較して，あまりに多くの外在的な問題が存在するからである．今や法科大学院は，前門の虎後門の狼に怯えつつ，四面楚歌のなかで，21世紀の日本の司法における人的基盤を支える使命を帯びた「希望の存在」なのである[40]．

---

[39]　この文脈では，藤永茂『アメリカ・インディアン悲史』（朝日新聞社，1974年）248-249頁の分析が示唆的である．これについては，川嶋・前掲書注(6) 207-208頁を参照．

[40]　なお，法科大学院創設後の研究者養成についても言及したい．それは，法科大学院の持続可能な発展を下支えするために不可欠だからである．私の専門である民事訴訟法の領域では，かつては血湧き肉躍る感動を覚える論文に出会うことができる自由で創造的な風景が存在した．なるほど百竿灯一歩進める研究も大切であるが，法科大学院出身の研究者にも，既存の制度・手続の枠組自体を建設的に批判しつつ，よりよい制度・手続を構築するための大胆な提言を期待したい．川嶋四郎「民事訴訟法学への郷愁とささやかな希望」書斎の窓646号（2016年）25頁，29頁も参照．

III　おわりに

　先に紹介したように，本書は，アメリカ・ロースクールの暗部（「凋落」[41]の要因）をも語っているが，それでも私は，ロースクール制度には（私の知っているロースクールからみたそれに限られるかもしれないが），ある種の尊敬と憧憬を覚える．ロースクール教員の教育に対する志の高さと，ロースクール制度におけるプロセスを通じた弁護士養成（法曹一元制の基盤作り）の充実度は，多くの依頼者を安心させ人々の生活や企業・組織活動を守り社会国家を安定させるに足るものではないかと考えている．

　なお，日本では，誰のための学問かを理解しかねる議論も散見される．一例にすぎないが，私は，アメリカで，碩学たちの「法の世界から取り残された人々への思い」を強く感じることができた[42]．その思いは，一部の者に限られるかもしれないが，概して日本の場合以上に，深いものがあるようにも思われる[43]．

〔文　献〕
朝日新聞(2016) 2016年6月14日版，同2016年2月16日版．
ジェローム・フランク（古賀正義訳）(1960)『裁かれる裁判所——アメリカ司法の神話と現実』弘文堂．
藤永茂(1974)『アメリカ・インディアン悲史』朝日新聞社．
後藤昭(2014)「法科大学院の10年とこれからの課題」法曹養成と臨床教育7号26頁．
戒能通厚(2013)「法科大学院に『持続可能性』はあるか——『アメリカ・ロースクールの凋落』の書評に代えて」法と民主主義480号72頁．
川嶋四郎(2003)「アメリカ合衆国における消費者破産法制の現況・素描」クレジット研究31号61頁．
——(2009)『アメリカ・ロースクール教育論考』弘文堂．
——(2012)「日本の法科大学院における法曹養成の課題と展望——研究者教員の観点か

---

[41]　なお，「凋落」とは，花がしぼむこと，落魄・零落すること，衰亡することなどを意味する言葉である（また，白川静『字統〔普及版〕』〔平凡社，1994年〕602頁には，「凋」の文字は，「草木の凋落，人の凋弊する意にも用いる」とある．）．私は，2012年を最後にアメリカ・ロースクールを訪問する機会を得ていないが，また，実際に訪問したロースクールは十数校にすぎないが，そのときでも，そのような印象を受けたことはなかった．

[42]　川嶋四郎「アメリカのロースクール教育改革から見た法科大学院制度の展望——柳田幸男＝ダニエル・H・フット『ハーバード卓越の秘密——ハーバードLSの叡智に学ぶ』（有斐閣，2010年）を読んで」同志社法学354号（2012年）151頁，159頁を参照．また，川嶋四郎『公共訴訟の救済法理』281頁等（有斐閣，2016年）も参照．

12 日本における近時の「法科大学院問題」に寄せて〔川嶋四郎〕

ら」比較法研究 73 号 80 頁.
―― (2012)「アメリカのロースクール教育改革から見た法科大学院制度の展望 ―― 柳田幸男＝ダニエル・H・フット『ハーバード卓越の秘密 ―― ハーバード LS の叡智に学ぶ』（有斐閣，2010 年）を読んで」同志社法学 354 号 151 頁.
―― (2012)「日本の法科大学院における法曹養成の課題と展望 ―― 研究者教員の観点から」比較法研究 73 号 80 頁.
―― (2015)「『エクスターンシップ』の全国調査結果について」臨床法学セミナー（(早稲田大学臨床法学教育研究所）12 号 3 頁.
―― (2016)『公共訴訟の救済法理』有斐閣.
――「民事訴訟法学への郷愁とささやかな希望」書斎の窓 646 号（2016 年）25 頁.
今野浩 (2012)『工学部ヒラノ教授の事件ファイル』新潮社.
宮澤節生 (2013)「LL.M.オリエンテーションはどのように行われているか ―― 米国ロースクール教員の現場レポート (1)」NBL1012 号 31 頁.
大坂恵里 (2014)「書評」法曹養成と臨床教育 7 号 180 頁.
ジョージ・オーウェル（高橋和久訳）(2009)『1984 年』早川書房.
ウィリアム・M・サリバン＝アン・コルビィ＝ジュディス・ウェルチ・ウェグナー＝ロイド・ボンド＝リー・S・シュールマン（柏木昇＝伊藤壽英＝藤本亮＝坂本力也＝田中誠一訳）(2013)『アメリカの法曹教育（原題，Educating Lawyers : Preparation for the Profession of Law)』中央大学出版部.
四宮啓 (2014)「法曹養成制度の現状と課題」国立国会図書館・国政の論点（平成 26 年 5 月 7 日) 1 頁.
白川静 (1994)『字統〔普及版〕』平凡社.

---

(43) なお，近時のアメリカ・ロースクール関係の文献（ロースクール教育のあり方に関する文献）としては，本書と同時期に公刊された学術書，ウィリアム・M・サリバン＝アン・コルビィ＝ジュディス・ウェルチ・ウェグナー＝ロイド・ボンド＝リー・S・シュールマン（柏木昇＝伊藤壽英＝藤本亮＝坂本力也＝田中誠一訳）『アメリカの法曹教育（原題，Educating Lawyers : Preparation for the Profession of Law)』（中央大学出版部，2013 年）が特筆されるべきであろう．ロースクールにおける法曹養成教育に関して長い歴史をもつアメリカにおいても，その教育のあり方が不断に探求されているのである．書名に関しては，"Educating Lawyers" と "Failing Law Schools" と対照も興味深いが，いずれの根底にも，良き法曹（弁護士）をいかに生み出すかを深く思考しかつ志向するロースクール教員の思いが垣間見られる．

なお，その学術書との関係では，ジュディス・ヴェルヒ・ウェグナー（石田京子訳）「知識，技能，価値観の統合 ―― カーネギー・レポートの知恵と臨床教育」法曹養成と臨床教育 7 号（2014 年) 1 頁〔ここには，芭蕉の門人で近江膳所の俳人，水田正秀の「蔵焼けて 障るものなき 月見かな」が，2 度も引用されている.〕を，また，ノース・カロライナ大学ロースクールにおけるウェグナー教授の「法学教育論演習」については，川嶋・前掲書注(6) 1 頁以下を参照．

Ⅲ　おわりに

ブライアン・タマナハ（樋口和彦＝大河原眞美訳）(2013)『アメリカ・ロースクールの凋落』花伝社.
筒井康隆(1990)『文学部唯野教授』岩波書店.
ジュディス・ヴェルヒ・ウェグナー（石田京子訳）(2014)「知識，技能，価値観の統合――カーネギー・レポートの知恵と臨床教育」法曹養成と臨床教育7号1頁.
山崎豊子(2002)『白い巨塔（1〜5）』新潮社.
柳田幸男＝ダニエル・H・フット(2010)『ハーバード卓越の秘密――ハーバードLSの叡智に学ぶ』有斐閣.
安田賢治(2016)『教育費破産』祥伝社.

13 司法修習生への給費制復活と法曹養成制度[(1)]

須 網 隆 夫

I はじめに ── 制度改革への視点

　2004年に学生の受け入れを開始した,「日本型」法科大学院制度は, ほぼ全面的な機能不全にあり, 当初の理念に照らせば, 既に破綻しているとの評価にも受け入れざるを得ない部分がある. 制度の機能不全については様々な原因が指摘されている. 司法制度改革を推進した政治情勢が変化したことに加えて, 法科大学院制度の様々な側面, 例えば, 入学者選抜, カリキュラム, 司法試験, 司法試験合格者数, 臨床教育と司法修習, 予備試験等につき制度設計の不備が指摘されている[(2)].

　それらの制度的不備が存在していなければ, 法科大学院制度が, 司法制度改革審議会（1999年設置）（以下, 審議会とする）の最終意見書が示した本来の理念に照らして, より良く機能した確率は高い. しかし, 制度設計が議論された当時の利害関係者の政治力を考慮する限り, それらの不備を克服することが現実的に可能であったかは甚だ疑問である. また将来についても, 同様の不備を含まずに, 制度設計が行われることが可能である保証はないと言わざるを得ない. 言うまでもなく, 完璧な制度設計は, より良い制度の実現に有意義ではあるが, 他方で, 完璧な制度ではなく, むしろ不完全な制度が導入されることを前提とした上で, 如何に改革を進めていくかも合わせて検討しておくべきであ

---

(1) 本稿は, 筆者の「司法修習生への給費制復活」法時89巻4号（2017年）1-3頁を基に, 大幅に加筆し, 内容を拡大・発展させたものである.
(2) 2016年7月23日に開催された, 臨床法学教育学会創立10周年記念第1回プレシンポジウムでは, 様々な点につき, 現行制度の不備が指摘された.

13 司法修習生への給費制復活と法曹養成制度〔須網隆夫〕

るように思われる．それは，新制度の設計が，利害を有する関係者が存在する既存の制度について行われる場合には，新制度は，通常はそれらの関係者間の妥協の産物とならざるを得ず，理想的な制度が誕生する公算は現実には極めて小さいからである．したがって，理念に従った制度を最終的に実現するためには，むしろ理想が制度化されることはないことを前提に，制度化された不十分な制度が破綻に向かうことなく，より正しい方向性に発展するメカニズムの整備を重視する必要がある．そして，正しい発展の方向性が維持されるためには，制度自体の設計とは別に，制度を取り巻く諸関係者，特に改革を妨げる動機を有する者に焦点を当て，如何にその者に大きな力を発揮させないかを合わせて考察する必要がある．換言すれば，制度改革は，当該制度だけでなく，より広い文脈で構想する必要があるのである．

本稿は，以上のような認識に基づき，法曹養成制度の最終段階に置かれている司法修習制度，具体的には，一旦廃止されて貸与制に移行した給費制が再び復活する経緯を検討することにより，司法制度改革，更には制度改革一般について，改革を実現しようとする者に示唆を与えることを目的としている．

II　制度改革の動態的構造と法曹養成制度改革

1　制度改革の開始

給費制廃止からその復活に至る経緯を具体的に検討する前に，制度改革一般に見られる動態的構造を素描しながら，法曹養成制度の改革，さらに司法修習生への経済的援助と言う問題を位置付けてみる．

およそ制度改革とは，既存の制度では達成することのできない一定の目的を実現するために，それを改廃することを意味している．制度改革が構想される場合，既存の制度に解決を必要とする問題があることが前提である．そのような問題の存在に対する認識が利害関係者の一部に止まる場合には，改革が実際に着手されることはない．しかし，問題に対する認識の共有が次第に広がり，一定の限界点を超えると，改革への客観的条件が成熟し，改革の準備作業が具体的に着手されるようになると考えられる．

法科大学院制度の導入を柱とする法曹養成制度改革について言えば，自民党・経団連の提言が改革の端緒となったことは事実である[3]．しかし，90年代

後半には，法曹を志望する法学部生が，講義を欠席して司法試験予備校に通う現象が顕著になって（「ダブル・スクール現象」），大学における法学教育が形骸化しただけでなく，予備校中心の教育で合格した司法修習生・若手法曹の質の低下（法律知識の幅の狭さと原理的・体系的理解の欠如）がしきりに指摘され，法曹養成制度に欠陥が生じているという認識が，法学部教員を含む関係者の間で広く共有されていたことは，法曹養成制度改革の重要な背景を構成していた[4]．その当時現実に法曹の質の低下が生じていたのかは，現時点における質の低下をめぐる議論がそうであるように，客観的な検証が困難であるが，少なくとも当時，法曹三者はそのような認識を共有しており，また既存の法曹養成制度に，そのような認識に説得力を与えるだけの制度的欠陥が内在していたことは事実である[5]．そのために法曹養成は，当初より司法制度改革の重要課題と位置付けられたのである．

2　制度改革の対象

およそ制度改革は，改革の対象を画定するところから始まる．制度改革の対象事項とその範囲外の事項とは第一義的には区別される．もっとも，多くの制度は，社会内において独立して存在しているわけではなく，社会のそれ以外の部分と，その程度は別にして，複雑な相互作用を形成していることが通常である．したがって，ある範囲を対象とする制度改革は，その対象制度の周辺に位置する，他の制度との整合性・不整合性により促進又は抑制されざるを得ない[6]．換言すれば，諸制度が全体として一つのシステムを形成し，個々の部分制度が相互に補強し合っている場合には，システムの一部である改革の対象制度だけを理想的なものに改変しても，その持続可能性は低いかもしれない[7]．

---

[3]　自民党「司法制度特別調査会報告――21世紀の司法の確かな指針」（1998年），経団連「司法制度改革についての意見」（1998年）．

[4]　当時の認識は，司法制度改革審議会における井上正仁委員の報告からそれを知ることができる（井上委員レポート「法曹養成制度の在り方について」，司法制度改革審議会事務局「司法制度改革審議会第14回議事録」）．

[5]　須網隆夫「現行法曹養成制度の批判的分析における法科大学院論の位置づけ」月刊司法改革3号（1999年）33-37頁，柳田幸男「日本の新しい法曹養成システム（上）（下）――ハーバード・ロースクールの法学教育を念頭において」ジュリスト1127号（1998年）111-118頁，同1128号（1998年）65-70頁．

さて，法曹養成制度改革の主対象は，大学における法学教育であった．改革案を作り上げた審議会でも，法曹養成の不可欠な構成部分である法学教育の担い手が大学であることは当然の前提とされ，法学部おける法学教育が，法曹養成教育としての必要性を満たしていないことが問題視されたのである[8]．したがって，法曹三者による評価が一貫して高い司法修習については，批判又は否定的評価が存在しなかったわけではないが，改革が必要との共通認識は広がらず，必然的に制度改革の第一次的な対象とはならなかった．このことは，法曹養成制度改革の全体構造の中での司法修習の位置を曖昧なものにした．すなわち，司法修習制度は，制度改革の対象に一応は含まれてはいるものの，その改革対象としての位置付けは低く，中心となる法科大学院制度との整合性を担保することに主たる関心が向けられる周辺的課題として位置付けられた．前述のように，全体としては既存の修習制度が高く評価されたために，内発的な改革意欲は乏しく，そのため審議会意見書でも，司法修習に関する部分は分量的に少なく，提言の内容も修習生の増加・法科大学院教育の開始との整合性確保にほぼ限定されている[9]．

3　制度改革の肝――中心と周辺の二分法への注意

しかしながら，改革課題として重要性が低く位置付けられたことは，その課題の制度全体に対して持つ意味が小さいことを必ずしも意味しない．そのことを端的に示しているのが，やはり周辺的課題であった新司法試験とその合格者数の推移が法曹養成制度全体に及ぼした効果である．日本の法科大学院制度は，確かに韓国の制度に比べれば，法科大学院乱立の歯止めが不十分であったなど

---

[6] 青木は，「規制の体系は，システムの他の要素とそれなりの内部整合性を持つときに，システムの働きを助ける」と述べるが（青木昌彦『比較制度分析序説――経済システムの進化と多元性』（講談社学術文庫，2008年）28-29頁），これは，改革の実施に際しても同様であろう．

[7] 同・275頁．

[8] そこでは，法曹志望の学生が法学部教育を軽視するという問題と，法学部教育の水準が法曹養成に必要な教育の水準を満たしているかと言う二つの問題が主眼であり，そのため法曹養成制度改革は，ほぼ法科大学院構想と同視されていた（小島武司「法科大学院構想の背景と意義」月刊司法改革3号（1999年）25-28頁）．

[9] 司法制度改革審議会「司法制度改革審議会意見書――21世紀の日本を支える司法制度」（2011年6月）．

II 制度改革の動態的構造と法曹養成制度改革

の欠点があったが[10],その制度設計に致命的な問題点はなかったと思われる.新司法試験の結果が判明するまでの当初の数年間,各法科大学院が,まずは順調に滑り出したことは,それを示唆している[11].しかし,司法試験合格者数が人為的に絞られたことにより,アメリカ並みの7〜8割と想定された合格率は,当初より著しく低下し,その結果,法科大学院をめぐる情勢は一変し,法曹志望者の減少が開始した[12].法科大学院制度の生命線は,新司法試験の合格率であった.新司法試験の問題が法科大学院教育を反映しない不適切な問題であっても,合格率さえ高ければ,次第に試験の重要性は低下していく.本来,法曹養成制度改革の中で,新司法試験の在り方は従たる論点でしかなかった.しかし,その従たる位置付けしかなかった新司法試験の結果が,その後,制度全体のあり方に決定的な影響を及ぼしていくのである[13].青木昌彦は,制度改革一般について,「戦略的に重要で,政治的に実現可能な変化の糸口を見つけることが,さまざまな制度のあいだの「補完性」の構造を通じて,システムの変化を芋蔓式に誘発する契機となりうる」と述べているが[14],これまでの経緯に照らすと,新司法試験合格者数の決定は,まさにここで言う制度全体の肝であり,換言すれば,司法試験が純粋な資格試験に変化しない限り,合格者数をコントロールできる者に法曹養成制度全体の在り方を決定する権限が事実上握られることになる.

司法修習に対しても同様の視点が必要である.法曹養成制度改革は,本来,法曹,特に在野法曹である弁護士の業務形態の変革と関連して議論されてき

---

[10] 但し,審議会意見書は,3000人はなるべく早く達成する目的であり,上限ではないことを明示しており(司法制度改革審議会・前掲注(9)),結果的に乱立と評価されるとしても,個々の法科大学院には責任はないと言わざるを得ない.法曹人口増加の方針を前提にする限り,乱立との評価は一面的である.

[11] 椛島裕之「法曹養成制度改革の課題」法時77巻8号(2005年)62-63頁.

[12] 須網隆夫「法科大学院再考——新司法試験制度と法科大学院教育」法時79巻10号(2007年)1-3頁.

[13] この間,新司法試験問題の妥当性について多くの議論が行われてきた(例えば,「特集・総括新司法試験——第1回・第2回から何が見えるか」ロースクール研究9号(2008年)参照).もちろん,問題が法科大学院教育の成果を検証するのに適した内容であることが望ましいが,そのために多くの時間と労力を費やすことが適当であるかは疑問の残るところである.

[14] 青木・前掲注(6)58頁.

た⑮．しかし，裁判実務の習得を中心とした修習の内容が変化しない限り，多くの法科大学院が臨床法学教育に消極的な現状を前提とすれば，法実務との初めての出会いである修習を通じて，修習生は既存の弁護士実務をあるべき弁護士の姿として受け入れる可能性が高く，業務形態の変革には否定的影響が生じる．法曹三者が根強く支持した以上，その抵抗を排除して，司法修習を廃止することは非現実的であったが⑯，ここにも，制度改革への阻害要因が存在したのである．

　要するに，「司法試験」と「司法修習」は，審議会意見書が提言した法曹養成制度改革の従たる論点でしかなかった．しかしそれらは，全面的な改革の対象ではなかったために，必然的にその改革は部分的修正に止まり，長い歴史の中で固く確立した，両制度の実質は揺らがなかった．そのため，逆に制度改革の中核であったが，それだけに生まれたばかりで，制度として未だ確立・定着していなかった法科大学院の方が破綻を余儀なくされたのである⑰．そして現在，司法制度改革の方向性に反する，更なる制度変更が司法修習制度に加えられようとしている．法曹養成制度改革の中で，一旦廃止された司法修習生への給費制が，2017年度に開始する司法修習から復活しようとしているのである．

Ⅲ　司法修習生と給費制

1　給費制の事実上の復活

　現在，司法試験合格後に1年間の修習を行う司法修習生は修習期間中無給で修習しなければならず，経済的支援が必要な修習生には，期間中の生活維持のために「修習資金」（基本額・月額23万円）の貸与が無利子で行われていると

---

⑮　審議会意見書は，新しい弁護士の在り方を「国民の社会生活上の医師」という言葉で表現した上で，「社会の隅々に進出して多様な機能を発揮」すると提言していた（司法制度改革審議会・前掲注(9)）．

⑯　実際にも，司法修習廃止の議論は一部には存在したが有力ではなく（亀井尚也「法科大学院構想について――現行統一修習の評価および法曹一元制導入との関連において」月刊司法改革8号（2000年）66-69頁），各大学の法科大学院案もいずれも司法修習制度を前提に制度を設計していた．

⑰　須網・前掲注⑫．青木は，「制度的補完性が存在すると，ある制度要素を他の要素から独立に変更しようとしても，その有効性は限られてくる」とも述べている（青木・前掲注(6)124頁）．

ころ（裁判所法67条の2），政府は，2017年2月3日の定例閣議において，「近年の法曹養成制度をめぐる状況の変化」を理由に，修習生に生活費を支給する「修習給付金」制度を新設する裁判所法の一部を改正する法律案を閣議決定した．法案はその後上程され，現在開会中の国会で審議中である．改正案要綱によれば，修習生には修習期間中，「基本給付金」，「住居給付金」，「移転給付金」という三種類の給付金が支給されることになる．

制度の中心である「基本給付金」は修習生が修習期間中の生活を維持するための費用であり，金額は月額13万5000円である．これに対し，「住居給付金」は，修習地での居住のために住宅を借りる修習生に支給される家賃補助（月額3万5000円）であり，「移転給付金」は，修習地への引越しが必要な修習生に支払われる．現在行われている無利子の貸与制度は，修習給付金創設後も金額を変更して存続し（「修習専念資金」と名称も変更する），法案が予定通り可決されれば，給付金制度は，2017年11月開始の修習から適用される．

2 給費制から貸与制への転換

さて，司法修習生への給与支給（給費制）は，戦後制定された裁判所法で導入され，2011年まで続けられてきた（支給額は，2011年の廃止時点で，基本給月額20万円強であった）．この給費制の見直しが議論され始めたのは，前述の司法制度改革審議会においてであった．法科大学院を中核とする新しい法曹養成制度を決定した審議会は，既存の制度の妥当性を広く検証し，その中で給費制も論点となった．もっとも審議会は給費制の廃止を決定してはいない．2001年の審議会最終意見書は，貸与制への切り替え，給費制廃止の意見があることに言及した上で，給費制の「在り方を検討すべきである」と述べるにとどまったからである[18]．その後議論の舞台は，2001年末，審議会意見書に従った制度改革を具体化するために発足した「司法制度改革推進本部」の下，法律案立案のために設けられた「法曹養成検討会」に移る．審議会以来，日弁連は一貫して給費制の維持を主張していたが，推進本部事務局は，2003年秋には貸与制への移行を事実上決定し，検討会の議論も徐々に貸与制止む無しに傾き，最終的に2004年6月，反対意見を付しながら，貸与制への移行の意見がとりまと

---

[18] 司法制度改革審議会・前掲注(9)．

められた[19]．もっとも検討会での議論を見る限り，弁護士会だけでなく，法務省も貸与制には反対であり，最高裁も積極的ではなかったことに注意する必要がある．法曹三者の給費制廃止への消極的姿勢にも拘わらず貸与制が決定したのは，法科大学院に多額の財政支援が行われることが前提とされていた中で，審議会意見書が示した3000人の司法試験合格者に対して給費制を維持することは財政的に困難との考慮が働いたためと考えられる[20]．その後，2004年の裁判所法改正で貸与制が法制化され，日弁連の反対運動による施行の一年延期を経て[21]，貸与制は2011年11月から実施されている．

3　弁護士会の貸与制への反対

前述のように，弁護士会は給費制の廃止に強く反対し，決議を上げるなど反対運動を進めてきた．弁護士会内には，法科大学院制度開始以前より，法曹人口増員反対派が一定の勢力を維持していた．そして，法科大学院の卒業生が司法試験・司法修習を経て弁護士登録を開始する2007年頃より，特に地方の弁護士会から，法曹人口の抑制を求める決議が上がりだし[22]，その中で，給費制廃止の見直しも合わせて要求されるようになる[23]．

その後，2010年に日弁連が，「司法修習費用給費制存続緊急対策本部」を設置すると，貸与制反対運動は一層強化された．日弁連会長談話・声明が繰り返

---

[19] 司法制度改革推進本部事務局「法曹養成検討会（第19回）議事概要」（2003年9月9日），「法曹養成検討会（第20回）議事概要」（2003年12月9日），「法曹養成検討会（第21回）議事概要」（2004年2月6日），「法曹養成検討会（第22回）議事概要」（2004年5月18日），「法曹養成検討会（第23回）議事概要」（2004年6月15日），「法曹養成検討会（第24回）議事概要」（2004年9月1日）．

[20] なお，司法修習制度を有するドイツの場合には，司法試験合格者数と修習生数は連動しておらず，そのため，合格者が自動的に修習生になれるわけでは必ずしもない（藤田尚子「ドイツの法曹養成制度」法曹養成対策室報5号（2011年）18頁）．日本においても同様の制度設計は理論的には可能であったが，そのような可能性が議論された形跡は見られない．そのため，合格者数の増加は，修習生数の増加に直結するのである．

[21] 裁判所法の一部を改正する法律（2010年11月26日成立）．

[22] 中国弁護士会連合会2007年10月12日大会決議，中部弁護士会連合会2007年10月19日大会決議，埼玉弁護士会「適正な弁護士仁幸に関する決議」（2007年12月15日）．

[23] 千葉県弁護士会「適正な弁護士人口に関する決議」（2008年5月15日）．同決議は，当面合格者数を1500人程度に押さえるとともに，「修習生に対する給費制の廃止」の見直しを合わせて要求している．

し出されるとともに[24]，日弁連・各単位会は署名活動とともに国会での院内集会・意見交換会を頻繁に開催して，弁護士の政治団体である日本弁護士政治連盟と協力して，国会議員に幅広いロビーイングを行い，2016年夏以降は市民集会をも各地で開催して，気運の醸成に努めた．言わば弁護士会をあげて貸与制反対運動を全国で展開したのである．そして弁護士会の枠外でも，2013年以降，若手弁護士が原告となり，各地で給費制廃止違憲訴訟が提起された[25]．このように反対運動が盛り上がった背景には，給費制と比較し，貸与制の下での修習生が経済的に困難な状態に置かれた事実がある．そのため貸与制の修習を終えた若手弁護士だけでなく，給費制時代に修習した弁護士も，若手の境遇に同情して立ち上がったのである．今回の「修習給付金」制度の新設は，そのような弁護士会・弁護士の悲願の実現であり，2016年12月，日弁連会長が，法務省の制度新設の公表を受けて，それを高く評価する談話を公表したことは当然である[26]．

4 給費制復活への疑問

さて，司法修習制度が存在する以上，政策的な選択肢の一つとして給費制が存在することは当然である．類似したドイツの司法修習制度では，現在でも修習生に国家から給与が支給されている[27]．したがって，本来，給費制に原理的に反対する理由はない．あくまで，政策選択の問題であるからである．しかし，これまでの司法制度改革の経過に鑑みれば，現時点での給費制復活には違和感を抱く部分が多く，その問題点を指摘しないわけにはいかない．

(1) 法曹三者による決定

第一は，給費制の復活に至る経緯であり，給付金制度の新設が法曹三者によって，ほとんど密室の中で決定されたことである．1970年，参議院法務委員会は，裁判所法の改正に際し，司法制度の改正は，「法曹三者（裁判所，法務

---

[24] 例えば，2012〜2013年度の日弁連会長選挙に立候補した二人の候補者は，どちらも給費制の復活を公約として掲げていた．
[25] 司法修習生の給費制廃止違憲訴訟ホームページ（http://kyuhi-sosyou.com/）．
[26] 日弁連会長「司法修習生の経済的支援の制度方針の発表にあたっての会長談話」（2016年12月19日）．
[27] 藤田・前掲注[20] 18頁．なお，弁護修習期間中は，法律事務所から給与が支払われることもある（18頁）．

省，弁護士会）の意見を一致させて実施する」という附帯決議を付け[28]，これ以後，司法制度の変更について，法曹三者の協議による決定が常態化した．しかし，各当事者の拒否権により制度改革が進まない事態が生じたため，20世紀末からの司法制度改革の過程では，司法制度のあり方の決定を法曹三者には任せないことが強調された[29]．そうであるからこそ，1960年代の臨時司法制度調査会の構成員が，国会議員を除くと法曹三者が多数を占めたのに対して，司法制度改革審議会設置法の衆参附帯決議は，いずれも委員の選任にあたり，広く国民各層からの意見が反映されることを求め，実際にも審議会の法曹三者出身委員は少数に止まったのである（委員13名中3名）[30]．然るに，今回給付金の制度新設は，法曹三者の合意に基づいて行われたと推測される[31]．これでは，司法制度改革以前の旧来の状況への逆戻りである．加えて，筆者の知る限り，弁護士会内部でも最終的な法案提出への経緯を知るものは数名しかいないと言われるように，合意に至る経緯も極めて不透明である．仮に結果が妥当としても，それにより，このような経緯を正当化することはできない．

(2) 給費制・修習の在り方についての議論の欠如

第二に，貸与制に反対する弁護士会は，給費制廃止の主因を財政上の理由に求めることが普通である．もちろん，財政問題が給費制廃止の主たる理由ではあるが，法曹三者以外の委員も議論に参加していた法曹養成検討会では，財政問題以外の国民的視点からの議論も行われていた．法曹三者は理屈抜きに給費制への拘りが強いが，法曹三者以外の委員はより柔軟であり，法曹以外の高度専門職とのバランスへの配慮なども指摘されていた．貸与制への移行は，そのようなより広い視野に立った意見に支持された部分も小さくないのである．その経験に照らせば，同じ給費制を復活させるにしても，給費制をどのような制

---

[28] 参議院法務委員会議事録第16号（1970年5月13日）．

[29] 審議会意見書（前掲注(9)）は，その末尾で，「司法制度の在り方が，従来のように，いやしくも法曹三者の意向のみによって決定されるようなことがあってはならず」と釘を刺している．

[30] 水野邦夫「司法制度改革審議会はどのように設立されたか」月刊司法改革創刊号（1999年）53-58頁，衆議院法務委員会「司法制度改革審議会設置法案に対する附帯決議」（1999年4月21日），参議院法務委員会「司法制度改革審議会設置法案に対する附帯決議」（1999年5月27日）．

[31] 法務省「司法修習生に対する経済的支援について」（2016年12月19日）．日弁連会長・前掲注[26]．

度に設計するかはもっと議論されるべきであったろう．最終的には制度に組み込まれなかったが，法曹養成検討会では，公益性が高く，私的利益の追求が制限される活動を選択した者には，貸与金の返還の猶予・免除を検討する必要性が再三指摘されていた[32]．検討会から10年以上経過した現在，もし法曹三者以外が議論に加わっていれば，国費による養成と弁護士のプロボノ義務を如何に関係づけるかなど，様々な論点が現状に照らして再度議論されたであろうことは想像に難くない．然るに，貸与か給費かの議論は，法曹三者のみが議論したために，修習生の経済的困難への対応策に矮小化されてしまったのである[33]．

そもそも貸与制に無理があるなら，より根本的に司法修習の在り方，その是非も議論すべきであった．司法修習の実質は，修習生に権限が全く与えられていないために単なる見学である部分が少なくなく，その教育効果には疑問が呈されてきた[34]．したがって，修習生に一定の権限を付与して実質的な仕事を担当させ，その対価として給与を支払うことはあり得る選択であったろう．さらに，世界的に見れば，法曹養成制度に司法修習を組み込むことは例外的であり，また現行法が審議会意見書に従い，合格者が司法修習を経ずに，企業法務等の実務経験を経て法曹資格を取得できることを既に認めており，司法修習を絶対的要件とはしていないことにも留意しなければならない（弁護士法5条2号）．訴訟実務家としての法技術伝達を主目的とする修習に対する評価は分かれており，以前より期間を短縮された現行修習に様々な困難があることも指摘されている[35]．これに対し，大学における臨床法学教育の発展は，世界的な傾向であるだけでなく[36]，日本でも法科大学院における臨床法学教育に大きな教育効果があることは，幾つかの法科大学院の教育実践で既に証明されている[37]．この機会に司法修習廃止の可能性も検討すべきであったのであり，司法修習の絶対

---

[32] 「法曹養成検討会（第19回）議事概要」・前掲注[19]．

[33] 法曹三者の確認事項として，「司法修習を終えた者による修習の成果の社会還元を推進するための手当」が含まれているが（法務省・前掲注(9)），その詳細は不明である．

[34] 亀井・前掲注[16]．宮川成雄「新司法修習における弁護修習の指導弁護士へのアンケート調査結果の概要」法曹養成と臨床教育5号（2012年）98-106頁．

[35] 小林秀之「研究者から見た司法研修所教育の課題——民事教育を中心として」ジュリスト700号（1979年）126-129頁．上柳敏郎「司法研修所民事裁判教育の実態と問題点」法時60巻7号（1988年）46-51頁．川崎達也「新司法修習の現状と課題」自由と正義59巻10号（2008年）39-47頁．

視は思考停止でしかない．最高裁内部にも，法科大学院ができた以上，司法修習は廃止すべきとの意見はあったのである[38]．

(3) 法曹養成制度にとっての意味

第三は，給費制復活が法曹養成制度の全体構造に及ぼす影響である．給費制復活は，第一次的には制度の最終段階にある司法修習に限定された問題であるが，実際には法曹養成制度の全体的な在り方を決定しかねない．それは，給費制が法曹人口問題と密接に関係するからである．ここに法曹三者の中で，法曹人口拡大に消極的な弁護士会が，最も熱心に給費制維持に取り組んできた主因があるように思われる．前述のように，貸与制は，司法試験合格者の3000人への増加が予定された中で，給費制が財政的に困難と考えられたことと関連している．いみじくも法曹養成検討会で，最高裁が，諸外国に比して手厚い給費制は，「養成人員が限られていた」ことも理由であると指摘したように[39]，法曹人口の増加と給費制の見直しは親和性が高かった．今回の給費制復活に際しても，近時，年間合格者3000人という目標が撤回されて，政府の政策が法曹人口抑制に転換し[40]，現実にも合格者が減少したことにより（2016年の合格者数は1583人まで低下した），給費制による財政負担が軽くなった事情を見逃すことはできない．しかしそうであれば，給費制復活は，法曹人口増加の足かせになりかねない．弁護士会の対応には，法曹人口の増加を抑制するために，修習生の経済的困難を口実に，給費制復活を策した面があるのではないだろうか．いずれにせよ，今回の給費制の復活は，法曹人口増加の抑制が制度化されたことを意味する．当然のことながら，司法試験合格者数は今後，修習希望者の修

---

(36) 須網隆夫「法学教育における理論と実務――グローバル化する臨床法学教育と日本」法時88巻8号（2016年）58-63頁．また，法律時報79巻2号（2007年）の特集「法曹養成における臨床法学教育の意義――グローバル化するリーガル・クリニック教育とわが国の課題」には，アメリカだけでなく，イギリス・ポーランド・中国の臨床法学教育が詳細に報告されている．

(37) 松本克美「日本における法曹養成とクリニック教育――研究者教員の視点から」法時79巻2号（2007年）49-54頁，亀井尚也「法科大学院における臨床法学教育の意義と課題―実務家の立場から」法時79巻2号（2007年）55-61頁．さらに臨床法学教育学会の学会誌『法曹養成と臨床教育』（2009年発刊）には，多くの実例が掲載されている．

(38) 泉徳治（聞き手，渡辺康行・山元一・新村とわ）『一歩前に出る司法――泉徳治元最高裁判事に聞く』（日本評論社，2017年）322-323頁．

(39) 「法曹養成検討会（第21回）議事概要」前掲注(19)．

習を全て認める限り，国民の弁護士アクセスの必要によってではなく，国家予算の状況によって制約されることになる．

　適正な法曹人口の事前算定は確かに難しい．しかし合格者減により，普通の国民が必要とする法テラスのスタッフ弁護士，東日本大震災の被災自治体を含む自治体に勤務する弁護士等について求人難が既に生じており，弁護士過疎地を含む地方で登録する弁護士も減少している．他方 2017 年 1 月末時点の 69 期修習生の就職状況調査によれば，弁護士未登録者が 3 年続けて減少しただけでなく，登録直後から独立する「即独」弁護士も極めて僅かになる等，新人弁護士の就職難はほぼ解消されているのである[41]．このような時期に，更に法曹人口の抑制を維持しようとする政策に，客観的な正当理由があるとは思われない．

IV　司法制度改革を進めるために

1　給費制復活の正当理由

　給費制復活を定める裁判所法改正案は，法曹志望者の減少を法案の提出理由とするようであるが，法曹志望者減少の主因は，法曹養成制度全体の破綻であり，合格者の人為的抑制，隣接職種との関係の未整理等が，それを惹起した[42]．

---

[40]　日弁連は，2012 年，合格者数の 1500 人への減少を提言する（日弁連「法曹人口抑制に関する提言」(2012 年)）．その後，法曹養成検討会議は，3000 名の合格者目標数を撤回し（「法曹養成制度検討会議取りまとめ」(2013 年 6 月 26 日)），それを受けて，政府は，3000 名という数値目標を取り下げ，「当面，このような数値目標を立てることはしないものとする」とした（法曹養成制度関係閣僚会議決定・2013 年 7 月 16 日）．ここにおいて，3000 人と言う数値目標を決定した閣議決定は覆されたのである．その後，議論は，年間合格者数をどこまで引き下げるかに移る．そして，前述の日弁連提言の 1500 人に自民党も同調する（自由民主党政務調査会司法制度調査会・法曹養成制度小委員会合同会議「法曹人口・司法試験合格者数に関する緊急提言」(2014 年 4 月 9 日)）．そして，政府の法曹養成制度改革推進会議により，合格者数の 1500 人への引下げが確認されて一応の決着を見るのである（法曹養成制度改革推進会議決定「法曹養成制度改革の更なる推進について」(2015 年 6 月 30 日)）．以上の経緯に鑑みると，司法試験合格者数の抑制を求める弁護士会の立場が，合格者数の決定に一定の影響を及ぼしていることが推認できる．

[41]　法曹養成制度改革連絡協議会（第 6 回）(2017 年 2 月 8 日) 資料目録・資料 1-2，弁護士未登録者の推移，ジュリナビ「69 期司法修習終了者の就職状況調査」(2017 年 2 月)（https://www.jurinavi.com/market/shuushuusei/shinro/?id=149）．

志望者の減少は，貸与制の実施以前に既に顕著であったのであり⑷³，貸与制と志望者減を結びつける主張は説得力に乏しい⑷⁴．他方，前述の弁護士会の法曹人口抑制決議は，伝統的な弁護士の狭い職務範囲・隣接職種との事実上の役割分担を無批判に前提とした上で，弁護士に対する需要は増大しないことを強調していた⑷⁵．むしろ，このような弁護士会の自虐的な「ネガティブ・キャンペーン」が，日本社会全体に弁護士は必要ではないという誤ったメッセージを送り，その結果，大学生・社会人の法曹離れを加速させたのではないかと思われる．要するに，貸与制と法曹志望者の減少との間に因果関係を認めることは限りなく困難であり，その意味で，給費制の復活を正当化する理由は，第一次的には，修習生の経済的困難しかあり得ず，しかも，その背後には，前述のように法曹人口を抑制し，法律サービス市場から競争を可能な限り排除しようとする意図が存在していたのである⑷⁶．

2 弁護士の経済的利益と弁護士会

以上のように，給費制をめぐる議論を検討してくると，給費制復活を主導した弁護士会の性格を考えざるを得ない．前述の弁護士会の法曹人口・給費制への諸対応は，表面的には「質の確保」への懸念を装っているものの，実質は，弁護士数の増加に伴う，業務環境の悪化を懸念するものである．全体として評価すれば，弁護士会は，給費制の復活のために，構成員である弁護士の経済的利害を追求する圧力団体として徹底的に行動したと言わざるを得ない．もともと弁護士会には，弁護士の私的利益を守る業界団体としての側面と，純粋に公益団体としての側面が混在している．弁護士会が，弁護士の私的利益のために行動することは，ある意味で当然であり，その公益活動に，私的利益に由来する側面が含まれることも必ずしも否定的に理解されるべきではない．弁護士を公益活動に駆り立てる動機に経済的利害が含まれることは，公益活動の意義を

⑷² 松本恒雄「法学部における法学教育の意義と課題──日本学術会議の議論を手がかりに」法の科学 47 号（2016 年）30-32 頁．
⑷³ 須網・前掲注⑿ 1 頁．
⑷⁴ 弁政連 NEWS・47 号（2017 年 1 月）．
⑷⁵ 埼玉弁護士会・前掲注㉒，千葉県弁護士会・前掲注㉓．
⑷⁶ 埼玉弁護士会の決議には，基本的人権の擁護を理由に，法律サービス市場から競争を可能な限り排除しようとする思考が窺われる（埼玉弁護士会・前掲注㉒）．

Ⅳ 司法制度改革を進めるために

損うものではないからである⁽⁴⁷⁾．しかし給費制復活については，公益性を認めることは難しい．弁護士会は，比較的最近まで，公益団体性により業界団体性を制約して，社会的に立派に対応し，国民も公益性の強い弁護士会の主張に敬意を払ってきた．しかし，弁護士会が，弁護士の私的な経済的利益を最優先に行動する以上，国民は，もはや弁護士会を公益団体としては扱わないであろう．

　弁護士会は，従来存在した公益と私益の均衡を崩したのが，司法制度改革の結果としての弁護士増による弁護士の貧困化であると反論するだろう．しかし，貧困化を示す一定の指標が事実であるとしても，法曹人口を抑制し，競争を制限することにより，一定の収入を弁護士に確保させるという政策は，研究者からは常に批判されてきただけでなく⁽⁴⁸⁾，弁護士内部にも異論があり，その妥当性は疑問である⁽⁴⁹⁾．もっとも，訴訟件数は近時停滞しており，企業内弁護士を中心とする組織内弁護士の増加等，これまでの弁護士の働き方とは異なる，新しいモデルが生まれているとは言え，弁護士の内部に，業務環境が悪化したという言説に広く共感が広がる状況があることは事実である．しかし，ここで注意すべきことは，弁護士は，法律上，弁護士の職務に含まれると解釈されている業務のごく一部分でしか現実には仕事をしていないことである．日本の弁護士が現実に行っている業務の範囲は，諸外国の弁護士と比べてかなり狭い．諸外国では，弁護士が主に担っている国民の行政機関とのコンタクトは，日本では，行政庁が懲戒権を有する隣接職種によってほとんど担われている⁽⁵⁰⁾．そのような事態は，弁護士に広範な法律業務を第一次的に独占させた弁護士法の構造とは必ずしも整合しないが，訴訟業務中心に教育され，訴訟代理が自分の中心的役割であると考えている日本の弁護士は，隣接職種が担当している業務への関心は一般に低く，生活保護申請などごく一部の分野を除くと，それらの業務への取り組みはほとんど放棄されている．多くの弁護士は，弁護士への需要は，将来的にも訴訟中心に限定されていると考えているが，弁護士が，懲戒権

⑷⑺　須網隆夫「弁護士会改革の課題――弁護士会の公益性をめぐって」法時 77 巻 8 号（2005年）56-61 頁．

⑷⑻　伊藤眞「法曹人口問題――新規参入規制を正当化する根拠を問う」法時 80 巻 4 号（2008年）35-41 頁．

⑷⑼　久保利英明『弁護士たった 3 万 5000 人で法治国家ですか』（ILS 出版，2016 年）．

⑸⑽　須網隆夫「司法制度と法律家――弁護士法 72 条問題への視点」月刊司法改革 8 号（2000年）14-18 頁．

限を背景とした行政庁の監督下にない弁護士自治が，国民の基本的人権擁護のために重要であると主張するのであれば，それらの隣接職種業務への取り組みを軽視することは実に奇妙なことである．それらの業務は，単に弁護士にとってだけでなく，国民の権利擁護に深く関わり，引いては，日本における法の支配の在り方に影響を及ぼすからである[51]．したがって，弁護士の主張する「窮乏化」論を額面通りに受け取ることはできないのである．

3　弁護士会の立場と制度改革

さて，今回の給費制復活の経緯が示すのは，弁護士会が私的利益を追求する業界団体として行動した場合の政治力，それも改革を妨げる勢力としての力の大きさである．司法制度改革の過程で，内部に有力な改革反対派を抱えながらも，弁護士会は改革を概ね推進してきた[52]．最高裁・法務省は，現行制度の主体であり，その保守的な性格から，そもそも改革推進の主体として多くを期待することはできないが，在野法曹として，日々国民と接する中で制度の矛盾に対する感受性が高く，その結果，最高裁・法務省に対抗することの多い弁護士会には，多くの国民は期待をしてきた．しかしながら，弁護士会は，「市民の権利擁護」を理由として常に主張を展開するために誤解しがちであるが，弁護士会は弁護士の経済的利益の保護を至上命題とする組織でもある．そうである以上，弁護士会は常に改革を推進する勢力では足り得ない．今後の改革に際しては，無条件に弁護士会に改革推進主体としての行動を期待するのではなく，このような弁護士会に改革に反対させないためにはどのようにすべきか，そのための方策を常に工夫することが求められるだろう．

---

[51] 須網隆夫「司法改革を振り返る．そして，今後の課題」法学セミナー594号（2004年）43-44頁．

[52] 日弁連は，1990年以降，2009年までに11次にわたる司法改革宣言を公表し，市民に身近で利用しやすく納得のできる司法の実現を掲げて（日弁連「司法改革ビジョン――市民に身近で信頼される司法をめざして」（1998年11月20日），http://www.nichibenren.or.jp/activity/document/opinion/year/1998/1998_2.html），改革の方向性をリードしてきた．

V 結　語

　法学研究者は，個々の法制度の専門家ではあるが，ある制度から別の制度への移行を内容とする制度改革の専門家ではない．制度改革は，理想の制度像を確立することだけでは実現しない．そもそも，理想の制度像は，当該制度を構成要素とするシステム全体を支える制度間の均衡を崩すことにより，現実の制度改革の前進にとって有害であるかもしれない．改革に伴い個々の法制度内部における合理性とは別のダイナミズムが，より広いシステムの内部に働くが，法学研究者にとって，それは多くの場合未知の事柄である．それにもかかわらず，現実には司法制度改革審議会だけでなく，多くの審議会には法学者が参加し，その発言は権威あるものと受け取られ，改革の方向性を主導する場面も少なくない．

　このように考えると，法律家・法学者を中心に制度改革が行われたこと自体に，法曹養成制度改革の挫折の原因の一つがあったことを認識すべきであるかもしれない．制度改革それ自体を対象とする学問研究を発展させることが求められているのだろう．本稿は，そのための試論の域を出ていないが，それは，筆者の能力的限界の結果に他ならない．制度改革の研究を今後発展させるためには，なぜ平成の法曹養成制度改革が失敗したのか，それを様々な角度から真摯に分析し，教訓を汲み取ることが必要であろう[53]．それが，新たな法曹養成制度が確立することを信じて，法科大学院に身を投じ，一定以上の努力を継続しながら，最終的に法曹の道を断念した，多くの元法科大学院生に対する研究者の責任であるだろう．

〔文　献〕

青木昌彦(2008)『比較制度分析序説──経済システムの進化と多元性』講談社，28-29, 275頁．

---

[53] 澤地は，「失敗についてきちっと反省をして，文書に残して，これはこういうところが間違っていたと後の人のために伝える，ということをしていませんね．日本の組織は，これは不思議なくらい，しませんね．」と述べている（澤地久枝・半藤一利・戸高一成『日本海軍はなぜ過ったか──海軍反省会400時間の証言より』（岩波現代文庫，2015年）139頁）．この指摘に学ばざるを得ない．

13 司法修習生への給費制復活と法曹養成制度〔須網隆夫〕

千葉県弁護士会(2008)「適正な弁護士人口に関する決議」(2008 年 5 月 15 日).
法務省(2016)「司法修習生に対する経済的支援について」(2016 年 12 月 19 日).
法曹養成検討会議(2003)「法曹養成検討会（第 20 回）議事概要」(2003 年 12 月 9 日).
――(2004)「法曹養成検討会（第 21 回）議事概要」(2004 年 2 月 6 日).
――(2004)「法曹養成検討会（第 22 回）議事概要」(2004 年 5 月 18 日).
――(2004)「法曹養成検討会（第 23 回）議事概要」(2004 年 6 月 15 日).
――(2004)「法曹養成検討会（第 24 回）議事概要」(2004 年 9 月 1 日).
――「法曹養成制度検討会議取りまとめ」(2013 年 6 月 26 日).
法曹養成制度改革連絡協議会(2017)（第 6 回）(2017 年 2 月 8 日) 資料目録，資料 1-2.
伊藤眞(2008)「法曹人口問題 ―― 新規参入規制を正当化する根拠を問う」法時 80 巻 4 号 35-41 頁.
泉德治(聞き手，渡辺康行・山元一・新村とわ)(2017)『一歩前に出る司法 ―― 泉德治元最高裁判事に聞く』日本評論社, 322-323 頁.
自民党(1988)「司法制度特別調査会報告 ―― 21 世紀の司法の確かな指針」.
自由民主党政務調査会司法制度調査会・法曹養成制度小委員会合同会議(2014)「法曹人口・司法試験合格者数に関する緊急提言」(2014 年 4 月 9 日).
ジュリナビ(2017)「69 期司法修習終了者の就職状況調査」(2017 年 2 月) (https://www.jurinavi.com/market/shuushuusei/shinro/?id=149).
椛島裕之(2005)「法曹養成制度改革の課題」法時 77 巻 8 号 62-63 頁.
亀井尚也(2000)「法科大学院構想について ―― 現行統一修習の評価および法曹一元制導入との関連において」月刊司法改革 8 号 66-69 頁.
司法制度改革推進本部事務局(2003)「法曹養成検討会（第 19 回）議事概要」(2003 年 9 月 9 日).
亀井尚也(2007)「法科大学院における臨床法学教育の意義と課題 ―― 実務家の立場から」法時 79 巻 2 号 55-61 頁.
川崎達也(2008)「新司法修習の現状と課題」自由と正義 59 巻 10 号 39-47 頁.
経団連(1998)「司法制度改革についての意見」.
小島武司(1999)「法科大学院構想の背景と意義」月刊司法改革 3 号 25-28 頁.
久保利英明(2016)『弁護士たった 3 万 5000 人で法治国家ですか』(ILS 出版).
松本克美(2007)「日本における法曹養成とクリニック教育 ―― 研究者教員の視点から」法時 79 巻 2 号 49-54 頁.
松本恒雄(2016)「法学部における法学教育の意義と課題 ―― 日本学術会議の議論を手がかりに」法の科学 47 号 30-32 頁.
水野邦夫(1999)「司法制度改革審議会はどのように設立されたか」月刊司法改革創刊号 53-58 頁.
日弁連会長(2016)「司法修習生の経済的支援の制度方針の発表にあたっての会長談話」(2016 年 12 月 19 日).

日弁連(1998)「司法改革ビジョン ── 市民に身近で信頼される司法をめざして」(1998年11月20日), http://www.nichibenren.or.jp/activity/document/opinion/year/1998/1998_2.html.
── (2012)「法曹人口抑制に関する提言」.
臨床法学教育学会の学会誌(2009)『法曹養成と臨床教育』(発刊).
埼玉弁護士会(2007)「適正な弁護士仁幸に関する決議」(2007年12月15日).
参議院法務委員会(1970) 議事録第16号 (1970年5月13日).
── (1999)「司法制度改革審議会設置法案に対する附帯決議」(1999年5月27日).
澤地久枝・半藤一利・戸高一成(2015)『日本海軍はなぜ過ったか ── 海軍反省会400時間の証言より』(岩波書店) 139頁.
司法制度改革審議会(2011)「司法制度改革審議会意見書 ── 21世紀の日本を支える司法制度」(2011年6月).
司法制度改革審議会事務局(2000)「司法制度改革審議会第14回議事録」.
司法制度改革審議会・井上委員レポート(1999)「法曹養成制度の在り方について」.
司法修習生の給費制廃止違憲訴訟ホームページ (http://kyuhi-sosyou.com/).
衆議院法務委員会「司法制度改革審議会設置法案に対する附帯決議」(1999年4月21日).
須網隆夫(1999)「現行法曹養成制度の批判的分析における法科大学院論の位置づけ」月刊司法改革3号33-37頁.
── (2000)「司法制度と法律家 ── 弁護士法72条問題への視点」月刊司法改革8号14-18頁.
── (2005)「弁護士会改革の課題 ── 弁護士会の公益性をめぐって」法時77巻8号56-61頁.
── (2007)「法科大学院再考 ── 新司法試験制度と法科大学院教育」法時79巻10号1-3頁.
── (2016)「法学教育における理論と実務 ── グローバル化する臨床法学教育と日本」法時88巻8号58-63頁.
特集「法曹養成における臨床法学教育の意義 ── グローバル化するリーガル・クリニック教育とわが国の課題」(2007)法律時報79巻2号.

〔付記〕宮澤節生先生との初めての出会いは, 筆者が, ブリュッセルで弁護士をしていた1980年代末であった. 先生は, 研究者の道があることを実務家であった私に気付かせただけでなく, そのための具体的な一歩の機会をも下さった. 先生との出会いがなければ, 日本に戻ってくることも, 研究者になることもなかっただろう. この機会を借りて, 心より感謝申し上げる.

14 法専門家による法教育は評価されているのか
――「司法書士が関わる法教育全国調査」(学校調査) の二次分析 ――

久保山力也

I 問題状況と総括

1 法教育の時代

　法専門家団体の事業において，法教育にかかわる一連の活動が自然に含まれるようになって久しい[1]．もっとも，各法専門家団体ないし地方単位会において法教育活動に興味を持ち，あるいは実際に実践している者はごく一部に限られる．しかしながら状況は，「なぜ」法教育をするのか，という段階から，「どのように」法教育を行うのか，という段階へとうつっており，法専門家による法教育実践はすでに社会的評価に晒されるべき地点に到達している．当初法専門家サイドとしては，資格制度が揺らぎ，リーガルサービスの担い手が再編されるなか，法教育活動へのコミットは当該団体の広報的活動の一環でしかなく，いわゆるプロボノ (pro bono) 活動に過ぎなかった．ところが各団体は，「本業」での業際問題にあわせ，紛争解決領域への事業介入に「準本業」として乗り出し，さらに成年後見など「公益業務」についても相乗りの体を示しながら，すべての活動を「いかにして市民に選択されるか」という一点に結びつけつつある．よって，本来それ自体としては利益を求めないはずの公益事業の一つである法教育活動についても，いかに良質のものを提供し，その成果をもって資格ないし団体の価値を高めるという戦略に組み込まざるを得なくなっている[2]．ただしこのこと自体は，法教育実践のさらなる洗練化につながるということで，

---

[1] たとえば平成 28 年度にあっても，日本司法書士会連合会，日本行政書士会連合会，日本税理士会連合会などで法教育が事業計画に取り込まれている．
[2] 公益活動の位置づけについては，久保山 (2012a) を参照のこと．

プラスに働く．さらに教育活動へのかかわりによって，法専門家の社会における役割や地位が変容する可能性もあり，大枠では望ましいことのように思われる．本稿ではこうした法教育の時代にあって，法専門家による法教育実践の現状と課題を明らかにし，今後の展開をうらないたいと考えている．

2　法教育をとらえる視点

　法教育のニーズは，本当に存在するのであろうか．また，その実践上の課題とは何か．全国の高等学校542校を対象とした「司法書士が関わる法教育全国調査」（以下，学校調査とする）の分析から，問題状況について明らかにする．なお，学校調査とは別に全都道府県，特別区，市教育委員会，私学協会903を対象とした調査（以下，行政調査とする），司法書士を対象とする調査（以下，司法書士調査)[3]も行ったが，これらは別稿にて論じることとする[4]．

　調査は，いくつかの限界を有する．第1に，対象が一部の高等学校のみに限定されている点が挙げられる．第2に学校調査を含む全ての調査が，司法書士ないし司法書士会に傾斜しており，法専門家全体の実情をとらえるにいたっていない点が挙げられる．第3に法教育の実態を客観的にとらえるということに終始した結果，ヒアリングなど質的な調査を行うことができなかったという点が挙げられる．

　とはいえ，現時点での法教育にかかる問題状況の一端を示すことはできたと考える．本稿では，学校調査結果の資料的価値を重視し，全設問を総覧しつつ1つ1つを丁寧に扱う．いささか課題の羅列に終始する面もないではないが，寛恕されたい．

3　調査概要

　本調査の概要は，次の通りである．本稿は学校調査にかかるものであるが，行政調査も同時期に行われたものであるから，比較しつつまとめておく（表1）．
　学校調査は，平成21年度に全国の司法書士会ないし司法書士個人がその実践に関わった542校（高等学校のみを抽出）に対し，2011年11月に実施した．回答数は134，回答率は24.72%であった．学校現場における法教育のニーズ

---

[3]　司法書士調査の詳細については，久保山（2011）を参照のこと．
[4]　調査の全体像については，日本司法書士会連合会（2011）を参照のこと．

Ⅰ　問題状況と総括

資料　調査項目ならびに設問内容一覧（左から設問番号、調査項目、設問内容。なお、誌面の関係上、調査票上の選択肢や説明等は省略した。集計表については、割愛した）

	調査項目	設問内容
設問1		法教育実践について
1.1	総合評価	法教育実践活動を、実施してよかったと思いますか。
1.2	個別評価	法教育実践活動により、生徒に関する次の各項目は、どのような影響・効果を受けたと思われますか。
1.3	実施形態	平成21年度の実践は、どのような時間・形式等でなされましたか。
1.4	再度依頼	結果を踏まえて、もう一度「依頼」したいとお考えになりましたか。
1.5	各項目評価	次の各項目において、それぞれどのように評価ができますか。
1.6	外部団体からの案内	過去5年以内に、外部の団体や機関から「法教育」の実施案内等がありましたか。
1.7	外部団体への依頼経験	過去5年以内に、外部の団体や機関に対し「法教育」の依頼をされたことがありますか。
1.8	司法書士会	なぜ、司法書士会（司法書士）に依頼されたのですか。
1.9	他団体経験	司法書士、司法書士会以外の法律家ないし法律家団体（弁護士会等）との間で、法教育の実績がありますか。
1.10	法教育の趨勢	「法教育」について、学校ないし教育界全体の反応をどのように感じていますか。
1.11	外部講師派遣案内	おおよそ1年間に、①どのくらい「講師派遣」の案内が、外部団体等から寄せられていますか。
1.12	外部講師の派遣理由	なぜ、司法書士会は「講師派遣」サービスを提供すると考えますか。
設問2		法教育の「ニーズ」と「マインド」について
2.1	法教育関心	あなたは、「法教育」に関心がありますか。
2.2	風潮	あなたは、現在の教育界ないし学校において、「法教育が盛んになっている」という認識をお持ちですか。
2.3	法教育の定義	「法教育」とは、どのような教育のことであると思いますか。
2.4	法教育のニーズ	「法教育」の「ニーズ」は、教育現場において存在すると思いますか。
2.5	法教育と消費者教育	「法教育」と「消費者教育」は、どのような関係にあると考えますか。
2.6	法教育の担い手	あなたが、法教育の担い手として最もふさわしいと考える職（位）を、第1位～第3位まで選んでご記入してください。
2.7	法律家の関わる現場	あなたは、法律家が「法律家」がかかわることについて、どのように考えていますか。
2.8	法律家と法律家	あなたは、なぜ「法律家」に、法教育の担い手としての役割が期待されることについてどう思いますか。
2.9	協働	法教育を学校においても行う場合、「法律家」が主導権を有して授業を行うことは本来できない、と考えますか。
2.10	資格	「教員資格」を有しない「法律家」は、「法教育」の担い手としてはふさわしくない、と考えますか。
2.11	資質	「法律家」が「法学部を出ていない」と、「法教育」に関与する必要はない、と考えますか。
2.12	教員関係	教員が「法教育」を十分に担えない場合、法律家が一般的に「法教育」の講義依頼をする場合、「弁護士」と「司法書士」のどちらに依頼したいと思いますか。
2.13	法律家選択	一般的に「法教育」の担い手として「法律家」を選択する際、最も決め手となる理由は以下のうちどれですか。
2.14	選択の理由	もし、あなたが「司法書士」に「法教育」の講義依頼をする場合、どこに連絡をとりますか。
2.15	依頼場所	次のうち、「法律家」のカテゴリーに入ると考える職はどれですか。
2.16	法関連職種	社会的に、「法律家」が法教育の担い手として求められる要因はどれですか。
2.17	社会的ニーズ	「法教育」では、どのような内容を取り上げることができると考えますか。
2.18	相当内容	もし「司法書士」に「法教育」の外部講師の派遣依頼をする場合、相当な金額はいくらでしょうか。
2.19	適正価格	法教育の実践上の問題点として、「法教育」に、どういう事象があると考えられますか。
2.20	法教育の問題点	
F		F1：都道府県名　F2：機関名（高等学校等）　F3：ご記入（回答）者のお立場　F4：ご記入（回答）者の担当教科　F5：本調査へのコメント

表1　学校調査ならびに行政調査の概要

	発送数	回答数	回答率	実施年月
学校調査	542	134	24.72%	2011年11月
行政調査	903	224	24.81%	2011年11月

や実態把握のため，全国の諸学校全てを対象としサンプルを抽出する方法も考慮したが，司法書士調査との関連性を重視し，名称を「司法書士が関わる法教育全国調査」とした上で，実践経験に基づく評価を行うこととした[5]．また行政調査は同月，都道府県，特別区，全国全市の教育委員会および全国の私学協会903に対して行い，回答数は224（回答率24.81％）であった．同調査は，主として法教育の現状ならびにニーズを測る目的で実施し，名称を「法律家が関わる法教育全国調査」とするものである．学校調査が司法書士法教育の実践校を対象とするものであったのに対し，行政調査では担い手を司法書士に限定することは不適当と判断し，名称ならびに調査内容を変更した．学校調査，行政調査ともども，郵送調査法により，回答は同封の封筒によった．調査票の作成にあたっては，神奈川県教育委員会に対するヒアリングを事前に行った．

　回答数ならびに回答率に関し，学校調査が直前の年の既実践校であること，行政調査が公的機関に対するものであることから，それぞれ相当な数／率の回答が事前には予測されたが，結果，比較的低率にとどまった．学校ないし行政側の事情も考えられるが，根本的には，調査にかかる手法ないし方法論にかかる問題が大きい．調査がやや微に入っていたこと，調査票が表裏4頁に凝縮され回答に誤解や負担を生じたこと，事前の連絡や督促を行えなかったことなど，いくつかの課題を残す結果となった．

4　分析総括

　法教育のニーズについては，概ねその存在が確認された．しかし，教育プログラム開発や経費負担，事前協議などさまざまな障壁が，実践への妨げとなっている．教材不足や，司法書士側の人材欠如の問題も，自覚されているところ

---

(5)　調査時点では学校に向けた他調査につき，関東弁護士会連合会（2011：52-80）などを参照した．

である[6]．法教育では，司法書士や弁護士などが広くその実践の担い手として期待されており，教育の門外漢として排斥する考えは少ない．法専門家間に存在する威信勾配ないし業際問題を念頭に，法専門家に対する意識や考え，選択に関する問いも組み込んだが，学校ないし教育行政機関は，威信よりも実践的な観点に基づき法専門家をとらえているという状況が窺えた[7]．地域や学校別にニーズの細目はさまざまであるが，活動全体をシビアに見つつも，法専門家が創造する法教育には相応の期待が寄せられているといえる．綿密な協議に基づき十分に練り込まれたプログラムと，豊かな内容を含む教材をいかに制作するか，ニーズに応える仕組みと即応可能なシステムが課題となっている．

　他方，担い手となる司法書士諸個人ないし司法書士会の取り組みは従前から消費者教育に傾斜している．実践や教材作成などの面では個人にしわ寄せがくることも多い．個人間でスキルやマインドに差が大きく，司法書士会全体の取り組みとして周知徹底されていないことなど，取り組みの不備が明らかである[8]．

　以下，こうした点に留意しつつ学校調査について詳細に分析していく[9]．

Ⅱ　学校調査の内容と分析

1　対象と効果評価

　上述したように，学校調査は高等学校のみ542校を対象とし，結果134の回答を得た．回収された調査票は全国30都道府県に分布し，およそ全国的な展開を推し量ることができる．最も回答が多かった都道府県（回答数：134）は広島県（9），鹿児島県（9）であり，福島県（8），青森県（7），千葉県（7）と続

---

[6] とはいえ，法専門家が実践にあたり直接手がける教材もあらわれてきた．久保山（2012b）のほか，社労士界では「知っておきたい　働くときの基礎知識」，税理士界では「租税教育」などが開発されている．

[7] 江藤ほか（2005），江藤ほか（2010）などに見るように，司法書士界は近年，法教育など公益活動を含み，そのプロフェッションモデルの変容をはかるために積極的な提案を展開している．

[8] 「マインド」ないし「スキル」については，宮澤（2010：75-79）を参照のこと．ただし本稿ではこれらを，法専門家としての全般的な意識的能力ならびに技術的能力をあらわすものとして用いている．

[9] 各調査の調査項目については，資料参照のこと．

く，司法書士会の法教育実践活動が広範囲に行われていることが分かる反面，単位司法書士会の法教育に対する考え方やその人的資源の差が回答にもあらわれているとみられる(10)．設置者についても，国立，公立，私立とさまざまである．普通制高校が多いなか，定時制や通信制の学校も含まれている．回答者の立場（回答数：133）は，教員・教諭（55），学年主任（31），教務主任（11），教頭（7），進路指導教員・主事等（7）と多岐にわたっている．さらに，回答者の担当科目（回答数：128）については回答全体に影響すると思われるが，公民（30），地理歴史（19），社会（30）の社会科系科目のほか，保健体育（13）や商業（12），理科（12），英語（11），国語（10），数学（8），工業（8）など，幅広い回答が見られた(11)．

設問1では，平成21年度の実践活動について訊ねた．まず設問1.1（回答数：131）は，実施の感想である．「概ねよかった」（77），「大変よかった」（42）と肯定的な回答が約9割を占め，好評であったことがうかがえる反面，このうち前者が回答の中心を占めていることから，慎重な姿勢が示されているともいえる．

次に設問1.2（回答数：132，「紛争を解決する能力」項目のみ回答数：133）では，より詳細な評価をとらえるために，生徒が影響ないし効果を受けると思われる10項目を提示し，回答を求めた．すなわち評価項目として，「法に対する関心」，「法に関する知識」，「法を守る態度」，「法的思考」，「紛争を解決する能力」など法に関する5項目，「正義感・公平感」，「批判的なものの見方」，「道徳意識」，「人権理解」など教育全般で求められている価値観ないし能力に関する4項目を掲げ，これに職業理解教育の観点から講師が司法書士であることを踏まえ「司法書士への興味」1項目を加えた．また評価尺度は，「大いにマイナス」，「多少はマイナス」，「影響ない」，「多少はプラス」，「大いにプラス」の5段階である．このうち「多少はマイナス」ないし「大いにマイナス」とする回答は9項目において皆無であり，唯一，「司法書士への興味」項目にのみ，

---

(10) 日司連法教育推進委員会は毎年，全国の司法書士会に対して，「高校生等への法律教室事業に関するアンケート」を実施している．同年の調査結果によれば，42司法書士会が実践を行った旨回答している．

(11) 本設問は自由記述によったため，担当科目という設問にも関わらず，免許ベースの回答と実担当科目の回答が混在した．このため，特に社会科系担当科目について，大幅なリコーディングを行った．

Ⅱ　学校調査の内容と分析

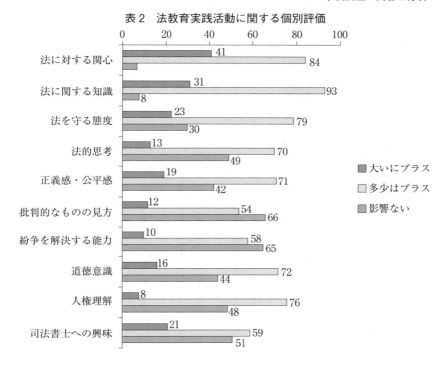

表 2　法教育実践活動に関する個別評価

「大いにマイナス」とする回答が 1 つあった．表 2 は，10 項目に対する回答を集計したものである．ここで，特に評価が高かったものは「法に対する関心」ならびに「法に関する知識」であり，法そのものを課題とする教育が多くなされたものと窺える．悪徳商法あるいはクレサラ問題への対応を中心に据える消費者教育は，賢い消費者となることを最終目的とするものである．ここでは，法的対応ないし「構え」が中心に教授され，知識教育に傾斜することになる．講師側のスキルの問題もあるが，圧倒的に短時間で効果的な反応を求める場合，法的に何が許容され，反対に何が許容されないのかを説く教育が選択される可能性は高い．他方，「批判的なものの見方」，「紛争を解決する能力」項目については「影響ない」とする回答がそれぞれ全体の約半数に達し，思考力や実践力に関する教育内容について課題をのぞかせた．「司法書士への興味」については，「大いにプラス」(21)，「多少はプラス」(59) と約 6 割が好意的な評価を与えているが，「影響ない」(51) も約 4 割を占めており，なぜ司法書士が高

表3　個別評価の2成分

設問1.2	因子 1:マインド教育	因子 2:スキル教育	意見の平均値
法に対する関心	0.260	0.652	4.26
法に関する知識	0.417	0.475	4.18
法を守る態度	0.732	0.297	3.95
法的思考	0.361	0.656	3.73
正義感・公平感	0.808	0.089	3.83
批判的なものの見方	0.512	0.437	3.60
紛争を解決する能力	0.225	0.753	3.59
道徳意識	0.794	0.187	3.79
人権理解	0.703	0.298	3.70
司法書士への興味	0.032	0.700	3.75
累積寄与率	29.971	55.447	

因子抽出法：主成分分析
回転法：Kaiserの正規化を伴うバリマックス法

等学校の現場でこうした講義ないし講演を実施しているか，認知されていない可能性もある．

次に，10項目について主成分分析を行うことで，その構造を明らかにする．表3は，この結果である．

個別評価については，2つの成分が特定された．第1成分は，「法を守る態度」や「正義感・公平感」，「道徳意識」，「人権理解」などを中心としたもので，主として意識に関わるという点から，マインド教育成分といえる．また第2成分は，「法に対する関心」，「法的思考」，「紛争を解決する能力」，「司法書士への興味」を柱とするもので，主として技術的な面に焦点があてられているということから，スキル教育成分とすることができる．マインド教育型法教育は，従来の道徳教育を踏まえつつ，順法教育や消費者教育にそくしたものといえよう．またスキル教育型法教育は，法そのものに対する関心や思考を高め，これをベースに実践力を開発するものである．後者は，学習者が問題に向き合い，これを克服するばかりでなく，法専門家の活用も視野におさめるものである．

法教育実践においては，何をもって目標が達成されたとするか，検証に難しい面がある．マインド教育とスキル教育は法教育の両輪であると思われるが，こうした構造が担い手やプログラムの側で，どの程度認識されているのであろうか．実践に際しては具体的なテーマのみならず，その効果を明確に示す必要がある．

2 実践概況

設問1.3では，実施の概要について詳細に訊ねた．表4は，時間（分），参加生徒数，内容，参加司法書士，司法書士報酬，企画立案につきまとめたものである．まず時間については，最も多い学校で6時間の実践が行われており，平均で1時間超となっている．また，最高6回の実践校があった．参加生徒数については，最大で520名，最小で10名，平均で約136名である．参加全生徒数は19,379名であり，年間2万名弱（延べ）の高校生が司法書士による講義を受けていることになる．内容では，「悪質商法・契約」（95）が顕著である．その他，「保証人に関すること」（29），「ク

表4 法教育実施形態

時間（分）	延べ時間	9,965
	最大値	360
	最小値	45
	平均時間	66.09
参加生徒数	延べ人数	19,379
	最大値	520
	最小値	10
	1回あたりの人数	135.52
内容	クレサラ	28
	保証人に関すること	29
	不動産登記に関すること	0
	法律全般	19
	商業登記・会社法務	1
	成年後見に関すること	0
	相続・遺言	1
	裁判に関すること	8
	法律職の紹介	11
	悪質商法・契約	95
参加司法書士	延べ人数（講師，スタッフ含）	295
	最大値	10
	最小値	1
	1回あたりの人数	2.11
司法書士報酬	有	6
	無	129
企画立案	司法書士会	61
	学校	43
	学校・司法書士会双方	19
	不明	11

レサラ」(28)，など，消費者教育関連の内容が相当数あった．他方，「商業登記・会社法務」(1)，「相続・遺言」(1)，「不動産登記に関すること」(0)，「成年後見に関すること」(0) など，司法書士業務に関わる内容についてはほとんど取り上げられていない．

実施者側に目を向けてみると，実践には最大で10名，平均2名を超える司法書士が参加している．大半は無報酬でなされているが，別途参加者には通例，

司法書士会から日当ないし交通費などが支給される．企画については，学校企画のもの（43），司法書士会企画のもの（61），双方によるもの（19）など，さまざまである．司法書士会は近年，プロフェッションモデルの転換をはかり，「くらしの法律家」の実質化を目指すために，消費者教育から法教育へシフトしつつある．労働問題を焦点化したものや，思考力や批判力を育成する内容を含む教材が開発されており，単なる「紹介」や「案内」にとどまらない実践が望まれる．

こうした結果を踏まえ，設問1.4では，次に依頼したいかどうかを訊ねた（回答数：132）．「同じ内容でお願いしたい」（85）とする回答が圧倒的であったものの，「今のところ予定はない」（19），「同じ講師であれば依頼したい」（12），「違う内容で依頼したい」（12）とする回答も一定数確認できた．また，「違う講師であれば依頼したい」（4）といった回答には，実践の難しさが窺い知れる．

3 実践自体に対する評価と課題

設問1.5では，実践の評価について訊ねた．評価項目は，「講師」（回答数：132），「教材」（回答数：130），「取り上げた内容」（回答数：131），「時間配分」（回答数：131），「効果」（回答数：130），「授業の成熟度」（回答数：130），「教科教育との関連性」（回答数：130）の7項目である．また，評価尺度は，「大いに評価できる」，「評価できる」，「どちらともいえない」，「あまり評価できない」，「全く評価できない」の5段階である．後2者についてはほとんど回答が見られなかったため，結果を際立たせるために前3者について集計したものが表5である．

結果，「講師」，「教材」，「取り上げた内容」，「時間配分」，「効果」については，「大いに評価できる」，「評価できる」とする肯定的評価がそれぞれ回答の8割に達した．しかし，「授業の成熟度」では，「どちらともいえない」（30）とする回答が「大いに評価できる」（23）より多く，「教科教育との関連性」については「どちらともいえない」（58）が44.6％と第1位回答となっている．これについては，「講師」などが事前計画段階で調整可能で，結果も想定内に収まりやすい一方，「授業の成熟度」，「教科教育との関連性」は結果次第ということがある．また長期的，全般的な教育プログラムを考えるとき，1回あるいは数回の実践がどれほどの影響を及ぼし得るか，懐疑的な見方も存在すると

II 学校調査の内容と分析

表5 実践評価

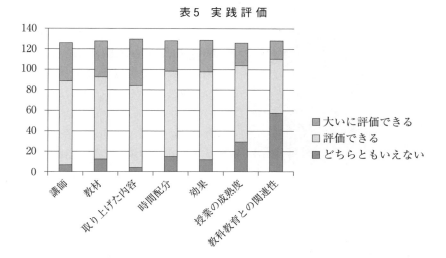

思われる．回答の構造を把握するため上記7変数について主成分分析を行ってみたが，因子を特定することはできなかった．

4 実践の契機と経緯

法教育実践に至る経緯については，なんらかの契機があると思われる．学校内で企画され学校内で実施されるもの，学校内で企画され外部法律家を招聘するもの，外部で企画され学校に持ち込まれるものなどさまざま考えられるが，設問1.6（回答数：134）ではこのうち，過去5年間における外部企画の案内実績について訊ねた．結果，法教育の実施案内が「あった」(69)とする回答が過半数に上った．案内元では司法書士会が最も多く，弁護士会，裁判所や租税事務所など，各種団体からの実績も確認された．またこうした案内を受けて設問1.7（回答数：134）では，過去5年間に外部団体や機関に対し，法教育実践の依頼を行ったかどうか訊ねたところ，依頼をしたことが「あった」(60)とする回答が4割超見られた．調査対象である高等学校が平成21年度に司法書士会法教育実践校であるにも関わらず，依頼経験に対する肯定的回答が少なかったのは，外部への「積極的な」働きかけをしたかどうかという解釈によるものと思われるも，やや設問の趣意が不明確であった点も否めない．

次に設問1.8（回答数：201）では，司法書士による法教育実践がいかにして

14 法専門家による法教育は評価されているのか〔久保山力也〕

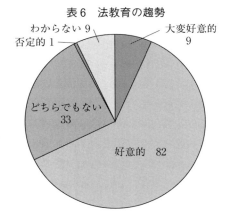

表6　法教育の趨勢

可能となったのか，その経緯について訊ねた．調査対象の特殊性から，「司法書士会から案内があったため」(105)とする回答が最多であったものの，司法書士がそれなりに認知されており，さらに「消費者問題の専門家であるため」(21)とする回答に見られるように，その専門性が評価されているともいえる．また，「無報酬（ないし廉価）であったため」(32)と，現実的な側面に着目する意見もあった．個人的な人脈や実績，他団体との熱心さの違いはそれほど重視されていない．結果から，まずは外部からの案内が重要な契機となっていることが分かる．さらに，設問1.9（回答数：133）では，司法書士ないし司法書士会以外の法律家ないし法律家団体との実践実績について訊ねた．「ある」(34)としたものより「ない」(99)としたものが多く，活動実績を「ある」(34)とした回答は25.6％あり，内訳として弁護士会や検察庁，税理士会，社労士会，大学，消費者センター等が挙げられている．一方，「ない」(99)とした回答は7割を超えており，このうち有効80回答中，今後も「予定はない」(65)とするものが多かった．

外部団体が法教育を行うのは，彼ら自身の戦略と，社会の変化を背景とするものと考えられる．設問1.10（回答：134）では，法教育に対する学校ないし教育界全体の反応につき，どのような趨勢にあるか評価を求めた（表6）．好意的（82）が全体の6割に達しているが，「どちらでもない」(33)も24.6％あり，ここでも学校側の冷静な姿勢を窺うことができる．

さらに設問1.11では，法教育を含め，おおよそ1年間に外部団体などから送付される講師派遣案内数ならびに，うち法教育に関する案内数，さらに案内が無償を謳っているかどうか，訊ねた．まず講師派遣案内数については95校から回答が寄せられ，最も多いところで30件，少ないところでは0件であった．平均で6.28件である．次に，これを法教育に限った場合，最大でおおよそ1年の間に計5件の案内を受けた学校が存在する．平均で見れば89校にお

いて，1.82件となる．また，案内全体に占める無償割合は84.5%である．案内数には学校の地域や規模など諸条件，ならびにこれを考慮した実施側の判断によって相当な開きがある．法教育について見ればこの差は縮まるものの，等しく案内がなされているとは言い難い．無償案内は相当数に上っており，講師派遣は無償でなされるものという理解がある程度存在すると見られる．それでは，外部団体が外部講師を派遣する理由は何か．設問1.12（回答数：129）では，なぜ司法書士会がこうしたサービスを提供するのか，訊ねた．結果，「広報」を理由とする回答が圧倒的（96）であった．また「その他」(18)とした回答中には，「トラブルの発生防止」，「法律を知ってもらうため」，「法を守る国民の育成」など，教育的な側面をとらえた意見も見られた．受け手の学校側は，現実的な見方をしているといえる．

5 風潮と関心，ニーズ問題

設問2は，法教育への今後をうらなうため，法教育に関する「ニーズ」と「マインド」について訊ねるものである．まず，設問2.1（回答数：133）は法教育への関心についてであるが，「ある」(111)とした回答が8割を超えた．理由においては，「社会人として必要」，「生徒の『生きる力』に不可欠」など，実践力に着目した見解が目立ったが，「対人関係が希薄化し，法の役割が増していると思われる」，「保護者対応も含め難しい時代になってきているため」と変化の事態に則した対応の重要性に触れる意見も多かった．

教育界ないし学校において法教育が盛んになっているという認識の有無について訊ねた設問2.2（回答数：132）は，現実的な状況を反映している．すなわち表7に明らかなように，「持っていない」(59)とする回答が44.0%で最も多いものの，「よくわからない」(47)とする回答も35.6%確認された．また，「持っている」(26)も19.7%あり，見解が分かれている．

そもそも法教育は多義的であり，受け手によってさまざまな解釈がなされ得る．そこで設問2.3（回答数：86）では，法教育の定義について訊ねた．回答は多岐にわたるが，「社会にでたうえで必要な知識とルールを学ぶこと」といった知識型，「生きるために必要なライフスキルを学ぶ教育のこと」といったスキル型，「法の成立意義を認識し，遵守する姿勢と態度を養い，平等な社会形成に寄与する」といった市民型に大別される．また「憲法」や「人権」と

表7　法教育の隆盛認識

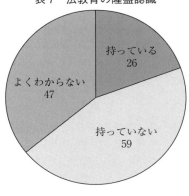

の結びつきを重視する見方も強く，特徴的であった．

では，ニーズについてはどうか．設問2.4（回答数：134）では，法教育のニーズが存在するかどうかにつき訊ねたが，「存在する」（121）が圧倒的で，約9割を占めた．設問2.1から2.4までをあわせて考えた場合，概して学校現場において関心ならびにニーズは存在するものの，現状盛んな状況にあるとはいい難い．また法教育自体の概念が定まっておらず，何をもって法教育というのか，何を目指すものなのかということについて共通の認識は存在していない．しかしながら，法教育は既存の教育と一線を画するとの見解は存在すると思われる．

6　法専門家の関与

法教育に際し，法専門家には，どのような役割が期待されているのであろうか．司法書士会は従来消費者教育に取り組んできたが，設問2.5（回答数：129）はこうした法教育と消費者教育との関係を訊ねるものである．回答では，「一部重なるが異なる」（80）が62.0％を，「一部異なるがほぼ同じ」（39）が30.2％を占めた．「一部重なるが異なる」とした回答の具体的な理由は，「入口が異なるが目的は同じ」，「観点がちがう」，「人権では重なる」など，さまざまである．ここで敢えて法教育ならびに消費者教育の関係をとらえたのは，次のような理由による．

第1に，それらがかなりの程度，関係者において異なって認識されているのではないかと考えられたからである．消費者教育の場合，文字通り「消費者」を対象化し，かつ数々の「落とし穴」から自らを守るための知恵と知識を育むといった勧善懲悪的な枠組みが顕著であったのに対し，法教育のイメージは広大で，基本軸が不明確ではないか，ということである．第2にそれに関連し，もし法教育が単に法を教えることであるなら法専門家の介入を必ずしも要するものではないし，学校教員で事足りる，あるいはむしろ当然より望ましい形で

II 学校調査の内容と分析

教育目標が達成されることになりはしないかと考えられたからである．第3に，そこまでいわずとも，消費者教育と法教育のアプローチが異なるならば，法専門家の関わり方が異なってくるのではないかと思われたからである．

そこで，設問2.6では，法教育の担い手としてふさわしいと思われる職（位）について，第1位から第3位までの記入を求めた．対象とした職（位）は，社会科（公民科）教員，家庭科教員，校長・教頭等管理職，学級担任，司法書士，弁護士，裁判官，検察官，市民，法律学の大学教員ならびにその他，であった．選択肢に家庭科教員を入れたのは，消費に関する教育プログラムが，家庭科において見られるからである．また，学級担任については，道徳やホームルーム，教科外活動における教育実践の可能性を念頭に置いた．

結果表8のように，第1位では「社会科（公民科）教員」(47)とする回答が35.9％と最も多く，次いで「弁護士」(24)，「司法書士」(19)が支持を集めた．第2位では，「弁護士」(42)が32.1％を占め，「司法書士」(34)，「社会科（公民科）教員」(15)の順であった．さらに第3位では，「司法書士」(37)が27.8％，「弁護士」(25)，「社会科（公民科）教員」(17)，「法律学の大学教員」(17)と続いた．ちなみに，「その他」には，「商業科教員」，「小学校の教員」，「行政書士」などが含まれている[12]．

表8 法教育の担い手

	社会科(公民科)教員		司法書士		弁護士	
第1位(回答数：131)	第1順位(47)	0.359	第3順位(19)	0.145	第2順位(24)	0.183
第2位(回答数：131)	第3順位(15)	0.115	第2順位(34)	0.260	第1順位(42)	0.321
第3位(回答数：133)	第3順位(17)	0.128	第1順位(37)	0.278	第2順位(25)	0.188

法教育という特性から，社会科（公民科）教員への評価が高かったものの，弁護士や司法書士など，法専門家の関与を是とする意見が多く見られた．回答が，司法書士による法教育既実践校から寄せられていることを考慮する場合，司法書士への評価は当然であろう．他方それにも関わらず，弁護士を選択する回答が多く見られたことは特徴的である．

[12] 第1位－第3位まで，社会科（公民科）教員，司法書士，弁護士の順位についてまとめた．順位横のカッコ内は回答数，ポイントは回答全体に占める回答割合である．

表9 法専門家との協働問題

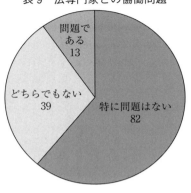

ところで、こうした法専門家の関与は、好意的に受けとめられているのであろうか. 設問2.7（回答数：133）ではこうした関わりについて、「ふさわしい」、「やむを得ない」、「望ましくない」、「よくわからない」とする4つ選択肢を用意し、その見解を訊ねた. 回答の75.2%は「ふさわしい」（100）を支持したが、他方「やむを得ない」（22）、「よく分からない」（10）とする回答も一定数確認された. これに関し、設問2.8（回答数：133）では、担い手として法専門家が考えられている理由について訊ねた. 「法律の専門家であるから」（123）とする回答が9割に達し、散見される学校教員の教育能力不足をとらえる見方は少なかった（5）.

さらに設問2.9（回答数：134）では、より実践的な側面をとらえた. すなわち、法教育を学校において行う場合、法専門家が主導権を執って授業を行うことの是非について訊ねた結果、「特に問題はない」（82）とする回答が、全体の61.2%を占めた（表9）. この見解は主として法専門家の「専門性」に依拠するものである. また、「どちらでもない」（39）とする回答には、「打合せ」の必要性や法専門家の授業下手、学校教師の「専門性」に基づく意見が相当数ある. そして「問題である」（13）と指摘する議論には、「興味をもたせるために時間がかかり全教科を圧迫する」、「法教育は学校における教育の一部であるから」など、実態面での問題性に着目したものが多く含まれている. 概して法専門家は、「条件付き」で受け入れられているといえる.

7 担い手問題に関する3つの問い

法教育は、基本的には学校教員が行うべきか、あるいは法専門家が中心に行うべきか. 設問2.10-2.12の3問は、資格、資質、関係性の面から、こうした疑問に接近するものである. まず、設問2.10（回答数：133）では、教員資格を有していない法専門家が法や道徳を教育することは本来できないと考えられるか否か、訊ねた. 次に、設問2.11（回答数：134）は、学校教員は、「ほぼ」

法学部を出ていないから，法教育の担い手としては不十分であると考える否かを問うものである．さらに，設問2.12（回答数：134）では，学校教員が法教育を十分に担えば，法専門家が法教育に関与する必要はないと考えるか否か，回答を求めた．表10は，回答数ならびにポイントをまとめたものである．

表10 担い手問題

	そのように考える		そうは思わない		わからない		n
設問2.10（資格）	7	0.053	119	0.895	7	0.053	133
設問2.11（資質）	16	0.119	105	0.784	13	0.097	134
設問2.12（教員関係）	6	0.045	114	0.851	14	0.104	134

これを見ると，設問2.10，設問2.11，設問2.12ともども，「そうは思わない」とする回答が多いことが分かる．すなわち，大要法教育の担い手について，まずは資格にはこだわらない姿勢が示された．しかし，非法学部卒を理由として，学校教員について資質の有無を問う設問2.11では，「そのように考える」(16)ならびに「わからない」(13)が一定数見られた．法教育自体の掴みどころの無さや，「法」という特異性に対する配慮のためと思われる．しかし全般的には設問2.12のように，学校教員が「十分に」担えるかどうかによらず，法専門家を活用し，効果的な教育を達成するといった意識が高いものといえる．

8 担い手としての法専門家

設問2.13－設問2.16は，法専門家を法教育の担い手としてとらえる場合の対応について，明らかにするものである．設問2.13（回答数：125）では「一般的な」法教育の講義依頼をする場合，司法書士と弁護士，どちらに依頼するかを訊ねた．設問では，職業理解教育や，弁護士に傾斜すると思われる訴訟関係，模擬裁判などを排除した上での判断を求めたが，そもそも法教育のイメージ自体が設問2.3のようにさまざまであるということを念頭に置く必要がある．

結果では，「司法書士」(65)が52.0%，「弁護士」(59)47.2%と，ほぼ拮抗した．調査対象が司法書士関与の高等学校実践校ということで，このことが回答に相当影響したものと思われる．法教育の担い手としてふさわしい職を訊ねた設問2.6では，弁護士の評価が司法書士を上回っていたが，この結果から司

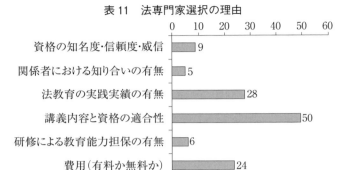

表 11　法専門家選択の理由

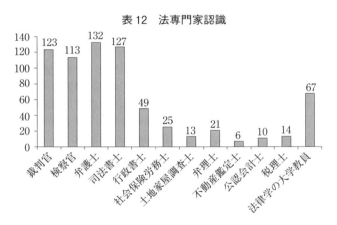

表 12　法専門家認識

法書士が関与した実践では，法教育の成果が一定程度認められているといえる．司法書士の，担い手としての可能性の一端を示すものである．

　選択の理由について，より詳細に訊ねた問いが設問 2.14（回答数：122）である．表 11 はその集計であるが，「資格の知名度・信頼度・威信」(9)，「関係者における知り合いの有無」(5)，「法教育の実践実績の有無」(28)，「講義内容と資格の適合性」(50)，「研修による教育能力担保の有無」(6)，「費用（有料か無料か）」(24) と多様な見解が示された．最も支持を集めた選択肢は「講義内容と資格の適合性」で，41.0％となっている．実践実績に対する評価も高い一方，知名度や信頼度，威信に関する評価は低く，前問 2.13 が裏付けられたといえよう．しかしながら，費用の面に着目した意見も相当数あり，現実的な

側面が顕著である．教育能力や研修問題そのものについては，司法書士調査においても示されていた通り，自覚されている課題でもある．概して，法専門家選択にあたっては，総合的に判断されるものと見られる．

次に設問 2.15（回答数：131）では，依頼が具体的にどういった箇所になされるのか，訊ねた．回答では「地域の司法書士会」(110) とする意見が多く，日本司法書士会連合会や個人事務所を大きく上回っている．法教育実践活動のベースとして，単位司法書士会がとらえられているといえる．

ところで前問 2.15 は，形式的には司法書士，司法書士会を主題化するものであるが，他の法専門家についてもおおよそ妥当するものと思われる．そこで設問 2.16（回答数：134）では，そもそも法専門家はどのような職として認識されているか，具体的に訊ねた．表 12 は，その結果である．多くの回答者の支持を集めた選択肢は，「弁護士」(132) 98.5％，「司法書士」(127) 94.8％，「裁判官」(91.8％)，「検察官」(113) 84.3％などであった．法専門家については，威信をとらえる見方が強い一方，在野性も一つの評価になっていると思われる．「法律学の大学教員」(67) は 5 割の，「行政書士」(49) は 4 割弱の回答を集めた．その他「士業」に対する評価は，概して低かった．

9 法教育実践の内容と課題

法教育に対するイメージ自体については，設問 2.6 のようにさまざまな見方が存在する．従来，社会科や公民科では，日本国憲法が当然に取り上げられてきており，高等学校の現代社会や政治経済では有名な判例が教育されてきた．こうした内容を法教育の範疇に含めるのであれば，それは既に行われてきたといえる．他方，従来型の教育と一線を画す形で法教育実践をとらえる見方によれば，内容の取扱いの面でも相違があり得る．

設問 2.17-2.20 では，法教育が取り扱うべき内容ならびに，実践上の問題点を焦点化した．まず，設問 2.17（回答数：134）では，社会的に法教育が求められる要因について訊ねた．政治や経済，社会問題などさまざまな事象が考えられるが，ここでは，「犯罪件数の増加」，「少年犯罪の凶悪化」，「振り込め詐欺などの消費者問題」，「多重債務などの経済問題」，「自殺（自死）問題」，「暴力団問題などの社会不安」，「裁判員裁判制度の導入」，「失業率などの労働問題」，「高齢化社会の進展」，「国際情勢の悪化」，「国際金融危機」，「政治不信」

の 12 テーマを提示した．表 13 は，回答ならびにそのポイントの獲得数が多かった上位 6 要因ならびに下位 6 要因に整理し，まとめたものである．

表 13 から，経済的観点が重視されているといえる．特に，消費者問題に対する関心は高くなっているが，ここにも高等学校という特性が出ていると思われる．また，「裁判員裁判制度の導入」(62) も半数近くの支持を得ている．第 4 位の「犯罪件数の増加」(45)，第 5 位の「少年犯罪の凶悪化」(38) は，各々 3 割程度の回答を集めた．他方，政治や国際問題についてはポイントが低くなっている．

表 13　法教育が求められる理由

上位 6 要因			下位 6 位要因		
振り込め詐欺などの消費者問題	113	0.843	暴力団問題などの社会不安	9	0.067
多重債務などの経済問題	91	0.679	高齢化社会の進展	5	0.037
裁判員裁判制度の導入	62	0.463	政治不信	3	0.022
犯罪件数の増加	45	0.336	自殺（自死）問題	2	0.015
少年犯罪の凶悪化	38	0.284	国際金融危機	1	0.007
失業率の増加など労働問題	19	0.142	国際情勢の悪化	0	0.000

設問 2.18 は，法教育において取り上げるべき内容を問うものである．表 14 では，選択肢として掲示した内容に対する回答数ならびにそのポイントをまとめた．第 1 位として選択された項目では，「悪質商法・契約」(56)，「法律全般に関すること」(31)，「クレサラに関すること」(30) が多くなっている．次に第 2 位，第 3 位では，保証人や裁判についての比率が高まっている．概ね，設問 1.3 で示された実績と同様内容が上位に掲げられている．また「その他」には，「知的財産法」や「社会保障」，「法的思考を高める授業」，「トラブルになったときの相談窓口」など，さまざまな内容が含まれる．

さらに設問 2.19 では，司法書士に対し派遣依頼をする場合の相当な「金額」について，時間あたり（回答数：105），回数あたり（回答数：109）で訊ねた．時間あたりについては，最大で 30,000 円とする回答があったものの，無料とする回答も相当数あり，平均は 2,968 円となっている．回数あたりでも，平均 3,841 円であるが，これも多数の「無料」回答を反映したものとなっている．

Ⅲ　おわりに

この背景には，予算経費を割けない学校事情があると窺えるが，設問2.20（回答数：102）ではより詳細に実践上の問題について回答を求めた．

結果表15のように，「予算措置が講じられない」（54）として，経済的な困難を挙げる回答が多いことが分かる．また，常々指摘されているように，カリキュラム上の課題も認識されている．既に確認したが，内容の不明確性や担い手の問題も同様に不安要因となっている．

表14　法教育において取り上げるべき内容

取り上げるべき内容	第1位		第2位		第3位	
悪質商法・契約	56	0.418	36	0.269	25	0.187
法律全般に関すること	31	0.231	17	0.127	31	0.231
クレサラに関すること	30	0.224	27	0.201	11	0.082
保証人に関すること	8	0.060	26	0.194	30	0.224
裁判に関すること	4	0.030	19	0.142	20	0.149
法律職の紹介	1	0.007	0	0.000	6	0.045
商業登記・会社法務	1	0.007	0	0.000	0	0.000
成年後見に関すること	0	0.000	2	0.015	0	0.000
相続・遺言に関すること	0	0.000	1	0.007	1	0.007
不動産登記に関すること	0	0.000	0	0.000	0	0.000
その他	3	0.022	6	0.045	5	0.037
	n=134		n=134		n=129	

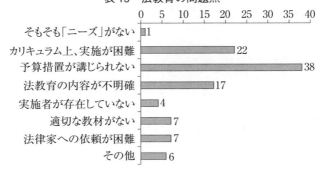

表15　法教育の問題点

- そもそも「ニーズ」がない　1
- カリキュラム上、実施が困難　22
- 予算措置が講じられない　38
- 法教育の内容が不明確　17
- 実施者が存在していない　4
- 適切な教材がない　7
- 法律家への依頼が困難　7
- その他　6

Ⅲ　おわりに

本稿ではこれまで，学校調査について考察してきた．結論については，本稿はじめの部分でまとめており，内容についても逐次触れたのでここでは論じな

い．一言，付言しておけば，法教育のニーズは確かにあるともいえるが，今のところ必須の，なくてはならない教育課題として存在しているわけではないとも思える．現状では，ニーズはさまざま不安や問題の吹き溜まりのなかにあって，その実体がいかなるものであるのか不明確である．

法教育の方向性については，多様な議論があり得る．担い手，教材やプログラム，対象や効果測定，目標など，多くの問題が未解決である．また，本調査が司法書士界において企画され実施されたという事実，ことにリーガルサービス界の情勢変化にも着目したい．もはや，現代の法教育を語る上で法専門家の関与は欠かせないものとなっており，その動向を踏まえた議論もまた当然のこととなっている．先にも明らかにしたように，現代の法専門家は「選ばれる理由」を求めなければならず，法教育は市民社会と法専門家との新たな関わり方を提示している．法教育関連の調査は最近散見されるようになったが，今後ともこうした調査を繰り返して，法教育を構成する要素を1つ1つ紡ぎながら，ニーズの実体化へ向けた取り組みを総がかりで行う必要がある[13]．

〔文　献〕
江藤价泰ほか(2005)『司法書士の新展開』日本評論社．
――(2010)『司法書士の羅針盤』日本評論社．
関東弁護士会連合会(2011)『これからの法教育』現代人文社．
久保山力也(2011)「法教育の『新たな』可能性と『くらしの法律家』の実質化――「司法書士の法教育に関する『マインドとスキル』全国調査」を読み解く」法社会学 (75) 157-186頁．
――(2012a)「『隣接』の解体と再生：協働から競争へ」法社会学 (76) 219-238頁．
――(2012b)『解釈のちから』(福岡県司法書士会制作) 福岡県司法書士会．
宮澤節生(2010)「本調査の目的と調査票の構成」(「研究ノート 法科大学院教育に期待される「法曹のマインドとスキル」に対する弁護士の意見)『青山法務研究論集』(2) 75-80頁．
日本司法書士会連合会(2011)『司法書士白書 2011年版』(久保山力也監修) 日本司法書士会連合会．

---

[13] 法務省は，小学校（平成24年度），中学校（平成25年度），高等学校（普通科，平成26年度），高等学校（専門学科及び総合学科，平成27年度）にそれぞれ大規模な法教育実践状況調査を実施している．法務省 (http://www.moj.go.jp/housei/shihouseido/gakkou_tyousa.html) 参照のこと．

15 Legal Education and the Reproduction of Statist Elites in Japan

Hiroshi Fukurai[1]

There is no dispute that Professor Setsuo Miyazawa is one of the most influential socio-legal scholars and researchers in the world today. He has made an extraordinary lifetime contribution to the advancement of socio-legal research in Japan, Asia, and beyond, and has won prominent awards, including the prestigious Law & Society Association (LSA) International Prize, an honor which awards "a scholar…in recognition of significant contributions to the advancement of knowledge in the field of law and society."

Miyazawa has been a recipient of other international awards, attaining worldwide recognition for his scholarship throughout four decades of academic, social, and political research and contributions in the area of law. He has demonstrated long-standing excellence in leadership and active involvement in the activities of countless international associations and organizations, as well as serving as a valued mentor for his students and colleagues around the globe. His exceptional leadership has been instrumental in the creation of research collaboration and organizational building ever since he became the Executive Director of LSA's Collaborative Research Network on East Asian Law & Society (CRN33), one of the LSA's largest CRN groups, and helped to organize East Asia's socio-legal conferences in multiple locations, including the University of Hong Kong in 2010, Yonsei University in South Korea in 2011, Shanghai Jiao Tong University in China in 2013, and Waseda University in Japan in 2015. Under his strong leadership, in 2015 a new regional organization called the Asian Law and Society Association (ALSA) was built. He became its inaugural president and held the first ALSA conference at the National University of Singapore in 2016.

Professor Miyazawa has published and edited more than a dozen books and has been the author of more than 300 articles and many op-ed pieces that have advanced scholarship on a wide range of topics in law-related fields, including police and criminal justice, legal ethics

---

(1) Professor of Sociology and Legal Studies, University of California, Santa Cruz. Email:hfukurai@ucsc.edu. I thank Professor Mari Hirayama at Hakuoh University, Japan for inviting me to contribute my article to the Festschrift project. My great appreciation is also extended to Professor Keiichi Ageishi, Mr. Mamoru Imai, and other editorial staff of the Shinzansha Publication. This article is dedicated to Professor Miyazawa's decades of academic and scholarly contributions and long-standing excellence in leadership and involvement in the activities of many international associations and research groups.

15 Legal Education and the Reproduction of Statist Elites in Japan (Hiroshi Fukurai)

and public interest law, legal education, legal profession, and corporate legal practice in Japan, the U.S. and beyond. His research has also had significant political ramifications for, and exerted direct influence on, public debates and policy discussions concerning the judicial reforms of Japan, South Korea, and other East Asian countries.

His research may be characterized by his distinguished engagement in the following distinct, yet theoretically related, scholarly fields in three separate epochs. Until the early 1990s, his research largely focused on the police, investigative procedures and practices, crime and deviance, and lawyering, including activities of corporate legal professionals overseas. From the early 1990s to the early 2000s, he gradually began to shift his focus to more abstract and theoretical analyses of Japan's criminal justice system overall, as well as critical cross-national comparisons of legal systems and practices in Japan, the U.S. and other countries. In this period his research began to appear as critical op-ed articles in Japanese national newspapers such as *Yomiuri,* Mainichi, and *Nihon Keizai Shimbun*; in popular magazines, often in serial form, at *Hogaku Semina (Legal Studies Seminar)* and *Jiyu to Seigi (Liberty and Justice)*; and in prominent professional journals such as *Hanrei Jiho (Law Cases Reports)*, *Jurist, Hanrei Taimuzu (Law Times Reports)*, and *Horitsu Jiho (Law Reports)*, all of which are specifically geared for those in legal professions and practitioners. Lastly, in the early 2000s, he began to focus on justice system reforms specifically pertaining to the establishment of Japan's first-ever graduate law school system and the concomitant institutional and curriculum realignment in legal education, the legal profession, and ethics and responsibilities. Professor Miyazawa played a key role in Japan's introduction of American-style law schools in 2004. After having witnessed the emergence of the structural impediments faced by Japan's new law school system, Miyazawa shared these problems with Korean legal scholars, helping contribute to the policy discussion on the development of equitable structural arrangements and pedagogical frameworks in South Korea, which finally launched its own graduate law school program in 2009.

Looking back at his voluminous publications and research activities, it is clear that his earlier work has significantly advanced public debates and policy discussions on issues of crime, justice, and inequality in the justice system by bringing the attention of both the public and the academic community to the issue of possible police misconduct and the inequitable arrangement of investigative procedures. Miyazawa's research began to question the legitimacy and the general lack of transparency in Japan's policing and prosecutorial process, including the staunch belief held by police and criminal justice personnel in the necessity of interrogation and confession, as well as the use of police detention centers as substitute prisons for the purpose of extracting forced confessions under physical duress and psychological torture. His writings and analyses also began to craft a necessary scholarly space for critical interrogation into the closed system of the criminal justice community, including the analysis of organized police crimes of engaging in the illegal wiretapping of the phones of potential political dissenters, such as the Japan Community Party official and the uncritical, ineffectual oversight of such illegal actions by prosecutors and judges. His critical analysis also extended to the complete absence of professional legal education in Japan and, even for those who passed the bar examination, he was critical of the closed nature of the legal apprenticeship system of young legal professionals because their professional training falls exclusively in the hands of the Japanese Supreme Court and government bureaucrats. Legal scholars, socio-legal researchers, and even practicing attorneys have no meaningful participation in the formulation of a curriculum of legal training manuals.

His coauthored article, "Legal Education and the Reproduction of the Elite in Japan,"[2] which appeared in the inaugural issue of the *Asian-Pacific Law and Policy Journal* in 2000, helped develop a whole new field of critical empirical research by examining the historical ramification of the elaborate governmental policies and state-designed programs that relied on the educational tracking system to implement and consolidate Japan's political, social, and economic governance. Taking into account Professor Miyazawa's extensive research in multiple fields and numerous publications on many issues, I consider this piece to be one of the most critical and influential articles, interrogating how the Japanese government maintains hegemony over social, political, legal and economic spheres of influence.

The following section examines how the single branch of Japan's first imperial university — the Law Faculty of the University of Tokyo[3] — was created by design in order to screen, identify, and dispatch their graduates to hold key positions in virtually every sphere of socio-economic and politico-judicial institutions, ranging from the Japanese political parties, to ministers of the central government, high-ranking judges in the judiciary, university professors and administrators of prominent national universities and affiliated institutions, directors of ideological agencies including newspapers and other media outlets, presidents of financial and economic institutions, and high-ranking officers of large domestic firms and multinational corporations. The graduates of the law faculty also helped create intimate personal networks and collaborations, symbiotic collegial support, and even broader communications in the furtherance of the state-designed and government-initiated policies

---

(2) Setsuo Miyazawa and Hiroshi Otsuka, "Legal Education and the Reproduction of the Elite in Japan," *Asian-Pacific Law and Policy Journal*, Inaugural Issue, February 2000, pp.1-31, available at http://repository.uchastings.edu/cgi/viewcontent.cgi?article=2222&context=faculty_scholarship

(3) The names, "the University of Tokyo" and "Tokyo University," are used interchangeably.

15 Legal Education and the Reproduction of Statist Elites in Japan [Hiroshi Fukurai] and programs.

I   What is Legal Education? For Whom? And For What?

As Professor Miyazawa's article indicates, when the new Meiji Government declared its national sovereignty and independence in 1868, it began to develop a careful blueprint in order to attain modernization and industrial development comparable to that in the West. Even long before the governmental tried to draft and promulgate the Meiji Constitution, the Meiji Government decided to modify its academic programs, establishing Kaisei School to try to modernize its education system, a precursor to Japan's first university in 1868, the same year in which the Meiji Government declared its national independence. The Ministry of Justice of the Meiji Government created its own specialized Ministry of Justice Law School, which specialized in French law, in order to educate and develop their own personnel and government bureaucrats in 1871, while the Ministry of Education opened its first modern institution of higher education with its own law faculty in 1877. After absorbing the Justice Ministry Law School in 1885, the university was renamed as the Imperial University in 1886 and finally Tokyo Imperial University in 1897.

The imperial university originally established four Faculties, including Letters, Science, Medicine, and Law, where the law faculty taught Anglo-American law in English. In 1879, in order to fill many key administrative and high-ranking civil servant positions in the new bureaucracy in the central government, the government began to create layers of special privileges for the law graduates of the Tokyo University. First, the government decided to give the new university graduates the privilege to practice as attorney without taking a national bar examination. Second, in 1882, in order to facilitate the completion of the educational requirement for graduation, the Tokyo University permitted students to submit their graduation thesis in Japanese or Chinese instead of English. Third, the English pedagogy was finally abolished in 1883 and the university started to teach its curriculum in Japanese. Fourth, in 1893, the government issued the Decree on Recruiting Civil Servants, allowing the imperial law graduates to take only the second portion of the two-part tests for high-ranking bureaucratic posts, while graduates of other newly created private universities were required to take both exams. Lastly, law graduates of the imperial university did not need to take the employment examination for judicial positions in the government.[4] As a result, from 1886 to

---

(4)   The authors suggested that many holders of a bachelor's degree did not want to become a judge or prosecutor because such judicial positions were regarded as lower than that of high-ranking administrative officers with less salary and institutional power in the bureaucracy. See Miyazawa supra note 2, at 6.

I What is Legal Education? For Whom? And For What?

1897, nearly half of all law graduates from the Tokyo Imperial University became administrative and judicial officers of the Japanese government (675 of 1369 positions (49%)).[5]

The government thus created a fast-track system and easy access to highly privileged positions by the law graduates of the imperial university in order to foster, develop, and maintain their strong loyalty to the policies and programs of the central government. In other words, the College of Law of the Tokyo Imperial University was specifically designed to identify, recruit and nurture a small number of internally trained, politically conservative, yet highly skilled and ideologically acceptable group of young Japanese who, upon graduation, were assigned responsibilities and administrative powers for the purpose of running, executing, and commanding state affairs.

Meanwhile, private law schools also began to appear in 1880, including: (1) Senshu School where Anglo-American law was taught (today's Senshu University); (2) Tokyo Law School where French law was taught (Hosei University); (3) Meiji Law School where French law was taught (Meiji University); (4) Tokyo Professional School in 1882 where Anglo-American law was taught (Waseda University); (5) the English Law School in 1884 where Anglo-American law was taught (Chuo University); (6) Kansai Law School in 1886 (Kansai University); and (7) Nippon Law School in 1890 (Nippon University). These private law schools were established during the midst of prevailing ideologies of "Freedom and People's Rights Movement" in order to produce many active members and civic participants in Japan's democratization process that began to emerge and take shape in the form of alternative educational venues. However, without state backing and financial support, these private law schools had to rely solely on tuition paid by their own students, and consequently the quality of legal education became far inferior to that of the imperial university. The impoverished financial backing of the private law schools was in stark contrast to the Tokyo Imperial University that was entirely financed by the central government.

Professor Miyazawa's article makes it clear that the analysis of the historical and longitudinal empirical data of governmental jobs in relation to university graduates substantiates that, even today, the law graduates of the University of Tokyo College of Law continued to fill a large proportion of high ranking and influential key positions of various socio-political sectors in Japanese society. Among the high-ranking judges in 1954, for example, law graduates of the Tokyo University filled 74% of positions, including Chief Justice, while in 1995, the same group still made up 52% of these positions, including Chief

---

(5) *Id.* See Table 2 "Occupations of All Graduates of the Tokyo Imperial University College of Law in 1886-1897."

Justice.[6] Among the presidents of the largest companies in Japan, 23% were Tokyo University law graduates in 1975, while in 1995 they still made up 22% of all presidents of the largest corporations. In examining the percentage of presidents based on all graduates of Tokyo University as a whole, including those outside the Law Faculty, the majority or near majority of presidents of Japan's large corporations came from the University of Tokyo alone (53% in 1975 and 49.4% in 1995). Examining who teaches at the College Law of the University of Tokyo, it became clear that the instructors were exclusively recruited from their own graduates. Minor deviations began to appear in the 1980s, although nearly 95% of the entire faculty were still Tokyo University law graduates, thereby maintaining an insularity or pedagogical "purity" by recruiting and recycling their own graduates to become law professors in the same department.[7]

Law graduates were also recruited to serve as key political players in the Japanese cabinet. In examining university graduates who passed higher civil servant examinations for the government administration from 1894 to 1947, law graduates of Tokyo University made up 5,654 out of 8,549 high civil servants (66%).[8] During the period of the Japanese invasion of China and World War II, from 1932 to 1947, high percentages of the top bureaucrats in two key governmental divisions, i.e., the Ministry of Finance that controlled financial allocation and distribution, and the Ministry of Home Affairs which controlled the police and the affairs of regional governments, came from Tokyo University law graduates (86% and 76%, respectively).[9]

The same trend continued into the postwar period. In the first Cabinet under Prime Minister Nobusuke Kishi in 1957, a Tokyo University law graduate himself, 12 out of 20 ministerial positions were filled by Tokyo University law graduates (60%), while in 1976, they occupied in 9 out of 22 positions (41%).[10] Of 23 post-war prime ministers from 1946 to 1998, 10 were Tokyo University law graduates (43%).[11] Of former career bureaucrats who then became cabinet ministers from 1946 to 1978, the large majority of the House of Representatives and the House of Councilors were Tokyo University law graduates – 58 out of 86 (67%) and 34 out of 46 (74%), respectively.[12] Of high-ranking bureaucrats of the

---

(6) *Id.* Table 27, "High-Ranking Judges."

(7) *Id.* Table 29, "Last School of Law Professors in Selected Years."

(8) *Id.* Table 17, "Schools With the Top Numbers of Students Passing Higher Civil Servants Examination for Administrators: 1894 to 1947."

(9) *Id.* Table 18, "High-Ranking Bureaucrats from 1932-1947."

(10) *Id.* Table 12, "Cabinet Ministers of Selected Years."

(11) *Id.* Table 11, "Postwar Prime Ministers Since 1946." From 1998 to the present, no law graduate of Tokyo University was selected as the prime minister.

II The German Model of Japanese Universities

Japanese government in 1954, 72% were law graduates of Tokyo University, who also occupied 7 out of 8 key positions in the Ministry of Finance; while in 1995, they made up 69% of high-ranking officials, including all of 9 key positions in the Ministry of Finance and all of 5 posts in the Ministry of Home Affairs.[13]

The University of Tokyo law graduates have occupied and still continue to dominate the key and strategically important positions in the government, political parties, the Diet, economic sectors, and private corporations. Professor Miyazawa asserts that these law graduates "were not exactly recruited for their legal expertise by the government and the business," as they were dispatched to corporations and institutions in which positions do not necessitate the use of special legal knowledge attained at the imperial university.[14] The next question posed by Professor Miyazawa is: what should the proper function be with respect to the use of "universities for legal professional training of future members, including liberal arts education" and "various fields of law … [that] examine their social, political, and economic implications"?[15] The next section examines this important question posed by Professor Miyazawa, as well as why the law graduates of the University of Tokyo have been preferred for important functions in nearly every institution of influence in Japanese society, including the affairs of the state and national policies. Such explorations may help explain why, in the early 2000s, Professor Miyazawa began to take up the wholesale effort to help create new legal educational programs at the first-ever Japanese law school system on the basis of liberal arts education and much broader curriculum options.

II The German Model of Japanese Universities: True or Untrue?

In examining the history of the Tokyo Imperial University in the late 19th century and its socio-political function in Japanese society, it is important to point out that the university declared that, after having experimented with the Western socio-legal system (specifically Anglo-American and French traditions), the Meiji Government finally decided to scrap them all together and, instead, to model its university system after the German system in 1883. This is the same year in which the imperial university decided to abolish teaching in English and started to teach its curriculum in Japanese.[16]

Indeed, the German model of education was very popular worldwide in the 19th century,

---

(12) *Id.* Table 13, "Former Career Bureaucrats Among Cabinet Ministers 1946-1978."
(13) *Id.* Table 19, "High-Ranking Bureaucrats in Postwar Period."
(14) *Id.* at 26.
(15) *Id.* at 28.
(16) *Id.* Table 2 "Occupations of All Graduates of the Tokyo Imperial University College of Law in 1886-97."

15 Legal Education and the Reproduction of Statist Elites in Japan 〔Hiroshi Fukurai〕

and many countries in Europe, as well as the U.S., decided to model their university system after the German example. The objective of the German system of higher education was to encourage the development of free, creative, and unbiased thoughts in one's studies and research. The first university in Germany was established by Prussian philosopher and diplomat Wilhelm von Humboldt, who became the founder of the University of Berlin in 1810, which was later renamed Humboldt University of Berlin. Under his vision, the university was designed to enable students to become autonomous individuals and global citizens by cultivating their own free, unconstrained, creative imagination and reasoning power, fostered in the environment of academic freedom. The university faculty were also considered free holders of their own knowledge and expertise and, technically speaking, did not work for the university per se, but were there to do research and help their students to cultivate their intellect, foster free creative ideas, and polish potential and inventive skills.

The imperial university in Japan decided to import the German educational system and incorporate the idealized model of academic freedom based on the respect for individual autonomy and creativity. However, as Professor Miyazawa suggests in the article, the imperial university failed to incorporate such fundamental concepts of the German model as the development of students' free creative ideas and inventive characters. Professor Miyazawa characterizes the very constrained teaching philosophy of the Tokyo Imperial University in the following: law students were "recruited as raw materials to be molded to their own images."[17] In other words, the university system was like a corporate enterprise whose main task was to transform the students into a finished "commodified" product with skill sets and mental preparedness preferred by the central government, political establishment, the state justice system, and major corporations in economic, financial, and industrial sectors. The use of "raw materials" resonates very strongly when we look at the history of the Free Speech Movement that began in the 1960s at UC Berkeley, where Professor Miyazawa's mentor Malcolm Feeley has taught for decades and where Professor Miyazawa himself was also educated about the law and society.

III Administrators as Managers, Faculty as Workers, and Students as Raw Materials

Professor Miyazawa's critiques of educational models and pedagogical styles adopted by the imperial university and of Japan's insulated legal educational apparatus were not alien in the eyes of many progressive university educators and critical students overseas. Indeed, similar views were vehemently criticized by a group of UC Berkeley students against the

---

(17) *Id.* at 26.

III Administrators as Managers, Faculty as Workers, and Students as Raw Materials

bureaucratic use of the university envisioned by UC Berkeley Chancellor and later UC President Clark Kerr. Professor Kerr had been considered an intellectual leader and administrative pioneer of post-war U.S. higher educational institutions. In his key work, *The Uses of the University* (1966) which critically analyzed the utilitarian function of the American university, Kerr referred to such research universities as the University of California as "multiversities," embodying the internal hierarchical structures of private corporations and fostering a wide array of close collaborations with private industries and corporate research institutions in the advancement of more technical knowledge in micro-electronics, pharmaceutical innovations, nuclear engineering, and advanced aviation, among many other areas of industrial innovation and technical advances.

Under Kerr's vision of the multiversities and use of the metaphor of the university as a corporate entity where the UC Regents, trustees and administrators were considered as "managers" of the establishment, Kerr referred to the faculty as "workers" and to students as "the raw material" that needed to be molded by the workers into finished products with skill sets and knowledge preferred by the funders of the university, i. e., federal and state governments. Large corporations in private sectors also desired the final products to fill the positions so as to execute strategic agendas to maximize their profit and market share. In a strong critique of Professor Kerr's characterization of the university as a corporate entity, UC Berkeley student Mario Savio, who soon ignited UC Berkeley's Free Speech Movement said: "If this [university] is a firm and if the Board of Regents are the Board of Directors, and if President Kerr in fact is the manager, ⋯ the faculty are a bunch of employees [i.e., workers] and we're the raw material. ⋯ Don't mean to be made into any product. ⋯ Don't mean to end up being bought by some clients of the University, be they the government, be they industry, be they organized labor, be they anyone. We're human beings."[18]

Professor Miyazawa's analytic view of the university is similar to that of Mario Savio. Kerr's vision resonates with that of the U. S. founding fathers prior to and after U. S. independence. Just as the Japanese imperial university played a pivotal role in the production of elites to serve the state interests in every institution of influence, America's earlier colonial colleges, such as Harvard, Yale, Princeton, and other members of the Ivy League, were also established in order to serve the interests of the colonial government and later the state. These universities and their curriculum have produced tens of thousands of graduates, including many law graduates, to fill key positions as bureaucrats, politicians, lawyers, educators,

---

[18] "Mario Savio: Sit-in Address on the Steps of Sproul Hall," *American Rhetoric:* Top 100 Speeches, February 28, 2007, available at http://www.americanrhetoric.com/speeches/mariosaviosproulhallsitin.htm.

economic entrepreneurs, and in other key sectors of society. Even today, many key political players, including many U.S. presidents, have been graduates of these colonial educational institutions that, just like the Tokyo Imperial University in Japan, continue to serve the interest of the state. Leadership and administrative positions of key economic, political, industrial, and ideological institutions were filled by graduates of these universities. Although many American universities declared that their educational institutions would be modeled after the Humboldtian model of German higher education in the 19th century, they did not follow through on such idealized promises. As Clark Kerr characterized the American university system using a metaphor of corporate enterprise, the task of well-trained workers (i.e., faculty) would be to transform the raw materials (i.e., students) into the finished products used to fill key societal positions.

IV Reproduction of Subservient and Docile Elites

Professor Miyazawa's analysis of the socio-economic backgrounds of those who enter the University of Tokyo substantiates that the educational system, if it is placed in the hands of the government or a few in position of state power, serves as an important instrument of social control and as an indispensable recruitment tool to identify a group of individuals to serve the interests of those in power. The traditional educational environment fostered in late 19th century Japan was also rooted in the quasi-Confucian principles of ethical and behavioral doctrine that stressed the near-blind obedience to, and revered respect for, authority and the system of hierarchy. While the genuine application of the German educational model could have possibly inspired young scholars to challenge the legitimacy of such a system of domination and authority, to develop their free and independent thought, and to use their own faculty to explore new ideas, the educational system adopted in the imperial university by the Ministry of Education appeared to have an opposite impact on the liberation of the free and independent development of autonomous individuals.

The academic experience in the imperial university tended to foster the principle of subservience to authority, the suppression of free and creative inquiries, and the punishment of those who deviate from normative expectations. Professor Miyazawa argues that many students who entered the imperial university had already been exposed to many years of similar educational experiences prior to their application to the university. Until 1910, for example, the government determined that the imperial university applicants were required to complete "four years of compulsory education in normal elementary school, two to four years in higher elementary school, five years in middle school, and three years in high school. It was not uncommon to spend a year or two between middle school and high school preparing for entrance examinations."[19] In other words, students who entered the imperial university spent

IV Reproduction of Subservient and Docile Elites

anywhere from 10 to 15 years of an academic preparatory period prior to an entrance examination, including private education in preparatory schools. Since not many families could afford to go through such a process, students also had to come from very affluent backgrounds.

A similar pattern of educational experiences is found among today's Tokyo University students. Professor Miyazawa's analysis shows that the average socio-economic status of parents of students at the University of Tokyo is substantially higher than that of parents of other university students.[20] The great majority of Tokyo University students (78%) had also gone to some "cram schools" during their elementary school years, supporting the claim that "a higher socio-economic status [of parents] provides students with a higher possibility of joining the elite in Japan."[21]

It is important to note that some Japanese educators courageously fought against the adoption of academic principles that radically deviated from the German educational model. For example, Law Professor Yoshihito Takane tried to adopt the German model in the second imperial university in Kyoto (today's University of Kyoto). He was one of the early graduates of Tokyo Professional School (today's Waseda University) in 1886. He also joined the Tokyo Imperial University Faculty of Law, graduated in 1892 and studied abroad at the University of Berlin from 1896 to 1900, i.e., the university that Humboldt had created nearly 100 years earlier.[22] Takane introduced the German educational model at Japan's second imperial university in Kyoto by reducing the number of compulsory lectures. Takane also created greater access to library resources for students to engage in independent inquiries into their own research and gave students more time and freedom to pursue their respective academic interests in collaboration with faculty. Its educational philosophy greatly deviated from that of Tokyo Imperial University, whose programs continued to place greater emphasis on acquiring knowledge and information through a series of lectures, a kind of pedagogical tradition that internationally renowned educational philosopher Paulo Freire once called the "Banking Model of Education," where teachers actively deposit an array of existing knowledge into the passive minds of students, thereby discouraging the students' effort to engage in free and independent inquiries on their own.[23] Furthermore, under Takane's guidance and leadership,

---

(19) Miyazawa, *supra note* 2, at 4.
(20) *Id*. at 31.
(21) *Id*.
(22) Morikazu Ushiogi, "Humboldt's Idea was a Myth? [Funboruto Rinen wa Shinwa Dattanoka," *University of Hiroshima*, Working Paper Series, 3:38, 171-187 [2007], available at http://rihejoho.hiroshima-u.ac.jp/pdf/ron/38/74009.pdf.
(23) See generally Paulo Freire, *Pedagogy of the Oppressed* (1971).

15 Legal Education and the Reproduction of Statist Elites in Japan 〔Hiroshi Fukurai〕

Kyoto University attempted to incorporate the model of what Paulo Freire called "conscientization," where students, with support of faculty, were encouraged to develop their own independent thinking and pursue their research interests without external institutional constraints on the development of their free and creative inquiries.

His innovative initiatives, however, were met with great opposition from the university administration and were eventually abolished. Professor Takane was eventually forced to leave the university.[24] The main opposition came from the university administrators and the media, who pointed out that, after its first graduation in 1903, only 8 of the university graduates passed the high-ranking civil servant examination, while 162 graduates of Tokyo Imperial University passed the examination during the same period.[25] The examination outcome gave the university administration and its supporters a strong rationale to abandon the application of the Humboldtian German model that fostered the free and independent thinking at Kyoto University. It is important to note that the media, including newspapers and other private universities, joined forces with the Kyoto university administration in a campaign to criticize and abolish the "research and teach" practices of the German model. Eventually Takane was forced to retire and left the university in 1907.[26]

Nonetheless, Takane's efforts to introduce the Humboldtian educational model in Kyoto Imperial University still remain a strong part of its long tradition that continues to respect student autonomy and academic freedom. Such a school atmosphere was still appreciated by students and faculty even after Professor Takane left the campus. For example, Kyoto University's free academic environment and respect of academic freedom led to the infamous Takigawa incident in 1933, in which Professor Yukitoki Takigawa of Kyoto Imperial University Law Faculty was purged from the faculty for his criticism of the Japanese imperial policies in China, including the "Manchurian Incident" in which the Japanese army intentionally blew up the Chinese railway and blamed it on Chinese rebels, thereby creating the political subterfuge to rationalize the Japanese invasion of China and the subsequent brutal imposition of colonial and military rule in the continent. Takigawa also taught Marxist ideologies that were critical of the state-designed economic and industrial policies and the brutal repression of workers and labor unions. Education Minister Ichiro Hatoyama, a graduate of Tokyo Imperial University, suspended Takigawa from teaching in 1933. In protest, the entire Kyoto University law faculty resigned from their positions, students

---

(24) Masahiro Tanaka, *The Cross-Cultural Transfer of Educational Concepts and Practices* 37-8 (2005).

(25) *Id.* at 38.

(26) *Id.* at 39.

IV Reproduction of Subservient and Docile Elites

boycotted courses, and socialist members and communist sympathizers organized a large protest and mounted demonstrations. Hatoyama then blamed Takigawa for the uprising and revolts and removed him from his professorial position in the university in 1933.

Takane's legacy still continued in Kyoto Imperial University, as it became the first intellectual site where Marxist economics and progressive political theories were introduced and taught in Japan. Even after World War II, many Kyoto University faculty allegedly became so politically radicalized, due to of the school's long tradition of academic freedom and individual autonomy, that in 1952, Kyoto University President Shunjiro Hattori met the staff of the U.S. Information Agency (USIA), America's intelligence organ stationed in Japan during the Allied occupation of Japan, expressing his concern about radical scholarly infiltrations on campus.[27] The USIA then identified five young anti-radical faculty members and sent them to the U.S., thereby inculcating them with strong anti-communist ideologies, and returning them to campus to propagate anti-socialist beliefs and anti-radical doctrines to students and faculty members.[28]

Looking back at the history of imperial universities, as well as private law schools, many of which later became prominent private universities, the German educational model has never been effectively incorporated in the academic institutions of higher learning in Japan, perhaps with the exception of Kyoto University. The passing of state-designed national examinations for high-ranking bureaucratic positions was used as a gauge to measure the success of educational programs among the universities. Furthermore, the exam was used as the political rationale to subject students to a series of lectures without dialectical interactions with the faculty, thereby transforming the students into a mass of passive consumers of knowledge and information that was pre-selected or "preferred" by faculty and instructors for pedagogical reasons or even institutional functions. What Freire called the "Banking Model of Education" has become the model of Tokyo Imperial University and has become the institutional and ideological norm of other institutions of higher learning, including private universities.

Today Professor Miyazawa suggests that the "cram school" for the preparation of state bar examinations provides a typical example of an inequitable educational institution that focused on mindless accumulation of legal knowledge, in the way that students are taught practical information about the law and legal doctrine. The emphasis on the passing of examinations had become so important among many aspiring young people that even Tokyo University law

---

[27] Richard Krooth, et al., *Nuclear Tsunami: The Japanese Government and American Role in the Fukushima Disaster* 36 (2015).

[28] *Id.*

students rarely attend classes at the university. Instead, many of them go to preparatory cram schools to prepare to take the state bar examination.

Since the law is applied in many non-legal fields, Professor Miyazawa calls for the establishment of liberal arts education in the undergraduate law curriculum.[29] Professor Miyazawa also suggests the creation of graduate legal studies programs, including the American-style graduate law school.[30] Professor Miyazawa argues that such programs will allow students to learn and study the social, political, and economic impacts of law and legal policies in society. Instead of treating the students as passive and subservient consumers of pre-selected knowledge and information, such a curriculum based on liberal arts education would transform them to become active participants in the creation of new ideas, knowledge, and inquiries.

After his article was published in 2000, Professor Miyazawa further strengthened his effort to transform Japan's legal education and change how legal professionals were trained and produced in Japan. His efforts subsequently succeeded, with the opening of Japan's first-ever law school in 2004. The Japanese law schools were designed to offer a set of curriculum to law students including a wide spectrum of critical analyses on the intersectionality of law with social and political issues in society. Similar to what Kyoto Imperial University under the leadership of Yukitoki Takigawa experienced, the law programs were designed to expose students to liberal arts education and multifarious aspects of law and its impact on society. Nonetheless, just like the Takigawa incident in Kyoto in 1933, the university administrators and the national government began to criticize the liberal content of legal education by raising the issue of the low passing rate of the state bar examination among different law schools.

In relation to the dismissal of Professor Takane and Professor Takigawa from Kyoto Imperial University, there may be a parallel to Professor Miyazawa's experience as the inaugural vice president of Omiya Law School and his attempt to transform the system of legal education in Japan. This private graduate level law school in Saitama Prefecture was opened in 2004 with much fanfare and received the strong support of the Japanese Federation of the Bar Associations and other progressive civic and public organizations throughout Japan. Unlike many new law schools of Japanese universities, Omiya Law School did not have any university affiliation but was created as an independent private law school. The school began with 31 professors, including 20 legal professionals.[31] With faculty members specializing in a wide array of fields, one of the main objectives of this new law school was to recruit a group

---

(29) Miyazawa, *supra note* 2, at 28-29.
(30) *Id*. at 30.

of non-law related citizens and professionals, including medical doctors, workers, women, and people from the wide spectrum of social, economic, and political institutions, so that their legal knowledge fused with practical life experiences would enable them to make much more informed and well-rounded legal decisions. The law school also offered courses in the evening and weekends to accommodate the work schedules of many of their students. Unfortunately, the emphasis on the passing of the state bar examination began to take precedence over the diversified curriculum options based on liberal arts traditions. Eventually Omiya Law School, like many law schools, began to transform their legal education curriculum and downsize or even eliminate many of their programs because of the poor passing performance of their students. Omiya Law School eventually closed its doors in 2015.

In 2015, the Ministry of Education announced that they would grade each law school according to its enrollment situation and students' bar examination performances. Among the remaining 52 law schools, the government announced that subsidies would be reduced at 42 institutions and increased at only 8 others. Seven schools have had their subsidies cut by half from the 2014 level, while 12 schools' subsidies were slashed by 40 percent.[32]

The economic strangulation and heavy hand of the central government also means that the Japanese legal education retreated back to the traditional pedagogical system and conservative educational styles that mirrored Freire's "Banking Model of Education." Or is it possible its historical residues are still underneath the surface, and some law schools are able to retain the pedagogical strain of the model of "conscientization" where students are allowed to use their creative capacity to engage in free, exploratory inquiries in the field of law? Professor Miyazawa's legacy may certainly be measured by the future exploration of such free and creative intellectual engagement in the field of legal education and the production of legal professionals in Japan.

V Conclusions

Throughout the modern history of legal education in Japan, university students have often been treated as passive and subservient consumers of legal knowledge and information. Professor Miyazawa's analytic conclusions in his article provide a parallel to the emergence of other higher educational institutions, suggesting that "they [students] are more likely to be recruited as raw materials to be molded to their own images."

The creation of new law schools in Japan was designed to promote a liberal arts education

---

(31) Erika Arita, "U.S.-Style Law Schools to Offer Practical Approach," *The Japan Times*, July 2, 2003.

(32) "Tough Times for Law Schools," *The Japan Times*, January 12, 2015.

15 Legal Education and the Reproduction of Statist Elites in Japan 〔Hiroshi Fukurai〕

by investigating the function and role of law in diverse fields, developing the students' capacity to explore and experiment, and to actively participate in discussions and exchanges of ideas to further explore and understand our existence and its impact on others. Its objective was also to understand the broader meaning of law in society, rather than to solely learn narrowly tailored, specialized and practical knowledge of law. The greater emphasis on the passing of the state bar examination and the economic strangulation of law schools by the central government have succeeded in circumventing, or even eradicating, the application of the principles of the German model of education as envisioned by Wilhelm von Humboldt two hundred years ago.

Professor Miyazawa's article on the reproduction of the elite in Japan elucidates the problems of the legal education system and questions the inefficacy of the production of elites. This ground-breaking article must be read, not only by legal scholars, practitioners, or even Japanese specialists, but also by all scholars and educators who are concerned about the prevailing educational ideology where free and creative inquiries and exchange of ideas are actively suppressed by the policies of the central government. The U.S. also began to incorporate the "Banking Model of Education," despite the fact that such a model has been severely criticized for years. The No Child Left Behind (NCLB) passed in 2001 and implemented in 2003, for example, has been harshly criticized by teachers, parents, and educators because the NCLB fosters the pedagogy of teaching to the test, in which new ideas or inquiries are systematically suppressed, due to the students' need to acquire a pre-determined set of knowledge and information. Just as with the Japanese government policies of rationing law school budgets based on the passing rates, the U.S. federal government decided to ration its own budget for public schools based on the performance of their students. Professor Miyazawa's article and analysis of legal education is a "must read" intellectual tool for anybody who is truly concerned about the preservation of student autonomy and academic freedom in educational institutions in Japan, the U.S. and everywhere.

◆3◆ 法律家

16 司法ソーシャルワークにおける多職種連携の価値

濱野　亮

I　はじめに

　本稿は，司法ソーシャルワークの特質のうち，弁護士と他の福祉専門職者，なかでもソーシャルワーカーとの連携・協働をとりあげ，その価値について，主として文献に基づいて論じる．関連して，法テラス東京法律事務所における地域連携パイロット部門のスタッフ弁護士による司法ソーシャルワークの実践にも触れる[1]．別稿（濱野 2016b）とあわせて，司法ソーシャルワークにおける多職種連携を通じた総合的支援の特質を明らかにしようとするものである．

　司法ソーシャルワークは，高齢者，障碍者，生活困窮者，外国人，DV・ストーカー被害者・虐待されている児童などに対して，地域の福祉・医療関係者・関係機関と弁護士や司法書士など隣接法律専門職者が連携して，総合的な生活支援を行なう活動である．法務省・法テラスが政策としてその拡充を進めつつあり，2016年の通常国会で実現した総合法律支援法の改正[2]も，それを目的の1つとしている．膨大なニーズが眠っており，超高齢社会の到来に伴って早急な対応が望まれている分野でもある．弁護士の業務としては，法律扶助の対象ケースが多いが，扶助対象ではないケースも含まれる．

　司法ソーシャルワークは，これまでは，福祉領域のバックグラウンドを持つ弁護士や福祉に強い関心を持つ弁護士が主に担ってきたが，ニーズに対応する

---

[1]　法テラス東京法律事務所のパイロット部門における地域連携と司法ソーシャルワークについては，共同研究の報告書（日弁連法務研究財団 2017）を参照．
[2]　総合法律支援法の改正が不十分であり，さらに改正が必要な点については濱野（2016b）で論じた．

ために一般の弁護士の関与が求められている．

多職種連携には特有の困難があるが司法サービスの質を高めるチャンスでもあるというのが本稿の主張であり，一般の弁護士がこの分野にとりくむ際に参考にしていただければ幸いである．

II 司法ソーシャルワークと多職種連携

1 司法ソーシャルワーク

司法ソーシャルワークは，遅くとも 2013 年には法務省の公式の政策的概念として採用され，法テラスの第 3 期中期目標（平成 26 年度～29 年度）で採り上げられ（日本司法支援センター 2014），推進されることになった[3]．

その定義は，定義の目的に応じて微妙な差があるが（濱野 2016a : 62），ここでは，次の 3 要素からなるものと定義する[4]．

① 高齢者，障碍者，生活困窮者，外国人，DV やストーカー被害者・虐待されている子供等に対して，

② 福祉・医療関係者ないし関係機関（以下では福祉専門職者などと略記）・その他の支援者との連携[5]を，弁護士等が強化して，あるいは新たに構築して，

③ 全体として総合的な生活支援を継続的に行っていく手法，である．

弁護士以外にも，司法書士，行政書士その他の隣接法律専門職者が関わることも想定され，改正総合法律支援法においても法律扶助の適用に関して，隣接

---

(3) 司法福祉分野における従来の「司法ソーシャルワーク」と，近時，政府が進めている「司法ソーシャルワーク」との関係については，濱野（2016b : 191）参照．

(4) 濱野（2017b）で提示した定義である．法務省（2014）3 頁を主に参考にした．ただし，同所の定義は，本文で示した定義の①の要素について，「自ら，あるいは自発的に弁護士等にアクセスすることが期待できない人々」に対する支援に限定している．これは，総合法律支援法が関わる司法ソーシャルワークが対象となっているため，アウトリーチ（無料出張相談）を必要とする人々に限定するためである．濱野（2016a, b）はこの定義に従っていた．しかしながら，自ら，あるいは自発的に司法にアクセスすることが期待できる人々についても，福祉と司法が連携して総合的な生活支援を行うニーズはあるので，司法ソーシャルワーク一般を論じる本稿では広義の定義に改めた．

(5) 「連携」概念は，現場で，明確な定義が共有されないまま日常的に関係者によって用いられることが多い．ここでは，濱野（2016b : 192, 2017b）で採用した定義「ケース処理において，あるいは，それ以外の場面において，複数の機関・組織・団体ないし人が，協働して支援するために関係を形成すること」を示しておく．

法律専門職者の関与を前提にしているが，本稿では，弁護士に焦点を絞って多職種連携の価値を論じる．

　司法ソーシャルワークは，弁護士や隣接法律専門職者がソーシャルワークそのものを実践することを必ずしも意味しない．狭い従来型の法律事務のみを行なう場合であっても，福祉関係者との連携によりチームによる総合的な生活支援に資するケースも少なくない．もちろん，弁護士や隣接法律専門職者の活動がソーシャルワークの要素を含むケースもある．いずれの場合も，ソーシャルワークの理念やスキルについて理解し，地域の連携ネットワークの一員として役割分担することが重要になる．

　司法ソーシャルワークには，伝統的な法サービスと異なる様々な特色がある．アウトリーチ，ケア・マネジメント，総合的支援，福祉関係者との連携（多職種連携）等である．アウトリーチ，ケア・マネジメント，総合的支援については，別稿で分析した（濱野 2016b）．本稿は多職種連携をとりあげる．

　多職種連携に関する論点は，連携を促進する要因と阻害する要因にはどのようなものがあるか（吉岡 2017），連携における弁護士倫理問題（石田 2015，2017），連携を成功させるための技術（野中ほか 2014），連携する上での困難と価値などである．以下では，連携の価値について，主として弁護士に焦点をあてて論じる．

2　多職種連携

　法テラス東京法律事務所の地域連携パイロット部門のケース（61 件）を例に司法ソーシャルワークの連携[6]先を見ると次のようになる（濱野 2014，2017a）．

　61 ケース全体の連携先数は合計 157，うち，行政担当部局[7] 40 か所（連携先全体の 25.5％），ケースワーカー 20 人（12.7％）[8]，地域包括支援センター 18 か所（11.5％）である．続いて，病院[9] 13 か所，入所・介護施設等 12 か所，弁護

---

(6) パイロット部門の調査対象期間（2012 年 10 月 1 日から 2013 年 6 月 30 日）に受任された 61 件において，「連携」先とは，担当スタッフ弁護士自身による，「連携」しているという判断を基準にしている．
(7) 「行政担当部局」としてまとめたものは，市・区福祉課，福祉事務所，高齢・長寿あんしん課，障碍課，地域ケア推進課，市女性相談員，市外国人相談員，都女性相談センター相談員である．
(8) このケースワーカーの多くは，福祉事務所に所属し生活保護を担当している．

士11人，介護サービス事業者等11人である．警察，各種の支援団体（NPO），社会福祉協議会，消費者センターもそれぞれ少数存在している．

　司法ソーシャルワークの対応対象者は，一般に，生活保護の受給者あるいは申請予定者が多いため，連携先としては，まず，福祉事務所のケースワーカーや職員，生活困窮者を支援するNPO等がある．高齢者が対応対象者の場合は，地域包括支援センターの関係者（ケアマネージャー，保健師，社会福祉士）や民生委員，ホームヘルパー，病院のソーシャルワーカー，自治体高齢福祉部局の職員等も連携相手になる．障碍者の場合には，障碍者相談支援専門員やグループホーム・福祉作業所のソーシャルワーカーや職員，自治体障碍福祉部局の職員等が連携先になる．

　このほか，医師，とりわけ精神科医のもとには，精神疾患の背後に社会的要因や経済的要因（解雇・パワハラなど雇用の場の諸問題，離婚，DV，生活苦など）が潜んでいるケースが多く持ち込まれるため，早期に弁護士等と連携することができれば，根本問題の解決につながりやすく，自殺防止にも有効である（生越2012）．しかしながら，現実には医師と弁護士等との連携は難しいようである（同：60-62）．この点，医師と連携・協働している精神保健福祉士（PSW）が，医師と弁護士等とをつなぐ上で有効性であると指摘されている（同：92）．児童虐待事例においては児童相談所，医師（内科医，小児科医，精神科医），弁護士，NPO，警察，裁判所間の連携体制を早急に確立する必要がある[10]．

　これらの人々のネットワークは，異なる専門職間の連携・協働であり，多職種連携（interdisciplinary collaboration）と呼ばれている．弁護士等と福祉関係者との連携も多職種連携の1つである．

　地域連携ネットワークに関わるこれらの人々は helping professionals と呼ばれる支援専門職である．その中で，社会福祉や医療精神保健の領域では，ソー

---

(9) 「病院」には，医師，看護師，精神保健福祉士（PSW），ヘルパー，相談員を含んでいる．

(10) 新学術領域研究「法と人間科学」主催「法と心理学者による実務家研修『児童虐待における他機関・多職種連携ネットワーク構築に向けて』(2016年3月13日，主婦会館［東京都］にて開催）における報告（柑本美和「児童虐待防止法の展開と課題について」，松本克美「児童期の性的虐待被害からの回復支援について」，山田不二子「医師の立場から見た現状と課題」，打越さく良「弁護士の立場から見た現状と課題」）から示唆を得た．

シャルワーカー・医師・看護師などの間の連携が取り上げられ研究が蓄積している（例えば，San Martin-Rodriguez, L. et al. 2005，空閑 2009：191-210，野中ほか 2014）．コモンロー圏の法学分野では弁護士とソーシャルワーカーの連携に関する研究が蓄積している（例えば，Norwood & Paterson 2002，Aiken & Wizner 2003，Anderson et al. 2007，Kruse 2004）．その多くは，ロースクールのリーガルクリニックや地域のローセンターなどにおける弁護士・教員・ロースクール学生とソーシャルワーカーとの連携・協働をとりあげている．

日本の司法ソーシャルワークにおいて，弁護士や法律隣接専門職者の連携相手は上記のように様々であるが，社会福祉士，介護福祉士，精神保健福祉士，そのほかの福祉・医療・介護の有資格者が多い．自治体の福祉関連部局の職員も多いが，福祉事務所のケースワーカーのように実質的にソーシャルワークの活動を期待される場合も少なくない．

他方，わが国においては，ソーシャルワーカーという資格が統一的に存在せず，社会福祉士，精神保健福祉士などの資格が分立している．そこで，次に，わが国のソーシャルワーカーの状況を概観しておこう．

3　ソーシャルワーカー

わが国におけるソーシャルワークに関する国家資格は，現在，社会福祉士，介護福祉士，精神保健福祉士，保育士の4種類である（秋山 2007：601,2014：711，石田・山縣 2010：154-157）[11]．いずれも，いわゆる名称独占であって業務独占ではない[12]．したがって，以上の資格を持つ者以外にも多数の人々が，実質的な意味でのソーシャルワークを行っている．多くは，自治体や社会福祉法人に雇用されており，独立して開業している者は少ない（伊藤 2015：78）．

他方，アメリカにおいては，ソーシャルワーカーは州法（50州）に基づいて業務独占が認められており，開業しているソーシャルワーカーも少なくない（平山 2007：1211）．後に，アメリカにおける弁護士とソーシャルワーカーの連携・協働に関する研究をとりあげるが，そこでのソーシャルワーカーは，業務独占制のもとにあり，かつ開業者も少なくない点で，わが国とは差異があるこ

---

[11]　空閑（2009：24-26）は社会福祉士，介護福祉士，精神保健福祉士の3資格をあげる．

[12]　石田・山縣（2010：155-157），空閑（2009：32），社会福祉士及び介護福祉士法2条，精神保健福祉士法2条，児童福祉法18条の4参照．

とに留意する必要がある．

しかしながら，アメリカのソーシャルワーカーに関する議論が，日本の弁護士と福祉職者の連携にとって参考にならないというわけではない．むしろ，アメリカの議論を，理念型としてのソーシャルワーカーについての分析ととらえ，わが国の多様な福祉職者に共通する職業役割のモデルとして位置づけ，弁護士との連携にとって参考にすることは有意義である．

以下では，理念型としてのソーシャルワーカーを想定して弁護士との連携の価値について検討する．

III　MDP（Multidisciplinary Practice）としての多職種連携

1　MDP

司法ソーシャルワークは，弁護士と他の専門職が連携・協働する業務形態（プラクティス）という観点からは，multidisciplinary practice（以下，MDP[13]）の一形態として位置づけることができる．MDPは，1980年代ごろより各国（特に英米）で発展し始めるとともに，弁護士倫理や弁護士規制に関連して，活発な議論を呼んでいる（Norwood & Paterson 2002）．代表的なものは，企業法務領域で，会計士が弁護士とパートナーシップを組む等の方法によりワンストップで企業のニーズを取り込むビジネスモデルを構築しようとする動きであるが，弁護士とソーシャルワーカーの連携・協働においても，英語圏では様々な形態のMDPが発展している（Norwood & Paterson 2002, Aiken & Wizner 2003, Kruse 2004, Anderson et al. 2007）．

Norwood & Paterson（2002：342-354）によれば，MDPは4つの類型に分類できる．分類基準は，弁護士と他の専門職との間の管理・統制関係であり，弁護士倫理上の諸問題（忠実義務，独立性，利益相反，守秘義務，非弁活動の規制等）を検討する上で深い関わりを持っている．今後わが国で司法ソーシャル

---

[13]　MDPという表現は，multidisciplinary partnershipの略称としても用いられる．その場合は，法的な意味でのパートナーシップ形態に限定される場合が多い点に注意する必要がある．multidisciplinary practiceという表現も，本文で依拠したNorwood & Patersonの包括的な用法と異なり，パートナーシップ形態に限定して用いられる場合もあり注意を要する．

Ⅲ　MDP（Multidisciplinary Practice）としての多職種連携

ワークを進めていく上でも参考になる．

　第1類型は，1人の弁護士あるいはパートナー弁護士（複数）が当該組織の代表であり，他の非弁護士専門職は雇用される関係にあるものである．第2類型は，第1類型の変種で，弁護士あるいは法律事務所が所有するスピンオフした組織，あるいは弁護士や法律事務所に従属する組織が，他の専門職による関連業務を扱うものである．これは，弁護士倫理上の規制を回避できるため，アメリカの企業法務領域で非常に発達している（同 2002 345-346）．第3類型は，弁護士と他の専門職者がパートナーシップ関係にある形態で，狭義のMDPである．第4類型は，弁護士と，独立した専門職者が，公式のパートナーシップ関係にはないものの，緊密に連携した協働関係（a closely coordinated collaborative）を形成するものである．これには，特定の依頼者のためにアドホックに緩い関係で連携するものから，より公式の連携関係を形成し，ケースの紹介，コンサルティングの提供，リソースの融通などを行うものまでがある．

　以上の各類型の法的ないし専門職倫理上の許容性は，各国で様々である．

　わが国では，MDPは司法制度改革審議会意見書で取り上げられ，国際化検討会での議論を経て，外国法事務弁護士との共同事業（組合契約その他の継続的な契約により共同して行う事業）について，法改正が行われ，外国法共同事業制度が導入された（日弁連 2005）．しかしながら，それ以外の他の専門職との共同事業については議論が進んでいないようである．共同事業（主にパートナーシップ）ではない緩やかな提携・協働は，様々な専門職との間で行われているとされている（同 2008：122-123）．

　アメリカの文献における議論（Norwood & Paterson 2002, Anderson et al. 2007）の概要は，MDPの型に対応して，依頼者と各専門職との関係が異なってくるというものである．基本的な考え方は，次のようになる．弁護士あるいは法律事務所に他の専門職が雇用されている場合，あるいは，他の専門職が弁護士に助言するコンサルタントの地位にあるにすぎない場合には，依頼者と他の専門職の関係は，基本的に弁護士倫理の規律に服する．他の専門職は弁護士に従属しているという位置づけのためである．他方，第4類型の多くの場合のように，弁護士，専門職，双方の独立性が強い場合は，それぞれが自らの専門職倫理の規律に服する．

　このように，MDPの型と各専門職の関係のあり方（独立性，従属性）が，専

門職倫理上，難しい判断を必要とするケース（例えば，守秘義務違反か否かが問われるケース）において，結論を左右する考慮要素の1つになる．

したがって，Anderson et al. (2007) が示すように，依頼者との最初の接触の際，弁護士および連携する他の専門職者は，当該組織における位置ないし立場を明確に説明する必要があるとアメリカでは強調されている．この点は，今後，わが国の司法ソーシャルワークにおいても，検討と実務的対応が必要になると思われる．

2　司法ソーシャルワークにおける MDP の現状

わが国の司法ソーシャルワークについて，MDP の4類型の分布状況を調査した研究はない．法テラス東京法律事務所の地域連携パイロット部門の61ケースについて見ると，第4類型（緊密に連携した協働関係）以外は見当たらない．

第4類型の1つに通称ホットラインがある．ホットラインとは，自治体の福祉担当部局の職員などが，対応対象者に関してスタッフ弁護士に電話やメールにより情報提供を求める仕組みである（山口 2015，山口 2017）．例えば，福祉事務所のケースワーカーや地域包括支援センターのヘルパーが，生活保護の申請を予定している高齢者の自宅で貸金業者からの督促状を発見した場合に，電話でスタッフ弁護士に連絡し，必要に応じて対応対象者に対する出張法律相談を弁護士が行うか，可能なら本人に法律事務所に行ってもらい法律相談を行うといった連携である．これを端緒に，中長期的に当該対応対象者に対する生活支援ネットワークに弁護士が関わり，総合的な生活支援に協力することができる．また，後に発生した別件の対応に，必要に応じて弁護士が関わるという展開も生じる．法テラスのスタッフ弁護士以外の一般開業事務所の弁護士もこのようなとり決めを結ぶことは考えられる．

このような仕組みには，一方で，弁護士と福祉関係者との個人的なつながりにとどまるものがあり，他方で，組織間になんらかの合意ないしとり決めが存在する場合がある．後者の場合でも，パイロット部門の例では，ホットラインに関する合意以外にはスタッフ弁護士と福祉関係者や自治体等との間に組織的提携関係はなく，基本的に個別ケースごとのアドホックな連携・協働関係である．

もう1つ，比較的公式性・組織性の高い連携形態として，パイロット部門では，スタッフ弁護士が定期的に自治体福祉部局に出向いて，職員と協働し，ニーズの発見や本人への対応を行うというスキームがあった．ホットラインよりも組織的一体性と継続性が強い外観を持っている．この場合は利益相反問題への配慮が特に必要になると指摘されている（石田 2015, 2017）．

　ホットラインを含め，現状では，弁護士と福祉関係者との過去の個人的なやりとりによって形成された信頼関係に基づいて，ケースが持ち込まれ，アドホックに協働して対応する場合が大部分であると思われる．

　今後，弁護士の司法ソーシャルワークへの進出が進めば，第4類型以外のMDPが出現する可能性がある．依頼者（対応対象者）の利益とニーズに応えるための実践として高く評価されるべきであるが，弁護士，福祉専門職者双方のプロフェッションとしての中核的価値（core value）の維持と，ビジネスモデルの革新・潜在的ニーズの開拓との調和を実現するために，予め専門職倫理上の諸問題について検討し，対応を準備しておく必要がある．

Ⅳ　多職種連携における緊張関係とその克服

1　多職種連携における緊張関係の諸次元

　多職種連携に関する内外の福祉・医療保健領域の研究は，連携・協働における様々な葛藤と困難の存在を明らかにしている．

　例えば，高岡（2013：357-372）は，わが国の子供虐待へのアウトリーチをめぐる多機関連携について質的研究を行い，連携阻害要因を，組織・システムのレベル，専門性のレベル，支援者個人のレベルの3類型に整理して分析している．この3類型は，子供虐待への対応に限らず，また，アウトリーチ以外の局面も含め，連携ネットワークを形成・維持するうえでの阻害要因の整理として妥当しうる仮説である．

　吉岡（2017）は，ヘルスケア領域における実証的研究をサーベイして制度的（systemic）要因，組織的要因，相互作用的要因の3要因に整理したSan Martin-Rodriguez et al.（2005）を紹介したうえで，3要因は，相互に混じりあう動態的な特質である点に注意を喚起している．

　このように，多職種連携には様々なレベルで障害要因があり，それを克服す

る必要がある．

　法テラス東京法律事務所の地域連携パイロット部門に関する共同研究をもとに，わが国の現状について考えると，司法ソーシャルワークにおける多職種連携を困難にする要因として次の3つを指摘したい．

　まず何よりも，福祉領域に精通する弁護士が少ないという要因である．関連して，法律扶助制度上，ケース会議への参加など重要な活動への報酬の支払に制約がある点など，司法ソーシャルワークを推進していく上で課題がある（濱野 2016b：161-166）．この2つはマクロ的な根本要因であり，国レベルの制度改革が必要になる．前者については，弁護士をより一層増やすとともに，福祉分野のバックグラウンドを持つ弁護士を増やしたり，法科大学院で福祉関係の科目とリーガルクリニックを拡充する必要がある．後者の法律扶助制度の拡充については，2016年に成立した総合法律支援法の改正により一歩前進したが，なお不十分であり，さらに改正が必要である（濱野 2016a, b）．

　次に，ミクロ的な要因としては，自治体の福祉部局や病院・医師，そのほか様々な福祉関係者の側の意識と知識の問題がある[14]．彼らの意識における弁護士の「敷居の高さ」と，法的ニーズを認知するいわば初診力の未開発である（濱野 2014, 2016a, b）．これは，弁護士数を人為的に低水準で長期間抑えてきた政策の当然の帰結であるが，今後，弁護士，弁護士会，法テラスの働きかけによって，比較的容易に変化しうる要因である．初診力の開発については，弁護士との連携と協働の経験がきわめて有効である．

　もう1つの重要な要因は，弁護士と福祉関係者のマインドセットの緊張関係である（濱野 2017b）．高岡のいう専門性レベルの要因であり，かつ，ミクロの相互作用レベル（San Martin-Rodriguez et al. 2005）の問題でもある．法テラス東京法律事務所の地域連携パイロット部門には福祉分野の経験の豊かな弁護士が配置されているので，この要因は顕在化しなかったと言えるが，今後，一般の弁護士が多く関わるにつれて問題になる可能性がある．

　共に人を助ける専門職であり，問題を解決することを使命としているにもかかわらず，両者の基本的発想と慣習的な思考方法には大きな違いがある．それは，理念型的には緊張関係・葛藤というべきレベルである（Anderson et al.

---

[14] ミクロ要因としては，福祉・医療関係者の所属する組織の諸要因も重要である．参照，山口（2015, 2017）．

2007, Kruse 2004). アメリカなどでは弁護士とソーシャルワーカーの多職種連携に関する中心問題として位置づけられ，弁護士倫理上の検討が蓄積している（Norwood & Paterson 2002, Aiken & Wizner 2003, Anderson et al. 2007).

このような専門職間の葛藤は，連携自体への懐疑を唱える論者を生んでいる（Anderson et al. 2007：666-667 参照）．しかしながら，専門職倫理問題に留意しつつ克服することができれば，双方の専門職活動の質を高めることに貢献しうるとする見解も有力である．そこで，次に，弁護士とソーシャルワーカーを対比して，緊張関係の特質を明らかにし，その克服がもたらす価値を検討する．

2 理念型としての弁護士とソーシャルワーカーの対比

多職種連携における弁護士とソーシャルワーカーの緊張関係は，アメリカのリーガルクリニックでの実践と研究で論じられてきた．

Anderson et al. (2007) は，弁護士とソーシャルワーカーの連携において，しばしば問題になるソーシャルワーカーの児童虐待通報義務（多くの州で法定）と弁護士の守秘義務との衝突をとりあげて論じている[15]．彼らは前提として，弁護士とソーシャルワーカーの対蹠的マインドセット（それぞれの教育・訓練と実務に由来）を図式化して提示している．これは理念型としての対比であり，現実の多様な姿を捨象しているが，二つの専門職の差異と緊張関係を手際よく整理しており有用である．

彼らは8つの次元に即して対比する（同：666）．

第1に，弁護士が訴訟など当事者対抗手続を想定するのに対し，ソーシャルワーカーは協働的過程と問題解決（cooperative process／problem solving）を想定する．第2に，弁護士は依頼者の表明した利益（stated interest）を党派的に弁護することを中心に据えるのに対して，ソーシャルワーカーは依頼者の最善の利益（best interest）を擁護するという視点に立つ．第3に，弁護士は法的権利を擁護するのに対し，ソーシャルワーカーは依頼者の福祉（well-being）の増進をめざす．第4に，弁護士は個人の権利擁護を念頭に置くのに対し，ソーシャルワーカーは，第三者と地域社会をも配慮する．第5に，弁護士は法律問題を対象にするのに対し，ソーシャルワーカーは問題の根本的原因（underly-

---

[15] 石田（2017）が参照している．

ing cause of problem）を対象にする．第6に，弁護士は分析的（全体を部分に分解する）である（analytic [break whole into parts]）のに対し，ソーシャルワーカーは総合的（全体を評価するために部分をまとめる）である（synthetic [put parts together to assess whole]）．第7に，弁護士は成果（outcome）に焦点を当てるのに対し，ソーシャルワーカーはプロセス（process）に焦点を当てる．第8に，弁護士は専門職の自律（professional autonomy）に価値を見出すのに対して，ソーシャルワーカーは専門職の協力（professional collaboration）に価値を見出す．

　理念型的図式として説得力のある整理である[16]．アメリカと日本では弁護士とソーシャルワーカーの歴史と状況が異なり，マインドセットもこの図式と一致するとは言いきれないが，基本的な対比として日本においても参考になる．

　すなわち，日本の福祉関係者の多様性とソーシャルワーク関連資格の分立を前提とした上で，弁護士が福祉関係者と連携する際の専門職レベルでの緊張関係について検討するために，この図式は手がかりになると考える．そこで，次に，この図式を参照しつつ，両職の理念型次元での緊張関係について論じる．

3　専門職レベルの緊張関係

　上記の8つの次元は相互に関連しており，図式化すれば，弁護士は，依頼者個人が明示的に求める法的権利・利益の党派的主張を手段とする当事者対抗主義的争論（訴訟が典型）の勝利を志向するのに対し，ソーシャルワーカーは，依頼者の最善の利益・ニーズと周囲の人々および社会の利益・ニーズをともに満たし，依頼者の抱える根本的問題を様々な専門家と協力して解決することを通じて，依頼者の福祉（より生きやすい状態）の実現を志向する．これは単にマインドセットの差異というだけでなく，教育・養成過程を通じて内面化される価値志向の差異であり，専門職倫理が体現する基本的価値観の差異でもある．

　このように想定された理念型レベルで，両者が連携する上で生じうる緊張関係ないし葛藤の代表的なパターンは次の3類型である（Norwood & Paterson 2002, Aiken & Wizner 2003, Kruse 2004, Anderson et al. 2007）．

---

[16]　Kruse（2004：62-77）は，弁護士とソーシャルワーカーのマインドセットの理念型的差異および緊張関係の根底には，「社会正義」観念の原理的差異（私の言葉で要約すれば手続的・形式的正義中心主義と実質的・文脈的正義中心主義）があるとする．

Ⅳ 多職種連携における緊張関係とその克服

① 依頼者の明示的な（＝表明された）要求が，ソーシャルワーカーの判断では，依頼者自身の最善の利益に合致しない場合，
② 依頼者の明示的要求を実現しようとするならば他者（例えば，他の親族など）の利益を損なうおそれがあると判断される場合，
③ 依頼者の明示的要求を実現しても，問題の根本的な解決にはならない場合，である．

例えば，次の4で取り上げる，夫に復讐するために子の custody を要求している妻のケースは，①，②，③全てに該当する．

このような葛藤に対処するには，2つの方向が考えられる．1つは，葛藤を弁護士とソーシャルワーカーの本質的な緊張関係ととらえ，そもそも連携・協働を回避する，あるいは，倫理問題が生じる可能性がある場合に，連携・協働を解消するという選択肢である．もう1つは，緊張関係をそれぞれのサービスの質を豊かにする機会ととらえ，連携・協働の価値を高めるような解決策を工夫するという対応である．

個々の専門職者および専門職団体双方のレベルで，いずれの選択肢も検討の余地があるが，私は緊張関係をサービスの質を豊かにする好機ととらえ，解決策を工夫するのが適切であると考える．アメリカでもいろいろな議論があるが，Kruse（2004），Anderson et al.（2007）は同旨と解される．

そこで，次に，具体例をとりあげ，多職種連携の価値について原理的な分析を行うことにしたい．

4 緊張関係への対応

まず，思春期の息子が二人いる女性依頼者が離婚を求めているケース（アメリカの仮想事例）をとりあげよう[17]．弁護士が，コンサルタントの立場のソーシャルワーカーとチームを組んでいる．対等な立場での協働ではない MDP で

---

[17] Anderson et al.（2007：671-678）を参考にしたが事実関係は単純化してある．同論文では，ロースクールのリーガルクリニックという場で，学生（法的に弁護士として位置づけられている），指導役の弁護士，コンサルタントという立場のソーシャルワーカーから成るチームが依頼者を代理している状況が取り上げられている．ソーシャルワーカーは，この依頼者に直接カウンセリングを施す関係にはなく（すなわち，この依頼者は弁護士の依頼者であり，ソーシャルワーカーの依頼者ではない），そのことは初回面接時に依頼者に説明される．

あり，Ⅲ1で示したMDPの4類型では第1類型に該当する．女性は，弁護士の依頼者であり，ソーシャルワーカーの依頼者という位置づけではない．

法的に離婚の要件は満たしているが，依頼者たる母親は弟（年下の子供）のcustodyを要求している．問題は，その動機であり，依頼者との面接を通じて，夫への復讐という要素が認められた．兄弟は，いずれも一緒に父親と暮らしたいと言っている．父親は兄弟2人のcustodyを要求し，その代理人は，3人一緒の生活が2人にとって最善の利益であることを示す教員，その他の証言を準備している．離婚後の家族の最善の利益を考えるなら，依頼者の要求を実現することに懸念があるというのが，母親の代理人と連携するソーシャルワーカーの判断であるとする．この場合，依頼者の表明された要求を，最善を尽くして実現するよう努めるべき弁護士倫理上の義務（zealous representation）とソーシャルワーカーの倫理上の義務とが衝突するように見える．

Anderson et al.（2007：673）は，この専門職倫理上の義務衝突は解決不能なので連携を許容しない見解もあるとしつつ，実はこれは，ソーシャルワーカーとの連携がない弁護士単独の場合であっても対処しなければならないジレンマであるとする．むしろ，連携により，ケア会議[18]で十分協議し必要な情報や知識をソーシャルワーカーから得ることによって，弁護士は依頼者との面接・協議を，より豊かで，「ニュアンスに富んだ」ものに深めることができる，その意味で弁護活動の質が高まると主張する（同：674）．

これは，注目すべき見解である．

このケースのケア会議では次のような展開が期待される（同：675-676）．依頼者の要求通り兄弟が別々に育てられたらどのような結果となるか議論する．依頼者のcustodyの要求の背後にある夫への怒りを受容（理解）しつつ，怒りの原因になった夫の行為について責任をとらせる方法がないか協議する．ソーシャルワーカーは，ケア会議の協議の焦点を，依頼者が表明した狭い利益から，長期的なニーズと，依頼者を含む家族全員の目標という，より大きな問題に移す．もし，父親と一緒に暮らしたいという弟の希望が彼の最良の利益（best interests）であり，兄の最良の利益でもあるならば，次の依頼者との面接でこの問題を議論するべきではないかとソーシャルワーカーは提案する．ソーシャル

---

[18] 司法ソーシャルワークにおけるケア会議の重要性と，弁護士がケア会議に参加する意義について濱野（2016b：166-76）参照．

Ⅳ 多職種連携における緊張関係とその克服

ワーカーは，依頼者の感情の全容について評価し，依頼者の表明した利益と表明していない利益を精査し，意思決定を容易にするために，依頼者とニュアンスに富むコミュニケーションをするよう提案する．このように，面接において弁護士が依頼者とどのようにコミュニケーションをとるかについても，ソーシャルワーカーの助言は有益である．

弁護士はソーシャルワーカーの助言を考慮に入れて，依頼者との面接に臨む．このようなアプローチは，ABAの弁護士業務模範規則に合致するとされる（同：676）．

「弁護士は，依頼者を代理するときは，独立の専門職としての判断を行ない，率直な助言を与えなければならない．弁護士は，助言を与えるときは，法律についてのみならず，依頼者の状況に関わり得る道徳的，経済的，社会的及び政治的諸要因等について諸般の事情に言及することができる」[19]（ABA弁護士業務模範規則　第2.1条）．

むしろ，依頼者の要求に対する懸念を弁護士が伝えないなら，それは適切な弁護活動とは言えないというのがAndersonほかの立場である（Anderson et al. 2007：677-678）．

加えて，裁判所の判断を適切に予想する上でもソーシャルワーカーとの協議は有益である．依頼者が十分な情報を得て（informed）意思決定する点でもソーシャルワーカーの関与は有益なのである（同：676-677, 689）．

以上はケア会議の重要性をよく示している．ソーシャルワーカーの提案は，依頼者とその関係者への「ケア」に基づき，依頼者と関係者への害を最小限にするholistic solutionを目指している（同：678）．それと，弁護士の伝統的な役割倫理（党派的弁護）との摺り合わせ・シナジーがケア会議における真摯な協議によって追求されうるのである．

このような離婚事件は珍しくないケースであり，日本では多くの場合，弁護士がソーシャルワーカーと連携せず代理しているだろう．Andersonほかの主張の根底にあるのは，この種の事案において，ソーシャルワーカーの助力を得ずに適切な弁護活動が果たしてできるのか，という本質的な問題提起である．

[19]　訳文は塚原・宮川・宮澤（2007：161）による．

これは，次に述べる，伝統的な弁護活動に対する批判的潮流である holism, holistic approach と視点を共有している．

次に，Kruse（2004：92-96）は，情報収集の点で，実定法関連事実に限局されがちな弁護士の狭い聞き取りを補い，関係する人々との相互作用を視野に入れ，問題の本質的解決に必要な情報を集める視点とスキルを持つソーシャルワーカーと協働する意義を強調する．例えば，少年事件で，弁護士は通常，本人との面接を親の同席のもとではするべきでないと考えるが（少年とのやりとりが親を通じて開示されるリスクがあり，親から情報を集めるには別途面接すれば足りるため），ソーシャルワーカーは，親と少年のやりとりを直接観察することにより，非行の背景や親との関係，少年の発言の真意と心理を洞察するアプローチをとる．弁護士がソーシャルワーカーとの協働により得られる情報は弁護士にとっても非常に価値がある．他方で弁護士は，親を通じて情報が第三者に開示されるリスクとその具体的内容について，ソーシャルワーカーに注意を喚起できる．

また，依頼者の最善の利益が何かを探るソーシャルワーカーの視点とスキルは，依頼者の明示的要求を尊重する弁護士の通例の対応では問題が解決しえないケースで有益である（同：95-96）．例えば，鑑別所出所時に少年が親元に戻ることを拒み，シェルター入所を希望したケースで，協働するソーシャルワーカーが少年の真意に疑問を抱き，事情を聞くことによって，親元で暮らしたいのだが食事が満足に得られないためシェルター入所を希望したことがわかった．ソーシャルワーカーは貧窮者のための食料配給所に依頼して食事が確保できるように手配した．これは問題解決型アプローチないし holistic approach の典型である．

Kruse は，他方で，ソーシャルワーカーのアプローチの持つ危険性と，弁護士との連携がソーシャルワーカーにとっても価値がある点を指摘する（同：96-98）．まず，依頼者の法的利益を守るという視点から，情報収集行動を自制すべき場合がある．ソーシャルワーカーは問題の総合的解決をめざすため，依頼者および関係者の情報を非常に広く集める傾向がある．その結果，法的に依頼者の利益を損なうおそれのある情報を得てしまうリスクがある．この点で，弁護士は，求めてはならない情報をあらかじめ察知することができ，それ以上の情報収集を控えるという意味で，protective ignorance（同：73-74）の意義

を十分に理解している．ソーシャルワーカーは必ずしもそうではない．

　また，依頼者の最善の利益の追求というソーシャルワーカーの姿勢は，依頼者の自律と抵触する危険があり（パターナリズム），この点で，依頼者の自律を尊重する弁護士によるチェックが意味を持ちうる．特に少年事件の場合，少年の最善の利益の名のもとに国家介入が行われる局面があり，そこでの弁護士による党派的弁護活動は，権力乱用の危険に対する抑制という意味できわめて重要になる（同：79-90，96-98）．

　これら，アメリカのリーガルクリニックにおける連携・協働から得られた洞察は，二つの専門職の緊張関係こそが，双方のサービスの質を向上させる機会になるととらえている．この洞察は弁護士について見れば，より一般的に，伝統的な党派的弁護モデルに加えて，新しい弁護士役割論と弁護士倫理の潮流をもたらした重要な要素になっている．そこで，最後に，多職種連携の価値について，弁護士論の展開という広い文脈に位置づけて，本稿のまとめとしたい．

V　多職種連携の価値 ── holistic approach と権利擁護との統合

　司法ソーシャルワークにおける弁護士とソーシャルワーカーの連携の価値は，第1に，潜在的法的ニーズ[20]がソーシャルワーカーを通じて弁護士につながれることにより顕在化し，早期対応と問題深刻化の防止を実現しうることである．第2に，ケア会議等を通じて情報を共有し，方針を協議しながら総合的な生活支援を可能にする点が挙げられる（濱野 2016b）．第3に，チームとしての協議と協働がメンバーの負担を軽減し，心理的な支えになる．

　加えて第4に，本稿が示したように，異なる専門職者間の連携は，緊張関係・不協和・葛藤をもたらす可能性があるものの，双方の視野の拡大と自己反省をもたらす機会をも生み，それへの真摯な対応が各専門職のサービスを質的に向上させるポテンシャルを持っている．

　弁護士にとっては，伝統的な党派的弁護と法的視点に制約されたアプローチに内在する限界を補い，対応対象者の生活と問題の総体を視野に入れることを容易にする．対応対象者の表明する要求を，最善の利益の実現という観点から

---

[20]　「潜在的法的ニーズ」と「顕在的法的ニーズ」の概念については，佐藤（2017）を参照．

吟味することが促され，対応対象者の利益を，関係する周囲の人々やより広い社会の利益という観点から吟味することを促す．本人との深いコミュニケーションは，弁護士単独では困難な場合が多い．ソーシャルワーカーとの協働により，感情・情緒・精神病理に関する視野の拡大が比較的容易になる[21]．

ソーシャルワーカーにとっても，関係法令の遵守，虐待等を行う相手方や行政・警察・司法との折衝・交渉代理という面で弁護士が頼りになるだけでなく，ソーシャルワーク業務に随伴する法令違反リスクに対処し，対応対象者の権利を擁護する上で，弁護士との連携は本質的な価値がある．わが国の文脈に即して言えば，ソーシャルワーカーによる「権利擁護活動」は，弁護士や司法書士等の司法職との連携によって，より十全なものになるのである．

要約すれば，弁護士とソーシャルワーカーの連携・協働は，ソーシャルワークの本質である本人と本人が抱える諸問題に対する総合的な生活支援と全体論的なアプローチ holistic approach を可能にするとともに，対応対象者の法的利益の擁護をも確実にするのである．この点を，Kruse（2004：78）は，「法的利益の枠組のもとでのソーシャルワーク（social work within the framework of legal interests）」と呼んで，弁護士とソーシャルワーカーの緊張関係を克服し，価値を創出するモデルとして提示している．

このような弁護士とソーシャルワーカーの連携は，内外の新しい弁護士役割論の展開と相互に影響しあっている．

伝統的な党派的弁護（zealous advocacy）を強調する弁護士役割論に対して，ギリガンの問題提起（Gilligan 1982）前後から英語圏で実務と研究両面で展開している client centered approach, holistic approach, collaborative approach, preventive approach, problem-solving approach 等と呼ばれる潮流があり，Parker & Evans（2014：30-54）は，関係的弁護（relational lawyering）・ケアの倫理（ethics of care）と総称している[22]．わが国にも，同様の潮流があり，研究面では，1990年代半ば以降，和田（1994），棚瀬（1995），廣田（2002，

---

[21] 法テラス東京法律事務所の地域連携パイロット部門のスタッフ弁護士に対する聞き取りでは，障碍者等との面接において，ソーシャルワーカーそのほかの支援者が同席することで助けられた経験がしばしば語られた．

[22] 弁護士役割論の新潮流と司法ソーシャルワークの関係については，濱野（2016b）でより詳細に論じた．

2010），中村・和田（2004），大澤（2004），谷口（2010-12），太田（2013-15）らによる弁護士論が代表的なものである．民事訴訟法学におけるいわゆる第三の波の議論（井上 1993，井上・井上・高橋 1996，井上・佐藤 1999）もその潮流に位置づけられる．

英語圏で関係的弁護・ケアの倫理と称される弁護士論の潮流は，リーガルクリニックを中核とする福祉・医療専門職との連携における実践を豊かな基盤の1つとしている．法的なバックグラウンドのみの弁護士が単独で，ホーリスティックなアプローチを実践するのは容易ではない．司法ソーシャルワークにおける多職種連携は，そのようなアプローチをわが国で本格的に展開する有力な現場となりうる．連携経験が，他の場面における弁護士活動にもフィードバックされ，わが国の弁護士活動全体をより豊かなものにしていく契機となることが期待される．

VI　むすび

本稿は，司法ソーシャルワークにおける多職種連携について，特に弁護士とソーシャルワーカーとの連携で生じうる緊張関係とその克服がもたらす価値に焦点を絞って論じ，司法ソーシャルワークの実践が拡大すれば，弁護士が，自らの狭い法律専門家としてのあり方の限界を認識し，holistic なアプローチの視点とスキルを取り入れる可能性があることを示唆した．また，ソーシャルワーカーにとっても，弁護士との連携は，対応対象者の権利擁護の観点から自らの活動を吟味したり，より慎重な対応により法的リスクを回避するという価値をも有する点を指摘した．

弁護士とソーシャルワーカーの連携は，このように双方にとって価値をもたらすとともに，他方で，専門職倫理上の問題を生む可能性があり，それへの対処について十分研究しておく必要がある．既に，石田（2015，2017）の論稿があるが，さらに研究を深める必要がある．例えば，守秘義務，虐待の通報義務，誠実義務，利益相反，依頼の勧誘等の禁止，非弁提携の禁止，報酬分配の制限などに関して，問題が発生しうる状況を類型化し，弁護士，ソーシャルワーカー双方のとるべき行動を予め明らかにしておきたい．福祉専門職者や社会福祉分野の研究者との共同研究も不可欠である．倫理規範そのものの改正も必要

になるかもしれない．

チーム活動は日本人の得意分野である．弁護士や隣接法律専門職者と福祉専門職者との連携が大いに期待される．専門職倫理上の葛藤とそれへの対応は多職種連携を進める上で克服されるべき課題の1つにすぎない．本稿が示した多職種連携の価値を実現するには，福祉・医療関係者の実践経験と研究（例えば，野中・高室・上原 2007, 上原 2012, 野中・上原 2013, 野中ほか 2014）を司法関係者も謙虚に学び，課題を理解し，対等な立場で協働を積み重ねていく必要がある[23]．

〔文　献〕

Aiken, Jane & Stephen Wizner (2003) "Law as social work," 11 *Washington University Journal of Law and Policy* 63-81.

秋山智久 (2007)「専門職の資格制度と養成機関」仲村優一・一番ヶ瀬康子・右田紀久恵監修『エンサイクロペディア社会福祉学』中央法規, 600-603 頁.

―― (2014)「福祉の専門職性と資格」日本社会福祉学会事典編集委員会編『社会福祉学事典』丸善出版, 710-711 頁.

Anderson, Alexis, Lynn Barenberg & Paul R. Tremblay (2007) "Zeal, paternalism and mandated reporting," 13 *Clinical Law Review* 659-718.

Gilligan, Carol (1982) *In a Different Voice: Psychological Theory and Women's Development*, Harvard University Press.

濱野亮 (2014)「法テラス東京法律事務所における地域連携パイロット部門」総合法律支援論叢 5 号 102-122 頁.

―― (2016a)「司法ソーシャルワークと地域連携」総合法律支援論叢 8 号 59-79 頁.

―― (2016b)「司法ソーシャルワークにおける総合的支援」立教法学 93 号 155-194 頁.

―― (2017a)「地域連携パイロット部門と研究対象データの概要」日弁連法務研究財団編『法と実務』12 巻所収.

―― (2017b)「地域連携ネットワークと司法ソーシャルワーク」日弁連法務研究財団編『法と実務』12 巻所収.

平山尚 (2007)「各国・地域の社会福祉　アメリカ」仲村優一・一番ヶ瀬康子・右田紀久恵監修『エンサイクロペディア社会福祉学』中央法規, 1210-1213 頁.

---

[23]　弁護士，司法書士と福祉・医療職者との連携を成功させるには，特に，「顔の見える関係」をいかにして作るか，キーパーソン同士の連携を早く確立し，それをハブとして地域連携ネットワークを拡大させていくこと，中立性，公共性を活かして法テラスを連携ネットワーク形成の触媒とすること，などが重要である（濱野 2014, 2016a, 2016b, 日弁連法務研究財団 2017）．

Ⅵ　むすび

廣田尚久(2002)『紛争解決学』信山社.
──(2010)『紛争解決学講義』信山社.
法務省(2014)『「充実した総合法律支援を実施するための方策についての有識者検討会」報告書』〔2014年6月11日〕（http://www.moj.go.jp/housei/sougouhouritsushien/housei04_00011.html，2015/8/10アクセス）.
石田京子(2015)「スタッフ弁護士の連携活動における倫理問題」総合法律支援論叢7号97-111頁.
──(2017)「スタッフ弁護士の連携活動における倫理問題」日弁連法務研究財団編『法と実務』12巻所収.
石田慎二＝山縣文治編著(2010)『社会福祉』ミネルヴァ書房.
井上正三＝井上治典＝高橋宏志編(1996)『対話型審理 ──「人間の顔」の見える民事裁判』信山社.
井上治典(1993)『民事手続論』有斐閣.
井上治典＝佐藤彰一編(1999)『現代調停の技法 ── 司法の未来』判例タイムズ社.
伊藤佳代子(2015)「独立型社会福祉士の開業システム構築に関する研究 ── 弁護士へのインタビュー調査を通して」別府大学短期大学部紀要34号77-87頁.
Kruse, Katherine R. (2004) "Lawyers should be lawyers, but what does that mean? : A response to Aiken & Wizner and Smith," 14 *Washington University Journal of Law and Policy* 49-100.
空閑浩人編著(2009)『ソーシャルワーク入門 ── 相談援助の基盤と専門職』ミネルヴァ書房.
日本弁護士連合会調査室(2005)「弁護士・弁護士法人と外国法事務弁護士とが行う外国法共同事業の概要と届出手続について」自由と正義56巻5号112-123頁.
日本弁護士連合会弁護士業務改革委員会（21世紀の弁護士像研究プロジェクトチーム）編著（2008『弁護士改革論 ── これからの弁護士と事務所経営』ぎょうせい.
日弁連法務研究財団(2017)「地域連携と司法ソーシャルワーク」『法と実務』12巻所収.
日本司法支援センター(2014)「日本司法支援センター中期計画」（平成26年3月28日法務大臣認可）（http://www.houterasu.or.jp/cont/100555665.pdf，2016/5/3アクセス）.
Norwood, J. Michael & Alan Paterson (2002) "Problem solving in a multidisciplinary environment? Must ethics get in the way of holistic services?" 9 *Clinical Law Review* 337-372.
野中猛・野中ケアマネジメント研究会(2014)『多職種連携の技術 ── 地域生活支援のための理論と実践』中央法規.
野中猛・高室成幸・上原久(2007)『ケア会議の技術』中央法規.
野中猛・上原久(2013)『ケア会議で学ぶケアマネジメントの本質』中央法規.
太田晃弘(2013-15)「現代司法ソーシャルワーク論（第1回）～（第12回・完）」法学セミナー699号56-59頁，701号40-43頁，703号57-60頁，705号26-29頁，707号

31-34頁，709号40-43頁，711号65-69頁，713号53-56頁，715号76-79頁，717号47-50頁，719号44-47頁，721号46-49頁．
中村芳彦・和田仁孝(2004)『リーガル・カウンセリングの技法』法律文化社．
生越照幸編(2012)『自殺問題と法的支援──法律家による支援と連携のこれから』日本評論社．
大澤恒夫(2004)『法的対話論──「法と対話の専門家」をめざして』信山社．
Parker, Christine & Adrian Evans (2014) *Inside Lawyers' Ethics* (2nd ed.), Cambridge University Press.
San Martin-Rodriguez, L. *et al.* (2005) "The determinants of successful collaboration: A review of theoretical and empirical studies," 19 *Journal of Interprofessional Care* 132-147.
佐藤岩夫(2017)「ニーズ顕在化の視点から見た地域連携ネットワーク──「法的ニーズ」概念の理論的再構成をかねて」日弁連法務研究財団編『法と実務』12巻所収．
髙岡昂太(2013)『子ども虐待へのアウトリーチ──多機関連携による困難事例の対応』東京大学出版会．
棚瀬孝雄(1995)「語りとしての法援用--法の物語と弁護士倫理（1）（2・完）」民商法雑誌111巻4号677-706頁，6号865-903頁（同［2002］『権利の言説──共同体に生きる自由の法』勁草書房に再録）．
谷口太規(2010-12)「公益弁護士論──法と社会のフィールドワーク（第1回）～（第12回・完）」法学セミナー664号54-57頁，666号46-49頁，668号54-57頁，670号58-61頁，672号38-41頁，674号44-47頁，676号66-69頁，678号56-59頁，680号72-75頁，681号48-51頁，683号44-47頁，685号40-43頁．
塚原英治・宮川光治・宮澤節生編著(2007)『プロブレムブック　法曹の倫理と責任（第2版）』現代人文社．
上原久(2012)『ケア会議の技術2──事例理解の深め方』中央法規．
和田仁孝(1994)『民事紛争処理論』信山社．
山口絢(2015)「行政機関による高齢者の法的問題発見と法律相談へのアクセス──自治体への聞き取り調査から」総合法律支援論叢7号74-95頁．
──(2017)「法専門家から行政・福祉関係機関への情報提供システムの可能性──ホットラインを事例として」日弁連法務研究財団編『法と実務』12巻所収．
吉岡すずか(2017)「連携構築の促進要因・阻害要因」日弁連法務研究財団編『法と実務』12巻所収．

17 社会保険労務士の職域の新展開
―― 社労士は独立した「専門職」となりつつあるのか ――

福 井 康 太

I はじめに

　本稿は，これまで社会保険労務士（以下では「社労士」とする）についての本格的な学術研究が行われていなかったこと，社労士への社会的ニーズが高まりつつある中，社労士の企業への貢献を「見える化」することが強く求められるようになってきたことを受けて，全国社会保険労務士会連合会・社会保険労務士総合研究機構のサポートのもと，近畿大学法学部の三柴丈典教授を研究代表として立ち上げられた研究企画の成果の一部である．

　本研究企画は，1年目（2013年）には，社労士による貢献の基本要素として，「コンプライアンス」（法令遵守），「企業業績」，「従業員の心身の健康」の3軸を想定し，聞き取り調査（質的調査）を通じて，効果的な業務評価指標を模索探求した．その際，7名の社労士と，それぞれの社労士に対応する介入先（7社）の聞き取りを行い，そこから業務評価指標となりそうな要素と可能な評価方法を抽出しようと試みた[1]．2年目（2015年）には，社労士が日常的に行う業務，これから行いたい業務，社労士に期待される能力や特性等について社労士を対象とするアンケート調査（量的調査）を行い，その集計結果を現在活躍中の社労士との座談会（補充調査）で検討した．以上の調査研究を通して，私の担当は社労士の人事労務コンプライアンスへの貢献について分析することであった．

　以下，本稿では，社労士の職域拡大について問題提起した上で，2年目に実

---

[1]　1年目調査の概要および分析は，三柴・天野・森・福井（2015）にまとめられている．

施したアンケート調査の集計結果を社労士の人事労務コンプライアンスへの貢献との関連で分析し，人事労務コンプライアンスへの貢献業務が社労士の「専門性」としてどのように形成されつつあるのか，そもそも社労士は独立の「専門職」となりつつあると言えるのか，明らかにする．

II 社労士による人事労務コンプライアンスとその職域：仮説の定立

1 社労士職域は拡大しているのか

　社労士は，1968年に議員立法によって行政書士から独立する形で創設された，比較的新しい専門士業である．もっとも，社労士は，その創設以来，比較的短期間の間に，社会保険や労働保険申請，助成金申請の書面作成代行，給与計算といった手続業務を中心とする業態（社労士法1・2号業務）から，手続業務と合わせて就業規則の作成・管理，労務に関する相談対応，行政対応，産業保健関連業務などコンサルタント的業務，労働条件審査業務など（3号業務＋α）を幅広く行う業態へと動態的にその職域を拡張させている，ということがしばしば指摘されている．手続業務に関しても，単に個別的に業務を請け負うというばかりでなく，作業の大量化・効率化を図り，企業の総務事務のアウトソースの受け皿としての機能を担うようになっていると言われている．さらに，企業等の勤務社労士として，総務事務を中心として重要な役割を担う中核人材として働く者も増えていると言われている．このような社労士の職域拡大は実証的に裏付けられるのだろうか．単に，一部の特別な社労士の先進的な取り組みが脚光を浴びているだけなのではないか．他方，そのような裏付けが得られるとして，社労士は，弁護士や公認会計士のような独立したプロフェッションとしての「専門職」たり得るのだろうか．独立の「専門職」は社会の「公器」とも言うべき存在であり，社労士がそのような存在たり得るかどうかは，企業の人事労務分野の公正さを確保する上で重要な要素となるので，これについて検討が必要である．

2 企業活動におけるコンプライアンス意識の高まりと社労士職域

　社労士の職域拡大が指摘され，実際に様々な注目される取り組みが見られるようになってきている背景にあるのは，企業活動におけるコンプライアンス意

識の高まりである．なお，ここでは，最近の用例に従い，「コンプライアンス」の意味を，狭い意味での「法令遵守」としてではなく，より広い意味で「法令適応」ないし「社会的要請への適応」という意味で捉えることとする[(2)]．

1980年代以降，わが国では，一方で消費者意識の高まり，他方で外資系資本の株主比率の高まりなどから，企業に対する社会的責任要求が高まってきた．2000年前後からは，行政による事前規制が後退し，それと表裏をなす形で，企業が自己責任で法令遵守に努めなければ破滅的なダウンサイドリスクを負うことになった．そこから，多くの企業がダウンサイドリスクの回避に対する関心を高め，コンプライアンスが企業の最重要の関心事となるに至った．さらに，一部の優良企業においては，単にダウンサイドリスクの回避という消極的な観点からのみならず，企業のブランド価値を高めるという積極的観点から，企業の社会的責任（CSR）を社会に対するアピールに用いるということが行われるようになり，その一環として，コンプライアンスの経営戦略上の位置づけも大きく変わってきた（郷原 2006：17-18）．

企業コンプライアンスに対する関心が高まる中で，人事労務分野においても，企業のブランドイメージを維持し，ひいては高めるために，労働環境を健全に保ち，向上させていくことが求められるようになった．業務内容の集約化・高度化に伴う職場環境の変化を背景としたメンタルヘルス疾患の急増もまた，労働時間管理やストレスチェックなど，労働災害や業務上疾病の予防策に対する関心を高めることに一役を買っている．労災・業務上疾病の予防への関心の高まりを受けた労働基準法[(3)]や労働安全衛生関係法令[(4)]の度重なる改正により，法令対応ニーズが大きくなっていることも大きい．加えて，最近では，SNS等を通じて雇用環境の悪い企業が「ブラック企業」などとして社会的に非難さ

---

(2) 例えば，郷原（2006：23-24，216-217）．郷原は日本の経済社会の現状に適合したコンプライアンスのあり方を，①方針の明確化，②組織の構築，③予防的コンプライアンス，④治療的コンプライアンス，⑤環境整備コンプライアンスの5要素からなる「フルセット・コンプライアンス」として捉えている．同旨，郷原（2011：87-108）．

(3) 労働基準に関する法改正の動向については厚生労働省「労働基準」のウェブサイトを参照：http://www.mhlw.go.jp/stf/seisakunitsuite/bunya/koyou_roudou/roudoukijun/index.html（最終アクセス 2016年9月27日）．

(4) 労働安全衛生関連法令の改正動向については，中央労働災害防止協会の安全衛星情報センターのウェブサイトを参照：https://www.jaish.gr.jp/information/horei.html（最終アクセス 2016年9月20日）．

れることが増えてきたこともある(5).いずれにしても，人事労務を取り巻く企業環境の大きな変化を受けて，大企業のみならず中小企業においても，人事労務コンプライアンスに対する関心が否応なく高まっている．

　このような変化を受けて，人事労務分野での企業のサポート役である社労士も，手続業務（社労士法1・2号業務）を収入源として維持しつつも，予防法務的，コンサルタント的領域に重きを置く業態（3号業務）へと急速に変化していることが窺われる．さらに，公共事業を行う企業への管理監督の社会的要請から労働条件審査業務といった新たな職域（3号業務＋α）にも関心を持つようになってきていると思われる．

　図表1は，社労士職域展開の見取り図（当初仮説）である．この図の横軸は左側が書面作成・手続代理志向，右側がソリューション提供志向を意味している．他方，縦軸は上に行くほど経営志向が高いことを意味し，下に行くほど行政機能代行志向であることを意味している．図表1は，この縦軸と横軸をクロスさせて4象限図を作り，そこに社労士業務をマッピングした略図である．この見取り図は1年目調査当時の議論に基づいて，模索的に作成したものである．補佐人業務や労働条件審査業務，成年後見については，社労士会の検討や立法動向を反映させた．

　従来の社労士業務は4象限図の左下象限（第3象限）にほぼすべて収まり，書面作成・手続代理志向かつ行政機能代行志向の業務がもっぱら行われていた．これが，近年の人事労務コンプライアンス意識の高まりを受けて，残りの象限（第1，第2，第4象限）に向けて拡大しており，特に右上の象限（第1象限）の比重が大きくなっている．この4象限図は，社労士の人事労務コンプライアンスへの貢献は，従来は適正な手続書類等の作成を通じて実現されていたが，しだいに企業経営者や人事労務担当者に対するコンサルティングを通じて実現されるようになってきているという変化を，視覚的に表現するものである．以下では，ここに挙げた図式の正当性について，アンケート調査結果(6)に照らして検証し，人事労務コンプライアンスへの貢献業務が社労士の専門性としてどの

---

(5) やや行き過ぎの感があるが，労働運動を支援する弁護士や大学教授，NPO代表などがウェブ上で「ブラック企業大賞」なるサイトを設け，労働条件のひどい企業の問題を社会に提起する活動を行っている．以下のサイトを参照：http://blackcorpaward.blogspot.com.au/p/blog-page.html（最終アクセス2016年9月20日）．

Ⅱ 社労士による人事労務コンプライアンスとその職域

図表1:社労士職域展開見取り図

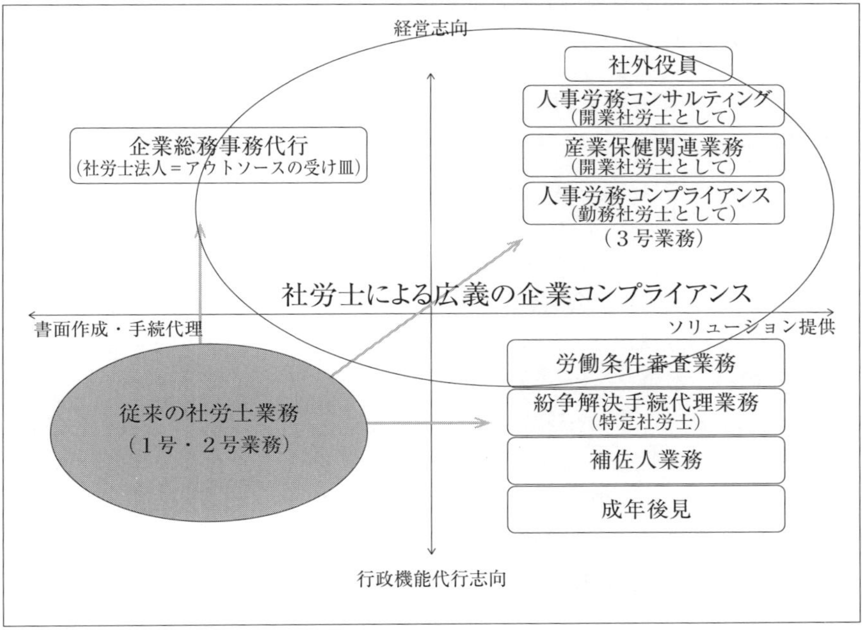

```
                        経営志向
                          ↑
                                      ┌──────────────┐
                                      │   社外役員    │
                                      ├──────────────┤
                                      │人事労務コンサルティング│
                                      │（開業社労士として）│
┌──────────────────┐          ├──────────────┤
│  企業総務事務代行    │          │ 産業保健関連業務 │
│(社労士法人＝アウトソースの受け皿)│  │（開業社労士として）│
└──────────────────┘          ├──────────────┤
                                      │人事労務コンプライアンス│
                                      │（勤務社労士として）│
                                      │  （3号業務）  │
                                      └──────────────┘

              社労士による広義の企業コンプライアンス

←―――――――――――――――――――――――――――――→
書面作成・手続代理                        ソリューション提供

                                      ┌──────────────┐
  ┌──────────────┐              │ 労働条件審査業務 │
  │ 従来の社労士業務 │              ├──────────────┤
  │ （1号・2号業務）│              │紛争解決手続代理業務│
  └──────────────┘              │ （特定社労士） │
                                      ├──────────────┤
                                      │   補佐人業務   │
                                      ├──────────────┤
                                      │    成年後見    │
                                      └──────────────┘

                        行政機能代行志向
                          ↓
```

ように形成されつつあるのか,そもそも社労士は独立したプロフェッションとしての「専門職」となりつつあると言えるのか,明らかにする.

---

(6) 社会保険労務士総合研究機構「社会保険労務士の業務が中小企業のコンプライアンス・業績・産業保健に及ぼす効果に関する調査研究」プロジェクトチーム社会保険労務士アンケート調査結果(速報)その1～その5(三柴・天野・森・福井・西本 2017:107-241). 本アンケート調査は,1年目の研究組織メンバーである三柴丈典,天野常彦,森晃爾,福井康太に,新たに西本実苗を加えて行われた.本調査結果の整理分析は,統計処理に詳しい西本によるものであり,グラフ,図表も西本の作成による.福井の貢献は,調査票の設計および社労士によるコンプライアンス貢献に引き寄せた分析結果の解釈である.

III　アンケート調査の概要：社労士によるコンプライアンス貢献との関連で

1　アンケート調査の目的と経緯

　本研究企画のアンケート調査（量的調査）は，社労士の業務内容，契約や売上高・収入，期待される能力・特性等社労士の実態について基礎的なデータを得ることを目的として行われた．2015年3月に準備を始め，数回の検討会を経て調査票を作成し，月刊社労士等の媒体を用いて全国の社労士に協力を依頼し，全国社会保険労務士会連合会のホームページからウェブ上の調査票への記入を求めた．調査期間は，2015年6月1日から8月16日の約2ヶ月半であった．結果的に，本アンケート調査に対して，全国の社労士（2015年9月30日現在39,898名が社労士として登録）[7]から723名の回答を得た．回答者の内訳は，72.5％（524名）が開業社労士，23.5％（170名）が企業や官公庁等に勤務する社労士であった[8]．本稿では，社労士の「専門性」としての人事労務コンサルティングの形成過程がより顕著に見られる開業社労士の調査結果に焦点をあてる．企業や官公庁の勤務社労士の調査結果については，組織内の人事労務，総務業務の一環として社労士業務と重なる業務が行われていることが窺われることから，必要な限りで言及する．

2　現在とこれからの社労士業務について

(1)　現在社労士として取り扱っている業務

　まず，現在社労士として取り扱っている業務について，以下に提示する全19項目の各業務について「（今のところ）行っていない」，「少ない」，「どちらかというと少ない」，「どちらかというと多い」，「多い」，「日常業務である」の6段階の選択肢からあてはまるものを選択してもらった．「（今のところ）行っていない」＝1，「少ない」＝2，「どちらかというと少ない」＝3，「どちらか

---

[7]　2015年の社労士登録者数について，厚生労働省「第47回社会保険労務士試験の合格者発表」を参照：http://www.sharosi-siken.or.jp/pdf/05/info_01_gyousei_happyou.pdf（最終アクセス2016年9月30日）．

[8]　これら以外に，少数ながら，社労士事務所や社労士法人に勤務する社労士が4.0％（29名．以下では「社労士事務所等勤務社労士」とする）もいる．

Ⅲ　アンケート調査の概要

というと多い」＝ 4,「多い」＝ 5,「日常業務である」＝ 6 として値を点数化し，各項目のとりうる値の範囲は1～6とした．したがって，値が大きいほど頻繁に行う業務ということになる．

［19業務］
1. 雇用保険・労災保険の加入・給付の手続き
2. 健康保険・厚生年金保険等の加入・給付の手続き
3. 各種助成金の支給申請の手続き
4. 就業規則の作成・変更・届出
5. 給与計算業務
6. 労働時間・休憩・休日などの就業に関する法定のことがらについての相談・手続き
7. 作業の体制や方法など，就業に関わる経営課題（法令で直接的には定められていない人事労務課題）についての相談
8. 年金に関する相談・アドバイス
9. 労働安全・衛生についての相談・アドバイス
10. 従業員の募集，採用，退職など雇用に関する相談・アドバイス
11. 福利厚生制度の設計の相談・アドバイス
12. メンタルヘルスについての個別的な相談・アドバイス
13. 一般社員（新人社員含む）向け教育・研修講師
14. 管理者層向け教育・研修講師
15. メンタルヘルス教育・研修講師
16. 年金についての教育・研修講師
17. 紛争解決手続代理業務
18. 労働基準監督署による臨検や行政指導等への事前ないし適時の対応
19. 年金事務所による調査への事前ないし適時の対応

開業社労士についてみると，最もよく取り扱われていると理解される業務（平均値4.4）は，「1. 雇用保険・労災保険の加入・給付の手続き」，「2. 健康保険・厚生年金保険等の加入・給付の手続き」，「6. 労働時間・休憩・休日などの就業に関する法定のことがらについての相談・手続き」であった．そのほか，「どちらかというと少ない」＝ 3 よりも平均値が大きいものを挙げると，2番目によく取り扱われているとみられる業務（平均値3.9）は，「10. 従業員の募集，採用，退職など雇用に関する相談・アドバイス」，3番目（平均値3.8）は，「4. 就業規則の作成・変更・届出」，4番目（平均値3.6）は，「7. 作業の

体制や方法など，就業に関わる経営課題（法令で直接的には定められていない人事労務課題）についての相談，5番目（平均値3.4）は，「5．給与計算業務」，6番目（平均値3.3）は，「18．労働基準監督署による臨検や行政指導等への事前ないし適時の対応」，「19．年金事務所による調査への事前ないし適時の対応」であった（三柴・天野・森・福井・西本 2017：124-125）．

　この点，最上位に来る1．と2．の業務は，典型的な社労士法第2条1・2号業務ということができ，6．も法令対応という意味では1・2号業務の一環（一部3号業務にまたがる）ということができることから，開業社労士の最も日常的に行う業務はなお1・2号業務であるということができる．もっとも，これに次いでよく取り扱われている業務をみると，7．10．の業務はまさに人事労務コンサルティングを内容とするものであり，基本的に3号業務である．18．19．の業務は臨時対応というところもあるが，ソリューション提供を内容とする人事労務コンサルティングであるとも理解できる．4．と5．は1・2号に関連する業務ではあるが，形式的な法令対応ではなく，総合的なアドバイスを通じて行うものであり，やはりコンサルティングを主たる内容としていると理解できる．ここから，現時点での開業社労士の業務は，狭い意味での手続業務を主たる業務としつつも，人事労務コンサルティングの領域にすでにかなり拡がっていることが理解される．

(2) 2014年度に取り扱った業務の売上割合

　つぎに，2014年度に取り扱った業務の売上割合について質問した．この質問では，2014年度に回答者が取り扱った業務のうち，1・2号業務，3号業務，紛争解決手続代理業務，およびその他の業務それぞれの売上の割合はどのくらいであったか，合計して100％になるように回答してもらった．

　開業社労士については，1・2号業務の割合が最も多く過半数の51.6％，次に多かったのは3号業務の29.5％であり，平均値からみると1・2号業務および3号業務で売上の8割を占めると推計される．紛争解決手続代理業務の割合は2.3％，その他の業務は16.6％であった（三柴・天野・森・福井・西本 2017：128-129）．開業社労士も主たる収入源は，現在のところ1・2号業務であるが，3号業務の割合も決して小さくはなく，専門学校講師などその他業務の収入もそれなりにあることが窺われる．

Ⅲ　アンケート調査の概要

(3) 社労士の業務として今後強化したい・増やしたい，逆に整理縮小したい業務

さらに，社労士の業務動向について知るために，社労士の業務として今後強化したい・増やしたい，逆に整理縮小したいと考える業務について質問した．この質問では，以下に示す全20項目の各業務について「整理縮小したい」，「どちらかというと整理縮小したい」，「今のままでよい」，「どちらかというと強化したい・増やしたい」，「強化したい・増やしたい」の5段階の選択肢からあてはまるものを選択してもらった．「整理縮小したい」＝1，「どちらかというと整理縮小したい」＝2，「今のままでよい」＝3，「どちらかというと強化したい・増やしたい」＝4，「強化したい・増やしたい」＝5として値を点数化し，各項目のとりうる値の範囲は1〜5とした．つまり，値が大きいほど強化したい・増やしたい業務ということになる．

［20項目］
1. 雇用保険・労災保険の加入・給付の手続き
2. 健康保険・厚生年金保険等の加入・給付の手続き
3. 各種助成金の支給申請の手続き
4. 就業規則の作成・変更・届出
5. 給与計算業務
6. 労働時間・休憩・休日などの就業に関する法定のことがらについての相談・手続き
7. 作業の体制や方法など，就業に関わる経営課題（法令で直接的には定められていない人事労務課題）についての相談
8. 年金に関する相談・アドバイス
9. 労働安全・衛生についての相談・アドバイス
10. 従業員の募集，採用，退職など雇用に関する相談・アドバイス
11. 福利厚生制度の設計の相談・アドバイス
12. メンタルヘルスについての個別的な相談・アドバイス
13. 一般社員（新人社員含む）向け教育・研修講師
14. 管理者層向け教育・研修講師
15. メンタルヘルス教育・研修講師
16. 年金についての教育・研修講師
17. 紛争解決手続代理業務
18. 労働基準監督署による臨検や行政指導等への事前ないし適時の対応
19. 年金事務所による調査への事前ないし適時の対応

20. 裁判所における補佐人業務

　開業社労士について，最も平均値が高い，つまり今後強化したい・増やしたいと回答者が考えている程度が最も高かったのは「4. 就業規則の作成・変更・届出」（平均値4.0）であった．2番目に平均値が高かったのは「6. 労働時間・休憩・休日などの就業に関する法定のことがらについての相談・手続き」（平均値3.8），3番目は「7. 作業の体制や方法など，就業に関わる経営課題（法令で直接的には定められていない人事労務課題）についての相談」（平均値3.7），4番目は「10. 従業員の募集，採用，退職など雇用に関する相談・アドバイス」，（平均値3.6），5番目（平均値3.4）は「1. 雇用保険・労災保険の加入・給付の手続き」，「2. 健康保険・厚生年金保険等の加入・給付の手続き」，「14. 管理者層向け教育・研修講師」，「18. 労働基準監督署による臨検や行政指導等への事前ないし適時の対応」であった（三柴・天野・森・福井・西本 2017：131-132）．

　上位5番目までの項目を見ると，1番目の4. の業務は1・2号業務に関連するが，それは人事労務コンサルティングと一体的に行われる業務であり，2番目〜4番目にくる6. 7. 10. の業務は基本的にコンサルタント業務である．5番目の1. 2. 業務は1・2号業務であるが，14. の業務は人事労務コンサルティングの一環であり，18. の業務もまたコンサルティングと一体的に行われる3号業務である．以上から，開業社労士は，人事労務コンサルティング（3号業務）に高い関心をもっており，そのような業務をこれから強化していきたいと考えていることが，はっきりと読み取れる．なお，平均値が3以上＝「今のままでよい」を超える項目が大半（20項目中15項目）であることから，回答者の多くは様々な業務を現在よりも強化したい・増やしたいと考えていることが理解される．

(4) 新規に顧問契約を結んだ場合，まず着手することの多い業務

　開業社労士が新規に顧問契約を締結した場合に，どのような業務を優先的に行おうとするかについて知るために，新規に顧問契約を結んだ場合，まず着手することの多い業務について質問した．この質問では，新規に企業等と社労士としての顧問契約を結んだ場合，どの業務から着手することが多いか，以下に示す19項目（＋「その他」）の業務リストから最大5つまで選んでもらった．

Ⅲ　アンケート調査の概要

［19項目］
1．雇用保険・労災保険の加入・給付の手続き
2．健康保険・厚生年金保険等の加入・給付の手続き
3．各種助成金の支給申請の手続き
4．就業規則の作成・変更・届出
5．給与計算業務
6．労働時間・休憩・休日などの就業に関する法定のことがらについての相談・手続き
7．作業の体制や方法など，就業に関わる経営課題（法令で直接的には定められていない人事労務課題）についての相談
8．年金に関する相談・アドバイス
9．労働安全・衛生についての相談・アドバイス
10．従業員の募集，採用，退職など雇用に関する相談・アドバイス
11．福利厚生制度の設計の相談・アドバイス
12．メンタルヘルスについての個別的な相談・アドバイス
13．一般社員（新人社員含む）向け教育・研修講師
14．管理者層向け教育・研修講師
15．メンタルヘルス教育・研修講師
16．年金についての教育・研修講師
17．紛争解決手続代理業務
18．労働基準監督署による臨検や行政指導等への事前ないし適時の対応
19．年金事務所による調査への事前ないし適時の対応
　その他

　選択回答率が50%を超えるものを見ると，最も回答率が高かったのは「1. 雇用保険・労災保険の加入・給付の手続き」(74.2%)，2番目に高かったのは「4. 就業規則の作成・変更・届出」(73.1%)，3番目は「2. 健康保険・厚生年金保険等の加入・給付の手続き」(70.4%)，4番目は「6. 労働時間・休憩・休日などの就業に関する法定のことがらについての相談・手続き」(55.3%)であった（三柴・天野・森・福井・西本 2017：135-136）．1. の業務は，社労士に業務独占が認められる業務（1・2号業務の中核）であり，企業が顧問契約を結んだときにまず社労士に求める（あるいはそのために顧問契約をする）業務である．4. の業務は，中小企業では未整備ないし不完全であることが多く，社労士が最も専門性を発揮しやすい業務であることから，最初に取りかかる業務として上位に来ていることが窺われる．2. および6. も1・2号業務ないしこれ

に直接に関連する法令対応である．以上より，開業社労士が企業と顧問契約を結んだときに最初に取りかかる業務は，1・2号業務とそれに関連する，特に雇用保険・労災保険，健康保険に関わる法令対応，そして就業規則整備であり，典型的な社労士業務分野から仕事に着手する，ということが理解される．

(5) 新規に顧問契約を結んだ場合，中長期的な視点で取り組みたいと考えることが多い業務

アンケートでは，新規に顧問契約を結んだ場合，社労士が中長期的な視点で取り組みたいと考えることが多い業務についても質問している．この質問も，その性質上開業社労士のみに対する質問である．質問項目は，Ⅲ2(4)で挙げた19項目（+「その他」）と同じであり，このリストから最大5つまで選んでもらった．

集計された回答のうち，選択回答率が40%を超えるものを見ると，最も回答率が高かったのは「4. 就業規則の作成・変更・届出」(57.1%)，2番目に高かったのは「6. 労働時間・休憩・休日などの就業に関する法定のことがらについての相談・手続き」(46.9%)，3番目は「7. 作業の体制や方法など，就業に関わる経営課題（法令で直接的には定められていない人事労務課題）についての相談」(42.6%)，4番目は「10. 従業員の募集，採用，退職など雇用に関する相談・アドバイス」(42.2%)であった（三柴・天野・森・福井・西本2017：137-138）．

これをⅢ2(4)の結果と連結させると，開業社労士は，企業と顧問契約を結んだ場合，まず，手堅く信頼を得るきっかけとなりやすい1・2号業務とそれに関連する，特に雇用保険・労災保険，健康保険に関わる法令対応，就業規則整備を行った上で，ある程度信頼関係が確立されてから，労働時間や職場環境，従業員の採用に関わるに人事労務コンサルティングに取り組もうとする傾向があることが理解される．

(6) 社労士に必要な，あるいは期待される能力・特性

アンケートではさらに，社労士に必要な，あるいは期待される能力・特性について質問している．この質問では，社労士に必要な，あるいは期待される能力や特性について，能力・特性全39項目（+「その他」）を挙げ，そのうちから最大5個まで選んでもらった．

Ⅲ　アンケート調査の概要

[39項目]
1. 戦略的思考力
2. 交渉力
3. 自己点検力
4. 情報収集力
5. 誠実性
6. 分析力
7. 自己啓発力
8. 他者理解力
9. 人材育成力
10. 全体把握力
11. ストレス耐性
12. 変革力
13. 顧客本位
14. 共感性
15. 責任感
16. 几帳面さ
17. 説得力
18. 情報共有力
19. 観察力
20. 自主性
21. 洞察力
22. 傾聴の姿勢
23. 創造力
24. 決断力
25. 人脈構築力
26. 指導力
27. 発想力
28. 成果志向
29. 積極性
30. 紛争解決力
31. リスク評価力
32. 先見性
33. 協調性
34. スケジュール管理能力
35. 異分野理解力
36. 調整力
37. 柔軟性
38. 楽観性
39. 説明力

その他

　開業社労士について，選択回答率が20%を超えるものについて見ると，最も回答率の高かったのは「5．誠実性」(53.1%)であった．2番目に高かったのは「15．責任感」(45.8%)，3番目は「4．情報収集力」(35.9%)，4番目は「22．傾聴の姿勢」(24.0%)，5番目は「2．交渉力」(22.3%)，6番目は「1．戦略的思考力」(21.9%)，7番目が「39．説明力」(21.1%)であった（三柴・天野・森・福井・西本2017：139-140）．すなわち，開業社労士に対して期待されるのは，専門分野についての能力というより，誠実性や責任感，傾聴の姿勢であり，能力的には情報収集力，交渉力，戦略的思考力，説明力が求められるものの，誠実性や責任感に比べるとその期待値は相対的に低いということが読み取られる．

　以上から，開業社労士に対して，情報収集力，交渉力，説明力を除くと，エキスパートとしての専門的能力よりも，誠実性や責任感といった態度に関わる能力・特性が企業から期待されていると，社労士自身が実感していることが理解される．このような結果となるのは，開業社労士の場合，自営業者として「営業」することが求められ，そのための能力・特性が重要になること，専門知識については資格がある以上ある程度は当然のものと考えられていることによるものと推察される[9]．

　この点，能力・特性について誠意ないし態度が重視されるのは，一般的に

「経営コンサルタント」に見られる傾向だということが指摘される[10]．というのも，企業の経営者・担当者が自らの抱える問題について相談するのは，極めて高い信頼関係のもとでしかありえないからである．ここからも，社労士に期待される役割が「経営コンサルタント」に近いものとなっていることが理解される．

(7) 社労士として普段働く際の心がけや姿勢

アンケートでは，社労士として働く際の心がけや姿勢についても質問している．以下に示す，社労士として普段働く際の心がけや姿勢に関する全12項目の問いに対し，回答者自身があてはまると思われるものを，「あてはまらない」，「どちらかというとあてはまらない」，「どちらともいえない」，「どちらかというとあてはまる」，「あてはまる」の5段階から1つ選んで回答してもらった．「あてはまらない」= 1，「どちらかというとあてはまらない」= 2，「どちらともいえない」= 3，「どちらかというとあてはまる」= 4，「あてはまる」= 5として値を点数化すると，各項目のとりうる値の範囲は1～5となる．値が大きいほどその問いの示す内容に自身があてはまる程度が大きいことになる．

[12項目][11]
1．顧客先企業[12]には必要と考えられる対策を先回りしてアドバイスするように心がけている
2．顧客先企業に対し，必要と考えれば説得を試みることもある

---

(9) 社会保険労務士総合研究機構「社会保険労務士の業務が中小企業のコンプライアンス・業績・産業保健に及ぼす効果に関する調査研究」プロジェクトチームディスカッション議事録の必要な能力・特性についての水野発言および小林発言を参照（三柴・天野・森・福井・西本 2017：246）．

(10) 例えば，日本経営システム株式会社のウェブサイト「コンサルタント心得 九ヶ条」を参照：http://www.jmsinc.co.jp/profile/philosophy/kokoroe.html（最終アクセス 2016年9月29日）．

(11) この12項目は開業社労士に対する質問に用いたものであり，「顧客先企業」とあるのは「クライアント」をより具体的に明示したものである．企業等勤務社労士に対する質問では，この語を「勤務する企業（等）」，「上司や同僚」に適宜修正しているが，いずれも「クライアント」の意味であり，基本的な意味内容は損なわないように配慮している．

(12) ウェブアンケート本体では「顧問先企業」なる語が使われていたが，「顧客先企業」の誤りであり，回答者もそれを前提に回答していると思われることから，本稿では訂正を施した．

Ⅲ　アンケート調査の概要

3．顧客先企業の事情をよく知り，その悩みの解決を図るなど寄り添う姿勢を意識している
4．労使双方が互いに満足のゆく支援を行えるように努めている
5．顧客先企業の組織全体にどう影響するか等，総合的な視点でアドバイスするよう心がけている
6．得意分野を掘り下げ，専門性を高めるよう努めている
7．顧客先企業に法令違反がある場合にも，その企業の実情をふまえ，問題化し易い違反状態の是正から優先的に提案するようにしている
8．関係法令のコンプライアンスを支援する上で，各法令の制定趣旨を踏まえた説明をするよう心がけている
9．法令に定めがない，法令の解釈が一通りでない，法令の定め同士が矛盾しているなどの条件下で，企業がとるべき措置を，その実情を考え，優先順位を付けて提案するようにしている
10．顧客先企業が人事労務に関わる法的トラブルなどで生じる損失を極力小さくすることを念頭に置いてアドバイスを行うようにしている
11．顧客先企業が求める方法で従業員の生産性を向上させ，企業を活性化させるための提案を行うよう努めている
12．従業員個々人が働きがいを感じられるような仕組み（人事評価制度，給与体系など）作りを考慮した提案を行うようにしている

　開業社労士について最も平均値が高かったのは「10．顧客先企業が人事労務に関わる法的トラブルなどで生じる損失を極力小さくすることを念頭に置いてアドバイスを行うようにしている」，「3．顧客先企業の事情をよく知り，その悩みの解決を図るなど寄り添う姿勢を意識している」（どちらも平均値4.3）であり，次に高かったのは「8．関係法令のコンプライアンスを支援する上で，各法令の制定趣旨を踏まえた説明をするよう心がけている」，「2．顧客先企業に対し，必要と考えれば説得を試みることもある」，「5．顧客先企業の組織全体にどう影響するか等，総合的な視点でアドバイスするよう心がけている」，「7．顧客先企業に法令違反がある場合にも，その企業の実情をふまえ，問題化し易い違反状態の是正から優先的に提案するようにしている」（すべて平均値4.2）であった．平均値が「どちらかというとあてはまる」＝4を超えるものが全12項目中7項目と半数を超えており，回答者の多くは本12項目で提示した「社労士として普段働く際の心がけや姿勢」に関し，自身はそれらに概ね「あてはまる」と考えているようである（三柴・天野・森・福井・西本 2017：

141-142).

開業社労士について，高得点の項目をみるかぎり，クライアント企業の法的リスクの最小化を第一の目標とし，クライアントに寄り添う姿勢で仕事をしていることが窺われる．ここには，クライアントからの独立性を重視する「エキスパート型専門職」よりも，経営者に寄り添う「経営コンサルタント」としての社労士の特徴を読み取ることができる．

(8) 隣接専門職の仕事をするために社労士以外に取得している資格

社労士の業務はなお限定されているので，その職域を拡張していくためには隣接専門職の資格を取るというのは有効な方策である．アンケートでは，隣接専門職の仕事をするために，社労士以外の資格を取得しているか，している場合はあてはまるものすべて複数回答形式で選んで回答してもらった．

回答では，開業社労士が隣接専門職の仕事をするために社労士以外に取得している資格は「なし」が最も多かった（開業社労士：524名中252名，48.1%）．しかし，この数字は，裏から見れば，50%以上の社労士が他の資格を取得しているということを意味している．開業社労士が社労士以外に取得している資格のうち，最も多かったものは「ファイナンシャルプランナー」（524名中124名，23.7%），次に多かったのは「行政書士」（524名中96名，18.3%），続いて「心理士・カウンセラー」（524名中48名，9.2%）であった（三柴・天野・森・福井・西本 2017：115）．

複数の専門資格を取得するのは容易ではない．それでもなお，ファイナンシャルプランナーや行政書士，心理士・カウンセラーといった資格を取得して業務に生かしていこうとする社労士がかなりいることから，社労士が新しい職域を開拓していくために，企業クライアントが求める財務や行政対応，メンタルヘルス事案対応に関わる能力証明として資格取得を追求する傾向があることが見て取れる．

電子申請の普及によって1・2号業務の先行きが見えるようになってきたことや，新規参入した社労士が容易に1・2号業務に参入できない状況があることも背景にはあると思われるが，社労士が新しい専門性を獲得していくために，様々な模索をしていることは確かだと思われる．

3 社労士の業務別類型，能力・特性，心がけや態度と事務所売上高，個人年収に関する分析：社労士の一応の成功パターンの解明

社労士の成功の一応の目安として，事務所売上高・個人年収を挙げることができる．この事務所売上高・個人年収と社労士の取り扱い業務の傾向，能力・特性，心がけや態度との相関があれば，どのような社労士が経営的に安定していると言えるかを推知することができ，社労士の一応の成功パターンを明らかにすることができる．以下では，取り扱い業務のクラスタ分析およびクラスタ間で事務所売上高・個人年収のクロス分析を行った結果を紹介する[13]．

(1) 各業務売上割合による開業社労士の4類型

まず，取り扱い業務の売上割合から開業社労士の業務形態の類型化を行った．ここで明らかにした類型と売上や個人収入をクロス分析することで，どのような業務に力を入れている社労士が経営的に安定しているか，明らかにできるからである．アンケートでは，2014年度に回答者が取り扱った業務のうち，1・2号業務[14]，3号業務，紛争解決手続代理業務，およびその他の業務[15]それぞれの売上の割合はどのくらいであったか，合計して100％になるように回答してもらっている[16]．それらの売上構成比率を基準にし，クラスタ分析[17]を用いて開業社労士の類型化を試みた結果，開業社労士は「バランス型」（42.2％），「1・2号業務主体型」（27.3％），「3号業務主体型」（19.7％），「その他業務主体型」（10.9％）の4類型に分類できることが明らかとなった．

「バランス型」社労士の特徴は，平均的にみてその売上内訳の約6割は1・2

---

[13] 開業社労士の事務所売上高・個人年収と最も相関性が高いのは顧問先数であるが，コンプライアンスとはやや関連性が薄いことから検討の対象から外す．

[14] 給与計算は，関連する業務として1・2号業務に含めて質問している．

[15] 「その他の業務」とは，社会保険労務士としての業務以外（例えば，何らかの副業がある，行政書士と兼業している場合など）一般を指す．

[16] 取り扱いのまったくなかったものには0と入力してもらった．

[17] クラスタ分析とは，データの構造が似ている個体を同じ房（グループ）にまとめて，そうでないものを異なる房に集めるデータの処理方法である：http://www1.doshisha.ac.jp/~mjin/R/28/28.html（最終アクセス2016年9月29日）．ここでは，1・2号業務の売上割合が特に多いグループ，3号業務の売上割合が特に多いグループ，その他の業務が特に多いグループ，そしてそれ以外の，1・2号業務あるいは3号業務どちらかに特に偏っていないグループといったように，各業務売上割合の内訳という「データ構造」で回答者を分類している．

図表2：4類型の構成比率

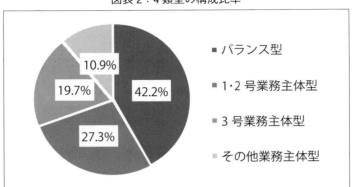

号業務で，約3割が3号業務であり，その他の業務が1割程度とみられる．これに対して，「1・2号業務主体型」社労士の特徴は，1・2号業務で売上の約9割を占めているものとみられる．「3号業務主体型」社労士の特徴は，3号業務で売上の6割余りを占め，1・2号業務とその他の業務がそれぞれ約2割ずつという傾向がある．「その他業務主体型」社労士の特徴は，その他の業務が売上の約8割を占めており，社労士としての業務以外の業務を主体とするグループである（三柴・天野・森・福井・西本2017：221）．

4類型の構成比率を見ると，開業社労士の4割強が「バランス型」であり，従来からの典型的な開業社労士のあり方と見られる「1・2号業務主体型」（3割弱）がこれに続き，「3号業務主体型」（約2割）と「その他業務主体型」（約1割）はなお主流とはなりえていないということが分かる．ここから，人事労務コンサルティングを基本内容とする3号業務の重要性は増してきているものの，1・2号業務を固定収入とすることができている「バランス型」と「1・2号業務主体型」の社労士が，なお開業社労士の主流派だということが理解される．

(2) 上記4類型と事務所売上高との関係

では，上記4類型と事務所売上高はどのような関係にあるのだろうか．この点，「バランス型」では，2014年度事務所売上高が「300万円未満」から「3000万円〜5000万円未満」までの層それぞれについて10%台の割合であり，事務所売上高の低い方から高い方まで比較的万遍なく分布している．特に，事

図表3：上記4類型と事務所売上高の関係

2014年度事務所売上高	バランス型	1・2号業務主体型	3号業務主体型	その他業務主体型
300万円未満	16.7%	28.0%	38.8%	70.2%
300万円〜500万円未満	14.9%	10.5%	12.6%	8.8%
500万円〜700万円未満	11.3%	13.3%	15.5%	5.3%
700万円〜1000万円未満	10.9%	14.7%	14.6%	5.3%
1000万円〜2000万円未満	17.2%	9.8%	11.7%	5.3%
2000万円〜3000万円未満	10.9%	10.5%	1.9%	0.0%
3000万円〜5000万円未満	10.0%	10.5%	1.0%	5.3%
5000万円〜1億円未満	5.0%	2.1%	2.9%	0.0%
1億円〜3億円未満	2.7%	0.7%	1.0%	0.0%
3億円以上	0.5%	0.0%	0.0%	0.0%

務所売上高1000万円〜2000万円未満の層が17.2%あることは注目に値する．これに対して，「1・2号業務主体型」は，「300万円未満」が約3割（28.0%）と最も多いが，「バランス型」と同様に事務所売上高の低い方（300万円〜500万円未満）から高い方（3000万円〜5000万円未満）までそれぞれ10%前後の割合で幅広く分布している．

これに対して，「3号業務主体型」は，「300万円未満」が約4割（39.8%）と最も多い．また，「バランス型」や「1・2号業務主体型」に比べて，どちらかというと事務所売上高が低い方に偏った分布になっている．「その他業務主体型」では，「300万円未満」が約7割（70.2%）であり，前節の各業務売上割合を考えあわせると，社労士事務所としての売上よりも副業の売上の比重の方が大きいグループなのではないかと推測される（三柴・天野・森・福井・西本 2017：222）．

さらに，開業社労士の4類型別に2014年度事務所売上高の中央値[18]を求めた結果をみると，「バランス型」の中央値は「700万円〜1000万円未満」と，4

---

[18] 平均値ではなく中央値を求めた理由は，事務所売上高の分布に偏りが認められたためである．

類型の中で平均的な売上高が最も高い傾向が見られた．次に高かったのは「1・2号業務主体型」で中央値「500万円〜700万円未満」，3番目が「3号業務主体型」で中央値「300万円〜500万円未満」，最も平均的な売上高が低かったのは「その他業務主体型」で中央値「300万円未満」であった（三柴・天野・森・福井・西本2017：222-223）．

　要するに，「バランス型」の社労士が最も事務所売上高が高い傾向にあり，これに続いて「1・2号業務主体型」の事務所売上高が高い傾向が見られるものの，他の「3号業務主体型」と「その他業務主体型」の事務所売上高は相対的に低い傾向が見られる．経営的に安定している開業社労士は，1・2号業務によって固定的な売上を手堅く確保しつつ3号業務もバランスよく行う「バランス型」社労士である場合が多く，それに続くのが従来型の「1・2号業務主体型」社労士であるということが窺われる．「バランス型」と「1・2号業務主体型」が社労士の一応の成功パターンであるということが理解される．他方，人事労務コンサルティングを基本内容とする3号業務の重要性が増しているとはいえ，なお社労士事務所の経営の基本に置かれるのはなお1・2号業務であるということが重ねて確認されたことになる．

　(3) 上記4類型と社労士に必要ないし期待される能力・特性との関係
　上記4類型と社労士に期待される能力・特性とをクロスさせることによって，社労士の業務傾向と能力・特性との関連が明らかになる．Ⅲ2(6)ですでに紹介したように，アンケートでは，全39項目の能力・特性[19]について，社労士に必要ないし期待されると思われるものを最大5つまで選んで回答してもらっている．この結果を上記4類型とクロスさせてみたところ，社労士に必要な・期待される能力・特性については，4類型別による違いはほとんど認められなかった．

　注目されるのは，上記4類型すべてにおいて上位5項目のうちに「4．情報収集力」，「5．誠実性」，「15．責任感」，「22．傾聴の姿勢」の4項目が含まれているという点である．これらの4項目は社労士に必要な，あるいは期待される能力・特性の中核をなすものと考えられる．なお，4類型により違いが見られたものを挙げると，「バランス型」および「1・2号業務主体型」では「2.

---

[19] 計39個示した中に含まれないものについては「その他」として回答者が考えるものを回答してもらっているが，ここでは割愛した．

図表 4：心がけや姿勢 12 項目合計値と個人年収の関係

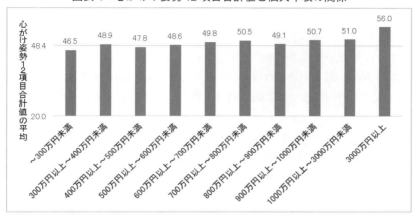

交渉力」が，「3 号業務主体型」では「1．戦略的思考力」が，「その他業務主体型」では「39．説明力」それぞれ上位 5 項目に入っている．要するに，社労士に必要ないし期待される能力・特性は，まずもって情報収集力，誠実性，責任感，傾聴の姿勢の 4 項目であり，この点は社労士の 4 類型で違いがなく，情報収集力を除けば，社労士全般について，独立した「専門職」に求められるエキスパート的専門能力よりも，しばしば「経営コンサルタント」に期待される態度要因の方が重視されるということが理解される（三柴・天野・森・福井・西本 2017：223-224）．

(4) 社労士として働く際の心がけや姿勢 12 項目合計値と個人年収の関係

社労士として働く際の心がけや姿勢と個人年収の関係も，成功した社労士であるかどうかを検討するうえで重要な指標となる．以下では，開業社労士（ここでは社労士事務所等勤務社労士の回答も含める）について，社労士として働く際の心がけや姿勢と個人年収の関係を見てみる．

開業社労士（社労士事務所等勤務社労士を含む）について，社労士として働く際の心がけや姿勢 12 項目の合計値の平均値を求めた結果を下図に示している．これによると，開業社労士全体の 12 項目の合計値の平均値は「48.4」である．個人年収が高いほど，「心がけ姿勢 12 項目合計値の平均」値が高くなっていることが見受けられる．

心がけ姿勢 12 項目合計値と 2014 年度個人年収の関係について検討するため

Spearman 相関係数[20]を求めたところ，相関係数は 0.259（有意確率 0.1％ 未満）となり，個人年収が高いほど，心がけ姿勢 12 項目合計値が高い傾向が認められた（三柴・天野・森・福井・西本 2017：230）．

つまり，能力や特性よりも，社労士として働く際に熱心に仕事に取り組むかどうかの方が，開業社労士の個人収入を多くするためには重要であるということになる．上述のように，この傾向は，独立の「専門職」よりも，経営者に寄り添う「経営コンサルタント」にしばしば見られるものである．

(5) 事務所売上高と業務年数の関係

上記 4 類型からは離れるが，2014 年度事務所売上高と回答者の社労士としての業務年数との関係を，Spearman の相関係数により分析したところ，相関係数は 0.562（有意確率 0.1％ 未満）となり，業務年数が長ければ事務所売上高も高くなる正の相関関係にあることが認められた．業務年数が長いことと事務所の経営が安定していることに正の相関があることは，当然と言えば当然である（三柴・天野・森・福井・西本 2017：219）．

この点，分析ツリーを用いて，2014 年度事務所売上高 700 万以上か否かと社労士としての業務年数の関係の探索を試みたところ，業務年数 3 年未満では事務所売上高 700 万未満の割合が約 9 割（90.2％）であるが，業務年数 3 年～10 年未満では事務所売上高 700 万円以上の割合が 3 割を超え（31.2％），業務年数 10 年以上～25 年未満になると 6 割余り（64.5％）が事務所売上高 700 万円以上となっている．さらに，業務年数 25 年以上では約 9 割が事務所売上高 700 万円以上となっている．

社労士として開業して 1～3 年間は業務を軌道に乗せるための助走期間であり，3 年目を過ぎると業務をさらに発展させていく社労士と，伸び悩みはじめる社労士の明暗が分かれる時期になるのではないかと，この分析結果から推測される（三柴・天野・森・福井・西本 2017：219-220）．

---

[20] Spearman の順位相関係数は 2 つの変数の関係性を調べるために用いる統計的手法である．－1 から 1 の範囲をとり，絶対値で 1 に近いほど強い相関関係があると解釈される．値がプラス（例：0.7）の場合は一方が増加すればもう一方も増加する正の相関関係，値がマイナス（例：－0.7）の場合，一方が増加するともう一方は減少する負の相関関係にあると解釈される．

Ⅲ　アンケート調査の概要

図表 5：事務所売上高と業務年数の関係

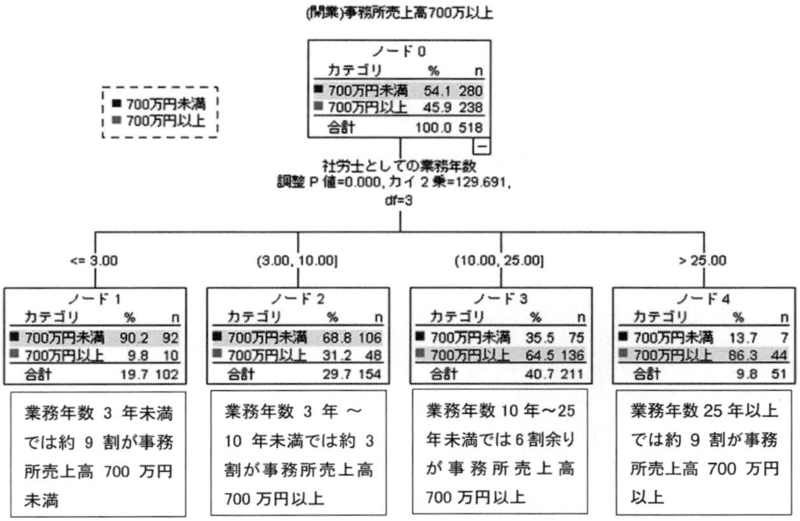

(開業)事務所売上高700万以上

ノード 0
カテゴリ	%	n
■ 700万円未満	54.1	280
■ 700万円以上	45.9	238
合計	100.0	518

■ 700万円未満
■ 700万円以上

社労士としての業務年数
調整 P 値=0.000, カイ 2 乗=129.691, df=3

<= 3.00

ノード 1
カテゴリ	%	n
■ 700万円未満	90.2	92
■ 700万円以上	9.8	10
合計	19.7	102

業務年数 3 年未満では約 9 割が事務所売上高 700 万円未満

(3.00, 10.00]

ノード 2
カテゴリ	%	n
■ 700万円未満	68.8	106
■ 700万円以上	31.2	48
合計	29.7	154

業務年数 3 年〜10 年未満では約 3 割が事務所売上高 700 万円以上

(10.00, 25.00]

ノード 3
カテゴリ	%	n
■ 700万円未満	35.5	75
■ 700万円以上	64.5	136
合計	40.7	211

業務年数 10 年〜25 年未満では 6 割余りが事務所売上高 700 万円以上

> 25.00

ノード 4
カテゴリ	%	n
■ 700万円未満	13.7	7
■ 700万円以上	86.3	44
合計	9.8	51

業務年数 25 年以上では約 9 割が事務所売上高 700 万円以上

4　小　括

　ここまで，社労士総研のアンケート調査結果に依拠しながら，現在とこれからの社労士業務，社労士の業務別類型，能力・特性，心がけや態度と事務所売上高，個人年収，および類型別の社労士の業務内容，能力・特性，心がけや態度の傾向，そして業務年数との関係について見てきた．ここでは，以上の分析に照らして，冒頭で述べた社労士の職域動向についての当初仮説（図表１社労士職域展開見取り図に描写）の正当性について改めて検討する．

　アンケート調査結果から，開業社労士の主流は，1・2号業務を中心とする狭い意味での手続業務を主たる業務としつつも，就業規則の作成・整備などをきっかけとして人事労務コンサルティングの領域にかなり入り込んでいること，これから取り組みたい仕事の多くは人事労務コンサルティングであり，メンタルヘルス対応など職場環境の長期的な整備に関わる業務に取り組みたいと考えており，売上や個人年収との関係では，1・2号業務と3号業務をバランスよく行っている社労士（バランス型）が経営的に比較的に安定していることが明

らかとなった．このことは，1・2号業務とのバランスが必要だとはいえ，社労士による人事労務コンサルティング（3号業務＋α）が「専門性」として独自の価値を持つに至っていることを裏付けている．他方，社労士に必要とされる・期待される能力・特性については，専門的スキルや知識よりも誠実性や責任感など態度に関わる特性の期待値が高いなど，エキスパート型の独立した「専門職」とはやや異なる能力・特性が期待されていること，むしろ，経営者に寄り添う「経営コンサルタント」に近い傾向が見られることも確認された．加えて，社労士として開業して3年目を過ぎると，業務をさらに発展させていく社労士と，伸び悩みはじめる社労士の明暗が分かれることが理解された．以上の点に，社労士が経営的に安定する，一応の成功パターンを見て取ることができる．

Ⅳ 社労士による人事労務コンサルティングの可能性と課題：社労士は独立した「専門職」たり得るか

1 社労士による人事労務コンサルティングの可能性と課題

(1) 社労士による独自の「専門性」としての人事労務コンサルティング

以上の分析から，社労士の職域動向に関する当初仮説の正当性が明らかになったほか，社労士が経営的に安定する一応の成功パターンが明らかになった．特に，社労士による人事労務コンサルティングが，一部の社労士の特別な取り組みという範囲を超えて，「専門性」として独自の価値を持つに至っていることが確認されたことは大きい．もっとも，クライアント企業の社労士に対する「専門性」への期待は，経営者に社労士が寄り添うことで保たれていることが窺われるという点で，やや脆弱なところを残し続けている．「プロフェッション」研究の観点からは，社労士が経営者に寄り添う「経営コンサルタント」に近いものに留まり続けるのか，社会の「公器」とも言える，独自の専門知識を中核とする，独立した「専門職」となっていく余地はあるのか，さらに検討する必要がある．

(2) 社労士は独立した「専門職」たり得るか

この点，独立した「専門職」たる「プロフェッション」の要素としては，伝統的に，「高度の専門性」，「高い倫理性」，「職能団体としての自治」の3要素が挙げられる[21]．社労士はそのような3要素をすべて備えた独立の「専門職」

Ⅳ 社労士による人事労務コンサルティングの可能性と課題

たり得るのであろうか.

　まず,上記社労士アンケートの分析から社労士が「高度の専門性」を備えていることについては一応証明されていると思われる.ただ,これについて確定的な結論を得るためには,社労士を対象とするアンケート調査の結果を分析するだけではなお不十分と思われ,さらに企業クライアント側の視点からのデータの検証が必要である.

　この点,全国社会保険労務士会連合会は,2014年に「人事・労務の課題等についてのアンケート調査」を実施し,社労士に対する企業側ニーズについて明らかにしている(全国社会保険労務士会連合会 2015).この調査は,企業データベースから従業員規模別に経済センサスに基づいて割り付けをし,無作為に抽出した企業25,000社に対して調査票を郵送し,回答を求めたもので,有効回答数は6,921社(回収率:27.7%)であった.

　「人事・労務の課題等についての調査結果」で注目すべき点は以下のとおりである.まず,顧問社労士への依頼内容は,「相談業務」(74.7%),「手続業務」(72.7%)が約7割でほぼ同割合となっている.他方,「給与計算等の業務」の依頼は19.5%で約2割となっており,「紛争解決手続代理業務」は8.6%である(全国社会保険労務士会連合会 2015:21).企業が社労士に,手続業務と同程度に,人事労務コンサルティング業務を求めていることは,ここでも確認できる.企業における人事労務コンプライアンスにおける課題が複雑化・多様化している中で,企業が社労士に求める課題も,単なる手続業務を超えて,より「経営コンサルタント」的になってきている.この調査によれば,企業における人事労務管理面における課題は,上位から「求人・採用後の育成」(55.8%),「雇用の多様化への対応」(55.5%),「賃金・年金制度」(55.2%)がほぼ同割合で多く,これが人事労務の3大課題となっている.これに続いて,「人事制度設計」(52.0%),「教育訓練」(50.7%),「職場の人間関係・健全性」(50.3%)が次順位の課題となっており(全国社会保険労務士会連合会 2015:77),企業はそれらの課題に実際に社労士を使っている(雇用の多様化への対応11.8%,賃金・年金制度11.9%,職場の人間関係・健全性7.0%,人事制度設計7.9%,教育訓練2.2%)[22].ここからも,多くの企業が社労士に雇用の多様化対応や職場の人

---

[21] すでに古典ではあるが,石村善助(1969)および六本佳平(1986:285-292).

間関係の健全性維持などの重要課題に社労士を用いていることが窺われる．以上の点から，企業クライアントは人事労務の重要課題のために特に社労士を使うに至っており，この限りで社労士に「高度の専門性」があることは認めてよいと思われる．

(3) 社労士は独立した「専門職」としての道を歩んでいるか

もっとも「プロフェッション」としての特性を社労士が備えていると言えるためには，さらに，社労士が「高い倫理性」を備えているといえるか，「職能団体としての自治」が確立されているか，検証されなければならない．

まず，社労士に「高い倫理性」が認められるかどうかについては，しばしば疑問符が付けられている．この点，専門士業の倫理性の中核をなすのは，その専門職がクライアントから十分に独立しているか，耳の痛い意見を言うことができるかということである．よく指摘されるのは，一部の社労士が経営側にコミットするあまり，不当な解雇を指南する役割を果たしたり，社会保険料や雇用保険の納付を回避するアドバイスをしたりするということである[23]．確かに，そのような社労士の例が見られることは事実である[24]．しかしながら，このような社労士が巷に溢れているというわけではない．これはあくまでマスメディアによるセンセーショナルな報道やSNSの誇張された情報によるバイアスによるものと考えられる．もしそのような社労士ばかりだとすると，ダウンサイドリスクを回避したい多くの企業は社労士の利用を避けるようになるはずであり，多くの企業で社労士の利用が拡大されているという事実とはかみ合わない．したがって，社労士に特別に「高度の倫理性」が備わっているとまでは言えないが，専門職一般に期待されるレベルの「高度の倫理性」は認められると言ってよいのではなかろうか．社労士全体の倫理性に対する信頼は，「職能団体と

---

[22] 全国社会保険労務士会連合会 (2015：79)．ただし企業が社労士を最もよく使っている課題の上位3つは，労務に関する各種相談対応 28.4%，行政による調査等への対応 27.5%，労使関係への対応 19.4% となっている．

[23] 例えば，「社員をうつにする方法」を繰り返しブログに掲載，公開し，愛知県社労士会の退会勧告を受け，厚生労働大臣から3か月の業務停止処分を受けた社労士は一般の注目を集めた．この社労士の処分につき：http://www.shakaihokenroumushi.jp/Portals/0/doc/nsec/touroku/2016/g160212.pdf（最終アクセス 2016年9月30日）．

[24] 厚生労働省「社会保険労務士の懲戒処分事案」：http://www.mhlw.go.jp/stf/seisakunitsuite/bunya/koyou_roudou/roudoukijun/roumushi/shahorou-tyoukai/（最終アクセス 2016年9月30日）．

しての自治」の一環として懲戒制度が十分に機能していれば，概ね維持されるものと理解される．

そこで，社労士の「職能団体としての自治」の一環として懲戒制度が十分に機能していると言えるかどうかであるが，弁護士会が全ての処分を行う弁護士[25]と異なり，社労士の処分は厚生労働大臣の行う処分[26]と所属社労士会が行う会員資格に関する処分[27]の二重構造となっており，社労士は資格の問題について完全な自治を保持しているわけではない．そのために，社労士の懲戒制度はやや不透明でわかりにくいものとなっている．もっとも，社労士の懲戒制度は，厚生労働大臣による処分が入っていることで，「仲間内でかばい合っている」という批判は受けにくい構造になっているともいうことができ，これが適切に機能しているのであれば，社労士全体の倫理性に対する信頼はむしろ保護されやすいとも考えられる[28]．様々な処分事例が散見されるものの，社労士人口からすれば，懲戒相当とされる事案は比較的に少ないということができるのであり，社労士の懲戒制度は概ね十分に機能しているということができるのではないだろうか．そして，懲戒制度が概ね十分に機能している限りで，社労士全体の倫理性に対する信頼は維持されると言えるのではないだろうか．

以上から，懲戒制度が概ね十分に機能していると言える限りで，社労士の「高度の倫理性」に対する一定程度の信頼は維持できると言えるのであり，懲戒制度の機能をより充実したものとし，その倫理性に対する信頼を高めていくことで，社労士は独立した「専門職」としての位置づけを確保していくことができるのではないかと考える．

2 結 語

以上，社労士業務が「代書業」的な業務からしだいに人事労務コンサルティ

---

[25] 弁護士法第8章（第56条以下）参照．
[26] 厚生労働大臣の行う処分には，「戒告」，「1年以内の業務停止」，「失格」の3種類がある．社会保険労務士法第25条参照．
[27] 社労士会による処分は所属する都道府県社労士会の会則に基づいて行われる．多くの会では，訓告，諭旨戒告，5年以内の会員権停止，退会勧告の4種類が設けられている．会則につき，社会保険労務士法第25条の27を参照．
[28] 弁護士会が全ての処分を行う弁護士の方が，「仲間内でかばい合っている」という批判を受けやすいように思われる．

ングを中心とするものに変わりつつあること，その業務内容は経営側に密着した「経営コンサルタント」に近いものに留まっているが，なお独自の「専門性」を有する，独立性の高いエキスパート型の専門職へと社労士が変化していく可能性もあること，そのための鍵となるのが社労士の「高い倫理性」であり，それを保持する制度として懲戒制度が重要であることを確認した．近い将来に，社労士が独立した「専門職」となり，社会の「公器」として大きな役割を果たすようになることは十分に期待できる．本稿は甚だ不十分な内容であるが，今後の研究のための足がかりを得たということまでは言えそうである．これ以上の検討をする余力に欠けるので，この辺りで筆を置くことにする．

〔文　献〕

郷原信郎編(2006)『企業法とコンプライアンス ──"法令遵守"から"社会的要請への適応"へ』東洋経済新報社．

郷原信郎(2011)『組織の思考が止まるとき ──「法令遵守」から「ルールの創造」へ』毎日新聞社．

石村善助(1969)『現代のプロフェッション』至誠堂．

三柴丈典・天野常彦・森晃爾・福井康太(2015)『社会保険労務士の業務が中小企業のコンプライアンス・業績・産業保健に及ぼす効果に関する調査研究』平成27年度社会保険労務士総合研究機構研究プロジェクト報告書：http://www.shakaihokenroumushi.jp/organization/tabid/281/Default.aspx （最終アクセス2016年10月6日）．

三柴丈典・天野常彦・森晃爾・福井康太・西本実苗(2017)『社会保険労務士の業務が中小企業のコンプライアンス・業績・産業保健に及ぼす効果に関する調査研究』社会保険労務士総合研究機構研究プロジェクト最終年度報告書．

六本佳平(1986)『法社会学』有斐閣．

全国社会保険労務士会連合会(2015)「人事・労務の課題等についてのアンケート調査結果」：http://www.shakaihokenroumushi.jp/Portals/0/doc/nsec/senryaku/2016/20160311-3.pdf （最終アクセス2016年10月6日）．

〔謝辞〕本稿は，三柴丈典・天野常彦・森晃爾・福井康太・西本実苗（2017）『社会保険労務士の業務が中小企業のコンプライアンス・業績・産業保健に及ぼす効果に関する調査研究』社会保険労務士総合研究機構研究プロジェクト最終年度報告書の担当部分を改稿のうえ転載するものである．社会保険労務士総合研究機構および全国社会保険労務士会連合会には，全国の社労士に対する研究プロジェクトを実施する機会を与えていただき，そのための資金援助を頂いた．このような多大なるご支援に心から感謝する．

18 弁護士会の自治体との組織間連携[1]
――現状と課題――

吉岡すずか

I 本稿の課題

　地域社会における支援職・機関として最も重要であると言っても過言ではない存在に，地方公共団体（以下，本稿では自治体という）がある．弁護士は，従来，自治体の審議会や委員会の委員を務めたり，住民向けの法律相談を担当したりする等，自治体が直面する高齢者福祉，消費生活，子どもの権利，行政対象暴力，自治体の債権等，法的対応が必要不可欠な分野において，おもに弁護士会の各委員会活動として関与してきた．2002年以降は，任期付公務員の制度により，弁護士が自治体の職員となり行政組織の内部に入っていくようにもなり，その職能を生かし関与する形態はさまざまに広がってきたといえよう．

　そして，より近年の動向として，個別の実践にとどまらず，弁護士会が組織的に自治体との連携を図る施策を推進するようになってきている[2]．弁護士会と自治体との関係は，どちらかといえば，対立する関係構造にあるとみられる向きも強かったが，現代の社会において，自治体が抱える課題の夥しさ[3]，ま

---

(1) 本稿は，文部科学省科学研究費補助金若手研究（B）「司法と福祉支援職の連携・ネットワークの諸要因に関する研究」（25870316）の助成を受けた研究成果の一部である．
(2) 専門職が地方自治体や地域の支援ネットワークと連携することの重要性が認識されつつも，個別の努力を超えて総合的ネットワーク構築が進まなかった理由としては，(1)個別問題領域ごとに連携・ネットワークが形成されてきたために新たな問題領域に対する専門職間の機動的連携が図られにくかった，(2)複合的な法的支援ネットワークの意義がその提供者に必ずしも十分に認識されていなかった，(3)法的サービスのネットワーク化が，各専門職における付加的サービスとして認識され，また，それぞれの法律関連職の職業倫理が独立して論じられる中でその相互連携への義務は特に認識されることはなかったと，整理されている（守屋2007：35-36）．

た，法の支配という観点から，弁護士会が組織的に自治体と連携を図る必要があると捉えられてきた[4]．

　上記のような背景のもと，日本弁護士連合会（以下，日弁連）は，2014年に，自治体のニーズに対応した法的サービスを充実強化するため，法律サービス展開本部に自治体等連携センターを設置した．同センターは，①国，地方公共団体等（公共機関等）のニーズに対応した法律サービスの展開・促進，②福祉分野における法律サービスの展開・促進，③公共機関等における弁護士の任用促進，養成，弁護士への支援活動を行うことを予定している．条例制定の支援をはじめとする政策法務や公金債権回収，包括外部監査人，福祉の各分野における行政との連携活動など，これまで法曹有資格者の活動が限定的であった領域について，それぞれ専門の部門を設け，セミナーやシンポジウムを開催する等，弁護士の有する幅広い法的知識や経験を活用することについて理解を深める取組を行っている[5]．

　日弁連の立場として，「行政連携」という言葉によって意味するものは3つあるという（岸本2015）．第一に，委員会任せの活動ではなく，弁護士会として戦略を立てた上での活動であるかどうか．第二に，会内の縦割りを排除して，情報を共有しているかどうか．弁護士会の中にある広報資源を有効活用できて

---

(3) 地方自治体はどういう課題を持っていて，弁護士会はどのような関与を行うことができるのかについては，伊東（2012）で整理されている．

(4) なぜ弁護士会が行政連携に取り組むのかについて，岸本（2015）は，自治体には多様な法的ニーズが存在する点，そして，弁護士会の役割・機能から自治体と連携することがふさわしいと考えられる点，他方，現在の自治体による弁護士活用法は顧問弁護士以外にも外部や内部から多様化しており，既に多方面で連携がなされている点，さらに，弁護士会の政策や理念に合致する点であり，最後の点が「最も大事な肝」だという．

(5) 同センターは，国や地方公共団体，企業等における弁護士の任用促進，支援および人材養成に関する諸活動，ならびに国際業務に携わる弁護士の支援および人材養成に関する諸活動を行い，各分野における弁護士の法律サービスを一層展開するための施策を立案，実行する組織である「法律サービス展開本部」の下に設置された．設置の経緯は，2013年9月24日，法曹養成制度の検討体制の一環として，法務大臣決定により「法曹有資格者の活動領域の拡大に関する有識者懇談会」が設置され，この懇談会に付随して日弁連と共催で運営する「国・地方自治体・福祉等に関する分科会」，「企業に関する分科会」，「海外展開に関する分科会」が設置された．日弁連としても，この有識者懇談会および分科会での協議結果を踏まえ，各分野における法律サービスの展開に向けた施策を検討する組織の必要性を強く認識し，「法律サービス展開本部」の設置に至ったものである．

いるかどうか．第三に，組織的・有機的・継続的・積極的な活動に取り組んでいるかどうかという点であり，これら3つの点について，行政連携という言葉で表現しているとのことである．総合すると，「行政連携」とは弁護士会としての組織的な連携の取組を意味し，かつそれは戦略的で長期的な施策であることが確認できよう．

ところで，弁護士会が自治体との組織間連携を推進することは，法専門職団体として地元の地域社会により積極的に打って出ていく動きとみることもできる．わが国では，弁護士と地域や社会資源との関係について，佐藤（2004）や岡山リーガル・ネットワーク研究会（2006）等の先行研究があるが，地域社会において専門職として弁護士が果たす役割ということについては，これまで十分には検討されてきたとはいえない．

もっとも，かねてからの高齢者・障がい者の権利擁護のための弁護士会の委員会活動，少年司法・更生保護・矯正実務での関係機関との連携，司法過疎地で新規開業した弁護士の積極的なネットワーク構築活動，都市部における都市型公設事務所の開設等にみられる，地域社会におけるさまざまな支援者・団体との連携を強化しようとする取組は盛んになされてきた．しかしながら，これら全体を体系的・包括的に整理して，地域社会における専門職としての弁護士の役割を論じることは余りなされてはいない（吉岡2017b）．

他方，実務家側においては，地域におけるさまざまな社会資源と連携を図ろうとする弁護士個別の実践についての報告が，とりわけ民事領域をも含め以前よりも多くなされるようになってきたこともあり，地域社会において果たしうる弁護士の役割ということについて，弁護士会としても正面から議論されるようになってきた（日本弁護士連合会2016b，吉岡2016，吉岡2017b）．

行政と弁護士との連携については，これまで守屋（2007）や，日本弁護士連合会・地方自治のあり方と弁護士の役割に関する検討ワーキンググループ（2012）による検討がなされている．しかし，弁護士会と自治体の組織的連携の実態についての調査研究は，その実践が進められるようになったのが最近であることも相俟って多くはない．既に報告されたものとして，当事者主体である弁護士会によって実施された実態解明のアンケート報告（例えば，大阪弁護士会2013，日本弁護士連合会2014，山梨県弁護士会2014）があるにとどまる[6]．

本稿では[7]，上記までの現状を踏まえ，(1)弁護士会と自治体との組織間連

携の現状を概観し（II節），(2)組織的な連携にみられる諸特徴を整理し（III節），(3)弁護士会による行政連携の推進における課題を考察する（IV節）．

II　組織間連携の現状

　弁護士会および弁護士会が自治体との間で持ちうる接点は非常に多く，法律専門家として寄与できる可能性は多岐にわたる．全国52の弁護士会において個別の連携の取組が進みつつあるところ，その全貌を把握するには動員可能な資源と時間に限界があるため，以下では，(1)高齢者・障がい者問題における自治体との連携の現状，(2)大阪弁護士会の取組から普及した「行政連携のお品書き」と各弁護士会での独自の取組を取り上げ，現在までの弁護士会と自治体の組織間連携の現状を概観する．

1　高齢者・障がい者問題における自治体との連携の現状

　高齢者・障がい者問題に限定してみるのは，弁護士による地域のさまざまな支援者・関係団体との連携ということでは，高齢者・障がい者問題の弁護士会委員会活動による実践が最も長いと言ってよさそうであるからである．

　弁護士会の委員会活動として，自治体との連携における実績の程度を窺い知るため，資料を参照したい．用いるのは，2014年に山梨県弁護士会が全国の52弁護士会に対して実施した福祉関係者との連携一般に関するアンケート結果である[8]．

　各弁護士会は，高齢者・障がい者問題について，地方自治体及び関係機関と

---

(6) 本稿と関連した内容でこれまでに公表したものとして吉岡（2017a）があり，連携構築の促進・阻害に正負に作用しうる要因について，支援者個人，所属する組織，環境面等，支援者側をとりまく要因群，問題類型等の検討を行っている．

(7) なお，法専門職が地域社会において，福祉領域をはじめとするさまざまな支援者・団体と積極的に連携を図ることの役割や法的支援ネットワークの構造全体のあり方を考える際には，弁護士によるものに限定せず，司法書士による取組も含めて考える必要があることは言うまでもないが（吉岡2012，吉岡2014），本稿では司法書士に関して検討の直接の対象としないこととする．

(8) 本アンケートは28の設問からなり，郵送法による実施で回収率は100%．弁護士会全体の集計値と，8つの弁護士会連合会ごとの集計値が公表されている（山梨県弁護士会2014：31-68）．

Ⅱ　組織間連携の現状

図1　連携の有無と弁護士会数（N＝52）

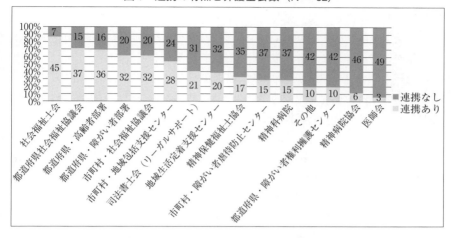

の間にどの程度，連携関係を築いているのだろうか．連携の状況について，部門・組織別に集計したものが図1である[9]．

図1のとおり，最も連携が進んでいるのは社会福祉士会であり，45の弁護士会（全体の86.5%）が連携ありと回答している．社会福祉士会とは，日弁連としても連携関係があるところ，各地の弁護士会でも同様に連携が進んでいるとみてとれる[10]．この結果には，とりわけ日弁連高齢者・障害者の権利に関する委員会が行ってきた活動の一つとしての高齢者虐待防止のための取組が影響を与えているのではないかと推測される[11]．

社会福祉士会についての「連携内容」としてみられた回答（複数回答）は，「高齢者虐待対応専門職チームへの派遣」が22（弁護士会，以下略），「事例検討会の開催」が17，「研修会等への講師派遣」が13，「家裁の協議会など会議の出席や弁護士派遣」が6，「権利擁護相談などの法律相談」が4，「自治体への提案・要請活動」が3と，高齢者虐待防止での連携において弁護士会と社会

[9]　調査票では，問1の設問文「弁護士会として下記福祉関係者と連携関係にありますか．あれば，アからソの記号に○を付して頂き，その連携内容をお答えください（連携内容としては，研修会講師派遣，協議会等委員派遣，法律相談実施，ケース研究又は事例検討会実施，企画参画などが考えられます）．」となっている．
[10]　山梨県弁護士会（2014：33）．

福祉士会との連携が進んでいることが窺える結果となっている．

次に，弁護士会との連携先として多いものを見ていくと，都道府県・社会福祉協議会（全体の弁護士会の71.1%），都道府県・高齢者部署（69.2%），都道府県・障がい者部署（61.5%），市町村・社会福祉協議会（61.5%），市町村・地域包括支援センター（53.8%）の順番に連携があると回答した弁護士会の数が多い．都道府県との連携が比較的多いことは，専ら都道府県から研修会の講師派遣要請や各種審議会の委員推薦依頼等を受けることが多いことが影響しているものと考えられる[12]．

連携なしとの回答が多かったのは，最も少ないものから順番に，医師会（5.8%），精神科病院協会（11.5%），都道府県・障がい者権利擁護センター（19.2%），その他[13]（19.2%）である．

もっとも，上記までの結果は，アンケートの設計上，先ず連携関係の有無のみを訊いた集計結果であり，カウントされている連携活動の態様や濃淡はさまざまに異なっていることに注意が必要である[14]．

他方，約半数の弁護士会が市町村・地域包括支援センターと連携があると回答しているが，高齢者虐待対応等を巡る状況や必要性を鑑みると，それほど連携が進んでいないようにみられる[15]．

関連して，障害者虐待防止法上，都道府県に設置されている都道府県・障が

---

[11] 2006年4月の高齢者虐待防止法施行を受け，当委員会は社会福祉士会と弁護士会との連携による高齢者虐待対応専門職チームの設置を呼びかけてきた．専門職チームとは，養護者による高齢者虐待対応について，市町村・地域包括支援センターが適切な対応をするための仕組を確立するとともに，市町村・地域包括支援センターの担当者が具体的な対応を適切に実施するため，高齢者虐待に精通した弁護士と社会福祉士からなるチームが，それぞれの視点から担当者に助言を行い対応力を高めることを目指して創られたものである（日本弁護士連合会・日本社会福祉士会（2014：3）．2011年12月時点での都道府県別での専門職チームの設置状況を見ると，「設置済み」が37県，「設置予定」が1県（2012年4月予定），「検討中」（設置されていない）が9県と，概ね8割の都道府県で設置が進んでいる（日本社会福祉士会・権利擁護事業委員会2014：資料1・11-34）．「検討中」の理由（複数回答）としては，「チーム登録者等人材難」とするものが3県，「ニーズ不明」とするものが4県，「行政の協力が得られない」とするものが2県となっている（日本弁護士連合会・日本社会福祉士会2014：4）．
[12] 山梨県弁護士会（2014：33）．
[13] 「その他」の回答は，「東京都盲ろう者支援センター」，「障がい者相談支援事業所」，「医療ソーシャルワーカー協会」，「児童相談所」等がみられた．

い者権利擁護センターとの連携は10弁護士会，精神科病院協会は6弁護士会，医師会との連携は3弁護士会しかない．私立精神科病院を構成員とする団体である精神科病院協会については，「連携が進まない理由」（複数回答）[16]で，最も多かったのは「必要性を感じない」が9弁護士会，「きっかけ・接点がない」が同じく9弁護士会であったが，「距離を置かれた」が1弁護士会，「交流会を申し込むも実現せず」が1弁護士会という回答もあり[17]，次節で詳述する組織的な連携の難点が垣間見られる．

個別の精神科病院との連携は15弁護士会があると回答しているように，精神科病院協会と比較して連携が取りやすいと考えられ，入通院患者の権利擁護のための法律相談を日弁連でも推進しているところである[18]．

比較して，高齢者・障がい者の更生保護，触法障がい者への支援で関係が生じる地域生活定着支援センターとの連携は，20弁護士会（38%）であるものの，こちらもより多くの弁護士会の高齢者・障がい者委員会との連携が推進されることが期待される．

2　行政連携の「お品書き」メニュー

弁護士会と自治体との組織間連携の取組を牽引してきた弁護士会の一つに，

---

[14]　アンケートは，問1付問1で，「連携あり」とした回答項目につき，「連携内容」および「連携のきっかけ」をいずれも自由記述方式で訊いている．問1付問1の設問文は，「また，どのようなきっかけで連携できたのか，その方法をお教えください（例えば，もともと交流はなかったが弁護士会から正式に申し入れた，特定の弁護士がもともと交流があったことからその弁護士を通じて申し入れた，特定の弁護士が個別に交渉して交流が始まったなどが考えられます）．」である．この設問の設計（設問文・選択肢）は問題がないとは言えないが，連携構築の契機について幾つかのパターンがあることを推測しつつ実態を広く把握したいという実施側（弁護士会）の企図が看取される．

[15]　山梨県弁護士会（2014：33）．

[16]　問1付問2で，「連携が進まない理由」を自由記述方式で訊いており，設問文は「また，連携がなされていないのであれば（アからソに〇が付かない福祉関係者），その連携が進まない理由をお書きください．（例えば，連携の必要性を感じない，連携が必要であるが連携方法が分からない，連携が必要な事案が発生しない，などが考えられます．）」である．本設問文も前掲注[14]で指摘したのと同様に問題がないわけではない．

[17]　この結果について，報告書には「従前の歴史的経緯もあり，交流会を申し込んでも実現しない弁護士会も存在するが，粘り強く，連携を構築する必要があると思われる．」とコメントが付されている（山梨県弁護士会 2014：45）．

[18]　山梨県弁護士会（2014：46）．

大阪弁護士会がある（日本弁護士連合会 2013）．2007 年頃から行政連携の組織的な取組を本格的に着手し，2014 年 4 月には，行政連携に特化して対応する部門として，会長の下に，大阪弁護士会行政連携センターを設置している[19]．

大阪弁護士会行政連携センターの取組の中で注目したいのが，後に全国の弁護士会へ普及することになる「行政連携のお品書き[20]」（以下，「お品書き」と記す）の作成である．これは，弁護士会が地方自治体に対して，どういう内容の支援（法的サービス）が提供できるのかを一覧にして示したメニューである．「お品書き」の作成目的は，連携対象の自治体や部局を広げることにあり，コンセプトは，弁護士会の強みを生かし，自治体の業務分野に対応する形で提供可能な法的サービスの具体的内容を紹介することにある．

大阪弁護士会作成の「お品書き」で例示されているのは，全体で 42 項目（「全分野」「総務」「財政・債権回収」「福祉」「市民サービス」「避難者支援災害対策」の 6 つに区分）にわたる．A4 用紙 1 枚に収まる表形式で，表の行に 42 項目が例示され，表の列は左から「対象分野」「細目」「種別」「具体的内容」「活動母体となる委員会等」「利用実績のある自治体等[21]」の 6 項目が記されている[22]．

この「お品書き」に注目する理由は，わかりにくい「連携」の各態様(パターン)を

---

[19] 行政連携センターの設置経緯や詳しい活動内容は，「法曹有資格者の活動領域の拡大に関する有識者懇談会」の「国・地方自治体・福祉等の分野における法曹有資格者の活動領域の拡大に関する分科会」での資料として公開されている（http://www.moj.go.jp/content/000115721.pdf）（2017 年 2 月 26 日アクセス）．

[20] https://www.osakaben.or.jp/01-aboutus/gyousei/pdf/oshinagaki_2014-08.pdf（2017 年 2 月 26 日アクセス）で公開されている．

[21] 地方自治体側の，前例の有無や他の自治体の動向を気にする横並び意識を考慮したものである．

[22] 例えば，第 4 項目は，対象分野が「総務」，細目が「リーガルサポーターズ制度」，種別が「法律相談」，具体的内容が「行政職員が弁護士の法律相談を簡易迅速に受けることができる制度を提供します．」，活動母体となる委員会等が「行政連携センター」，利用実績のある自治体等が「大阪市」となっている．また，第 23 項目は，対象分野が「福祉」，細目が「高齢者・障害者」，種別が「虐待対応専門職チーム派遣」，具体的内容が「高齢者・障害者の個別案件に対する関係機関の対応を検討する会議に，社会福祉士とともにスーパーバイザーを派遣します．」，活動母体となる委員会等が「高齢者・障害者総合支援センター（ひまわり）」，利用実績のある自治体等が「大阪府，大阪市，堺市，岸和田市，豊中市，吹田市，池田市，富田林市，茨城市，寝屋川市，八尾市，羽曳野市，摂津市，高石市，高槻市」である．

Ⅱ　組織間連携の現状

文字情報(テクスト)で明示した点で優れていることにある[23]．「連携」という用語は日常的に用いられており，支援の場においても同様であるが，その定義について統一的なものはしめされていない（吉岡 2017a）[24]．連携の実践および研究の蓄積が最も進んでいると思われる医療・保健福祉領域でも状況は変わらず，上原（2014）は，医療関連職種間における「連携」について，古くは「チーム医療」のキーワード等で注目されるようになり，介護保険導入後，病院から地域へのステージ移行を経て，最近では障害者総合支援法や生活困窮者対策に至るまで支援のあり方をめぐって「連携」が連呼されているにもかかわらず，いまだ専門職の間では共通の概念整理がなされていないと指摘する（上原 2014：220）．

「連携」は聞き慣れた言葉であるが，その実際の態様は受け手やケースによってさまざまに異なるパターンがあり得ると考える．弁護士会側が，自治体の各業務に対応させて提供し得るメニューを作成したことは，法的サービスの高度専門性に由来する「わからなさ」[25]を軽減する意味においても評価できる．

2016 年 10 月 1 日現在，「お品書き」あるいは類似するものを完成しているのは，全 52 弁護士会のうち半数に届くかという 24 弁護士会に及ぶ．その形式・内容は，基本的には，大阪弁護士会モデルでの名称，形式（簡易一覧性），記載内容を模している弁護士会が少なくない．例えば，静岡県弁護士会，神奈川県弁護士会，群馬県弁護士会の「お品書き」がそうである．

---

[23]　連携がなぜ進まないのかについて，安高（2009）は「わからなさ」の存在を端的に指摘する．異職種間では，職能や根拠法もまちまちで，それぞれの相談に関わる制度の中身や支援手続の仕組がわからない，関連する社会資源がどういうものかもわからないということである．連携が大事とわかっていても，わからない機関とどのように連携したらいいのか，「わからなさ」が阻んでいるという．

[24]　筆者自身は「連携」という活動形態を以下のように考える．問題を抱える相談者・依頼者のために，あるいは自らがより良い法的支援供給を行うために，法的支援供給者間で関係性を構築し，相互に情報を交換したり専門知識等の資源を融通し合うこと，そして，協働して事案を解決していく過程でそれぞれの専門の立場から協力していくことである（吉岡 2013：21）．その一般的態様は，2 者以上の間で，連絡，情報提供・共有といったやり取りにはじまり，個別事案の依頼，処理を行った上での投げ返し，相談への随行・同席，より大きくは，複数の支援者による事案の協働処理であり，さらには，事案終結後の継続的支援（見守り）といったことも含まれる．言うなれば，「連携」は，異業種間で目指される支援の内容とその方向性によって多様なバリエーションをもちうる（太田他 2012 吉岡執筆箇所：123）．

[25]　「わからなさ」が連携を阻むことについては，注[23]も参照．

18 弁護士会の自治体との組織間連携〔吉岡すずか〕

他方，アイディアを生かして独自の工夫を施している弁護士会もある．例えば，より詳しく情報提供を行う冊子形式（例えば，山梨県弁護士会，東京弁護士会，第二東京弁護士会)[26]をとるものでは，自治体の課題ごとに頁を割き，弁護士会の担当委員会の活動を紹介しつつ，連携可能な法的サービスを説明している．

他の個別の工夫としては，例えば，群馬県弁護士会では，会長名での挨拶文も掲載されており，従来の弁護士会と自治体との部分的な関係から時代的に両者の連携が求められようになったこと，弁護士会として自治体との連携を深めるべく検討を経て関与のあり方を変えるに至った経緯も説明されている[27]．

また，「お品書き」という名称についても，そのまま踏襲している弁護士会もあれば，「弁護士会と行政及び各種団体との連携メニュー・私たちはこんなことをお手伝いできます（保存版）」[28]，「自治体の皆様へ東京弁護士会ができること・自治体連携プログラム」[29]，「自治体と共に時代の先端を切り拓く・第二東京弁護士会の自治体向けサービス一覧」[30]といった名称を採用した弁護士会もある．

さらに，新潟弁護士会の「お品書き」を取り上げると，「利用実績のある自治体等」の欄は設けられていないが，各項目の具体的活動例につき費用の記載があることが特徴的である．「有料」「無料」「無料あり」「推薦については無料」の4類型があり，全サービスの費用が一覧になっているのは，使い手側にとってはサービス検討時に不可欠な情報提供であり，メニューとしての形式から望ましくもある[31]．全42項目の内訳は，「有料」が6，「無料」が7，「無料あり」が23，「推薦については無料」が6である．無料で提供される支援であ

---

[26] 冊子形式は情報量が多いことが強みだが，パンフレットとしての色彩が強まることから，その他一般の資料の中に埋もれてしまうことが危惧されるし，閲覧における負担感は否めない．

[27] 冒頭の文章は以下のように始まる．「従来，地方自治体と弁護士あるいは弁護士会との間には，弁護士が自治体の顧問になったり，弁護士会が自治体主催の法律相談に弁護士を派遣するなど，一定の関係はありましたが，組織的な連携が模索されたことはありませんでした．」そして，「むしろ，弁護士は行政手続に住民の代理人として，行政機関に対する監視を行う立場であることが強調されてきたと思います．」と明記している．

[28] 山梨県弁護士会2015年12月初版発行．

[29] 東京弁護士会2015年8月第2版発行．

[30] 第二東京弁護士会2016年3月第2版発行．

Ⅱ　組織間連携の現状

るかどうかが，既存の支援ネットワークに組み込まれたり，連携構築に繋がったりすることに影響するという知見（吉岡 2013：171-179）を考慮すると，当該メニューに占める「無料」の多さにつき，自然の帰結なのか戦略的検討に基づいて決定・記載されたのか興味深いものがある．

　さて，「お品書き」の作成・配布の実践は，弁護士会側からの連携構築の働きかけを明示的にアピールしていることが特徴的である．弁護士会側から地方自治体に対して，連携を構築しようと働きかけるフローの象徴とも言える．

　連携構築のフローが明確に示されている実践としては，山梨県弁護士会が作成した「お願いごと」というタイトルの文書（A4 用紙 2 枚半内に収まる内容）がある．当会は，県内の自治体や NPO 法人等の各種団体を訪問する際に，これを「お品書き」と共に配布している．この「お願いごと」には，「山梨県弁護士会は，以下の各事項において，対応する用意が御座いますので，貴市町村におかれましては，その実施をご検討頂けますようお願い致します．」というリード文に続き，10 項目のお願い事項が記載されている[32]．

　この「お願いごと」を作成して自治体側へ渡す実践は，当会作成の「お品書き」が情報量の多い冊子形式であることから，内容を絞った要約的資料も併せて提供することにしたのかもしれないが，自治体との連携に関する本気度の高さ，挨拶回りを形式だけのものにしない入念さが窺える．「お願いごと」というストレートで簡易なタイトルも，効果的であるように見受けられる．

　上記までで，「お品書き」作成の取組を取り上げたが，「連携」の意味する曖昧さや対象の茫漠さが「お品書き」によって部分的に解消されたとしても，それは連携構築の端緒の一旦に過ぎないのはいうまでもない．肝心なのは，こうした取組を通じて，自治体側から弁護士会への照会や連携に関する積極的な意思表明等，何らかのアクションを起こしてもらうことにある．

---

(31) 一般に，法律事務所等へのアクセス障害となっているものとして，法的サービス自体の分かりにくさ，費用の不明瞭さ（広告段階及び実際の利用にあたっても）が指摘されることが多い．終章でふれるが，組織間連携での費用問題は，特にその構築段階で影響が大きい要因となり得る．ユーザーフレンドリーとなる費用情報は，他の弁護士会でも採用を検討して良いのではないだろうか．

(32) 例えば，その第 1 事項は，「空き家対策に関する事業にご協力致します．例えば，審議会等の委員として弁護士を派遣致します．また，空き家に関する法律相談会の実施に際して弁護士を派遣致します．かかる法律相談会の実施等をお願い致します．」である．

この点については，アクセス方法の分かり易さと負担の少なさが功を奏すと考えられるが，いくつかの弁護士会では「お品書き」の紙面内に，FAXでの問合ないし申込用紙を合わせ印刷した形式が採用されている．また，電話やFAXによる自治体向けの専用窓口（ホットライン）を設けていたり，自治体連携を冠するセンター等，対応部署を設置していたりする弁護士会も少なくない．弁護士会へのアクセスをいかに負担のないものにするか，そして，それを受ける弁護士会内でのシームレスな対応の整備が肝要であろう．

ところで，大阪弁護士会以外の弁護士会でも，自治体との組織間連携において独自の実践が進みつつある．例えば，新潟県弁護士会は，2010年から「いのちのキャンペーン」として，自殺対策の支援ネットワークを自治体と連携して構築する「ヒューマンライツプロジェクト」を実施している．また，静岡県弁護士会は，平成26年度から静岡市と連携し，市民のためのセーフティーネットとして，自治会という地域の拠点ごとに担当弁護士を決め，電話で無料相談に応じるという「自治会ホームローヤー制度」を実施している[33]等，弁護士会それぞれの地域の事情（弁護士会会員数，法的サービスや社会資源の状況，地方自治体の規模やスタンス等）に応じた実践が広がりつつある．

III 組織的な連携の特徴

本節では，組織的な連携活動においてみられる特徴を整理し，弁護士会による地方自治体との組織間連携の推進において重要になると思われる点について検討を行う．

1 連携構築要因の先行研究

先行研究から確認しておきたい．連携の構築に関係する要因についての実証研究は相対的に少なく，先行研究として参考にできるものが希少である（吉岡 2017a）．連携構築の促進に影響を及ぼす要因についての系統的な整理は，ヘルスケア領域の多職種連携研究にある．San Martin-Rodriguez et al.（2005）は，

---

[33] 市民からの評価は概ね好評であり，平成26年度の相談件数は884件，受任件数は37件，平成27年度の相談件数は1,018件，受任件数は48件である．平成29年度からは浜松市および沼津市等でも実施予定である（中村 2016）．

Ⅲ　組織的な連携の特徴

1980年から2003年までの専門職間連携に関して公表された経験的調査報告の文献を検索した上で，連携の促進に正負の方向に働く要因を下記3類型に整理している（同：133-134）．第1が，制度的要因（Systemic determinants）で，その例としては，社会制度，文化，専門職，養成・教育といった要因が含まれる．第2が，組織的要因（Organizational determinants）で，構造，理念，管理者の理解（サポート），資源，調整方法等である．第3が，相互作用的要因（Interactional determinants）で，連携への意欲，信頼，コミュニケーション，相互信頼等である（野中2014：14）．

この先行研究の類型的整理は，理念型として捉え直せば分析の際の有効なツールとなるが，現実には，これら3類型に区分されうるような要因群は明確に区別され個々に存在するのではなく，相互に混じり合うかたちで作用するものではないかと考える（吉岡2017a）．連携は，ネットワークの構築活動と捉えることができるが，ネットワークはその性質上，動態的構造を有するとみられている（安田2001，吉岡2013ほか）．連携が促進される過程も動的過程と捉えるのが適切で，要因をばらばらに切り取ることは実態にはそぐわないと考える（吉岡2017a）．

以上を注意しながら，以下では，これまでに筆者が実施した連携実践の調査から得られた知見[34]を参照しながら，組織的な連携の特徴をみていく．

2　組織的な連携の利点

個人ないしグループによる連携活動と比較して，組織的な連携の実践は，いくつかの特徴を指摘することが可能である．まず，その利点といえる特徴として，スケールメリットがある．組織的な連携活動では，他者・他組織に対して何らかのアクションをとる場合，自らの組織に属する構成員，その体制（システム），対外的な信用，予算等を生かすことが可能となる（高室2002：146）．よりダイナミックな連携活動が可能となり，弁護士個人による連携活動よりも影

---

[34] 日本司法支援センターによる組織的な連携活動を対象とするものに，吉岡（2014b），スタッフ弁護士による連携の実践が弁護士会委員会の連携活動にどのような影響を与えたかについて，吉岡（2010），士業間連携で9士業合同相談会の実践を対象とするものに，吉岡（2012）．知見の対象は，組織の性格（次節で詳述する）において，弁護士会および地方自治体とは異なる部分もあるが，いずれも法的支援の組織的な連携場面において観察された諸特徴であることから，参照の材料として適すると考える．

響を及ぼすインパクトが大きくなることが見込める．

　第二の利点は，連携関係・体制の安定性が期待できることである．個人による実践（ここでは，弁護士個人と地方自治体間の連携という設定）では，個人の熱意，能力，職務環境に左右される部分があり，人的資源への依存が一定程度みとめられる．そのため，担当者が替わると，構築された連携関係・体制が変化したり，場合によっては縮小・消滅したりすることもある．属人性が高く，該当者が異動になったり，何らかの事情の変化により活動が継続出来なくなると，連携関係・体制の消極的変容がみられ，断絶が生じてしまうことも少なくない．行政・福祉職者は定期的に異動するケースが多いものだが，組織的な取組では，一旦，連携のパターンが形成されシステムとして安定すると維持・再生産の度合が高まることが観察されている．組織的な連携スキームは，連携活動における人的依存度を軽減させるということである．

　第三の利点は，第一および第二の点と関連し，役割分担による弁護士個人の過重負担・関与を防ぐことが可能となる点である．例えば，事務連絡，広報，情報提供等を弁護士会担当部署が担うことにより，弁護士が前面に立つ局面が限定され，注力すべき専門的活動に専念できる．次節で詳述するが，連携は，その性質上，非効率性がある（野中 2013：14）と指摘されている．時間や費用等，さまざまな手間をかけることでもあり，その担い手が心労を抱える傾向もあるものである．連携実践を維持・再生産するには，担い手の負担が過重にならないような配慮やスキームが成功の要諦となろう．こういった点を組織間連携では，複数のメンバーによる役割分担や公式プログラムの策定・運用によって乗り越えることが可能である[35]．

3　組織的な連携の難点

　組織間連携には以上のような利点があるが，難点もある．第一に，先に挙げた利点のいずれにも関わってくることであるが，対外的な折衝，コーディネートにも手間がかかり，時間と費用が必要となることである．対個人としての連

---

[35]　良好な連携関係・体制が醸成された場合にいかにそれを引き継いでいくのか対策を講じる必要から，法テラス高知では連携体制を継承するため公式的スキームの策定をはじめとする実践により，メンバーの異動による影響をほぼなくすことに成功している（吉岡 2014b）．

III 組織的な連携の特徴

携活動の特徴として,フットワークの軽さや一定程度の気楽さを指摘することができるが,組織的な連携には組織として動くため多方面にわたって慎重さが要求されると考えられる.また,組織内部での作業としては,連携スキームの策定・確立に至るまで諸段階における入念な検討・調整が不可欠となろう.

　第二の難点は,組織としての性格に由来する問題である.あらゆる組織は,それぞれに設立目的,対象業務,現在までの歴史があり,扱うことができる業務範囲,制限の有無等がある（高室2002：146）.例えば,組織の性質としての営利性の有無は,その組織の活動の在り方をはじめ,さまざまな要素を規定する[36].後藤（2014）は,医療保健領域の多職種間連携につき,職種ごとに,行為上の制約,その裏側の責任,専門性が確立しており構造的なギャップがあるとし,「完成された専門システムは,医療分野に限らず横の連携が難しい」と指摘する[37].異なる組織との連携においては,連携形成の端緒をつかむ段階から悩ましい点も多く,連携への道筋がついた段階でも共同作業を進めていく上での課題が多くなってくる.

　こういった組織の性格の差異ゆえに生じうる影響は,それぞれが有している専門または得意分野についても同様にある.専門職間連携がうまく機能し実効力を持つ場合,異なる専門職能が組み合わさった大きな効果が生まれることになるが,異なる者同士,足並みが揃わないということあるということだ.

　弁護士会が自治体と連携することに対しては,権力や行政権の行使に加担するのではないかという懸念から,弁護士会と自治体が適度な緊張感,距離感を持ちながら関わりを持つことが大前提であるとも指摘されてきた（岸本2015）.これまでの連携に関する調査知見や本稿での検討をもとにすると,組織的な連携は,難易度が高い実践であると考える.その典型例として,士業間連携を挙

---

[36] 筆者が実施した調査では,連携構築の初期段階で,法専門家に対する心理障壁をなくし抵抗感を抑えることができるかが重要であった.弁護士会が継続してきた連携活動にスタッフ弁護士が新たに加入して入口段階での対応を担うことで,行政機関との連携関係形成が円滑になった都市部での例として,法テラス埼玉の報告がある（吉岡2010：106-108）.弁護士会による行政・福祉機関との連携活動では,弁護士が接触する段階で営業活動と関係者に受け止められる傾向があるが,スタッフ弁護士が前面に立ち法テラスの看板（公的性格,非営業性）があることが行政関係者の警戒感を和らげていた.

[37] 多職種間の構造的なギャップがある中でシームレスな連携を進めるためには「相互行為の不調和」を埋める必要があり,権限,報酬,ルール,コミュニケーション等が関係する要因として挙げられている（後藤2014：62）.

げることができる（吉岡 2012）．弁護士に隣接する士業者団体であっても，さまざまな差異ゆえに足並みを揃えた協働は至難であることから，業態が異なる場合での相違性の高さは推して知るべしといえよう[38]．

Ⅳ　今後の課題

上記までで，弁護士会と自治体との組織間連携の現状を確認し，組織間連携の諸特徴を整理した．終節では，今後，弁護士会による自治体連携の取組を推進する上での課題を指摘することとしたい．

対組織の連携を促進させるポイントとしては，以下の3要因が挙げられる（高室 2002：146-147）．第一に，組織のトップの理解と協力である．組織に対する折衝・コーディネートでは，上層部の理解と協力が得られるとスムーズに事が運びやすく，実現可能性が高まるといわれている．担当者レベルから協力の依頼を進めていくとなると時間を要したり，途中で曖昧になってしまったりすることが生じる．

第二は，組織の意思決定の流れについての理解である．組織はそれぞれ独自の意思決定方法を有しており，担当者レベルに任されている範囲，担当役員レベルに任されている範囲，役員会や理事会での決定事項等，意思決定方法を把握していると，効率的で実効力をもった動きにつながる．もっとも，これらの情報を得る活動が主になってしまうと時間と労力がかかるため，当該組織の関係者を通じて情報を得るようにするのが望ましいという．この点については，任期付公務員を務め退任した弁護士がパイプ役となるといった策も検討されてよいであろう[39]．

第三に，組織内のキーパーソンを探すことである．組織といっても，実際に動くのは現場の担当者である．組織の中の元気な人を発掘しつながりを持つことは，その人が持つ社会資源・ネットワークとも接続する可能性を高める．第一線で働く担当者の中で，問題意識を持っている者，活動意欲の高い者，人的つながりを多く有する者といったキーパーソンと接続の機会をもつことは，対組織の連携においても欠かせない．

---

[38] もっとも，士業間には職域問題や党派的利害が存在する．組織的連携での組織の性格が与える影響については，さらなる研究が必要である．

IV 今後の課題

　ところで，筆者は連携に関する調査を継続してきた研究者として，連携は綺麗事では済まない部分があるという印象を有している．その中でも，費用のコストはシビアな問題の一つであり，弁護士からも，行政との連携において，その活動にかかる費用負担がネックとなることが多いと報告されている（松本 2016）．どちらの組織が，どういう予算枠組みにおいて，費用を負担するかについての検討が欠かせないということだ[40]．

　最後に，連携推進において正面からは殆ど議論されることが殆どない点として，連携を促進することで生じるデメリットがあるということも，組織間連携を推進する上で考えを及ばせておく必要がある（吉岡 2016）．例えば，医療保健福祉領域では，特にチーム支援で連携のデメリットが生じうる指摘がある．野中猛氏は，専門職間連携をはかることで生じうる欠点を以下のように指摘する（野中 2013：14）．専門職側からみた不利益として，(1)役割混乱やそれによる葛藤の出現，(2)大勢の意見に圧力を受けて反対できなくなるといった意見の斉一性である．他方，支援される対象者側からみた不利益として，(1)チームが立派であると依存性を増す可能性があること，(2)個人情報が漏れやすいこと，(3)意見調整に手間ひまや時間がかかるということ（非効率性）を挙げ

---

[39] 弁護士が任期付公務員として地方自治体の職員となることは，特に，2012年頃から増加傾向が強まり，2016年6月現在で200人に至った（日本弁護士連合会 2016c：127）．同じインハウスローヤーでも会社内で活躍する企業内弁護士に比べ，地方公共団体で活躍する弁護士の数が極端に少ない理由としては，弁護士の使命が，人権擁護・社会正義の実現であることから，権力と対立することで実現するものであると弁護士側も地方自治体側も捉えてきたからではないか，そして，弁護士が地方公共団体で活躍することは権力におもねるものではなく実質的に法律による行政が行われるよう弁護士が行政職員として活動することも人権擁護・社会正義の実現に繋がるはずではないかと指摘されている（日本弁護士連合会第18回弁護士業務改革シンポジウム運営委員会 2013：7）．

[40] 松本（2016）によれば，費用負担の形態として，①弁護士会と行政等との有償契約により，当該行政等から支出してもらう原則的形態（行政等からの支出），②法テラスの指定相談場所に指定し，法テラスの巡回相談や出張相談として実施する形態（法テラスから支出），③行政等からも予算付けがなされておらず，法テラスを利用することもできない場合に弁護士会の予算により実施する形態（弁護士会の自弁）がある．個々の弁護士の受任件数増大につなげるためには，法律相談の実施件数が多い方が良いため，上記①ないし③がともに重要ではあるが，弁護士会の予算を考えると，行政等に予算付けしてもらう①の形態を増やすことが必要となる．ただ，それが直ちに可能とは限らないので，行政等が予算付けするまでの間，暫定的に弁護士会が負担する③もあり得る（松本 2016：64）．

ている．

　ネットワーク研究の祖ともいえるリップナックとスタンプスが「ネットワーカーはさまざまな要求に対して負担を背負い込んでしまうが，一番の心労はネットワークの結節点となることである」（リップナック・スタンプス 1984：337）と指摘している．異なる領域の支援者・組織と連携関係を構築しようとする活動自体が負担の多いものであるということも，改めて確認しておく必要がある．

　関連して，連携関係が進むにつれて起こりかねない事案の「まる投げ」や困難案件の「押しつけ」といった事態を防ぎ，持続可能な関係を維持するにはどういったことが必要となるかという実践的課題もあろう．関係機関・トラブル類型によっては，連携というものが必ずしも支援者間の互酬的関係ではなく，片務的である場合もありうる．支援職における関係性の濃淡は状況に応じて変わるものであり，"ゆるやかな"連携がより現実的でのぞましい場合もある．緊張関係の緩衝材となるよう，他のアクターを間に介在させる間接的結合や，特定の専門家が前面に登場せずに後方的な支援を行うパターン等，さまざまな連携の形態を含めて検討する必要がある．弁護士という職業性質上，特に行政との関係において対立的関係になりうる場合があり，一定の距離を保持したつながりをどのように考えていくかが問われる．さらには，わが国の司法政策となった「司法ソーシャルワーク」を推進するにあたって，党派的利害にとらわれずユーザー側の視点において，一般の弁護士とスタッフ弁護士の間の，また，司法書士との間でも適切な役割分担を検討していくことが将来的にも不可欠ではなかろうか．

　以上，弁護士会による組織間連携に関しての検討課題を述べた[41]．弁護士会と自治体との組織間連携推進の動きは，弁護士界の職域拡大という側面とは別に，近年の司法政策レベルでの司法と福祉領域の連携の活性化の動きとも合致し[42]，社会における専門職としての役割という観点から，今後，社会的要請がますます強まるといえよう．

　弁護士会の課題としては，まず，連携面において，セクショナリズムを持ち出さないようにすることであろう．そして，パターナリスティック，権威主義

---

[41] 地域性や弁護士会の規模によって組織間連携に差異が生じるのかについては，別稿を予定している．

Ⅳ　今後の課題

に陥らないようにするということである．民事・刑事問わず，あらゆる法的問題を処理し，人権救済を目指す，高い倫理性を備えたプロフェッション専門職能団体として，さまざまな支援者や団体・組織とつながり，専門職能を広く地域社会に生かすことで，支援の総体としてのネットワークが拡がっていくことが期待される（吉岡2017b）．

〔文　献〕

安髙真弓(2009)「地域連携と社会資源――新たな連携の模索」月報司法書士2009年10月号12-17頁．

後藤純(2014)「多職種間の構造的なギャップを乗り越えるために：顔の見える関係会議（第3段階）」東京大学高齢社会総合研究機構編『地域包括ケアのすすめ　在宅医療推進のための多職種連携の試み』東京大学出版会，61-63頁．

伊東健次(2012)「自治体を元気にするために弁護士に何ができるのか――若手弁護士飛躍のチャンス」日本弁護士連合会・地方自治のあり方と弁護士の役割に関する検討ワーキンググループ編『自治体と弁護士の連携術』ぎょうせい，21-43頁．

岸本佳浩(2015) 報告「自治体との新たな関係構築に向けて――実践例と今後の展望」第19回弁護士業務改革シンポジウム第6分科会，於：岡山コンベンションセンター．

リップナック，J. &スタンプス，J.(1984)〈正村公宏監修，社会開発統計研究所訳〉『ネットワーキング　ヨコ型情報社会への潮流』プレジデント社．

松本成輔(2016)「山梨県弁護士会での福祉分野における連携の実践」日本弁護士連合会編『シンポジウムよりよい地方自治の実現を目指して――自治体と弁護士の連携の実践〔配布資料〕』62-65頁．

守屋明(2007)「行政と連携すべきリーガル・サービス」法学セミナー636号32-36頁．

中村光央(2016) 報告「静岡県弁護士会自治会ホームローヤー制度の概要」日本弁護士連合会シンポジウム「よりよい地方自治の実現を目指して――自治体と弁護士の連携の実践」2016年10月26日，於：弁護士会会館．

日本弁護士連合会(2014)『「全国の弁護士会における地方自治体等との連携活動実態調査」分析報告書』日本弁護士連合会．

――(2016a) シンポジウム「よりよい地方自治の実現を目指して――自治体と弁護士の連携の実践」2016年10月26日，於：弁護士会会館．

――(2016b) 第27回司法シンポジウム「いま，司法が果たすべき役割とは―法の支配の

---

(42) 更生保護領域での地域生活定着支援，罪を犯した障がい者・高齢者に対する「入口支援」，そして，日本司法支援センターが平成26年度から組織的な施策として本格的に進めている「司法ソーシャルワーク」等，弁護士が行政・福祉領域をはじめ地域社会のさまざまな社会資源と接続することの重要性の認識が，以前にも増して社会的に広く浸透しつつあり，その役割への期待が高まっている（吉岡2017b）．

確立をめざして —— 第1部 権利の実現に果たす司法の役割」2016年11月5日，於：弁護士会会館．
—— (2016c)『弁護士白書2016年版』日本弁護士連合会．
日本弁護士連合会・地方自治のあり方と弁護士の役割に関する検討ワーキンググループ (2012)『自治体と弁護士の連携術』ぎょうせい．
日本弁護士連合会運営委員会(2013) 第18回弁護士業務改革シンポジウム「つなげよう，広げよう，弁護士業務 —— 弁護士の使命を全うするために』第1分科会「地方自治体の課題と弁護士の役割 —— 実践例と今後の展望」2013年11月8日，於：神戸ポートピアホテル．
日本弁護士連合会・日本社会福祉士会(2014)『第2回高齢者虐待対応専門職チーム経験交流会報告書』．
日本社会福祉士会・権利擁護事業委員会(2014)「高齢者虐待対応専門職チームの取り組みに関する調査結果」日本弁護士連合会・日本社会福祉士会編『第2回高齢者虐待対応専門職チーム経験交流会報告書』．
野中猛(2014)「なぜ連携なのか」野中猛・野中ケアマネジメント研究会著『多職種連携の技術〔アート〕—— 地域生活支援のための理論と実践』中央法規，9-15頁．
岡山リーガル・ネットワーク研究会(2006)『地域社会とリーガル・ネットワークその可能性と現在』JLF叢書vol.11 商事法務．
大阪弁護士会(2013)「大阪府下自治体アンケート集計結果」(2007年10月実施)『第18回弁護士業務改革シンポジウム運営委員会つなげよう，広げよう，弁護士業務 —— 弁護士の使命を全うするために』(付属CD資料1に収録)．
太田晃弘・長谷川佳予子・吉岡すずか(2012)「常勤弁護士と関係機関との連携 —— 司法ソーシャルワークの可能性」総合法律支援論叢第1号104-145頁．
San Martin — Rodriguez, L. et al.(2005) "The determinants of successful collaboration: A review of theoretical and empirical studies," Journal of Interprofessional care, 19, 132-147.
佐藤鉄男(2004)「地域社会と弁護士」和田仁孝・佐藤彰一編著『弁護士活動を問い直す』商事法務，255-271頁．
高室成幸(2002)『地域支援コーディネートマニュアル —— 図解でわかる』法研．
上原久(2014)「連携の概念と関係性」野中猛・野中ケアマネジメント研究会著『多職種連携の技術〔アート〕—— 地域生活支援のための理論と実践』中央法規，219-243頁．
山梨県弁護士会(2014)『第12回高齢者・障がい者権利擁護の集い 資料集』日本弁護士連合会．
安田雪(2001)『実践ネットワーク分析関係を説く理論と技法』新曜社．
吉岡すずか(2010)「スタッフ弁護士の可能性 —— 関係機関との連携における実践」自由と正義61巻2号103-110頁．
—— (2012)「弁護士の職域　他士業との協働の実践から」法社会学76号205-218頁．

Ⅳ　今後の課題

——（2013）『法的支援ネットワーク―地域滞在型調査〔エスノグラフィー〕による考察―』信山社.
——（2014a）「サービスの受け手のための『司法ソーシャルワーク』」月報司法書士505号15-20頁.
——（2014b）「法的支援ネットワークにおける人的依存の克服――法テラス高知とスタッフ弁護士の連携の実践から」総合法律支援論叢第5号23-43頁.
——（2016）「連携・ネットワークと弁護士の役割」日本弁護士連合会編『第27回司法シンポジウム基調報告書』日本弁護士連合会，51-52頁.
——（2017a）「連携構築の促進要因・阻害要因」日弁連法務研究財団編『法と実務』第13巻，商事法務（近刊，掲載頁未定）.
——（2017b）「法的支援ネットワークと弁護士の役割」自由と正義68巻5号（近刊，掲載頁未定）.

19 弁護士法 72 条問題の展開

塚 原 英 治

I　はじめに

　弁護士法 72 条は，裁判上，裁判外を含め，「法律事件に関する法律事務」一般を弁護士に独占させることを規定している．訴訟・非訟のみならず，一般的な法律相談や事件性のある債権の回収等も，原則として，弁護士の独占業務とされている．ところが，日本においては，司法書士や税理士のように，行政事務を補完する役割をもって，特定分野の申請業務を中心とした法律事務を扱う隣接法律専門職種（以下「隣接士業」という）が存在している．この関係はどう理解されるのか．隣接士業をどのように扱うかは，日本における法の担い手にかかる重要な論点である．

　2001 年 6 月に，司法制度改革審議会（以下「改革審」という）の意見書が出され，続いて司法制度改革推進本部におかれた 11 の「検討会」の審議を経て，意見書の内容を具体化した立法がなされた．その後，2004 年の「裁判外紛争解決手続の利用の促進に関する法律」（ADR 法）制定により，認証を得た ADR 機関については，弁護士でなくとも，手続実施者として「和解の仲介」を行い，報酬を得ることが可能となった．これらの改正により，国民にとっての権利保護がどこまではかられてきたのか，問題はないかの検証が必要である．

　隣接士業においても，従来の独占業務である登記業務（司法書士），許認可業務（行政書士）の減少の中で，従前関与していなかった法律事務に参入しようとして，新たな業際問題が生じている．

　2000 年代に入り，弁護士法 72 条の定める「法律事務」の内容及び業際問題に関して，判例上も大きな展開がみられた．

19 弁護士法72条問題の展開〔塚原英治〕

そこで，本稿ではそれらの点を中心に簡単なスケッチを試みる[1]．

II　弁護士でない者の法律事務取扱規制の国際比較概観

　法曹人口問題の議論の中で，改革審が隣接士業の数を考慮していなかったという類いの評価がされることがある．当時の資料に目を通せば，そのようなことがないことは一目で分かる[2]．隣接士業団体は改革審宛に意見書や報告書を提出しており，審議において配布され参考とされた．改革審は後述のように，弁護士の増員と併せて隣接士業の活用を述べていたのである．

　また，隣接士業の数を弁護士と合算して他国の弁護士数と比較するという誤った議論が従来からあるが，近年では日弁連もそのようなデータを出している[3]．問題は2つある．

　1つは，塚原（2000）でも指摘しておいたように，隣接士業は兼職が可能であるため，単純に合算したのでは総数を過大に表示することになる点である．行政書士[4]は他士業との兼職者が多い（かつて日弁連が調査した際には半数を占めると推計していた）．税理士も兼職が少なくない．日本税理士会連合会が

---

[1] 筆者は，これまでに，2000年と2001年の2論文（塚原2000，塚原2001）において，弁護士法72条の歴史的な経緯と基本的な構造を明らかにしてきた．本稿では，紙数の関係からその後の展開について概説するので，塚原（2000）を併せてご覧いただけると幸いである．

　宮澤先生には，1990年の法社会学会での報告以来お世話になり，筆者が日弁連において司法改革の担当者として活動している際に法科大学院教員となることを勧められ，早稲田大学，次いで青山学院大学をご紹介いただいた．弁護士との二足のわらじを履きながら8科目を担当するという激務に追われている身なので，つたない論考になってしまったが，先生の古稀を祝う企てに参加させていただくことにした．

[2] 司法制度改革審議会 http://www.kantei.go.jp/jp/sihouseido/index.html に主要なものが掲載されている．全体は，ジュリスト1208号（2001）添付のCD-ROM参照．

[3] 日本弁護士連合会『弁護士白書』では，2007年版以降そのような数字があげられている（日弁連2016：51）．ここでは，弁理士，税理士，司法書士，行政書士の数が合算されている．公認会計士，社会保険労務士，土地家屋調査士は，諸外国でも弁護士とは別の職種になっているので除いたとされる．本稿では，公認会計士，土地家屋調査士は同様の考慮により除くが，社会保険労務士（同様の職種が諸外国にあるという白書編纂者の根拠は不明である）については必要な範囲で検討する．

[4] 行政書士法2条で，弁護士，弁理士，公認会計士，税理士は行政書士となる資格を有するとされている．

412

2014年4月に実施した調査では，回答総数3万2747人中，弁護士55人，公認会計士2197人（6.7%）[5]，司法書士65人，行政書士3782人（11.5%），弁理士3人，社会保険労務士872人（2.7%）となっている（日税連2015b：13）．司法書士においても，2013年度の実態調査によれば，回答数2276名のうち，行政書士[6]兼職675名（29.7%），土地家屋調査士233名（10.2%），社会保険労務士35名，税理士7名という結果となっている（日司連2014：50）．

2つめは，隣接士業は他国にはなく，弁護士の多い国では，弁護士の多くが日本の隣接士業のような仕事をしているのだという誤解である．アメリカ[7]にはそのような実態がないとは言えないが，弁理士もいれば税務申告の代理業もある．弁理士制度は各国にあるし，ドイツには日本よりしっかりした税理士制度がある．イギリス（イングランド及びウェールズ）では，そもそも法律相談などの法定外業務は弁護士独占ではない（本間1987a，1987b，下條2006）．これらのことも，改革審では前提にされていた[8]．改革審当時に調べたものを中心に，最近のデータもある程度補足して紹介しておこう．

1 法廷業務

通常裁判所における代理業務は弁護士が独占している国がほとんどである．特許訴訟について弁理士に代理権を認める例外がイギリス・ドイツにあり，日本でも特許権などの審決取消訴訟については例外が認められていたが，後述するように，司法改革に伴い，日本は特許訴訟の例外を拡大しただけではなく，

---

[5] 公認会計士の資格で税理士登録したものは，2015年度末で9004人，率にして11.9%に達しており，近年増加している（税理士界2016年5月15日）．

[6] 行政書士法2条6号は公務員として行政事務を担当すること20年（高卒なら17年）で行政書士となる資格を有するとしている．公務員には特別職も含み行政事務には司法機関の権限に属する事務も含むと解されているので（地方自治制度研究会2016：72），法務事務官，裁判所書記官出身の大臣認定（1979年までは法務局長認可）の司法書士（司法書士法4条2号．司法書士の約25%を占める）は，ほとんどが有資格者である．

[7] アメリカの弁護士数はABAの統計によれば，2016年で131万5561人であり（Total National Lawyer Population 1878-2016），そのうち開業弁護士は75%である（Lawyer Demographics table-2016）（ABA 2016）．

[8] 当時基礎とされたのは，最高裁（2000），小原（2000），司法研修所（1999），改革審事務局提出資料（ジュリスト1208号添付のCD-ROM参照）等である．以下に引用のないものは，これらによる．

簡裁事件について例外を設けた．フランスでは，コンセイユデタ，破毀院の訴訟代理・弁論は，コンセイユデタ破毀院付弁護士という，弁護士（アヴォカ）とは別の資格者（弁護士経験のあるものからさらに選抜される）に独占されている[9]．

イギリスでは，上級裁判所の法廷で弁論ができるのは，弁護士の中でもバリスタに限られていたが，1990年から，バリスタによる上級裁判所での法廷弁論権独占が崩れ，ソリシタにも，法廷弁論が許容されている（本間1998a：76，吉川2011：130-134）．また，弁理士は，特許県裁判所（Patents County Court，知的財産訴訟外国法研究会2003：53-54）および高等法院（吉川2011：134）における侵害訴訟の法廷弁論権を持っている．

特別裁判所（例外裁判所）を持つドイツとフランスでは，特別裁判所（例外裁判所）についての例外がある．

ドイツでは，地方裁判所以上の通常裁判所では弁護士強制が取られている．区裁判所・特別裁判所（行政裁判所など）では本人訴訟が可能であり，特別裁判所では弁護士以外の代理も認められている．すなわち，財政裁判所では税理士と公認会計士が代理権を有し，労働裁判所や社会裁判所では，さらに広く代理が認められている．行政庁内の完全法律家（二回試験合格者）は上級行政裁判所・連邦行政裁判所でも代理権を有する（キリアン2015：186-198）．また，特許裁判所[10]では弁理士が代理権を有する．

フランスでは，大審裁判所・控訴院においては弁護士強制が取られているが，小審裁判所（1万ユーロ［約120万円］以下）では，本人訴訟が可能な上，親族等の代理が認められている（日本の簡裁で許可代理が認められるのに似ている）（山本1995：210）．商事裁判所，労働裁判所等の例外裁判所では，本人訴訟が

---

[9] 控訴院の訴訟代理も控訴院付代訴士に独占されていたが，控訴院付代訴士は2012年に弁護士に統合された．

[10] ドイツでは，無効手続・抗告手続は連邦特許裁判所が管轄し，侵害訴訟については民事訴訟一般と同様，通常裁判権に属する地方裁判所が管轄する．連邦特許裁判所は従前，特許庁内の機関であった抗告部・無効部が1961年の制度改正により移管されて裁判所になったものである（知的財産訴訟外国法研究会2003：3）．ドイツ基本法が設置を義務づけた4つの特別裁判権とは別に同法96条1項に基づき設けられたもので，特許裁判所の判決・決定に対する上訴は連邦通常最高裁判所に対してなされる（キリアン2015：197）．

可能な上，弁護士代理の例外が認められている．

2 法定外業務

法定外業務を一般的に弁護士の独占としているのは，アメリカと日本くらいである．

アメリカでは，弁護士でない者による「法律事務」の取扱いは州法により禁止されている．ただし，州によって，非弁活動（unauthorized practice of law）の取り締まりの態様は様々である（武士俣 2002a, 2002b, 石田 2009：121, ロタンダ 2015：306）．

イギリスでは，訴訟以外の法律事務にはいわゆる「業務独占」がなく，ソリシタの肩書を使用しない限り，誰でも法律業務を提供しうる．イギリスには行政書士や社会保険労務士に直接該当する職種は存在しないが，それはそれらの業務を弁護士が担当していることを意味しない．これらの事務代行ないし代理サービスは，様々な主体が提供しているのである（本間 1997a：68）．法律相談については，ロー・センター，シチズンズ・アドヴァイス・ビューローにおいて，訓練された非法律家が大量の相談を処理している（本間 1997a：71-73）．

ドイツでは，弁護士でないものは業として法律的助言をすることはできない（2007年リーガル・サービス法［RDG］）が，①福祉団体などによる無料の法律相談，②抽象的法律相談，③職業団体および利益団体による法律相談，④付随的リーガル・サービスは許される（ヘンスラー 2015：46）．これにより，労働組合，借家人組合，消費者団体，税理士，公認会計士，経営相談士などが職務活動として法律相談を行うことが可能になっている．2007年法以前から，年金相談士，保険相談士という法律相談が許可された資格があり，サービサー会社も認められている．また公証人や弁理士の業務は禁止から除外されている（田中 2006：72）．

フランスでは，1992年にコンセイユ・ジュリディク（法律顧問職などと訳されていた）が弁護士（アヴォカ）に統合されたが，法的分野における相談や私署証書の作成を業として行うことについては，弁護士のほかコンセイユデタ破設院付弁護士，公証人，執行士，司法管財人，競売士，企業清算人も行うことができるほか，公認会計士，弁理士など正規の職業活動に従事している者が，許可された範囲内で業務に付随する法的助言や私書証書の作成をすることも認

められている．労働組合や職業団体がその目的に関連する事項について法律相談を行うこともできる．債権回収の代理人には，特段の資格は要求されないが，債権回収会社については法の規制がされている（折田 2006：82-84）．

3 仲裁，調停

弁護士法72条は，仲裁人，仲裁手続の代理人となる資格を弁護士に限っている．

しかし，仲裁人は必ずしも法律家である必要はなく，その分野の専門家＝実務者がなるのが国際的な常識である．仲裁人の資格を弁護士のみに限定しているのは，スペイン仲裁法だけだといわれている（中村 2001：71，小島他 2014：174）．

日本においても，国際商事仲裁や海事仲裁では，弁護士以外の者が仲裁人になっている（国際商事仲裁では弁護士が多いが大学教授が選任される例がある［服部 1998：106］．海事仲裁は実務者中心である［谷本 1998：113］）．労働委員会，建設工事紛争審査会，公害等調整委員会も同様である．弁護士会の仲裁センターでも，一弁・二弁は弁護士以外のものを仲裁人に選任している．日弁連が関与している日本知的財産仲裁センターでは，弁理士も仲裁人に選任し，報酬を支払っている．2003年の仲裁法制定の際にも，仲裁人の資格については，従来通り何の規定も置かれなかったので，弁護士法との牴触という解釈論上の難点は残されたままになっている（小島他 2014：175）．

適正に行われている機関仲裁の仲裁人に弁護士以外の者が選任されることは適法としつつ，事件屋などの行う仲裁を禁止する法制が必要となる．1951年改正前の弁護士法72条但書[11]のように，「ただし，仲裁が正当な業務行為としてなされる場合はこの限りではない．」といった条文を加えることが必要なように思われる．

アメリカ，イギリス，ドイツ，フランスでは，仲裁手続における代理人となる資格等に制約はない（フランスでは弁護士に限られない旨の破毀院判決がある［折田 2006：84］）．日本でも，2000年の弁理士法改正により，経済産業大臣が指定した専門的仲裁機関における弁理士の仲裁代理の権限が認められ（4条2

---

[11] 「正当の業務に附随してする場合」が除かれていた．

項2号),2005年の司法書士法改正により,紛争の目的の価額が140万円を超えない民事紛争について,司法書士の仲裁代理権が認められた(3条1項7号).

2004年にADR法が制定され,「和解の仲介」(仲裁は除かれている)を図る機関が認証を得ることにより一定の特典を受けられる制度とした.手続実施者が弁護士でない場合には必要によって弁護士の助言が得られる措置を定めていることを認証の要件とし(6条5号),認証を受ければ,弁護士以外の者が手続実施者となり報酬を受けることができることとされた(2条2号,28条).

Ⅲ 隣接士業の国際比較

1 弁理士制度

弁理士は各国に存在する[12].

アメリカの特許弁理士(Patent Agent 約3700人)は,特許庁が行う試験に合格した有資格者であり,特許庁への特許手続の代理しかできない(商標は扱わない).訴訟代理権はなく,非訟の法律事務もできない.特許弁護士(Patent Attorney 約1万6000人)は特許庁の試験に合格し,各州の弁護士資格も取得した者であり,特許と商標双方の手続を取り扱え,訴訟を含む法律事務もできる.単なる弁護士は特許庁に対して商標の手続代理しかできない.

イギリスでは,弁理士の業務独占が1988年に廃止され,特許庁への手続代理業務は誰でもできる.ただし,弁理士以外の者が「弁理士」を名乗ることは禁止されている(名称独占)(本間1987a:64).弁理士の資格は特許弁理士(Patent Agent 約1500人)と商標弁理士(Trademark Agent 約500人.ただし,特許との二重資格者が半数以上)に分かれている.なお,弁理士は特許県裁判所および高等法院での侵害訴訟の代理権を有している.

ドイツの弁理士は特許と商標の双方を取り扱うことができる.同じ弁理士試験合格者でも弁理士(Patentanwalt 約1300人)と企業内弁理士(Patentassessor 約300人)とに区別されている.特許裁判所における特許庁の決定に対する抗告訴訟の代理権はあるが,地裁における侵害訴訟の代理権はない.

フランスにおいては,1990年法により,弁理士(Conseil en Propriete Indus-

---

[12] 以下の数字と説明は,特許庁(2009)および特許庁(1999)による.データは特に注記したものを除き全て1997年のものである.

trielle 約500人）の業務独占規定が創設された．フランスは無審査国であり，弁理士は先行技術，商標の調査が重要な業務になっている．資格は特許と商標に分かれている．

2　税理士ないし税務に関わる職業

法律で定められた税理士制度がある国はドイツ，オーストリア，日本，韓国の4ヵ国だといわれてきたが，類似の職業はその他の国にも存在する（東海税理士会 1994）．

アメリカにおいては，国税庁に対して行う業務以外は，誰でもできる．国税庁に対する手続については，弁護士の他，公認会計士（38万6000人［2012年7月現在のアメリカ公認会計士協会の登録者数］），登録代理人［税務代理士］（Enrolled Agent 約4万6000人）[13] が行える[14]．訴訟ができるのは弁護士のみである．

イギリスには，業務独占はないため，誰でも税務会計業務を扱うことができるが，税務協会の会員（資格ないし試験が必要）が主要な業務を行っている．会員は公認会計士，ソリシタ，元租税検査官，試験合格者であり，約1万名いる（本間 1987a：66）．公認会計士は22万5264人（2008年末）[15] おり，税務も扱っている．

フランスでは，弁護士（6万2184人［2015年1月］），公認会計士（1万4373人［2010年1月］），公証人（7946人［2003年］）が税務を扱う．2001年頃の弁護士2万6000人の時点で内2000人が税務専門だといわれていた．

ドイツでは，税理士（8万3355人），税務代理士[16]（2215人），税理士法人（9437社）[17]，弁護士（16万3779人［2016年］），公認会計士（1万3866人［2010年］）が税務を扱う．税理士[18]には財政裁判所での訴訟代理権がある．ただしドイツの税理士試験は「手続法も含み，長文の事例に対して法的にどのように対

---

[13]　アメリカ税務代理士協会 what is an enrolled agent http://taxexperts.naea.org/
[14]　登録代理人については，少し古いが，北野（1995：133-199）に1975年当時の詳細な実情が報告されている．最近の状況については，名古屋青税（2013：26-29）．
[15]　金融庁（2010）による．以下の公認会計士数について同じ．
[16]　古い資格者が残っているもの．
[17]　税理士，税務代理士を含め2016年1月1日現在の数字．ドイツ連邦税理士会　https://www.bstbk.de/de/bstbk/
[18]　ドイツの税理士については，川股（2013：150-163）が詳細である．

処すべきか,という論文記述問題である」点(三木[義]2001:48),および日本では,無試験の国税庁OBの税理士が多い[19]ことに留意すべきである.

韓国では,税務申告は税務士(1万0165人[2013年3月])の独占業務であったが,2011年改正により,公認会計士(1万6020人[2013年6月])がその資格で税務業務を扱うことができることとなった[20].税務士には訴訟代理権はない.

なお,2016年3月31日現在で,日本の税理士は,7万5643人,公認会計士は2万8289人である(前述のように兼職があるため数には重複がある).

3 司法書士制度

韓国には裁判事務書類の作成と登記・供託の代理という日本の司法書士と同じ役割を果たす「法務士」がある(金2001:63-71).法務士の数は2014年で6205人である.

登記に関しては,各国の登記制度が異なるため,関与する専門家は異なることになる.

フランスでは,公証人の役割が重要である(鎌田1981,七戸1999).不動産の売買契約に公証人が関与する比率が高く,登記手続はほとんど全て公証人が関与しており(鎌田1981:44-45,山本1995:442),公正証書を大蔵省管轄の抵当権保存所(日本の登記所に当たる)に寄託し公示する証書方式が採られている(伊藤塾2016:63).日本における司法書士の登記手続における役割は全て公証人が果たしていることになる.フランスでは公証人は弁護士との兼業は認められていない.

ドイツは区裁判所の裁判官が登記官として登記を扱うが(実務は司法補助官に委譲されている),公証人が作成した債権契約と物権契約にかかる公正証書を審査するだけなので,公証人の役割が大きく,司法書士的な業務を必要としない(伊藤塾2016:57).ドイツの公証人は約1万人いるが,弁護士を兼ねてい

---

[19] 前職が国税の税務職員であったものは,実態調査では30%程度である(日税連2015b:9-13).2015年末の登録者総数の内,試験免除者は34.39%,特別試験合格者(1956年から1976年まで行われていた国税OBに対する緩和された試験)は7.26%で,その合計は試験合格者45.65%に匹敵する数である(税理士界2016年5月15日号).

[20] 韓国の税務士については,名古屋青税(2013:15-23).

るものが8000人以上いるという．それ以外の弁護士が登記に関与することはない（本間1997b：94）．

イギリスでは，コンヴェイヤンシング（不動産譲渡にかかる権利関係の調査，契約証書作成，登記）業務は，1974年以来ソリシタによる業務独占が認められていたが，1985年にはライセンスト・コンヴェイヤンサーという新しい資格が設けられ，業務独占は崩れている（本間1997a：67）．なお，イギリスでは1956年土地登記法により，土地登記官は10年以上の経験があるソリシタから任用されることになっている（金光2001：3）．

Ⅳ　司法制度改革審議会意見書と立法の展開

1　2001年6月12日に出された司法制度改革審議会の最終意見書は，「隣接法律専門職種の活用等」として，弁護士と隣接士業の関係に触れている．

意見書は，弁護士と隣接法律専門職種との関係については，「弁護士人口の大幅な増加と諸般の弁護士改革が現実化する将来においては，……法的サービスの担い手の在り方を改めて総合的に検討する必要がある．」として，将来の統廃合の含みをもたせている．しかし，当面，弁護士の数と専門性が不足しているため，国民の権利擁護に不十分な現状を直ちに解消する必要性にかんがみ，隣接法律専門職種を訴訟においても活用する方向が打ち出された．また，ADRを含む訴訟手続外の法律事務に関して，隣接法律専門職種などの有する専門性の活用を図るべきであるとされた．

これに基づき，司法書士，弁理士，税理士については，以下のような法改正がなされた．

(ア) **司 法 書 士**

2002年の司法書士法改正により，簡易裁判所での訴訟代理権，および簡易裁判所の事物管轄（2003年の裁判所法改正により，2004年4月1日からは140万円以下となった）の価額についての，調停・即決和解事件の代理権を，能力担保措置（研修と研修終了時の試験）を講じた上で，付与することとされた（改正司法書士法3条）．訴訟代理権の範囲の紛争については法律相談と和解の権限も認められた（同法1項7号）．これらに伴い，利益相反の禁止規定（同法22条），懲戒規定の整備もなされ（同法49条1項，50条），2003年には日本司法書士会

連合会により「司法書士倫理」も制定された．その後，2004 年の民事執行法改正により，簡裁において少額訴訟債権執行ができることになり，認定司法書士に代理権が認められた（司法書士法3条1項6号ホ）．

2015 年の不動産登記法の改正に際して設けられた筆界特定についても同様の制限の下で相談・代理する権限が認められた（司法書士法3条1項8号）．

司法書士数は 2016 年1月1日現在で2万1957名，簡裁代理権を付与された「認定司法書士」は，1万6095人に達している（日司連 2016：33）．簡裁事件における司法書士の関与率は 9.8%（弁護士の関与率は 20.1% で弁護士の方が多い）である（日司連 2016：179）．司法書士の代理率は近年減少している（日司連 2016：71）．

(イ) 弁　理　士

弁理士には，旧弁理士法時代の 1948 年から，特許権などの審決取消訴訟の代理権が認められており（現行弁理士法6条），侵害訴訟については，（実質的には 1921 年から）「補佐人として，当事者又は訴訟代理人とともに出頭し，陳述又は尋問をする」権限が認められていた（同法5条1項）．

2000 年の弁理士法改正により，経済産業大臣が指定した専門的仲裁機関における弁理士の仲裁代理の権限が認められた（4条2項2号）．

2002 年の弁理士法改正により，これに加えて特許権等の侵害訴訟（弁護士が訴訟代理人となっている事件に限る）の代理権を，特定侵害訴訟代理業務試験に合格した者（「付記弁理士」という）に付与することとされた（6条の2，15条の2）．付記弁理士は原則として弁護士代理人と共同で出廷するが，裁判長の訴訟指揮によって単独での出廷も認められる（6条の2第2項，3項）．

2005 年の弁理士法改正では，特許のみならず著作権に関しても ADR の代理権が認められた（4条2項2号）．

付記弁理士になるには能力担保研修の受講と特定侵害訴訟代理業務試験に合格することが必要であるが，制度導入当初は受講者・合格者が多かったものの，3年目以降は受講者が 200〜300 人前後，合格者が 100〜200 人台で推移している（弁理士会 2014：46）．弁理士は 2016 年3月で1万0871人いるが，付記弁理士の数は 2013 年で 2971 人であり（弁理士会 2014：3），付記弁理士のうち，実際に共同訴訟代理人となったことがある者の割合は 13% 程度である（弁理士会 2014：30）．

(ウ) 税 理 士

2001年の税理士法改正により，税理士に，税務訴訟において，弁護士である訴訟代理人が在廷する案件について，補佐人として弁護士である訴訟代理人とともに出頭し，陳述をする権限（出廷陳述権）が付与された（同法2条の2第1項）．なお，弁理士と異なり，証人尋問をする権限は認められていない（弁理士法5条1項との対比）（日税連2015a：75）[21][22]．

2014年に全税理士を対象に実施された調査によれば，租税訴訟の補佐人に就任したことがそれまでに1度でもある者は回答者3万0217人中245人（0.8％．件数では1081件）であり，ない者が2万8087人（93.0％）であった（残りは無記入）（日税連2015b：53）．出廷陳述権の付与後13年間の実績を調査したデータによれば，補佐人税理士で検索すると602件の判例が出力され，課税処分の一部又は全部が取り消された件数は126件で20.93％になるという．これは，租税訴訟の一般的な取消率7.3％よりかなり高いとされている（坂田2015：101）．

---

[21] 2001年5月23日衆議院財務金融委員会における尾原榮夫財務省主税局長答弁において，立法時に確認されている．
「今回の陳述権の内容等についてのお尋ねがございました．
今回の改正を受けて，税理士が裁判所に出頭する場合は，先生今御指摘ございましたように，税理士は訴訟事務に関しての専門家ではございません．したがいまして，まず弁護士である訴訟代理人とともに出頭することを前提としておりまして，いわゆる本人訴訟において補佐人となるということを認めるものではないわけでございます．また，裁判においても，陳述するにとどまりまして，尋問することはできないというような形になっているわけでございます．」（第151回衆議院財務金融委員会会議録11号3頁）．

[22] これに対し，坂田（2015）101頁は，「『尋問のない陳述ということはあり得ない』ことから，陳述には尋問も含まれるとする学説も多くあり，裁判長の指揮権に委ねられるべきものと思われる．」とするが，証拠資料としての陳述（供述，民事訴訟法203条，209条）と混同した記述になっている．本条および民事訴訟法60条に定める「陳述」は，「訴状陳述」などにおける「陳述」であって，訴訟資料（主張）の提出行為を指すので，「尋問」は含まれない（秋山他2014：569）．ただし，民事訴訟法60条の補佐人について，（難聴・言語障害などの場合等に能力を補うために認められるという）制度趣旨から尋問を行うことができるとする説があるため，その説に立てば，税理士も補佐人許可を得て尋問ができることになる（秋山他2014：569）．隣接士業の間では，訴訟代理の拡大をめざす議論がしばしば見られるが，訴訟代理権は訴訟法の研鑽なしに認めるべくもない．

2 弁護士法72条の見直し

改革審意見書は，弁護士法72条については，規制内容を明確化すべきであるとした．これに基づき，2003年に弁護士法が改正され，同条ただし書きに，「この法律又は他の法律に別段の定めがある場合は，この限りではない．」と「他の法律」が明記され，隣接士業の扱いに関する解釈上の疑義をなくした．「仲裁」の文言を削除すべきかも問題とされたが，ADR法の議論に委ねられることとなり，結局維持されることになった．

V 隣接士業をめぐるその他の立法の展開

改革審意見書は，行政書士，社会保険労務士，土地家屋調査士などについては，出廷陳述権などの付与は今後の課題とした．

しかし，改革審とは別の場における政治的な動きがあり，これらの職種についても立法の展開があった．大きな動きが見られた行政書士と社会保険労務士について簡単に見ておく．

(1) 行政書士

2001年の行政書士法の改正により，行政書士の職務範囲は，従来から認められていた書類の作成業務（同法1条の2）に加え，申請手続の代理や契約を代理人として作成することが記載された（同法1条の3）．もっとも，1条の2に規定する業務は独占業務として罰則規定が設けられているが（19条，21条），1条の3の権限についてはそのような規定はない．したがって，これは行政書士に限らず誰でもできることが確認的に記載されているということになる[23]．

さらに2008年の行政書士法改正により，許認可等に関する聴聞等の手続の代理が付加された（1条の3第1項1号）．ただし，「弁護士法72条に規定されている法律事件に関する法律事務に該当するものを除く」と規定されている．

2014年改正では，一定の能力担保措置（18条の2第2号に定める研修）を経た「特定行政書士」に行政不服申立の代理権を認める改正がなされた（1条の3第1項2号）．紛争性のある「法律事件」について，行政書士が代理し得ることを認めた立法として注目されるが[24]，単独代理を認める場合の能力担保措置

---

[23] これは，弁護士法72条の規定が，争訟性のない契約代理を弁護士以外の者が行うことを禁じていないことを前提にしたものだという（地方自治制度研究会2016：55）．

はかなり高いものが求められよう（阿部 2012：128）．

近年，これを超えて業務を行う者が，懲戒処分や[25]，刑事処分の対象になったり（小寺 2009：37），訴訟で権限が争われる事例がかなり多く生じている．裁判例については後述する．

(2) 社会保険労務士

社会保険労務士については，1986 年改正で「事務代理」が，1998 年改正で審査請求等の代理が認められていた（社会保険労務士法 2 条 1 項 1 号の 3）．

2002 年改正により，個別労働紛争解決法に基づき都道府県労働局が行うあっせんについて，紛争当事者を代理する権限が認められた（社会保険労務士法 2 条 1 項 1 号の 3）．

2005 年改正により，新たに特定社会保険労務士制度が設けられ（13 条の 3，13 条の 4，14 条の 11 の 2 以下），能力担保研修を経て試験に合格した者に，一定の範囲の ADR 代理権が付与された（2 条 1 項）．内容は，均等法 14 条 1 項の調停代理（社会保険労務士法 2 条 1 項 1 の 4 号），労働委員会が行う個別労働紛争に関するあっせん代理（同項 1 の 5 号），紛争の価額 120 万円[26]以下（120

---

[24] 弁護士法 72 条における「他の法律に別段の定め」にあたることになる．同条項の解説として，兼子（2015：44, 54），地方自治制度研究会（2016：55）．

[25] 日本行政書士会連合会は「都道府県知事による懲戒事例」を公表しているが，https://www.gyosei.or.jp/about/disclosure/discipline.html，2012 年から 2016 年 12 月までで，少なくとも 9 件の弁護士法違反事件が含まれている．

報道された事例として，S 行政書士に対する島根県 2015 年 6 月 2 日の 1 月の業務停止処分がある．同行政書士については，大阪弁護士会が弁護士法違反で告発したが，起訴猶予処分となった．これについて，同氏は大阪弁護士会に対し，損害賠償請求訴訟を提起したが，一審は弁護士法 72 条違反を認定して請求を棄却し，広島高裁松江支部 2013［平成 25］年 5 月 29 日判決も控訴を棄却している．同事件については，同氏が提起した名誉毀損に基づく新聞社に対する損害賠償請求事件があり内容が分かる（鳥取地米子支判 2014［平成 26］年 12 月 26 日 LEX/DB2550581）．

広島の行政書士が，ヤミ金業者との債務整理を受任して，着手金 50 万円，報酬 100 万円を受領した件で，広島地裁は弁護士法違反を認め全額の返還を命じたと報道されている（中国新聞 2015 年 4 月 10 日朝刊）．このケースは 2016 年 1 月 26 日に上告棄却で確定したとして，広島県が 2016 年 12 月 1 日，他の案件と合わせ 4 月の業務停止処分をしている．

処分としては，15 日から 4 月の業務停止がなされているが，懲役刑が定められている刑事法規違反の割には重いものではなく，禁止規定の社会的評価を示している．

[26] 2014 年改正により，従来の少額訴訟の額（60 万円）より増額された．

万円を超えるときは弁護士との共同代理）の個別労働紛争にかかる認定 ADR での代理（同項1の6号）である．同時に従来23条に規定されていた「労働争議介入禁止」条項が削除されたが，これは，国会でも確認されているように，社会保険労務士が団体交渉で使用者の代理人となることや，あっせんをすることを認める趣旨ではなく，「当事者の一方の行う争議行為の対策の検討，決定等に参与すること」を認めるものに過ぎない[27]．

2014年改正により，社会保険労務士に，「事業における労務管理その他の労働に関する事項及び労働社会保険諸法令に基づく社会保険に関する事項について」，出廷陳述権（裁判所において，補佐人として，弁護士である訴訟代理人とともに出頭し，陳述をすること）が認められた（2条の2）．税理士が税務訴訟について有する権限と同様である．

紛争解決手続代理業務試験の合格者数は毎年厚生労働省のホームページで公表されているが，現在の総数は公表されていない．あっせん代理などに積極的に取り組もうとする動きもあるが（労働社労士団 119 2007），実際に関与した件数等の調査はなされておらず，統計は見当たらない．

VI　企業法務等の位置付け

(1) 改革審意見書では，企業法務等の位置付けについては今後の検討課題とされた．

その後，企業法務部の業務と弁護士法72条の関係について，政府の法曹制度検討会で議論がなされたが，2003年12月8日の検討会で法務省担当者が弁護士法72条について事件性必要説を明言したことが注目された（「グループ企業間の法律事務の取扱いと弁護士法第72条の関係について」）（法曹制度検討会 2004 [法務省提出資料1]，藤井 2004：13)．後述のように，刑事事件において，最高裁が，この法務省担当者意見に沿った上告理由を排斥したこともあり，法務省大臣官房司法法制部が2016年6月に，改めて公表した「親子会社間の法律事務の取扱いと弁護士法第72条」では，事件性必要説に立つという説明は削られている（中保 2016：28-29).

---

[27] 2005年4月7日参議院厚生労働委員会における青木豊厚生労働省労働基準局長答弁（会議録11頁)．2016年3月11日基監発0311第1号通達でも同旨が確認されている．

19 弁護士法72条問題の展開〔塚原英治〕

　2016年文書では，子会社の規程類のチェックや一般的な法的意見を述べることが弁護士法72条違反とならないという従来の見解を維持しているだけでなく，「業務の適正が監督官庁による有効な監督規制を受けること等を通じて確保されている完全親会社が，その完全親会社及び完全子会社から成る企業集団の業務における法的リスクの適正な管理を担っている場合において，その管理に必要な範囲で，当該完全親会社及び完全子会社の通常の業務に伴う契約や同業務に伴い生じた権利義務について，一般的な法的意見にとどまらない法的助言をし，他の法令に従いその法律事務を処理すること」は，一般論としては弁護士法72条違反とならないとしている．

　完全子会社については，日弁連も前記検討会で，結論において同旨を述べていた（藤井 2004）．

　この領域では，企業内弁護士の増加が注目される．改革審意見書が出された2001年には66人だった企業内弁護士は，2016年12月には1827人に達している（日本組織内弁護士協会2017）．

　ドイツでは，ヘンスラー教授によれば，第二次国家試験を経て資格を取った（裁判官資格を有する）完全法律家は約25万人と推定されているが，うち弁護士が15万人，企業・団体弁護士が5万人，裁判官・検察官が2万6000人，行政法律家が1万7000人，大学勤務が4000人だという（ヘンスラー 2014b：44）[28]．

　アメリカでは，2005年のデータで，開業弁護士75％，政府（検察官を含む）8％，企業8％，裁判所3％，教育1％，扶助・公設1％，私団体1％，引退4％となっている（ABA 2016 Lawyer Demographics table-2016）．2005年当時の弁護士数は110万人余であるから，政府内と企業内に各9万人弱の弁護士がいる計算である．

　(2) 改革審意見書では，行政訴訟の指定代理人制度についても更に検討すべきであるとされた．これは1964年の臨時司法制度改革審議会意見書において

---

[28]　ドイツの弁護士数は，弁護士会登録者であれば，2016年で16万3779人である．
　　https://de.statista.com/statistik/daten/studie/37293/umfrage/entwicklung-der-zahl-zugelassener-rechtsanwaelte/
　　企業内弁護士や行政内の法律家の数については，ドイツの専門家のあげる数字が必ずしも一致していないので参考程度に理解されたい．

「国及び地方公共団体等における指定代理人制度について，国及び地方公共団体等の代理人たる役割を法曹有資格者に限定することを検討すること」とされて以来の課題であり（1964年の弁護士数は6849人），法曹人口大幅増員の後には廃止すべきものである．しかし，弁護士人口が大幅に増加した現在でも，立法の動きはない．ただし，企業と同様に，政府・自治体における弁護士の採用は増加しており，2016年8月1日現在で，常勤者で287人（中央省庁等151人，地方公共団体136［うち任期付き109］人）に達している[29]．

VII 弁護士法72条の要件に関する判例の展開

21世紀に入ってから，「法律事務」の内容について重要な最高裁判決が登場し，これに従う下級審裁判例が増加している．

(1) 金銭債権の取立は「法律事務」か

弁護士でない者が通常の手段では回収困難な債権取立の委任を受け，請求，弁済の受領，債務の免除等の行為をすることは，弁護士法72条にいう「一般の法律事件に関してその他の法律事務を取り扱った場合」に当る（最判1962［昭和37］年10月4日刑集16巻10号1418頁）．同事件では，額あるいはその成立等について争いがある債権，支払を遅延した債権，こげつき債権として回収困難の状態にあったものがこれに当たるとされていた．

弁護士でないものが債権回収を有償で業として行うことは，弁護士法72条に違反することになるため，これを一定の範囲で可能にするため，1998年に「債権管理回収業に関する特別措置法」（サービサー法）が制定された．同法3条の債権管理回収業に関する法務大臣の許可を受けないまま，消費者金融業者から不良債権を譲り受け，その管理回収を行うことを業とする会社を経営していた被告人を処罰した最決2012［平成24］年2月6日刑集66巻4号85頁は，以下のように判示している．

「被告会社が譲り受けた本件債権は，長期間支払が遅滞し，譲渡元の消費者金融業者において全て貸倒れ処理がされていた上，その多くが，利息制限法にのっとって元利金の再計算を行えば減額され又は債務者が過払いとなって

---

[29] 法曹養成制度連絡協議会（第6回2017年2月8日）配付資料（1-3, 1-4）．ただし，本省等における人数で外局・地方機関を含まない．

19　弁護士法72条問題の展開〔塚原英治〕

おり，債務者が援用すれば時効消滅となるものもあったなど，通常の状態では満足を得るのが困難なものであ」り，このような債権の管理回収に関する営業はサービサー法2条2項，3条に該当する．また，「本件債権の回収方法は，最終期日を10日後等に指定した上で，それまでに連絡がない場合には，全額集金に行くか，強制執行への移行など断固たる措置をとる旨記載するなどした書面を債務者らにいきなり送付し，電話で督促するというものであり，債務者の勤務先の社長にも多大な迷惑，損害を及ぼすことになる旨記載した書面を勤務先内の債務者宛てに送付したり，勤務先に宅配便の運転手を装って電話をして連絡先の電話番号を伝え，電話をしてきた債務者らに対し，支払要求をしたりすることもあった．そして，被告人らは，債務者らと支払条件の交渉をして分割払の方法で本件債権の弁済を受けるなどしていた．」ことから，違法性を阻却するような事情は認められない．

(2) 立ち退き交渉は「法律事務」か

広島高決1992[平成4]年3月6日判例時報1420号80頁は，6階建てビルの居住者20名全員を一定期限までに退去させれば約3億円の報酬が得られるという内容の業務委託は，弁護士法72条にいう法律事務に当たり，報酬契約は無効となるとしていた．

同様の行為が争われた事件[30]で，最決2010[平成22]年7月20日刑集64巻5号793頁は，弁護士資格等がない者らが，ビルの所有者から委託を受けて，そのビルの賃借人らと交渉して賃貸借契約を合意解除した上で各室を明け渡させるなどの業務を行った行為については，その業務が，「立ち退き合意の成否，立ち退きの時期，立退料の額をめぐって交渉において解決しなければならない法的紛議が生ずることがほぼ不可避である案件に係るものであっ」て，「弁護士法72条にいう『その他の一般の法律事件』に関するものというべきであ」り，その際，賃借人らに不安や不快感を与えるような振る舞いをしていたなどの本件における具体的事情の下では，同条違反の罪が成立するとした．

前述のように，法務省担当者は2003年12月8日の法曹制度検討会で，争いや疑義は具体化又は顕在化したものであることが必要だと考える旨述べていた

---

(30) 東証2部上場の不動産・建設会社であったスルガコーポレーションが買収した秀和紀尾井町TBRビルのテナントを立ち退かせるため，大阪の不動産会社光誉実業に依頼した事件．発覚後，スルガは信用を失い上場廃止となった．

（法曹制度検討会 2004［議事録］）．この事件において，被告人の弁護人はこの法務省担当者の見解を援用し，「Ａ社と各賃借人との間においては，法律上の権利義務に争いや疑義が存するなどの事情はなく，被告人らが受託した業務は弁護士法 72 条にいう『その他一般の法律事件』に関するものではないから，同条違反の罪は成立しない」と主張したが，はねられている．

最高裁の立場は，その表現から，事件性必要説に親和的なものであり，要求される具体性の程度として，紛議等の具体化・顕在化までは要求しないもののその不可避性が必要であるとの立場（小山 2011：25）だと理解されうるものである[31]．その後の下級審裁判例ではこの要件に沿った判断がされている．

Ⅷ 業際問題に関する判例の展開

1 司法書士の業務範囲

2002 年の司法書士法改正で，認定司法書士に，簡裁代理権および，その範囲内における訴訟外での代理・和解権限が認められたことから，クレジット・サラ金の債務整理・過払金請求に関与する司法書士が増加し，司法書士の代理権の範囲が争われるようになった．

訴額 140 万円を超える紛争については，代理権がないのはもちろん，許されている「相談」（司法書士法 3 条 1 項 5 号）も，弁護士に許された一般的な「法律相談」ではなく，「法律常識的な知識に基く整序的な事項に限つて行われるべきもので，それ以上専門的な鑑定に属すべき事務に及んだり，代理その他の方法で他人間の法律関係に立ち入る如きは司法書士の業務範囲を越えたもの」とされている（高松高判 1979［昭和 54］年 6 月 11 日判例時報 946 号 129 頁）．

最高裁は，和歌山事件に関する 2016［平成 28］年 6 月 27 日判決・民集 70 巻 5 号 1306 頁において，債務整理事案における代理権の範囲について，以下のように，「個別説」（紛争の目的の価額は個別の債権ごとに算定する考え方），「債権額説」（紛争の目的の価額は債権者が主張する残元金額であるとする考え方）を採用することを明らかにして，この問題に決着を付けた．

---

[31] 三浦（2013：153）は，最高裁は事件性必要説に親和的であるとしつつ，個別の事件類型ごとに判断していく必要がある立場だとして慎重な姿勢を取っている．この解説は，事件性に関する判例・裁判例を整理していて参考になる．

「認定司法書士が裁判外の和解について代理することができる範囲は，認定司法書士が業務を行う時点において，委任者や，受任者である認定司法書士との関係だけでなく，和解の交渉の相手方など第三者との関係でも，客観的かつ明確な基準によって決められるべきであり，認定司法書士が債務整理を依頼された場合においても，裁判外の和解が成立した時点で初めて判明するような，債務者が弁済計画の変更によって受ける経済的利益の額（引用者注　これが司法書士会が主張していた「受益額説」である）や，債権者が必ずしも容易には認識できない，債務整理の対象となる債権総額（引用者注　日弁連が主張していた「総額説」である）等の基準によって決められるべきではない．以上によれば，債務整理を依頼された認定司法書士は，当該債務整理の対象となる個別の債権の価額が法3条1項7号に規定する額を超える場合には，その債権に係る裁判外の和解について代理することができないと解するのが相当である．」

和歌山事件においては，貸付金元本の額が517万円の債権と過払金の額が615万円になる債権が存在していた．最高裁は，このいずれもが司法書士の権限の範囲外であるとした．被告司法書士は，前者は受益額説に立って代理処理をし，後者は権限外であることから，本人名で訴訟を提起したうえ，499万円の支払いで本人名の訴訟外和解をし，報酬として99万8000円を受領していた．原審大阪高判2014［平成26］年5月29日金融・商事判例1498号16頁は，後者が実質的には代理行為であるとして，報酬の受領を違法として不法行為による損害賠償を認め，最高裁もこれを維持している．

司法書士に代理権限のない範囲の訴訟（訴額1130万9982円）について，形式的には本人名義にしていても司法書士が包括的に訴訟を策定する場合は，代理であって民事訴訟法54条1項違反となるとして訴を却下した裁判例がある（富山地判2013［平成25］年9月10日判例時報2206号111頁）．

2　行政書士の業務範囲

有限会社の取締役住所変更登記等17件の登記申請代理行為を行った行政書士が逮捕され接見禁止付の勾留をされた福島事件（村木2011：213）について，最高裁は，行政書士が業として登記申請手続について代理することは，司法書士法19条（現73条）1項に違反する，司法書士でない者の登記代理業務を禁止し，違反に刑罰を科した司法書士法19条（現73条）1項，25条（現78条）

1項は，憲法22条1項に違反しないとした（最判2000［平成12］年2月8日刑集54巻2号1頁）．同判決は，資格制度の合憲性を認めたものとして重要である．ただし，いくつもの士業を設けて，書類作成業務に関する業務独占をさせ，その違反には刑事罰をもって臨むという仕組は，その境界領域がわかりにくく，一定の統合が必要になると思われる（三木［常］2010：1426，三木［常］2012：151）．

共同相続人の一人から遺産分割に関わる事件を受任した行政書士が120万円を超える報酬を取得した事件について，裁判所は，次のように述べてこれを違法とし，報酬額全額とその他の損害について損害賠償を認めている（東京地判2015［平成27］年7月30日判例時報2281号124頁）．「被告は，亡Cの相続手続に関し，将来法的紛議が発生することが予測される状況において書類を作成し，相談に応じて助言指導し，交渉を行ったものといわざるを得ず，かかる被告の業務は，行政書士の業務（行政書士法1条の2第1項）に当たらず，また，弁護士法72条により禁止される一般の法律事件に関する法律事務に当たることが明らかであるから，行政書士が取り扱うことが制限されるものというべきである（同旨，最高裁第1小法廷判決平成22年7月20日，判例時報2093号161頁参照）．」

かつて東京地判1993［平成5］年4月22日判例タイムズ829号227頁は，同種の事案について行政書士がなし得る書類作成とその説明の限度で報酬請求を認容したが，この判決は不可分である契約の一部についてのみ報酬請求権の発生を認めるのは相当でないとした点が注目される．

行政書士が，自動車損害賠償責任保険金の請求や任意保険の請求，さらには交通事故紛争処理センター（浦川2014：24）への申立に関与することはしばしば見られるが，大阪高判2014［平成26］年6月12日判例時報2252号61頁は，行政書士が，交通事故の当事者間で将来法的紛議の発生することがほぼ不可避であることを認識しながら，当該事故の被害者との間で締結された準委任契約に基づき，保険会社宛ての保険金の請求に関する書類等を作成し提出することは，行政書士法1条の2第1項にいう行政書士の業務に当たらず，弁護士法72条により禁止されている行為であるから，上記契約は無効であるとした．

東京高判1964［昭和39］年9月29日高刑集17巻6号597頁は，自動責保険金の交付を受けることにつき必要な書類を作成提出するなど，これが請求に関

する一切の手続をなし，かつ，決定された保険金を受領する行為は，弁護士法第72条にいわゆる「その他の法律事務」にあたるとし，行為者（元法律事務所事務員）を懲役6月（執行猶予3年）に処していた．大阪高裁の2014年判決は，この考え方が現在でも維持されていることを示している．

IX　将来の課題

　法律家の養成には多大のコストがかかるので，申請業務を隣接士業が行うことには合理性がある．しかし，隣接士業は縦割り行政の中で行政通達に従属する業務を行っているので，その発想・訓練において国民のために闘う法律家といえず，限界があることは否めない．行政に従属せず，訴訟を行うことのできるフルパワーの法律家が増えることが重要なのであり，意見書が弁護士の大幅増員を打ち出したことは妥当であった．改革審は同時に訴訟代理権について一定の例外を認めたが，弁護士は各国とも歴史的に裁判をになう専門家として発生したものであり，そのための養成・訓練を受けてきている．訴訟代理権は弁護士の専門性の中核をなすものであるから，この例外を認めることは，改革審意見書が述べているとおり，緊急避難的なものであった．

　改革審意見書から15年，弁護士人口は改革審が設置された1999年の1万6731人から2017年2月1日の3万9010人に，17年で2万人以上，割合にして2.33倍に増加した．2018年中には4万人に達することが確実である．司法試験合格者数は年間3000人の目標が実際には2000人さらには1500人と下方修正されているが，1500人としても，弁護士人口は2029年には5万人，2040年には6万人に達する見通しである（日弁連2016：55）．

　「弁護士人口の大幅な増加と諸般の弁護士改革が現実化」した段階に到達しつつあり，弁護士の新たな質の向上に向けて新しい舵を切る時期になっている．少なくとも，隣接士業に対する訴訟代理や争訟性のある手続代理のこれ以上の拡大はなすべきではない．弁護士会は，争訟性のない法律業務については一定の開放をしつつ，争訟性のある案件については独占を主張するに足る供給義務を果たさなければならない．

　弁護士の増員に伴って，過払金の請求，残業代請求，交通事故の保険金請求等の分野に多くの若い弁護士が大量の広告を打って参入している．広告内容や

処理水準の低さに顔をしかめる法曹が多いのは事実であるが，これらの弁護士達が関与していなければ得るものが何らなかった権利者に，少しでもプラスを与えることができたのだとすれば，素直に成果と考えるべきであろう．

日弁連が隣接士業の権限拡大に反対しつつ，弁護士人口問題ではこれを弁護士に算入しようとするのは矛盾である．塚原（2000）で詳論したように，隣接士業と弁護士とは，対立ではなく協調すべき関係にある[32]．申請手続代理については士業の統合をすることも検討しながら，相互にネットワークを作って国民に対する法的サービスに当たるべきである．

〔文　献〕
ABA (2016) http://www.americanbar.org/resources_for_lawyers/profession_statistics.html.
阿部泰隆(2012)『行政書士の業務　その拡大と限界』信山社．
秋山他(2014)　秋山幹男他『コンメンタール民事訴訟法Ⅰ（第2版追補版）』日本評論社．
弁理士会(2014)　日本弁理士会『弁理士白書』．
ヘンスラー(2014)　マルティン・ヘンスラー「ドイツにおける弁護士マーケットの展開」（訳）森勇＝米津孝司編『ドイツ弁護士法と労働法の展開』中央大学出版部 43-69 頁．
武士俣敦(2002a)「アメリカにおける非弁問題の位相：パラリーガルを中心として（1）」福岡大学法学論叢 47 巻 1 号 105-144 頁．
── (2002b)「同 (2)」福岡大学法学論叢 47 巻 2 号 263-302 頁．
地方自治制度研究会編(2016)『詳解行政書士法（第 4 次改訂版）』ぎょうせい．
知的財産訴訟外国法研究会(2003)『知的財産訴訟制度の国際比較』商事法務（別冊NBL81）．
藤井篤(2004)「親子会社間での法律事務の取扱い」NBL 779 号 13-18 頁．
服部弘(1998)「国際商事仲裁」小島武司・伊藤眞編『裁判外紛争処理法』有斐閣 104-113 頁．
本間正浩(1997a)「イングランドにおける『隣接法律業務』(1)」自由と正義 1997 年 7 月号 61-74 頁．
── (1997b)「同 (2)」自由と正義 1997 年 8 月号 86-95 頁．
── (1998a)「イングランドにおける『弁護士』業務 (1)」自由と正義 1998 年 5 月号

---

[32] 塚原（2000）では，訴訟業務を行う者の統合を提起したが，困難が大きいであろう．韓国では，2015 年に国会の委員会で，弁理士，法務士（司法書士）等を再教育の上弁護士に統合する旨の検討がされていると報道されているが，士業の反対が強いようである．

72-85 頁.
――(1998b)「同（2）」自由と正義 1998 年 6 月号 54-67 頁.
法曹制度検討会(2004) 法曹制度検討会（第 24 回）配付資料および議事録 http://www.kantei.go.jp/jp/singi/sihou/kentoukai/seido/dai24/24siryou_list.html.
石田京子(2009)「米国における権限なき法律事務の取り締まり」臨床法学セミナー 7 号 121-135 頁.
伊藤塾編(2016)『登記制度の視かた考えかた』弘文堂.
鎌田薫(1981)「フランスにおける不動産取引と公証人の役割（一）」早稲田法学 56 巻 1 号 31-70 頁.
金光寛之(2001)『イギリス土地登記制度の研究』慶應義塾大学出版会.
兼子仁(2015)『行政書士法コンメンタール［新第 7 版］』北樹出版.
川股修二(2013)「税理士制度と納税環境整備(3)」北大法学論集 63 巻 6 号 147-190 頁.
金洪奎(2001)『韓国司法制度入門』信山社.
金融庁(2010)「諸外国の公認会計士制度」同「公認会計士制度に関する懇談会」第 5 回（2010 年 4 月 13 日）配布資料.
キリアン(2015) マティアス・キリアン「ドイツにおける特別裁判権と専門化した弁護士」（森勇監訳）森勇編著『リーガルマーケットの展開と弁護士の職業像』中央大学出版部 185-212 頁.
北野弘久(1995)『税理士制度の研究（増補版）』税務経理協会.
小寺史郎(2009)「隣接士業の非弁行為の現状」自由と正義 2009 年 11 月号 37-46 頁.
小島他(2014) 小島武司・猪俣孝史『仲裁法』日本評論社.
小山太士(2011)「判例研究」研修 762 号 25-37 頁.
三木義一(2001)「ドイツにおける税務訴訟の現実とその背景」三木義一編著『世界の税金裁判』清文社 11-62 頁.
三木常照(2010)「法律専門職の軌跡と将来像－行政書士を中心に」立命館法学 2010 年 5・6 号 1409-1439 頁.
――(2012)『行政書士の役割――増補改訂版』ふくろう出版.
三浦透(2013)「判例解説」『最高裁判所判例解説刑事篇平成 22 年度』法曹会 117-156 頁.
村木保久(2011)「判例評論」判例時報 1737 号 213-217 頁.
名古屋青税(2013) 名古屋青年税理士連盟制度部「世界の士業から～税理士と他士業の比較」http://www.meiseizei.gr.jp/activity/#a02.
中保秀隆(2016)「グループ企業間の法律事務の取扱いと弁護士法 72 条」NBL 1088 号 27-29 頁.
中村達也(2001)『国際商事仲裁入門』中央経済社.
谷本裕範(1998)「海事仲裁」小島武司・伊藤眞編『裁判外紛争処理法』有斐閣 110-115 頁.
日弁連(2016) 日本弁護士連合会『弁護士白書 2016 年版』.
日税連(2015a) 日本税理士会連合会『新税理士法（4 訂版）』税務経理協会.

──(2015b) 日本税理士会連合会「第6回税理士実態調査報告書」.
日本組織内弁護士協会(2017) 日本組織内弁護士協会「企業内弁護士数の推移」http://jila.jp/pdf/analysis201612.pdf (2017.2.20 アクセス).
日司連(2014) 日本司法書士会連合会『司法書士白書2014年版』.
──(2016) 日本司法書士会連合会『司法書士白書2016年版』.
小原望(2000)「法律業務の国際的競争と弁護士の法律事務独占」自由と正義2000年8月号14-33頁.
折田啓(2006)「フランスにおける弁護士による法律事務独占」自由と正義2006年8月号78-84頁.
ロタンダ(2013=2015) ロナルド・D・ロタンダ (当山尚幸他訳)『アメリカの法曹倫理事例解説 (第4版)』彩流社.
労働社労士団119(2007)『紛争解決手続代理業務実践マニュアル』.
最高裁判所事務総局(2000)『外国司法制度調査報告(英国)』.
坂田純一(2015) 日本税理士会連合会編・坂田純一『新版・実践税理士法』中央経済社.
司法研修所(1999)『イギリス,ドイツ及びフランスにおける司法制度の現状』司法研究報告書53輯1号.
下條正浩(2006)「イギリスにおける非弁活動の規制」自由と正義2006年8月号66-70頁.
七戸克彦(1999)「日本における登記制度と公証制度(の機能不全)」法学研究72巻12号245-281頁.
田中幹夫(2006)「ドイツにおける非弁護士活動規制」2006年8月号71-77頁.
特許庁(1999)「21世紀の弁理士制度のあり方を考える懇談会報告書」1999年3月25日.
──(2009) 特許庁総務部総務課『改訂3版 条解弁理士法』経済産業調査会.
東海税理士会(1994)『諸外国の税理士制度』新日本法規出版.
塚原英治(2000)「弁護士法72条をめぐる問題点と改革の方向」自由と正義51巻7号52-65頁.
──(2001)「隣接業種との関係」法律時報増刊シリーズ司法改革Ⅲ 133-134頁.
浦川道太郎(2014)「交通事故紛争処理センター」法律のひろば2014年6月号24-30頁.
山本和彦(1995)『フランスの司法』有斐閣.
吉川精一(2011)『英国の弁護士制度』日本評論社.

20 プロフェッション概念再考
―― ポスト司法制度改革期の弁護士役割論に向けて ――

渡 辺 千 原

I はじめに：本稿の目的

　司法制度改革審議会意見書から 16 年が経過し，司法制度改革のうちもっとも実施が遅かった裁判員制度開始からもすでに 8 年となる．まだその結果を評価するには時期尚早とはいえ，ポスト司法制度改革期の司法と社会の変化について，現状を把握し，その特徴や問題点を確認した上で，その改善に向けた取り組みを始める時期に来ていることは確かである．

　このたびの司法制度改革は「法の精神，法の支配がこの国の血となり肉となる，すなわち，「この国」がよって立つべき，自由と公正とを核とする法（秩序）が，あまねく国家，社会に浸透し，国民の日常生活において息づくようになる」（司法制度改革審議会 2001）ことを目指していた．これは，かつて川島武宜（1967）が目指した「生ける法の近代化」とも軌を一にし，近代化プロジェクトの一環としての日本社会の法化を推進するものである．そのあり方として，「過度の事前規制・調整型社会から事後監視・救済型社会への転換」をはかるとし，三権の一翼としての司法制度の強化，拡充を求め，その担い手である，プロフェッションとしての法曹には「国民の社会生活上の医師」として国民が自律的存在として多様な社会生活を積極的に形成・維持し発展させるのを促進することが求められた．

　つまり，法曹は，こうした法化推進の主要なアクターに据えられたのだが，他方で，今期の司法制度改革の背後にあった規制改革の対象でもあった．参入規制を緩和して法曹人口の大幅増大や，法律事務独占を定めた弁護士法 72 条改正なども同時に進められた．これは，規制改革を行うことで，事後救済型の

社会へと転化が進むことと，司法アクセスの拡充によって人々が訴訟利用に向かうとの見通しに支えられている[1]．プロフェッションとしての法曹は，事後救済型の社会で，司法制度の中核である裁判，特に主として市民間の紛争を契機として利用される民事裁判という秩序形成方式を通じて，法の精神・法の支配を浸透させるという役割を担うことを期待されていたと言える[2]．

他方で，ここで用いられた「プロフェッション」は，70年代以降，日本の弁護士役割論の中で主流を占めつづけている概念でもあった．戦後の弁護士自治の確立とともに提唱された在野法曹モデルは，臨時司法制度調査会による司法制度改革期を経て，プロフェッション・モデルへと移行した．90年代の司法制度改革期には，1980年代の法サービスモデルによる批判を受けつつ，なおプロフェッション・モデルを維持する議論が主流だった．司法制度改革審議会意見書での「プロフェッションとしての法曹」という言葉づかいや，その後の法曹人口抑制論議をめぐって日弁連が2012年に出した「法曹人口政策に関する宣言」(日弁連2012) のなかで，弁護士のアイデンティティとしてその「プロフェッション性」に言及するなど，現在も「プロフェッション」概念はなお役割モデルとして維持されている．

他方で，司法制度改革後，弁護士の人数が増大したのに対して，民事訴訟の提起数は伸びておらずその意味で法的需要不足が指摘されているが，弁護士業務も，裁判のありようにも変化が生じており，弁護士役割としても単純にこれまでの「プロフェッション」概念に依拠することはできなくなっているのではないだろうか．

かつて筆者は，司法制度改革審議会意見書で展開された法曹論を参考に，プロフェッション概念について若干の考察を行ったことがある (渡辺2001b)．それから16年を経て，実際に法曹人口の拡大が行われ，司法制度改革のインパクトについて一定の評価が可能になってきた今，改めて法曹をプロフェッションとしてとらえることの意味や，そのプロフェッション性の含意を問い直して

---

[1] 法社会学で従来からおなじみのテーマである．訴訟回避傾向について，基本的には制度説に立っていたと考えられる．

[2] こうした意見書での法の支配論は，裁判による秩序形成を想定して論じられており，「法の支配」の理解として問題との批判もあるが，本稿では，意見書での概念に沿って用いている．この点について，たとえば田中 (2008)．

みる余地があるのではないだろうか.

　ポスト司法制度改革期の法曹や司法をめぐる変化は非常に多岐にわたり，単純な把握を許すものではないが，本稿では,「専門化」という潮流に焦点をあてる．そして，法化の流れのなかで行われた司法制度改革期を経て，その一現象として法領域の内側で専門分化が進展しているなか，弁護士がなおプロフェッションを標榜することになにがしかの意味があるのか，また，こうした業務環境の変化を中で弁護士の「プロフェッション性」が何に求められるのかを問いたい．その際，プロフェッションがプロフェッションであるゆえんとされる，専門性や自律性という特性について改めて目を向けてみたい.

II　ポスト司法改革期の民事司法と弁護士

　今期の司法改革は，理念上は，司法制度を強化することで事前規制型社会から事後救済型社会への転化をはかる，すなわち「法化」のなかでも，田中成明の法の三類型モデル（たとえば田中 1994）によれば，自治型法や管理型法中心の法化から，問題への対処として裁判を一次的な制度として利用していく，「争訟化」により自立型法を浸透させるという意味での法化を推進するプロジェクトであったと整理できる.

　もっとも，今期の司法制度改革は，総体としてみると，争訟化という意味での法化を推進する改革が基本に据えられたわけではない．国民が直接に裁判に参加する裁判員制度の導入こそが最大級の改革であり，その具体化や実現に向けた各種の制度改革や取り組みに司法資源の多くが投入された．争訟化という点では基本となるはずの民事裁判については，大きな改革には至らなかった.

　争訟化に関しては，少なすぎる法曹を質量ともに拡充して司法へのアクセスが向上すれば，ある程度確実に進展すると見込んでいた．ところが，少なくとも現時点においては，そうした想定通りに訴訟提起は増えず，そうしたことも一因に，法曹人口の増加も当時の予定を下回ることになった.

1　法曹人口の増大と弁護士業務の多様化

　2017年2月現在，弁護士数は3万9010人，90年代の半ばより，司法試験改革が進められて司法試験の合格人数を増やしてきたが，1996年で1万5000人，

司法制度改革審議会意見書が出された2001年で1万8000人強，2004年に2万人を突破し，法科大学院と新司法試験が相次いで始まり，意見書の時点から2倍にまで急増している．このような合格者増に比して，裁判官や検察官の増員は限定的であるため，法曹人口の増加の多くは弁護士数の増加につながり，また若年層の参入が圧倒的多数であるため，30代の弁護士の割合が非常に多いという特徴もある．

80年代終わりからの司法試験改革では法曹三者協議によって司法試験合格者を設定するという方式がとられてきたが，司法制度改革審議会意見書は，その枠組を外し，「実際に社会の様々な分野で活躍する法曹の数は社会の要請に基づいて市場原理によって決定されるべき」とした．「国民生活の様々な場面における法曹需要は量的に増大するとともに，質的にますます多様化，高度化」することが予測されていたのである．また，秩序形成のあり方として事後的な法的救済方式の比重を高める秩序形成方式の転換のアクターとしても法曹を位置づけ，そのためにも人的基盤の整備として法曹人口の大幅増大が必要と考えられていたと思われる．

しかし，法科大学院修了生の司法試験の合格率が当初想定よりは低く設定されたことなどから進学を敬遠する動きや，逆に急激な合格数の増加が，新人弁護士の受け入れ事務所の不足，弁護士業務自体の供給過多をもたらすなどの弊害が指摘されるようになり，予定通りの増員に対しては強い異論が唱えられるようになった[3]．

日弁連は2012年に「法曹人口政策に関する提言」，内閣府は2015年に「法曹人口調査報告書」を発表，司法制度改革審議会意見書の計画を正式に見直し，年間1500名を下まわらない程度の合格者とすることになり，たとえば2016年の合格者は1583人となっている．法科大学院の乱立と法曹人口の大幅拡大は，現時点では，今期の司法制度改革の中でも批判の大きい改革となっている．

他方で，民事訴訟代理以外の業務への進出や開拓は進んでいる．すでに，90年代より企業法務の需要が拡大してきたと言われるが，東京を中心とする企業

---

[3] 若手弁護士の就職難が指摘され，いわゆるノキ弁やソク独など，十分に業務について教育を受ける機会がないまま弁護士業に参入するという問題も取り上げられることが多い．こうした指摘に対しては，ごく一部の弁護士についての問題であり，それをことさらに強調することは問題との批判も見られる．たとえば，岡田・斎藤 (2013)．

法務や国際法務を中心に手がける法律事務所の規模が拡大し，100人以上の弁護士を擁する事務所も10に及んでいる．トップ4と呼ばれるような大規模法律事務所への就職は，司法試験合格者にとっては憧れともなっている．そうした事務所では民事訴訟代理は主要な業務ではなく，渉外法務や企業法務中心だ．

　また，組織内弁護士の数も，近年急増している．2001年に組織内弁護士会が結成されたときには66人だった会員が，2016年には1700人にまで増加している．企業だけでなく，自治体や，大学，病院などの組織に所属する弁護士も増えている[4]．すでに多くの弁護士を雇用している大企業もあるが，任期制の公務員弁護士や，ごく最近になって初めて弁護士を試みに雇用したという民間の組織も少なくない．新たに雇用された弁護士自身が組織の中で法業務を自ら提案，新たに開拓していくという面もある[5]．

　他方で，法テラスが発足し，国選弁護が起訴前にまで拡充したことで，司法過疎対策や，民事扶助業務，国選弁護など，経済的な利益が小さく，これまで弁護士のプロボノ活動として理解されてきたような業務に，若手弁護士が多く参入するようになった．特に国選弁護は，若手弁護士の収入源のひとつにもなっており，私益性よりも公益のために奉仕することをプロボノ活動の定義とした場合，もはやプロボノとは言い切れない業務となっている．

　また，新たな業務開拓も進められている．例えば，ニーズが高まっている社会福祉分野で，弁護士が福祉職と連携し，アウトリーチ，総合支援を行う司法福祉と呼ばれる業務が挙げられる（濱野 2016）．

　アメリカでは70年代には，弁護士が顧客層，すなわち大規模組織を依頼者とする層と，個人・小規模ビジネスを依頼者とする層の2つの半球に二分化し，

---

[4] 企業内弁護士について，たとえば室伏（2016）．ここでは，分析の対象とはしないが，組織内弁護士は女性弁護士が顕著に多いという特徴もある．ワークライフバランスから組織で働くことが好まれる面もある．一般的には，組織内弁護士については，その組織の論理のほうが，弁護士コミュニティの論理よりも優先するようになるということから，プロフェッション性の低下につながるとも言われるが，企業での勤務経験を経て企業内弁護士になった女性弁護士は，弁護士になってからのほうが，待遇も仕事での自由度も高まったともいう（「女性法曹の社会的意義を考えるシンポジウム」での若手女性弁護士の発言．2016年6月4日．早稲田大学）．

[5] 筆者は，大学や病院で組織内弁護士として働く女性弁護士数名にインタビューを行ったことがあるが，あらかじめ決まった業務があるわけでなく，自らが組織に潜在している法的な問題を指摘したり，新たな業務を提案したりしているとのことである．

その後，さらに階層分化が進んで，その二層は交わらなくなっていると言われている（Heinz & Lauman 1994）．日本ではそうした階層化には至っていないが，特定の業務を中心に業務を行う集中化，換言すれば専門化は一定程度進んでいるとされる．従来型の，特定の専門分野を持たないジェネラリスト（一般型）ともいえる弁護士が層としてはなお大きいものの，大都市部を中心に，渉外・国際取引等の企業法務や，知財や独占禁止など企業顧客を中心とする，企業顧客中心型と，家事や消費者・労働・医療事故等の原告側代理や刑事弁護などを中心とする個人顧客中心型，そしてその混合型というタイプに大別される．大都市部や若年層では，ジェネラリストは少なくなり，他のタイプの比率が高まるとも指摘されている（宮澤・武士俣・石田・上石 2011）．司法制度改革以降，若年層の弁護士が育っていく中で，こうした専門分化は，日本でもさらに進んでいくだろう．2010 年の弁護士業務の経済的基盤に関する実態調査[6]の二次分析でも，階層化とはいえないものの（武士俣 2015），弁護士の多くが集中分野を持つようになっており，一定の専門化は進展している（藤本 2015）[7]．弁護士が徐々に，多様な分野を扱うジェネラリストから，一定の領域に集中するスペシャリストへと変容しつつある．

　このような弁護士数の増加，弁護士事務所の大規模化や，組織に所属する弁護士の増加は，弁護士コミュニティのあり方に変化をもたらす．これまでの多くのプロフェション研究が，他の職業と対比するに当たって，その専門家集団の組織原理に注目してきた．それが，プロフェション性の重要な要素である以上，弁護士をめぐる業務環境の変化に注目する必要性は高い．

　大ローファームの出現や組織内弁護士の増加と，それらと連動するスペシャリスト化という意味での弁護士の専門化は，なお弁護士全体からみると萌芽的な変化にすぎないが，弁護士像全体に与えるインパクトは小さいとは言い切れない[8]．

---

(6) 日本弁護士連合会（2011）．
(7) 企業法務を専門に扱う弁護士群が，他の弁護士層とは区別される形で形成されつつあるほか，39 の業務分野のうち，少数ながらそれぞれの業務に特化した専門弁護士が存在しているという．
(8) アメリカでも，大ローファームの所属弁護士やインハウスローヤーの人数は，弁護士全体の人数から見ると，なお少数に過ぎないが，それでもそうした弁護士が弁護士像に与えるインパクトは甚大だとも言われる．

では，司法制度改革が，その大きな見取り図として「プロフェッションとしての法曹」を主たるアクターとして期待した法の支配の実現の舞台である民事司法は，司法改革を経て，どのような変化をもたらしているだろうか．

2 民事司法と秩序形成の変化

日本が事前規制社会から事後救済社会へと転換しつつあると言えるのかの評価は容易ではない．市民間の紛争解決に裁判が利用されるようになってきたかどうか，という指標からは，民事訴訟の提起は，過払金返還請求訴訟を差し引くと伸びておらず，過払金訴訟のピークが過ぎて，むしろ減少傾向にあり，そうした転換は進んでいないと言える[9]．

今期の司法制度改革論議においては，総論では民事司法の活用を推進しているが，民事司法改革は，1996年の民事訴訟法改正の直後ということもあり大きな改革の対象にはならなかった．「国民にとって，より利用しやすく，分かりやすく，頼りがいのある司法」を目標に，裁判の充実・促進がうたわれつつも，その主眼は迅速化だった．ただ，その延長線上で，民事訴訟法改正時にはほとんど検討されなかった，専門訴訟への対応という新たな課題が中心的なテーマとなったことは，特筆に値する．

他方で，2003年に迅速化法が制定，施行され，2年以内に一審判決を出すことが原則化され，過払い金返還請求訴訟が急増したこともあり，迅速化こそが裁判所の至上命題となってきた．

専門訴訟への対応も，その遅延が一次的問題とされたことからは，迅速化の一環という位置づけではあったが，その内実は，訴訟類型に応じた手続の整備や専門家の関与のしくみの充実化など，民事裁判の在り方にも大きな影響を与えうるものであった（渡辺 2004）．具体的には，医療過誤・知財・建築・労働事件などを専門訴訟と位置づけ，専門委員制度の新設や鑑定改革，知財高裁や労働審判制度を導入するなどの改革が行われた．人事訴訟管轄の家庭裁判所への移管も含め，専門訴訟への対応は，その専門領域に応じた手続上の対応だっ

---

[9] 地方裁判所，簡易裁判所での第一審通常訴訟の新受件数は，それぞれ2004年に14万件弱，35万件弱だったが，2009年頃をピークに，2014年には2004年とほぼ同水準まで減っている．その増減の主たる原因とされるのが過払い金返還請求事件で，2009年には地裁で14万件，簡裁で34万件にも及んでいた（日本弁護士連合会 2015）．

た.

　その背景には，知的財産事件への裁判所の対応への不満が経済界の司法改革論議の引き金の1つであったことや，司法制度改革とは別に知財立国を目指す政策の一部として「訴訟手続の一掃の充実及び迅速化，裁判所の専門的な処理体制」が求められたという事情もあった．また，司法制度改革審議会が設置された1999年に，社会的に耳目を集めるような医療事故が続発し，医療過誤訴訟の提起が急増し，その対応も必要となった．

　ただ，こうした動向は，あらゆる領域で専門分化が進展しているなかで，法化が進展し，法もそれぞれの領域の知や論理を一定程度受容していくことが求められ，その範囲で法の自律性が損なわれるという「非＝法化」も同時に進展していくことに起因している．実際，司法や法曹の専門化による，専門訴訟への対応に対しては，おおむね好意的な評価がなされている．特に労働審判制度は今期の司法制度改革の中でももっとも評価の高い改革の1つであり，民事訴訟一般も労働審判方式を導入すべきとの改革案もあるほどである[10]．

　専門訴訟では，その専門領域に応じた手続の構築や専門家の関与のあり方が追求されており，それは弁護士に対する専門性要求にもつながっている[11]．過払金返還請求訴訟の大量提起も，その専門事務所や弁護士がその処理を担ったことで可能となった面もあり，専門化の一様とも言える．医療過誤や労働事件などは，かねてから専門性が高い事件類型とされているが，こうした事件を多く手がける専門弁護士がすでに一定数見られる分野でもあり，専門訴訟への対

---

[10] もっとも，こうした改革によって，専門訴訟の提起が大幅に増大しているわけではない．専門訴訟全体としてみると，事件数が伸び続けるかと思われたところ，いったん提起数が低下し，また微増して一定程度に落ち着いてきている．99年ごろより急増し始めた医療過誤訴訟も，2004年をピークに近年は800件程度で落ち着いてきている．新たに発足した知財高裁についても，2011年に100件を切ったが，再び増加に転じ，2014年2015年はそれぞれ138，137件と制度発足から比べると高い水準で落ち着いている．労働審判制度は，2009年に3000件を突破し，その後も増減はあるが3500件程度の提起数で安定してきている．総じていえば，想定したほどの増加傾向が続いているわけではないが，一定程度のニーズがその後も着実にあるといえ，裁判の枠組のなかでの専門分化が定着してきていると言える．

[11] 専門的知見を要する事件への対応強化として，専門委員制度の導入・鑑定制度の改善に加えて，法曹の専門性の強化が提案されている．ただし弁護士に関しては「弁護士事務所の法人化・共同化」がその具体的な内容であり，それ以上の踏み込んだ検討はない．司法制度改革審議会意見書．

応への動力にもなっている⑿．

　もっとも，法化は，争訟化だけを指すわけではない．現代の福祉国家の枠組において否応なく，政策実現のための道具として法が用いられる場面が増大するという法化現象の根本に立ち返ると，いわゆる管理型法への依存傾向を払拭することは困難である．事前規制から事後救済というキャッチフレーズが語られても，コンプライアンス重視から，規制そのものに変化がなくても，字義通りに従うことが強く要請されるようになっているとすれば，むしろ規制の拘束力は高まっているとも言える．

　また，それとも呼応して予防法務の重要性が高まっているし，民事司法改革も，民事訴訟を拡充するとしつつ，それと「同時に」ADRの拡充も進めている．仲裁法制の整備やADR法の制定により，紛争類型やニーズに応じた紛争解決手続の多様化，多元化も行われている．手続主催者も，法曹だけでなく，各領域の専門家や隣接法律専門職が参入している⒀．今期の司法制度改革は，裁判という秩序形成方式への転換を進めるとの総論の一方で，訴訟手続の専門化や，多様な手続や手続実施者を擁するADRでの紛争解決が促進されるなど，訴訟も含めて，事案類型ごとの専門分化も進めるという点で，裁判の基本様式からの変容をそもそも内包した改革案であり，それが実際に一定程度進展しつつあるといえる．

　このように見ていくと，ポスト司法制度改革期の現在，法曹においても民事司法においても，「専門化」という大きな潮流が見られることが指摘できる．法曹の専門化や，訴訟や紛争解決様式の細分化，専門化は，よりマクロな観点からは，形式的合理性の高い自立型法の浸透というよりは，法的な解決が求められる領域が拡大しているものの，他方でその解決のありようとしては，個別

⑿　たとえば，専門委員制度の導入に対しては，医療過誤訴訟の原告側の代理人が強く反発し，その制度設計に大きな影響を与え，当事者の手続保障にかなり配慮した制度枠組になったといわれる．

⒀　ADR法は，弁護士法72条の例外規定として，弁護士以外が紛争解決手続主催者になることを容認している．認証されたADRは，司法書士会や行政書士会などの隣接法律職団体が主催するものが多いが，医療ADRやソフトウェアトラブルについてのADRなど，当該分野の専門家が手続主催者に参加する専門分野対応型のADRも見られる．かいけつサポート http://www.moj.go.jp/KANBOU/ADR/index.html （20170104閲覧）．

の領域の特質に応じた専門的な対応が必要とされるようになっているという点で，形式的法の実質化という意味での，法化（前述した「非＝法化」でもある）と言える．法曹への役割期待も，こうした法化に連動して変化しつつあるといえるだろう．

では，こうした民事司法の専門化，弁護士の専門化の進展は，弁護士のプロフェッション性に何らかの影響を及ぼすのだろうか．本稿は，この「専門化」を一つのキーワードに，プロフェッションとしての弁護士の，プロフェッション性がいかなるものとして再構築されうるのかについての若干の見通しを示したい．

Ⅲ　プロフェッションとしての弁護士

1　プロフェッション・モデルにおけるプロフェッション概念

日本の弁護士役割論で，プロフェッションという概念が用いられるようになったのは，石村善助の『現代のプロフェッション』（石村 1969）の影響が大きいとされる．戦後の弁護士自治の確立から，司法の危機といわれる時代を経た 1970 年代，「在野法曹」として，国家権力と対峙するという弁護士像は，民事での訴訟代理や顧問等，多くの弁護士の大半を占める業務をうまく説明できないということから，新しいモデルが模索されていたときに，それをうまくとらえる概念として受容されたという．よって，プロフェッション概念の受容は，もともと民事法業務を念頭においており，その中心的な舞台として民事裁判が意識されていたと言える．

プロフェッションは，高度の学識，サービスの非営利性，職業団体の存在とその団体による成員に対する倫理的自己規制などを特徴とする職業であり，「個々の依頼者の具体的要求に応じて具体的奉仕活動」を行うことで「社会全体の利益」に尽くすという特徴があるとする（石村 1969）．

弁護士役割論においては，表現や力点は論者によって異なるものの，プロフェッションの要件あるいは特徴として，専門性，公共性ないし公共奉仕性，そして自律性ないし自己規律の 3 点が重要な要素として挙げられる[14]．プロ

---

[14]　そのほかに，社会的な地位や収入の高さなどが挙げられる場合もある．

フェッションの社会学の黄金期といわれる1950年代には，こうした特徴の抽出と，そうした特性が社会でもたらす機能に焦点が当てられた．このように，プロフェッションとされる職業がどのような特性を具備しているかを明らかにしようとする研究はプロフェッション研究の中でも，「特性」アプローチと呼ばれる．この特性アプローチは後述するように批判や見直しが迫られているが，日本の弁護士論におけるプロフェッション・モデルは，この「特性アプローチ」を前提にしている(15)．

　この3つの特性のうち，専門性については，専門職である以上，当然の前提とされ，あまり問い直されることもなかった．高度の学識に裏付けられた専門的技術を有し，一般理論を持つという，専門性について石村の提示した要件も，多くの場合大学法学部で教育される法学という確立した学問領域を基盤に，超難関試験である司法試験を突破して2年の司法修習を経て国家が付与した法曹資格を有することで，一定の専門性は確保されていると考えられてきた．その専門性の高さゆえに，依頼者による評価は困難であり，その質を維持するために，自己規律が必要と考えられる．これについては，戦後ほぼ完璧な形で制度的に弁護士自治を確立していること，強制加入団体である弁護士会が弁護士倫理を策定し，弁護士会として弁護士懲戒等でメンバーの統制を行っていることで，その要件を十分に満たしていると認識されてきた．そこで，主要特性のうち，その含意が明確ではない，公共奉仕性が議論の対象となることが多かった．この公共奉仕性の理念が反市場性を強調して，対価を支払っている依頼者の自律性を損なうことにつながるということから，プロフェッション概念自体の放棄を求めていったのが，棚瀬 (1987) の法サービスモデルである．

2　プロフェッション批判と弁護士役割論の到達点

　プロフェッション批判の核心は，「対価を支払い，必要なサービスを自由に買い取る依頼者こそがその法的争訟の主人という，ある意味では自明の理でありながら，これまで弁護士の専門家としての自意識を極限にまで高めたプロフェッションのモデルの中で否定されがちであった理念」の再確認（棚瀬 1987：7頁）であり，これが法サービスモデルという新たな弁護士役割モデル

---

(15)　六本 (1986) も，プロフェッションについてこうした説明を行っており，利己的思考と利他的思考の緊張関係によって特徴付けられるとする．

として，90年代の司法制度改革における弁護士改革論にも一定の影響を与えていった．

その後，棚瀬（1994，1996）は，自らサービスを選び購入していく自律的な依頼者像を修正し，様々な思いやニーズを抱えた依頼者を前提に，その思いや声を聴き取り寄り添う弁護の形を打ち出し，弁護士＝依頼者関係に焦点を当て，その関係性を軸に依頼者の自律を促進していく役割モデルを提示している．また，和田（1994）も，当事者である依頼者の生の声を，共感をもって聴き取り，紛争当事者が新たな関係を構築するのをサポートする役割を弁護士が果たすことを求めている．これらの議論は，ポストモダンな視角から，近代法の語り自体を批判的に問い直すという認識論のもと，主に弁護士＝依頼者の関係性についての一定の指針を示すことに力点をおくが，プロフェッション概念の本質を，その反市場性に見いだし，その概念自体を否定していく立場としては法サービスモデルと共通する．

今期の司法制度改革の底流には，規制改革があり，法サービスの規制も緩和し，市場原理にゆだねるべきという法サービスモデルの主張と合致する考え方が示された．

しかし，今期の司法制度改革前後に，矢継ぎ早に出された弁護士に関する著作では，法サービスモデルの批判を受けつつも，プロフェッションという概念自体は維持しようとする議論が主流を占めていた．たとえば「個々の弁護士の行動や態度に方向と基礎を与える心理的起動力，内面から突き動かす使命的な原動力，すなわちエートスと呼ばれるものが必要であろう．それがプロフェッションであるという自覚なのであり，その諸特性のうち，とりわけ公共奉仕の精神が重要である」（宮川1992）と，公共奉仕性の重要性を強調したり，逆に公共奉仕の強調を反省し「依頼者の依頼を受けてその個人的な価値ないし利益を法的側面から擁護・実現する専門職」であることを基本に据えつつも，そこに弁護士のプロフェッション性を見いだすなど（那須1992），プロフェッション概念自体を放棄すべしという立場には至っていない．

本稿が焦点を当てようとする，弁護士活動の多様化や専門化はすでに司法制度改革期以前から進展してきていた．そうした変容の中で，裁判業務に限らずより広い法の支配の担い手であることを求め，改めてプロフェッション性の意義を再構築すべきということは説かれていた（濱野2002）．宮澤（1999）も，こ

Ⅲ　プロフェッションとしての弁護士

うした変化のため弁護士活動全体を単一の概念で把握することが困難になっていくことを認めつつも，弁護士の自己反省と相互批判の基準であり社会に対する弁護士界の約束としての「プロフェッション」概念はなお必要であると説いていた[16]．

このように，棚瀬をはじめとするプロフェッション批判と，プロフェッション・モデルを維持しようとする議論は，理論的な立脚点や，具体的に想定している文脈には大きな違いがあるが，弁護士役割論としてはプロフェッションという概念を維持するか放棄するかが分岐点だった．棚瀬のプロフェッション批判は，特性アプローチに立ったプロフェッション概念を基本にそれを批判している．そうした概念の自明性を問い直すという立場に立てば，「プロフェッション」は，そのイデオロギー性は否定できないものの，なお職業上の理念として維持することは可能である．プロフェッション性の中身については，業務実態や社会的要請も踏まえて常に改訂していく必要性があるものの，他の職業と区別できる特性の維持，向上のための概念として維持するという立場が主流であり，それが司法制度改革期までの弁護士役割論の１つの到達点でもあった．

そこで注目されるべき見解が，2001年の司法制度改革審議会意見書における「プロフェッションとしての法曹」概念であった．

3　司法制度改革期以降のプロフェッション論
(1)「プロフェッションとしての法曹」論の射程

事前規制から事後救済型社会への転化という秩序形成方式の転換の提言の背景には，規制改革政策があった．意見書の中でも，法曹人口は市場が決めるべきと明言されており，弁護士役割論としては，法サービスモデルに立脚していた面がある．

しかし，司法制度改革審議会意見書では，法曹が，「社会生活上の医師」として社会で活躍することを求め，「プロフェッションとしての法曹」という概念がさかんに用いられた．

ここでの「プロフェション」概念は，これまでの専門性・自律性・公共奉仕性という特性を備えた存在ということを前提としておらず，その意味するとこ

---

[16]　宮澤は，当時法曹養成制度改革に力を入れていて，プロフェッションの特性としては後継者養成という要素を重視していた．

ろを明確にせず，むしろそうした特性に直結させることを避けているかのようだ（渡辺 2001b）.

　そのこととも関係すると思われるが，日本ではこれまでプロフェッションという言葉をあててこなかった裁判官や検察官も含む法曹全体を「プロフェッション」としたことにも特徴がある．法曹一元制をとらない日本では，これまで国家からの独立である弁護士自治からプロフェッションの特性である「自律性」を説明してきたため，裁判官や検察官をプロフェッションとすることは，概念矛盾の様相を示す．弁護士改革のほうでも，弁護士法 72 条改正や，広告の自由化や弁護士綱紀・懲戒手続の見直しのように，従来のプロフェッション概念と必ずしも親和的とは言えない改革を含んでおり，「国家からの自律」や反市場性などのプロフェッションの特性に反する．

　そこで，意見書での「プロフェッションとしての法曹」論も，プロフェッション概念の再構築の営みの一部とみて，いったんその内容をオープンにした上で，ここでのプロフェッション概念の含意を確認したい．

　意見書では，国民に対しては，裁判員制度を念頭においたとも思われる「プロフェッションたる法曹との豊かなコミュニケーション」を求め，法曹には，「法の支配の理念を共有して，相互の信頼と一体感を基礎にそれぞれの固有の役割に対する自覚を持って国家社会の様々な分野で活躍する」ことを求め，「豊かな人間性や感受性，幅広い教養と専門的知識，柔軟な思考力，説得・交渉の能力等の基本的資質に加えて，社会や人間関係に対する洞察力，人権感覚，先端的法分野や外国法の知見，国際的視野と語学力等が一層求められる」と，一人の法律家に求めるには無理難題としか言えないような注文をしている．多様な分野での多様な業務に進出し，専門分化していくことを想定しているといえる．ただ，冒頭で見たように，法曹全体をプロフェッションとしているのは，法曹が主たるアクターとして裁判を通じた秩序形成を推進していくことを中核に据えているからと考えられる．

　意見書は，司法が，立法や行政と並んで三権の一翼としての機能を果たすことを求め，違憲審査や行政訴訟など消極性が目立っていた分野での司法のプレゼンスを高める必要性も説いている．しかし，それに加えて弁護士が市民の権利の護り手として活躍しつつ，裁判を通じて新たな法理形成を促したり，政策形成に結びつけていくといった営みも，広い意味での法の支配の実現，法発展

III　プロフェッションとしての弁護士

のための重要なドライブとして位置づけているといえよう．

　つまり，裁判での法曹の役割が，なお「プロフェッションとしての法曹」論の中心だろう．そして，ここでの裁判は，刑事裁判のほか，違憲訴訟や行政訴訟や政策形成訴訟など法形成の核となるような裁判を含みつつも，広くは，市民間の法的紛争を解決する民事訴訟をベースとする．そこで，民事訴訟における弁護士・裁判官の仕事にプロフェッション性の一端を求めるものと読み取ることも可能だろう．司法制度改革審議会意見書の含意を汲みとると，法の支配を浸透させるための裁判とは何か，そしてそこでの弁護士の役割は何かを考察する必要があるということになる[17]．

　なお，裁判の中での役割にプロフェッション性を見いだす理論は，アメリカで展開されてきたリーガル・プロフェッション論とも符合する面がある．これは，アドバーサリー・システムにおいて，依頼者の党派的弁護と，裁判所への忠誠とのバランスをどうとるのか，という古典的な論点である．

　もっとも，アメリカでも，弁護士の過度の党派性が裁判を通じた真実発見や法実現をゆがめていることが問題視され，アドバーサリー・システムの見直しが迫られている．また訴訟類型の多様化や関係者の多元化，また訴訟以外の業務の広がり等から，そこでの弁護士役割の再構築も論じられている．日本では，そもそもアメリカ型の当事者主義にたっているとも，そうした当事者主義への信頼があるとも考えられていない．よって，裁判を中心に据えるとしても，日本の訴訟制度やそこでの訴訟観，そして本稿が焦点を当てる近時の専門化の動向もふまえた上で「プロフェッションとしての法曹」に何が求められているのかを考察することが必要になる．

　司法制度改革審議会意見書は，全体としても，これまであまり使われたことのない概念を多用した上に，非常に多岐にわたる改革案を出しており，プロフェッションという言葉も，これまでの特性アプローチが前提としてきたプロフェッション概念にとらわれない非常にユニークな使われ方をしている．よって，それはプロフェッションではないと批判することも可能だろうが，先述したように，これまでの概念を前提とせずに，そのプロフェッション性を再構築

---

[17]　本稿の目的を超えるが，裁判官に求められるプロフェッション性についても，同様の考察が可能となる．ここでは，おそらく国家の他の機関から独立して，裁判官の良心に従った判断の要請になろう．

することが必要とすれば，ここでの議論は，まさにそうした営みとも言える．よって，現在は，こうした改革論議を越えて，司法改革後の実際の変化を踏まえた分析が求められているということだろう．

(2)「法曹人口政策に関する提言」におけるプロフェッション概念

弁護士会では，司法制度改革後，法曹人口の抑制を求め，そこではプロフェッション・モデルに基づく議論を展開している．

2012年に日弁連が発表した「法曹人口政策に関する提言」では，冒頭から，「弁護士のアイデンティティは『プロフェッション』性，すなわち，高度の専門性と公益的性格にある．したがって，弁護士には市民から信頼されるに相応しい学識，応用能力と弁護士職の公益的性格の自覚が求められる．そのようなプロフェッション性から導かれる『質』を確保するためには，必要な水準に達しない者にまで弁護士資格を付与することがないように，司法試験の合格者数を，法曹養成制度の成熟度に見合うものにしなければならない．」と，その専門性と公益性を強調している．

本報告書が，もっとも重視しているのは，その専門性の確保である．「弁護士の専門的技能は，法的思考を手段として現実の紛争を解決することにある．法的思考を働かせるための基礎的知識は不可欠である．全ての市民に等しく保障される権利・自由を守り，実現するためには，全ての弁護士が，プロフェッションたるに相応しい学識と応用能力を修得していなければならない．」とし，急激な法曹人口の増加は，必要な専門性のレベルに到達できない人の弁護士への参入を許し，その質の担保ができなくするという．

他方で，公益性が求められる仕事と考えられてきた刑事弁護や扶助事件，過疎地での司法アクセスの確保は，法テラスを通じた国選弁護人の選任や，法律扶助事業，また過疎地での公益事務所や法テラス事務所所属の弁護士による対応も進められており，十分な役割を果たせているとされる．

この提言は，専門性を重視して，一定の専門性を担保しうるだけの参入の規制が必要であるという考え方に立っているが，往年のプロフェッション・モデルが想定してきた，プロフェッションが備えるべき専門性と公共奉仕性という特性の保持こそがプロフェッションがプロフェッションたるゆえんと考える，いわゆる特性アプローチにたっている．

しかし，そうした特性は，プロフェッションと言われる職業やそれらをとり

まく社会的経済的状況の変容に応じて，変容しており，一定の特性を所与の前提とする議論には必ずしも説得力はない[18]．

ただ，この提言は，特性アプローチに立ちつつも，その重要な要素である「自律性」については，「プロフェッションとしての自己規律を制度的に体現する自治団体を組織する」との言及にとどまる．また，公共性については，弁護士会としての，司法過疎，国選弁護，扶助業務への組織的対応に力点が置かれており，個々の弁護士の職業上の理念とはしていない．実際に，こうした取り組みは司法制度改革後，法テラスなどを通じて，組織的な取り組みが行われるようになっており，「公共奉仕性」のあり方も変化しつつある．

司法制度改革期までの役割論の到達点に鑑みれば，これから求められるのは，プロフェッション概念を維持すべきかどうかよりも，実際の業務の多様化，弁護士の組織原理の変化を読み取るための視角の整理と，そうした具体的な検討を受けた上でのプロフェッション概念の再構築ということになろう．

Ⅳ　プロフェッション性再構築の視角

日本の弁護士役割論としてのプロフェッション・モデルが，もともと規範的な役割論，すなわち通常，プロフェッショナリズムといわれる職業上の規範的な価値として主張されてきたものであることに鑑みると，その主張は，確かに，イデオロギーとして職業上の自己利益を擁護する側面もあるが，他方で，職業上の規範的理念として，依頼者や社会一般に寄与する可能性もある．反市場原理性や，自律性などの理念が実際の仕事にもたらす影響や，その含意について改めて検討し，あるべき理念として再構築する余地はあると考える．

法の領域・法曹人口がともに拡大し，隣接他業種や他の専門領域と協力しつつも競合し，互いにプロフェッションたりうること，すなわちプロフェッション性を主張しあうという現象が生じている中，古典的なプロフェッションとされる弁護士が，あえてプロフェッション概念自体を放棄するよりは，いかにプロフェッション性を構築しているかという過程に目を向ける方がはるかに有益

---

[18]　自律性概念に関しては，国家からの独立を，自律性の核に据えてきたことからすると，法曹人口の抑制を国に要望するという議論自体が，従来のプロフェッション・モデルの想定から外れているとも言えよう．

である[19].

　すでに1970年代の時点で，弁護士の数が過剰で，大ローファームや組織内弁護士が増加し，弁護士業務が商業化し，プロフェッショナリズムは失われてきたと言われているアメリカでも，なお弁護士の職業理念としては，「プロフェッショナリズム」が放棄されたわけではない．そして，プロフェッションの社会学も，国家との関わり，他業種との管轄争いや新たな業種への進出，依頼者との相互作用，グローバル化や情報技術の発達等の環境変化のなかで，いかに専門職の構造が変化しているかを，個別の業種や分野ごとに分析するようになっているものの，なおプロフェッションの理念が，依頼者および社会一般に専門性の高いサービスを供給し，専門職集団の中で，その職務の有りようをコントロールしていく概念として有用であると考えられている．また，そうした議論では，なお「専門性・自律性・公益奉仕性」といった理念に基づく特性がなおその分析の中心軸に据えられている（Gorman & Sandefur 2011）．

1　プロフェッションという組織原理とプロフェッション性の達成

　そもそも，なぜ単なる「専門家」ではなく，プロフェッションでなければならないのだろうか．プロフェッション社会学の黄金期といわれる1950年代，Parsons (1954) はその独自の機能主義の立場から，プロフェッションは，高度の専門的能力と公益性を有して，依頼者の個別の問題に対して，関係中立的に普遍的な価値を実現することで，公私の媒介を行い，社会統合機能を果たすとした．近代化の行き着く先にある官僚制化の問題を回避しうる存在としてプロフェッションに対して期待をかけたのである．そして，そうした機能を果たすために，たとえば弁護士は国家とは独立したバー組織を有し，そうしたプロ

---

[19] たとえば，Evett (2014) は，プロフェッションの社会学研究を理解，また展開する上で，プロフェッション，プロフェッション化，プロフェッショナリズムという3つの概念を用いて，現代のプロフェッション理解の枠組みを提示している．一定の専門的職業を指すプロフェッションと，職業上，規範的な価値を示すプロフェッショナズムを分けたうえで，理念としてのプロフェッショナリズムも変容しつづけているとし，プロフェッションを標榜する仕事の特質や組織が，プロフェッションとしての地位を確立しようとする過程や，組織原理として，用いる言説としてのプロフェッショナリズムに目を向ける．本稿ではイデオロギーとしての要素の強いプロフェッショナリズムとプロフェッションが，プロフェッションであることを主張する根拠となるプロフェッション性という言葉を分けて用いているが，程度の違いにすぎない．

フェッション共同体志向の強さが、他の職業との区別のメルクマールともいう[20]。パーソンズのプロフェッション論は、デュルケームのプロフェッション論を受け、特性アプローチを前提に、そうした特性を具備するプロフェッションがいかなる社会機能を果たしているかという機能主義にたつ整理である。よって、現状肯定的であり、そうした機能を反省的に検討するという契機を欠き、そうした諸特性がいかに形成、変容するかは射程外となるという、機能主義全般になされる批判が妥当する。

Parsonsは、プロフェッション全般に対して、その機能的限定性が公的な目的を達成する可能性も指摘するが、弁護士に関しては、それがアドバーサリー・システムにおける党派的弁護という限定的な役割に特化することで、逆に法の発展等につながるというメカニズムを想定している（Parsons 1952）。このような思考は、アメリカの従来の弁護士倫理の議論でも主流であった。

その後のプロフェッション研究は、こうした特性を前提としたり、それを抽出しようとする特性アプローチを問い直す。プロフェッションとされる仕事の歴史的展開や、弁護士をはじめとする業務環境の変化に鑑みると、具備されるとする特性からの説明では、現実の記述として適切とは言えないばかりか、安易にプロフェッションの理念を前提とすることでプロフェッション職の既得権益を保護、伸張するのを助けることになるとも考えられた。

Larson（1977）は、プロフェッションがプロフェッションとして市場での独占を勝ち取っていくことを「プロフェッショナル・プロジェクト」と称し、このプロフェッショナル・プロジェクトは依頼者や社会の利益を増進するためのものではなく、基本的には自らの利益の増進をはかるものとする。また、Johnson（1972）も、プロフェッショナリズムはイデオロギーに過ぎないとしてこの概念自体を批判する。

アメリカでは、弁護士事務所の大規模化によって、弁護士業務の組織がビジネス化、場合によっては官僚組織化し、商業的な圧力や組織原理によってビジネス化が進んでいること、依頼者の利益増進の方向への力学が強く働き、党派性の行き過ぎで裁判が非効率で公正さを失っていることへの批判が生じるようになった[21]。日本でいちはやく法サービスモデルを提唱した棚瀬も、こうした

---

[20] パーソンズのプロフェッションについては、渡辺（2001b）で、ある程度まとめて検討を行った。

議論から示唆を得て，弁護士広告規制を例にプロフェッション批判を行ったのである．

日本の弁護士の現状に鑑みても，その業務形態がビジネス化し，組織形態も官僚化していく流れは不可避であり，それに抗する組織原理として，アソシエーションを基盤とするプロフェッションとその自律性の維持に過度の期待をすることには限界がある．しかし，なお強制加入団体である弁護士会をもち，専門性が高い法の専門知を個別事例に当てはめて用いる裁量を持ち合わせている弁護士の仕事の基本は維持されている．専門家による依頼者支配の問題を指摘してきたフリードソン（1972，翻訳1992）は，医療専門職を念頭に，それでも専門職集団による自己規律や依頼者からの一定の自律性を保つことの意義をなお強調している．組織原理としてのプロフェッションに目を向けるときは，その「自律性」の意義とその含意についての再検討が必要であると言えよう．

もっとも，パーソンズ的な役割道徳の観点からのプロフェッション論は，日本では十分に展開していない．日本の弁護士役割論は，アメリカ型の当事者主義的な訴訟手続構造を念頭においてきたわけではない．「公共奉仕」は，刑事弁護や扶助事件など，一定の領域でのプロボノ活動を想定しており，当事者主義的な訴訟構造を通じた私益の追求が法の実現という公的理念を実現するという見方はあまり一般的ではなかった．そこで，むしろ民事訴訟という枠組みのなかで，弁護士のプロフェッション性がいかに観念されうるのかについての議論を深化させる必要はなおあると思われる[22]．そうした裁判構造を前提とした役割道徳の観念が未発達である中で，訴訟自体の専門化，手続の多様化という近年の変化の影響を抽出して独立して問うのはいっそう困難である．そこで，ここでは，裁判業務の変化におうじた役割道徳のあり方の再検討が必要である

---

[21] こうした弁護士研究は，日本の弁護士業務の変容の影響を占う上で参考になるだろうが，現時点での弁護士調査によれば，日本で生じ始めている弁護士事務所の大規模化や組織所属の弁護士の増加は，アメリカに比するとその規模はなお非常に小さく，単純に対比できるものではないと言われる（吉川 2016）．

[22] 那須（1997）は，通常の民事業務の中に弁護士のプロフェション性を見いだそうとする議論をしているが，弁護士による議論は，なおそうした通常の民事訴訟業務とは異なるプロボノ活動や，訴訟においても手弁当での公益性の強い裁判での代理活動に弁護士の「公共奉仕性」を見いだしてきていた．筆者は，渡辺（2001b）で若干の検討を行ったことがある．

という指摘にとどめ，裁判業務も含め，弁護士業務が他の隣接職や専門家の領域へと進出し，そうした領域の専門家と競合するようになっているという，より広い文脈で弁護士のプロフェッション性に生じうる変化に目を向けたい．

2 専門化による管轄の競合と確立

そうした議論の土台としては，近年のプロフェッション研究の1つの到達点ともいえる，Abbott のプロフェッション論や，その議論を一つの下敷きに，社会過程としてプロフェッションを理解しようとする Liu（2013）の議論が参考になる．Abbott（1988）は，プロフェッションの専門性の基本となる知識体系とその活用という仕事自体の特色に目を向け，そうした仕事を通じて自らの職域を獲得するメカニズムを，他の職との競合の中での「管轄（jurisdiction）」主張として描いている．

Abbott は，プロフェッションの仕事を，抽象的な知識体系を背景として，診断－推論－処置（diagnosis-inference-treatment）という三段階に分けて，この過程で依頼者の問題をプロフェッショナルな知識システムへと分類するものと整理している．Liu は，Abbott の概念を下敷きに，知識をプロフェッショナルなカテゴリーに制度化することを，専門的な問題について競合する診断の争いと動的にとらえる．

Liu は，こうした過程を，科学社会学の用語である境界維持活動（boundary work）と呼び，それには新たな業務を開拓したり，その仕事の範囲をぼかして，他の専門職の仕事を自らの仕事に取り込んだり，自らの既存の仕事を自らのものとして維持しようとする[23]という三つの形があるという．

弁護士が，その業務領域の拡大と専門分化が進展する中でプロフェッションとして存続し，その業務領域を弁護士の仕事として維持，拡大していく過程を把握するには，弁護士の具体的なミクロな営みに目を向ける必要がある．そうした弁護士の日々の営みのなかで，法の専門性やそれと密接にかかわる自律性も組み立て直していく必要が生ずる．それを描写していくことによって，プロ

---

[23] 境界設定（boundary making），境界曖昧化（boundary blurring），境界維持（boundary maintenance）という概念を用いて，Abbott と異なり，そうした社会過程としてプロフェッションをとらえようとする．現在の日本の弁護士が置かれた状況を記述するには有用である．

457

フェッション性を維持あるいは再構築するマクロなプロセスも視野に入るだろう．

　ポスト司法制度改革期である現在，弁護士が他の隣接法律職や，他の専門領域に進出する際，ある問題を，弁護士が対応すべき法的問題として診断し，対応をはかりつつ，その管轄を主張している．たとえば，簡易裁判所での訴訟代理について，認定司法書士の業務範囲をどう理解するかについての争いは，文字通り管轄権の争いであるし，ADR促進法の制定によって，弁護士以外の士業や，その他の専門家が手続主催者として参入し，既存のADRと並び立つようになっているという現象も，その角度から検討することもできる．

　専門訴訟も，問題となる専門領域での専門知にかかわる問題について，その専門知に則した解決が求められるようになっているという点で，法的な解決の自律性を損ないうる面がある一方で，その専門領域での自律的解決ではなく，法専門職が一次的に担う裁判という秩序形式に組み込んでいくという面もあり，その訴訟過程自体が，一種の管轄権争いとして立ち現れる[24]．

　弁護士の職域の拡大も，これまで他の職業が担ってきた仕事の引き受けや，新たに法的な問題との診断を行って[25]，法の境界を拡張する過程といえる．司法ソーシャルワークもそうした例であるし，組織内弁護士が組織内で新たな業務を開拓するという場面，あるいは例えば病院の倫理委員会の第三者委員として弁護士が参加して医療の専門的な判断に関与していく場面なども，そうした文脈と整理できる[26]．そこで，そうした営みの際に何を弁護士の援助が必要な法的な問題として規定して引き受けようとするのか．そして他業種との協力関係をどのように築きつつ，弁護士の仕事の範囲を画定しようとするのかに着目

---

[24] かつて，筆者は医療過誤訴訟における因果関係の判断のあり方を例にそうした考察を行ったことがある（渡辺2001a）．

[25] これまで誰にも担われていなかった領域をAbbottは「空白（vacancy）」と呼び，そうした空白部分への進出も視野に入れている．

[26] 最近の医療事故調査制度の設立は，医療事故の処理を，裁判で行うべきか，裁判というルートを回避する形で処理されるべきかについて綱引きの結果，医療の「プロフェッショナル・オートノミー」に期待し，医療機関の自主的な調査を基本とするしくみとして発足することになった．これも管轄権の争いで，法が医療にゆずった例と言えるかもしれないが，「プロフェッションによる自己規律」という概念がそれほど浸透していたとはいえない医療にその理念を持ち込んだのは，むしろこうした制度設営に関与した法律家だった面もあり，複雑な相互作用が見て取れる．

Ⅳ　プロフェッション性再構築の視角

すれば，法の境界の構築過程が視野に入る．

　以上の整理は，視角の提示にとどまっており，実際の個別領域における境界維持活動の分析は他稿での検討に委ねることにする．そこで，次に，本稿が着目する法的解決や弁護士の「専門分化」を，プロフェッションの仕事の管轄ないし境界維持活動として把握した場合に，これまでプロフェッション性の重要な特性とされてきた，専門性や自律性がどのようなものとして理解されうるかについて，若干述べておきたい．

3　専門化の進展と弁護士の専門性，自律性

　社会全体での専門分化が進む中，弁護士が専門分化していくのは当然の流れとも言えるし，そうした流れからは，弁護士のプロフェッション性としても，その専門性に力点が置かれるようになっている．アメリカでは戦後から，弁護士がそれぞれ専門分野を持つことが推奨されるようになってきたというが，日本でも，弁護士事務所の大規模化が進み，一定の集中分野を持つ弁護士が増え，専門化は進んでいる．

　従来のプロフェッション論では，その専門知については，高度の学識にもとづく抽象的・体系的な知とされていたが，専門分野の細分化とともに，専門的技能や専門知という要素がますます重視される一方で，その知に対するアクセスは向上し，コード化が進むとも言われる．専門分野の細分化と専門知のコード化によって，伝統的なプロフェッションが受けてきた教育訓練を受けていない者でも，一定の分野についてサービス提供ができるようになっている．情報技術の発達から，専門情報へのアクセスが向上していることも，そうした動向を後押しする．つまり，知識領域の細分化と，そこでの知識のコード化により，部分的な知識領域については，他業種や隣接業種でもアクセス，活用可能となるのである（法の文脈でKritzer1999）．

　法律職に関しても，情報化の進展，コード化ないし，標準化が進むことで弁護士でないとできない仕事はなくなっていくとの指摘もある（Susskind 2010）．しかし，専門知識には抽象的でフォーマルな知識だけでなく，暗黙知と言われるような経験知も含まれており，抽象的な専門知のコード化が進んでも，診断や対処の段階ではその専門領域の一定の暗黙知に依拠せざるを得ない[27]．こうした暗黙知への依拠が，弁護士の判断の自律性をかろうじて支えることにつな

がるだろう.

　他方で，プロフェッションがプロフェッションとして，官僚組織やビジネスと区別されるメルクマールとしては，かねてから，自律性が重視されてきた．おそらく，弁護士業務の組織化が，弁護士業務の変化の中でも最も影響の大きい要素であり，これが，弁護士業務の自律性の質に影響を与えている．

　アメリカでは弁護士は依頼者によって階層化が進んでいる．それによって弁護士全体のコミュニティの可視性が低下し，逆に個々の弁護士が所属する組織原理や，依頼者からの圧力の影響を受けやすくなり，弁護士の自己規律や規範志向性にも変化を与えているという．弁護士の自律性は，専門家共同体での専門職倫理の策定，実行を正当化してきたが，組織の拡散は，そうした相互監視力を低下させる一方で，依頼者によるコントロール可能性を高める．

　アメリカとは比にならないとしても，日本でも，司法研修期間の短縮，弁護士人口の急激な増大によって，弁護士界全体の可視性や，相互監視の程度は，10年前と比較すると，急速に小さくなっている．それにより，法曹全体や，弁護士コミュニティへの志向性を低下させ，理念としてよりも事実上，対価を支払う依頼者への志向性が高まることになる．

　従来型のプロフェッション論では，「弁護士の自律性」は国家からの自律と，独自の職業倫理にもとづく弁護士の自己規律だけではなく，依頼者からの自律も含意してきた．弁護士コミュニティや裁判業務環境の変化の中で，理念として自律性概念がどの文脈でどのように用いられているかを子細に見ていくことによって，この概念の含意を整理し直すことができよう．

　プロフェッション批判は，その市場性の否定を批判するため，「公共奉仕性」批判に力点が置かれてきたが，実際には，依頼者の自律と対立する「依頼者か

---

(27) 医療の分野でのEBMの浸透や，それにもとづくガイドラインの策定は，医療機関や医師ごとの治療方法のばらつきを抑制し，専門家個人の裁量の範囲を狭め，かつそうした情報への一般からのアクセス可能性を高める方向への変化を生ずる．たとえば，診療ガイドラインの策定は，法との関係では，医療過誤訴訟が提起された際に，医師の過失の基準として，法コミュニティが設定する「医療水準」ではなく，医療コミュニティが策定したガイドライン遵守をもって，対抗することを可能ならしめる，という点では，医療の自律性を担保する機能も持ちうる．実際に，アメリカでは，診療ガイドラインの策定は，そうした医療過誤危機に対して，ガイドラインを過失基準として医師を守る安全弁としようとする政策的意図があったとされる（Mehlman 2012）．

らの自律」という自律性にこそ問題があるとされていた（和田 1994）．そして，これは，専門性から導かれる本質的な要素でもある．専門分化により，情報へのアクセス可能性が高まり，知へのコントロールが低減することで，その意味での依頼者からの自律性は相対的に低下しうるが，パーソンズやフリードソンが言うように，なおプロフェッションの自律性という組織原理に社会統合等の期待がかけられるとすると，それはどういう意味での自律性であり，どのような条件を整備する可能性があるのか，という観点からの検討が望まれる．

4　裁判を通じた法の支配の確立とプロフェッション

さて，以上のように，ポスト司法制度改革期の専門化が進展する中で，弁護士のプロフェッション性がいかに構築されうるかについて若干の見通しを示してきたが，冒頭に挙げたように，司法制度改革は，主として裁判を通じた法の支配を実現しようとするものであった．そこで，こうした裁判での役割を念頭に民事裁判の専門化という文脈の中で，弁護士に何が求められ，それを通じて実現する法の支配がいかなるものなのかを問い直す必要がある．

しかし，裁判における弁護士役割自体，これまで十分に議論されてきたわけではない．よって，専門訴訟化が民事司法にもたらす影響や，それを踏まえてさらに弁護士役割論に対していかなる示唆があるかを検討する前に，なお通常の民事裁判における弁護士の役割を改めて問いなおすことが急務であると思われる．この文脈では，弁護士環境の急激な変化により，「プロフェッションとしての法曹」というタームとは裏腹に，法曹の一体性の意識はむしろ低下し，弁護士の弁護士会志向も弱まり，依頼者志向が相対的に高まっていくことは避けられない．よって，アメリカで指摘されることの多い，過度の党派的弁護が，裁判を通じた法の支配の実現をゆがめていくことが懸念される[28]．

これは通常の訴訟構造を想定した指摘だが，専門訴訟においても，それほど大きな違いはなく，むしろ専門家の関与が党派性を助長しうることは，アメリカでの専門家証人をめぐる経験からも明らかである[29]．また，訴訟の専門化は必然的な流れであるものの，その現象を過大評価することはできない．専門訴訟の提起が急増するという現象が起こっていないだけでなく，専門訴訟とされ

---

[28]　すでに，そうした依頼者志向が強すぎる弁護の問題は指摘されている．

る訴訟類型において，実際には専門委員や鑑定の活用は増えておらず，知財高裁の利用が伸び悩んだり，知財高裁の判断を最高裁が覆すなど，専門化推進とは逆のベクトルも働いていると考えられるからである．

　この理由については，多様な要因が考えられるものの，「プロフェッションとしての法曹」の主たる業務領域である裁判を，基本的には自らの管轄の問題として他の専門家の関与やそうした専門知の論理を受け入れることに抵抗する管轄維持運動の力学による面があるとも言える[30]．

　訴訟の専門化は必然的な流れであり，裁判という秩序形式の利用を促すには，これに適切に対応することが不可欠である．よってこのような管轄維持は，法や法曹の自律性は維持できても社会的要請に応答的な裁判とは言えないものとなり，好ましい現象とは言えない．相対的に専門分化が進んでいる弁護士こそが，「プロフェッションとしての法曹」のリーダーとしてこうした逆行現象に歯止めをかけていく役割を担いうるのではないだろうか．

V　結　語

　以上，ポスト司法制度改革期の法状況の特徴を「専門化」とし，その流れの中で弁護士をなおプロフェッションとして把握することの意味やそこでのプロフェッション性についての若干の考察を行ってきた．

　弁護士人口が増えても，現時点では民事訴訟の提起数はそれに比例する形では増加しておらず，弁護士業務のなかでの民事訴訟代理業務の比重は下がっていると考えられる．しかし裁判を通じた法実現とそこでの法曹の役割が，社会と法発展をつなぐ重要な媒体であり，「プロフェッションとしての法曹」に期

---

[29] 専門的証拠の導入，評価という場面であるが，日本ではアドバーサリー・システムを想定した証拠法などが未発達であるのに，当事者主義をとるために，実際には証拠調べ等において時として歯止めのない党派的な攻防を許容することにつながっていることについて，渡辺（2014）．

[30] 日本で知財高裁を設立する際も，知財の専門家を裁判官に据えるという制度設計には反対があった．専門裁判所の設置に対しては，アメリカでも推進の議論がある一方で，なおジェネラリスト裁判官による裁判であるべきとの主張も強い．こうした議論については渡辺（2012）．アメリカの知財を集中的に扱うCAFCが，より専門性の高い特許取引機関の判断を尊重しない傾向があることについて，Abbottの管轄権の主張の概念を用いて説明するものとしてPedraza-Fariana（2015）が興味深い．

V 結　語

待されているということには変わりはない．しかし，実際にはそうした民事司法の改革もそのための運用上の取り組みも十分ではない．現在の専門化の要請も踏まえた上，司法の側でのインフラ整備のほか，かつて論じられた「審理の充実」のための取り組みも必要となっている．相対的に専門化対応が進んできている弁護士への期待は大きい．

　現在，日本の弁護士の業務環境は激変しており，かつては弁護士のみが行っていた業務への他業種の参入や他業種との協力の必要性が高まっているし，法以外の専門領域に関する法業務も増えており，法的専門性自体，問われ直されている．これが単に「管轄権の維持，獲得」を目指す境界維持活動にとどまっていないかを自省する必要もあろう．

　本稿では，ポスト司法制度改革期の現状について一定の評価をしつつも，主として理論的検討とアプローチの提示に終始してしまい，弁護士業務の変容に関しては，宮澤節生先生を中心に手がけられた弁護士の実態調査研究での非常に貴重なデータから得られた知見に負うところが大きい．大学院時代に宮澤先生から頂いた「アメリカの議論を紹介するだけの法社会学ではいけない．地道な実証研究をせよ」との叱咤激励になお十分に応える研究が出来ていないことを反省せざるをえない．

　しかし，筆者としては，本稿でのささやかな検討を土台に，専門化の進展の中で主として医療という専門領域との交錯場面を対象に，法的専門性をめぐるせめぎ合いと，自律性構築について，より具体的なケーススタディを行いたいと考えている．本稿が，司法制度改革期以降の弁護士役割を考察していく上でのアプローチとして一定の意味を有することを願い，自らこうしたアプローチをもとに研究を進めていくことを今後の課題とすることを宣言し，本稿の結びに代えたい．

〔文　献〕

Abbott, Andrew (1988), The System of Professions: University of Chihago Press.

武士俣敦 (2015)「弁護士業務分野の特徴と構造」佐藤岩夫＝濱野亮編『変動期の日本の弁護士』日本評論社，28-51頁．

Elizabeth H. Gorman & Rebecca L. Sandefur (2011), "Golden Age, Quiescence, and Revival: How the Sociology of Professions Became the Study of Knowledge-Based Work", 38-3Work and Occupations 275-302頁．

Evett, Julia (2014) "The Concept of Professionalism: Professsional Work, Professional Practice and Learning", in Billett, S, Harties, C. & Gruter,H. ed., INTERNATIONAL HANDBOOK OF RESEARCH IN PROFESSIONALS AND PRACTICE-BASED LEARNING, Springer.

Friedson, Elliot(1972), PROFESSIONAL DOMINANCE:THE SOCIAL STRUCTURE OF MEDICAL CARE:邦訳　フリードソン，進藤雄三・宝月誠訳（1992）『医療と専門家支配』恒星社厚生閣.

藤本亮(2015)「弁護士のなだらかな分化」佐藤岩夫=濱野亮編『変動期の日本の弁護士』日本評論社，52-79 頁.

濱野亮(2016)「司法ソーシャルワークによる総合支援」立教法学93号155-194頁.

Heinz, P. John & Lauman,O. Edward(1994), CHICAGO LAWYERS.

石村善助(1969)『現代のプロフェッション』至誠堂.

Johnson J. Terense (1972), PROFESSIONS ANS POWER.

川島武宜(1967)『日本人の法意識』岩波書店.

Kritzer, Herbert, "The Professions Are Dead: Long Live the Professions: Legal Practice in a Postprofessional World", 33-3 Law& Society Review.

岡田和樹・斎藤浩(2013)『誰が法曹業界をダメにしたのか』中公新書ラクレ．

Liu, Sida (2013), "The Legal Profession as a Social Process: A Theory on Lawyers and Globalization", 38 Law and Social Inquiry pp. 670-693.

Mehlman, J. Maxwell (2012), "Medical Practice Guidelines as Malpractice Safe Harbors: Illusion or Deceit?", J. of Law, Medicine & Ethics, pp. 286-300.

宮川光治(1992)「あすの弁護士——その理念・人口・養成のシステム」宮川光治=那須弘平=小山稔=久保利英明編『変革の中の弁護士　上巻』有斐閣，1-37頁.

宮澤節生(1997)「弁護士職の自己改革による日本社会の変革を求めて」日本弁護士連合会編集委員会編『あたらしい世紀への弁護士像』有斐閣，142-163頁.

宮澤節生・武士俣敦・石田京子・上石圭一(2011)「日本における弁護士の専門分化——2008年全国弁護士調査第2報」青山法務研究論集4号193-287頁.

室伏康志(2016)「企業内弁護士の実像」NIBEN Frontier 2016年6月号27-40頁.

那須弘平「弁護士職をめぐる自由と統制」宮川光治=那須弘平=小山稔=久保利英明編『変革の中の弁護士　上巻』有斐閣，106-176頁.

日本弁護士連合会(2011)「弁護士業務の経済的基盤に関する実態調査報告書2010」自由と正義62巻臨時増刊号.

――(2012)「法曹人口政策に関する提言」http://www.nichibenren.or.jp/library/ja/opinion/report/data/2012/opinion_120315.pdf（2017.01.09vitsited）

――(2015)『弁護士白書2015年版』.

Parsons, Talcott (1952), "A Sociological Looks at the Legal Profession" in ESSAYS IN SOCIOLOGICAL THEORY, pp. 370-388, Free Press.

―― (1954), "The Professions and Social Structure", in ESSAYS IN SOCIOLOGICAL THEORY, ed. Talcott Parsons, pp. 34-49, Free Press.

Pedraza-Fariana (2015), G. Laura, "Understanding The Federal Circuit: An Expert Community Approach", 30-1Berkeley Technology Law Journal 90 pp. 89-160.

六本佳平(1986)『法社会学』有斐閣.

司法制度改革審議会(2001)「司法制度改革審議会意見書――21世紀の日本を支える司法制度」http://www.kantei.go.jp/jp/sihouseido/report/ikensyo/(2017.0109vitsited)

Susskind, Richard(2010), THE END OF LAWYERS？:RETHINKING THE NATURE OF LEGAL SERVICE, Oxford.

田中成明(1994)『法理学講義』有斐閣.

――(2008)「『法の支配』論議からみた司法制度改革」初宿正典ほか編『国民主権と法の支配－佐藤幸司先生古稀記念論文集（上）』成文堂，443-474頁.

棚瀬孝雄(1987)『現代社会と弁護士』日本評論社.

――(1995)「語りとしての法援用（一）（二，完）」民商法雑誌111巻4号・5号677-706頁，111巻6号865-903頁.

――(1996)「脱プロフェッション化と弁護士像の変容（一）（二）（三）（四，完）」法律時報68巻1号52-61頁，68巻2号47-56頁，68巻3号72-76頁，68巻4号55-63頁.

渡辺千原(2001a)「医療過誤訴訟と医学的知識――因果関係の専門性を手がかりに」立命館法学271＝272号1792-1820頁.

――(2001b)「プロフェッション概念に関する一考察」立命館法学275号153-179頁.

――(2004)「専門訴訟と裁判の変容――医療過誤訴訟への対応を一例に」和田仁孝＝樫村志郎＝阿部昌樹編『法社会学の可能性』法律文化社，259-275頁.

――(2012)「裁判の専門化と裁判官」立命館法学339＝340号647-682頁.

――(2014)「非専門訴訟における専門的知見の利用と評価」和田仁孝＝樫村志郎＝阿部昌樹＝船越資晶編『法の観察――法と社会の批判的再構築に向けて』法律文化社，223-248頁.

和田仁孝(1994)『民事紛争処理論』信山社.

吉川精一(2016)「危機に立つアメリカの弁護士」自由と正義67巻10号54-60頁.

21 法曹増員後の弁護士懲戒と弁護士自治
―― 正当業務型と懲戒5類型 ――

遠 藤 直 哉

I 弁護士活動の自由と独立

1 社会正義実現と弁護士自治

　法曹増員に伴い，法曹倫理の強化により，法秩序の維持や法の支配の発展を目指す考え方がとられ，法科大学院においても必修科目とされた．しかし，残念ながら，弁護士業務の放置や懈怠と共に，横領，詐欺的受任，名義貸（非弁提携）など金銭不祥事が急増し，弁護士会の監督は後手に回り，社会的非難を浴び続けている．他方では，これらの不祥事に巻き込まれるように，極めてまじめな弁護士による進歩的弁護や公益的弁護活動に対する懲戒決定がいくつか現れた．法社会学の泰斗のT.T.弁護士（取消），外国人人権活動家のK.O.弁護士（変更），テレビのコメンテーターのT.H.弁護士，法の支配の伝道者を自認する筆者などに対する戒告などの処分である．光市事件弁護団や消費者側弁護士への多発した懲戒請求は，戒告にならなかったとはいえ，懲戒制度の濫用や不当拡大といえる点で同じ潮流である．20年前から法曹増員が主張され始め，法令遵守，コンプライアンスが叫ばれ，いわば，経済的強者のための法の形式的運用の強化が始まったことに関係している．経済政策の失敗を覆い隠し，債権取立を強引に進めるため，法執行強化の名の下に，何と公益的弁護士まで生け贄にしたのである．それは，安田好弘弁護士に対する強制執行妨害（幇助）罪の逮捕起訴罰金刑であり，弁護士会の主流が告発したので，弁護士会自身が弁護士活動の自由と独立を侵害したとみるべきもので，懲戒以上の弾圧であった（弘中 2014：186）．弁護士会は，社会正義の実現を使命とする弁護士の集団であり，この使命を遂行する弁護士を守り，支援することこそが弁護士自治の

役割であり，これに逆行している状況は改善しなければならない．

要するに，弁護士会は，「権利（法）のための闘争」「平和に達する手段は闘争である」との進歩的弁護活動（イェーリング 1872 = 1900）を充分理解せず，金銭トラブル事案と公益的な業務熱心型事案とを全く区別せず，味噌も糞も一緒にして，法令に抵触するらしいと思われるものを，すべて非行として処理している．しかし，弁護士会は，社会貢献に積極的な弁護活動を抑止するべきではなく，支援すべきである．上記処分は，単に事実誤認の冤罪に止まらない．団体自治の重大な課題であり，役員が責任を持って検討すべきである．しかし，綱紀委員会，懲戒委員会の独立性（弁護士法 56 条及び 58 条）の名目の下に，会長らは，弁護士活動の正当性や独立性について検討していない状況が続いている．これを改革しなければならない．本来は，弁護士会内において，役員らが責任をもって，オープンに議論をすべきものである．懲戒の対象にすらすべきでない．さらには，弁護士活動の意義を社会に訴えていくべき課題である．すなわち，中国において人権弁護士の活動が弾圧されて多くが逮捕・勾留され，実刑にもされている中で，弁護士会はこれらの弁護士を懲戒したり，資格を剥奪すべきか，逆に支援すべきかという問題と同じである．司法制度，法曹制度が発展した欧米や日本でも，同じような現象は生じる（森際 2015）．

人権救済，誤判からの救済（上訴・再審）など困難な事件に取り組む弁護士は，法解釈を柔軟に駆使したり，局面打開のためにあらゆる法令を総動員する．多様な調査をしたり，世論喚起のためにマスコミに公表する．時に強引な解釈や手法とみられて懲戒の対象とされることがある．名誉毀損，強要，不法行為などの法令違反と疑われる．しかし，弁護士の舌鋒するどい攻撃は，正当業務行為（刑法 35 条）として，すべての分野で免責される。つまり，理想的には，弁護士は正義を追求する限り，斗争的手段を選ぶ上で，広い裁量と高い独立性を持つ[1]．具体的にも弁護士法や弁護士職務基本規程（日本弁護士連合会 2004 年制定，以下「規程」という）において，法令の形式的遵守は全くうたわれていない[2]．逆に，「人権擁護」と「社会正義の実現」がうたわれ，弁護士法の精神からは，広い裁量で法実務，行政実務または悪法へ挑戦することは，奨励さ

---

(1) 日弁連法務研究財団（2014）『法曹国際シンポジウム 2014：弁護士の独立性と弁護士会の指導監督 —— 弁護士非行に対する弁護士会の責務』．

(2) 日本弁護士連合会弁護士倫理委員会編著（2012）『解説・弁護士職務基本規程（第 2 版）』

れている[3]．もちろん規定 14 条では違法不正行為への関与が禁止されているが，正義のために前向きに取り組むことは禁止されていない．

しかし，弁護士会は，すべての懲戒処分で常に「品位を失うべき非行」（弁護士法 56 条）と空疎な非行概念の異常な拡大をさせたので，早急に自ら内部で類型化などの整理をすべきである．つまり，現在の保守的な裁判所では，弁護士が業務について民刑事の不利益を受けたり，戒告は部分社会の法理から取消されない可能性があることを前提として，弁護士会は過去の判例にとらわれずに主体的に懲戒制度を再構築しなければならない．さらに法の運用，法の補充，法の積極的利用，これら法への挑戦は，弁護士活動の自由と独立の保障の下で成立する弁護士の本来的任務であり，懲戒制度でこれを妨害してはならない．弁護士会は，これを国民に訴え続けなければならない．なお，弁護士会は，「公益活動」を会務や国選弁護などと形式的に狭く定義しているが，本稿では「公益的弁護」とは「勝訴見込の少ない難件や民刑事の誤判についての上訴などで，人権侵害や被害の救済のため，着手金なしまたは低額での受任活動」を指す．進歩的弁護とはより広く社会進歩に合わせた弁護士活動を指す．

2 法の二面性

法は，進歩性と保守性の二面性をもつ[4]．これに伴ない，法曹の業務や役割にも二面性がみられ，進歩的弁護とは，法の進歩性を体現するものである．

(1) 法の進歩性・外来性

法の進歩的側面とは，外国からの影響を意味しており，外国法の導入に由来する．フランス・イギリスはローマ法の影響を受け，ドイツはローマ法と共にフランス法の導入をした．日本は明治期に全分野においてフランス法とドイツ法を中心とする近代法を輸入した．戦後には，憲法，刑訴，労働法など大幅に米国法を導入した．20 世紀後半には，多くの後進国は欧米法を導入し，人権保障を含む民主主義的制度を入れた．一般的に憲法はフランス革命の影響下の宣言的なものとして，進歩的である．しかし，社会実態はこれらの進歩的外来法を短期に受け入れるには困難を伴う．長い期間をかけて法曹の努力により，

---

[3] 日本弁護士連合会調査室（2007）『条解弁護士法（第 4 版）』弘文堂．
[4] 田中成明他（1997）『法思想史（第 2 版）』有斐閣，山田卓生（2013）『法学入門：社会生活と法』信山社双書．

漸進的に定着させるのが法の支配である．また，近代法は資本主義経済とセットとなっていたため，階級闘争，戦争，公害の中で人権保障を核とする近代法の浸透は遅れた．また，生ける法として，民間に根付いた習慣は容易に変えられなかった．日本では，特に刑事司法の実務における生ける法は，人質司法として現在まで近代法思想を拒み続けている．

下記三件は，人権を守り，被害を回復するための先進的な弁護士の挑戦であり，いずれも遅れた国家法により刑罰が科せられても，進歩的な正当な弁護活動として懲戒されるべきではない．特に冤罪救済は，証拠に基づく近代裁判の原則を貫くもので，現在でも全面証拠開示制度のない日本では，法への挑戦として最も優越した価値をもつ正当業務である（指宿2014）．

［首なし事件］1944年の警察署内被疑者死亡事件で，正木ひろし弁護士は真実発見を目的として，墓の中から暴行された被疑者の首を切り取り鑑定し，拷問をした警察官を特別公務員暴行陵虐致死罪に追い込んだ．墳墓発掘罪と死体損壊罪が問題となったが，不起訴となり，懲戒も受けていない（正木1973）．

［丸正事件］1955年の殺人事件について，正木ひろし弁護士，鈴木忠五弁護士は冤罪弁護のために被害者の親族を真犯人と公表した．両名は名誉毀損罪とされ，正木死亡後鈴木は，禁錮6ヶ月（執行猶予2年）の間資格喪失した（鈴木1985）．証拠開示の制限下の後進的制度の中では，冤罪救済のための弁護活動は許容されるべきで，刑事罰は不当であった．英米では，裁判審理充実のために弁護士特権が認められており，名誉毀損についての刑罰や不法行為の責を負わない法理があり，これに準じるべきだからである（後述Ⅳ）．

［ユーザーユニオン事件］1970年結成の欠陥車被害者団体「日本自動車ユーザーユニオン」の幹部は，メーカー5社に対する恐喝罪で有罪とされた．同時に顧問弁護士の安倍治夫弁護士も共犯で執行猶予付懲役2年となり，資格喪失となった．検事のときにハーバード大学に留学し，吉田巌窟王を支援し，検察批判もしていた．弁護士となり，米国の製造物責任訴訟の成果を導入すべく，証拠開示制度のない日本での難件として取り組んだ先駆的消費者被害事件である（伊藤1993）．暴力行為でもなく，訴訟前のあるべき交渉にすぎず，マスコミへの公表手段も弁護士としての裁量であり，恐喝ではなかった．検察批判への報復的刑事罰で極めて不当なものであった．

上記の鈴木と安倍は，禁錮以上の刑の場合を欠格事由とするとの弁護士法7

Ⅰ 弁護士活動の自由と独立

条の効果をうけたものである．しかし，弁護士法には国家公務員法 76 条の当然失職の明文はないので，登録取消処分を要するとの学説もあったので，弁護士会は，これらの権力の攻撃に対抗して，徹底的に弁護士を支援すべきであった．つまり，進歩的弁護や公益的弁護に対する，権力の刑事的攻撃やスラップ的懲戒申立には断固として対抗しなければならない．弁護士会は，弁護士の業務が一見犯罪のようにみえるもの，あるいは犯罪とされてしまうものでも，正当な評価をする方針を持つべきであり，この強い方針のない過去の歴史が現在の大きな混乱を引き起こしている．

(2) 法の保守性・固定性

日本は，近代法の内の産業育成のための法令輸入により，アジアの中で唯一といえる近代化に成功した．しかし，人権思想の法整備は著しく遅れた．つまり，産業や生産の自由化に伴う発展に従い，人権侵害，冤罪，公害，労災，消費者被害，差別，デフレ下の生活苦や自殺などが大量に発生した．これらに対して，米国では，司法が，欧州では行政が主導して解決した（ケイガン 2001 = 2007）．日本では，いずれの道もとりえなかった．法の運用や立法によっても解決できない状況で，弁護士の業務は極めて困難なものに陥った．そして，現在では，原発，災害を始め，女性，子供，障害者，外国人などをめぐり潜在化してきた難件が多く顕在化しつつある．つまり法による解決が求められているものの，救済は著しく遅れ，人々の自律的行動とこれと共に歩む弁護士の協働が必要とされている（馬場 1994）．法とは議会法だけではなく，行政の政令，省令，通達やガイダンス，団体の規則やガイドラインを含めて，トータルなものととらえなければならない．これらが保守的・固定的である限り，次々と現象する社会的課題を解決できない（遠藤 2012b・2012c）．法の保守性，固定性に着目し，漸進的な運用をする努力が必要となる．最近では，外来法の進歩的な側面が大きく覆い隠され，学者の進歩的意見の影響力は小さくなった．裁判所の判例の積み重ね，行政実務の慣行により法は固定化し，ときに後退し，保守的傾向が顕著となり現在まで推移した．しかし，社会の変動は大きく，法は社会実態に遅れ，乖離するようになった（李 1994）．同時に，深刻な問題は戦後の経済成長が行政主導であったため，多くの強固な経済的規制は，画一的で古いままであり，新しい経済社会の進展に遅れをとっていることである（遠藤 2002）．行政分野の法への挑戦は強く求められているものの，司法消極主義の

下では，著しい難件として扱わざるを得ない．

3 法と裁判の補充（法動態説）

資本主義社会では，富める者と貧しい者との格差は大きく，貧者の数は膨大である．事業者の内でも零細業者が占める割合は大きい．司法制度，特に弁護士制度は，富める者に有利で，貧者には極端に不利である．しかし，弁護士が弁護士費用を支払えない貧者の依頼を拒否していては，司法そのものが維持できない．プロボノ活動は，弁護士制度の中核となる．貧者の事件の多くは，法制度や法システムの不備や欠陥，不合理性から生じている．プロボノ活動は法の補充，法への挑戦の場面が多くなる．司法は，社会の動向を反映せず，保守的価値判断を判決や決定で押しつけてくる．しかし，社会は常に動いている．弁護士の公益活動とは，人々の意見，意識を反映させる行動である．法の補充，悪法への挑戦は弁護士としてのもっとも高潔な役割であり，称賛されても，懲戒されるものではない．私的非行，横領，詐欺などを広く厳しく取り締まる必要があることに，公益的弁護を巻き込んではならない．弁護士会や法科大学院は，法曹倫理を広く深く研究し直さなければならない（遠藤2000）．

格差社会における司法の機能不全を解決するための制度は，①英国を中心とする法律扶助制度②ドイツを中心とする弁護士保険制度，消費者団体訴訟制度，③米国における成功報酬制度，公益弁護活動（片面的敗訴者負担制），クラスアクション，懲罰賠償制度，プロボノワーク，リーガルクリニックなどである（宮澤2008）．

学生・労働者の刑事弁護，公害や消費者被害の救済などは，無償または成功報酬型（公益型）であり，日本でもこれらの活動により，司法が維持されてきたという歴史的評価ができる．筆者も，若い内は救援センター，人権100当番，クロム禍訴訟，アスベスト禍研究などプロボノワークに従事し，デフレ下に置いては，困窮する多くの人々を救済してきた（遠藤1992，2007b，2012a）．

法令は固定的なものであり，社会の変化に遅れ，現状に合わない状況になりやすい．日本では，インフレ経済からデフレ経済に激変したとき，多くの法令は人々の生活を支援するどころか，法の執行が人々の生活に大きな打撃を与えることとなり，自殺者も急増した．保守的・固定的な法が，いわゆる悪法と見なされるとき，人々は，法令よりも生活や仕事を重視する．弁護士がこれに

加担するとき，倫理違反とみなされるかが問題となる．しかし，法と社会の乖離が大きいときには，弁護士は社会の正義や公正という実質的な合法性を求めて，法の運用に挑戦し，多様な手段をもって，法を進歩させねばならない．この動態的法形成を法曹が担うことを法動態説と呼ぶことにするが，これによれば法曹の業務は進歩的役割と保守的役割に分れ，裁判の場面でも進歩的弁護と保守的弁護に分れる．以下の3例は，進歩的弁護であり，法の補充として弁護士倫理違反とすべきものではない．

　[**安田好弘弁護士事件**] 1996年住宅金融債権管理機構（後の整理回収機構RCC）の代表中坊公平弁護士（元日弁連会長）は，安田好弘弁護士を強制執行妨害罪で告発した．デフレ下で債務者に法的助言を行った件について，従前，ほとんど死文化していた強制執行妨害罪で，1998年逮捕され長期拘留の上起訴された．一審無罪，高裁・最高裁で幇助罪50万円の罰金となったが，最高裁判事田原睦夫（弁護士）の無罪の反対意見の通り[(5)]，正当な弁護士業務である．一定の債務者保護は弁護士の重要な業務であるが，とりわけ当時の社会の要請であった．死刑廃止運動家への弾圧だけでなく，弁護士会が権力と組んだと思われてもやむを得ぬ法曹史上最大の汚点となった．

　[**倒産処理における税金と銀行債権の劣後的扱い**] 零細企業の倒産に伴い，第2会社に事業譲渡をし，事業継続しながら，旧会社を任意に清算させることがある．この場合，一般債権者も零細企業であり，この一般債権を優先債権とし，税金と銀行債権（保証協会付債権）を劣後させる処理がある．民事法上，詐害行為となる可能性がある．このような事業譲渡を助言指導してよいか．外国法では，日本のような税の優先主義，債権者の絶対的平等主義を必ずしもとっておらず，多様な方式があるのに対して，日本法は画一的で遅れているといえる．しかし，税務署や銀行は公益性を持つが故に，詐害行為取消権（否認権）を行使する可能性は少ない．よって，公益に資する方式として弁護士倫理違反にするべきではない．なお，会社法23条の2（2014年追加）では，詐害的事業譲渡の譲受会社に債務履行を請求できるとされたことは，法の後退であるが，承継財産の価額を限度とするので，取引先やノウハウの譲渡のみの場合，価額はゼロに等しいため，上記方式は未だ可能である．

---

(5) 最判平成23年12月6日判タ1373号156頁．

[**夫から妻への自宅譲渡（財産分与）**] 夫が破産手続に入る前に，夫名義の自宅を離婚に伴う財産分与として妻に贈与し，家族を守る方法がある．抵当権の設定されている場合であっても，妻が住宅ローンを払い続けることにより，住居を維持できる．抵当権債務の少ない場合や設定されていない場合には，妻が利益を得るが，妻の財産分与請求権を優先債権として，他の債権者からの詐害行為取消権や否認権の行使を否定できるかが問題となる．諸外国では自宅保護政策，居住用財産への差押禁止の法令があり，日本法は遅れている（遠藤2007b）．弁護士が上記譲渡を指導しても懲戒にすべきでない．

なお，法の保守性，後進性の問題が裁判制度に存するときには，裁判制度自体の補充，裁判の運用の補充のために弁護士の活動が最も重要となる．弁護士倫理違反としてこれを抑制するような懲戒は，法の支配の進展に反する．例えば，文書提出命令の文書は拡大されたが，即時抗告にならないように，「必要性なし」で却下する狭い運用になっている（遠藤1988，2000）．必要性を強調するため，文書提出命令申立で横領や背任などと責め立てる活動も正当業務活動となる．

II 弁護士懲戒の類型化

1 弁護士業務と合法性
(1) 社会変動と歩む弁護士

日本において法の進歩性・外来性は，法の精神または法の思想といえる．法の保守性・固定性は，現行の法令，判例，行政実務といえる．人々はこれらを変えようとし，弁護士はこれを助言する．弁護士会は，人権委員会，公害委員会，消費者委員会などで，常に進歩的弁護を支援してきた実績がある．しかし，懲戒委員会は，研修所教官経験者や判検事など，法の保守性を重視し，法の進歩性を軽視する委員で構成されている．それ故に，進歩的弁護の懲戒巻き込まれ案件が増加しているのである．そもそも，進歩的弁護と弁護士倫理は，深く掘り下げた議論すらされてこなかった．本稿では，社会変動に伴い，人々が法の変動に参加することは社会的な善であり，弁護士がこれを支援することは，まさに弁護士総体の義務であることを論証する．ここで，弁護士はブラック企業，悪徳商法，悪徳政治家をも弁護できるのだから，そのような義務はないと

の反論もありうる．しかし，悪徳行為の代理などの保守的弁護には抑制が必要である．下記の形式的合法性から実質的合法性への進展，つまり，実質的合法性に向かう社会的変動に対して，弁護士，判事，検事は，形式的合法性に固執したり，形式的合法性をかなぐり捨ててまで後退しつつ保守的業務をしてはならない．この熱心さは倫理に反するどころか犯罪となる．法の進歩の内，近代裁判の進歩は最も重要である．村木事件の証拠改ざん行為，袴田事件の証拠捏造行為など恐るべき権力犯罪が現在まで綿綿と続いており，民事事件でも同様に偽証や偽造が行われている．裁判制度を破壊し，法を後退させる悪徳な法曹や悪徳な業者や団体は，徹底的に弾劾されねばならない．

すなわち，法の進歩を示す動態的法形成を促すには，弁護士会の懲戒制度の運用において，悪徳業者の代理人には厳しく，進歩的弁護（公益的弁護）の代理人には緩やかにするべきこととなるが，従前には，理論化されず，明確な方針となっていなかった．これに直接関連する最近の重要課題としては，相手方からの懲戒請求の多くは，いわゆるスラップ申立であることである．攻撃的弁護活動たるスラップ（「SLAPP」strategic lawsuit against public participation）とは，「公共的な市民運動に対抗するための戦略的訴訟」である．経済力を持つ企業や政府系団体が，これを批判する市民運動や言論活動の中心人物に対して，業務妨害や名誉毀損で刑事告訴や民事訴訟を行うものである．威圧訴訟，恫喝訴訟といわれ，運動弾圧型と言論抑圧型がある．弁護士業務に対する懲戒請求による攻撃も，スラップ請求として制限されねばならない．例えば，2004年団体ホームオブハート（HOH）の脱会者らは，団体内部の児童虐待を告発し，団体の実態を公表したことから，団体は脱会者の代理人の紀藤正樹弁護士らに対して，名誉毀損と業務妨害の損害賠償請求訴訟，懲戒請求を数回にわたり申し立てた（山本ゆかり 2016：16）．脱会者らは逆に消費者被害訴訟を提起した．団体の弁護士は多額の報酬をもらい，被告側弁護士は難件として進歩的弁護・公益的弁護にほぼ無報酬で従事せざるをえない．そこで弁護士会は，双方の懲戒申立合戦において，法的正義のために，裁判所の保守的判断にとらわれずに進歩的弁護を強く支援しなければならない．

(2) 法の支配の二面性（自然法論と法実証主義の統合）

前記「法の進歩性と保守性」を歴史的に捉えて，法哲学者タマナハ（2004＝2011）は，「法の支配」には法治主義（保守的面）と自然法論（進歩的面）の二

面があると分析する．芦部信喜は，「法治主義」（議会法優先主義）に対して，「法の支配」（憲法優先主義）を対置した．本稿ではタマナハ理論を参考に「法の支配」をより広く連続的にとらえる（遠藤 2016）．近代議会制成立前までの間，支配者の制定する権力的な法に抵抗するために，実定法を越える価値（人権，平等，正義）を含む自然法が主張された．実定法の抑圧的欠陥を人間的道徳をもって補充したり，人々の納得のいく妥当な結論へと導くようにした．これは法創造機能といえた．

しかし近代民主制議会の成立により，議会制定法が絶対視されるようになった．自然法論は後退させられ，法治主義，法治国家と呼ばれるようになり，実定法一元論としての法実証主義が確立する．法解釈論としては，立法者意思説がとられ，法と道徳は厳格に分離されることとなる．法体系の自己完結性を主とする概念法学，形式論理的演繹を行う機械的法学，法教義学に至る．英米では，判例法主義として，長い間に次々に新しい判例が成立していたが，いつしか，先例拘束性の原理の絶対視，法宣言的裁判観の成立と共に，法実証主義が支配的となる．特に，19 世紀，資本家の求める権利たる所有権，契約の拘束性などをドグマ化しつつ，法の中に，予側可能性と安定性を強調する法実証主義が一般的となる（田中 1994：282-289）．

しかし，20 世紀から，資本主義の進展により，労働者，消費者の拡大に伴う社会経済の大きな変動が来る．ドイツでは，法実証主義からの脱却を目指し，自由法運動，利益法学の主張などにより，司法的立法，法創造的裁判などが進められた．英米においても先例拘束性の緩和がされ，社会変動に側した実質的法的安定性が求められた．特に米国では社会学的法学，リアリズム法学という法社会学的視点からの分析により，法的推論だけではなく，社会統制による妥当な解決を求める方法が支配的となっていく．すなわち，法実証主義克服運動が広がり，自然法の価値の実現という法の支配へと向かうこととなった（青井 2007：202-302）．特にナチスの拡大と残虐行為を，立法と司法が阻止しえなかったばかりか是認したことを，形式的法治主義の弊害，自由法論の悪用とみて，自然法の再生が唱えられた．このような経過により，現在では法の支配の二面性（法形式主義，法実質主義）を動態的に，法社会学的に把握し，統合しなければならないことが明らかにされた（タマナハ 2004＝2011：129-161，長谷川 2006：26）．

Ⅱ 弁護士懲戒の類型化

(3) 形式的合法性と実質的合法性の連続性（法動態説）

タマナハ（2004 = 2011）は上記二面性を，法理学的分析用語として形式論（formal versions）と実質論（substantive versions）に，また形式的概念（formal concept）と，実質的概念（substantive concept）に分ける．本稿では形式的合法性（formal legality）と，実質的合法性（substantive legality）の用語を使う．この2つの用語が以下の目的と特性をもち，各判断基準をもって個々の事案に適用することがふさわしいものとして提示する．

① 形式的合法性──（目的）秩序維持，法令遵守，（特性）先例踏襲，固定性，安定性，明確性，予測可能性，一般性，画一性，抽象性，法的拘束力の一面性・強度性，（判断基準）制定法，下級法令，判例，生ける法，古い慣習，固定的行政実務

② 実質的合法性──（目的）自然法の価値実現，人間性尊重原理，人権，自由，平等，平和，福祉の実現，正義の追求，（特性）先例変更性，柔軟性，可変性，個別性，暫定性，救済性，緊急性，具体性，法的拘束力の多様性・非強度性，（判断基準）憲法，上級法令，外国法，条理信義則，ソフトロー，社会常識，世論

形式的合法性と実質的合怯性について，合法性と名付けていることが重要であり，他の用語より適切である．合法性の反対概念は違法性ということになる．合法性を逸脱すれば，違法とみなされ，刑罰，民事賠償，行政処分，団体除名などの制裁を受けることになる．日本では，極く例外を除いて，形式的合法性を中心に合法と違法を区別してきた．すなわち，法令や通達の文言，過去の判例の結論に拘束されてきた．形式的合法性の逸脱により直ちに制裁を受けるため，法令遵守こそ最も重要な義務と考えられた．日本人が欧米に比してルールをよく守るとは，これを意味している．しかし，実質的合法性の概念を入れ，合法の枠を広げれば，従前，形式的合法性違反のみで違法とされてきたことが，実質的に合法として違法ではなくなる．特に，刑事罰を回避できることが最大のメリットとなる．市場，医療，会計，法務の分野で刑事罰が拡大されてきたことを抑止できる（遠藤2012c）．また，民事の請求権の拡大と縮小を理由づけできる．そもそも実質的合法性へ踏み出す弁護士活動を倫理違反の対象とすべきでなく，仮に弁護士懲戒事案としても誤判を防げる．

法令における形式的合法性が社会に適合していない場合は，徐々に柔軟に解

釈し，実質的合法性を求めて新しい解釈をしなければならない．特に，悪法としてこれに従わなくてもよいかとの問題となり，慎重かつ果敢な対応が必要となる．例えば，イエリネックは，権利のための斗争により，新しい法の産出，維持，改変といった，法のダイナミズムを確保できるとする（森元 2006：167）．また，ドゥオーキン（1986＝1996）は，各事案において，形式的合法性を示す慣例主義（conventionalism）と実質的合法性を示すプラグマティズムの視点を乗り越えて「統合性としての法」を提示し，「構成的解釈モデル」（中山 2000：87）または「整合的法解釈」（平野 2007：107）と解説されている．また，応答的法（ノネ＆セルズニック 1978＝1981）とは，合法性を保持した上での目的志向的な法のあり方であるという解説がされている（平野 2007：113）のも，合法の枠を広げるという同じ趣旨である（宮澤 1998）．

　形式的合法性の解釈においても，実質的合法性を常に意識している限り，妥当な解釈に行きつく．しかし，実質的合法性を常に意識し，点検しない限り，社会の目的に反した後ろ向きの解釈になったり，形式的合法性からの逸脱にも気づかなかったり，形式的合法性をも無視することになる．形式的合法性を尊重しつつ，社会的目的を求めて実質的合法性への踏み出しとは何を基準にすべきかが課題となる．社会の進展に合わせて法を進展させること，漸進的に改変させること，ソフトローの柔軟な運用を利用してハードローを改変させていくことである（遠藤 2014）．この法動態説によれば，法曹の役割とは，進歩的活動が核であり，保守的活動はチェック機能や監視機能を担うものである．法曹は，個々の案件において法の支配の「漸進性」の形，方法，理由を提起する義務を負うといえる．法の支配とは，①暴力の排除，②真実の情報と言論の自由に基づく民主主義，③漸進的改革を要件とする（松尾 2012）．一般には，③を理解されていない．②の真実と言論に基づく民主主義は，必ず社会の課題や紛争を，僅かでも一歩進めて解決するという明らかな哲学がある．芦部信喜の「法の支配」という憲法優先主義は，古い法令や判例を無効とし，飛躍する面があり，漸進的改革，動態的変化，具体的ビジョンの提示とは受けとられず，イデオロギーとして機能した．残念ながら，最高裁や社会において，憲法の理念が現実には生かされない状況が続いた．

(4) 形式的合法性の不順守

　弁護士が法令に違反し，懲戒を受ける理由は，形式的合法性に違反するから

であり，以下の類型である．規程の各条文はバラバラであり，実害が何かで分けておらず，極めて分りにくいので，下記5類型に分類する．先行研究には見られない，初めての試みである．先行研究に，法哲学，法理学，法社会学の成果をとり入れて展開したものである[6]．

① 一般非行型（Bad）B型（規程6,9,15,16,17条）
② 金銭非行型（Money）M型（規程10,11,12,13,21,24,25,38,39,45条）
③ 懈怠（強要）型（Negligence）N型（依頼者侵害型）（規程7,18,19,22,23,29,34,35,36,37,40,41,43,44条）
④ 不当業務型（Unfair）U型（相手方侵害型）（規程5,14,20,31,52,74,75,77条）
⑤ 利益相反型（Conflict）C型（規程27,28,32,42,53,54条）

弁護士会は弁護士法56条の解釈として，上記全てを非行とまとめるが，妥当ではない．上記①②は明白に非行といえるが，③④⑤は，法制度の不完全性を前提として，依頼者や相手方との関係性の中で弁護士の懈怠かやりすぎかを検討すべきものであり，故意や悪質なもののみを非行とし，その他を内部の検討義務付事案にするなどの改善案もありうる．これらの中には，形式的合法性に抵触するように見えても，実質的合法性を追求している場合もあり，それは後記の正当業務型（Fairness）F型であり，その内には公益型（Public）P型が多い．原則として，懲戒不相当類型である．

2　懲戒5類型

筆者は，日弁連の「自由と正義」の，弁護士懲戒処分の公告（以下「公告」という）について，平成15年以降28年まで，14年間のすべての懲戒処分を類型化した．上記のB型とM型は，弁護士制度の秩序や信頼を害する非行型で

---

[6] 飯島澄雄・飯島純子（2013）『1060の懲戒事例が教える弁護士心得帖』レクシスネクシス・ジャパン，弁護士倫理実務研究会（2013）『改訂弁護士倫理の理論と実務・事例で考える弁護士職務基本規程』日本加除出版株式会社，日本法律家協会（2015）『法曹倫理』株式会社商事法務，髙中正彦（2011）『判例弁護過誤』弘文堂，ロナルド・D・ロタンダ（当山尚幸・武田昌則・石田京子訳）（2015）『アメリカの法曹倫理――事例解説（第4版）』彩流社，小島武司他（2006）『法曹倫理（第2版）』有斐閣．特に裁判官の立場では難件の進歩的弁護における弁護士の役割への論及は困難とみられる．加藤新太郎（2000）『弁護士役割論（新版）』弘文堂．

あり厳しく運用すべきだが，N型は依頼者からの申立となり，U型は相手方からの申立であり，C型は隣接士業にない弁護士特有の倫理であり，それぞれ視点を変えて何が問題かを中心に検討すべきものである．また，従来，懲戒の判断には弁護士報酬について，無償か，成功報酬か，着手金の返還後かについて，考慮してこなかったが，これが最も重要な要素となることを論証する．

(1) 懲戒相当類型

・一般非行型（Bad）B型

① 私的非行型――セクハラ，強姦，痴漢，覚せい剤，酒酔運転事故，脱税など．禁錮以上の刑と推定されるものに，不起訴でも確定前でも業務停止とする運用となっている．罰金と推定されるものには戒告とする運用となるが，その基準によれば，セクハラや不倫などについて事実認定の面も含め，厳しすぎる処分もみられる．

② 地位濫用型（規律違反型）――弁護士の肩書き利用行為，弁護士会規律違反（研修義務懈怠・負担金不納付など），代理人でないのに住民票などの職務上請求すること，弁護士業務停止中の業務，会費滞納

・金銭非行型 （Money）M型

① 金銭トラブル型――預り金流用，横領，背任的行為，金員を清算し返還すべき義務の遅滞，着手金受領後放置（詐欺的受任）

② 非弁提携（侵害）型――債務整理において名義貸，非弁提携，または事務員への一括委任の方法で，業務放置したり，適正な代理業務をせず，依頼者を害し，過大かつ不当な利得を得るもの．依頼者を金銭的に害するものとして多発しているので，金銭非行型に入れるべきである．過払い金請求事件の広告をする者は，宇都宮健児弁護士らの長年の進歩的弁護の成果にフリーライドし，過大不当な利益を奪う消費者被害を発生させている．非弁提携撲滅，広告禁止だけでなく，弁護士会が今や低額の弁護士費用で，簡素な手続でできることを広報すべきである．

・懈怠（強要）型 （Negligence）N型 （依頼者侵害型）

① 一般的懈怠強要型――上訴期限の徒過，消滅時効の徒過，依頼者の同意なく和解すること，説明義務違反，秘密保持義務違反，依頼者の意思を無視し確認しない代理行為，依頼者の意に反する強要行為などにより，依頼者の利益を害するものである．但し，依頼が確定していない場合，上訴しても見込みの

ない場合には懲戒不相当となる．特に着手金未受領や返還後であれば，懲戒不相当は明らかである．公告では区別がつかないこと自体が問題である．

② 債務整理懈怠型——貸金業法21条1項9号によれば，弁護士は債務者代理人として債務整理（任意整理，破産申立）で債権者に受任通知をし，債務者を債権者からブロックすることが，重要な保護手続となっている．直ちに破産申立をできれば容易だが，任意整理から進行すると以下の通り，困難な業務となり，依頼者（債務者）と債権者の双方からの懲戒申立のリスクを負う．

a 任意整理の支払総額，偏頗弁済の是非，弁済可能資金の確保などの見直し困難の中で，業務が円滑に進まなくなる場合

b 任意整理を断念し，破産手続を選択する際，依頼者が破産申立を正式に委任しない場合または必要な書類や実費を提出してこない場合

c 上記aやbの場合に，債権者の催促にもかかわらず2〜3年経過すると債権者から懈怠として懲戒請求され，戒告とされる例がみられる．不法行為で敗訴することもある[7]．しかし，債権者は権利行使を制限されていないし訴訟も可能であるので，不法行為でもなく，懲戒制度の濫用である．

d 債権者からの懲戒請求を避けるため，債務者代理人を辞任する場合には，依頼者の意向に反することとなる．依頼者が懲戒請求しても，着手金を受領してない場合や着手金を返還するときには，懲戒不相当である．着手金を返還しないときには，履行した業務の記録などを保管し，依頼者側の不協力を疎明する必要がある．弁護士をこのような不毛状況に陥らせないためには，受任通知のブロック手続のみの利用は，何ら法制度の悪用ではなく，弱者保護政策とし，債権者の懲戒請求を却下すべきである．

e 日弁連は，金銭非行型②非弁提携型の防止を目的に，「債務整理事件処理の規律を定める規程」を公布したが，上記課題についてはふれておらず何ら対策を取っていない．

・**不当業務型** （Unfair）U型 （相手方侵害型）

依頼者の利益のために相手方に不当な業務を行うものである．主たる懲戒申立者は相手方となる．依頼者主導型と弁護士主導型がある．弁護士報酬を取りつつ形式的合法性を逸脱する私欲型として懲戒相当となる．しかし，人権や正

---

[7] 東京地判平成21年2月13日判時2036号43頁，東京地判平成25年2月6日判時2177号72頁．

義を目的とし，報酬を受領していない場合は，公益型として戒告不相当となる．

① 違法行為型 —— 違法行為への関与，文書偽造，相手方への威迫強要または脅迫，暴力団（関係者）を利用すること，

② 自律行為型 —— 法令手続外の自力救済，詐害行為，脱法的行為，節税，マスコミやネットを利用する訴訟外での不必要な名誉毀損行為など．

③ 裁判悪用型 —— 証拠の不当な扱い，偽証，隠匿（文書提出命令違反），偽造文書提出，真実義務に反するとき，不当訴訟・スラップ訴訟，訴訟での不必要な名誉棄損．

上記②③は実質的合法性を追求する後記正当業務型と区別しなければならない．たとえば，悪徳商法を行う団体と弁護士が，消費者側弁護士から詐欺や悪徳弁護士と非難され，これに対して，団体側弁護士が信用毀損や業務妨害と反論し，互いに損害賠償請求や懲戒申立をする場合，団体側弁護士は私欲型として上記②③に該当することがあるが，消費者側弁護士は公益型として正当業務行為となり免責される．私欲型のスラップ申立に対して，法の進歩に向けて表現の自由や法廷弁論主義の下で弁護士の自由と独立を守らねばならないからである．

④ 直接交渉型 —— 規程52条に「相手方本人との直接交渉」の禁止がある．弁護士と「法令上の資格を有する代理人」に適用される特殊ルールである．面会や電話などによる「交渉」の禁止のみであり，メールや通知などによる単なる「連絡」は除かれる．また規定上でも「正当な理由」があれば禁止されない．これらの要件を慎重に検討すべきだが，実害もないのに，不当に拡大しすぎている傾向がある．

・利益相反型 （Conflict） C型

① 一般的利益相反型 —— 弁護士の代理業務では利益相反行為を禁じられている．しかし，コンサルタント，不動産業者や隣接士業では，利益対立があっても複数の関係者の調整をし，複数の者から報酬を得ることも可能である．しかし，弁護士に限り実質的な利害対立が生じる場合には，双方の依頼をうけての業務をすべきでないことになる．H.K.弁護士の双方代理（業務停止3ヶ月）に衝撃を受けた筆書は，「中立型調整弁護士モデル」，「利害調整後の複数代理モデル」を公表し（遠藤1993），日弁連でも採用された[8]．弁護士の活動が広がっていった時代の要請であり，このモデルによればK弁護士の中立型調整業務

は可能であった．同弁護士は当時から公益弁護に従事し，その後在留邦人の国籍申請，反原発訴訟の公益に尽くす高潔な弁護士であることからも，懲戒委員会はより慎重に対応すべきであった．初めてのケースについては，懲戒委員会だけに任せず，会内で慎重に検討すべきである．

② 管理人型——遺言執行者（後見人または破産管財人）などの管理人の立場に立つとき，利益相反が問題となる．遺言執行者に就任し，さらに相続人の代理人となる場合，以前には利害相反にはならないと評価され許容され，日弁連調査室も同じ見解を公表していた．しかし，日弁連は2000年頃より，利益相反の禁止（規程27条1号・27条5号・28条3号），または職務の公正確保（規程5条・6条）を理由に，遺言執行の終了後か否かを問わず，多くを懲戒相当とした．但し，共同事務所内で遺言執行者と相続人代理人を別々に分担した件で，規程57条（同27条・28条と同旨）違反が問題となったが，2010年日弁連は，「遺言内容において遺言執行者に裁量の余地はなく」「実質的に見て利益相反はない」とし懲戒不相当とした[9]．このような経緯からすれば，弁護士会では明確な指針を作りその発布後のみ懲戒とすべきであった．そして，現在では実務上は，共同事務所での分担，裁量の余地のない遺言作成，遺言執行者にならずその代理人となる場合には，戒告とすべきではなくなり，今後はこの問題は減少するであろう．

(2) 懲戒不相当類型・正当業務型（Fairness）F型

F型とは，勝訴するに難件の業務，または貧者や弱者のための業務であり，無償または低額の弁護士報酬または成功報酬でやらざるをえないものであり，実質的合法性を追求する限り，その多様な斗争的戦法は正当業務行為（刑法35条）であり，懲戒不相当となる．進歩的弁護または公益的弁護と言うべきものが多い．目的正義型として，人権救済，えん罪救済，被害救済，誤判救済，紛争終了，紛争予防，犯罪予防，手続正義などの重要な目的をもつ行為である．

---

(8) 前掲注(2)82頁，日本弁護士連合会弁護士倫理に関する委員会編（1995）『注釈弁護士倫理』有斐閣，110頁．塚原英治他（2004＝2005）『プロブレムブック法曹の倫理と責任（上）』現代人文社，154頁．

(9) 前掲注(2)84頁及び145頁，日弁連調査室（1997）連載・弁護士の業務責任 ［第13回］山川隆久「遺言執行者と相続人の関係」自由と正義（H9・6月号）48巻6号162-164頁，柏木俊彦（2009）「弁護士が遺言執行者に就任した場合と利益相反の問題」判タ1283号30頁．

困窮者救済型，プロボノ型，成功報酬型が多数の割合を占める．

主たる懲戒申立者は事件の相手方である．一見すると上記U型やC型の申立てとして構成されてくる．しかし，慎重に分析をし，この類型に当たるときには懲戒対象外または戒告不相当とするべきである．懲戒申立があったとき，実害はあるのか，スラップか，権力の圧力かなど検討し，形式的判断ではなく，実質的な価値をもって判断しなければならない．

① 法制度補充型——法制度の不備，空白，遅れについて補充する行為，前記U型②自律行為型の反対類型，詐害行為的になりうる指導，救済を有利にするため市民運動や労働運動との連携，マスコミへの公表または意見書や論文の公表などの表現行為．前記首なし事件，ユーザーユニオン事件など．

② 裁判適正化型——訴訟制度を徹底して使用するもの．前記U型③裁判悪用型の反対類型，上訴，異議申立，誤った裁判の是正，多様な書面提出活動など．弁論主義の下で主張の必要性がある場合には，追って提出予定の立証手段を想定すれば，名誉毀損とならない．前記丸正事件など．

3 集計数とまとめ

(1) 懲戒相当型

　　　　　　　　　　　　　　　　総計　1102

B型　①46　②98　　　　　　　計　144

M型　①262　②80　　　　　　計　342

N型　①298　②64　　　　　　計　362

（②債務整理懈怠型の内債権者申立で戒告不相当が一定数ある）

U型　①23　②59　③74　④13　計　169

（②③の名誉毀損行為の内，後記Ⅳの理由で，戒告不相当が相当数ある）

C型　①58　②27　（②遺言執行者の多くはいわば遡及的処罰といえる）

　　　　　　　　　　　　　　　　計　85

(2) 類型化の成果

各弁護士会の戒告処分を，日弁連が取消した決定は19件である．これらの多くは懲戒請求の増加に巻き込まれたF型と言える．

平成15年から法曹増員による影響は，C型を除いて，B型M型N型U型の圧倒的増加である．B型M型は除名・業務停止が多く破滅的案件が多い．

しかしN型とU型は戒告が多く，研修や検討の強化により改善できると思われる．C型①は法曹増員の影響は少ないものの，一定数あり，同じく研修で対応できるといえる．最も大きな成果は，上記のとおり，F型を設定できたことにより，特にN②，U②③，C②にも戒告とすべきでないものが冤罪として混入してしまっていることが明らかとなったことである．これらについては，さらに個別に再審審査をして名誉回復する制度を作るべきである．

Ⅲ　正当業務型の検討

1　進歩的弁護活動

　進歩的弁護活動を中心とする正当業務型は，判例と行政実務の保守性や固定性を揺るがすために必要となる．進歩的弁護は，無償，低額，成功報酬で行う公益型が多く，一見業務を強行することがあっても，不当業務型とは異なる．例えば，マスコミに公表し，賛同者を集めたり，また，法の補充としてあらゆる法的手段をとっていく．時には，普通は考えつかない奇手，奇想天外の戦法もあり得る．私益ではなく，公益を目指すならば，社会正義に合致する．よって，このような進歩的弁護，公益的弁護を受任することこそ，法曹としてのもっとも高潔な倫理である．法曹としての倫理を実践する者として高潔な弁護士といえる．従前より，「懲戒を恐れるな」，「懲戒は勲章だ」と言われてきたのは，これを指す．しかし，今やネットで悪徳弁護士と一緒に公表される時代になったので，悪徳弁護士と徳の高い弁護士を分けるシステムを作り，社会へ正確な情報を開示しなければならない．

　一般的には依頼者の希望は，過去の判例や行政実務を前提にすれば，ほとんど実現できないと考えられる場合も多い．この場合に，原則として受任を推奨しないというのが，法曹増員前の弁護士倫理である．弁護士としても十分収入を確保し得ていたからである．そして昭和期には成功報酬自体が，弁護士倫理上好ましくないと説明されていた．これは，貧者や被害者を無視した倫理であった．しかし，例外的には判例変更や法の進歩を目指す弁護士，すなわち人権侵害，公害，薬害，消費者被害を救済しようとする弁護士は，無償で始めたり，成功報酬で業務を行った．そして平成に入り，司法の拡大が叫ばれ，税務訴訟，行政訴訟でも，一般民事事件でも見通しの困難な事件，敗訴率の高い事

件の依頼が増大してきた．これを進歩的弁護というならば，無償や低額の着手金，成功報酬である必要がある．敗訴濃厚な事案に弁護士に着手金を払う者は例外を除き，ほとんどいないからである．

　法曹増員により，一見してあらゆる弁護士の懲戒類型において懲戒数が増加した．しかし，進歩的弁護がこれに巻き込まれ，極めて深刻な事態となっている．つまり，米国で法曹増員を可能にした要因は，①非弁活動の徹底的禁止（UPL規制）により日本の隣接士業まですべて禁止されてきたこと（遠藤2016）②民刑事の陪審制，司法積極主義，成功報酬制により進歩的弁護の拡大が可能となったことなどである．日本では状況が全く異なり，急激な法曹増員には無理がある．特に，進歩的公益活動弁護士の収入は以前より不安定となった．さらに，人権派弁護士でない者が，進歩的弁護に参入する時代となり，業務を全くする予定がなければ詐欺，着手しない状態ならば懈怠，着手金返還請求に応じないときには横領などと評価される．行政書士の業務では，行政実務を変更できないにもかかわらず，着手金等を受領する不祥事が増大している．税理士の場合には，自ら仮装債務を作る相続税対策業務をすることもある．本来，正面から，実務や制度の運用を少しでも進歩させるべきだが，それをする能力や権限がないとの背景がある．今後はこれらの分野に弁護士が積極的に参入すべきこととなる（遠藤2016）．弁護士でも行政訴訟は難件である．但し，弁護士の場合には，訴訟を提起する権限はあるので，敗訴しても，弁護士倫理違反とならない．しかし，敗訴濃厚事案で安易に着手金を受領するのはリスクを伴う．つまり，司法の消極性の中での弁護士業務は，国民のために積極化せざるをえない運命にあるが，弁護士の自己犠牲，公益性が常につきまとうことを銘記すべきである．弁護士研修では法律研修の中に戦術や依頼者対策をも含めるべきといえる．

　また，困難な事案について，始める前，または調査をしたり交渉している時期に，明確に受任しないまたは辞任するとの意思表示をすることが要請される場合もある．しかし，調査ができず，口頭で協議しながら書面化しないことも多く，調査に取り組む姿勢を評価すべきで，弁護士報酬（着手金）の未受領または返還後であれば，公益型として不当とはいえない．

2 正当業務型の事案

(1) T. T. 弁護士[10]

相手方に対するメール送付事例であり，東弁ではU型④とされたが，交渉ではなく審判決定に基づく連絡にすぎず，日弁連で取消された．面会調整事案で，実質上子の代理として，子の福祉のための現代的難件であり，公益型であり，緊急やむを得ない措置といえる．また，職場への架電は証拠開示の不充分な制度の中での法の補充F型①である．

(2) K. O. 弁護士[11]

偽装結婚を知っていたとして，U型③として業務停止1ヶ月とされたが，取消訴訟で知らなかったと取消され，日弁連で戒告とされた．フィリピン人女性の子供の重病治療のために強制退去を阻止するための極めて難件の進歩的弁護である．異常に人権に配慮しない入管行政の改善への努力と捉えなければならない．さらに，相手方へのメール送付で戒告とされたが，これも交渉ではなく連絡にすぎず，不当な処分と言える．いずれもF型①として，戒告不相当といえる．

(3) H. T. 弁護士[12]

H弁護士はテレビで光市事件の弁護人の弁護方針について懲戒請求した方がよいとの言動等を行い，多数の申立がされ，自分も懲戒請求され，U型②として，業務停止2月を受けた．ただし，その後名誉毀損の民事損害賠償請求訴訟では一審，二審で敗訴したが，最高裁で勝訴している．マスコミへの意見公表は言論の自由であり，名誉毀損には当たらないし，F型①として懲戒不相当である．刑事弁護人の弁護方針については，東大事件弁護団の統一公判要求も含め懲戒申立された例があるが，懲戒問題とは別に弁護士の裁量の課題として大いに議論すべきで，これらもF型②として，懲戒不相当と言える．

(4) S. T. 弁護士[13]

依頼者への報告義務違反についてN型①として戒告されている．しかし，

---

[10] 裁決の公告（処分取消）（2015・2・16）自由と正義（H27・4月号）66巻4号125-126頁．

[11] 裁決の公告（処分変更）（2013）自由と正義（H22・12月号）64巻12号125-126頁，裁決の公告（戒告）（2015・8・5）日弁連懲戒事件議決例集（第14集）45頁，自由と正義（H27・11月号）66巻11号92頁．

[12] 裁決の公告（戒告）（2010・9・17）自由と正義（H22・12月号）61巻12号120頁，最判平成23年7月15日民集65巻5号2362頁・判時2135号48頁．

進歩的弁護であり，調査の結果，困難事件として，受任しないとの立場で，調査費その他を全額返還支払しており，F型①として戒告不相当といえる．処分確定から3年間日弁連選挙の立候補制限があり，処分は選挙立候補妨害と言われている．

(5) H. S. 弁護士[14]

成年後見審判却下に対する抗告期限徒過についてN型①として戒告とされた．日弁連の元事務次長であり，フロンティア法律事務所長など公益弁護士として評価されている．困難事案に相当する理由があり，つまり，抗告してもまず容認されない状況では，費用や労力をかけず，状況変化を待つ選択もあり，その場合には戒告不相当と言える．

3 本件戒告事案（公益弁護）

2015年1月第二東京弁護士会（以下「二弁」という）は筆者に対して，前代未聞の不当な戒告処分をした[15]．その対象行為3件（以下「本件」という）は，すべて正当業務型②裁判適正化型であり，裁判の運用の補充であった．二弁決定で最も問題であったのは，筆者が相手方（寺院）の偽証，偽造文書の提出により，繰り返される誤判に対して，無償どころか，実費など1000万円以上を立て替えて，司法の是正に努力した善行を非行としたことである．相手方は，認証されていない偽造規則や訴訟中に書き加えた数通の文書を提出し，裁判所に採用させ，5ヶ所の法律事務所に多額の弁護士報酬を使い，判決を騙取し，さらに懲戒申立に及んでいる．現在では，相手方の文書偽造は検察捜査に至り，多くの民事訴訟判決は再審申立に至っている．しかし，二弁は民事不介入の如く，裁判記録を充分見ることもなく，筆者の表面上の行為のみを誤って捉えて評価し，進歩的弁護または公益的弁護を全く理解できなかったことである．しかも筆者の行為は，すべて裁判所手続内のものであり，相手方も裁判所も何らかの手続も取れたものだが，実際には裁判所は何ら問題とはしていないし，相

---

[13] 裁判の公告（戒告）（2009・10・30）自由と正義（H22・2月号）61巻2号152頁．
[14] 裁判の公告（戒告）（2013・4・26）自由と正義（H25・8月号）64巻8号107頁．
[15] 裁判の公告（戒告）（2015・1・21）自由と正義（H27・4月号）66巻4号123頁，東京地裁平成24（ワ）32711号・平25（ワ）16392号ウエストロー・ジャパン文献番号2015WLJPCA12048004．

Ⅲ 正当業務型の検討

手方も手続内での異議などの申立をしていない．筆者の職務遂行を妨害するスラップ懲戒請求であり，少なくとも二弁は保守的な裁判所ですら何ら問題にしていないことには中立であるべきであった．また相手方は経理の不正が疑われたにもかかわらず，門徒役員や筆者に損害賠償請求までするに至り，多数の門徒と筆者らの事務所が，公益のために尽くしている状況である．なお，宗教法人法上の代表役員（住職）1名以外の2名の責任役員の場合について，文化庁は住職の親族でなく，門徒らとすることを指導し，全国の9割の寺院はこれに従っている．しかし，真宗大谷派本山は，これに抵抗し，1名を住職の親族とするよう指導してきた．つまり本山は，旧来の伝統，生ける法に固執し，現代の公益法人制度を拒否しているという重大な背景があることが最近になって判明した．以下は小林秀之一橋大学教授を始め，各弁護士会の役職者，現懲戒委員会委員長またはその経験者の方々のご署名をいただき，東京高裁24民事部へ提出した意見書の要旨である．なお，筆者の取消請求は，日弁連では全くの理由不記載の棄却，東京高裁も棄却したが，重要な事実誤認があり，筆者の指摘により変更判決（民訴第256条）をすべきところを更正決定するというお粗末なものであった．

(1) 点検調書への書き込み行為

① 岐阜県の真宗大谷派末寺 A では，長男 A′が住職（代表役員）をし，弟の僧侶 B は埼玉で布教を始め，2009年に寺院 C を設立した．A では宗教法人法の「認証」された寺院規則で，責任役員3名の内総代が門徒2名を責任役員に選任する．1999年 B は A′に頼み A の名義で埼玉で広大な墓地，本堂（居住用建物）と管理棟を，苦労の末作った．A′(A)は設立後の C に墓地所有権移転をすると覚書3通で約束した．B は墓地開発をめぐり，石材店と数件の訴訟となり，遠藤を紹介され訪ねた．遠藤事務所所属の Y_1 弁護士が無断で独立しつつ担当した．実質上の依頼者は B だが，名義上の A の代理人であった．訴訟終了前から僧侶でない A′の弟 X_1X_2 が介入し，Y_1 は実質上の依頼者 B の意に反して，A と X_1X_2 の依頼を受け，A の顧問弁護士として B を排除した．平成16年 A と石材店は訴訟上の和解をした．2006年 B と A′ X_1X_2 の対立を防ぎ，墓地会計を明らかにするため，A の門徒役員らによる監視委員会が設立された．しかし2008年 A（X_1X_2）は，Y_1 紹介の Y_2 弁護士を使い，組織決定なしに，B に対して明渡断行仮処分申請をした．遠藤は Y_1 に激しい怒りをもつ B

から初めて事態を知らされ，直ちに岐阜にて監視委員会と協議し，紛争解決できると予想し，顧問を継続するY_1の利益相反行為を中止させるためにも，無償でBの代理を受任した．②1999年墓地経営許可は，Bの墓地管理と居住を条件とした．しかし，建物2棟（本堂及び管理棟）について誤った明渡断行仮処分決定（任官2年目の刑事部配属の単独）が出された（執行官保管債権者使用）．Bは建物から予告もないまま追い出され窮乏化した．高裁にて本堂のみ変更（取消）の決定（執行官保管債務者使用）がされた．遠藤がBの債務者使用への執行を申立てた時，Y_2が本堂のみ仮処分申請自体を取り下げた（後に本訴も取下）．執行官が点検執行でY_2に鍵の引渡を要求したが拒否され，執行できない状況で，立会人遠藤は「相手方弁護士と執行官に引き渡すように要求したが拒否された（遠藤直哉）」と白紙の調書に記入し，署名押印し，記録に残した．記入できたのは制止されなかったからである．この記入があったからこそ，執行官も特別に別紙に同旨をタイプして記録に残し，遠藤の行為を容認した．しかし，二弁は何の証拠もないままに，「執行官の制止に反して記載した」という事実のみをとらえ，理由も単に非行とする戒告とした．③旧民事執行規則では，執行官は点検調書に記載し，立会人に読み聞かせをした上で署名押印させるとしていた．しかし，現規則は白紙への署名押印という一般にはあり得ない例外的処置を認めた．よって，白紙の部分に補充することは，事実確認，記録保存，適正手続，逆断行申立の必要性疎明のための，「法の補充」であり，執行官の執行業務と矛盾しない．Y_2の仮処分取下は従前の民事保全法改正時の議論等からも防止されるべき脱法行為として違法性が認識されていた．Y_2の取下と鍵引渡拒否という執行妨害への対応として正当性は明らかで，二弁は上記法律論も全く理解できないまま法の実現の努力を無視した結果をもたらした．

(2) 準備書面の記載（弁論主義）

①管理棟への第一次明渡請求訴訟では，CがAから墓地所有権移転を受けるとの書面について，A'は住職としてのA'の署名押印を偽造とする偽証をし，裁判所が採用したため，BCへの明渡判決が出された．遠藤が立替払いし，筆跡・印が真正との鑑定書を提出してあったこともあり，別件訴訟では，偽証と判断された．監視委員会や門徒総会は，5年間，対等和解と経理公開を要求し，決議や勧告をしてきたが，A'は応じなかった．平成23年8月，認証規則の手続に従い，門徒から責任役員2名及び仮代表役員D'が選任され，D'とBCは，

III 正当業務型の検討

高裁で墓地を A と C で折半し，建物を C 所有とする訴訟上の和解をし，明渡請求訴訟は一旦終了した．和解は A′ に通知されないまま成立した．B は建物に戻り，建物名義は C となった．しかし，A は紛争の相手方であった石材店側代理人弁護士事務所から独立した Y_3 弁護士を使い，知事の認証を欠く偽造と推定される規則（代表以外の責任役員を門徒・僧籍者各 1 名とする）を裁判所に提出し，認証規則を無効とし，責任役員 2 名と仮代表の選任無効，和解無効を主張し出した．B や門徒が従前より暴力団関係者と言っていた Z（元警察官による暴力団関係者との陳述書あり）が岐阜や法廷に現れた．遠藤は非常事態とみて，D′(A) と BC には全く利害対立がなかったので，その後 D′(A)BC の代理人として，2 つの寺院の公益性保持のために全く無償で，訴訟活動をした．Y_1 の約 2 億円の報酬と A′ $X_1 X_2 Y_2 Y_3 Z$ の 1 億円以上の利得は役員会の反対の中で取得され，違法と言えた．門徒らは役員会で A′ $X_1 X_2 Y_1$ を横領背任で刑事告訴することを決定し，現実に告訴し，捜査が開始されたが，立件には至らなかった．しかし，2016 年に，規則や役員選定届の偽造（5 件）について，県警本部の捜査が一部始められ，証拠原本が押収され，A も準備書面で報告している．② 仮代表が選任される要件（代表が法人と利益相反するとき）は，「法人と代表との類型的対立とする形式説」，「代表の善管注意義務違反を含む実質説」がある．後者は有力判例（宗教判例百選）もあり，宗教法学会では多数説といえる．本件は，代表が第三者に騙されたり，代表と第三者が不適切に金員を使ったり，代表が解任された例であり，代表と第三者の不正行為を明確に指摘する必要があった．多くの門徒らは，根拠をもって「悪徳弁護士や暴力団を関与させるな，訴訟上の和解に従え，偽証を許すな，認証規則を守れ，刑事告訴しかない」と再三非難し決議していた．遠藤は門徒らの主張を忠実に提出し，仮代表選任の有効性と必要性を明記する義務を負ったので，上記非難を記載した．特に弁論主義では認否を求めて主張せざるをえない．二弁は「形式説と実質説にかかわらず必要なく不相当に記載した」と，仮代表選任要件である善管注意義務違反という極めて必要性の高い主張であるのに，必要性は高くないとし，規程 70 条違反と品位を損なう行為とした．弁論主義や表現の自由を侵害し，暴力団関係者の懲戒請求を認めるという驚愕の結果をもたらし，法の支配を侵害するに至った．仮代表選任要件を証明する為に代表の違法不当な行為を記載することは，正当業務型②であった．

(3) 仮代表役員代理人の取下行為

① (**代表役員と仮代表の対立**)　裁判所が認証を欠く規則を有効とし，認証規則に基づく責任役員と仮代表D′の選定を無効とした頃の2012年1月に，利益相反がさらに明確となった理由で，Dを仮代表に選任した．本件に付きA′は完全に権限を奪われた（同年4月以降偽造規則使用によるA′の長男の代表就任無効と解任の状況で再度仮代表Dの選任確認あり）．BCとD′(A)は，訴訟上の和解をし，利害対立は解消していた．遠藤は，Aからの仮代表役員職務執行停止仮処分申立てのD′の代理人となり，またD(A)からA′X$_1$X$_2$Y$_1$への損害賠償請求訴訟のD(A)の代理人となった．AからBCへの明渡訴訟について，役員会が再三取下決議をした．代表は仮代表の選定により，本件につきAの代表権限を喪失した．DがAを代表し訴訟取下をできるし，遠藤がDを介してAの代理で取下することは，利益相反もなく，双方代理とならない．仮代表役員制度の法的構造からのみ結論付けられる．遠藤は代表と協議しておらず，代表を介して「Aの代理人」になっていない．二弁は遠藤が「仮代表役員D代理人」と明記したのに，Aに効果が及ぶ点のみをとらえ，BCと利害対立するAの代理人に就任するのは双方代理とした．仮代表は効果帰属主体ではないから，DとBCとの利害相反を「検討すること自体，無意味である」とした．しかし，本件ではBCの信頼を害していない．二弁は，利益相反（法25条1号規程27条1号）とは「前（BC）の依頼者の信頼を害する」通説に反して，「後（A）の依頼者の信頼をも害するもの」との，先例もない説で，Aの信頼を害する双方代理とする誤りをした．

② (**仮代表とBCの対立なし**)　役員会は，管理棟への明渡断行仮処分申請と第1次明渡請求訴訟，本堂への所有権移転登記抹消登記請求訴訟と第2次明渡請求訴訟について，再三訴訟取下を決議していた．Dが自ら取下書を提出するのは義務とも言えた．遠藤は仮処分申請と抹消登記訴訟で遠方のDに代わり，事務的に取下書を提出した．弁護士が不動産登記手続において，両方（買主と買主）の代理をできるのと同じように，紛争の終了行為や事務的行為において，利害対立のない両方代理は倫理違反とならない．利益相反でもなく，双方代理でもない．訴訟とは対立構造を前提とするが，取下は和解とも異なり，抽象的対立自体の消滅行為である．認証を欠く規則を有効とし，役員の地位を否定する相手方と裁判所への対応として，団体の組織決定を履行した．第2次

明渡請求訴訟での仮代表本人名義の取下書も含め，裁判所は上記和解と異なり，代表側の意見も聞き取下げの効果を認めなかった（BCへの明渡判決）．これらは通常利用されていない仮代表制の運用をどのように扱うかとの新しい法の補充の課題であった．

IV　名誉毀損に対する司法特権と言論の自由

1　弁護士業務の核心としての表現活動

前記の集計によれば，名誉毀損的言論についての戒告が急増している．また，弁護士の言動が名誉毀損とされ，損害賠償請求が認められる判決も多い．日本では民事刑事，弁護士懲戒でいずれも，真実性または真実相当性の抗弁の成否により結論が決められている．しかし，真実（相当）性の抗弁は，事実上無過失を要求するもので，一般的に言論の自由を著しく制約する．これに対して，英米では，一般の言論でも原告が被告（表現者）の故意以上の悪意を証明しなければ，被告は免責されるとされる．それ以上に，古くから現在まで弁護士の業務では弁護士の特権として，名誉毀損について悪意か否かも問わず原則として広く免責されてきた．

弁護士業務は，交渉や訴訟を通じて，すべて，口頭または文書での表現活動による．憲法の表現の自由の保障だけではなく，訴訟手続を中心とする当事者主義，弁論主義に則り，対抗的手続をとることが許容されている．弁護士業務については，医師の業務と同じく，刑法35条の正当業務として違法性が阻却される．医師がメスを使うように，弁護士は鋭いペンと舌を振りかざすことができる．つまり，その業務方法の核心は斗争的な表現活動であり，真実相当性の抗弁の基準だけによるべきではない．

2　英米の司法特権と現実的悪意の法理

英国では17世紀に星室庁が，国王や政府（高官）を批判する煽動的言動者に名誉毀損として民刑の制裁を下した．治安維持目的であったので，指摘が真実であっても免責されなかった．米国でも同様であったので，植民地総督を批判したジャーナリストのゼンガーは起訴されたが，1735年陪審は真実性の抗弁を認め無罪とした．にもかかわらずフェデラリストは建国直後に連邦煽動罪

法を制定し，真実性の抗弁を認めていたものの，政府批判に対し，民刑事の制裁が相次ぎ，言論の自由への重大な脅威となった．レパブリカンのジェフォーソンは，同法廃止後，恩赦，罰金払戻をし，言論の自由の優位を宣明にした．その後，英国も含めて，真実性の抗弁に加え，真実相当性の抗弁も認めるようになったが，その立証は困難で表現の自由の保障として充分でなかった状況であった（松井 2013：44-54）．

英国では，上記の歴史と併行して 16 世紀より裁判官，議員，公務員などが損害賠償請求から免責される広い制度の 1 つとして，司法特権があり，裁判官，弁護士，陪審員，当事者，証人の一切の活動を保護する絶対的特権が成立し，名誉毀損について民事刑事の責任が問われないこととなった．司法手続，その準備段階，司法手続での陳述の報道まで含まれる．極く例外を除き，虚偽が悪意かを問わず合理的かつ相当な根拠のない場合も免責される．司法運営においては自由に発言する機会を保障する公益が優先するからであり，特に弁護士が害意や違法行為があるか否かなどとのトラブルに巻き込まれないことを目的としている．また後続の訴訟が多数起こされるのを阻止する必要があるからである（山口 2009）．米国でも英国の法理を承継し，「絶対的特権は裁判官，弁護士，当事者，議員，政府職員の特権であり，その動機，目的，行為の目的の合理性いかんにかかわらず免責される」とされた．

絶対的特権に対して，相対的特権（制限的特権，条件付特権）は，公正な論評または，公正な報道の特権をほぼ意味している．被告がこれを援用したとき，原告は被告の側が虚偽の事実の指摘を，もっぱら悪意でしたことを証明しなければならない．これを明確にした NY タイムズ対サリバン事件では，警察公職者サリバンを批判したキング牧師の NY タイムズの意見広告に虚偽や誤りがあっても，悪意によるものではなく，その言論は憲法上の保護を受けるとの画期的結論を下した（松井 2013：54-77）．

この「現実的悪意の証明」とは，「公務員に対する名誉毀損的表現については，その表現が「現実的悪意」をもって，つまり，それが虚偽であることを知っていながらなされたものか，または虚偽か否かを気にもかけずに無視してなされたものか，それを原告（公務員）が「明白かつ確信を抱くに足る証明によって立証しなければならない」という法理であり，公的人物すなわち著名人に対する名誉毀損的表現にも適用されると解されるに至った（芦部 2000：353）

Ⅳ　名誉毀損に対する司法特権と言論の自由

(樋口 2011：352)．すなわち，原告に表現者側の虚偽についての悪意の証明責任を負わせる厳格なものである．具体的には，「現実的悪意」は，「被告が表現が虚偽であることを知っていたか，その真実性に疑問を抱いていたにもかかわらず意図的に裏づけ取材を拒否して，その虚偽性をまったく無視したような場合にのみ認められる．裏づけ取材が十分でなかったとか，本人確認を怠ったとか，それだけでは現実的悪意があったことにはならない．」とされる（松井 2013：230）．最高裁判事谷口正孝は，「誤った言論にも，自由な討論に有益なものとして積極的に是認しうる面があり，真実に反する言論にも，それを保護し，それを表現させる自由を保障する必要性・有益性のあることを肯定しなければならない（誤った言論に対する適切な救済方法はモア・スピーチなのである．）」と判示した[16]．

　日本では弁護士特権が確立していないが，少なくとも上記現実的悪意の法理は適用すべき時期に至っている．筆者の相手方は，公益法人ないし弁護士であって，筆者の準備書面は，公共性を有する公人としての相手方らの職務内容を問題視し，仮代表役員選任の要件たる善管注意義務違反の事実を記載している．よって，相手方らは，公益法人代表役員ないし弁護士の職務を行う者として，公共性を有するものであって，これらの者が「公的人物」にあたることは明白である．筆者は，準備書面を作成するにあたって，多数の門徒らの陳述書を含め，相当の根拠を以て記載にあたっており，真実相当性の抗弁も成立する状況であり，「現実的悪意」が認められる余地はない．

3　ドイツの言論の自由の保護

　ドイツでも，戦後においては，一般的に表現の自由が強く保護されるようになった．憲法裁判所は多くの名誉毀損訴訟において，言論の自由に萎縮効果をもたらせないように，表現者（被告）を保護した．これに比べ，日本の判例では，真実相当性の立証を厳しくしすぎて言論の自由を萎縮させているといわれている（毛利 2008：283）．1987 年バイヤー社株主事件では，「製薬会社バイヤー社の危機に対して共同して行動する会」は，「利潤追求のバイヤー社は，民主主義，人権，公正を害し，会は圧力を受け，右翼の政治家は資金提供を受

---

[16]　最判昭和 61 年 6 月 11 日民集 40 巻 4 号 872 頁．

けている」とのビラを集会や株主総会で配布した．下級審の差し止め決定について，憲法裁判所は違憲として，意見の表明と事実の主張は結合することから，過重な責任を負わせることは許されない」「真実性の要求は，その要求をする結果，表現の自由の機能を喪失させるほど強いものであってはならない．」とした（牧野 2006：133）．1987年弁護士戒告取消事件では，弁護士会が裁判過程において各挑発的言動または名誉毀損表現をした弁護士2名を戒告としたことについて，憲法裁判所は「一般的な見解によれば，弁護士は『権利をめぐる闘争』において，強く印象深い表現と具体的な言葉を用い，例えば裁判官のありうべき先入観や専門家の専門的知識を批判するために，さらなる判決批判を行い，『対人的に』議論を行うことは許される．」とし，違憲として取消した（神橋 2006：259）．

4 絶対的特権とスラップ申立の関係性

米国では，公職者は訴追されない絶対的特権をもつ（自由に意見を言える立場）故に，裁判手続を使わずともいくらでも反論できるので，新聞社を提訴する必要もなく，提訴するのは嫌がらせのスラップになるし，提訴権濫用または訴訟経済に反するものとみなされたといえる．他方で，弱者たる私人が名誉毀損されたとして，マス・メディアの強者を提訴した類型も発生し，現実的悪意の法理ではなく，真実性について過失ありの認定やプライバシィー保護を理由に勝訴させ，強者から弱者への反訴はスラップ的請求として制限されるとの構造となった．日本では，弁護士が名誉毀損に問われスラップに巻き込まれたとき，近年真実相当性の抗弁の要件が狭められ，判断が弁護士に厳しくなっている傾向があるとの意見（升田 2007：56）．本来，訴訟は自由に主張立証を戦わせて弁証法的に真実に迫るという目的と機能をもっている．我が国の裁判例は免責要件が厳格にすぎる，英米法の絶対的特権を重要とする意見（佃 2008：371）が相次いでいる．裁判所が弁護士の積極的言辞を嫌悪し抑圧するのは，進歩的弁護を抑制しようとする司法消極主義の1面である．極めて深刻な課題として初めて指摘しておく．

スラップについては日本でも，「公的関心事項について発言したことに対する報復として，表現の自由の行使に対し，それを抑圧することを目的として訴訟を提起することは，マス・メディアだけではなく一般市民に対してもしばし

ば行われる．」「名誉毀損法を憲法的に再検討して保護すべき表現に憲法的保護を付与するとともに，このような表現を封じることを意図した SLAPP を阻止するための手続を早急に導入すべきであろう．」と提言されている（松井 2013：403-429）．すなわち，米国では，スラップ訴訟を大幅に制限できる法律ができた．しかし日本では，幸福の科学から，山口広弁護士が名誉毀損などで損害賠償請求され，多大な労力をかけられ，勝訴したものの，極めて大きな不利益を受けた．ジャーナリストと弁護士に対する武富士事件，斉藤英樹弁護士に対する第 1 商品㈱事件，澤藤統一郎弁護士に対する DHC 事件，住民に対する伊那太陽光発電事件などが起こり，いずれも勝訴したものの，多大な負担を負わされた[17]．スラップ請求については，民事訴訟，懲戒請求のいずれにおいても厳しく制限すべきである．本件の懲戒申立者は，偽造文書の提出の上，判決等の騙取などの違法行為を繰り返していながら，筆者の公益活動としての無償の弁護活動を委縮・制約させる不当な目的で申し立てたので，明らかなスラップ懲戒申立である．戒告処分では，筆者の「法の支配」の追求に対して，あろうことか，弁護士会が，悪徳弁護士や，暴力団関係者と言われていた者を擁護するが如き結果となり，法の支配を抑圧する決定をしたのである．これでは，スラップ懲戒申立が正当化される結果となり，次々と戒告処分により，多くの国民の裁判を受ける権利が侵害される恐れが強い．

V　国民のための弁護士自治

正当業務型についての弁護士会の戒告決定に対する司法審査は，現状では期待できないので，弁護士会の自治において，根本的に慎重な運営が要請される．

1　部分社会の法理の弊害

部分社会の法理の判例の要旨は，「一般市民社会とは別個に自律的な法規範を有する特殊な部分社会における法律上の紛争は，一般市民社会の法秩序と直接の関係を有しない内部的な問題にとどまる限り，その自主的・自律的な解決に委ねるのを適当とし，司法審査の対象にならない」「自律的法規範を有する

---

[17]　「消費者法ニュース」2016 年　No.106：5-35「特集：スラップ訴訟（恫喝訴訟・いやがらせ訴訟）」．

部分社会の行為であっても，当該部分社会から構成員を排除する行為，当該部分社会における究極の目的の達成に関わる行為，人権と深く関わる行為については，司法審査の対象になる」とまとめられるもので，戒告は原則としてその対象とならない．他方で地方議会議員の除名処分及び学生の退学処分について「裁量権の行使としての処分が，全く事実の基礎を欠くか又は社会通念上著しく妥当を欠き，裁量権の範囲を超え又は裁量権を濫用したと認められる場合に限り，違法であると判断すべきである．」との法理を確立するものの，処分を取り消して救済した例は極くわずかにすぎない．つまり除名についても異常に狭き門となっている．その傾向の中で，前記 O.弁護士の業務停止1か月に対する取消判決とは，弁護士会の基準が異常に厳しく誤っていたことを示しており，もはや暴走としか言いようがない．そして，戒告であっても，その被害は①弁護士会会長選挙被選挙権の3年間の制限②役職就任制限③インターネットによる永続的損害など甚大なものがある．

ドイツでは前記弁護士戒告取消判決を含めて，弁護士裁判所の多くの取消判決がある．また専門医が専門以外の診療をした件につき，医師会規定による規律に反したとして，医師会より戒告処分されたが，連邦憲法裁判所は，職業の自由を侵害し憲法違反とし，取消した先例があり（堀内 2006：276），日本のように司法権の範囲を狭めていない．このようにドイツでは，以前より，戒告が団体の運営上極めて重要であり，法の支配の維持に司法権が是正した歴史があるのは，下記2の公益重視を理由とするのであろう．トクビルが米国の民主主義の根本は，陪審と団体にあるとしたことに通じる．日本でも既得権にしがみつく団体の改革が求められている．現在では，内部からの声を封殺しようとする弾圧としての戒告に対して，司法審査の拡大が要請されている．

2 公益を守るべき弁護士会の存在意義

日本の判例の立場は，除名，権利停止，戒告などを受ける者本人が社会的不利益を受けるか否かを基準としている．確かに，政党，議会，大学，団体などからの排除は，本人にとって生活上や職業上の大きな不利益と言える．しかし，この視点のみでは，余りに団体の目的を無視し，視野が狭すぎると言える．社会における組織や団体の健全な発展やガバナンスの維持が重要であり，その目的推進に司法の役割が期待されている．特に，公益団体の目的に反する懲戒は，

V　国民のための弁護士自治

団体の活動自体を阻害し，対象たる消費者や国民の不利益となる．この点，判例でも抽象的には「部分社会における究極の目的の達成に関わる行為」と言及するが，裁判官や団体幹部が具体的には理解しているとは到底考えられない状況と言える．たとえば，日本産科婦人科学会は，生殖補助医療実施の根津医師と大谷医師を除名したが，最も大きな被害を受けたのは，患者たる国民であった．大谷医師の除名無効確認訴訟では，合わせて患者5夫婦が損害賠償請求を提起したことにより，日産婦会に大きな打撃を与えた（遠藤2007a）．日産婦会が患者のためとの医療を標榜していたにもかかわらず，その大きな目的に反して多額の補助金を受領し続け，患者の抑圧をしていたことが，明らかになったからである（遠藤2004・2005・2008・2012b）．監督官庁の文科省はこれを放置し，さらに司法は日産婦代理人弁護士の部分社会論の主張を容れて，日産婦会提出証拠の論文が捏造であるとの事実を検討せず，ほぼ門前払いとした[18]．

　検察庁，団体，会社の不祥事が次々に起こり，裁判所内部の人事統制が暴かれ，あらゆる団体のガバナンスのあり方が問題となった以上，組織の目的に沿った健全な運営を確保しなければならない．検察官の証拠隠しや改ざん，裁判官の人事配転を恐れる萎縮業務などは，国民のための司法に最も反することである．すべての法曹の倫理が問われている．弁護士会の目的は，正義と人権を守るという高潔な弁護活動を発展させることであり，悪徳弁護士を監督することである．国民のための進歩的弁護活動，公益的弁護活動を萎縮させたり，非難してはならない．まさに戒告であっても，重大なマイナス評価であり，高潔な弁護士が悪徳弁護士と呼ばれては，若手弁護士への影響は大きくなり，貧者や弱者の国民は最も被害を受けることとなる．特に，弁護士が裁判所，警察，検察などの広い意味での司法の誤りを正して挑戦していくとき，その活動が戒告の理由となるならば，裁判所がその戒告処分を取り消すことはまずありえない．悪徳弁護士により裁判所がだまされ，その司法の運用の誤りを正す進歩的弁護人を弁護士会が誤って戒告にするときには，三重の不正や誤りが起こり，また処分取消請求棄却という四重の誤りが発生し，負の連鎖となる．弁護士会が進歩的弁護を理解していない現状が正に，裁判所と検察の大きな危機をさら

---

[18]　東京地方裁判所平成19年5月10日判決／平成16年（ワ）第10887号損害賠償等請求事件L06232051LLI/DB，東京高等裁判所平成20年4月30日／平成19年（ネ）第3357号損害賠償等請求控訴事件L06320287LLI/DB．

に深化させる役割をしていると言わねばならない．

3　強制加入団体における職業遂行の自由の保障

　職業遂行の自由とは，「人が社会において従事する職業を自由に選びうるということであるが，選んだ職業を遂行する自由も当然含んでいる．」とされている（髙橋 2015：245）．よって，弁護士として弁護士業務を遂行する自由は，憲法 22 条 1 項により保護されている．特に，弁護士会は，強制加入とされている．それ故，一般の団体と全く異なり，脱退は許されない．よって，職業倫理，弁護士業務の方法などについては，目的の範囲内である限り，厳格に配慮されるべきである．つまり，弁護士業務は他の職業と極めて異なる特色をもつ．権力への抵抗，法の積極的運用などについては，各弁護士の自由な検討にゆだねられるべきであり，弁護士会の裁量権の範囲は狭い．本稿の進歩的弁護活動や公益的弁護活動は，職業遂行の自由により保護され，「法の支配」を実現すべき弁護士会の目的に合致している．正当業務型に対する処分は，弁護士会の目的を逸脱しており，弁護士会による自壊行為であって，その裁量を逸脱し，職業遂行の自由を侵害することは明白である．

4　アメリカにおける「懲戒代替プログラム」

　米国では弁護士懲戒は，州最高裁判所又は州最高裁判所の委託を受けた州弁護士会が設ける懲戒裁定機関が行っている．アメリカ法曹は完全な法曹一元であることから，ほぼすべての州において，弁護士を主体とする法曹内部の処分となっている．公表される公的な制裁は，「資格剥奪，業務停止，保護観察，戒告」である．「譴責」は訴追前の本人同意によるもので，匿名で弁護士会刊行物に載るのみである．さらに資格はく奪・業務停止等の資格を制限する処分に至らない行為で，「軽微な非違行為（lesser misconduct）」を含む事案について，正式な訴追の申立前に，仲裁・調停，事務所経営・弁護士支援プログラム，カウンセリング，継続教育プログラム，倫理講座などを内容とする「懲戒代替プログラム」への参加を命じることが出来るとされる．但し，横領・詐欺，重大な犯罪，重大な損害発生，一連の類似の非違行為や再犯の場合には，「軽微な非違行為」とすることができないものとされる（冨澤 2004：38）（石田 2014：219）．本稿で取り上げた進歩的弁護活動とは，決して上記非違行為ではない事

V　国民のための弁護士自治

を確認しつつ，上記プログラムの「正式訴追前」「懲戒に替わる」手続による
ならば，公表される戒告や譴責はなくなる．限界事例も含めて，そもそも懲戒
の対象とできるか否かを時間をかけて多角的に深く議論できる点で，秀れてい
るといえる．日本の懲戒審査は，急増する申立に対して判断基準を整備しない
ままに安易に結論を出していると言わざるを得ず，また，上記譴責制度がない
ため，戒告の中身の軽重を区別せず公表する欠点がある．

　以上により，米国を含めて世界で，弁護士の進歩的弁護活動がどこまで保護
されているかを名誉毀損を中心に明らかにしたが，今後さらに豊富な研究や報
告がされることを切に望むものである．

〔文　献〕

青井秀夫(2007)『法理学概説』有斐閣，202-302 頁．
芦部信喜(2000)『憲法学Ⅲ人権各論 (1)（増補版）』有斐閣，103 頁・353 頁-354 頁．
ドゥオーキン，ロナルド(1986＝1996)『法の帝国』(小林公訳) 未来社．
馬場健一(1994)「法化と自律領域」棚瀬孝雄編『現代法社会学入門』法律文化社，73 頁．
遠藤直哉(1988)「民事訴訟促進と証拠収集」判例タイムズ 665 号 24 頁．
――(1992)「アスベスト」労災職業病健康管理Ⅰ『労災職業病の企業責任』総合労働研究所，215 頁以下．
――(1993)「中立型調整弁護士モデルの展望 ―― 隣接業種との協働，複数依頼者からの報酬の受領，営業許可制度」宮川光治他『変革の中の弁護士 ―― その理念と実践・下』有斐閣，265 頁．
――(2000)『ロースクール教育論 ―― 新しい弁護技術と訴訟運営』信山社．
――(2002)『取締役分割責任論』信山社．
――(2004)『危機にある生殖医療への提言』近代文芸社．
――(2005)『はじまった着床前診断』はる書房．
――(2007a)『着床前診断と患者の権利 ―― 説明義務違反による治療機会の喪失』『21 世紀の家族と法』小野幸二教授古稀記念論文集・法学書院，368 頁以下．
――(2007b)「居住用財産の配偶者への贈与と詐害行為取消権 ―― 諸外国の自宅保護制度政策と日本の遅れている現状」同上，162 頁以下．
――(2008)「生殖補助医療支援基本法の制定の必要性」法律時報第 80 巻 1 号 88 頁・日本評論社．
――(2012a)『新しい法社会を作るのはあなたです ――「ソフトロー」と「分割責任論」の活用』アートデイズ．
――(2012b)『ソフトローによる医療改革』幻冬舎メディアコンサルタント．
――(2012c)『ソフトローによる社会改革』幻冬舎メディアコンサルタント．

――(2014)『ソフトロー・デモクラシーによる法改革』Bilingual Edition アートデイズ．
――(2016)「法科大学院制度の漸進的改革――形式的合法性と実質的合法性の統合」法社会学第 82 号 218-248 頁．
長谷川晃(2006)「〈法の支配〉という規範伝統――一つの素描」法哲学年報 2005, 18-29 頁．
樋口範雄(2011)『アメリカ憲法』弘文堂．
平野仁彦(2007)「アメリカにおける法曹養成と哲学」法哲学年報 2006．
弘中惇一郎(2014)『無罪請負人――刑事弁護とは何か』角川書店．
堀内健志(2006)「医師会規程による専門医制度規律と職業の自由――専門医決定」ドイツ憲法判例研究会編集代表・栗城壽夫他『ドイツの憲法判例Ⅱ（第 2 版）』信山社，276 頁以下．
指宿信(2014)『証拠開示と公正な裁判（増補版）』現代人文社．
石田京子(2014)「資料 ABA 弁護士懲戒実施規範規則の紹介と試訳」比較法学 48 巻 2 号 197-246 頁．
伊藤正孝(1993)『欠陥車と企業犯罪――ユーザーユニオン事件の背景』社会思想社．
イェーリング（小林孝輔・広沢民生訳）(1872 = 1990)『権利のための闘争』日本評論社．
ケイガン，ロバート・A（北村喜宣他訳）(2001 = 2007)『アメリカ社会の法動態――多元社会アメリカと当事者対抗的リーガリズム』慈学社．
神橋一彦(2006)「弁護士会の制定した身分指針と職業の自由――弁護士身分指針決定」ドイツ憲法判例研究会編集代表・栗城壽夫他『ドイツの憲法判例Ⅱ（第 2 版）』信山社，259-264 頁．
李衛東(1994)「法と社会変動」棚瀬孝雄編『現代法社会学入門』法律文化社，98 頁．
牧野忠則(2006)「名誉毀損的表現と真実性の証明――バイヤー社株主事件」ドイツ憲法判例研究会編集代表・栗城壽夫他『ドイツの憲法判例Ⅱ（第 2 版）』信山社，138 頁．
正木ひろし(1973)『首なし事件の記録――挑戦する弁護士』講談社現代新書．
升田純(2007)「弁護士等の訴訟活動に伴う名誉毀損・プライバシーの侵害」中央ロー・ジャ・ナル 3 巻 4 号 38-56 頁．
松井茂記(2013)『表現の自由と名誉毀損』有斐閣．
松尾弘(2012)『開発法学の基礎理論』勁草書房．
松浦好治(2012)「アメリカ型積極国家とリーガリズム――法哲学の社会的機能」法哲学年報 1997，240-252 頁．
宮澤節生(1998)「応答的司法のための司法改革・弁護士改革の課題――日弁連への期待」宮澤節生・熊谷尚之・司法制度懇話会編『21 世紀司法への提言』日本評論社，2-32 頁．
――(2008)「日本におけるコーズ・ローヤリング型公益弁護専門組織の可能性――試論」『小島武司先生古稀祝賀・民事司法の法理と政策（下巻）』商事法務，885-909 頁．
森際康友(2015)『法曹の倫理[2.1 版]』名古屋大学出版会，2-8 頁．
森元拓(2006)「不法と闘争の法哲学――イェリネックの法理論」法哲学年報 2005，165-

175 頁.
毛利透(2008)『表現の自由 —— その公共性ともろさについて』岩波書店.
中山竜一(2000)『二十世紀の法思想』岩波書店.
ノネ&セルズニック（六本佳平訳）(1978＝1981)『法と社会の変動理論』岩波書店.
鈴木忠五(1985)『世にも不思議な丸正事件』谷沢書房.
髙橋和之(2015)『立憲主義と日本国憲法（第3版）』有斐閣.
タマナハ，ブライアン・Z（四本健二監訳）(2004＝2011)『"法の支配"をめぐって —— 歴史・政治・理論』現代人文社, 129-161 頁.
田中成明(1994)『法理学講義』有斐閣, 282-289 頁.
冨澤真弓(2004)「アメリカの弁護士懲戒制度（下）」日本弁護士連合会司法改革調査室報 No.3, 25-47 頁.
佃克彦(2012)『名誉毀損の法律実務（第2版）』弘文堂.
山口裕博(2009)「法廷における名誉毀損 —— イギリス法における絶対的特権法理の射程」『小島武司先生古稀祝賀＜続＞権利実行化のための法政策と司法改革』1055-1093 頁.
山本ゆかり(2016)「ホームオブハート事件 —— 消費者被害者に対する加害者側によるSLAPP 事例」消費者法ニュース No.106. 消費者法ニュース発行会議.

〔付記〕本稿作成にあたり，筆者が代表を務める弁護士法人フェアネス法律事務所の渡邉潤也弁護士が本件訴訟10数件を遂行する中で文献調査を担当し，その他全員の協力を得て，14年間の「自由と正義」の懲戒事例すべてを分析し，集計でき，今後詳細を公表することを付記します．

22 税務統計にみる弁護士の事業所得
―― 全国データと国税局別データ ――

藤 本 　 亮

I 問題の設定

　近年の弁護士についての調査においては，弁護士数の増加に伴い弁護士の所得が低下している傾向が示されている．弁護士全体の所得の変動は，社会的要因のみならず，弁護士の人口構成の変化によっても左右される（藤本 2014）．司法試験の合格者が 1990 年代以降上昇し始め[1]，その結果として弁護士の人口ピラミッドは，40 歳未満が男性で 39%，女性で 53% を占めるに至っている（日弁連 2016）．弁護士の所得が年齢とともに上昇し，50 代でピークとなることや所得の男女比較をみると女性の方が低い傾向にあることと合わせて考えれば，若い層と女性の構成比が共に増えていることで，弁護士全体の所得が下がっていることは構造的に当然の結果ですらある（藤本 2014）．また，伝統的な弁護士のビジネスモデルの中心には訴訟業務があり，近年の訴訟件数の減少も所得低下につながる原因のひとつとして指摘されている．

　社会調査の観点からは，所得をその主要な質問項目としている弁護士調査の回収率の低さは，これらの所得データの信頼性にかかり，指摘しておかなければならない．2010 年の「弁護士業務の経済的基盤に関する実態調査」の回収率は 18.0%，2011 年に法務省「法曹の養成に関するフォーラム」が実施した「司法修習修了者等の経済的な状況に関する調査」（48 期〜62 期）のうち収入・所得調査の回収率は 13.4% であった．弁護士キャリアパス研究会（代表・宮澤

---

(1) 司法試験最終合格者数が 300 人を初めて超えたのは 1958 年（346 人）であり，400 人を初めて越えたのは 1962 年（459 人）であった．1963 年の合格者数は 496 人であり，その後 90 年代になって合格者数を増やし始めるまで 500 人前後で安定していた．

節生）が日弁連の協力を得て実施した「62期弁護士郵送調査」は2011年第1回郵送調査が29.3%，2014年第2回郵送調査が24.6%である．日弁連が実施した「65・66期会員に対する就業状況等に関する調査」(2014年)は27.4%であり，法務省・最高裁が日弁連協力の下に実施した「法曹の収入・所得，奨学金等調査」[2]のうち53期から67期を対象とした収入・所得調査は37.1%である．社会調査における無回答バイアスを考慮したときに基準となる回収率は約60%とされているが，近年の所得にかかる弁護士調査でその基準に達している調査はない[3]．

さらに，収入や所得にかかる調査では，低所得者層が回答しない傾向があることも指摘されている（宇南山 2009）．回収バイアスに加えて，この点から，弁護士の所得調査において現れている所得下落よりも実際の下落幅は大きいといった印象論が語られることも少なくない[4]．

弁護士の所得について，社会調査以外に目を向けると，国税庁の税務統計がある．確定申告をベースとした官庁統計であるが，全国データとともに，11ある国税局に沖縄国税事務所別を加えた12区分での地域別の統計も毎年出されている．ほとんどの弁護士が行っている確定申告の結果は，そのうち弁護士としての事業所得につき，この税務統計の「所得種類別（業種別）」に計上されているので，弁護士の所得の動きをみる上で，社会調査とともに重要なデータである．しかし，たとえば「給与所得」などの事業所得以外の所得はこの業種別の所得額に含まれていないことには留意が必要である．

---

(2) この「法曹の収入・所得，奨学金等調査」では，期が新しいほど回収率が高くなる傾向があり，たとえば現行62期は33.6%，新62期は35.4%で，67期では48.0%である．この回収率は日弁連や単位会の調査関係者が組織的に電話等による度重なる督促を行った成果ではあるが，にもかかわらずこの水準に留まっているのが現実である．

(3) このような低い回収率は弁護士対象の調査に限らず，近時の，とりわけ個人情報保護法施行後の社会調査全般にあてはまることである．

(4) 端的に言えば，「この調査には低所得の人が回答していないから所得減少を十分に反映していない」という感想である．なお，先の「弁護士業務の経済的基盤に関する実態調査」データは質問紙において確定申告をベースとして回答するように求めていることもあり，税務調査における弁護士区分の申告所得データと比較すると概ね同じような分布を示している（藤本2011）．ただし，「70万円以下」区分については税務調査データのほうが大きい割合を示しているのであって，この所得層が社会調査に回答しない傾向が，この経済基盤調査で観察される全体の所得中心値（平均値と中央値）を引き上げていることは確かである．

I 問題の設定

表1 弁護士等の登録人数と税務統計業務所得の人員数

弁護士	2008H20	2009H21	2010H22	2011H23	2012H24	2013H25	2014H26	2015H27	2008〜2015 増減
登録人数（各年3/31現在）	25,041	26,930	28,789	30,485	32,088	33,624	35,045	36,415	11374
税務統計人員数	23,470	25,533	26,485	27,094	28,116	28,263	30,357	30,354	6884
登録人数-税務統計人員数	1,571	1,397	2,304	3,391	3,972	5,361	4,688	6,061	4490
対登録人数申告者率	93.7%	94.8%	92.0%	88.9%	87.6%	84.1%	86.6%	83.4%	
（参考）組織内弁護士数（各年6月）	266	354	428	587	771	953	1,179	1,442	1176
（参考）組織内弁護士を除いた申告者率	94.7%	96.1%	93.4%	90.6%	89.8%	86.5%	89.6%	86.8%	
司法書士・行政書士	2008H20	2009H21	2010H22	2011H23	2012H24	2013H25	2014H26	2015H27	
登録人数（各年4/1現在）	58,080	59,148	60,241	61,897	62,847	64,105	65,423	66,425	8345
税務統計人員数	21,558	21,718	21,673	22,191	22,725	23,126	23,736	24,345	2787
対登録人数申告者率	37.1%	36.7%	36.0%	35.9%	36.2%	36.1%	36.3%	36.7%	

社会調査における回収率にならい，弁護士の登録数と税務統計において弁護士区分の人員数を表1で比較しておこう．

2008年には93.7%であった対弁護士登録数に対する税務統計人員数は年々低下し，2015年時点では83.4%となっている．この人員数には「事業所得」のない者，たとえば「給与所得」しかない者は，確定申告の有無にかかわらず含まれていない．給与所得のみの勤務弁護士や，組織内弁護士など事業所得がない者がいるので，試しに組織内弁護士数を考慮して計算しても，2015年の対登録人数申告者率は86.8%であり，弁護士のうち6,061人が弁護士としての事業所得を申告していない．なお，司法書士・行政書士区分では概ね36%前後の対登録人数申告者率である．16.6%の弁護士が事業所得を申告していないという点はそれ自体探求すべき課題ではあるが，ここでは，社会調査による所得調査に比べ圧倒的に高い「回収」率相当の数値であることを確認するに留める．

さて，藤本（2011）は，2010年経済基盤調査のデータの妥当性を検証する目的でこの2009年分の税務統計の全国データとの比較を行い，70万円以下の申告所得区分を除き，所得分布が概ね一致していることを確認した．また，所得70万円以下の弁護士が急増している報道が重なったことを受けて，柳楽（2012）は，2008年と2009年の税務統計データについて，「全国12ブロックの国税局単位で分析したところ……『70万以下』の層が東京において突出して

多い」ということを明らかにしている．その後も弁護士数が増え続けている中で弁護士の所得がどのように推移したかを相対的にではあるが網羅的に把握している税務調査データを用いて丁寧に観察することは，弁護士の経済状況にかかる議論をする上で不可欠な基礎的作業であると考えられる．そこで，本稿ではこの税務統計をベースにして，弁護士所得の動きを確認しようとするものである．

この税務統計の申告所得税統計には「(4) 所得種類別（業種別）人員，所得金額（申告種類合計）」があり，H18（2006）年分以降にあっては，「弁護士」が独立の業種としてまとめられている．ただし，H19（2007）年分税務統計までは，申告納税額がある者のみが集計されているので，「確定申告をしても申告納税額のない者及び給与所得者等で源泉徴収による納税額があっても確定申告等を要しない者は，調査の対象から除かれている」（国税庁 2008：52）．つまり，還付申告をした申告納税者等は 2006 年と 2007 年のデータには含まれていないのである．H20（2008）年分の税務統計からは還付申告をした者を含んだ表と前年までと同様の申告納税者のみの表，そして還付申告をした者のみの表が示されている．

本稿では 2008 年から 2015 年までの税務統計を対象として，記述統計によって分析をするが，国税局単位の分析については 2008 年分の税務統計から国税局単位での統計が公開されている H26（2014）年分の税務統計までとする[5]．まず，全国データについて他の専門職との比較を中心に傾向をみたあと，個別の国税局管轄単位でのデータの分析を行う．なお，国税局ごとの管轄都道府県と高裁管轄単位で組織されている弁護士会連合の都道府県とは異なる点[6]と，あくまで国税局管轄単位での分析であり都道府県単位の分析はできない点とに

---

(5) 本稿執筆時点で H27（2015）年分の全国データは公表されているが，同年の国税局別のデータはまだ公表されていない．

(6) 弁護士会連合会と国税局管轄が異なるのは以下の単位会である．関東弁護士会連合会に属する単位会のうち，東京三会，千葉県，神奈川県，山梨県が「東京国税局」管轄，茨城県，栃木県，群馬県，埼玉，新潟県，長野県が「関東信越国税局」管轄，そして静岡県が「名古屋国税局」管轄となる．また，中部弁護士会連合会に属する単位会のうち富山県，金沢，福井は「金沢国税局」管轄となる．九州弁護士会連合会に属する単位会のうち，福岡県，佐賀県，長崎県が「福岡国税局管轄」，熊本県，大分県，宮崎県，鹿児島県が「熊本国税局」管轄，そして沖縄が「沖縄国税事務所」管轄となっている．

ついて留意されたい．

II　全国データの分析 —— 他の専門職との比較

各年の税務統計には，業種別の人員数[7]と所得金額合計が示されている．それを用いて，いささか単純ではあるが一人あたりの申告所得額の平均値を算出し，各専門職および事業所得全体とを比較したものが図1である．2008年を

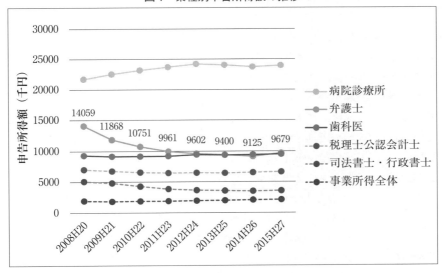

図1　業種別申告所得額の推移

---

[7] 人員数について税務統計では，次のように説明されている．「1人で2以上の種類の所得を併有する場合は，各種類の所得のうち最も大きいものを「主たるもの」欄に，その他のものを「従たるもの」欄に，それぞれ該当する種類ごとに1人として掲げた．また，所得金額は，主たるもの及び従たるものを区分することなく，各種類ごとの所得金額の合計額を掲げた．」（国税庁 2008）本稿では弁護士を含む各業種区分の人員数については，合計額でしか示されていない所得額との関係でみる必要から「主たる者」と「従たる者」を合わせた総人員数を用いて計算している．試みに，弁護士区分につき，「主たる者」と「従たる者」とを年ごとに比較したが，従たる者については，「70万円以下」「200万円以下」の区分はたいへん少数である．たとえば，0〜200万以下の人員数割合は2008年から順に，3.6%，3.5%，4.3%，4.6%，5.8%，5.9%，5.9%，5.5%，5.2%である．

基準として，2015年の申告所得額をみると，増加しているのが病院診療所 (2172万→2395万)，歯科医 (932万→950万)，事業所得全体 (195万→214万) である．減少しているのは，弁護士 (1406万→967万)，司法書士 (508万→357万)，税理士・公認会計士 (700万→662万である.) 弁護士と司法書士の両者が他の専門職の事業所得と比べて大きく下がっていることがわかる．ただし，グラフの傾きからみて両者の減少傾向は2011年以降弱くなっている傾向も見て取れる．2009年から2014年までの一人あたり申告所得額の対前年比増減率は，弁護士が－15.6％，－9.4％，－7.4％，－3.6％，－2.1％，－2.9％，司法書士が－5.0％，－11.1％，－10.0％，－5.0％，－2.2％，－2.2％と減り続けていたが，2015年には弁護士が6.1％，司法書士が2.1％の増加に転じた．

これらの専門職ごとに事業所得の申告所得額階級別に年度別の推移を示したのが図2～図6である．なお，専門職の人数が異なることから，図によって横軸のスケールが異なっているので注意されたい．税務統計における申告人数でみたときに2008年から2015年にかけての人数の変動は，弁護士が23,470人から30,354人，司法書士・行政書士が2万1,558人から2万4,345人と増えているが，税理士・公認会計士は4万8,202人から4万6,207人とやや減少している．また，病院診療所は4万3,572人から4万0,862人，歯科医師は5万2,609人から5万1,281人と減少している．なお，事業所得全体についてみると人員数は4,943,662人から4,507,926人へと減少している．

これらの業務種類別の申告所得分布の全般的推移をみると，多くはほとんど変化を示していないか，司法書士・行政書士のように人数増加に沿ってそれぞれの階級人数が増えつつその割合が変化していることがわかる．それに対して，弁護士の分布状況は2008年と2009年の間で大きく異なっている．まず，なによりも目立つのは申告所得70万円以下の人数が，2008年の2,661人から4,920人へと2,259人も急増している点である．また，他の業務区分と比べ，70万円以下の比率がたいへん高い[8]．また，年によってその数はかなりの幅で上下していて，他の専門業種と比較して不安定であることも指摘する必要があろう．

---

(8) 税務統計において全データの分布は70万円以下が突出しているので，これは必ずしも弁護士だけの状況ではない．その特異性は他の専門職との比較において言えることである．

Ⅱ　全国データの分析

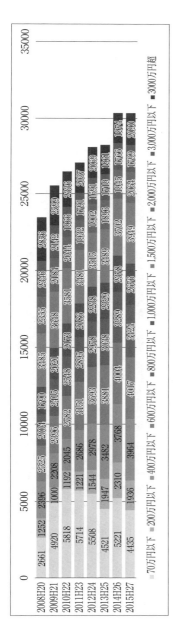

図2　申告所得階級別弁護士数－全国

図3　申告所得階級別司法書士・行政書士数－全国

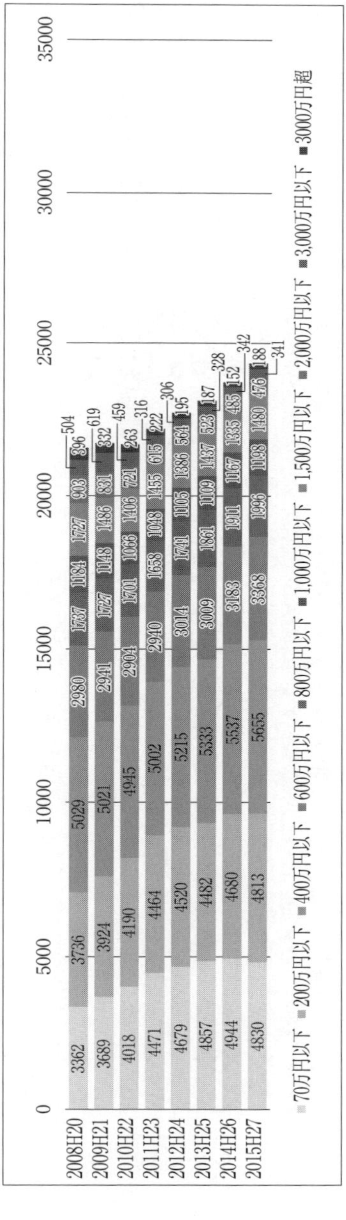

図4 申告所得階級別税理士・公認会計士数―全国

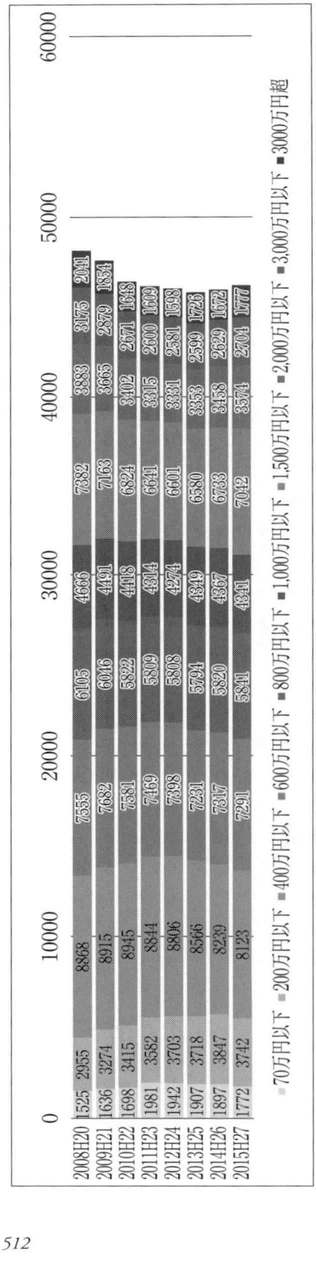

図5 申告所得階級別病院・診療所―全国

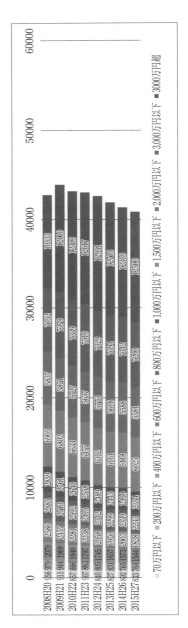

Ⅱ 全国データの分析

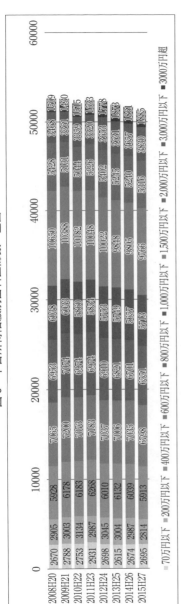

図6 申告所得階級別歯科医師数―全国

対弁護士数の割合でみると，70万円以下の割合は，2008年は11.5％であったのが，2009年には19.3％と大幅に増加を示している．ただし，これを申告所得400万円以下の層でみると2008年27.3％，2009年31.8％，2010年34.2％と増えた後は，2011年35.5％，2012年35.7％，2013年35.2％，2014年37.2％，そして2015年は34.0％とほぼ横ばいになっている．変動幅の大きさをみるために，弁護士区分につき，人員数ベースで対前年度増減比を表にまとめたものが表2である．

70万円以下の人数や弁護士総数に占める割合が不安定になっていることについて検討してみよう．2007年以降というのは法科大学院出身者の登録が始まった時期であり，新規登録者が急増した時期であった．これに関して2つの点を指摘しておきたい．ひとつは，2010年までは新旧の両司法試験が並行していたが，登録が9月（主として旧司法試験経由，現行○○期）と12月（主として新司法試験経由，新○○期）であったため，修習終了後一括登録を含め速やかに登録した年には実働期が1〜3ヶ月強と短く，登録初年度の申告所得が少なくなる点である．これは2010年以降の（新）司法試験のみとなった時期も同様である．したがって，一括登録した翌年にはじめて1年間フルに弁護士として実務についていると

513

表2　弁護士の申告所得階級別申告額の推移

		2008H20	2009H21	2010H22	2011H23	2012H24	2013H25	2014H26	2015H27	2008~2015増減
人員数等	登録人数	25,041	26,930	28,789	30,485	32,088	33,624	35,045	36,415	
	税務統計人員数	23,470	25,533	26,485	27,094	28,116	28,263	30,357	30,354	
	(対登録人数申告者率)	93.7%	94.8%	92.0%	88.9%	87.6%	84.1%	86.6%	83.4%	
	一人あたり申告所得額	14,059	11,868	10,751	9,961	9,602	9,400	9,125	9,679	
	70万円以下	2,661	4,920	5,818	5,714	5,508	4,521	5,221	4,435	
	200万円以下	1,252	1,000	1,192	1,221	1,544	1,947	2,310	1,936	
	400万円以下	2,396	2,208	2,045	2,686	2,978	3,482	3,768	3,964	
	600万円以下	2,325	2,396	2,782	3,151	3,693	3,881	4,004	4,017	
	800万円以下	2,004	2,415	2,548	2,895	2,978	3,038	3,289	3,424	
	1,000万円以下	1,790	2,021	2,173	2,186	2,238	2,329	2,378	2,676	
	1,500万円以下	3,485	3,648	3,581	3,481	3,515	3,489	3,702	3,949	
	2,000万円以下	2,355	2,184	2,044	1,932	1,902	1,896	1,945	2,064	
	3,000万円以下	2,346	2,142	1,966	1,791	1,691	1,719	1,766	1,799	
	3000万円超	2,856	2,599	2,336	2,037	2,069	1,961	1,974	2,090	
対前年増減数	登録人数		1,889	1,859	1,696	1,603	1,536	1,421	1,370	11,374
	税務統計人員数		2,063	952	609	1,022	147	2,094	-3	6,884
	一人あたり申告所得額		-2,191	-1,117	-790	-359	-201	-276	555	-4,380
	70万円以下		2,259	898	-104	-206	-987	700	-786	1,774
	200万円以下		-252	192	29	323	403	363	-374	684
	400万円以下		-188	-163	641	292	504	286	196	1,568
	600万円以下		71	386	369	542	188	123	13	1,692
	800万円以下		411	133	347	83	60	251	135	1,420
	1,000万円以下		231	152	13	52	91	49	298	886
	1,500万円以下		163	-67	-100	34	-26	213	247	464
	2,000万円以下		-171	-140	-112	-30	-6	49	119	-291
	3,000万円以下		-204	-176	-175	-100	28	47	33	-547
	3000万円超		-257	-263	-299	32	-108	13	116	-766
対前年増減率	登録人数		107.5%	106.9%	105.9%	105.3%	104.8%	104.2%	103.9%	145.4%
	税務統計人員数		108.8%	103.7%	102.3%	103.8%	100.5%	107.4%	100.0%	129.3%
	一人あたり申告所得額		84.4%	90.6%	92.6%	96.4%	97.9%	97.1%	106.1%	68.8%
	70万円以下		184.9%	118.3%	98.2%	96.4%	82.1%	115.5%	84.9%	166.7%
	200万円以下		79.9%	119.2%	102.4%	126.5%	126.1%	118.6%	83.8%	154.6%
	400万円以下		92.2%	92.6%	131.3%	110.9%	116.9%	108.2%	105.2%	165.4%
	600万円以下		103.1%	116.1%	113.3%	117.2%	105.1%	103.2%	100.3%	172.8%
	800万円以下		120.5%	105.5%	113.6%	102.9%	102.0%	108.3%	104.1%	170.9%
	1,000万円以下		112.9%	107.5%	100.6%	102.4%	104.1%	102.1%	112.5%	149.5%
	1,500万円以下		104.7%	98.2%	97.2%	101.0%	99.3%	106.1%	106.7%	113.3%
	2,000万円以下		92.7%	93.6%	94.5%	98.4%	99.7%	102.6%	106.1%	87.6%
	3,000万円以下		91.3%	91.8%	91.1%	94.4%	101.7%	102.7%	101.9%	76.7%
	3000万円超		91.0%	89.9%	87.2%	101.6%	94.8%	100.7%	105.9%	73.2%

いう点である．

　ふたつめに，年を追うごとに 12 月の一括登録日には登録しないないし登録できずに 1 月以降に登録をする者が増えている点である．これらの登録が司法修習を修了した年のうちになされなかった新人の収入状況が税務統計に初めて反映されるのは，一括登録した者よりも 1 年遅れるが，その（反映される）年の登録後の実働月数は，一括登録日登録者の初年度の実働月数よりも多くなる．2007（H27）年に司法修習を終えた現行 60 期については一括登録日の登録率が 95.0%（未登録者 70 人），3 ヶ月後の 12 月時点で 98.8%（未登録者 17 人）であった．また，同じく新 60 期については 12 月の一括登録日の登録率が 96.7%（未登録者 32 人）とほとんどが司法修習終了後すみやかに登録をしていた（法曹養成制度改革連絡協議会 2017）．就職の決定時期が遅くなるにつれ，司法修習修了直後（現行 9 月，新 12 月）に未登録であった者の人数は増加傾向にあった．61 期（司法修習 2008 年修了）が 122 人，62 期（同 2009 年修了）が 184 人，63 期（同 2010 年修了）が 258 人，64 期（同 2011 年修了）が 464 人，65 期（同 2012 年修了）が 546 人，66 期（同 2013 年修了）が 570 人，67 期（同 2014 年修了）が 550 人，68 期（2015 年修了）が 468 人，69 期（2016 年修了）が 418 人である．その逆に一括登録日に登録した人数は，61 期 2,026 人，62 期 1,978 人，63 期 1,714 人，64 期 1,515 人，65 期 1,370 人，66 期 1,286 人，67 期 1,248 人，68 期 1,131 人，69 期 1,198 人と減少傾向を示している（法曹養成制度改革連絡協議会 2017）．いささかややこしいが，端的にいうと，一括登録日に登録した者が少なくなっているのであるから，新規登録年の実働月数が少ない者はそれに応じて少なくなってきていると推測されるのである．したがって，実働月数が少ないゆえに申告所得額が少なくなっている者は減少傾向にあると推測される．

　このひとつめの傾向，すなわち初年度は実働月数が少ないということは申告所得分布を下方に向かわせることになり，ふたつめの傾向，すなわち一括登録日に登録しない者が増えることは申告所得分布を上方に向かわせることになる．そして，こうした新規登録者の多くが給与を受けている勤務弁護士であることや弁護士事務所の法人化が進行し新人に限らず給与受給者が増えていることも考慮すべきである．しかし，これらを考慮するとしても 2008 年にも多くの一括登録者がいたのであるから，2008 年から 2009 年にかけて 70 万円以下の人

員数が急増したことは説明できない[9]．

　さて，ここまで全国データでの分析を進めてきた．表2の右端に2008年から2015年までの増減率を掲げた．これをみると，税務統計上の弁護士人員数の増加率は約1.3倍であることを基準にすると，この期間の間に，1,000万円以下の申告所得額階級が増加し，1,500万円を超える階級が減少していることが端的にみてとれる．新司法試験出身者の新規登録による影響の強かった2008年から2010年にかけては，低所得層が急増したが，その後は動きの幅が司法書士・行政書士等に比べ大きいとはいえ，徐々に分布が落ち着いてきているようにみてとれる．ただし，一人あたりの申告所得額をみると2015年に増加しているとはいえ，2008年の申告所得額の約3分の2にとどまっており，確定申告をしていないまたは業務所得を申告していない弁護士も増加傾向にある．

　弁護士の人口構成が30歳代までがたいへん多くなっていること[10]は，弁護士人口の「偏在」のひとつであるが，それとともに首都圏への弁護士の偏在も大きな特徴である．それを念頭に置いて，次節において国税局管轄別に申告業務所得の分布と推移を検討しよう．

III　国税局管轄別の分析

　税務統計は11国税局と沖縄国税事務所の12管轄別に公開されている．本節ではこの管轄別にみた申告所得額の2008年から2014年にかけての推移をみていく．

　国税局管轄と弁護士会連合会の区分は，関東弁護士会連合会，中部弁護士会連合会，九州弁護士会連合会につき異なっている．表3に対照表を掲げておく

---

[9] 本文で触れたように「申告納税額のある者」の数値しかないが，「70万円以下」の人数は2006年が弁護士業務区分人員数9,118人中3人，2007年が10,029人中8人であり，これに対応する2008年の人員数は11,716人中15人である．したがって，「70万円以下」に区分される者のほとんどは「申告納税額がない者」となるので，2007年から2008年にかけてはそれがどの程度増えたのかは不明である．

[10] 2007年以降の40歳未満の登録弁護士数の割合の推移をみると，2007年から順に32.2%，2008年35.7%，2009年38.6%，2010年40.8%，2011年42.0%，2012年45.4%，2013年48.4%，2014年42.8%，2015年45.5%である．

Ⅲ 国税局管轄別の分析

表3 弁護士会連合会と国税局管轄の対照表

連合会	単位会	国税局	連合会	単位会	国税局
北海道弁護士会連合会	旭川	札幌国税局	近畿弁護士会連合会	滋賀	大阪国税局
	札幌			京都	
	函館			大阪	
	釧路			兵庫県	
東北弁護士会連合会	青森県	仙台国税局		奈良	
	岩手			和歌山	
	仙台		中国地方弁護士会連合会	鳥取県	広島国税局
	秋田			島根県	
	山形県			岡山	
	福島県			広島	
関東弁護士会連合会	茨城県	関東信越国税局		山口県	
	栃木県		四国弁護士会連合会	徳島	高松国税局
	群馬			香川県	
	埼玉			愛媛	
	新潟県			高知	
	長野県		九州弁護士会連合会	福岡県	福岡国税局
	東京	東京国税局		佐賀県	
	第一東京			長崎県	
	第二東京			熊本県	熊本国税局
	千葉県			大分県	
	神奈川県			宮崎県	
	山梨県			鹿児島県	
	静岡県	名古屋国税局		沖縄	沖縄国税事務所
中部弁護士会連合会	岐阜県				
	愛知県				
	三重				
	富山県	金沢国税局			
	金沢				
	福井				

ので適宜参照されたい.

1 一人あたりの申告所得額の推移

国税局別に一人あたりの申告所得額の推移を示したものが図1である. グラ

図7 国税局別——弁護士の一人あたり申告所得額の推移

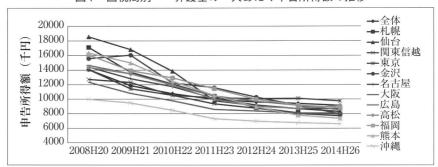

フから明らかなようにすべての管轄で線が右下がりとなっており，2008年には沖縄以外の11管轄で1,200万円以上であったのが，2011年には全管轄で1,200万円以下に，さらに2014年には全管轄で1,000万円を切っている．

2008年の申告所得額上位3管轄は仙台（1,856万円），札幌（1,710万円），熊本（1,635万円）であったが，2014年には仙台が6番目（828万円），札幌が9番目（769万円），熊本が11番目（735万円）となり，減少の大きさが目立つ．減少率もこの3管轄が大きく，2014年申告所得額は2008年申告所得額に対して，仙台が44.6%，札幌が46.5%，熊本が45.0%と半分以下になっている．

2008年申告所得額に対する2014年申告所得額の比が相対的に大きいのは，東京（69.1%），沖縄（66.1%），大阪（65.4%），高松（63.3%），関東信越（60.5%），名古屋（60.1%）の6管轄である．

ただ，管轄別の弁護士数の偏在は大きい．東京国税局管轄で確定申告をした弁護士が占める割合は，登録弁護士数ベースで2008年に54.1%，2014年では52.6%，また税務統計に弁護士として報告されている業種区分ベースでは順に60.6%，60.5%である．

2 札幌税務局管轄

図8と表4は札幌国税局管轄の申告所得階級別弁護士数の推移を示したものである．それぞれのブロックで棒が右上がりになっている場合は人数が増加していることになる．「1,000万円以下」の申告所得層が増え，「1,500万円超2,000万円以下」（グラフでは「2,000万円以下」と表示，以下同様）の申告所得

III 国税局管轄別の分析

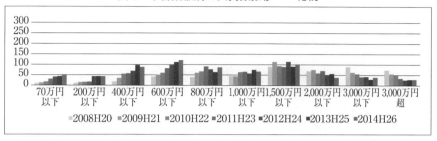

図8 申告階級別の人員数推移 ── 札幌

表4 登録人数等の推移 ── 札幌

札幌国税局	2008H20	2009H21	2010H22	2011H23	2012H24	2013H25	2014H26
登録人数	586	634	683	739	805	848	886
税務統計人員数	486	523	536	578	616	640	665
（対登録人数申告者率）	82.9%	82.5%	78.5%	78.2%	76.5%	75.5%	75.1%
一人あたり申告所得額	17,102	13,707	12,088	10,418	8,822	8,105	7,955

層が減少する傾向にあることがわかる．「70万円以下」から「400万円以下」までの累積割合は，2008年の8.2%から2014年の27.5%まで増えている．同じく「1,000万円以下」までの累積割合は，34.2%から68.9%に増えている．

2008年時点では「1,500万円以下」と「3,000万円以下」が共に89人で最頻値であったが，2014年の最頻値は「600万円以下」の121人である．中央値が属する申告所得階級は，2008年は「1,500万円以下」であったが，2012年以降は「800万円以下」になっている．

一人あたりの申告所得額の減少が最も大きかったのは2008年から2009年にかけてであり，340万円の減少となっている．年ごとの減少額の幅は年々小さくなり，2013年から2014年にかけては15万円である．

なお，登録人数と税務統計の業種別統計の弁護士区分の人員数から「申告率」をみると2008年の82.9%から2014年の75.1%に減少している．

3 仙台国税局

図9と表5は仙台国税局管轄の申告所得階級別弁護士数の推移を示したものである．「1,000万円以下」の申告所得層が増え，「2,000万円以下」の申告所得層が減少する傾向にあることがわかる．「70万円以下」から「400万円以下」

図9 申告階級別の人員数推移 —— 仙台

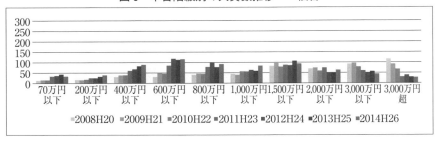

表5 登録人数等の推移 —— 仙台

仙台国税局	2008H20	2009H21	2010H22	2011H23	2012H24	2013H25	2014H26
登録人数	656	707	770	829	874	924	971
税務統計人員数	534	566	504	589	634	648	681
（対登録人数申告者率）	81.4%	80.1%	65.5%	71.0%	72.5%	70.1%	70.1%
一人あたり申告所得額	18,558	16,805	13,838	9,772	9,093	8,674	8,283

までの累積割合は，2008年の11.2%から2014年の23.6%まで増えている．同じく「1,000万円以下」までの累積割合は，32.6%から66.5%に増えている．

2008年時点では「3,000万円超」が116人で最頻値であったが，2014年の最頻値は「600万円以下」の116人である．中央値が属する申告所得階級は，2008年は「2,000万円以下」であったが，2012年以降は「800万円以下」になっている．

一人あたりの申告所得額の減少が最も大きかったのは2010年から2011年にかけてであり，407万円の減少となっている．これは東日本震災の影響と考えられる．年ごとの減少額の幅は年々小さくなり，2013年から2014年にかけては39万円である．

なお，登録人数と税務統計の業種別統計の弁護士区分の人員数から「申告率」をみると2008年の81.4%から2014年の70.1%に減少している．

4 関東信越国税局

図10と表6は関東信越国税局管轄の申告所得階級別弁護士数の推移を示したものである．「1,000万円以下」の申告所得層が増え，「2,000万円以下」の

III 国税局管轄別の分析

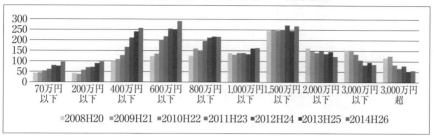

図10 申告階級別の人員数推移 —— 関東信越

表6 登録人数等の推移 —— 関東信越

関東信越国税局	2008H20	2009H21	2010H22	2011H23	2012H24	2013H25	2014H26
登録人数	1,174	1,285	1,416	1,535	1,682	1,796	1,910
税務統計人員数	1,253	1,295	1,335	1,426	1,534	1,578	1,657
（対登録人数申告者率）	106.7%	100.8%	94.3%	92.9%	91.2%	87.9%	86.8%
一人あたり申告所得額	12,727	12,301	10,528	9,348	8,746	8,016	7,695

申告所得層が減少する傾向にあることがわかる．「70万円以下」から「400万円以下」までの累積割合は，2008年の14.8%から2014年の27.3%まで増えている．同じく「1,000万円以下」までの累積割合は，45.9%から67.8%に増えている．

2008年時点では「1,500万円以下」が246人で最頻値であったが，2014年の最頻値は「600万円以下」の291人である．中央値が属する申告所得階級は，2008年は「1,500万円以下」であったが，2011年以降は「800万円以下」になっている．

一人あたりの申告所得額の減少が最も大きかったのは2009年から2010年にかけてであり，177万円の減少となっている．年ごとの減少額の幅は年々小さくなり，2013年から2014年にかけては32万円である．

なお，登録人数と税務統計の業種別統計の弁護士区分の人員数から「申告率」をみると2008年の106.7%から2014年の86.8%に減少している．確定申告は登録地だけでなく，住所地や居所の場所でもできるので，東京三会で登録している弁護士が住所地等で申告したため100%を越えることもありえる．そのため全体に「申告率」が高くなっている．

5 東京国税局

図 11 申告階級別の人員数推移 —— 東京

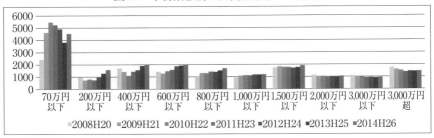

表7 登録人数等の推移 —— 東京

東京国税局	2008H20	2009H21	2010H22	2011H23	2012H24	2013H25	2014H26
登録人数	13,553	14,559	15,504	16,348	17,052	17,781	18,442
税務統計人員数	14,232	15,894	16,527	16,552	16,969	16,687	18,365
（対登録人数申告者率）	105.0%	109.2%	106.6%	101.2%	99.5%	93.8%	99.6%
一人あたり申告所得額	14,089	11,437	10,535	10,185	10,065	10,110	9,740

　図11と表7は東京国税局管轄の申告所得階級別弁護士数の推移を示したものである．登録人数が多いためグラフの縦軸のスケールが異なっていることに注意されたい．まず目につくのは「70万円以下」区分がたいへん多くなっている点である．申告所得額の分布は一般に「70万円以下」区分の人数が突出する傾向にあるが，弁護士について東京国税局管轄地域は他の国税局管轄地域と異なって特異な分布を示している．また，「70万円以下」の人数が2008年から2009年にかけて2,190人増加しているが，全国データでのその増加数は2,259人であり，この急増は東京国税局管轄地域での増加でほとんどすべて説明される．他の地域ではこの年に69人増えただけなのである．「70万円以下」の人数は2010年の5,468人まで増えた後，2011年と2012年にそれぞれ226人と332人ずつ減ったのに続き，2013年には1,087人減って3,823人にまで減少した．2014年にはふたたび702人増えて4,525人となっている．

　「70万円以下」から「400万円以下」までの累積割合は，2008年の35.8%から2014年の44.1%まで増えている．同じく「1,000万円以下」までの累積割合は，59.8%から70.8%に増えている．

　2008年時点では「70万円以下」が2,420人で最頻値であり，2014年の最頻

値も「70万円以下」の 4,525 人である．中央値が属する申告所得階級は，2008 年は「800 万円以下」であったが，2009 年以降はずっと「600 万円以下」になっている．

一人あたりの申告所得額の減少が最も大きかったのは 2008 年から 2009 年にかけてであり，265 万円の減少となっている．年ごとの減少額の幅は年々小さくなり，2013 年には 4 万 5 千円の増加を示しているが，2014 年にかけては 37 万円減少した．

なお，登録人数と税務統計の業種別統計の弁護士区分の人員数から「申告率」をみると 2008 年の 105.0% から 2014 年の 99.6% に減少している．関東信越国税局と同様，この管轄内の住所地等で申告した他管轄地に登録している弁護士が多いと推測されるため 100% を越えており，また「申告率」も全体にたいへん高くなっている．

6　金沢国税局

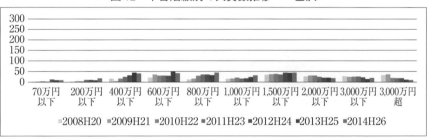

図 12　申告階級別の人員数推移 ── 金沢

表 8　登録人数等の推移 ── 金沢

金沢国税局	2008H20	2009H21	2010H22	2011H23	2012H24	2013H25	2014H26
登録人数	240	257	278	298	324	347	370
税務統計人員数	194	213	223	230	248	262	282
（対登録人数申告者率）	80.8%	82.9%	80.2%	77.2%	76.5%	75.5%	76.2%
一人あたり申告所得額	15,574	16,042	12,243	11,581	10,277	9,135	7,959

図 12 と表 8 は金沢国税局管轄の申告所得階級別弁護士数の推移を示したものである．「1,500 万円以下」の申告所得層が増え，「2,000 万円以下」の申告所得層が減少する傾向にあることがわかる．「70 万円以下」から「400 万円以

下」までの累積割合は，2008年の10.8%から2014年の24.5%まで増えている．同じく「1,000万円以下」までの累積割合は，36.6%から66.7%に増えている．

2008年時点では「1,500万円以下」が35人で最頻値であったが，2014年の最頻値は「800万円以下」と「1,500万円以下」の45人である．中央値が属する申告所得階級は，2008年は「1,500万円以下」であったが，2013年以降「800万円以下」になっている．

一人あたりの申告所得額は2008年から2009年にかけては47万円増加し，2009年から2010年にかけて380万円減少した．その後66万円，130万円，114万円，118万円と減少し続けている．

なお，登録人数と税務統計の業種別統計の弁護士区分の人員数から「申告率」をみると2008年の80.8%から2014年の76.2%に減少している．

7　名古屋国税局

図13　申告階級別の人員数推移 —— 名古屋

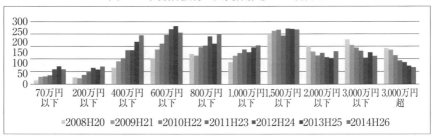

表9　登録人数等の推移 —— 名古屋

名古屋国税局	2008H20	2009H21	2010H22	2011H23	2012H24	2013H25	2014H26
登録人数	1,652	1,802	1,936	2,071	2,229	2,338	2,467
税務統計人員数	1,312	1,368	1,429	1,497	1,580	1,631	1,694
（対登録人数申告者率）	79.4%	75.9%	73.8%	72.3%	70.9%	69.8%	68.7%
一人あたり申告所得額	14,425	12,819	11,725	10,084	9,185	8,696	8,666

図13と表9は名古屋国税局管轄の申告所得階級別弁護士数の推移を示したものである．「1,500万円以下」の申告所得層が増え，「2,000万円以下」の申告所得層が減少する傾向にある．ただし，2012年から2013年にかけては

Ⅲ 国税局管轄別の分析

「3,000万円以下」が，2013年から2014年にかけては「2,000万円以下」が増えている．「70万円以下」から「400万円以下」までの累積割合は，2008年の9.8%から2014年の23.0%まで増えている．同じく「1,000万円以下」までの累積割合は，38.1%から62.7%に増えている．

2008年時点では「1,500万円以下」が245人で最頻値であり，2014年の最頻値も「1,500万円以下」の262人である．ただし，2014年については，「400万円以下」234人，「600万円以下」247人，「800万円以下」241人となっていて，これらもほぼ同じ人数である．中央値が属する申告所得階級は，2008年は「1,500万円以下」であったが，2012年以降「800万円以下」になっている．

一人あたりの申告所得額の減少幅は2009年160万円，2010年109万円，2011年164万円と100万円を越えていたが，その後幅が小さくなる傾向にあり，2013年から2014年にかけては約3万円である．

なお，登録人数と税務統計の業種別統計の弁護士区分の人員数から「申告率」をみると2008年の79.4%から2014年の68.7%に減少している．

8 大阪国税局

図14 申告階級別の人員数推移 —— 大阪

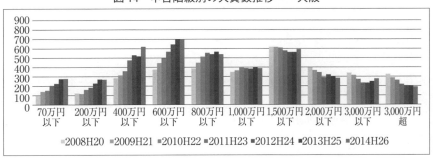

表10 登録人数等の推移 —— 大阪

大阪国税局	2008H20	2009H21	2010H22	2011H23	2012H24	2013H25	2014H26
登録人数	4,521	4,764	5,039	5,287	5,539	5,805	6,044
税務統計人員数	3,291	3,417	3,566	3,695	3,869	4,040	4,141
（対登録人数申告者率）	72.8%	71.7%	70.8%	69.9%	69.9%	69.6%	68.5%
一人あたり申告所得額	12,342	10,796	9,765	8,587	8,370	8,097	8,066

図 14 と表 10 は大阪国税局管轄の申告所得階級別弁護士数の推移を示したものである．登録人数が多いためグラフの縦軸のスケールが異なっていることに注意されたい．「800 万円以下」の申告所得層が増え，多少の上下はあるが「2,000 万円以下」の申告所得層が減少する傾向にある．東京国税局管轄に次いで人数の多い管轄であるが，東京国税局管轄のような「70 万円」以下の突出はみられない．「70 万円以下」から「400 万円以下」までの累積割合は，2008 年の 15.3％ から 2014 年の 28.2％ まで増えている．同じく「1,000 万円以下」までの累積割合は，49.1％ から 67.5％ に増えている．

2008 年時点では「1,500 万円以下」が 618 人で最頻値カテゴリーであったが，2014 年の最頻値は「600 万円以下」の 702 人である．中央値が属する申告所得階級は，2011 年以降「1,500 万円以下」であったが，2014 年には「800 万円以下」になっている．

一人あたりの申告所得額の減少幅は 2009 年 155 万円がもっとも大きいが，2014 年には 3 万 1 千円になっている．

9 広島国税局

図 15 申告階級別の人員数推移 —— 広島

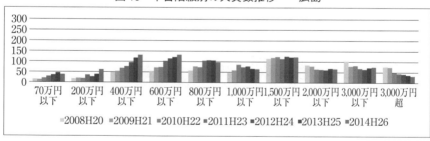

表 11 登録人数等の推移 —— 広島

広島国税局	2008H20	2009H21	2010H22	2011H23	2012H24	2013H25	2014H26
登録人数	763	851	938	1,000	1,047	1,116	1,169
税務統計人員数	616	646	659	713	752	797	823
（対登録人数申告者率）	80.7%	75.9%	70.3%	71.3%	71.8%	71.4%	70.4%
一人あたり申告所得額	14,655	13,494	11,944	10,444	9,694	9,144	8,520

図 15 と表 11 は広島国税局管轄の申告所得階級別弁護士数の推移を示したも

のである．「800万円以下」の申告所得層が増え，多少の上下はあるが「2,000万円以下」より上の申告所得層が減少する傾向にある．「70万円以下」から「400万円以下」までの累積割合は，2008年の13.0%から2014年の28.2%まで増えている．同じく「1,000万円以下」までの累積割合は，38.6%から64.0%に増えている．

2008年時点では「1,500万円以下」が115人で最頻値カテゴリーであったが，2014年の最頻値は「600万円以下」の133人である．「400万円以下」が132人で続いている．中央値が属する申告所得階級は，2008年は「1,500万円以下」であったが，2012年以降「800万円以下」になっている．

一人あたりの申告所得額の減少幅は2009年から2010年にかけての155万円がもっとも大きいが，2011年にかけても150万減少している．2013年から2014年にかけては62万円減少している．

10　高松国税局

図16　申告階級別の人員数推移 —— 高松

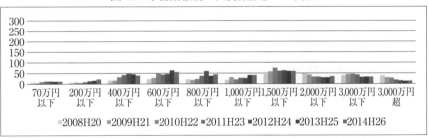

表12　登録人数等の推移 —— 高松

高松国税局	2008H20	2009H21	2010H22	2011H23	2012H24	2013H25	2014H26
登録人数	353	380	406	431	455	482	498
税務統計人員数	274	282	323	330	349	353	358
（対登録人数申告者率）	77.6%	74.2%	79.6%	76.6%	76.7%	73.2%	71.9%
一人あたり申告所得額	14,371	13,483	11,967	9,956	8,998	8,721	9,091

図16と表12は高松国税局管轄の申告所得階級別弁護士数の推移を示したものである．多少の上下はあるが「1,000万円以下」の申告所得層が増え，「2,000万円以下」より上の申告所得層が減少する傾向にある．「70万円以下」

から「400万円以下」までの累積割合は，2008年の10.9%から2014年の20.7%まで増えている．同じく「1,000万円以下」までの累積割合は，33.6%から60.3%に増えている．

2008年時点では「1,500万円以下」が54人で最頻値カテゴリーであったが，2014年の最頻値は「600万円以下」の56人である．中央値が属する申告所得階級は，2008年は「1,500万円以下」であったが，2011年に「1,000万円以下」，2012年には「800万円以下」となったが，2013年以降は再び「1,000万円以下」になっている．

一人あたりの申告所得額の減少幅は2010年から2011年にかけての201万円がもっとも大きい．2013年から2014年にかけては37万円の増加となっている．

11　福岡国税局

図17　申告階級別の人員数推移 ── 福岡

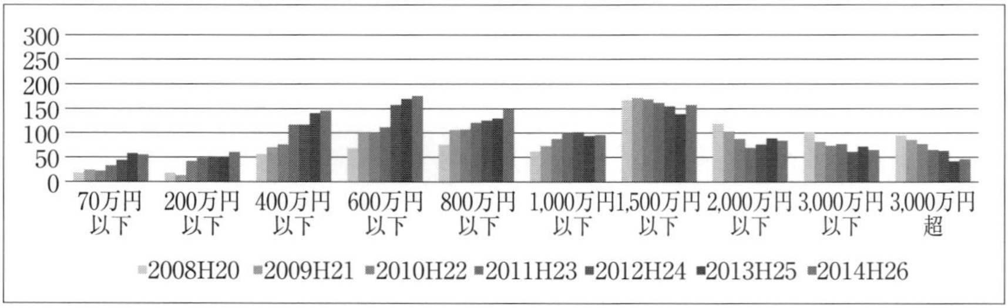

表13　登録人数等の推移 ── 福岡

福岡国税局	2008H20	2009H21	2010H22	2011H23	2012H24	2013H25	2014H26
登録人数	911	997	1,073	1,146	1,219	1,285	1,348
税務統計人員数	783	829	843	904	952	986	1,036
（対登録人数申告者率）	85.9%	83.1%	78.6%	78.9%	78.1%	76.7%	76.9%
一人あたり申告所得額	16,077	13,916	12,939	11,444	9,983	9,167	8,828

図17と表13は福岡国税局管轄の申告所得階級別弁護士数の推移を示したものである．「1,000万円以下」より下の申告所得層が増えている．「1,500万円以下」から「3,000万円以下」の申告所得層では2008年からは減少しているが，2012年以降は対前年比で増えている場合がある．「70万円以下」から

III 国税局管轄別の分析

「400万円以下」までの累積割合は，2008年の11.7%から2014年の25.2%まで増えている．同じく「1,000万円以下」までの累積割合は，37.9%から65.9%に増えている．

2008年時点では「1,500万円以下」が168人で最頻値カテゴリーであったが，2014年の最頻値は「600万円以下」の176人である．中央値が属する申告所得階級は，2008年は「1,500万円以下」であったが，2012年以降「800万円以下」になっている．

一人あたりの申告所得額の減少幅は2008年から2009年にかけての216万円がもっとも大きい．2013年から2014年にかけては34万円の減少である．

12 熊本国税局

図18 申告階級別の人員数推移 —— 熊本

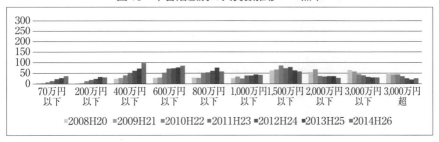

表14 登録人数等の推移 —— 熊本

熊本国税局	2008H20	2009H21	2010H22	2011H23	2012H24	2013H25	2014H26
登録人数	435	484	529	574	629	659	691
税務統計人員数	350	365	403	433	456	479	493
（対登録人数申告者率）	80.5%	75.4%	76.2%	75.4%	72.5%	72.7%	71.3%
一人あたり申告所得額	16,346	14,986	12,473	10,520	8,922	7,788	7,349

図18と表14は熊本国税局管轄の申告所得階級別弁護士数の推移を示したものである．「1,000万円以下」より下の申告所得層が増えており，「2000万円以下」より上の申告所得層が減少している傾向がみてとれる．「70万円以下」から「400万円以下」までの累積割合は，2008年の8.9%から2014年の33.7%まで増えている．同じく「1,000万円以下」までの累積割合は，32.6%から71.2%に増えている．

2008年時点では「3,000万円以下」が65人で最頻値カテゴリーであったが，2014年の最頻値は「400万円以下」の98人である．中央値が属する申告所得階級は，2008年は「1,500万円以下」であったが，2012年以降「600万円以下」になっている．

一人あたりの申告所得額の減少幅は2009年から2010年にかけての251万円がもっとも大きい．2013年から2014年にかけては44万円の減少である．

13　沖縄国税局

図19　申告階級別の人員数推移 —— 沖縄

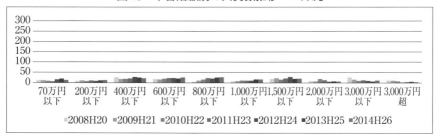

表15　登録人数等の推移 —— 沖縄

沖縄国税事務所	2008H20	2009H21	2010H22	2011H23	2012H24	2013H25	2014H26
登録人数	197	210	217	227	233	243	249
税務統計人員数	145	135	137	147	157	162	162
（対登録人数申告者率）	73.6%	64.3%	63.1%	64.8%	67.4%	66.7%	65.1%
一人あたり申告所得額	9,985	9,457	8,459	7,305	6,976	6,763	6,603

図19と表15は沖縄国税事務所の申告所得階級別弁護士数の推移を示したものである．「1,000万円以下」より下の申告所得層が増えており，「2000万円以下」より上の申告所得層が上下しながらも減少している傾向がみてとれる．「70万円以下」から「400万円以下」までの累積割合は，2008年の32.4%から2014年の29.6%まで減少している．「1,000万円以下」までの累積割合は，53.8%から72.8%に増えている．

2008年時点では「400万円以下」と「3,000万円以下」が26人で最頻値カテゴリーであったが，2014年の最頻値は「800万円以下」の27人である．「600万円以下」も26人と相対的に多い．中央値が属する申告所得階級は，

2008年は「1,000万円以下」であったが，2009年以降「800万円以下」になっている．

一人あたりの申告所得額の減少幅は2010年から2011年にかけての115万円がもっとも大きい．2013年から2014年にかけては16万円の減少である．

Ⅳ　おわりに

所得はその分布が山型にはならないことが知られており，税務統計における弁護士区分の申告所得額について，平均値だけではなく中央値や分布の形状をみながら分析を進めてきた．最後に，税務統計の分析によって確認された弁護士の所得水準の推移についてまとめておこう．まず，2008年から2009年にかけての「70万円以下」の急増については，確定申告で申告される収入・所得が前年の1月〜12月のものであることから，12月（「現行」登録期については9月）に登録する人数の変化もその背景にあると考えられる．しかし，この点については今回分析したデータからは検証できていないので，まだ推測にとどまる．

弁護士の所得分布で「70万円以下」がたいへん多いのは，東京国税局管轄の特異な分布によるものであることも確認できた．他の国税局管轄では，「70万円以下」の弁護士数割合は図20にみるように増加傾向にあるが，このような突出した分布はみられなかった．ここに6割の弁護士が集中しているので，全国の状況を分析する際には今後とも注意が必要であろう．

図20　国税局管轄別の70万円以下の人員数割合の推移

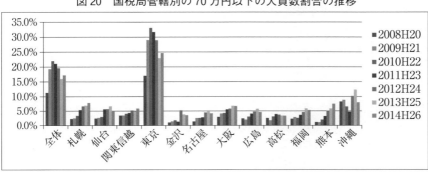

次に，弁護士の所得分布が大きく下方に動いているという点である．ただし，その減少傾向は，やや下げ止まりの傾向を示しているといえる．弁護士全体の一人あたりの申告所得額の推移では2013年以降減少率が2.2%となり，さらに2015年には6.1%の上昇に転じている．

2008年から2014年にかけての変化を中央値でみると，「1500万円以下」から「800万円以下」に移動したのが札幌，関東甲信越，金沢，名古屋，大阪，広島，福岡の7管轄であった．2008年にもっとも高い中央値を示していた仙台は「2000万円以下」から「800万円以下」と大幅に下落し，それについで熊本が「1500万円以下」から「600万円以下」と大きい．高松は「1500万円以下」から「1000万円以下」である．沖縄が「1000万円以下」から「800万円以下」，そして東京は「800万円以下」から「600万円以下」に移動している．この下落幅はかなりドラスティックではあるし，1000万円を越える所得層がすべての管轄で減少しているのであって，新人弁護士の急増により所得分布が下方にシフトしただけでなく，全体的に所得が減じている．ただし，その年ごとの減少幅は小さくなっており，管轄や申告所得額階級によっては増加に転じている場合もあることからも下げ止まりつつあるといえるだろう．その背景には，新規登録者のうち修習から直接登録する人数も2008年から2014年にかけて約6割に減少していることと一括登録日ではなく1月以降に登録する者が増えていることもあるだろうことは先に検討したとおりである．

単位会ごとの期別人数や年齢層別人数を用いての分析，さらには，給与所得を合わせた弁護士所得を対象とする研究は今後の課題としたい．所得の動向についてその要因をさぐることは経済状況や司法制度のあり方，弁護士の業務形態の変化などの多様な要因が複雑に絡まっているので簡単ではない．税務統計という相対的にではあるが網羅的なデータを用いての分析は，「回収率」相当の確定申告率が高いことから有用であり，それをさらに社会調査法によるサーベイの設計に活かしていくこともまた重要なのである．

〔文　献〕

藤本亮(2011)「官庁統計にみる弁護士の収入と経済基盤調査」自由と正義62巻臨時増刊号「弁護士業務の経済的基盤に関する実態調査報告書2010」173～174頁（全2頁）．
国税庁(2007)『第132回国税庁統計年報　平成18年度版』

Ⅳ　おわりに

―――(2008)『第 133 回国税庁統計年報　平成 19 年度版』
―――(2009)『第 134 回国税庁統計年報　平成 20 年度版』
―――(2010)『第 135 回国税庁統計年報　平成 21 年度版』
―――(2011)『第 136 回国税庁統計年報　平成 22 年度版』
―――(2012)『第 137 回国税庁統計年報　平成 23 年度版』
―――(2013)『第 138 回国税庁統計年報　平成 24 年度版』
―――(2014)『第 139 回国税庁統計年報　平成 25 年度版』
―――(2015)『第 140 回国税庁統計年報　平成 26 年度版』
法曹養成制度改革連絡協議会(2017)　第 6 回協議会（平成 29 年 2 月 8 日開催）資料 1 － 1「司法修習修了者の進路別人数の推移」および資料 1 － 2「弁護士未登録者の推移」
宮澤節生・石田京子・久保山力也(2011)「第 62 期 弁護士第 1 回郵送調査の概要：記述統計の提示」青山法務研究論集 4：57-191 頁.
宮澤節生・石田京子・藤本亮・武士俣敦・上石圭一(2014)「第 62 期弁護士第 2 回郵送調査第 1 報：調査の概要と記述統計」青山法務研究論集 9：67-137 頁.
日本弁護士連合会(2007)『弁護士白書〈2007 年版〉』
―――(2009a)『弁護士白書〈2008 年版〉』
―――(2009b)『弁護士白書〈2009 年版〉』
―――(2010)『弁護士白書〈2010 年版〉』
―――(2011)『弁護士白書〈2011 年版〉』
―――(2012)『弁護士白書〈2012 年版〉』
―――(2013)『弁護士白書〈2013 年版〉』
―――(2014)『弁護士白書〈2014 年版〉』
―――(2015)『弁護士白書〈2015 年版〉』
―――(2016)『弁護士白書〈2016 年版〉』
宇南山卓(2009)「家計調査の課題と改善に向けて」（東京経済研究センター（TCER）・東京大学日本経済国際共同研究センター（CIRJE）2009/5/7 ワークショップ報告ペーパー）http://www.cirje.e.u-tokyo.ac.jp/research/workshops/macro/macropaper09/macro0507.pdf （2017/2/1 アクセス）
柳楽久司(2012)「業界ニーズから読み解く弁護士の就職問題」二弁フロンティア 2012 年 6 月号．23-38 頁.

23 弁護士の専門化と未分化型経営戦略の市場適合性

武士俣　敦

I　はじめに

　弁護士業務の専門化が弁護士論の主題として登場して久しい(1). また，司法制度改革審議会意見書が弁護士の専門性の強化や専門性情報の公開を提言してから 15 年が経つ(2). この間，専門化ははたして進んだのだろうか．もし，進んでいないとしたらそれは日本の弁護士にとっていかなる意味をもつのであろうか．これが本稿で取り上げる問題である．あらかじめ概括的にいえば，現在においてもなお，おそらく専門化は社会現象として把握できるほどの水準では進展していないであろうと思われる．それを直接的に裏付ける証拠は充分に存在するわけではないが，後でみるように，弁護士業務の実態に関する種々の調査データ，法律事務所の共同化，大規模化の程度や態様，弁護士の専門性情報の流通の程度などによって間接的に推測することができよう．専門化の推進を望ましいものとする弁護士界の自己認識とそのための施策にもかかわらず，専門化の進行が停滞しているとすれば，それをどう説明するかは法社会学的課題となる．

　以下では，まず，近年における弁護士業務の専門化の状況がどのようであ

---

(1) おそらく学問的な認識としてこの問題が提起されたのは 1960 年代の石村善助 (1966) にまで遡るであろう．その後，1980 年代に入って弁護士界においても専門化が弁護士業務改革の主要な柱として認識されるようになった．弁護士界における 1990 年代までの議論状況については，武士俣（1999：162-165）を参照．
(2) 2001 年の司法制度改革審議会意見書は，弁護士の専門性の強化のために弁護士会による研修の義務化や継続教育の実施，また利用者の選択のために専門分野の広告を推進することを提言した．

かを利用可能な調査データによって記述する．つづいて，専門化の現実がいかに説明されうるかということについて検討する．その際，ここで新たな説明図式を提示するということではなく，1980年代に提示された一つの有力な説明図式を取り上げ，現在におけるその有効性あるいは妥当性を既存の調査データを用いて検証するという作業をおこなう．その説明図式を，ここでは「未分化型経営戦略の市場適合性」仮説と呼ぶ．最後に，この仮説の検証結果をふまえて，一方では専門化を規定する市場的要因と，他方で，やはり専門化を規定する制度的要因のあり方について，若干の考察を行うこととする．

II 専門分化の現状——「2008年全国弁護士調査」から

日本の弁護士業務の専門化の現状はどうなっているのであろうか．専門化の状況を把握するための方法には大別して2つある．一つは，専門化の実践に関する個別的なケース報告がある[3]．これらは具体的で詳細なデータを提供してくれるが，全体状況を推し量ることはできない．もう一つはサーベイ・データである．専門化を社会現象として把握するために必要な方法である．以下では，既存の調査から得られたデータにもとづいて専門化の現状を素描する．

調査によってデータを収集しようとするとき，専門化とはいかなる事態を指すかという概念に関する問題と測定方法の問題がある．これについては，アメリカの弁護士についての代表的な経験的調査研究であるシカゴ・スタディが一つの範型を示している．それによれば「専門化」（specialization）とは弁護士の実務が特定の分野に特化している事態を指し，それを弁護士の労働時間の当該分野への排他的投入の程度によって測定しようとするものである（Heinz & Laumann 1982: 26-28; Heinz, Nelson, Sandefur & Laumann 2005: 37）[4]．

2008年に実施された全国の弁護士を対象とした標本調査（「2008年全国弁護

---

[3] このような報告は，これまでたびたび日弁連の機関誌「自由と正義」に特集として，（例えば，1994年7月号の特集「弁護士業務と専門化」における一連の論稿），あるいは個々の弁護士の実践報告（例えば，小笠 (1998)，小笠 (2008) 小西 (2008) 西川 (2008) 内藤 (2008) など）として掲載されてきた．これも貴重な質的データというべきである．

[4] ここでいう「専門化」の概念にはクォリティという評価的意味合いは込められていない．端的に，特定の業務分野への投入労働時間の多寡と，取扱い業務分野数の多寡という2つの基準の組合わせによって規定される．

Ⅱ　専門分化の現状

士調査」と呼ぶ）は，シカゴ・スタディと同様の方法論に依拠して日本の弁護士の専門化を測定するデータを収集した（宮澤・武士俣・石田・上石2011）．その分析結果にもとづいて，日本における専門化の状況を要約しよう．

　専門化の測定は次のように行われた．日本の弁護士業務の大方をカバーすると考えられる37の業務分野を設定し，個々の弁護士がそれぞれの分野に費やしている労働時間の量を「まったく時間を使わなかった」，「あまり使わなかった」，「ある程度使った」，「かなりの時間を使った」，そして「ほとんどの時間を使った」の5件法で測定した．それにより，5段階の上位3段階に反応した弁護士を各分野の取扱い弁護士として識別した．そして，取扱い弁護士がどの程度当該個別分野に特化しているかの程度を表わす専門化指標を構成した[5]．

　表1は，分野別に，回答弁護士の数［A］，取扱い弁護士の数［B］，専門化指標の4分の3四分位点の値［C］，その4分の3四分位点以上の値をもつ弁護士，すなわち，ここでいう専門化の度合いが相対的に高い弁護士の数［D］，それに当該分野回答者全体に占める専門化の度合いの高い弁護士の割合［E］を示している．

表1　業務分野と専門化

業務分野	A	B	C	D	E
家族親族(国内)	277	200	0.636	72	26.0
遺言相続	281	175	0.682	49	17.4
企業倒産整理再生	271	141	0.636	47	17.3
債権回収	276	152	0.636	46	16.7
個人破産	274	175	0.682	45	16.4
不動産賃貸借貸主側	274	143	0.636	44	16.1
交通事故原告側	273	146	0.636	43	15.8
刑事弁護	273	134	0.682	37	13.6
その他企業法務	273	125	0.727	32	11.7
不動産売買	275	109	0.636	31	11.3

[5] この方法の詳細については，宮澤・武士俣・石田・上石（2011：224-225）を参照．そこでは，「集中度」という言葉を「専門化」と互換的に用いている．

23　弁護士の専門化と未分化型経営戦略の市場適合性〔武士俣　敦〕

建築紛争	273	99	0.636	30	11.0
不動産賃貸借借手側	264	70	0.591	24	9.1
消費者問題原告側	267	87	0.636	23	8.6
医療事故原告側	269	66	0.591	22	8.2
労働問題使用者側	266	78	0.648	19	7.1
交通事故保険会社側	258	46	0.591	18	7.0
知的財産	264	53	0.682	18	6.8
近隣関係問題	269	70	0.602	17	6.3
企業合併買収	262	51	0.682	16	6.1
交通事故被告側	261	51	0.591	14	5.4
労働問題労働者側	265	48	0.591	14	5.3
労働災害	267	49	0.614	12	4.5
少年事件	255	44	0.625	11	4.3
独占禁止不正競争	259	38	0.614	9	3.5
渉外国際取引	261	30	0.818	9	3.4
行政事件個人代理	261	31	0.500	9	3.4
消費者問題被告側	261	30	0.602	7	2.7
環境公害原告側	264	20	0.455	7	2.7
医療事故被告側	265	26	0.636	7	2.6
税金問題個人代理	266	22	0.546	6	2.3
行政事件行政代理	261	21	0.568	5	1.9
犯罪被害者支援	247	15	0.636	4	1.6
家族親族(国際)	259	15	0.682	4	1.5
外国人問題	266	15	0.636	4	1.5
税金問題企業代理	266	13	0.659	3	1.1
行政事件企業代理	261	7	0.727	2	0.8
環境公害被告側	261	9	0.546	2	0.8

これをみると，専門化の度合の高い弁護士の多い分野は「家族・親族（国

Ⅱ　専門分化の現状

内）」,「遺言・相続」,「企業倒産・整理・再生」,「債権回収」など主に個人と中小企業の依頼者の分野が上位を占めている．反対に下位には「行政事件」,「環境・公害問題」などがみられる．ここで注意を要するのは，専門化の度合の高い弁護士の多さは，その分野の取扱い弁護士の多さによって影響を受けていることである．もう一つの留意点は，専門化の度合の高い弁護士を識別する専門化指標の値である．この値の高い分野には，「渉外・国際取引」,「行政事件企業代理」などがあるが，これらの分野の専門化の度合の高い弁護士の数は少ない．専門化指標の値でみると，その識別値の大きい分野でも，専門化の度合の高い弁護士の数が多い分野と少ない分野が混在している．前者は「遺言・相続」,「個人破産」,「刑事弁護」などであり，後者には上にふれた2分野の他,「知的財産」,「企業合併・買収」，それに「家族・親族（国際）」がみられる．

　以上のような現状はどのように理解したらいいであろうか．いわゆる一般民事に属するたいていの弁護士が取扱う分野に相対的には多くの特化の度合の大きい弁護士がいるということになるが，専門化指標でみれば，それらの弁護士は当該分野を含めて同時に7ないし8分野を扱っている弁護士を含むのであり，単一専門型に近い弁護士はいても極めて少ないものと考えられる[6]．他方で，大企業の企業法務に対応すると考えられる諸分野,「渉外・国際取引」,「企業合併・買収」,「知的財産」などは専門化指標の識別値は大きいが，取扱い弁護士が少なく，したがって専門化の度合の大きい弁護士も少ない．また，訴訟件数の少ない行政事件の分野や新しく登場した分野，すなわち，グローバリゼーションに伴う外国人関連の分野，犯罪被害者関連の分野，環境・公害問題の分野なども専門化指標値のレベルにはバラツキがあるとともに，いずれも専門化の進んだ弁護士の規模は極めて小さい．

　結局，一面的な把握ではあるが，このような現実は依然として日本の弁護士の専門化が立後れていることを示すものでこそあれ，進行を示すものと評価することはできないであろう．おそらく，現状で専門化の進んだ弁護士とは，伝統的な一般民事の諸分野の多くをカバーしつつ，その中のいずれかを中心的もしくは重点的に扱っている弁護士か，または，それら諸分野の多くをカバーし

---

[6]　この調査データにおいて，弁護士が取扱っている分野数の平均値は9分野であり，最大値は22分野である．ちなみに，専門化指標の値が0.5を超えるとき，当該分野を含む取扱い分野の数は10分野以下となる．

つつ，新しい諸分野の中の特定の分野を重点的に自己の業務に付け加えている弁護士というのが一般的な姿だと思われる．

III 「未分化型経営戦略の市場適合性」仮説の検証

1 「未分化型経営戦略の市場適合性」仮説

上でみたように，量的データにもとづくならば2000年代以降においても総じて日本の弁護士業務の専門化は進んでいないといえる[7]．これはいったいどうしてなのであろうか．この問題に最初に理論的説明を与えたのは法社会学者の棚瀬孝雄であった．棚瀬は，「事務所共同化の市場戦略」と題する論文（棚瀬1987）において，日弁連による第1回目の「弁護士業務の経済的基盤に関する実態調査」（以下，「経済基盤調査」という）のデータの分析をふまえて，一つの説明仮説を提示した．その説明図式を一言で表現すれば「未分化型経営戦略」の市場適合性である．その内容について，簡単に敷衍しておきたい．

棚瀬は，まず日本の弁護士が置かれた業務の市場の特性を分析する．その市場は，一方で訴訟業務の市場と，他方で企業法務の市場とで大きくその特性が異なることが指摘される．

訴訟業務の市場特性については，第1に，弁護士間に競争の欠如した独占市場となっており，収益面からみるとそこで弁護士は「超過利潤」を得ているというのである．これは，この市場における業務が不動産や金銭債権などのいわゆる一般民事の古典的で比較的単純な分野が大半を占めるとともに，報酬が訴額比例主義によって決定されることから実際のコストに見合う以上の報酬を得ているということを意味する（棚瀬1987：102）．第2に，事件の依頼が友人・知人・親族・過去の依頼者など圧倒的に弁護士の個人的な関係を通じてなされているという事実から，この事件流入経路となる弁護士との個人的な関係をもつ依頼者群は"パーソナル・ネットワーク"と呼ばれる．このことは，依頼者は専門性によって弁護士を選別しているのではなく，専門性とは無関係な依頼

---

[7] なお，2000年の日弁連による実態調査から得られた分野別取扱い件数データ，及び専門分野自己申告データを用いて，上石圭一が立ち入った二次分析を行っている．そこでは部分的に一定の分化を見いだしてはいるが，総体的に専門化が進んでいないということは明らかである（宮澤・武士俣・石田・上石2011：248-259）．

Ⅲ 「未分化型経営戦略の市場適合性」仮説の検証

をしていることを意味する（棚瀬 1987：104）．そして，超過利潤の獲得とパーソナル・ネットワークへの依存は，内部に専門化した部門を有する総合型の事務所でもなく，いわゆるブティック・ファームのような単一専門型の事務所でもなく，専門化しない未分化型の事務所経営戦略の採用を促すことになる（棚瀬 1987：107）．

他方で，企業法務の市場，とりわけ大企業のそれは弁護士間で，また弁護士と企業法務部門との間で競争市場となっており，弁護士報酬の市場価格の押し下げが生じている．これにより経営を成り立たしめることが困難な状況に置かれて，訴訟事件に依存せざるを得なくなる．それは結局，未分化型経営戦略の採用に通じ，専門化の遅れに帰着することになる（棚瀬 1987：108）．

要するに，日本の弁護士は専門化が引き合わず，未分化型の事務所経営にとどまることが適合的であるような市場の状態があるというものである．そのような市場を規定している主たる要因として「訴訟事件の超過利潤」と事件依頼ルートである「パーソナル・ネットワーク」を挙げている．この説明図式は現在もなお日本の弁護士の専門化の遅れを説明する力をもっているであろうか．以下，日弁連による第1回から第4回までの「経済基盤調査」のデータを用いて，その検証を試みたい[8]．

2 専門化しないことは市場に適合した経営戦略なのか？
(1) 訴訟業務（とくに大型の訴訟事件）とその超過利潤への依存

まず，訴訟業務への依存はどうなったであろうか．表2は，全手持ちケースにしめる裁判所ケースの割合，日々の仕事の中で競争を感じない弁護士の割合，それに弁護士1人あたりの民事の訴訟件数（人事訴訟を含む）の推移を示している．これをみると，裁判所ケースの割合がかなり低下しており[9]，主観的には訴訟業務の市場が競争的であるという意識も高まっている．もっとも，客観的にみたときの訴訟業務の市場規模は少なくとも2010年までは大きな変化は

---

(8) 調査の実施主体は，日弁連業務改革委員会（旧名は対策委員会）で，第1回は1980年に（日弁連 1988），第2回は1990年に（日弁連 1991），第3回は2000年に（日弁連 2001），そして直近の第4回が2010年に（日弁連 2011）実施された．
(9) もっとも，2010年調査における裁判所ケースの割合をみるにあたっては，いわゆる過払い請求事件の影響を考慮に入れる必要があると思われる．

ない[10]. 訴訟業務への依存度はたしかに変化しているようであるが依然として大きなウェイトを占めているように思われる.

表2 訴訟業務の割合と訴訟業務の市場

	裁判所ケース(%)	競争を感じない(%)	1人当たり訴訟件数
80年調査	77.7	52.7	11.4
90年調査	56.5	51.7	8.3
00年調査	60.9	43.2	10.8
10年調査	50.1	30.2	9.0

次に,訴訟業務は超過利潤をもたらしているかどうかを探ってみよう.表3は,1980年調査と2010年調査における訴訟業務が100%の弁護士の平均所得額を示したものである.1980年には,訴訟業務に完全に依存している弁護士の平均所得は弁護士全体のそれに比べて,56万円少なく,2010年では480万円少ない.当然ながら30年の間に金額の水準は変化しているが,訴訟業務に依存している弁護士の所得のありようは変わっていないといえる.つまり,その所得額は全体平均より低く,都会と地方の地域の差が小さいということである.一般的にいって地方のほうがコストが低いと考えられるので,報酬水準が同じであれば地方の弁護士には超過利潤が生じているという推定が働く.そうであれば,この事実は専門化を通じた業務革新の動機付けに影響している可能性がある.

表3 訴訟業務100%の弁護士の所得額 (単位:万円)

	全国	東京	大阪・名古屋	高裁所在地	高裁不所在地	全体平均
80年調査	647	673	618	731	614	703
10年調査	991	1069	1149	979	771	1471

[10] 弁護士1人あたりの訴訟件数は,各年の最高裁判所の司法統計年報における地裁の訴訟事件の新受件数にもとづく.訴訟事件には,第一審,控訴,上告,その他の各事件が含まれる.ちなみに,2011年以降は,7.6件,6.1件,5.2件,4.8件と値は単調に減少している.ただ,留意すべき点として,2010年は,いわゆる過払い請求事件の増加による特異性があった可能性がある.

Ⅲ 「未分化型経営戦略の市場適合性」仮説の検証

(2) 予防法務では食えない？

次に，予防法務，とりわけ大企業の企業法務の市場は，競争市場性と市場価格の引き下げという棚瀬が指摘したような状況であろうか．そこでまず，この市場の規模をみてみよう．表4は，1980年から2010年までの手持ちケースに占める非紛争ケースの割合と大企業顧客の割合の推移を示している．非紛争ケースの割合は1980年代に大きく増加したが，その後さらに増加することはなく，1990年代以降は2割強程度にとどまっている．また，大企業顧客割合も同様のパターンを示し，その水準は2割弱程度にとどまっている．

2010年に裁判所ケースの割合が約半分になったとしても，予防法務市場への参入が増えたわけではない．その理由が，市場における競争が激しくて仕事が獲得できないのかどうか，あるいはマージンが低くすぎて市場から撤退しているのかどうかといったことはこのデータだけからでは何ともいえないが，予防法務市場への進出が長期にわたり低水準のままであるとはいえるであろう．

表4 予防法務の割合と予防法務の市場（%）

	非紛争ケース	大企業顧客
80年調査	7.3	12.7
90年調査	22.0	18.2
00年調査	18.4	17.7
10年調査	23.6	18.3

予防法務の収益性についてさらに追求してみよう．表5は手持ちケースに占める非紛争ケース割合が50%以上の弁護士の平均所得額を示したものである．これをみてわかることは，非紛争ケースの多い弁護士は，弁護士全体の平均所得より高い所得を得ているということである．ただし，地域別にみると，それは東京のみである．東京と東京以外の地域では所得水準に明瞭な差がみられ，このパターンは時代的に一貫している．これは非紛争業務の内容に差異があることを示唆する．おそらく，東京は大企業の予防法務を引き受けていることで高い所得水準になっているが，それ以外の地域では予防法務の収益性が低いことを示唆する．なお，この状況と整合的な事実として，大企業ケースが多い弁護士の所得水準が高いということは1980年調査から2010年調査まで一貫して変わっていない[11]．

表5　非紛争業務割合50%以上の弁護士の所得額（単位：万円）

	全国	東京	大阪・名古屋	高裁所在地	高裁不所在地	全体平均
80年調査	894	999	492	386	420	703
10年調査	1878	2190	1372	924	971	1471

(3) 仕事は専門化しなくても済む事件がほとんどか？

棚瀬によれば（棚瀬1987：103），専門化の立遅れの要因として，日本の弁護士が実際に取扱っている業務分野が平均的な弁護士ならだれでもこなせるような古典的で比較的単純な分野で大半が占められているという事実を指摘した．はたしてそうした状況に変化はないのであろうか．

この点を探るために，恣意的ではあるが業務分野を，専門化を要しないとされる分野，すなわち伝統的な一般民事の分野(A)と，専門化を要する分野，すなわち全ての弁護士がもつとは期待されない知識・技能の修得を必要とする分野(B)に分けて，それらの取扱量がどうなっているかをみてみよう．

表6-1は，分野Aと分野Bに該当する具体的な分野をピックアップし，1980年調査から2000年調査までのそれぞれの取扱量を手持ちケース全体に占める各分野の件数の割合で示している．表6-2は，2010年調査について，取扱量が弁護士の総労働時間を100%としたときの各分野への投入時間の割合（推定値）で示されている[12]．

2000年調査までについてみると，分野Aのケースが占める割合は依然としてやはり大きい．分野Bの割合は1割前後で，分野Aの取扱量の6分の1から7分の1にすぎない．2010年調査に関しては，件数の割合ではなく，時間ベースの割合であるが，やはり分野Bの取扱量は少ない．分野Aに対する投入時間割合が約32%であるのに対して，分野Bはその半分の16%である．2010年調査とそれ以前の調査の数値の比較はできないが，専門化，すなわち

---

[11] 大企業顧客割合50%以上の弁護士の全国平均所得額を各調査についてみると，1980年では1219万円（全弁護士平均所得額は703万円，以下同様），1990年では1896万円（1544万円），2000年では3285万円（1701万円），そして2010年では2581万円（1471万円）である．

[12] 2010年の「経済基盤調査」では，過去のそれと異なり，個別の業務分野ごとの取扱量を件数ではなく，投入された労働時間比率で測定した．この測定値をもとに，総労働実時間とその個別分野への配分比率を推計した．詳しくは武士俣（2015：34-37）を参照．

Ⅲ 「未分化型経営戦略の市場適合性」仮説の検証

なにがしかの先行投資を必要とする分野の扱いの少なさという点も顕著な変化はないようにみえる.

表6-1 業務分野別手持ち件数割合と専門化 (%)

分野 A	離婚	遺言・相続	借地・借家	不動産	債権回収	強制執行	交通事故	合計
80年調査	5.1	4.7	10.0	11.9	27.5	6.9	5.6	71.7
90年調査	6.6	6.4	11.1	9.7	24.7	3.5	9.8	71.8
00年調査	6.2	6.0	6.6	4.7	24.4	3.3	7.3	58.5
分野 B	医療過誤	労働法	環境・公害	行政事件	国際取引	知的財産	独禁法	合計
80年調査	1.2	2.3	0.7	1.4	1.8	1.1	2.2	10.7
90年調査	1.0	1.5	0.6	0.8	3.4	1.1	3.1	11.5
00年調査	1.5	2.0	0.3	0.7	1.8	1.1	2.0	9.4

表6-2 業務分野別労働時間割合と専門化 (%)

分野 A	離婚	遺言・相続	借地・借家	不動産	債権回収	強制執行	交通事故	合計
10年調査	6.9	5.7	5.7	2.1	4.1	*****	7.9	32.4
分野 B	医療過誤	労働法	環境・公害	行政事件	国際取引	知的財産	独禁法	合計
10年調査	2.1	5.4	0.8	2.2	2.1	2.1	1.2	15.9

(4) 顧客獲得におけるパーソナル・ネットワークへの依存

今度は専門化の遅れをもたらしているとされたパーソナル・ネットワークへの依存という要因に目を向けよう. これは事件流入のあり方が, 親族・知人, 過去の依頼者, 顧問先などの弁護士が個人的なつながりをもつ経路に偏っているという事態である. このような経路からの依頼は専門性による依頼とは反比例する関係にあるものである.

表7は, パーソナル・ネットワーク (表中, PNと表記) と非パーソナル・ネットワークのそれぞれに属する経路カテゴリーからどれだけの依頼を受けて

いるかを全件数に占める件数割合で示したものである．これをみると，ここでは市場の状況変化がはっきりとみてとれる．すなわち，パーソナル・ネットワークへの依存は減っているということである．2000年調査まではたしかにパーソナル・ネットワークからの依頼が圧倒的であったが，2010年調査では非パーソナル・ネットワークからの依頼がパーソナル・ネットワークからのそれを上回っている．とくに，とびこみ及び法律相談機関からの依頼のウェイトが増大している．この点は注目すべき変化である．ここから，理論上は専門性による弁護士選別ニーズの一定の高まりが生じているのではないかという推論が可能である．そうであれば，そうしたニーズが現実に満たされているかどうかがさらなる問題となる．

表7　依頼者獲得経路別新件割合（%）

PN	親族知人等	顧問先	依頼者等	PN合計
80年調査	28.4	30.3	21.3	80.0
90年調査	24.5	32.3	22.1	78.9
00年調査	16.5	33.3	20.7	70.5
10年調査	7.4	9.6	19.7	36.7
非PN	他の弁護士	法律相談機関	とびこみ	非PN合計
80年調査	6.9	3.9	3.0	13.8
90年調査	5.6	7.0	3.9	16.5
00年調査	6.0	13.6	5.1	24.7
10年調査	5.8	24.7	18.2	48.7

(5) 専門性の標榜と広告利用

上にみた状況変化は，パーソナル・ネットワークへの依存が全体として低下していることをうかがわせる．一般的に，このこと自体専門性による依頼へのニーズを高めることに通ずるが，棚瀬は，さらに，将来弁護士が増えていけば個々の弁護士のパーソナル・ネットワークが互いに重複するようになり，依頼者の側で複数の弁護士と接触する可能性が広まる一方，弁護士の側では何らかのセールス・ポイントの打ち出し，つまりは専門性の標榜が必要になるであろうと予測した（棚瀬1987：105）．

そこで，このような事態が生じているかどうかをデータに即してみてみたい．

III 「未分化型経営戦略の市場適合性」仮説の検証

これまでの関連データとしては,まず,専門分野を設けている弁護士がどれくらいいるかを調べたものがある.これは弁護士の側での専門化への主体的な先行投資とその回収への志向を意味すると考えられる.1990年調査では,専門分野を持つと回答した弁護士の割合はわずか9.9%で(日弁連1991),2000年調査では12.7%とやや増加している(日弁連2002).ただ,残念ながら2010年調査ではこの質問項目が削除されたため,近年の変化をみることができない.

つぎに,セールス・ポイントの打ち出しは,マーケティング,具体的には広告の利用に反映されてくるはずである.そこで,内容はさておき,業務広告利用の量的な変化をみてみよう.弁護士広告の利用者は一貫して増えており,2010年調査ではその割合は55%となり,未利用者より利用者の売り上げが多い[13].2000年10月の弁護士業務広告の自由化以後は利用媒体も多様化した.表8は,2010年調査において飛び込みによる依頼件数がどれくらいあったかを媒体別に示している.これによれば,電車・バス内等,弁護士個人のホームページ,テレビ・ラジオなどの利用者に新規のとびこみが著しく多く入っている.

表8 広告媒体別新件数(飛び込み依頼者)

広告媒体	新聞・雑誌	電話帳	事務所報	テレビ等	電車内等	事務所HP	個人HP
利用者	17.13	17.85	6.6	38.84	53.17	10.89	45.93
未利用者	4.41	3.28	6.4	6.01	5.47	4.06	5.19

表9は,収入水準を売上と所得の双方について媒体別に示している(表中,各欄の前の数字が売上,後の数字が所得).収益性効果をみると,事務所報,ホームページ,新聞・雑誌に効果が現われていて,テレビ・ラジオ,電話帳は売上と所得ともに水準が低く,効果がない.電車・バス内等は,所得水準は高いものの,売上水準は低い.テレビ・ラジオは飛び込み依頼件数は多いが収入は少ない.他方,個人ホームページは飛び込み依頼の件数も収入水準も高い.事務所ホームページの収入水準が高いこととあわせて考えると,ホームページ

---

[13] 利用者の売上は3511万円であるのにたいし,未利用者の売上は3019万円である.ちなみに,1990年調査では,広告利用者の割合は39%で,利用者の売上は3527万円であるのにたいし,未利用者の売上は2852万円であった.

の広告を通じた依頼は専門性による選択の手段として弁護士と利用者の双方にとって今後重要性を増していくことが想定される．

表9 広告媒体別収入額（売上額／所得額）（単位：万円）

広告媒体	新聞・雑誌	電話帳	事務所報	テレビ等	電車内等	事務所HP	個人HP	全体
利用者	3836/1907	3140/1391	4220/1705	2328/1127	3061/1813	3699/1815	3751/1942	3511/1599
未利用者	3193/1410	3317/1498	3231/1465	3287/1480	3286/1472	3086/1316	3269/1465	3019/1339

実際，すでにインターネット上での専門性広告が盛んになっている現状が垣間見えている．日弁連業務改革委員会プロジェクト・チームの調査によれば，とくに「離婚」，「相続」，「交通事故」などの上記の分野Aに属する業務分野において多くの専門表示がみいだされ，中には専門表示を事実上禁止している広告規程のガイドラインに明らかに抵触する例も相当数あることが確認されている（日弁連 2015：192-199（志水三輪子報告））[14]．

Ⅳ 結び――市場の状況変化と専門化の展望

以上，棚瀬による説明図式に即して，それが依然として説明力を有するかの検証を試みた．未分化型経営戦略が適合的な市場のあり方は変わったといえるであろうか．変わっていない面と変わった面がみいだされた．変わっていないのは業務内容である．企業の予防法務の割合は依然として小さく，また，業務分野では依然として一般民事が中心で，新しく複雑で先端的な分野の取扱いの割合は依然として小さいからである．裁判所ケースの割合が時間とともに低下していることは訴訟業務への依存にある程度の変化が生じていることをうかがわせるが，根本的な変化とまではみることができないように思われる．

他方，明らかに変わったのはパーソナル・ネットワークである．もはや，顧客獲得ルートの比重は非パーソナル・ネットワークに移っている．そして，弁護士数の増加によってパーソナル・ネットワークは重複するようになり，顧客

---

[14] 現在，専門表示は日弁連の業務広告規程の上では禁止されていないが，規程の運用指針において「控えることが望ましい」とされ，専門表示が直接規程違反の効果を生ずるとはみなされない．

Ⅳ　結　び

獲得をめぐって広告を利用したマーケティングが競争優位な立場をもたらしている．注目すべきは，インターネット上の広告には近年多くの専門表示がみられるようになっていることである．このことは市場に専門化を促す力が生じていることを意味し，これまでの未分化型経営戦略の有効性を減ずる変化を示すものであろう．

　しかしながら，弁護士業務の現実は事実上の専門分化の進展を示していないことは最初にみたとおりである．現状はようやく市場の中に事実上の専門分化を促す力が生じてきたということであろう．その力の表現は2つの面に現われているように思われる．一つは，クライアントの側で専門性による弁護士選択ニーズの高まりという面である．これは推定であるが，パーソナル・ネットワークの変容はこの推定を強く支える．他面で，弁護士の側には専門性とその標榜が競争に必須となる時代が到来している．これも推定ではあるが，パーソナル・ネットワークの変容に伴うマーケティングの現状はこの推定を強く支える．

　こうした市場の状況変化の先に専門化の進展を展望することは可能であるが，それに加えて，市場への何らかのてこ入れを政策的に推進することも必要なことと思われる．それは，一言で言えば弁護士に専門化へ向かうインセンティブを与えるような政策である．それを考えるとき，今，世界の多くの国で採用され，しかし日本では未だ存在しない専門弁護士制度が主要な選択肢として浮かぶ[15]．こうした制度が日本の弁護士業務にとってもつ意義を確認して稿を結ぶことにする．

　専門弁護士制度によってクォリファイされた弁護士の質情報，もしくは評価情報は，第1に市場の拡大に寄与するであろう．経済学の理論によれば，「市場で取引される財やサービスについての情報が需要者側に十分行き渡っていない場合，市場取引は低水準均衡を生み出し，市場が収縮するという現象を起こす」という（猪木2009：197-198）．そして，日本の弁護士サービスの市場においては，需要者サイドに購買力があってもそれが購買意思にはつながっていないという現実が確認されている（村山2009：32，武士俣2010：157）．つながら

---

[15] 日本の立ち後れはますます明白となりつつある．諸外国の状況については，例えば，武士俣（2004），日弁連（2010：354-369），スザンネ・オファーマン-ブリュッハルト（2015）など参照．

ない根本的な理由は何なのか．それは購買力ある需要者の弁護士選択ニーズに応えるだけの弁護士情報が存在しないからだと考えられる．これは弁護士の質情報・評価情報の不十分な流通が市場の収縮をもたらしている事態といえよう．この意味で専門弁護士の制度化とそれにもとづく情報の流通は市場の拡大，あるいはアクセスの改善につながることになる．

　第2に，専門弁護士制度は，質に関する公正な保障の装置として働くことにより，専門性情報の無秩序な氾濫を規制する手段となる．アメリカにおいて専門弁護士認定制度が導入された理由は広告の解禁に伴う専門性広告の無規制状態の出現を防ぐことであった（武士俣 1999：138）．日本において近年益々増加している専門表示の広告は事実上の専門化の裏づけをもたないものが多数を占めているものと推測される[16]．そのような事態は，専門弁護士制度を有する諸外国で一般にみられるように，専門弁護士制度と結び着いた広告規制によって防ぐことができよう[17]．

　第3に，専門弁護士制度は弁護士紹介システムとあいまって個々の弁護士に対して直接的な専門化へのインセンティブを与えるだろう．専門化を志向する弁護士は制度によってフォーマライズされ，可視化されることとなり，弁護士紹介システムや弁護士間紹介[18]を通じて優先的に事件が回って行く可能性が高まることになろう．それが同時に専門分野となり，専門家としてやっていける基盤形成につながっていくだろう．そのことは，競争的な市場環境の中で，ジェネラリストの弁護士の間にも専門化に向かわせる作用を及ぼしていくであろう．

---

[16] 2015年の日弁連弁護士業務改革シンポジウム第5分科会は専門弁護士制度をテーマとして取り上げた．そこにおいて，弁護士広告に関するアンケート結果とその分析が報告された．その中で，「専門分野表示の氾濫とやった者勝ちの不公平感がある」という現状評価がなされている（日弁連 2015：178-192（青井芳夫報告））．

[17] 専門弁護士制度をもつ国では，専門表示を広告規程によって原則禁止し，専門認定を除外条件とするというのが共通した規制の方法である．

[18] 事件の獲得経路の一つとしての弁護士間紹介が新件数に占める割合は，1980年から2010年までの各調査において，6.9％，5.6％，6.0％，5.8％と一貫してきわめてわずかである．事実上の専門化の遅れ，および，専門化した弁護士に関する情報流通の不十分さを示す間接証拠といえよう．

Ⅳ 結 び

〔文 献〕

武士俣敦(1999)「弁護士業務の専門分化 —— 米国における専門弁護士認定制度の展開と現状を中心として」福岡大学法学論叢 44 巻 1 号 133-177 頁.

——(2004)「専門弁護士認定制度の認定分野と認定基準」和田仁孝＝佐藤彰一編『弁護士活動を問い直す』商事法務, 77-121 頁.

——(2010)「裁判外紛争業務の市場と弁護士」樫村志郎・武士俣敦編『トラブル経験と相談行動』東京大学出版会, 137-165 頁.

——(2015)「弁護士業務分野の特徴と構造 —— シカゴ調査との比較を中心に」佐藤岩夫＝濱野亮編『変動期の日本の弁護士』日本評論社, 28-51 頁.

Heinz, John P. & Laumann, Edward O. (1982) *Chicago Lawyers: The Social Structure of the Bar, Revised Edition*, Northwestern University Press.

Heinz, John P., Nelson, Robert L., Sandefur, Rebecca L. & Laumann, Edward O. (2005) *Urban Lawyers: The New Social Structure of the Bar*, The University of Chicago Press.

猪木正道(2009)『大学の反省』NTT 出版.

石村善助(1966)「弁護士業務の共同化, 専門化, 大衆化」法律時報 38 巻 4 号 23-33 頁.

小西貞行(2008)「医療事件（医療側）」自由と正義 59 巻 8 号 79-80 頁.

小笠豊(1998)「地方における専門化 —— 医療事故事案の場合」自由と正義 49 巻 3 号 84-95 頁.

——(2008)「医療事故専門（患者側）一人事務所」自由と正義 59 巻 8 号 77-78 頁.

スザンネ・オファーマン-ブリュッハルト(2015)「ドイツにおける専門弁護士制度」（應本昌樹訳）森勇編『リーガル・マーケットの展開と弁護士の職業像』中央大学出版部, 7-42 頁.

内藤篤(2008)「エンタテインメント・ブティークとしての中小法律事務所」自由と正義 59 巻 8 号 81-82 頁.

日本弁護士連合会(1988)『日本の法律事務所 —— 弁護士業務の経済的基盤に関する実態調査報告書』ぎょうせい.

——(1991)「日本の法律事務所'90」自由と正義 42 巻 13 号.

——(2002)「日本の法律事務所'2000」自由と正義 53 巻 13 号.

——(2010)『弁護士業務改革』弘文堂.

——(2011)「弁護士業務の経済的基盤に関する実態調査報告書 2010」自由と正義 62 巻 6 号.

——(2015)『第 19 回弁護士業務改革シンポジウム基調報告書』（非売品）.

西川雅晴(2008)「交通事故専門事務所の実情」自由と正義 59 巻 8 号 74-76 頁.

宮澤節生・武士俣敦・石田京子・上石圭一(2011)「日本における弁護士の専門分化 —— 2008 年全国弁護士調査第 2 報」青山法務研究論集第 4 号 193-287 頁.

村山眞維(2009)「わが国における弁護士利用パターンの特徴」法社会学第 70 号 23-46 頁.

棚瀬孝雄 (1987)『現代社会と弁護士』日本評論社.

24 企業行動に関与する組織内弁護士の存在意義

浜辺陽一郎

I はじめに

　日本の証券取引所に上場する会社に対して，2015年6月1日から「コーポレートガバナンス・コード」（以下「CGコード」という．）の適用が開始された[1]．これは企業社会全体への問題提起と企業行動の改革を求めるものであり，CGコードが直接に適用されない非上場会社でも，程度こそ異なれ，効率的かつ合理的な事業活動やコンプライアンスに向けた活動の参考になるものであり，その積極的な取り組みが期待される．

　コーポレート・ガバナンスには，「業績・効率性の向上」に向けた課題と，「健全性の強化」に向けた課題とがある．そこで，企業行動に関与する弁護士，特に組織内弁護士が「業績・効率性の向上」と「健全性の強化」のいずれにおいても重要な役割を果たすべきことになるはずである．

　とはいえ，事業活動において弁護士を使うとコストがかさみ，非効率となるので，可能な限り弁護士は使わないという考え方もまだ根強く，コーポレート・ガバナンスとの関係についても，それほど明確に意識されてはいない．確かに，旧来型の弁護士の仕事のやり方や能力を前提にする限りでは，そのような認識もやむを得ないかもしれない．

---

(1) 「コーポレートガバナンス・コードの策定に関する有識者会議」が策定したCGコードは，法令ではないが，証券取引所が有価証券上場規程等を通じて規律しており，金融庁が「スチュワードシップ・コード及びコーポレートガバナンス・コードのフォローアップ会議」を立ちあげ，取締役会や社外取締役の活用をめぐる取締役会評価などを含む諸問題を検討中である．http://www.fsa.go.jp/singi/follow-up/

しかし，弁護士が企業行動に関与する姿は，ますます多様となっている．伝統的なスタイルの顧問弁護士，企業法務に携わる助人的な組織外からサポートする弁護士だけではなく，組織内で勤務する弁護士，インハウスローヤーや社外役員等として企業活動に関わるケースが増えており，コーポレート・ガバナンスの領域においても重要な役割を担いつつある．

そこで，本稿では，現状を概観したうえで，組織内弁護士を中心に据えて，「企業活動の業績・効率性の向上」と「企業の健全性の強化」に関与する弁護士の重要性を確認し，組織内弁護士の倫理に関する諸問題と処遇に関する若干の問題を検討してみたい．

II 現 状 分 析

1 企業法務の高度化

日本の企業は，従前長らく，法学部以外の学部出身者にも幅広く法務の仕事をさせてきた．例えば，経理担当と兼務させるとか，文学部出身者は英語ができるという理由で英文契約書を担当させるといったものが典型的なものである．法務担当には，新入社員で有名大学を出た優秀な者を育てれば十分であるとの考え方から，法学部やその他の学部出身者が配属されてきた．その結果，多くの日本企業では，それほど法務に高度な専門知識が求められず，問題がそれほど顕在化しないまま，経験年数の浅い法務担当者が多い時代が続いてきた．

例えば，法務担当者の経験年数をみると，5年未満の割合が，会社法務部【第9次】実態調査の分析報告（以下「第9次調査」という）[2]でも合計48.4%，同【第10次】実態調査の分析報告（以下「第10次調査」という）[3]でも46%を占めていた[4]．つまり，法務経験の豊かなベテランが少なく，法務部門に多い他部門経験者や新卒・既卒の新人が法的素養の乏しいままに法務を取り扱って

---

[2] 経営法友会法務部門実態調査検討委員会編著「会社法務部【第9次】実態調査の分析報告」別冊NBL/No.113（商事法務，2005年）．
[3] 経営法友会法務部門実態調査検討委員会編著『会社法務部【第10次】実態調査の分析報告』別冊NBL/No.135（商事法務，2010年）は，平成22年4月から6月の調査によるものである．
[4] この点は，後注6の第11次調査では，あまり明らかに示されておらず，経験年数が5年未満の割合が「5割程度」と記載されているだけである．第11次調査39頁．

いた．

　しかし，近時，そのような状況は大幅に変化しつつある．専門性の高い法務を期待するならば，そのスタッフには法的素養と経験の両輪が重要になってくる．法務担当者の採用・配属方針について，第10次調査では，他部門から移動させることで対応する企業が45.9%も占め，新卒又は勤務経験のない既卒を採用する企業も39.1%であったが，近時は経験のある法務担当者を重視する傾向が強まっている[5]．

2　弁護士採用の動向

　日本の弁護士資格者を雇用する企業も急速に増えている．企業内の日本の弁護士は司法改革のスタート時である2001年9月には64名しかいなかったが，企業法務の重要性をいち早く察知した大企業や多国籍企業は特に充実した陣容を整えるようになっている．司法試験合格者が増えて雇用しやすくなった社内弁護士を採用する会社は，第9次調査では8.9%（97社141名）だったのが，第10次調査では，14.4%（149社270名），同【第11次】実態調査の分析報告（以下「第11次調査」という．）[6]では，24.3%（233社642名）にまで増加した．日本組織内弁護士協会による調査でも，企業内弁護士の人数は着実に増加しており，企業内の登録弁護士総数は，2013年6月には965名，2016年6月には1700名を突破し，弁護士登録している社内弁護士だけでも，2001年からの約15年間で約25倍以上の人数に達するに至っている[7]．

　かくして，日本でも大企業の法務部は，人数的にも中堅法律事務所並みの弁護士を擁する陣容となっている．企業内弁護士が多く所属する企業を見ると，かつては金融・商社が先行し，情報通信，大手メーカー等が追随しており，そのニーズの高い企業から組織内弁護士が広がっている．企業法務に求められる人材が急速に高度化しているにもかかわらず，企業法務の専門職としての自覚が薄く，能力や専門性が不足しては，厳しいグローバルな競争に打ち克つこと

---

[5]　第11次調査38頁．
[6]　経営法友会法務部門実態調査検討委員会編著『会社法務部【第11次】実態調査の分析報告』別冊NBL/No.160（商事法務，2016年）は，平成27年5月から9月の調査によるものである．
[7]　そのホームページ（http://jila.jp/）で統計資料が公開されている．

は難しい．

　経営法友会による平成25年1月の「企業における法曹有資格者の活用に関する実態調査」（「平成25年調査」という）でも，企業が期待する能力として，実務の経験・未経験を問わず，法律知識の獲得・活用力をあげる企業が45.9％，問題発見能力や事例分析力をあげる企業が3分の1以上を占める．また，同調査による法曹有資格者の採用の際の期待として，実務未経験者に対して53.2％の企業が「より少ないコスト，教育期間」をあげ，49.5％が専門能力向上をあげており，これが実務経験者に対する者になると即戦力が58.7％，専門能力向上が56.9％となっており，即戦力重視の傾向の強まりと併せて，有望な法務人材を登用していく動きが強まっている．

III　「業績・効率性の向上」に向けた貢献

1　効果的・効率的対応

　経験のある法務担当者や組織内弁護士の方が，経験の浅い法務担当者よりも効率的・効果的に法務を処理できるのは当然のことと考えられよう．日本の企業法務における弱点として考えられるものとして，①管理・監督に自信がないために曖昧になりがちである，②経営判断との関係が整理されていない，③管理が不十分である，又は④業務が非合理的で論理的ではない等の問題があげられる．

　これらの問題を克服するためにも，法務の人材の高度化が求められる．即ち，①については，管理・監督を法的に割り切って，迅速かつ適正（公平）に処理できる人材が必要となり，②については，経営判断に資する法的な助言のできる法律家が必要であり，③についても，法的・論理的思考力を基礎として，業務上の管理のできる人材が期待され，④については合理的・論理的な法的思考力を備えた人材が必要となる．そのような人材を法務部門で積極的に活用していくことは，企業の発展のためにも必要不可欠であろう．一般的な企業法務のレベルアップを実現し，効果的・効率的に企業法務のニーズに対応できる人材として，組織内弁護士等のプロフェッショナルが注目されるようになっている．

　CGコードの【原則4-13．情報入手と支援体制】も，「取締役・監査役は，その役割・責務を実効的に果たすために，能動的に情報を入手すべきであり，

必要に応じ，会社に対して追加の情報提供を求めるべきである．また，上場会社は，人員面を含む取締役・監査役の支援体制を整えるべきである．取締役会・監査役会は，各取締役・監査役が求める情報の円滑な提供が確保されているかどうかを確認すべきである」として，人員，即ち人材のあり方にも注目し，その補充原則4-13②で「取締役・監査役は，必要と考える場合には，会社の費用において外部の専門家の助言を得ることも考慮すべきである」として，これまでの日本企業が専門職を十分に活用してこなかった反省を踏まえて，法務の専門家を含むプロフェッショナルの活用を促している．法務部門の強化は，かかるガバナンスの強化の観点からも重要な課題であろう．

2 自社に適合した法務対応のニーズ

かねてから，企業側からの企業法務に関与する弁護士へのニーズとして，自社の文化，事業の内容，市場の状況まで踏まえた助言が強く要望されていた．しかし，一般に，自社にとって本当に満足のいく企業行動に関与する弁護士を育成するには長い時間を要する．社内弁護士を採用する場面では，経験を大切にしながらも，専門性の不十分な人材から脱却して，高度な法務教育を受けてきた有望な人材を自社において育成・活用していくことが有用だと考えられる．即ち，自社に適合した法務対応のニーズに対しては，社内弁護士こそが対応できるはずであり，外部の弁護士には限界がある．

もっとも，社外であるが故に他社事例をよく知っているという意味では社外弁護士が優れている面もある．しかし，組織内部者の方が当事者意識を持ってビジネスに対する深い理解と本質を見抜く洞察力，法律に対しての深い智慧を磨きやすい点で優位性が認められよう．

また，企業内部から，弁護士の業務内容や思考・行動傾向を理解できないと，企業の利益のために社外弁護士に何をしてもらえるかも十分に分からないままとなる恐れがある．法務部門が弁護士に対する理解不足に陥らないように，社内弁護士がそのギャップを埋めることが期待される．

さらに，組織内弁護士は当該企業に専属するので，利益相反の問題を心配することなく，かなり早い段階から対応できる．特にセンシティブな問題も，組織内弁護士であれば早い段階からチームの一員となれる上，その企業の業務に精通して，深く理解し，その職務に専念でき，個別企業のニーズに即応した活

躍が期待できよう．

3　裁判実務を知るメリット

　日常的な法的な分析においては，紛争リスクも踏まえて対応する必要がある．例えば，最終的に訴訟にまで立ち至った場合に，どのような効果をもたらすかを検討することが重要である．これが弁護士となるために訓練を受ける「問題解決能力」を裏付けるものでもある．即ち，弁護士が考える問題の解決への流れは，最初は当事者同士の交渉から始まり，それが功を奏しなければ調停を試み，最後には裁判という手段が控えているといった発想がベースにあるから，紛争がこじれた場合の最終的な局面も視野に入れつつ，最善の手を打つことを考える素養が必要となる．

　実際にも，欧米の弁護士の殆どは法廷専門家ではなく，訴訟経験のない弁護士が大勢いる．それでも，ロースクールでは訴訟法等の裁判科目が必修科目となっており，それなりの理解が不可欠とされている．欧米の企業内弁護士は，基本的な素養として民事訴訟や刑事訴訟について理解しているからこそ，日常的な取引でも紛争案件でも，法廷弁護士を使いこなし，外部の弁護士にも的確な質問をすることができる．法律実務家には，法を実現するための最終的な紛争解決手続きについても基本的な理解を持ち，それをベースにした仕事をすることが求められる．

　例えば，企業が訴訟に対応する場合にも，本来ならば，訴訟を担当しない弁護士からもセカンド・オピニオンを取るとか，社内弁護士が独立した判断を加え，その積極的な助言が十分に説得的であるかを吟味することが必要である．特に，後から引き返すことのできない会社の判断をするにあたって，1人の弁護士の助言だけに全面的に依存してしまうのは危険である．このほか，紛争手続の途中で不適格な弁護士であることが判明した場合や，紛争案件においてどこで提訴をするか等の助言を求める際に，高い倫理観に裏付けられた弁護士の助言が必要となろう[8]．

　訴訟メカニズムの理解は，予防法務の局面における契約書レビューでも役に立つ．例えば，契約書の文章が，裁判になった時の立証責任にどういう影響を

---

(8) この点に関する具体的な問題点については，拙著『経営力アップのための企業法務入門』188頁以下（東洋経済新報社 2014年）参照．

III 「業績・効率性の向上」に向けた貢献

与えるかを考えながらチェックできる．裁判実務に関する理解がなければ，企業の契約交渉や予防法務等も表面的な対応に留まってしまう．もっとも，裁判制度に対する理解が重要であっても，法廷実務専門の教育だけでは不十分であり，企業法務の専門性を十分に育てるカリキュラムの重要性に変わりはない．

4 弁護士に認められた特別の権限

弁護士ではない法務担当従業員と弁護士資格のある従業員との違いについては，形式面と実質面を区別して整理できる．組織内弁護士が非弁護士に対して優れている形式的な面としては，次のような点があげられよう．

(1) 弁護士は，企業を代理して訴訟活動ができる．第10次調査によれば，社内弁護士が在籍している企業で簡易裁判所での訴訟代理人をさせる企業が14.5%，簡易裁判所以外での訴訟代理人をさせる企業が19.3%，調停手続の代理人をさせる企業が13.1% 等となっており，第11次調査では，国内の訴訟代理人は23.6% となっており，やや増加しているようである．こうした業務によって，企業としては簡単な訴訟等の対応にかかる弁護士費用が節約できよう．

(2) 紛争関連の事実関係調査のために個人の住民票，戸籍謄本等の取り寄せを職務請求によって行うことが可能である．これによって，探偵や調査会社等を利用するコストを節約して的確な対応を取る材料とすることができる場合がある．また，弁護士法23条の2に基づく弁護士照会も事実調査に使える．弁護士照会とは，公私の団体に対する質問であるところ，これに対して回答することは公的な法的義務とされている．

ただし，これらの弁護士の特権を社内弁護士が行使できるかとの点については，解釈上の疑義に注意を要する．即ち，この職務権限を行使する場面では，職務請求として正当なものか否かを吟味する必要がある．ただ，その要件さえ満たせば，一般的に弁護士はそれらの特権があり，社内弁護士が排除されるべきではないだろう．弁護士会の監督下で，社内弁護士の有用性を高めていくには，法的な観点から事実関係の調査を確実に行うため，それらの権限を敢えて必要以上に制限することは合理的とはいえない．

(3) 日本の弁護士と他の専門隣接職種との関係では，許容される業務範囲が異なるところ，弁護士が圧倒的にオールマイティーの職務権限を有しており，そのニーズに応じた法務対応が可能となるから，法務人材の給源としては，法

559

曹有資格者としての弁護士資格を基本的な資格と位置付けるのが望ましい．もっとも，近時，他の有資格者として司法書士，弁理士，税理士，社会保険労務士等の隣接職種においても，組織内で働く形態が増えつつある．いずれの隣接職種も，近時のIT革命や競争激化によって，新たな職域開拓に迫られているからである．さらにグローバル経済の進展に伴って国内資格者だけではなく，海外の有資格者にも給源は及んでいる．特に，外国弁護士資格者はグローバルに通用する人材として期待され，法務を担う重要な役割を果たしている．この中には，留学して外国の資格を取った日本人もいれば，外国人もいるが，これらの人材を効果的に活用していく核として，社内弁護士が重要な役割を果たしていくことが期待される．

(4) 弁護士の守秘特権や秘匿特権が活用できることも，企業側のメリットの一つとして挙げられることがある．第11次調査によると，社内弁護士が在籍している企業で弁護士守秘特権を利用するという企業が，日本有資格者では9.9%だが，海外有資格者では20.1%に及ぶ．もっとも，海外では，弁護士・依頼者間の秘匿特権等を行使できる可能性もあるとはいえ，法域によって異なるので，それが認められない限界もあることに留意する必要がある．

本来，社内弁護士に秘匿特権を認めるべきかは，弁護士登録を認めて弁護士倫理に服させる代わりに秘匿特権が認められるのか，それとも弁護士登録をさせないで弁護士倫理にも服さない，秘匿特権がないというあり方のいずれかの選択として整理すべきであろう．弁護士倫理の網をかけて弁護士としての自覚を持たせる代わりに，それなりの有用性を確保することが全体としては望ましいのではなかろうか．

(5) 小 括

以上の非資格者との比較も踏まえると，弁護士登録のメリットと法曹倫理の維持向上を連動させて進めていくことが，企業法務の実力を高め，さらには国際競争力を高めていくために有意義である．

5 弁護士に期待される能力の活用

現段階では，社内弁護士に対して，弁護士資格を持たない法務部員と変わらない業務をさせている企業が多いのが実態であり，第11次調査では日本有資格者の42.1%，海外有資格者の35.5%は法務部員と変わらない業務を行って

III 「業績・効率性の向上」に向けた貢献

いるとされる．しかし，将来的には，弁護士と非弁護士の実質的な違いは，個人の能力や環境によって異なることから，次のような点も考えていくべきではなかろうか．

(1) 弁護士になるまでの正式の教育プロセスと訓練を生かした人材育成が期待できる．もっとも，これは充実した法科大学院教育が必要となるはずであるが，弁護士資格は，話し合いから訴訟までを視野に入れた問題解決手法，事実認定の訓練，紛争解決から広い範囲の交渉までの技術，更には倫理教育に裏付けられるべきものであろう．

かかる実務家の育成は，旧来型のエリート選抜試験だけでは限界がある．高い技能とマインドを備えた法律実務家の育成のため，法科大学院では，基本的な法理論から倫理的・実務的な素養に至るまでのカリキュラムを豊富に揃え，国際的なレベルだけではなく，国内的な法務レベルをアップさせるべく努力しており，高度な専門性を備えた人材育成のため，法科大学院の機能強化が必要である．

法科大学院協会における就職動向調査によれば，司法試験の受験を目指している者を除くと，法科大学院修了者の多くが就職しており，法務に関連する分野で仕事をしている者も多い．「ロースクールで培われた力がこんなにもあったのかという驚きを実感している」とか「基礎的な思考やリスク発見能力，ストレス耐性など仕事のみならず人生を良質にするような力が間違いなく身に付いた」等といった声も寄せられており，資格の有無にかかわらず，企業としても，こうした人材を積極的に活用することが重要である．

(2) 弁護士の有するネットワークを利用して，外部の専門弁護士をうまく起用し，より有効・効果的に使えることが期待される．弁護士自身による外部の弁護士の評価・監督機能を果たしうる．弁護士であればこそ，同じような教育訓練を受けてきた外部の法律実務家をより上手に使うことが期待できる．弁護士会等における様々な法律家のネットワークの活用により，分からない問題を気楽に訊ける専門家の知り合いを沢山作ることができる．個々の法律家の能力には限界があるところ，これを補充し，統合するマネジメント能力が発揮できる．外部の弁護士を使うことは，好き嫌いの問題ではなく，弁護士を使いこなす技能と経験に裏打ちされていることが重要である．

現に，社内弁護士が在籍している企業で，法曹界人脈を活用した情報収集・

ロビイング活動やネットワーク構築の役割を活用するという企業が，第10次調査では24.8%，第11次調査では日本有資格者が14.6%，海外有資格者が5.9%であった．

　また，第10次調査によれば，社内弁護士が在籍している企業で，顧問弁護士や外部弁護士からの意見書・鑑定書や各種助言に関するチェック機能を活用するという企業が34.5%，外部弁護士の管理に活用するという企業は15.2%となっている．この数字は，やや低すぎるという印象であり，第11次調査では，社内弁護士が在籍している企業で，顧問弁護士や社外弁護士からの意見書・鑑定書や各種助言に関するチェック機能を活用するという企業が日本有資格者で31.8%，海外有資格者で26%となっている．

　(3) 弁護士としての専門性・独立性，能力向上の意識を持った自立心に根差した自覚的なキャリアアップをする人材を活用できる．有資格者個人が，その誇りや気概を持つことを迫られ，弁護士としての専門性・独立性が自立心の支えとなる．弁護士が独立したプロであることから，能力向上の意識が高くなければ第一線で活躍し続けることが難しいという現実によって鍛えられる．これに関連して，弁護士会の研修への参加資格が得られ，弁護士会でのスキルアップの機会も活用できよう．

　(4) 組織内弁護士には，契約締結や社内体制の整備においても，新しいルールを生み出し，対応していく能力が必要となる．こうした能力は法的素養が必要であり，法的な分析ができるには基本的な法的素養が重要である．その基本的素養を示す資格として弁護士資格が有用となり，経験が不十分でも，基本的素養があれば，将来的な熟達度がより高く期待できよう．

　もっとも，企業行動に関与する法律実務家には，実務経験と論理的思考力を含む法的素養の双方が求められる．法的な考え方は概して論理的なものであるが，必ずしも理屈通りに動いておらず，経験がものをいう面もある．近時のグローバル化の波は各国における法制度改革を促しており，その変化が激しいため，これまでの経験だけを頼りにしていては判断を誤ることがある．日本国内の法制度でさえ，新しい問題が次々に起こり，常に変化を続けている．新しい問題が生起する度に，新たなルールが導入され，その対応策がいろいろと編み出されていく．かかる経営環境に効果的・効率的に対応していくためには，高度な専門能力が重要になるであろう．

(5) 小　括

以上のような組織内弁護士のメリットを考えると，競争力の強化の観点からも，できるだけ優秀な組織内弁護士を企業グループに育成・強化していくことが望ましい．有能な社内弁護士が定着することで，弁護士による業務の継続性が確保され，企業内弁護士が日常的に生起する社内の法務問題にも専門的見地から常時対応していく体制が構築できるだろう．

Ⅳ　企業活動の健全性への寄与

1　内部統制における位置づけ

CG コードについては，しばしば「攻めの経営」が強調される．しかし，CG コードは，決して業績重視だけに傾斜しているわけではない．社会的な信頼と信用を勝ち取るための「健全な企業家精神」を求めるにしても，この精神は，決して利益至上主義的でも脱法的なものでもない．むしろ，CG コードの副題に「会社の持続的な成長と中長期的な企業価値の向上のために」とあることからすれば，これを実現するには企業活動の健全性確保が不可欠なのであり，内部統制ないしコンプライアンスの強化のため，組織内外の弁護士が積極的な役割を果たすことが期待される．

CG コードの【原則 2-2．会社の行動準則の策定・実践】では，「上場会社は，ステークホルダーとの適切な協働やその利益の尊重，健全な事業活動倫理などについて，会社としての価値観を示しその構成員が従うべき行動準則を定め，実践すべきである[9]．取締役会は，行動準則の策定・改訂の責務を担い，これが国内外の事業活動の第一線にまで広く浸透し，遵守されるようにすべきである」として，ステークホルダー理論[10]を踏まえて，事業活動倫理などを踏まえた企業活動の健全性を確保するための具体的な取り組みを求めている．かかる取り組みを推進する専門職として，広く法令にも精通し，高い倫理観を備えた弁護士が積極的な役割を果たしていくことが必要であろう．

---

[9] これは，CG コードの基本原則 2 で示された「取締役会・経営陣は，これらのステークホルダーの権利・立場や健全な事業活動倫理を尊重する企業文化・風土の醸成に向けてリーダーシップを発揮すべきである」との理念を受けたものである．

2 コンプライアンスへの組織的取り組み

コンプライアンスを推進するための組織的な取り組みとしては，役員レベルでのチーフ・コンプライアンス・オフィサー（CCO）の設置やコンプライアンス統括部門の充実等が課題とされ，それらが十分に機能を果たしうるかどうかは人材次第の面がある．CGコードの補充原則4-13③は，「上場会社は，内部監査部門と取締役・監査役との連携を確保すべきである．また，上場会社は，例えば，社外取締役・社外監査役の指示を受けて会社の情報を適確に提供できるよう社内との連絡・調整にあたる者の選任など，社外取締役や社外監査役に必要な情報を適確に提供するための工夫を行うべきである」としており，ここにいう「連絡・調整にあたる者」とは単なるメッセンジャーでは足りず，その連携を充実したものとするには，妥当性にも踏み込んだ効果的・効率的な監査を強力に推進できる法律知識が不可欠である．

企業におけるコンプライアンス・プログラムの構築においては，社内ルールを整備・確立する必要があるが，その際に必要な規程の策定・検討には法的な分析や表現力が求められる．また，組織体制の整備においても，その権限分散を図り，責任の所在を明確化し，監督責任者の権限を確保するための仕組み作りにおいてもガバナンスに対する理解を持った人材が求められる．さらに，コンプライアンスの有用性を啓蒙し，問題意識を共有させていくための効果的研修・教育プログラムを企画・実行し，内部通報制度を運用するに際しても，組織内弁護士が果たすべき役割は大きい．

企業が直面するトラブル対応や事件調査においても，裁判ではどのように事実認定がされるのかを踏まえて対応することや，妥当な問題解決から適切な処分の在り方に至るまで，数多くの法律問題を処理して対応する高度な法的技能が求められる．これらのコンプライアンス・プログラムに寄与する人材として組織内弁護士を活用することが，株式会社における内部統制システムの構築[11]をはじめとする会社法や金融商品取引法に沿った実務を推進し，企業価値を維

---

[10] 我が国の裁判例にも，ステークホルダー理論に立脚しているものが見られるようになっており，例えば，「営利の目的を実現するためには，取引先，顧客，従業員，近隣の住民，地域社会等，会社をめぐる関係者に対する配慮を欠かすことができないから，取締役は，会社を経営するに当たっては，上記関係者に対する適切な配慮を行いつつ，営利の目的を実現すべきこととなる」と指摘するものがある（なみはや銀行事件判決，大阪地方裁判所判決平成14年3月27日，判例タイムズ1119号194頁）．

IV　企業活動の健全性への寄与

持・向上するために不可欠の内容となってきている．

3　弁護士のコンプライアンス機能

　実務法曹としての自覚をもった弁護士は，法律専門家として規範の背後にある制度趣旨や倫理的な価値観を踏まえた助言をする能力を備えているはずである．法令遵守を含むコンプライアンスやCSRに対する深い認識に基づいて，ステークホルダーを説得し，企業内のコンセンサスを促すことも，弁護士の重要な役割である．法務の社会的な影響力も視野に入れて大局的な助言をすることが，企業法務に関与する弁護士に期待されている．

　弁護士は，企業内でコンプライアンスの正当性を啓蒙し，適正な業務を促していく役割を担い，コンプライアンス研修等の講師等を務めることも少なくない．現に，社内弁護士は，社内研修の講師やコンプライアンス関係の指導・助言等によって，他の従業員全体のリーガル・マインドのアップに貢献する人材としても活用されている．第10次調査では，社内弁護士が在籍している企業で，社内研修の講師として活用する企業が50.3%に及び，コンプライアンス関係の指導・助言に活用するという企業も40.7%に及んでいた．これが第11次調査では，社内研修の講師として活用する企業が40.8%に及び，コンプライアンス関係の指導・助言に活用するという企業も31.8%となっており，新たに組織内弁護士となった者の増加に伴って，役割分担が進んでいるようである．

　また，企業活動において，予防法務の重要性が広く認識されれば，何が企業にとって本当に有益であるかを助言する弁護士の仕事も増えていく．予防法務の分野では，長期的な観点から持続可能性に着眼した助言なのか，短期的な視点から有益性を確認すればよいのかも問われる．企業活動では，紛争の事前予防こそが重要や役割であって，多くの場合，「訴訟における勝利」よりも「訴訟回避」の方が有利であるとの理解から，紛争の実態を知る弁護士も，その利害得失を十分に踏まえて企業行動を規律していくことになるだろう．いずれの立場で弁護士が働く場合でも，企業社会の健全な運営に向けられた活動を通し

---

(11)　かつて立ち上げられた「内部統制システム構築支援・検証機構」などの活動は，あまり広がらなかったが，弁護士の職務として，コンプライアンスへの関与が後退したわけではない．

て弁護士の使命を実現する点に，本質的な機能が求められる．

CGコードの補充原則2-2①も，「取締役会は，行動準則[12]が広く実践されているか否かについて，適宜または定期的にレビューを行うべきである．その際には，実質的に行動準則の趣旨・精神を尊重する企業文化・風土が存在するか否かに重点を置くべきであり，形式的な遵守確認に終始すべきではない」としていることに加え，補充原則4-13①でも，「社外取締役を含む取締役は，透明・公正かつ迅速・果断な会社の意思決定に資するとの観点から，必要と考える場合には，会社に対して追加の情報提供を求めるべきである．また，社外監査役を含む監査役は，法令に基づく調査権限を行使することを含め，適切に情報入手を行うべきである」としており，形式ではなく，実質的な法の趣旨に立脚した法務の専門家が役員の求める法務に関する情報についても的確に提供し，その使命を果たすことを求めているものと理解できよう．

V 高度な倫理観に裏付けられた存在意義

1 独立性

CGコードが独立社外取締役を重視していることは広く知られているが，その【基本原則4】では，上場会社の取締役会に対して，「(3) 独立した客観的な立場から，経営陣（執行役及びいわゆる執行役員を含む）・取締役に対する実効性の高い監督を行うことをはじめとする役割・責務を適切に果たすべきである」として，役員ら全体に対して職務の独立性を求め，その【原則4-2．取締役会の役割・責務(2)】では，経営陣からの健全な企業家精神に基づく提案について，「独立した客観的な立場において多角的かつ十分な検討を行う」ことを求めている．このため，経営判断をする際には，必然的に，独立的な立場から助言をする専門家の活用が必要となる．

また，CGコードの【原則4-3．取締役会の役割・責務(3)】でも，取締役会は，「独立した客観的な立場から，経営陣・取締役に対する実効性の高い監督を行うことを主要な役割・責務の一つ」と捉え，「適時かつ正確な情報開示が行われるよう監督を行うとともに，内部統制やリスク管理体制を適切に整備すべ

---

[12] CGコードは，その背景説明として，かかる行動準則は，「倫理基準，行動規範等と呼称されることもある」とする．

き」であり，「経営陣・支配株主等の関連当事者と会社との間に生じ得る利益相反を適切に管理すべき」であるとする．加えて，CG コードの【原則 4-4】では，監査役及び監査役会に対しても，独立した客観的な立場において適切な判断を行うことを求め，この補充原則 4-4 ①では，「監査役または監査役会は，社外取締役が，その独立性に影響を受けることなく情報収集力の強化を図ることができるよう，社外取締役との連携を確保すべきである」とも指摘している．

これらの役員等の判断をサポートする独立した判断を支援する専門家として，職務の独立性が確保された弁護士が，法的な判断の絡んだ経営判断において大きな役割を果たすことが必要となる．

弁護士については，日本弁護士連合会の弁護士職務基本規程第 2 条が「弁護士は，職務の自由と独立を重んじる」と定めているほか，同第 50 条が，特に組織内弁護士に対して，自由と独立を自覚し，良心に従って職務を行うように努める旨を定めており，法律問題の専門家として独立性の高い職務を行うことが期待されている．

弁護士の独立性は，依頼する企業の期待に明らかな誤りがあった場合に機能すべきものであり，無条件に独立的な活動をするわけではない．ただ，独立的に活動できるとの期待から，例えば，コンプライアンス・プログラムにおける内部通報制度においても，弁護士が独立的な立場で関与することが期待されている．即ち，消費者庁が設置した公益通報者保護制度の実効性の向上に関する検討会の策定した「公益通報者保護法を踏まえた内部通報制度の整備・運用に関する民間事業者向けガイドライン」（素案）[13]においても，内部通報の窓口に関して，「経営上のリスクに係る情報を把握する機会を拡充するため，可能な限り事業者外部（例えば，法律事務所や民間の専門機関等）に通報窓口を整備することが適当である」としている[14]．

もっとも，日本弁護士連合会の弁護士職務基本規程第 51 条の違法行為に対する適切な行為の義務に関する定めによれば，組織内弁護士は，その組織の法

---

[13] http://www.caa.go.jp/planning/koueki/chosa-kenkyu/files/160705_siryo2.pdf
[14] この点は，CG コードの補充原則 2-5 ①でも，内部通報に係る体制整備の一環として，経営陣から独立した窓口の設置（例えば，社外取締役と監査役による合議体を窓口とする等）を行うこと等，情報提供者の秘匿と不利益取扱の禁止に関する規律を整備することが求められている．ただ，窓口の対応能力や機動力を考えると，能力を備えた法務担当者が対応することにならざるを得ないだろう．

令遵守を確保する責任も負っている．かかる弁護士の守秘義務の重要性に照らして，社内弁護士が実質的な労働者に該当する場合でも，公益通報者保護法によって認められた公益通報をすることは，弁護士職務基本規程違反即ち弁護士倫理違反となる可能性があり，弁護士の守秘義務（弁護士法23条）が優先すると解されよう[15]．

2　依頼企業の期待

我が国においては司法制度改革に伴う法科大学院の開設によって，弁護士数が増え，弁護士の切磋琢磨による能力・技能の向上とともに，企業社会に広くコンプライアンスの理念が行き渡ることが期待されていた．弁護士倫理は，弁護士が企業内で，その積極的な実践を促すものとして把握されるべきものである．高度な倫理観を備えた法律専門家を活用して，それぞれの企業に適合した内規を構築させていくことが望ましい．

しかし，現実には競争が激化する結果として，依頼企業に媚びるような姿勢の弁護士が倫理に悖る行動をとる懸念がある．妥当性を度外視して，徒にアグレッシブな見解をベースにした考え方から経営陣への助言を行っていくことは，倫理的な問題を惹き起こす恐れがある[16]．

この点に関して，依頼企業の期待の在り方が問われるべきケースもあるだろう．弁護士に期待される役割も変化しているとはいえ，いまだに「法の抜け穴を教えてくれる」とか，「法からの逃げ方」といった類の助言を求める企業がある．弁護士が依頼企業の不当な欲望の実現に手を貸すといった事態から，コンプライアンスに逆行する懸念もある．不適切なことを求めるような難しい依頼者がいることは，欧米においても同じである．日本の企業依頼者ならば遠慮して述べないような要求をストレートに言ってくるような欧米の依頼者もいることからすると，日本の企業社会特有の問題でもない．

---

[15]　この点については，拙稿「コンプライアンスとCSRとの関係—その実現における企業内外の弁護士の役割」季刊企業と法創造「特集・研究成果の中間報告」(2005年5月刊) で既に論じた．なお，弁護士の正当な職務行為の可能性を示唆するものとして，東京三会有志・弁護士倫理実務研究会編著『(改訂)弁護士倫理の理論と実務』(東弁協叢書，2013年) 206頁参照．

[16]　拙著『ビジネス・ローヤリングにおける依頼者・弁護士関係の実態と弁護士倫理』日本法社会学会年報 (2009年3月号)．

V　高度な倫理観に裏付けられた存在意義

　弁護士会の懲戒制度は企業組織内の不正問題について必ずしも十分に機能しない中で，そうした企業に媚びる対応をしてしまう弁護士を増やすことの政策的な正当性が疑問視されることになる．

　確かに，弁護士倫理自体にも限界があり，例えば，真実義務を巡る古くからの議論においては，依頼者の利益を優先するあまり，「真実義務」は「倫理」であって，「法的義務」ではないといった主張がある．こうした考え方は，弁護士が依頼者の必ずしも正当とはいえない利益のために働く習性を持っているのではないかとの疑惑を招くことにつながっている．しかし，弁護士が委任関係において負う善管注意義務からすると，法令遵守を含むコンプライアンスに向けた企業倫理の実現に寄与することが強く求められることになるだろう．

3　弁護士の社会的使命

　組織内弁護士も，弁護士としての社会的な使命を自覚していくことが求められる．かつて弁護士の「ビジネス・モデル」による違いとして，「在野モデル」，「プロフェッショナルモデル」，「サービスモデル」といった分類を示す見解があった．この分類からすると，企業活動に関与する「在野モデル」からの弁護士像に対しては，コンプライアンスの推進が「権威主義」「管理主義」の好ましくないとか，反権力の視点からすると，「コンプライアンス」が「人権侵害」の原因であるような捉え方をする見解もあった．即ち，コンプライアンスの理念そのものに疑義を抱く立場から，紛争を封じ込めることに反対し，徹底的に争うことを正義とする立場からすると，コンプライアンスを有益なものと評価しないというのである．確かに，刑事弁護の局面では，実体的な事実とは別に，手続的な正義を追求し，徹底的に無罪を争うことが期待される．

　しかし，予防法務では，違法行為の容認・弁護はできず，実体的な事実を重視するものであって，刑事弁護の局面とコンプライアンスの局面はそもそも峻別しなければならない．企業活動に関与する弁護士には，高度な倫理が求められ，経営者に経営倫理が求められていることを前提とした行動が求められる．

　そもそも，我が国の弁護士法第1条は，弁護士の使命に関して，「弁護士は，基本的人権を擁護し，社会正義を実現することを使命とする」と定め，同条2項が「弁護士は，前項の使命に基き，誠実にその職務を行い，社会秩序の維持及び法律制度の改善に努力しなければならない」と宣言している．この定めは，

企業法務や企業を相手とした弁護士業務に携わる弁護士にとっても理念的な意義を有する点に変わりはない．組織内弁護士も，弁護士倫理に加えて，企業倫理ないし経営倫理を踏まえた行動が期待される．

法科大学院においても法曹倫理の涵養に力を入れているが，企業側にとっても，倫理観・正義感が強い弁護士を選択することは，自社の利益を守るためにも重要な点であることを見逃してはならないであろう[17]．

VI 組織内弁護士の処遇面の課題

1 採用段階

法務部門がある企業でも，経営者が経験や法的素養の重要性を十分に理解できないと，弁護士や法科大学院修了生等の資格者や経験者等を雇う気にはなれないであろう．しかし，この辺りの意識が大きく変化し，会社の取締役又は従業員として雇われる弁護士の役割が高まっている．このうち，企業の取締役等の役員になる弁護士は，それまでに従業員として働いてきた実績を買われて昇進するケースばかりではなく，1本釣りで入社するケースが多いであろう．社外取締役や社外監査役となる役員クラスには，ある程度の実績のある中堅以上の弁護士が就任することが多い[18]．

これに対して，近時は雇用で採用される弁護士が増えており，特に若手の弁護士が従業員として会社に雇われるケースが多くなっている．従業員の社内弁護士には，法務担当の平社員から法務部長クラスまでが含まれ，終身雇用的なものもあれば，任期付で更新を繰り返し，正規従業員になる形もあり，複数の企業を転々とする弁護士も少なくない．

日本組織内弁護士協会の2014年2月実施のアンケート調査（2014年2月17日～2月27日実施．有効回答数：272人．以下，「日本組織内弁護士協会2014年調査」という．）でも，社内弁護士のうち一般従業員が61％，管理職が34％，役

---

[17] 前掲注(8)参照．
[18] CGコードの補充原則4-14①は，「社外取締役・社外監査役を含む取締役・監査役は，就任の際には，会社の事業・財務・組織等に関する必要な知識を取得し，取締役・監査役に求められる役割と責務（法的責任を含む）を十分に理解する機会を得るべきであり，就任後においても，必要に応じ，これらを継続的に更新する機会を得るべきである」としており，法曹有資格者自身が社外役員となることも有意義であろう．

員等が5%である．この点は，かつて企業が弁護士を社内に招く場合に取締役や役員等，かなり高いポジションを用意していたのに，近時は急速にそうではなくなっていることを意味する．ただ，今後は企業において高い地位に昇進する弁護士が増えることが期待されよう．

かつては，先輩の組織内弁護士のいない企業に新人弁護士が飛び込むことに対しては消極的な評価が多かったかもしれない．しかし，既に先輩の弁護士がいて，充実した法務を展開している企業は，普通の法律事務所を上回る態勢を備えつつある．このため，新人弁護士でも，就職先として企業内弁護士を選択することが急速に増えており，弁護士資格を有する者から見ても，社内弁護士を含む組織内弁護士の地位は，やりがいの大きい魅力的な選択肢となりつつある．昨今は，経済面で不安な法律事務所で働くよりも，組織内弁護士の方が生活の安定が得られるといったメリットも無視できない．既存の法律事務所のパートナーになっても，必ずしも自由な仕事ができるわけではなく，法律事務所が唯一の優れた職場であるとはいえない．法律事務所の職場環境と比べて，企業内弁護士のほうが組織的なバックアップが充実しているため，その実態が知られるに伴って，社内弁護士として活躍し，キャリアアップを図る新しい企業人のスタイルに興味を示す法科大学院修了生も増えつつある．

ところが，最近，弁護士を志望する若者が減少傾向にあるため，企業法務市場での弁護士ニーズは売り手市場になっていくことが予想される．現に，事務所経験のある弁護士を中心に需要が拡大しているため，第11次調査による法科大学院修了生の採用動向を踏まえても，まだまだ司法試験の合格者を増やすべき状況にある[19]．

2 企業内弁護士の弁護士登録の要否

そもそも企業内弁護士が弁護士登録を認められるか否かは，国によって制度が異なる．ヨーロッパの一部の国では，企業内弁護士としての弁護士登録が認められていない．これに対して，日本や米国は，組織内弁護士に弁護士登録を認める制度になっている[20]．この点では米国が先行し，日本は米国型の制度を

---

[19] この点に関する筆者の主張は，拙著『経営力アップのための企業法務入門』（東洋経済新報社 2014年9月）で詳細に論じた通りである．

[20] 但し，米国は組織内弁護士の登録による規制が州によって異なるようである．

倣って発展してきた．米国では弁護士資格を持つ組織内弁護士が大きな役割を果たしている．

企業の立場からすると，資格によって弁護士登録をさせることで，弁護士の特権を享受でき，研修に参加して[21]，弁護士倫理の網に服するのが規律維持の観点から望ましいはずである．しかし，米国の弁護士登録費用がとても安い[22]のに対して，日本では弁護士会費が1ヵ月だけで地域にもよるが，約4万円から6万円以上もかかり，1カ月で米国の弁護士登録料の2，3年分の出費を強いられる．加えて，日本の弁護士は，公的義務としてかなりの義務が課せられている[23]．

弁護士であっても従業員となれば，就業規則の適用を受け，競業禁止の規制等に服し，職務専念義務を負う．日本の弁護士会の義務的な仕事の関係で例外を認めざるを得ないこともある．例えば，弁護士会ごとに規制が異なるが，1年生弁護士は国選弁護，研修，当番弁護等が義務とされがちで，その範囲内で国選弁護等の義務があることが負担となることがある．こうした場合，例えば上司の許可制等で認める形や，一定の範囲で自由裁量を認める形，個別の契約で定める方法等によって対応することが必要となる．

弁護士会の公的活動については，弁護士を採用している企業側が，会社の業務に支障がない限り，認めていることが多いようである．しかし，弁護士登録をしなければ，こうした問題を回避できるため，弁護士登録を認めない会社もあり[24]，また地位によって区別する取り扱いもある．

3 弁護士会費の負担

一時的に弁護士登録をしなくても，資格さえあれば，本人が将来，弁護士登録を申請することは可能であり，弁護士に復帰することも可能なので，組織内

---

[21] 有資格者が基本的な素養を備え，本人が資格の重みを自覚していれば，職能団体である弁護士会での研修・教育等による意識づけは大きな意義があり，後で検討する高い弁護士会費や公益活動の負担等を払ってでも，それなりのプラスの材料があると考えられよう．

[22] 例えば，ニューヨーク州弁護士の登録料は2年で375ドルであり，1年あたりの平均は概ね2万円以下である．

[23] 米国でも社会貢献のボランティア活動（プロボノ）や各種団体への寄付等は求められるが，その負担は比較的軽く，社内弁護士の弁護士登録がしやすい状況にある．

VI　組織内弁護士の処遇面の課題

弁護士には弁護士登録を抹消する有資格者もいる．弁護士登録をしなければ，弁護士会費負担もなく，企業の仕事に専念させることもできるから，弁護士登録を認めない企業もある．そのような場合は，弁護士有資格者ではあるが，弁護士ではないので，非弁護士の従業員となる．

このため，日本の企業では，法務部門に入る法曹有資格者でも，弁護士登録をする場合と，敢えて弁護士登録をしない場合とに分かれる．弁護士登録をする場合，弁護士会費分を給料とは別に企業が負担してくれるとは限らず，弁護士会費を個人の負担とする取り扱いも見られる．

ただ，第10次調査では，弁護士会費を会社が全額負担とする企業が全体では37.5%，一部会社負担が19.2%だったが，実際に社内弁護士が在籍している企業の中では全額会社が負担するという企業が56.6%であり，全額本人負担とする企業は21.4%であったが，第11次調査では，会社が弁護士会非を負担するという会社が67.5%となっている．経営法友会の平成25年調査でも，弁護士会費の全額会社負担が77.6%となり，日本組織内弁護士協会2014年調査では，弁護士会費を所属先が負担するものが82%，弁護士自身とするのが18%となった．近時の傾向では，弁護士登録を認める場合には，企業側が負担するケースが多く，弁護士会費は弁護士を雇う経費として認められるようになってきたものといえる．

もとより，会社の仕事だけに職務専念義務を負わせ，他の仕事が原則として禁止なのであれば，弁護士として自由に活動できないから，個人がそれを支払う合理性は乏しいはずである．他方，弁護士の称号に会社がただ乗りする形はあまり合理的ではない．その意味で，弁護士登録を認める以上は，会社が弁護士会費を負担する実務が望ましい．

---

(24)　中央省庁や日本銀行の一部の企業の法科大学院修了生を採用した企業は，司法試験に合格しても最高裁司法研修所による司法修習を受けさせず，組織独自の新人育成を行っているという（ロースクール研究17号11頁）．この場合，しばらくは弁護士登録をしないことになる．司法修習生が無給であれば，敢えて司法研修所に行かず，企業法務で働いて弁護士資格を取得するルートの選択も増加するかもしれず，これを見越した採用活動を行う企業も増えていく可能性があった．しかし，司法修習生に対する給費制の復活により，このルートを選択する必要性は再び低くなるものと予想される．

4 給与体系

近時の法曹増員の結果、新人弁護士や法科大学院の卒業生の給与体系をみると、特別な高給ではなくなっている。全体のコストパフォーマンスを加味して考えれば、企業にとっては、より合理的に高度な法務態勢を構築することが可能な状況となっている。

第10次調査によれば、弁護士資格がない法科大学院修了者は大学院修了者と同等の待遇とするものが72.3%、司法修習修了直後の弁護士の被採用者は、中途採用者又は専門職として処遇するものが48%、大学院修了者と同等の待遇とするものが24%であった。つまり、弁護士資格者でも、中途採用者又は専門職と処遇するものが約半分を占め、弁護士採用であるにもかかわらず大学院修了者と同等に抑えられているものも含めれば、約75%を占めていた。

これが第11次調査になると、法科大学院修了者は大学院修了者と同等の待遇とするものが23.0%、大学院修了者と同等の待遇とするものが50.2%であり、他方、弁護士資格者については、法実務未経験者では58.8%が一般の正社員と変わらないが、24%は特別の処遇をするとしており、法実務経験者でも55.4%が一般の正社員と変わらず、28.3%が特別の処遇をするとしている。

また、日本組織内弁護士協会2014年調査では、年収が500万円以上750万円未満とする者が最多層の31%を占め、続いて750万円から1000万円未満が19%となっている。ただ、年収3000万円から5000万円未満が11名(4%)、5000万円以上も5名(2%、但し全員が金融業界)となっている。

新人弁護士の能力は未知数なので、待遇面でも特別扱いをする必要はないという考え方も根強いようである。法務人材の能力には個人差もあり、教育スケジュール等も決まりはないが、その後の実力の成長に応じて、処遇をアップさせていく企業が多いようである。これに対して、法律事務所の勤務経験者の場合は、その経験年数や報酬等によって移籍するかどうかを検討するから、当然のことながら、そのレベルに応じた処遇が期待される。日本組織内弁護士協会2014年調査では、過去に法律事務所で弁護士としての執務経験がある者が55%を占めている。企業によっては高額の俸給を得ている数千万円を超える弁護士もいるように、その貢献度に応じた処遇が必要となる。

5 評価方法

　入社した人材をさらに有効に使っていくためには，法務に適した人事評価の基準が必要となる．もっとも，どんな専門職にも共通する課題であるが，企業行動に関与する弁護士に求められる能力には，①事実確認能力，洞察力，②事務処理能力，正確性，③判断力，④専門性（但し，企業行動に関与する弁護士には法務のジェネラリストとしてのニーズが高い），⑤責任感，指導力（リーダーシップ）等がある．

　ただ，企業行動に関与する弁護士には，何らかの法務の知識に通じているという共通性があっても，その人間の個性は千差万別である．様々な個性をもった弁護士の適材適所の配置が必要であり，例えば，紛争処理の案件であれば，ダイナミック志向，行動力，決断力のある人柄が向いているかもしれない．それに対して，契約案件であれば，緻密で，几帳面，創造力と想像力が豊かな，手堅いタイプが向いているように思われる．一方，経営企画の分野であれば，バランス感覚や視野の広さ等が重要である．その反面，開業した弁護士のように客商売ではないから，自ら経理・マネジメント等が全部できる必要はない．

　法務部に求められる人材は，決して1つのステロタイプ的なイメージで捉えることはできない．弁護士にもいろいろなタイプがいるように，企業行動に関与する弁護士も，弁護士に劣らず，そのカバーする領域が広いので，かなり多様な人材がいる．その意味で，採用だけでなく，人事考課においても，各種の能力を多角的に評価すべきであろう．ただ，高度で複雑な利害を調整する必要がある以上，より高度な法律問題に対処できる能力が求められるから，法務の専門性を重視することが重要であろう．

Ⅶ　結びに代えて

　日常的な取引から戦略的な経営判断に至るまで，企業の収益を確保し，利益を最大化できるかどうかは法務の力量にかかっている．各種の利益が複雑に絡みあう現代の企業社会においては，経営を意識した法的判断が重要であり，経営課題を法的に分析し，法的判断を意識した経営を実現することが企業価値の向上にもつながる．企業法務の仕事も，元々の基本的な素養があり，その上で試行錯誤しながら経験を積み重ね，徐々にレベルアップして，熟達度を高めて

いく性質のものである．プロとしての自覚に欠け，外部の専門家頼みの仕事しかできないのでは雑用係の域を出ないし，法務部門の付加価値を高めることは困難である．

組織内弁護士の存在によって企業法務が洗練され，組織内弁護士の倫理と，外部の倫理的な要請が相乗効果をもたらすことで，はじめて行動準則の趣旨・精神を尊重する企業文化・風土を醸成することができる．組織内弁護士は，事業体を支える社内スタッフであるだけでなく，効率的で公正な組織運営を促す存在ともなる．結局，同等の価値を外部弁護士に依頼した場合と比較すると，社内弁護士がいることには既に論じてきた通り，様々なメリットがあり，法務コストは総じてより合理的なものとなるはずである．

高度な倫理を備えた法務人材の待遇にも配慮しながら，有能な人材の育成を強化していくことが，企業行動に関与する組織内弁護士の存在意義を高めていくためにも重要である．そのことが，日本の企業の持続的発展を確保し，中長期的な企業価値の向上のために不可欠となっていることを忘れてはならないだろう．

〔文　献〕

浜辺陽一郎(2005)「コンプライアンスと CSR との関係 —— その実現における企業内外の弁護士の役割」季刊企業と法創造「特集・研究成果の中間報告」(2005 年 5 月)．
—— (2009)「ビジネス・ローヤリングにおける依頼者・弁護士関係の実態と弁護士倫理」日本法社会学会年報（2009 年 3 月号）．
—— (2014)「経営力アップのための企業法務入門」（東洋経済新報社）188 頁以下．
—— (2014)「経営力アップのための企業法務入門」東洋経済新報社（2014 年 9 月）．
経営法友会法務部門実態調査検討委員会編著(2005)「会社法務部【第 9 次】実態調査の分析報告」別冊 NBL/No. 113 商事法務．
—— (2010)「会社法務部【第 10 次】実態調査の分析報告」別冊 NBL/No. 135 商事法務．
—— (2016)「会社法務部【第 11 次】実態調査の分析報告」別冊 NBL/No. 160 年商事法務．
金融庁「スチュワードシップ・コード及びコーポレートガバナンス・コードのフォローアップ会議」http://www.fsa.go.jp/singi/follow-up/
東京三会有志・弁護士倫理実務研究会編著「改訂　弁護士倫理の理論と実務」，東弁協叢書，206 頁．

25 法テラス・公設法律事務所に勤務する新人弁護士をめぐる現状と課題

上 石 圭 一

I　はじめに —— 問題の所在

　新たに弁護士になった者で，通常の民間法律事務所ではなく，ひまわり基金法律事務所のような公設事務所や法テラス法律事務所に勤務する弁護士は，どのような弁護士なのだろうか．彼らが通常の民間法律事務所に勤務せずにこうした事務所に勤務することを選んだ理由は何であり，そのことによって彼らの満足度はどうなっているのか．法テラスや公設法律事務所が，司法アクセスの実質化を図るために設けられている以上，こうした問題を明らかにすることは重要である．本稿は，こうした問題について，司法修習62期の弁護士を対象に我々が実施した調査をもとに検討する．

　かつて司法アクセスの問題としてしばしば取り上げられてきた0I地域は，これまでの日弁連や各弁護士会の努力に加えて，法曹養成制度改革による弁護士人口の急増により，ほぼ姿を消した．しかしそのことは，弁護士へのアクセスが本当に容易になったということを必ずしも意味してはいない．地裁支部管轄に弁護士がいても，法律事務所のある市町村中心部に出てくることが困難であったり，所得が低くて弁護士に相談をすることが困難な者もいる．大規模な災害の発生により法律問題を抱えてしまった者にも，司法への実質的なアクセスが困難な者は少なくない．こうした司法アクセスの困難な者に対して，弁護士へのアクセスを改善し，弁護士による法的サービスを提供しようとするものが法テラスや公設法律事務所である[1]．

---

(1) 厳密には，法テラスは弁護士による法的サービスだけを提供しているわけではない．司法書士をはじめとする隣接法専門職も，法的サービス提供の担い手である．

25　法テラス・公設法律事務所に勤務する新人弁護士をめぐる現状と課題〔上石圭一〕

　法テラスは，司法制度改革の一環として，総合法律支援法に基づいて，2006年にできた団体であり，「総合法律支援に関する事業を迅速かつ適切に行うことを目的」（総合法律支援法第14条）としている．法テラスは，全国約70か所に地方事務所を置いているほか，常勤のスタッフ弁護士を抱えている．スタッフ弁護士は，最長で6年もしくは9年間，法テラスに所属し，給与を受ける．業務内容は，都市部では，民事法律扶助と国選弁護が中心であるが，司法過疎地域では，これに加えて，一般事件も扱える（日本司法支援センター・日弁連2009）．

　他方，公設法律事務所のなかでもっともその数が多いのは，ひまわり基金法律事務所である．ひまわり基金法律事務所は，「弁護士過疎解消のために，日弁連・弁護士会・弁護士会連合会の支援を受けて開設・運営される法律事務所」（日本弁護士連合会）である．2年または3年の任期で赴任する弁護士には当番弁護士や国選弁護，法律扶助のような公益活動を行う義務が課せられるが，そのほかの一般事件を扱うこともでき，また場合によっては，運営費の補助もあり，一定以上の所得が確保できるようになっている[2]．このほか，法テラスの常勤弁護士を育成したり，社会・経済的理由で弁護士へのアクセスの困難な市民に対する法的支援を目的とした，都市型公設事務所もある．

　法テラス法律事務所も公設法律事務所も，通常の民間法律事務所とは様々な点で違いがある．通常の民間法律事務所では，公害運動や冤罪事件，労働運動などの支援といった公益的な活動に熱心な事務所が存在しているとは言っても，私益を追求すること，少なくとも事務所を維持できる以上に収益を挙げることが事務所の存続上，不可欠となる．このため，収益につながりにくい公益活動に従事する時間割合は，法テラス法律事務所やひまわり基金法律事務所と比べると，低くならざるを得ないであろう．

　従来，日本の一般的な弁護士は，「中小企業や個人の中規模案件を担当することによって…安定した経済的環境」を得ていたという（宮澤1994：296）．今日においても，大多数の弁護士は，中小企業の案件と個人顧客の案件の両方を扱っていることに変わりはないが，東京や大阪といった大都市では，大規模法律事務所が生まれてきた[3]．こうした事務所では，大企業を主たる顧客とする

---

(2)　ひまわり基金法律事務所では，運営費用として，「720万円と所得との差額」が，1000万円を上限に援助される．

I　はじめに

業務が行われており，アメリカほど明確ではないとしても，日本国内においても，弁護士の間に，顧客の種類に基づいた階層分化が生じていると考えられる[4]．

　弁護士をめぐるこうした状況において，法テラス法律事務所や公設法律事務所に所属する弁護士は，大企業を主要顧客とする大規模事務所の弁護士とは違った意味で特異な弁護士と位置付けることができるのではないか．というのは，両法律事務所の弁護士は，ともに，資力が十分でなかったり，過疎地に住む個人を主要な顧客とするからである．法テラスのスタッフ弁護士は，取り扱う業務内容からして，資力の乏しい個人を対象とすることは明らかであるし，公設事務所の典型であるひまわり基金法律事務所では，司法過疎地域にあるため，中小企業を顧客とすることは可能であるとは言うものの，そうした中小企業を顧客とする案件が，当該弁護士による事務所経営を安定化させるほどに数多くあるとは考えにくいためである．

　法テラス法律事務所のスタッフ弁護士が，当番弁護士や国選弁護，法律扶助のような事件を多く扱うことも，彼らの特徴である．こうした顧客の多くは，十分な資力のない個人である．それゆえ，かつての日本の弁護士の特徴であった「中小企業と個人の中規模案件を担当することによって……安定した経済的環境」を，こうした弁護士は手にすることことが難しい．そのことは，将来，独立して自分の事務所を構えようとしたときに，障害になる可能性がある．

　では，そのような状況にある法テラス法律事務所や公設法律事務所への就職を，どのような弁護士が志望するのだろうか．

---

(3)　日本弁護士連合会（2016，56）によれば，2016年3月末時点で，所属弁護士が101人以上の事務所が10存在しているが，東京にある事務所が9，大阪にある事務所が1である．
(4)　こうした日本の弁護士の階層分化の可能性については，かねてより指摘されてはいた．たとえば，六本佳平（2000，148）は，業務の種類や開業している地域，弁護士としての使命感などの面で，弁護士が多様化・分化していることを指摘している．しかし，そうした現象が弁護士界の社会構造の中でどう位置付けられるかについて，実証的なデータに基づき検討したものとしては，宮澤節生・武士俣敦・石田京子・上石圭一（2011）が最初である．

II　先行研究の検討

弁護士界の階層分化については，古くは Carlin でも述べられている．Carlin は，ニュー・ヨーク市の「ビジネスの中心街で開業している弁護士」（Carlin 1966=1986：8）を対象としたアンケート調査により，弁護士には，個人を主要な顧客とする層と，大企業を主要な顧客とする層があり，両者では，学歴や人種などの弁護士の個人的属性や事務所の規模などが違うことを明らかにしたのであった．

弁護士に対する大量のアンケートによって手に入れた計量的なデータを用いて，実証的に明らかにしたのは，Heinz & Laumann（1982）である．Heinz & Laumann によれば，弁護士の人種や性別，宗教，親の所属階層といった個人属性，出身ロースクールの種類といった教育属性が，当人の所属する事務所の種類・規模を規定しており，事務所の種類・規模は主要な顧客や業務領域を規定している．そして，事務所の規模は所得に影響し，威信にも影響しているという．

Nelson, Sandfur & Laumann（2005）は，10年後に再度同じ研究を実施し，アメリカの弁護士界では，大企業を顧客とする上半球と個人顧客を顧客とする下半球との分裂は，ますます大きくなっていることを明らかにしている．

日本の弁護士界では，大多数の弁護士は，個人顧客の案件も企業顧客の案件も扱っていて，特定の業務分野への特化はあまり進んではいないとは言うものの，宮澤節生・武士俣敦・石田京子・上石圭一（2011）が示すように，既に階層分化の傾向が見られる．そして，大規模法律事務所に就職する者は，明らかに東京大学法科大学院出身者が多く，大企業を主要な顧客とする弁護士の方が，個人を主要な顧客とする弁護士よりも所得が高い傾向が見られる．

他方，個人顧客，それも比較的所得の低い個人の顧客が業務の多くを占めると思われる法テラス事務所所属の弁護士は，その業務の性質上，企業の顧客は多くはなかろう．法テラス事務所所属の弁護士は給与制であるから，所得が低く，扶助事件の個人顧客が多いからといって，そのことが所得に影響することはない．しかし，再任が可能とは言え任期があること，安定的な顧客を作ることは難しく，将来の独立に役立つとは考えにくいため，弁護士にとっては，通

常の民間法律事務所に勤務するよりは魅力が低い可能性がある．そうであるとすると，こうした事務所に就職する者は，出身法科大学院が有名大学ではない地方大学である，本人の年齢も相対的に高いといった可能性が考えられる．あるいは，このように相対的に魅力の薄い可能性のある業務を志望するのであるから，利益追求よりは公益奉仕や社会正義の実現といったことに重きを置いていることも考えられよう．

その一方で，弁護士の就職難が指摘される今日，藤本ほか（2017）が，67期弁護士の登録1年目の所得が，62期弁護士の所得よりも低下していると指摘しているように，新人弁護士の所得が低下傾向にある中で，裁判官・検察官と同程度の給与が保障されているということは，新人弁護士にとっては魅力であるとも考えられる．そう考えるならば，大規模事務所に就職する弁護士ほどではないにせよ，年齢や出身法科大学院の点では，必ずしも条件の良くない者が多いとも言えない可能性がある．

以上のように考えると，法テラスや公設法律事務所に就職するかどうかに影響しうる変数としては，次のようなものを考えることができよう[5]．まず，出身法科大学院については，東京大学法科大学院のようないわゆるエリート・ロースクールの出身者は，法テラスよりも通常の法律事務所，その中でもより大規模な事務所に就職する傾向が高いであろう．逆に，合格者数があまり多くない法科大学院や地方の法科大学院の出身者の方が，法テラスに就職する可能性が高いのではないか．

年齢についても，大規模事務所に就職する者のように若くはないであろう．また，同じ年齢であれば，一般の民間法律事務所で雇われる可能性が高いであろうから，法テラス法律事務所に就職する弁護士は，年齢が高い傾向があるのではないかと考えられる．

性別については，特定の性別であることが直ちに業務に何らかの影響を及ぼすということはないであろう．しかし，法テラス法律事務所は，裁判官や検察

---

[5] 法テラス法律事務所や公設法律事務所への就職者数は，同期の弁護士の中ではきわめてわずかであること，こうした事務所に就職するかどうかに影響を及ぼし得る要因は数多くありうるが，我々の実施した調査は，そうした要因をカバーしているわけではなく，また十分な標本数が得られているわけではないので，本稿では，公設法律事務所や法テラス法律事務所への就職の規定要因についての多変量解析は行わず，各変数と就職した事務所の種類との間に，何らかの有意な関連があるかどうかを検討するにとどまる．

官と労働条件が同等であるから，ワーク・ライフ・バランスを重視する者にとっては，民間法律事務所よりも魅力的であろう．それゆえ，女性にとっては，出産や育児によって不利になりにくい法テラスの方が，通常の民間法律事務所と比べると魅力が高く，希望する可能性が男性より高いかもしれない．

しかし，すでに結婚している女性にとっては，当人の都合で，地方都市に勤務する可能性の高い法テラス法律事務所をあえて選ばないということも考えられる．

さらに，法テラス法律事務所を希望する要因としては，公益に対する意識も考えることができる．法テラスのスタッフ弁護士は任期制であること，法テラス法律事務所はたいてい地方都市にあるため地方勤務になる可能性が高いこと，扱う事件が個人事件に偏っているため，将来的に独立することを考えると安定的な収益を得ることのできる企業を顧客として獲得することが難しいなど，弁護士としてのキャリア形成という点から，法テラス法律事務所は不利であると考えられる．そうであるにもかかわらず，法テラス法律事務所に就職するというのは，公益活動に対する意識が高い可能性も考えられるであろう．

III 法テラス・公設事務所に就職する弁護士の特性

1 法テラス・公設事務所に就職する弁護士の社会的属性

以上の仮説を検討するために本稿で分析に用いるデータは，司法修習62期の弁護士に対して実施した調査データである．これは，宮澤節生を研究代表として，2011年と2014年に，それぞれ62期弁護士全員を対象に郵送調査法により実施した調査である[6]．ただし，両調査とも完全に匿名のため，誰がどう回答したかはもちろん，2011年調査の回答者が2014年調査の際に回答したかどうか，どう回答したか，などは一切追跡することはできない．

62期弁護士調査のデータを使う理由は，弁護士登録後1年余り後の2011年とそれから3年後の2014年の2度にわたって調査しており，法テラスや公設事務所に勤務することによって，弁護士に自分たちの業務に関する見方がどの

---

[6] 調査方法やその結果の概要については，それぞれ宮澤節生・石田京子・久保山力也・藤本亮・武士俣敦・上石圭一（2011），宮澤節生・藤本亮・石田京子・武士俣敦・上石圭一（2015）を参照のこと．

Ⅲ 法テラス・公設事務所に就職する弁護士の特性

表1 性別と職場の種類のクロス表

			職場の種類					合計
			民間事務所	公設事務所	法テラス事務所	組織内弁護士	その他	
性別	男	度数	395	7	9	0	11	422
		性別の%	93.6%	1.7%	2.1%	0.0%	2.6%	100.0%
	女	度数	164	3	3	1	9	180
		性別の%	91.1%	1.7%	1.7%	.6%	5.0%	100.0%
合計		度数	559	10	12	1	20	602
		性別の%	92.9%	1.7%	2.0%	.2%	3.3%	100.0%

Fisher の正確確率検定 (両側)　p=0.322

ように変わったかを検討することができるからである．

　先行研究を参考にすると，次のような仮説を立てることができよう．法テラス法律事務や公設事務所に就職するかどうかを左右しうる変数としては，性別 (男性よりは女性の方が，既婚女性よりは未婚女性の方が選ぶ可能性が高い)，年齢 (年齢が高い方が選ぶ可能性が高い)，出身法科大学院 (地方都市にある法科大学院出身の方が選ぶ可能性が高い)，弁護士になった理由としては，公益活動や社会正義の実現に関心がある者の方が選ぶ可能性が高い，といったことである．

　まず，性別について，公設法律事務所とくに法テラス法律事務所は，民間法律事務所と比べて，ライフ・ワーク・バランスを考えたとき，女性にとって働きやすい職場ではないかと考えた．しかし特に性別と所属する事務所の種類との間に有意な関連は見られなかった (表1)．法テラス法律事務所や公設事務所を最初の就職先とする者の数は当然少ないが，事務所の種類ごとに性別の割合を見ても，特段の差は見られない．女性だからといって，こうした事務所に就職する可能性が高いわけではないということである．弁護士登録して，まだ一年程度しかたっていない弁護士にとっては，まだ結婚や子育てをしていない者が多いからではないかと考え，婚姻の有無や子どもの有無と職場の種類との関係を見ても，特に有意な関連は見られなかった (表は省略)．これは，弁護士になって約1年しか経っていないため，たいていの弁護士が結婚していないことが影響しているのかもしれない．

25 法テラス・公設法律事務所に勤務する新人弁護士をめぐる現状と課題〔上石圭一〕

同様に，当人の年齢も，公設事務所や法テラス事務所を選ぶかどうかとの間には有意な関連は見られなかった（表2）．表2によれば，法テラスも公設事務所も，30歳代の割合が最も高くなっているという点で共通している．公設事務所や法テラス事務所を選択した者には，民間法律事務所や組織内弁護士のように，年齢の高い者は見られないが，そのことが，こうした事務所の特徴とまで言えるかは明らかでない．職場の種類毎の弁護士の平均年齢を見ても，該当者が1名しかいなかった組織内弁護士を除いては，さほど大きな違いは見られない．

しかし，出身の法科大学院については，大きな特徴が見られた（表3）．統計的には，出身法科大学院と初食事務所の種類との間には有意な連関がみられない．それは，もともと公設事務所や法テラス法律事務所に就職する者の数が少ないことも影響している可能性がある．両者の関係を子細に見てゆくと，当初の仮説通り，東京大学法科大学院出身者は，公設法律事務所や法テラス法律事

表2　年齢と職場の種類のクロス表

			職場の種類					合計
			民間事務所	公設事務所	法テラス事務所	組織内弁護士	その他	
年齢	20歳代	度数	232	3	3	0	5	243
		年齢の%	95.5%	1.2%	1.2%	0.0%	2.1%	100.0%
	30歳代	度数	271	6	9	0	13	299
		年齢の%	90.6%	2.0%	3.0%	0.0%	4.3%	100.0%
	40歳代	度数	39	1	0	1	2	43
		年齢の%	90.7%	2.3%	0.0%	2.3%	4.7%	100.0%
	50歳代	度数	3	0	0	0	0	3
		年齢の%	100.0%	0.0%	0.0%	0.0%	0.0%	100.0%
	60歳代	度数	2	0	0	0	0	2
		年齢の%	100.0%	0.0%	0.0%	0.0%	0.0%	100.0%
合計		度数	547	10	12	1	20	590
		年齢の%	92.7%	1.7%	2.0%	.2%	3.4%	100.0%

Fisher の正確確率検定（両側）　$p=0.295$

Ⅲ 法テラス・公設事務所に就職する弁護士の特性

表3 出身法科大学院と職場の種類のクロス表

			職場の種類					合計
			民間事務所	公設事務所	法テラス事務所	組織内弁護士	その他	
出身法科大学院	東京大学	度数 出身法科大学院の%	39 92.9%	0 0.0%	0 0.0%	0 0.0%	3 7.1%	42 100.0%
	早稲田大学	度数 出身法科大学院の%	33 91.7%	1 2.8%	2 5.6%	0 0.0%	0 0.0%	36 100.0%
	中央大学	度数 出身法科大学院の%	31 93.9%	0 0.0%	0 0.0%	0 0.0%	2 6.1%	33 100.0%
	慶応義塾大学	度数 出身法科大学院の%	30 96.8%	0 0.0%	0 0.0%	0 0.0%	1 3.2%	31 100.0%
	一橋大学	度数 出身法科大学院の%	24 96.0%	1 4.0%	0 0.0%	0 0.0%	0 0.0%	25 100.0%
	明治大学	度数 出身法科大学院の%	17 81.0%	0 0.0%	1 4.8%	0 0.0%	3 14.3%	21 100.0%
	東北大学	度数 出身法科大学院の%	19 95.0%	1 5.0%	0 0.0%	0 0.0%	0 0.0%	20 100.0%
	その他国立大学	度数 出身法科大学院の%	123 94.6%	0 0.0%	2 1.5%	0 0.0%	5 3.8%	130 100.0%
	その他私立大学	度数 出身法科大学院の%	156 90.7%	5 2.9%	5 2.9%	1 .6%	5 2.9%	172 100.0%
合計		度数 出身法科大学院の%	472 92.5%	8 1.6%	10 2.0%	1 .2%	19 3.7%	510 100.0%

務所には就職してはいない．中央大学法科大学院や慶応義塾大学法科大学院の出身者も同様である．だが，仮説とは異なり，早稲田大学法科大学院出身者には，法テラス法律事務所や公設法律事務所に就職した者が複数名いた．社会的評価の高い法科大学院出身者は，法テラスや公設法律事務所に就職する傾向が低いというのは，東京大学や中央大学，慶応義塾大学については当てはまるかもしれないが，それ以外では必ずしも当てはまる訳ではないようである．

　回答者数が少ないので統計的に裏付けることは難しいが，回答者510人の内，国公立の法科大学院出身者が217人，私立の法科大学院出身者が293人と，やや私立の法科大学院出身者の方が多い程度であるにもかかわらず，公設法律事務所や法テラス法律事務所に就職した者の中に占める割合は，私立の法科大学院出身者がそれぞれ8人中6人，10人中8人と圧倒的に高いことも，特徴の一つである．国公立の法科大学院と私立の法科大学院とでは，目指す法曹像が違うのかもしれない．

　アメリカでは，シカゴの弁護士調査が明らかにしたように，顧客の種類による弁護士界の階層——企業を顧客とする半球と個人を顧客とする半球——の分化が生じしかも両半球の断絶は大きくなる傾向にある．日本でも，アメリカとは違い，大多数の弁護士が一般民事を担当しているとは言え，大規模法律事務所に就職する弁護士には，東京大学法科大学院出身者が多く[7]，しかも彼らの所得は比較的高めであることにも表れているように[8]，階層分化の萌芽が見られる．そうであるとするならば，企業を主たる顧客とする法律事務所には，東京大学法科大学院出身をはじめとするエリート法科大学院出身の弁護士の割合が高く，これとは逆に，もっぱら個人の顧客，その中でも，相対的に所得が低めと思われる層を対象とすることの多い法テラスや公設法律事務所の弁護士には，それ以外の法科大学院出身者の割合が高くなると考えられる．

　しかし，表3に見るように，エリート法科大学院出身者であっても，法テラスや公設法律事務所に就職する者もそれなりにはおり，必ずしも出身の法科大学院の社会的評価の高低が，法テラスや公設法律事務所への就職の有無に直結

---

(7) 宮澤節生ほか（2013, 151-152）を参照
(8) 宮澤節生ほか（2013, 157）によれば，62期弁護士第1回調査において，東京大学法科大学院出身者のうち48.8%が1,000万円以上の所得であったが，その他の法科大学院出身者は，過半数が500万円以上1,000万円未満の所得帯に属していた．

Ⅲ　法テラス・公設事務所に就職する弁護士の特性

しているとは言えない．むしろ，法テラスや公設法律事務所への就職を選択するかどうかは，本人の性別や能力，出身の法科大学院の社会的なステイタスなどよりは，本人が持っている弁護士業に対する意識や法科大学院での教育内容の方が大きく影響している可能性がある[9]．

「法曹三者の中で弁護士を選んだ理由」に関する回答の傾向を出身法科大学院別に見ると，おおよそは似たような傾向を示しているものの，「弁護士倫理の修得」については，早稲田大学や東北大学の法科大学院が「有益だった」もしくは「どちらかといえば有益だった」と回答する者が明らかに多いなど，他と違う傾向が表れていた（表は省略）．これは法科大学院での教育が影響していることが考えられる．ただ，その場合には，法科大学院の教育が直接に，就職先の法律事務所の種類に影響したのではなく，法科大学院で受けた教育によって，弁護士職あるいは弁護士業務に対する当人の意識に変化があり，それが影響したとみるべきであろう．

このように見てくると，法テラスや公設事務所に就職するかどうかは，当人の社会的属性にはあまり影響しているわけではなく，影響している可能性があるのは，むしろロースクールでの教育や公益に対して元々本人が持っている意識の方が強いのではないかと考えられる．

2　法テラス・公設事務所に就職した弁護士の意識

法テラスや公設法律事務所に就職する者が，社会的な属性という点で他の職場に就職した弁護士と，とりたてて違いがないとしても，法曹三者の中で弁護士を選んだ理由，あるいは職場の種類や地域を選んだ理由など，弁護士業務や弁護士業が社会において果たすべき役割等についての意識に他の弁護士との違いがあることも考えられる．そこで，次に，この点について検討することにしよう．なお，弁護士自身の意識が事務所の選択に影響しているという因果関係を裏付けるためには，就職先を選択する前と後との２つの時点で調査が必要である．しかし，我々の調査は，弁護士登録後１年程経ってから実施した調査で

---

[9] William M. Sullivan et al. (2007, 138-139) は，ロー・スクールのプロ・ボノ・プログラムの内容によっては，そのロー・スクール出身の法律家が，公的役務に関わるかどうかに影響を及ぼすこと，そして，そのロー・スクールの持っている文化がプロ・ボノ活動にどれだけ協力的か，といったことが重要な要因となると記している．

あるため，弁護士を，あるいは法テラスや公設事務所を就職先として選ぶ要因を検討することはできない．我々の調査での回答は，弁護士登録をしてから約1年後に実施した調査時点での，事務所の種類によって，弁護士を選んだ理由などに違いが見られるかということになる．

　まず，就職した事務所の種類と法曹三者の中で弁護士を選んだ理由との関係について検討することにしよう．通常の民間法律事務所に勤務した方が，高所得になる可能性がより高く，また独立して自分の事務所を持つことがより容易であるにもかかわらず，公設法律事務所や法テラスに勤務するというのは，「社会正義の実現」や「弁護士の在野性」に高い関心があるのではないかと思われる．しかし，これらについては，通常の民間法律事務所に所属した者との間で，特に大きな違いがなかった．

　しかし，「経済的に恵まれている」ことを，法曹三者のうちで弁護士を選んだ理由として回答した者の割合には大きな違いが見られた．「経済的に恵まれている」を弁護士を選んだ理由として挙げる者の割合は，民間法律事務所に所属している者では，約3割だったが，法テラス事務所や公設事務所を選んだ者には，ほとんどいなかった（表4）．法テラス法律事務所や公設法律事務所に就職した者は，経済的な理由から弁護士業を選択したわけではなさそうである．

　当然ながら，所属している事務所の種類によって，弁護士が得られる所得には違いがある．たとえば，民間法律事務所では，200万円以下という低所得者がわずかにはいるものの，11.6％は弁護士登録1年後にしてすでに1,000万円以上の所得を得ている．これに対して，法テラスや公設事務所勤務の者には，1,000万円以上の所得を得ている者はいない．逆に，公設事務所に所属する弁護士では3割が200万円以上500万円未満の所得しか得ていない．したがって，経済的な面から見ると，公設事務所や法テラスは，必ずしも条件は良くない．しかも，通常の民間法律事務所に勤務の場合と比べて，業務内容や勤務地を自分で決められるというわけでもないため，公設法律事務所や法テラスは，就職先として魅力に乏しいといわざるを得ない．

　では，こうした事務所に勤務する弁護士は，経済的な条件よりも公益奉仕や基本的人権の擁護などの価値を重視しているのだろうか．そこで，職場の種類と登録した事務所を選択した理由との関係を見てみよう[10]．

　まず，就職した事務所の種類によって，「経済的条件がよい」を，その職場

Ⅲ 法テラス・公設事務所に就職する弁護士の特性

表4 職場の種類と弁護士選択理由「経済的に恵まれている」のクロス表

			経済的に恵まれている				合計
			あてはまらない	どちらかといえばあてはまらない	どちらかといえばあてはまる	あてはまる	
職場の種類	民間事務所	度数	175	204	142	37	558
		職場の種類の%	31.4%	36.6%	25.4%	6.6%	100.0%
	公設事務所	度数	6	4	0	0	10
		職場の種類の%	60.0%	40.0%	0.0%	0.0%	100.0%
	法テラス事務所	度数	6	5	1	0	12
		職場の種類の%	50.0%	41.7%	8.3%	0.0%	100.0%
	組織内弁護士	度数	0	1	0	0	1
		職場の種類の%	0.0%	100.0%	0.0%	0.0%	100.0%
	その他	度数	10	6	3	0	19
		職場の種類の%	52.6%	31.6%	15.8%	0.0%	100.0%
合計		度数	197	220	146	37	600
		職場の種類の%	32.8%	36.7%	24.3%	6.2%	100.0%

を選んだ理由として当てはまるかどうかを見たところ，公設法律事務所や法テラスに勤務する弁護士の場合には，「あてはまらない」「どちらかといえばあてはまらない」と回答した者が6割から8割に達しており，民間法律事務所に就職した者と比べて，その割合が高かった（表7）．経済的条件は，こうした職場を選ぶ動機としては捉えられてはいないように思われる．

逆に公設事務所や法テラスを就職先に選んだ彼らの7割から9割が，その事務所を選んだ理由として，「司法過疎地に就職したかった」という理由を，「あてはまる」もしくは「どちらかといえばあてはまる」と回答している（表8）．

しかしこのことは，必ずしも司法過疎地である「就業地の司法サービスの充

---

(10) もっとも，本調査は，弁護士になった後に回答を求めており，事務所を選ぶ前に回答を得ているわけではないので，事務所選択理由をもとに職場の種類を選んだというよりは，職場の種類が先にあって，その事務所に所属していることをどう説明するかを問うたものになっている．

表5 職場の種類と2010年の年収のクロス表

			2010年の年収				合計
			200万円未満	200万円以上500万円未満	500万円以上1000万円未満	1000万円以上2000万円未満	
職場の種類	民間事務所	度数	6	98	384	66	554
		職場の種類の%	1.1%	17.7%	69.3%	11.9%	100.0%
	公設事務所	度数	0	3	7	0	10
		職場の種類の%	0.0%	30.0%	70.0%	0.0%	100.0%
	法テラス事務所	度数	0	2	10	0	12
		職場の種類の%	0.0%	16.7%	83.3%	0.0%	100.0%
	組織内弁護士	度数	0	0	1	0	1
		職場の種類の%	0.0%	0.0%	100.0%	0.0%	100.0%
	その他	度数	0	2	13	5	20
		職場の種類の%	0.0%	10.0%	65.0%	25.0%	100.0%
合計		度数	6	105	415	71	597
		職場の種類の%	1.0%	17.6%	69.5%	11.9%	100.0%

Fisherの正確確率検定（両側） p=0.65

実に貢献したい」ということを意味してはいない．というのも，法テラス勤務の場合も公設事務所勤務の場合もともに，通常の民間法律事務所に勤務している場合よりは，「地域に司法サービス拡充に貢献」したいという回答は多い（表9）．だが，「弁護士過疎地域に就職したかった」という理由と比べると，「地域の司法サービスの拡充に貢献」したいと考える者の割合は2割近く低い．公設事務所や法テラスに勤務するのは，「地域の司法サービスの拡充に貢献」することを目指してとは異なる理由によることもあるということのようである．

3 弁護士業を続けることで業務に対する意識は変わったか

先の検討によれば，法テラス法律事務所や公設法律事務所に勤務しだした弁護士は，民間法律事務所勤務の弁護士と比べると，「経済的条件」を理由に弁護士業を選んでいるわけではなく，司法過疎地であるということが，そうした種類の事務所を選んだ理由になっていた．だが，そのことは，その地域の司法

Ⅲ 法テラス・公設事務所に就職する弁護士の特性

表6 職場の種類と仕事の内容・勤務地決定の自由度

			仕事の内容・勤務地				合計
			あてはまらない	どちらかといえばあてはまらない	どちらかといえばあてはまる	あてはまる	
職場の種類	民間事務所	度数	20	34	183	322	559
		職場の種類の%	3.6%	6.1%	32.7%	57.6%	100.0%
	公設事務所	度数	1	2	3	4	10
		職場の種類の%	10.0%	20.0%	30.0%	40.0%	100.0%
	法テラス事務所	度数	2	1	7	2	12
		職場の種類の%	16.7%	8.3%	58.3%	16.7%	100.0%
	組織内弁護士	度数	0	1	0	0	1
		職場の種類の%	0.0%	100.0%	0.0%	0.0%	100.0%
	その他	度数	2	2	9	6	19
		職場の種類の%	10.5%	10.5%	47.4%	31.6%	100.0%
合計		度数	25	40	202	334	601
		職場の種類の%	4.2%	6.7%	33.6%	55.6%	100.0%

Fisherの正確確率検定（両側） p=0.001

サービス拡充に貢献するということを意味しているわけではなかった．つまり，司法サービスの充実という公益増進に関心があるというわけではなかった．

しかし，公益的な要素を持つ法律事務所に就職した弁護士が，最初から公益に関心がなくとも，業務を行うことによって，関心を持つようになってゆくことは十分に考えられる．アメリカのリーガル・エイド弁護士を調査したJack Katz（1982, 52-53）によれば，リーガル・エイドに加わった弁護士が，最初から自分たちの業務を利他主義のレトリックで理解しているわけではなく，弁護士にとして活動するようになってから利他主義を身につけるようになるという．低所得者を対象とする法サービスの手きょうという公益活動を行っている中で，自己の業務に対する位置づけが変わるということである．

人口あたりの弁護士数がアメリカよりも遙かに少なく，弁護士界の階層分化がアメリカほどには明確ではない日本においても，公設弁護士や法テラスの弁

表7 職場の種類と登録している職場を選択した理由（経済的条件）

			経済的条件（最初の職場）				合計
			あてはまらない	どちらかといえばあてはまらない	どちらかといえばあてはまる	あてはまる	
職場の種類	民間事務所	度数 職場の種類の%	104 18.7%	146 26.3%	215 38.7%	91 16.4%	556 100.0%
	公設事務所	度数 職場の種類の%	3 30.0%	3 30.0%	3 30.0%	1 10.0%	10 100.0%
	法テラス事務所	度数 職場の種類の%	5 41.7%	5 41.7%	2 16.7%	0 0.0%	12 100.0%
	組織内弁護士	度数 職場の種類の%	0 0.0%	1 100.0%	0 0.0%	0 0.0%	1 100.0%
	その他	度数 職場の種類の%	2 10.5%	3 15.8%	11 57.9%	3 15.8%	19 100.0%
合計		度数 職場の種類の%	114 19.1%	158 26.4%	231 38.6%	95 15.9%	598 100.0%

護士について，アメリカのリーガル・エイド弁護士の職業意識と同様のことが成り立っている可能性がある．

　そうであるとすれば，法テラスや公設法律事務所に勤務し出して1年程度しか経っていない時には，自分がその事務所に勤めていることについて「地域の司法サービスの拡充」とはあまり考えていなくても，業務を行っているうちに，意識が変わってゆく可能性がある．そこで，第1回調査時点（2011年）から3年後に実施した第2回調査（2014年）における回答の分布を見ることにしよう．

　まず，現在の職場を選んだ理由として「経済的条件」と，現在の職場の種類との関係を見てみよう（表10）．公設法律事務所に勤務する弁護士については，現在の職場を選択した理由として経済的条件が「あてはまる」もしくは「どちらかといえばあてはまる」と回答した者の割合は，前回調査時の約4割を上回って過半数を占め，通常の民間事務所よりも高い割合であった．しかし法テラスに勤務する弁護士の場合，経済的条件によって当該事務所を選んだと回答

Ⅲ 法テラス・公設事務所に就職する弁護士の特性

表8 職場の種類と登録している職場を選択した理由（弁護士過疎地域に就職したかった）

			弁護士過疎地域（最初の職場）				合計
			あてはまらない	どちらかといえばあてはまらない	どちらかといえばあてはまる	あてはまる	
職場の種類	民間事務所	度数	476	37	28	16	557
		職場の種類の%	85.5%	6.6%	5.0%	2.9%	100.0%
	公設事務所	度数	1	0	2	7	10
		職場の種類の%	10.0%	0.0%	20.0%	70.0%	100.0%
	法テラス事務所	度数	2	1	4	5	12
		職場の種類の%	16.7%	8.3%	33.3%	41.7%	100.0%
	組織内弁護士	度数	1	0	0	0	1
		職場の種類の%	100.0%	0.0%	0.0%	0.0%	100.0%
	その他	度数	19	0	0	0	19
		職場の種類の%	100.0%	0.0%	0.0%	0.0%	100.0%
合計		度数	499	38	34	28	599
		職場の種類の%	83.3%	6.3%	5.7%	4.7%	100.0%

している者はわずか10.0%に過ぎず，3年前の調査の結果と大差なかった．

このように，当該事務所に登録している理由として，「経済的条件」についてを「当てはまる」と回答した者の割合が法テラス勤務者と公設法律事務所勤務者との間で大きく異なったのは，現実の所得が影響しているのかもしれない．法テラスに勤務する弁護士の場合は，全員が500万円未満の所得であって，民間法律事務所に勤務している弁護士よりも低い傾向にあったのに対し，公設法律事務所に勤務する弁護士の場合には，回答者8人中2人が1,000万円以上の所得を得ていたからである．すなわち，公設法律事務所に勤務することは，司法過疎地で勤務したとしても，十分な所得を得る可能性が高い．それゆえ，公設事務所に勤務する弁護士にとっては，私益追求の要素が，当該事務所に勤務している一因となっている可能性がある．

では，彼らは，「司法過疎地での司法サービスの拡充」という公益的な面に

表9 事務所の種類と登録している職場を選択した理由（就業地の司法サービス充実に貢献）

			就業地の司法サービス充実に貢献（最初の職場）				合計
			あてはまらない	どちらかといえばあてはまらない	どちらかといえばあてはまる	あてはまる	
職場の種類	民間事務所	度数 職場の種類の%	286 51.6%	102 18.4%	109 19.7%	57 10.3%	554 100.0%
	公設事務所	度数 職場の種類の%	3 30.0%	1 10.0%	3 30.0%	3 30.0%	10 100.0%
	法テラス事務所	度数 職場の種類の%	5 41.7%	0 0.0%	4 33.3%	3 25.0%	12 100.0%
	組織内弁護士	度数 職場の種類の%	1 100.0%	0 0.0%	0 0.0%	0 0.0%	1 100.0%
	その他	度数 職場の種類の%	16 84.2%	1 5.3%	2 10.5%	0 0.0%	19 100.0%
合計		度数 職場の種類の%	311 52.2%	104 17.4%	118 19.8%	63 10.6%	596 100.0%

ついてはどう考えているのだろうか．弁護士登録をして1年程度しかたっていない前回の調査時点においても，公設法律事務所や法テラス事務所に勤務している弁護士の中で，この質問に対して「あてはまる」もしくは「どちらかといえばあてはまる」と回答した者の割合は比較的高かった．しかし，表12に見るように，その3年後の調査では，さらにその割合は高くなっており，ほぼ全員が「あてはまる」もしくは「どちらかといえばあてはまる」と回答している．

公設事務所や法テラス法律事務所に勤務している弁護士が，その事務所を選んだ理由として，経済的条件を挙げる者の割合は，両者でかなりの違いがあったとはいえ，両者とも地域の司法サービスの拡充に貢献することを挙げる割合が増加した．公設事務所では，経済的理由を当該事務所を選んだ理由として挙げるものが多く，公益の私益化が起こっているものの，他方では，司法過疎地域の司法サービス拡充という，公設事務所や法テラスの設立目的に沿った意識

Ⅲ 法テラス・公設事務所に就職する弁護士の特性

表10 現在登録している事務所の種類と現在の職場を選択した理由とのクロス表

			Q5_3【現在の職場】(3) 経済的条件				合計
			1あてはまらない	2あてはまらない, どちらかといえば	3あてはまる, どちらかといえば	4あてはまる	
現在登録している事務所の種類	公設法律事務所	度数	1	4	8	1	14
		現在登録している事務所の種類の%	7.1%	28.6%	57.1%	7.1%	100.0%
	法テラス	度数	3	6	1	0	10
		現在登録している事務所の種類の%	30.0%	60.0%	10.0%	0.0%	100.0%
	民間法律事務所	度数	56	88	119	76	339
		現在登録している事務所の種類の%	16.5%	26.0%	35.1%	22.4%	100.0%
	組織内弁護士	度数	3	5	13	6	27
		現在登録している事務所の種類の%	11.1%	18.5%	48.1%	22.2%	100.0%
	その他	度数	0	1	2	1	4
		現在登録している事務所の種類の%	0.0%	25.0%	50.0%	25.0%	100.0%
合計		度数	63	104	143	84	394
		現在登録している事務所の種類の%	16.0%	26.4%	36.3%	21.3%	100.0%

25 法テラス・公設法律事務所に勤務する新人弁護士をめぐる現状と課題〔上石圭一〕

表11 現在登録している事務所の種類と所得のクロス表

			Q11_1R所得					合計
			200万未満	200万以上500万未満	500万以上1000万未満	1000万以上2000万未満	2000万以上	
現在登録している事務所の種類	公設法律事務所	度数	3	2	1	2	0	8
		現在登録している事務所の種類の%	37.5%	25.0%	12.5%	25.0%	0.0%	100.0%
	法テラス	度数	2	4	0	0	0	6
		現在登録している事務所の種類の%	33.3%	66.7%	0.0%	0.0%	0.0%	100.0%
	民間法律事務所	度数	78	66	59	13	1	217
		現在登録している事務所の種類の%	35.9%	30.4%	27.2%	6.0%	.5%	100.0%
	組織内弁護士	度数	6	5	4	2	0	17
		現在登録している事務所の種類の%	35.3%	29.4%	23.5%	11.8%	0.0%	100.0%
	その他	度数	0	1	1	0	0	2
		現在登録している事務所の種類の%	0.0%	50.0%	50.0%	0.0%	0.0%	100.0%
合計		度数	89	78	65	17	1	250
		現在登録している事務所の種類の%	35.6%	31.2%	26.0%	6.8%	.4%	100.0%

Fisherの直接検定(両側)　p=0.520

III 法テラス・公設事務所に就職する弁護士の特性

表12　現在登録している事務所の種類とその事務所を選んだ理由（就業地の司法サービス拡充に貢献）

			Q5_17【現在の職場】(17) 就業地の司法サービス充実に貢献				合計
			1あてはまらない	2あてはまらない,どちらかといえば	3あてはまる,どちらかといえば	4あてはまる	
現在登録している事務所の種類	公設法律事務所	度数	0	1	2	11	14
		現在登録している事務所の種類の%	0.0%	7.1%	14.3%	78.6%	100.0%
	法テラス	度数	0	1	1	9	11
		現在登録している事務所の種類の%	0.0%	9.1%	9.1%	81.8%	100.0%
	民間法律事務所	度数	152	88	60	58	338
		現在登録している事務所の種類の%	45.0%	20.1%	17.8%	17.2%	100.0%
	組織内弁護士	度数	23	0	1	3	27
		現在登録している事務所の種類の%	85.2%	0.0%	3.7%	11.1%	100.0%
	その他	度数	1	1	2	0	4
		現在登録している事務所の種類の%	25.0%	25.0%	50.0%	0.0%	100.0%
合計		度数	178	71	66	81	394
		現在登録している事務所の種類の%	44.7%	18.0%	16.8%	20.6%	100.0%

Fisher の正確確率検定（両側）　p=0.000

が，公設事務所や法テラスに勤務する中で強まってもいるという点では，Jack Katz の知見が日本においても成り立っていた．

IV 法テラス・公設事務所に勤める弁護士は職務に満足しているか

　弁護士登録してから4年を経ると，公設法律事務所に勤務する弁護士の所得は，民間法律事務所に勤務する弁護士よりも高めであったのに対して，法テラスに勤務する弁護士の所得は低かった．では，彼らは，自分たちの業務に満足しているのだろうか．

　弁護士登録をして1年程度の時点での満足度を見ると，表13の通り，職場の種類による満足度の差はほとんど見られない．同様に，全般的満足度や収入に関する満足度についても，職場の種類による差はほとんどない．

　弁護士登録をしてから4年後に実施した調査での満足度に関する回答では，弁護士としての全般的な満足度に目立った特徴は見られなかったが，「公益的な弁護活動を行える」という点については，法テラスや公設事務所勤務の者は明確に満足度が高かった．当該弁護士が公益活動を行うことの意義を見出したのだと考えることができよう．

　しかし，公設法律事務所に勤務している弁護士と法テラス法律事務所に勤務している弁護士とでは，自分たちの業務についての社会的意義や社会的評価についての満足度には大きな違いが見られた．公設法律事務所に勤務している弁護士は，ともに「満足」していると回答する割合が高かったが，法テラス法律事務所勤務の弁護士は，民間法律事務所に勤務し要る弁護士とさほどの違いはなく，弁護士登録1年後に実施した調査結果とよく似た傾向を示した．同様の傾向は，日常的に従事している業務に対する社会からの評価に対する満足度においても見られた．

　なお，先に検討した職場の種類ごとの所得分布によれば，公設法律事務所勤務者の場合には，民間法律事務所勤務と同じように所得1,000万円以上のような高所得者がいたが，法テラス法律事務所勤務者の場合，所得が200万円未満のような低所得者はほとんどいなかったものの，高所得者はいず，全体として，所得は低めであった．

　このように見てくると，法テラス法律事務所と公設法律事務所はともに市民

Ⅳ 法テラス・公設事務所に勤める弁護士は職務に満足しているか

表13 職場の種類と日常業務内容の満足度

			(3) 日常の業務内容の満足度				合計
			不満足	どちらかといえば不満足	どちらかといえば満足	満足	
職場の種類	民間事務所	度数	28	97	288	146	559
		職場の種類の%	5.0%	17.4%	51.5%	26.1%	100.0%
	公設事務所	度数	0	1	4	5	10
		職場の種類の%	0.0%	10.0%	40.0%	50.0%	100.0%
	法テラス事務所	度数	1	1	7	3	12
		職場の種類の%	8.3%	8.3%	58.3%	25.0%	100.0%
	組織内弁護士	度数	0	0	1	0	1
		職場の種類の%	0.0%	0.0%	100.0%	0.0%	100.0%
	その他	度数	2	5	12	1	20
		職場の種類の%	10.0%	25.0%	60.0%	5.0%	100.0%
合計		度数	31	104	312	155	602
		職場の種類の%	5.1%	17.3%	51.8%	25.7%	100.0%

の司法アクセスの改善のために設置された公益的な事務所であるにもかかわらず，業務に対する満足度という観点から見るならば，両者に勤務している弁護士の間には，かなりの違いがある．公設法律事務所に所属している弁護士は，自分達の業務内容が持つ社会的意義にも，また社会的評価についても，高い満足度を持っている．それに対して，法テラス法律事務所に勤務する弁護士の場合には，その満足度は，通常の民間法律事務所とほとんど変わらない．少なくとも，司法弱者への司法サービス拡充という意義について，満足度が高くはない弁護士が少なからずいるということである[11].

---

[11] 法テラスの弁護士について，寺林智栄（2015）は，「困難な事件や対応に配慮を要する依頼者の比率も高く，精神的に追い詰められる勤務弁護士も少なからずいます．その一方で，必ずもらえる給料に安住して，ろくに仕事もせずにのほほんとしている勤務弁護士も少なくありません．」と述べ，必ずしもやる気のある弁護士ばかりではないことを指摘する．

25 法テラス・公設法律事務所に勤務する新人弁護士をめぐる現状と課題〔上石圭一〕

表14　現在登録している事務所の種類と公益弁護活動を行えることの満足

			Q12_2(14) 国選弁護や民事法律扶助などの公益的な弁護活動を行えること					合計
			あてはまらない	1不満足	2不満足,どちらかといえば	3満足,どちらかといえば	4満足	
現在登録している事務所の種類	公設法律事務所	度数	1	0	0	4	9	14
		現在登録している事務所の種類の%	7.1%	0.0%	0.0%	28.6%	64.3%	100.0%
	法テラス	度数	0	0	0	5	6	11
		現在登録している事務所の種類の%	0.0%	0.0%	0.0%	45.5%	54.5%	100.0%
	民間法律事務所	度数	19	14	38	182	91	344
		現在登録している事務所の種類の%	5.5%	4.1%	11.0%	52.9%	26.5%	100.0%
	組織内弁護士	度数	7	9	5	5	2	28
		現在登録している事務所の種類の%	25.0%	32.1%	17.9%	17.9%	7.1%	100.0%
	その他	度数	2	0	0	2	0	4
		現在登録している事務所の種類の%	50.0%	0.0%	0.0%	50.0%	0.0%	100.0%
合計		度数	29	23	43	198	108	401
		現在登録している事務所の種類の%	7.2%	5.7%	10.7%	49.4%	26.9%	100.0%

Fisherの正確確率検定（両側）　p=0.000

Ⅳ 法テラス・公設事務所に勤める弁護士は職務に満足しているか

表15 事務所の種類と日常的に従事している業務の社会的意義に関する満足とのクロス表

<table>
<tr><td colspan="3"></td><td colspan="4">Q12_2(5) 日常的に従事している業務の社会的な意義</td><td rowspan="2">合計</td></tr>
<tr><td colspan="3"></td><td>1不満足</td><td>2不満足, どちらかといえば</td><td>3満足, どちらかといえば</td><td>4満足</td></tr>
<tr><td rowspan="10">現在登録している事務所の種類</td><td rowspan="2">公設法律事務所</td><td>度数</td><td>1</td><td>0</td><td>4</td><td>9</td><td>14</td></tr>
<tr><td>現在登録している事務所の種類の%</td><td>7.1%</td><td>0.0%</td><td>28.6%</td><td>64.3%</td><td>100.0%</td></tr>
<tr><td rowspan="2">法テラス</td><td>度数</td><td>0</td><td>1</td><td>7</td><td>3</td><td>11</td></tr>
<tr><td>現在登録している事務所の種類の%</td><td>0.0%</td><td>9.1%</td><td>63.6%</td><td>27.3%</td><td>100.0%</td></tr>
<tr><td rowspan="2">民間法律事務所</td><td>度数</td><td>6</td><td>52</td><td>206</td><td>79</td><td>343</td></tr>
<tr><td>現在登録している事務所の種類の%</td><td>1.7%</td><td>15.2%</td><td>60.1%</td><td>23.0%</td><td>100.0%</td></tr>
<tr><td rowspan="2">組織内弁護士</td><td>度数</td><td>1</td><td>5</td><td>13</td><td>9</td><td>28</td></tr>
<tr><td>現在登録している事務所の種類の%</td><td>3.6%</td><td>17.9%</td><td>46.4%</td><td>32.1%</td><td>100.0%</td></tr>
<tr><td rowspan="2">その他</td><td>度数</td><td>0</td><td>0</td><td>4</td><td>0</td><td>4</td></tr>
<tr><td>現在登録している事務所の種類の%</td><td>0.0%</td><td>0.0%</td><td>100.0%</td><td>0.0%</td><td>100.0%</td></tr>
<tr><td colspan="2" rowspan="2">合計</td><td>度数</td><td>8</td><td>58</td><td>234</td><td>100</td><td>400</td></tr>
<tr><td>現在登録している事務所の種類の%</td><td>2.0%</td><td>14.5%</td><td>58.5%</td><td>25.0%</td><td>100.0%</td></tr>
</table>

Fisher の正確確率検定（両側） p=0.049

V 最後に

　法曹養成改革によって弁護士人口が大幅に増えた今日，新人弁護士の就職難や低所得の新人弁護士の増加がしばしば指摘される[12]．新人弁護士を取り巻くそうした環境のもとでは，司法過疎地域での司法サービスの拡充に意欲を持つ者ではなくても，公設法律事務所や法テラス法律事務所も，就職先としての選択肢の一つとなり得よう．それは公益の私益化とも言える現象である．

　だが，司法過疎地域での司法サービスの拡充を目的とする法テラス法律事務所や公設法律事務所に，公益増進の意図をあまり持たない者が就職することが望ましくないとはただちには言えない．当該事務所に就職し，業務に携わる中で，自分たちの業務が公益増進につながることなのだと位置づけ，そのことに満足を覚えるようになってゆく可能性があるからである．

　そして，公設法律事務所に勤務する弁護士の場合，明らかに自分の業務の持つ社会的意義や社会的評価に対して満足していた．しかし，法テラス法律事務所の勤務者については，民間法律事務所に勤務する弁護士とさほど変わらなかった．

　新人弁護士の所得が低下傾向にある中，法テラス法律事務所に所属することは，初職の勤務条件としては，よい方に入るかもしれない．だが，所得が，本人の努力で高くなることもない状態で，彼らが，自分たちの業務の持つ社会的意義，社会的評価についてさほど満足することなく，日常の業務を行っているのであれば，真の意味で司法過疎地での司法サービスの拡充にはつながらないであろう．司法アクセスを本当の意味で保障するには，そうした司法サービスの提供者が，高いモチベーションを持って業務に従事していることが望ましい．その意味で，法テラスは，そのあり方が問われているのではないだろうか．

---

[12] われわれが67期弁護士に対して実施した調査でも，62期弁護士と比べると，全体では所得は低下傾向にあった．なお67期弁護士調査結果の概要については，藤本亮ほか（2016）を参照されたい．

〔文　献〕

Carlin, Jerome E.(1962) *Lawyers on Their Own: A Study of Individual Practitioners in Chicago*, Rutgers Univ. Pr.
――(1966) Lawyer' Ethics: A Survey of the New York City Bar, Russell Sage Foundation. カーリン，ジェローム・E（棚瀬孝雄・訳）(1986)『日弁連弁護士倫理叢書アメリカ①弁護士倫理――ニューヨーク市弁護士界の実態調査』ぎょうせい．
藤本亮・石田京子・武士俣敦・上石圭一(2016)「第67期弁護士第1回郵送調査の概要――記述統計の提示」法政理論268号283-348頁．
Heinz, John P. & Edward O. Laumann(1982) *Chicago Lawyers: The Social Structure of the Bar*, Russell Sage Foundation & American Bar Foundation.
宮澤節生(1994)『法過程のリアリティ――法社会学フィールドノート』信山社．
宮澤節生・武士俣敦・石田京子・上石圭一(2011)「日本における弁護士の専門分化：2008年全国弁護士調査第2報」青山法務研究論集第4号193-287頁．
宮澤節生・藤本亮・石田京子・武士俣敦・上石圭一(2015)「第62期弁護士第2回郵送調査第2報：二変量解析から多変量解析へ」青山法務研究論集10号39-175頁．
宮澤節生・石田京子・久保山力也・藤本亮・武士俣敦・上石圭一(2011)「第62期弁護士第1回郵送調査の概要――記述統計の提示」青山法務研究論集第4号57-192頁．
――(2013)「第62期弁護士の教育背景，業務環境，専門分化，満足感，及び不安感：第1回郵送調査第2報」青山法務研究論集第6号35-235頁．
村山眞維(1992)「刑事国選弁護の実証的検討」財団法人法律扶助協会編『リーガル・エイドの基本問題』財団法人法律扶助協会．
Nelson, Robert, L., Rebecca L. Sandefur & Edward O. Laumann(2005) *Urban Lawyers: The New Social Structure of the Bar*, Univ. of Chicago Pr.
日本弁護士連合会「ひまわり基金法律事務所（公設事務所）の概要」http://www.nichibenren.or.jp/activity/resolution/counsel/kaso_taisaku/himawari.html
――(2016)『弁護士白書2016年度』日本弁護士連合会．
日本司法支援センター・日本弁護士連合会(2009)「司法修習生の皆さん　スタッフ弁護士になりませんか？」http://www.nichibenren.or.jp/library/ja/judical_support_center/data/staff_pam.pdf
六本佳平(2000)『日本の法システム』放送大学教育振興会．
Sullivan, William M., Anne Colby, Judith Welch Wegner, Lloyd Bond, and Lee S. Shulman (2007) *Educating Lawyers: Preparation for the Profession of Law*, Jossey-Bass.
寺林智栄(2015)「内と外から見て分かった「法テラス」が抱える問題点とは」https://lmedia.jp/2015/06/06/64728/2/

26 弁護士コミュニティのジェンダーギャップはなぜ問題なのか
―― アメリカの議論からの示唆と日本における課題 ――

石 田 京 子

I　はじめに

　本稿は，現在日本の弁護士コミュニティに存在している，人口比率，収入，業務分野等におけるジェンダーギャップがなぜ問題なのか，検討を行なう．2016年3月31日の時点で，日本弁護士連合会（日弁連）に登録している女性弁護士は6,891名であり，弁護士人口全体の18.3%を占めている（日弁連2016：30）．［図1］に示すとおり，女性弁護士の割合は2001年に初めて10%を超えた[1]．司法制度改革に基づく弁護士人口の拡大や法科大学院制度の導入によって，近年確実に女性弁護士の数は増加している．もっとも，上記の時点で最も世代の若い司法修習68期の弁護士においても，女性弁護士の割合は21.2%であり，また，2016年の司法試験合格者1,583名のうち，女性の占める割合は23.4%である．このような傾向を見る限り，内閣府男女共同参画局で掲げられている，「社会のあらゆる分野において，2020年までに指導的地位に女性が占める割合を少なくとも30%程度」という目標値の到達は，法の支配を主導する弁護士コミュニティにおいては極めて難しいことがうかがえる[2]．
　未だ人口比率において著しいジェンダーギャップが存在することに加えて，弁護士の男女間には所得の格差や従事する業務分野にも違いのあることが既に

---

(1)　日本において女性弁護士が初めて誕生したのは1940年のことである．その後の女性の参入率は，図1に示す通り，必ずしも順調な上昇とはいえない．女性弁護士の歩みや取り組みについては，日弁連（2007）が詳しい．
(2)　平成15年6月男女共同参画推進本部決定，第3次男女共同参画基本計画（平成22年12月閣議決定）．

図1　弁護士人口の増加と女性弁護士の割合の推移（1950-2016）

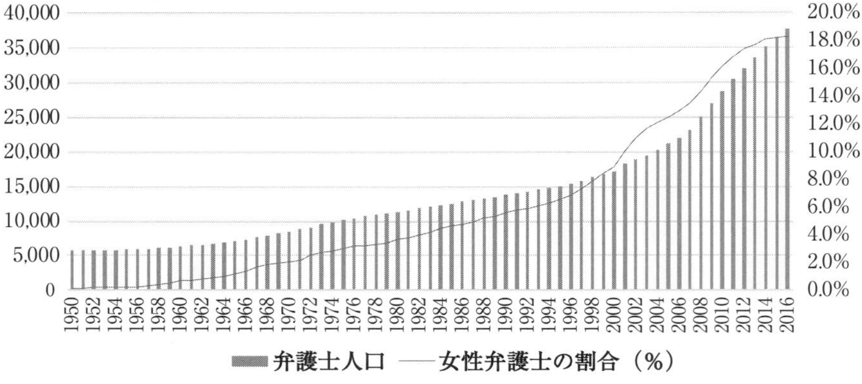

確認されている（例えば，石田 2011：27）．2010 年に日本弁護士連合会（日弁連）によって実施された「弁護士業務の経済的基盤に関する実態調査」（2010 年経済基盤調査）の結果からは，女性弁護士が男性弁護士に比べて労働時間が短く，所得が低く，事務所内でも経営弁護士ではなく勤務弁護士として勤務する者が多い傾向が認められた（石田 2011：27）[3]．図 2 で示すように，労働時間における男女間の有意な差は専門職キャリアのごく初期である 20 歳代から認められ，所得の差は 30 歳代から，事務所内の地位については 40 歳代で有意となる．50 歳代の弁護士では，労働時間にジェンダー差が無いにも関わらず，男性弁護士の所得平均が 2,417.0 万円に対して，女性弁護士の平均は 1,292.7 万円であり，ほぼ 2 倍に近い所得のジェンダー差があるが，これは弁護士の男女間における，キャリア初期からの働き方や業務内容の違いの蓄積であるという仮説が成り立つ．そして実際，2011 年と 2014 年に研究者グループによって実施された，司法修習 62 期の弁護士に対する追跡調査では，対象弁護士において，専門職キャリア 1 年目から所得のジェンダー格差が存在し，これが 3 年後の調査でさらに拡大していることが確認されている（石田 2015：167）[4]．

　当然のことであるが，所得は弁護士業務全体を評価する基準とはなり得ない．報酬を得られないプロボノ活動等において，社会的に意義のある弁護活動を

---

[3]　経済基盤調査の概要や主要な結果，記述統計等については，日弁連（2011）参照．

I　はじめに

図2　2010年経済基盤調査に見る労働時間，所得，事務所内地位のジェンダー差

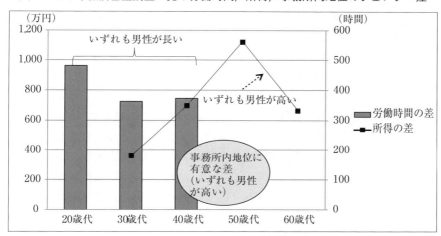

（2010年経済基盤調査ローデータより筆者作成）．

行っている弁護士は男女を問わず数多くいることであろう．しかし，所得が弁護士の手がける業務分野，顧客，働き方，事務所形態等を総合的に反映するものであることは否定できず，もしもそのような総合的な「弁護士業務態様」とも呼べるものが，男女間で大きく異なり，固定化されているとしたら，それはやはり問題視されるべき事象である．

日弁連ではこれまで，2007年に設置された日弁連男女共同参画推進本部の主導により，弁護士コミュニティにおける男女共同参画を促進するための様々な取り組みを行ってきた[5]．しかし前述の通り，未だ女性弁護士の人口は全体の2割にも到達せず，男女間の所得格差，取扱業務分野の違いは顕著である．

---

[4]　この調査は，調査実施時点で最も若い修習期であった司法修習62期の弁護士を対象とした調査である．2011年と2014年に調査を実施し，法科大学院での学修経験と資格取得後の弁護士実務の状況や，キャリアパスについて検討している．これまでに，調査概要と記述統計，およびジェンダー分析を含む二次分析の結果が，青山法務研究論集第4巻，第6巻，第9巻，第10巻で公表されている（宮澤ほか2011：57, 2013：35, 2014：67, 2015：39）．

[5]　現在，日弁連男女共同参画推進本部では，2013年に策定された第2次男女共同参画推進基本計画に基づいて様々な活動が行われている．基本計画と活動内容については，下記のホームページ参照．http://www.nichibenren.or.jp/activity/improvement/kyodo.html（2017年1月10日最終アクセス）

その背景には，この問題が「問題である」という認識が，弁護士コミュニティ内において共有されていないことがあるのではないだろうか．すなわち，実証データからは，弁護士個々人の責任というにはあまりに顕著なジェンダー差が認められるものの，それだけでは，当事者である女性弁護士以外の弁護士——すなわち，コミュニティの8割を占める男性弁護士——に対して，これがコミュニティ全体の問題であると説得するのに十分な原動力となっていないのである[6]．この問題の解決には，弁護士コミュニティの構成員すべてに対して，なぜ，女性弁護士が弁護士人口全体の2割に満たないことや，男性弁護士と女性弁護士との間で取扱業務分野が異なっていることが問題なのか，論理的な説得が必要である．このような問題関心から，以下ではアメリカにおける議論を参考に，弁護士コミュニティにおけるジェンダーギャップがなぜ問題なのかを改めて検討する．

II 弁護士コミュニティの多様性はなぜ重要なのか？アメリカの議論

1 経済学・社会学からの視点

(1) Page の主張：多様性が能力に勝る定理

経済学者である Page は，その著書『「多様な意見」はなぜ正しいのか』(The Difference: How the Power of Diversity Creates Better Groups, Firms, Schools, and Societies)において，多様性が問題解決において有益であるのはいかなる場合であるかを様々な具体例と数理モデルを用いて論じている（2007）．Pageは「多様性」という言葉を，認識的な多様性という意味で用い，その枠組みとして，①多様な観点：状況や問題を表現する方法，②多様な解釈：観点を分類したり分割したりする方法，③多様なヒューリスティック：問題に対する解を生み出す方法，④多様な予測モデル：原因と結果を推測する方法，という4つの「ツール」を設定する．そして，一様な集団とランダムに抽出した多様な集団を比較したときに，多様な集団の方が多様なツールを持つことになり，問題解決にあたり立ち往生することが少なくなると指摘する．また，問題解決にお

---

[6] 角田 (2016) は，日弁連は女性差別の解消に一定の役割を果たしてきたものの，それが男性中心社会の弁護士会においては男性中心の考え方との調和が求められていたがゆえに限界のあったことを指摘している．

Ⅱ　弁護士コミュニティの多様性はなぜ重要なのか？アメリカの議論

いて具体的に多様な集団が一様な集団に勝るには一定の条件が必要であるとして，それを次のように説明する．①問題が難しいものであること，②問題解決者である集団の構成員が，問題解決に取り組める程度に賢いこと，③多様な集団の構成員が実際に多様な強みを有していること，④集団の構成員が大きな母集団から選ばれ，集団の規模が多様性を有する程度に大きいこと．加えて，ものごとを予測する能力についても，個人の能力と集団の多様性は集団の予測能力に等しく寄与すると分析する．すなわち，社会のあらゆる課題がこの二つに分類されるとPageが位置づけるところの，「問題の解決」および「予測」の双方において，集団の多様性が寄与することを論じている．もっとも，構成員の基本的な好みが異なることによって集団が生産的でなくなることなど，多様性にはコストも存在すると指摘する．その上で，多様性の効果から多様性のコストを差し引いた部分として，多様な集団には，仮に大きくはなくても正味の効果があると結論付ける．

　Pageの指摘は，弁護士コミュニティのジェンダー構成を考える場合においても大いに示唆的である．弁護士が専門職として従事する法律業務の主要な部分もまた，法的専門知識を用いた問題解決と，事案の動向の予測で構成される．多様な認識ツールの存在は，法律業務においても有益なはずであり，男性弁護士のみの集団よりも男女の弁護士によって構成される集団の方がより質の高い法律業務の提供が可能になるはずである．ただし，この前提として，性別の違いが，果たして認識的な多様性と関連するかを確認しなければならない．この点については，たとえ男女共同参画社会が究極的に進んだ後であったとしても，男性のみの集団よりも男女混合の集団の方がより多様な認識ツールを持つと考えるべきであろう．なぜならば，男女の身体的な差異から不可避的に発生する経験的な違いが，必然的に男女の具備する認識ツールの差となることが予測されるからである（Page 2007: 307）．ましてや，現時点における日本社会は，未だ男女共同参画が十分に進んだ社会とは言い難く，例外はあるとしても，集団的に見た男性と女性との間で，ものごとに対する観点，解釈，経験則等が異なることは容易に想像できる[7]．その意味で，弁護士コミュニティとしては，専

---

(7) 世界経済フォーラム（WEF）が毎年発表するジェンダーギャップ指数（GGI）ランキングにおいて，日本は2016年，前年よりも10位ランキングを落とし，144カ国中111位，G7の中でも最下位となっている（WEF: 2016）．

ら男性を構成員として擁するよりも，男女が共に構成員となった方が問題解決能力や予測能力が向上するといえる[8]．そして，社会のあらゆる地域において，あらゆる事象に対してより優れた法律業務を提供するためには，やはり日本のどの地域においても，また，どの業務分野においても，男性弁護士のみならず女性弁護士も業務にあたっていることが望ましいといえるであろう．

　それでは，実際にどの程度の割合で女性弁護士が存在すれば，弁護士コミュニティにおいて女性弁護士も十分に多様な認識ツールを提供する存在であるということができるのだろうか．例えば，100名の弁護士コミュニティのうち，女性が1人，残り99名が男性弁護士である場合はどうであろうか．確かにその1人の女性弁護士は，100名全員が男性のコミュニティにはない視点を提供できることがあるかもしれない．しかし，コミュニティ全体で見たときに，そのようなコミュニティは男女の弁護士が互いに多様な視点を提供しうる状態にあるとはいえないであろう．Pageの理論においても，具体的に多様な集団が一様な集団に勝るための条件③として，多様な集団が実際に多様な強みを有していることを挙げている．コミュニティとしての問題解決能力，予測能力を高める程度にジェンダーの視点で多様であるというためには，少なくとも男女の弁護士が互いの認識や行動に影響を与えうる程度の割合で存在することが必要である[9]．では果たしてどの程度の割合で女性弁護士が存在すれば，女性弁護士も男性弁護士と共にコミュニティに参画しうる存在といえるのであろうか．言い換えれば，現時点における，女性弁護士のコミュニティ全体に占める割合が2割弱であるということの何が問題なのか．この点については，以下に紹介するKantorの理論が示唆的である．

(2) Kantor理論：象徴としての存在から影響力のある少数派へ

　社会学者・経営学者であるKantorは，ある集団における異なる2つの社会

---

[8] もちろん，多様な弁護士コミュニティを追及するという意味では，ジェンダーを問題とするだけでは不十分であり，障がいの有無や文化，民族の観点からもより多様な人材が構成員となることが望ましいことはいうまでもないが，そのための方策は本稿の射程を超えるため，別の機会に検討することとする．

[9] ジェンダーの視点からの多様性を確保するためには，男性と女性の割合を検討するだけでは不十分であり，本来ならばセクシャルマイノリティの参画等についても検討すべきであるが，本稿ではまずは必要条件として，ほぼ男性で占められてきた弁護士コミュニティにおける女性弁護士の参画の程度について検討する．

的カテゴリに分けられる人々（男性と女性，白人と黒人など）の割合の変化が，その集団のダイナミクスに影響を与えることを論じている（Kantor 1977a: 966）．Kantor の理論は，その結論部分の「黄金の 3 割」の部分については有名であるが[10]，その理論の具体的内容については必ずしも十分な紹介はなされていないため，以下に概観する．

Kantor は，2 つの社会的カテゴリによる人々によって構成される集団の割合の類型として，①同一集団（Uniform Group），②偏在集団（Skewed Group），③傾斜集団（Tilted Group），④均衡集団（Balanced Group）の 4 類型を設定する．まず，同一集団とは，類型的に 100 対 0，すなわち，一方のカテゴリの人が全員を占める集団をいう．これに対して，偏在集団とは，一方のカテゴリの人が全体の大多数を占める集団をいい，割合でいうとおおよそ 85 対 15 までをいう．この場合の多数派は「支配者（dominant）」となり，少数派は「象徴（token）」となる．なぜ少ない方のカテゴリを象徴と呼ぶかといえば，この状態の彼らは個人として見られることはなく，そのカテゴリの人の代表と見なされるからである．象徴である構成員たちは，下記に述べるプレッシャーやダイナミクスの影響によって，例え実際には複数人存在していたとしても，効果的な連携を取り集団内で影響力を持つことは難しい．

傾斜集団は，偏在集団における極端な配分とその誇張された影響がやや緩和された状態の集団であり，割合でいうとおおよそ 65 対 35 である．この集団においては，支配者は単なる多数派（majority）となり，象徴は少数派（minority）へと変わる．少数派の構成員たちは，連携することが可能になり，その集団の文化に影響を与えることができるようになる．最後に，おおよそ 60 対 40 から 50 対 50 という割合の集団として，均衡集団（Balanced Group）がある．均衡集団内の相互作用や文化は，この均衡のとれた状態を反映するものとなり，多数派と少数派は集団内の単なる下位グループに変わる．

Kantor はこのような 4 類型を設定した上で，企業組織において象徴的存在

---

[10] 主に労働現場における男女共同参画を論じる著書や論文において，男女が共に 3 割以上存在することが職場の活力を高めるという Kantor 理論が紹介される．例えば，金谷（2011 : 87）がある．本稿で紹介する論文の内容を含む Kantor の著書（1977b）が 1995 年に日本語に翻訳されたことによって，日本でも Kantor 理論が広く知られることになった（カンター 1995，木本 2016）．

となっている女性労働者が現実にしばしば直面する問題を実証的に検討している（1977a：971）[11]．偏在集団においては，支配者がたとえ象徴に対して不利益を与える意図がないとしても，①象徴の社会的カテゴリが物理的に目立つものであり，②象徴が単にその集団において希少なだけでなく，支配者にとって新しい存在であるがゆえに，象徴をより目立つものとしてしまう．そして，象徴の集団における配分的な希少性が，①可視化（visibility），②分極化（polarization），③同一化（assimilation）という3つの知覚現象を導くことになる．すなわち，象徴となった女性労働者を例にしてこれを具体化すれば，支配者である男性労働者に比べて女性労働者はより注目を浴び，男性労働者との違いを誇張され，女性労働者の個々人の違いは捨象されて「女性労働者」として同一化されることになる．象徴である女性労働者は，支配者である男性労働者が直面しない様々なプレッシャーを受けて仕事をする．過度の注目を浴び，その言動の全てが「女性労働者」として表現されてしまう．このようなプレッシャーに対する反応として，女性労働者の中には，個人としてのその客観的能力を証明するために過剰に努力を重ねる者や，支配者からの仕返しを避けるために自らの成果をできるだけ目立たせないようにする者が現れる．加えて，分極化の影響によって，象徴と支配者との間の隔たりはより大きなものとなる．さらに，同一化の影響によって，女性労働者自身が，そこで女性として強調される，母親役，男性を誘惑する女役，男性のためのペット役など，限定的な役割にはまった行動を自ら選択してしまうようになる．Kantor は，組織内で象徴的な存在の女性労働者が直面するこのような問題は，女性の本質的な特徴によるものではなく，その数の少なさに起因するものであると論じる．したがって問題の解決のためには，組織内での女性の割合を象徴から集団全体に影響力のある少数派へと増やすことが重要であると指摘する．

　上記の Kantor 理論を日本の弁護士コミュニティの文脈に当てはめるならば，現時点での日本の女性弁護士は，コミュニティ全体においてはほぼ象徴に過ぎ

---

[11] しかし Kantor は，象徴となっている女性が直面する問題は，極端なマイノリティとなっている黒人や高齢者などあらゆる偏在集団における「象徴」が直面する問題でもあると位置付ける．フォーチュン 500 に名を連ねるある会社内でのインタビューと参与観察を基礎とした，Kantor の企業組織におけるこの実証研究の成果は，ここで取り上げる論文とは別に，著書としても公表されている（Kantor 1977b）．

ないことになる．Kantor が少数派を象徴と呼ぶのは，その割合が全体の 15%程度までとしているが，一方，多数派に影響力を持つためにはおおよそ 35%を占めることが必要としているのであり，現時点の 18.3% という女性弁護士の割合は，少数派というよりはやはり象徴に近いと言わざるを得ない．独立した弁護士プロフェッションとして仕事をしていても，その数的な少なさから，「女性弁護士」として注目を浴び，その呼び名で一括りにされ，「女性弁護士だから」と特定の仕事や役割を求められることは，恐らく実際に多くの女性の弁護士が経験していることであろう[12]．経済基盤調査等で指摘される，男女弁護士間で顕著な働き方や業務分野の違いも，それが本当に「男性弁護士」と「女性弁護士」の適性に基づくものであるかは疑わしい．むしろ，依頼者や同業者から求められる役割に応じた結果ではないだろうか．そして，その状況を変えられる程度に，集団内での女性弁護士の数が十分ではないのが現状である．すなわち，影響力のある少数派たる数を獲得していない現状が，男性弁護士と女性弁護士との間に見られる様々な違いを繰り返し再生産し，コミュニティ内の決定的なジェンダーギャップを生み出しているのである．加えて，Page の理論に戻るならば，その割合が 2 割に満たない現状では，ジェンダーの視点からは，日本の弁護士コミュニティは多様な解決ツールを社会に提供できるコミュニティとはなっていないことになる．

2 法曹コミュニティにおけるジェンダー格差への議論

それでは，このようなジェンダーギャップが弁護士コミュニティ内において発生しているとき，それはなぜ問題なのか．議論の前提として，アメリカの法曹コミュニティにおけるジェンダーギャップの現状を踏まえてから，アメリカにおける議論を概観する．

(1) アメリカの法曹コミュニティにおけるジェンダーギャップ

アメリカ法曹協会（ABA）が 2016 年 5 月に公表した報告書によれば，2016 年 4 月の時点で，法曹全体に占める女性の割合は 36.0% である（ABA 2016: 2）．一方，法律事務所のパートナー弁護士に占める女性の割合は 21.5%，勤務弁

---

[12] 小川（2012）は，「女性弁護士の話題は，出て来るときは，判で押したように『離婚・DV・性犯罪』であって，それ以外には使い道がないかのごとくである．」と弁護士会における女性弁護士の置かれている現状を指摘する．

護士（Associates）に占める女性の割合は44.7%であった．大規模ローファームに目を向けるならば，アメリカのトップ200に挙げられる法律事務所の経営パートナー弁護士のうち，女性が占める割合は18.0%である．企業内弁護士について見てみると，フォーチュン500に掲載されている企業のジェネラル・カウンシルのうち，女性は24.0%，フォーチュン501-1000ランクの企業のジェネラル・カウンシルでは19.0%である．1週間当たりの給料を比較すると，2014年は男性が1,915ドルであったのに対して女性は1,590ドルである．1週間当たりの男女の弁護士の給料の差は325ドルであるから，単純計算すると年間で16,900ドル（約193万円）の差があることになる．法曹人口全体に占める女性法曹の割合こそ，日本と比較するならばはるかに多く30%を超えているものの，事務所内での相対的な地位や給料を見るならば，アメリカの法曹コミュニティにおいても今なおジェンダーギャップが存在することがわかる．

一方，ロースクールにおいては，2014年から2015年のアカデミックイヤーでJD学生のうち女性が占める割合は51.3%，2011年にJDを取得した者のうち女性が占める割合も52.7%であり，若い世代においては，近い将来女性弁護士の数が男性弁護士と同等かそれ以上になる可能性が高い．法曹人口における男女の数の差という形式的な格差を概ね克服して，収入や地位などに未だ存在している実質的なジェンダーギャップにどのように取り組んでいくかがアメリカ法曹コミュニティの課題のようである．

(2) 功利主義的主張：女性弁護士の参画は法律事務所に利益をもたらす

アメリカの弁護士コミュニティにおける多様性促進の議論は，ジェンダーの問題のみならず，ロースクールにおける非白人に対するアファーマティブアクションの是非を含む人種問題をも背景としているため，逆差別などの論争を避けるべく，その是正措置の是非には立ち入らない功利主義的な主張が展開されてきた（Wilkins 2004: 1554, Rhode 2011: 1060, Wald 2011: 1080）．すなわち，人種民族的マイノリティの弁護士の活動の場を広げるべく1980年代から主張されてきたのは，法律事務所における多様性は経済効果をもたらすということであった．

ABAが2011年に公表した法曹の多様性に関する報告書（Diversity in the Legal Profession: The Next Steps）においても，なぜ法曹に多様性が求められるかを論じた冒頭部分において，「世界中の市民，依頼者，顧客の多様性を反映

した弁護士を雇用することは，ビジネスを成功させる」と述べられている[13]（ABA 2011: 9）．また，2009年にテキサスで公表された女性法律家マニフェスト（Austin Manifest on Women in Law）においても，下記のような原則が示されている[14]．

A. 女性弁護士の人材プールの深さと幅広さは，法曹が素晴らしい人材の宝庫から採用され，雇用を維持され，養成され，昇進されなければならないことを示している．

B. 女性は社会の隅々において，ますます影響力を持つようになってきている．弁護士を雇用する者は，依頼者と弁護士から見て正当と認められる指導者層を養成したいと思うならば，その指導者職位におけるジェンダーの多様性を確保しなければならない．

C. 多様性を確保することによって，弁護士の雇用者は，依頼者をさらに効果的に代理することが可能になり，また，対話と判断における多様な評価と批判的視点を得るなど，あらゆる意味において価値を得ることになる．

しかし，このように多様性の促進をビジネスの道具として捉えることには，批判的な見解もある．まず，弁護士の多様性が実際に法律事務所のビジネスに資するか否かについては，実証研究ではこれを肯定するものとそうでないものがある（Rhode 2011: 1062）．Pageの理論でも指摘があった通り，法律事務所内においても弁護士の多様性は衝突やコミュニケーション障害を生じうるし（Wilkins 2004: 1589-1590），多様性とローファームの生産性については，関連性があったとしてもその因果関係は必ずしも明白ではない（Brayley & Nyugen 2009: 31）．加えて，このような多様性がもたらすかもしれないビジネス効果の強調は，多様な弁護士が存在することの本質的な価値を見落とした議論となり

---

[13] 本報告書は，人種的マイノリティや少数民族，女性，障がいを持つ人々，セクシャルマイノリティを対象とする，ABAのダイヴァーシティ政策の一環として，ロースクール，法律事務所，裁判所ならびに政府，および弁護士会に対して行った実態調査の結果と勧告をまとめたものである．法曹コミュニティにおけるABAの多様性促進政策の全体像と実施状況が示された興味深い文献であるが，詳細な検討は別の機会に行うこととする．

[14] このマニフェストは，テキサス大学ロースクールの女性センターが2009年5月1日に主催した，法とリーダシップに関する女性のパワーサミット（Women's Power Summit on Law and Leadership）において採択されたものである．このマニフェストは，10の原則（Principle）と12の誓約（Pledge）で構成されている．

かねないとの指摘がある（Wald 2011: 1081）．これらの指摘から，以下に紹介するように，組織の多様性を促進することに経済的効果があるかどうかに関わらず，多様性の価値自体に対する法曹のコミットメントの責務を正面から論じるべきであるとの主張が展開されるようになった．

(3) 専門職責任としての多様性の確保：弁護士コミュニティにおけるジェンダー平等促進の責務

今日，主要な法曹倫理の教科書において，女性弁護士の置かれている状況やその歴史，法曹の多様性がなぜ求められるのかを論じた章が置かれている（Hazardほか 1999：890, Zitrinほか 2013：785, Rhodeほか 2013：78）．その背景にあるのは，弁護士コミュニティにおけるジェンダー平等の問題は，専門職責任の問題であるという理解である．

Waldは，法曹の多様性促進における責務の根拠を次のように説明する（2011：1101-1103）．第一に，特定の人々が十分に代表されていないこと（under-representation）は，バイアスのある基準，過去の差別，現在の構造的な差別の結果であり，形式的な多様性を確保することは平等を確保することと密接な関係があるとする．前述したABAの2011年報告書においても，「民主主義という根拠（democracy rationale）」として，「法廷や弁護士会が多様性に欠けていると，司法のメカニズムから排除されている人たちは司法に対する信頼を持たなくなるため，法の支配は弱まってしまう」と述べられている（ABA 2011: 9）．司法を担う法曹がその社会の多様性を反映することは，法の下の平等を実現し司法に対する信頼を確保するために求められる．すなわち，女性弁護士が増えることは，国民の司法制度に対する信頼を高めることに寄与するのである．

第二に，法曹に多様性が欠けていることは，その背景に過去現在の不平等や構造的な差別がある限り，法の下の平等という精神を損なうものであるとし，弁護士が公益への奉仕者であり，平等と正義を追及する信認義務を負うのであれば，特定の人々が十分に代表されていない問題と対峙する責務も同様に負っていると指摘する．つまり，法曹が単なるサービス提供者ではなく，公益性を担うリーガルプロフェッションであるからこそ，法の下の平等を追求し，代表性の不足を改善することにコミットメントが求められる．

第三に，法曹界が多様性を持つことは，現状の制度下で不利益を受けている

人々の弁護士へのアクセスおよび司法アクセスに密接に関連する．もちろん，アメリカにおいても日本においても，女性弁護士でなければ女性を代理してはならないというルールはない．しかし，Wald は，効果的な代理のためには共感が必要であり，能動的に依頼者の目的を理解することが求められると結論付ける多くの実証研究があることを指摘し，多様な人材によって法曹コミュニティが構成されている方がより実質的な弁護士へのアクセス，司法へのアクセス，さらには有効な代理に資すると論じる（2011：1103）．

そして第四の理由として，アメリカにおいては，弁護士が政治的指導者となり社会を変えていく現状があることを指摘する．すなわち，多様な弁護士を擁することは，単に多様なマイノリティグループの需要を満たすだけではなく，法曹コミュニティと社会に多様な指導者を輩出することに役立つのである．Wald はこのような理解から，法曹のコミュニティが多様な人材によって構成され，さらに多様な法曹がコミュニティ内で実質的に参画できるように努めることは，コミュニティの全ての構成員の責務であると論じる（2011：1141）．

このようにアメリカでは，形式的，実質的な法曹コミュニティのジェンダーギャップは過去現在の不平等や文化的要因を背景にしているとの理解を前提に，法曹コミュニティにおける男女共同参画の推進は，法曹コミュニティひいては社会全体に影響を与える，専門職倫理の問題であるとの議論が展開されつつある（Brenner 2014: 262-263, Rhode 2011: 1076）．

Ⅲ　日本における課題：当事者の問題から専門職責任への転換へ

1　弁護士コミュニティ全体としての「問題」の認識

Rhode は，女性が現実に立たされている不平等な地位を社会や政策決定者が「問題」として認識していないことを「ノープロブレムの問題（"No-Problem" Problem）」と名付け，このことこそが最大の問題であると指摘する（Rhode 1991: 1734）．日本の弁護士コミュニティにおける課題も，まさにそこにある．弁護士法1条1項は，基本的人権の擁護と社会正義の実現を弁護士の使命として定める．また，弁護士の行為規範を定めた日弁連の会規である弁護士職務基本規程においても，第1条において，「弁護士は，その使命が基本的人権の擁護と社会正義の実現にあることを自覚し，その使命の達成に努める」と

定められている．憲法第14条にも規定される法の下の平等と密接に関係する，法曹コミュニティにおけるジェンダー平等を推進するたゆまぬ努力は，弁護士コミュニティ全体が負うべき倫理的責任であるはずであるが，必ずしもそのような理解は共有されていないように見える．

日本においても，労働法，家族法，性暴力やセクシャルハラスメント等，あらゆる分野において，女性弁護士自身が女性の権利を勝ち取ってきた歴史がある[15]．また，一般市民を対象とした実証研究の結果として，女性の方が男性に比べて，同性の弁護士を望む傾向のあることが確認されている（石田・佐伯 2016：95）．これは，離婚に伴う経済的困窮やDV被害，職場におけるセクシャルハラスメント等，一般に女性の方が直面することの多い法的問題の場面を考えれば容易に想像がつく．実際に女性弁護士が共感してくれるか否かはともかくとして，女性の依頼者からすれば男性弁護士には話しにくい，女性弁護士に話を聞いてもらいたいと願う問題が社会には多く存在する．しかし，現実問題として，2015年1月の時点でも女性弁護士が一人もいない裁判所支部は203支部中59カ所もある（日弁連2015）．男性市民が同性の弁護士に相談することと比べて，特に地方に住む女性にとっては，同性の弁護士に相談することは極めてハードルが高いことになる（小川 2012：213）．この不平等は，法の下の平等を促進すべき弁護士として，コミュニティ全体で取り組むべき問題ではなかろうか．

また，より良い法的サービスを提供するためにコミュニティ全体として努力を重ねていくことは，弁護士法72条によって法律事務を独占している弁護士の責務である．既に述べたとおり，Pageの理論に従えば，弁護士コミュニティは未だジェンダーの視点からは多様な認識ツールを備えたコミュニティとはなっていない．より良い法的サービスの担い手集団となるためにも，女性弁護士が弁護士人口全体の2割しかいないことや，実質的な弁護士業務の態様に男性と女性で極めて大きな差のあることに，問題意識を持って真摯に取り組むべきではなかろうか．

---

[15] ここでは詳しく述べないが，日本弁護士連合会両性の平等に関する委員会（2007）はそのような女性弁護士の今日までの弁護活動の歴史をまとめている．

2　影響力のある少数派の獲得のために

　Kantor の理論によるならば，まずは弁護士人口における女性の割合が増えない限り，日本の弁護士コミュニティは，男女が実質的に相互に影響を与え合い，ジェンダーの視点から多様な集団としてより良い法律サービスの担い手となることは難しい．弁護士資格を取得するためには国家試験である司法試験に合格しなければならないが，この試験自体において積極的是正措置を取ることは考えにくい．しかし，より多くの女性に司法試験を目指してもらうための措置を長期的視野から戦略的に考案することは可能であろう．そもそも，2016年の司法試験においても，受験者のうち女性の占める割合は 26.3% である（日弁連 2016：44）．受験者が 3 割に到達していない現状にこそ問題がある．そうすると，より多くの女性に司法試験を受けてもらうためには，より多くの女性に法曹を志してもらい，法科大学院に入学してもらうためには何が必要かを考えなければならない[16]．この点，日弁連が内閣府，男女共同参画推進会議，早稲田大学，女性法律家協会と共に 2016 年 11 月に開催した，女子中高生向けのシンポジウム「女性裁判官，検察官，弁護士の仕事や働き方ってどんなかな？」は対策の一つの具体例であろう．当日は，女子中高生とその保護者を含めて，計 183 名の参加があり，裁判官，検察官，弁護士の仕事内容ややりがい，働き方について現役の法曹三者から具体的な話を直接聞く機会が持たれた．進路選択をする中高生など より若い世代と，彼らの進路選択に現実に大きな影響を与えるその保護者に対して，法曹のやりがいや仕事について弁護士コミュニティから積極的に語りかけていく必要があろう．

　加えて，法学部や法科大学院における女性の割合についてより可視化していく仕組みを作るように働きかける活動も重要である[17]．言うまでもなく，弁護士を志す者は弁護士コミュニティの外に存在するのであるから，弁護士コミュニティとしては，より社会一般に，女性法曹を増やしていくことの社会的意義

---

[16]　予備試験が存在する現状においても，予備試験を受けて司法試験に合格した者の約半数（2016 年においては 46%）は法科大学院に在学しているか，修了もしくは中退しているのであり，司法試験に合格する者のほとんどが法科大学院に一度は籍を置いている．

[17]　現在，法科大学院公的支援見直し強化・加算プログラムの一環として，千葉大学や早稲田大学が女性法曹の輩出を促進する活動を行なっている（文部科学省 2016）．日弁連が早稲田大学等と共催した上述のシンポジウムも協働の一環であるが，今後より一層，これらの活動や，管轄である文科省との協働が重要であろう．

を訴え，理解と協力を促す必要がある．

　さらには，女性弁護士自身が，より広い分野で活躍できるよう，弁護士コミュニティ全体としてこれを支援していくことが求められる．より多様なロールモデルを女性弁護士が社会に提供することによって，より多くの女性が法曹の道を選択するようになるのである．その意味でも，現時点で存在する取り扱い業務分野の違いや，所得格差がどのような原因によるものなのか，弁護士経験一年目で存在する所得格差の背景に女性弁護士に対する不当な差別はないかなど，より詳細な検討が必要である．

Ⅳ　まとめ

　本稿では，日本において存在する，形式的実質的な弁護士のジェンダーギャップがなぜ問題なのか，アメリカにおける議論を参考に検討を行なった．弁護士が単なるサービス提供者ではなく，公益を担う存在であることは，日本においてもアメリカと変わらない．また，弁護士が主要な法律事務について原則として独占を享受している現状も変わらない．そうであるならば，男性が男性弁護士にアクセスするのと同じような容易さをもって女性が女性弁護士にアクセスできるようにすることは，弁護士コミュニティ全体の責務である．また，弁護士コミュニティ内のジェンダーギャップは，弁護士一人一人が真摯に向き合い対応すべき専門職責任の問題として捉え直されなければならない．Kantor理論に従えば，日本において女性弁護士が弁護士コミュニティ全体に影響力を持ち，真に男女共同参画した弁護士コミュニティとなるには道のりは長そうである。それでもなお，弁護士とそのコミュニティには，関係者や社会一般への働きかけを含めて，長期的視野から対策を講じることが期待されている．

〔文　献〕

American Bar Association Presidential Initiative Commission on Diversity(2011) *Diversity in the Legal Profession: The Next Steps*, http://www.americanbar.org/content/dam/aba/administrative/diversity/next_steps_2011.authcheckdam.pdf（2017年1月10日最終アクセス）．

American Bar Association Commission on Women in the Profession (2016) A Current Glance at Women in the Law May 2016, http://www.americanbar.org/content/dam/aba/marketing/women/current_glance_statistics_may2016. authcheckdam. pdf（2017年1月10日最終アクセス）.

Brayley, Douglas E. & Nyugen, Eroc S (2009) Good Business: A Market-Based Argument for Law Firm Diversity, 34 *J. Legal Prof.* 1-38.

Brenner, Hannah (2014) "Expanding the Pathways to Gender Equality in the Legal Profession, *Legal Ethics* Vol.17, 261-280.

Center for Women in Law at the University of Texas School of Law (2009), *Austin Manifesto on Women in Law* (May 1, 2009), https://law.utexas.edu/cwil/austin-manifesto/（2017年1月10日最終アクセス）.

Harzard et al. (1999) The Law and Ethics of Lawyering (3rd ed.), Foundation Press.

石田京子（2011）「女性弁護士の特徴」自由と正義62巻臨時増刊号27-28頁.

―― (2015)「ライフイベントと専門職生活」佐藤岩夫編『変革期の日本の弁護士』日本評論社, 178-196頁.

―― (2015)「弁護士キャリアの『ガラスの天井』の構造分析」ジェンダーと法12号164-180頁.

石田京子・佐伯昌彦（2016）「『法曹人口調査』にみる弁護士の需要と利用者の依頼意欲」法と社会研究2号85-114頁.

金谷千慧子（2011）『「働くこと」とジェンダー』明石書店.

Kanter, Rosabeth Moss (1977a) Some Effects of Proportions on Group Life: Skewed Sex Ratios and Responses to Token Women, 82 *American Journal of Sociology* 965-990.

―― (1977b) Men and Women of the Corporation, Basic Books Inc.

ロザベス・モス・カンター（1977＝1995）『企業のなかの男と女』（高井葉子訳）生産性出版.

木本喜美子（2016）「カンター『企業のなかの男と女』」日本労働研究雑誌669号32-35頁.

文部科学省高等教育局専門教育課（2016）「法科大学院の先進的取組 ―― 平成29年度法科大学院公的支援見直し強化・加算プログラム審査結果」http://www.mext.go.jp/a_menu/koutou/houka/__icsFiles/afieldfile/2016/12/26/1380774_01.pdf（2017年1月10日最終アクセス）.

宮澤節生・石田京子・藤本亮・武士俣敦・上石圭一（2014）「第62期弁護士第2回郵送調査第1報：調査の概要と記述統計」青山法務研究論集第9巻67-137頁.

―― (2015)「第62期弁護士第2回郵送調査第2報：2変量解析から多変量解析へ」青山法務研究論集第10巻39-175頁.

宮澤節生・石田京子・久保山力也・藤本亮・武士俣敦・上石圭一（2011）「第62期弁護士第1回郵送調査の概要 ―― 記述統計の提示＜研究ノート＞」青山法務研究論集第4巻57-191頁.

――(2013)「第 62 期弁護士の教育背景，業務環境，専門分化，満足感，及び不安感」青山法務研究論集第 6 巻 35-235 頁.

内閣府男女共同参画局(2015) 第 4 次男女共同参画基本計画（平成 27 年 12 月 25 日決定），http://www.gender.go.jp/about_danjo/basic_plans/4th/ （2017 年 1 月 10 日最終アクセス）.

日本弁護士連合会(2011)「弁護士業務の経済的基盤に関する実態調査報告書 2010」自由と正義 62 巻臨時増刊号.

――(2015) パンフレット「女性の皆さん，地方で活躍してみませんか？」，http://www.nichibenren.or.jp/library/ja/publication/booklet/data/chihodekatsuyaku_150309.pdf （2017 年 1 月 10 日最終アクセス）.

――(2016)『2016 年弁護士白書』日本弁護士連合会.

日本弁護士連合会両性の平等に関する委員会(2007)『女性弁護士の歩み』明石書店.

小川恭子(2012)「「法の支配」と男女共同参画――弁護士会が男女共同参画に取り組む意義」ジェンダー法学会編『講座　ジェンダーと法第 1 巻　ジェンダー法学のインパクト』日本加除出版，205-220 頁.

Page, Scott E., The Difference: How the Power of Diversity Creates Better Groups, Firms, Schools, and Societies（2007: Princeton University Press）.

ページ，スコット・E(2007 = 2014)『『多様な意見』はなぜ正しいのか』（水谷淳訳）日経BP 社.

Rhode, Deborah L.(1991) "The "No-Problem" Problem: Feminist Challenges and Cultural Change," *The Yale Law Journal* Vol. 100, 1731-1793.

――(2011) "From Platitudes to Priorities: Diversity and Gender Equity in Law Firms," *The Georgetown Journal of Legal Ethics* Vol. 24, 1041-1077.

Rhode, Deborah L. et al.(2013) Legal Ethics (6th ed.), Foundation Press.

角田由紀子(2016)「支配理論の立場から求められるもの――なぜ，ジェンダー平等の問題が軽く扱われるのか，日本におけるジェンダー平等がなぜ進まないのか」法社会学 82 号 7-21 頁.

Wald, Eli (2011) "A Premier on Diversity, Discrimination, and Equality in the Legal Profession or Who is Responsible for Pursuing Diversity and Why", 24 *Geo. J. Legal Ethics* 1079-1142.

Wilkins, David B.(2004) "From "Separate is Inherently Unequal" to "Diversity is Good for Business": the Rise of Market-Based Diversity Arguments and the Fate of the Black Corporate Bar, *Harvard Law Review* Vol.117, 1548-1615.

World Economic Forum (2016) "The Global Gender Gap Report 2016," http://reports.weforum.org/global-gender-gap-report-2016/ （2017 年 1 月 10 日最終アクセス）.

Zitrin, Richard, et al.(2013) Legal Ethics in the Practice of Law (4th ed.), LexisNexis.

Ⅳ　ま　と　め

〔付記〕宮澤節生先生からこれまで賜りましたご指導に心より感謝申し上げると共に，謹んで古稀のお祝いを申し上げます．

27 What Have They Done Wrong? An Analysis of Disciplinary Actions against Japanese Lawyers: Past and Present[1]

Kay-Wah Chan

I Introduction

In 2001, Japan embarked on a large-scale reform of its justice administration system. The reformers aimed to transform the Japanese legal system in order to cope with an anticipated change in the Japanese society from an "advance-control/ adjustment" type to an "after-the-fact review/ remedy" type (Foote 2007: xxix). Reforms were introduced in many aspects of the legal system, including the profession of lawyers ("*bengoshi*"). Both the "quantity" and "quality" of the profession were to be enhanced (Foote 2007: xxix). In Japan, the paucity of *bengoshi* has affected the public's accessibility to legal service, particularly in the rural or remote areas. To increase the "quantity" of the legal profession, the pass rate of the National Legal Examination (NLE) was raised under the reform.[2] The size of the *bengoshi* profession as a result has substantially increased (Japan Federation of Bar Associations 2016: 30-31).

The rapid and significant growth in the *bengoshi* profession may lead to concern that legal ethics will deteriorate. The Justice System Reform Council has recommended for strengthening of the professional ethics. In response to this, the Japan Federation of Bar Associations (JFBA) adopted a new ethics code (Miyazawa 2007: 79): the Basic Rules on the Duties for Practising Attorneys (Basic Rules). Unlike the previous code, this new code is more comprehensive and contains binding provisions. To enhance the transparency of the disciplinary procedure, people who are not *bengoshi*, judges or prosecutors are included in the process. In relation to the disciplinary process, each local bar association has two committees: namely the disciplinary enforcement committee and the disciplinary actions committee. The disciplinary enforcement committee considers whether a case should be referred to the disciplinary actions committee, which will examine and decide whether and how to discipline the *bengoshi* or legal professional corporation concerned. In the past, the disciplinary enforcement committees were only made up of members from *bengoshi* while judges,

---

(1) An earlier version of the chapter has been presented at the International Legal Ethics Conference VII held in Fordham Law School, New York in July 2016. The author thanks the audience at the Conference for their feedback and comments.

(2) The majority of aspiring candidates become a *bengoshi* through the route of passing the NLE and successfully completing the training at the Legal Training and Research Institute (LTRI).

prosecutors and "learned persons" could be appointed as participants who did not have voting rights (Takanaka 2003: 16). Reform was made in 2004 to include judges, prosecutors and "learned persons" as members. Before the justice system reform, if the JFBA dismissed or rejected a complainant's review request in relation to a local bar association's decision, this would be final and the complainant did not have further recourse. Under the reform, the Board of Discipline Review was established in the JFBA. Its members are made up of people who are neither current nor former legal professionals (*bengoshi*, judges or prosecutors). When the disciplinary enforcement committee of the JFBA[3] resolved to dismiss or reject an objection against a local bar association's no-discipline ruling, the complainant can apply to the Board of Discipline Review for review.

After the launch of the justice system reform, the number of disciplinary sanctions imposed on *bengoshi* has increased (JFBA 2016: 161). There was concern that legal ethics might deteriorate (Hanano 2007). But, the author's earlier study (Chan 2011) has shown that there was no conclusive evidence of a correlation between the increase in the number of *bengoshi* and legal ethics concerns. Subsequent to this work, there was further growth in the population of *bengoshi* and increase in disciplinary sanctions (JFBA 2016: 30 and 161). Does ethics concern arise now? In an investigation that covered statistical data published after his 2011 study, the author (Chan 2016) found that the rate of disciplinary requests[4] relative to the number of *bengoshi* has only very slowly increased after 2000. The same investigation also found that there seemingly is a trend of slow decline in the rate of disciplined cases relative to the number of *bengoshi* (Chan 2016). These findings tend to indicate that there is no deterioration in legal ethics. However, legal ethics concern may be justified if, after the justice system reform, *bengoshi* commit more serious misconduct than in the past. Concern may also be justified if the *bengoshi* who joined the profession after the launch of the justice system reform are more prone to commit misconduct than their senior peers.

In his 2011 study that covered data in the period from 1988 to 2009, the author (Chan 2011: 88-91) found that, while there was a trend of increase in the number of discipline cases in which the lightest penalty was imposed, the proportion of discipline cases where either one of the two heaviest penalties (withdrawal from local bar associations or disbarment) was imposed fluctuated and had no correlation with the change in the *bengoshi* population. This

---

(3) The JFBA also has a disciplinary enforcement committee and a disciplinary actions committee.

(4) In this analysis, the author has adjusted the number of disciplinary requests for the years of 2007, 2012 and 2013 because there were exceptionally high number of requests in these years and such phenomena were caused by extraordinary incidences (see Chan 2016).

earlier study also found that, in the years after the reform, a significant proportion of the *bengoshi* who were disciplined were *bengoshi* with 30 to 39 years of experience (Chan 2011: 91-94). It also found that a small proportion of the disciplined *bengoshi* were from the least experienced group (those with one to nine years of experience) although a high proportion of the *bengoshi* population was in this group (Chan 2011: 91-94). Has the situation changed after the author's 2011 study? What were the common misconduct for which *bengoshi* were disciplined? Are there any differences in this respect before and after the changes introduced by the justice system reform? This chapter will empirically explore these issues. It will compare the situation of disciplinary actions against *bengoshi* in Japan before and after the justice system reform.

The first part of the chapter explores the issue whether *bengoshi* commit more serious misconduct after the justice system reform. It updates the 2011 study and focuses closely on the situation before and after the reform. The second part of the chapter compares and contrasts the types of misconduct for which *bengoshi* were disciplined before and after the reform. If there are differences, it will also analyse whether the changes are consistent with the ethical concerns that were induced by the reform. The third part investigates whether the *bengoshi* who joined the profession after the launch of the justice system reform are more prone to commit misconduct than their senior peers. It updates and expands the author's 2011 study.

II Has *Bengoshi*'s Misconduct Become More Serious?

This part investigates the trend of development regarding the seriousness of *bengoshi*'s misconduct from the time before the justice system reform to now. As the author previously pointed out, "it is almost impossible" to find out the number of incidences where "no complaints or disciplinary requests have been lodged" (Chan 2011: 76). The investigation will therefore be based on data that is available. Statistical data such as the number of disciplinary requests, the number of disciplinary sanctions, and penalties imposed are available in the *Bengoshi White Papers* that the JFBA published.[5] In Japan, when a *bengoshi* is disciplined, there are four possible types of disciplinary penalty: reprimand/ admonition, suspension from practice for a term of not more than two years, order to withdraw from the local bar association concerned, and disbarment. Generally speaking, we would expect the disciplining authority to impose heavier penalties for cases that it considers more serious. Therefore, in this chapter, the severity of penalty imposed is used as an indicator of the severity of the misconduct. In the statistical data from the *Bengoshi White Papers*, the penalty

---

(5) The *Bengoshi White Papers* were published by the JFBA annually since 2002.

of suspension from practice is further divided into two categories: suspension for less than one year and suspension for a longer period (namely from one to two years). Thus, there are five levels of severity, ranging from the lightest (reprimand) to the heaviest (disbarment).

The author's earlier study (2011) covered data in the period from 1988 to 2009. To explore whether there were changes after the earlier study and to focus closely on the situation before and after the justice system reform, this study analyses the data from 1991 (eight years before the establishment of the Justice System Reform Council) to 2015 (Figure 1). This duration of 25 years is divided into three periods: 1991 to 2000 (a period of 10 years before the reform), 2001 to 2005 (the reform period), and 2006 to 2015 (a period of 10 years after the reform period). In this part of the chapter, the period from 2001 to 2005 is considered as the reform period because of three reasons. First, the justice system reform was launched in 2001. Second, the Board of Discipline Review was introduced by a revision in law in 2003, which became effective in April 2004. Third, the new ethics code was adopted in November 2004 and it became effective in April 2005. The period of 10 years from 2006 to 2015 is considered as the post-reform period in this part.

In the context of the severity of the misconduct, statistical data of disciplinary penalties suggests that there is no deterioration in legal ethics. The post-reform period of 2006 to 2015 has the highest proportion of cases subject to the lighter penalties and the lowest proportion of cases subject to the heavier penalties (Figure 1). The pre-reform period of 1991 to 2000, in contrast, has the lowest proportion of cases subject to the lighter penalties and the highest

Figure 1. Disciplined Cases (by Types of Penalties) (1991-2015)[6]

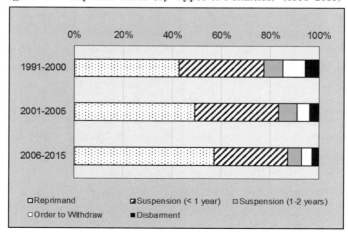

III Common Misconduct

proportion of cases subject to the heavier penalties (Figure 1).

III Common Misconduct: Pre- and Post- Reform

This part compares and contrasts the common misconduct for which *bengoshi* were disciplined before and after the justice system reform. The JFBA publishes announcements of all disciplinary sanctions in its monthly journal, *Jiyū to Seigi* (*Liberty & Justice*). Each announcement of disciplinary sanctions contains details such as the disciplined *bengoshi*'s name, registration number, the name and address of the law office (if any), the relevant local bar association, the sanction imposed, and a summary of the case (including facts and sometimes the *bengoshi*'s remedial action, if any). After the adoption of the Basic Rules in 2004, announcements may also state the particular article(s) of the Basic Rules that was or were considered as violated by the *bengoshi*.

The data for the investigation are the discipline cases that the JFBA announced in the issues of the *Liberty & Justice* from 1999 to 2001 and 2013 to 2015. These years are chosen to represent the situation before and after the reform for a number of reasons. As discussed above, the reform was launched in 2001. Further, there is a time gap between the disciplinary order and the publication of the JFBA's announcement in the journal. A discipline case might have been decided in the calendar year prior to the year of publication. The relevant incidence(s) might have occurred even earlier. The period of 1999 to 2001 is considered as close to but before the full implementation of the reform. The period of 2013 to 2015 is well after the full implementation of the reform and it is recent. In the issues of the *Liberty & Justice* from 1999 to 2001 and 2013 to 2015, a total of 450 discipline cases were announced. They consisted of 161 discipline cases in the period of 1999 to 2001 (pre-reform period) and 289 cases in the recent period of 2013 to 2015 (post-reform period).

If more than one *bengoshi* of the same law firm or legal professional corporation were disciplined for the same incidence, the JFBA would make more than one announcements in the *Liberty & Justice*, with one for each *bengoshi*. In the investigation, the counting was based on the number of discipline orders/ announcements because a disciplinary sanction order was imposed in each announcement. If a *bengoshi* was sanctioned on the same day but under two disciplinary orders due to different incidences, these were counted as two cases. Disciplinary sanctions imposed on *gaikokuhō-jimu-bengoshi* (who are foreign lawyers) are excluded from and not counted in the tally. Only cases concerning *bengoshi* and legal professional corporations are counted. Because a *bengoshi* might have been disciplined more than once, the total number of disciplinary cases may not be equivalent to the total number of *bengoshi* who

---

(6) JFBA 2008, 269 and JFBA 2016: 161.

had been disciplined.

The author has checked issues of the *Liberty & Justice* from January 1999 to December 2003 for any changes to the orders announced in the 1999 to 2001 issues. For the orders announced in 2013 to 2015 issues, a similar check was conducted from the January 2013 issue to the June 2016 issue of the journal. The reason is that the initial sanction might have been changed due to an objection lodged by the party who originally made the disciplinary request (requesting party) or an appeal made by the *bengoshi* who was disciplined.[7] If there was a change in the sanction, the study adopts the outcome in the last available order instead of the initial disciplinary order but the case is treated as belonging to the calendar year in which the initial sanction order was published in the *Liberty & Justice*. If a local bar association has decided not to impose disciplinary action but the JFBA subsequently decided to impose a disciplinary sanction, the case is considered as belonging to the calendar year in which the JFBA's sanction order was published in the *Liberty & Justice*.

The author counted the frequency of 26 kinds of misconduct in both periods. They are inaction or delay, money embezzlement or other money issues (excluding excessive legal fees and non-payment of bar association fees), breach of duty regarding storage of deposited fund, failure in returning client's property (excluding money), failure to report progress or outcome, improper handling, conflict of interest, legal fee, failure to prepare a mandate[8] or explain upon entrustment, improper expression, promoting unlawful act, taking on illegitimate matter, collaboration or affiliation with non-*bengoshi*,[9] failure in staff supervision, uncooperative attitude in dispute conciliation, contacting opposite party directly, non-payment of bar association fees, questionable or extreme tactics in handling cases, incompetence or negligence, breach of confidentiality, acting against client's intention or without client's

---

(7) A requesting party can file an objection with the JFBA if s/he considers the sanction imposed by a local bar association as unjustly lenient. The disciplinary actions committee in the JFBA will examine the matter and the sanction may be changed as a result. The *bengoshi* can base on the Administrative Appeal Act lodge an appeal to the JFBA against a sanction that was imposed by a local bar association. The matter will be examined by the disciplinary actions committee of the JFBA, which may reject or dismiss the appeal, overturn the discipline sanction, or change the original sanction. If the appeal is rejected or dismissed, the *bengoshi* concerned can institute a lawsuit at the Tokyo High Court for rescission of the decision. If the JFBA itself imposed a discipline sanction on a *bengoshi*, the latter can also institute a lawsuit at the Tokyo High Court for rescission. The Tokyo High Court's decision may also be appealed by the *bengoshi* concerned to the Supreme Court, whose decision will be final.

(8) It may also be translated as entrustment/retaining contract.

III   Common Misconduct

instructions or consent, loan relationship with client,[10] lack of fairness and/or good faith,[11] private conduct,[12] lack of diligence in criminal cases,[13] and continual practice or lack of resignation during disciplinary suspension from practice. A discipline case may involve more than one incidence. One incidence may involve violation of more than one ethical duty. Therefore, in one discipline case, the *bengoshi* or legal professional corporation concerned might have committed more than one kind of misconduct. The results of the investigation are shown in Table 1 and Figure 2.

Among the 26 kinds of misconduct, there is no substantial change in the six most common misconduct in the pre- and post- reform periods respectively (Table 1). They are the same except two kinds of misconduct. One exception is the failure in explanation or mandate preparation upon entrustment, which was one of the six most common misconduct in the

---

(9)   Article 72 of the *Bengoshi* Act provided *bengoshi* and legal professional corporations a monopoly over the provision of legal service for remuneration and acting as an intermediary in such matter unless otherwise provided in the Act or other laws. Under Article 27 of the Act, *bengoshi* are forbidden to obtain referral from anybody who violates Article 72 or allow his/her name to be used by such person. The prohibition is extended by Article 11 of the Basic Rules to also cover obtaining referral from anybody reasonably suspected of violating Article 72 and allowing his/her name to be used by such person. It also prohibits *bengoshi* from using the service of anybody violating or reasonably suspected of violating Article 72 of the Act. In this study, assisting or aiding and abetting the violation of Article 72 is also counted as collaboration or affiliation with non-*bengoshi*.

(10)   The Basic Rule (Article 25) prohibits a *bengoshi* from borrowing money from client, lending money to client, guaranteeing client's debt or requesting client to guarantee the *bengoshi*'s debt, except in case of special circumstances.

(11)   Regarding the ethical duty of fairness and good faith, the wordings in the relevant provision are broad and cover many different situations. It is found in Article 5 of the Basic Rules, which stipulates that a *bengoshi* shall respect the truth, be faithful, and perform duties fairly and in good faith. Article 4 of the old ethics code has similar wordings but there was no mention of respecting the truth. In the coding process, if the bar association has cited Article 5 of the Basic Rules, the case was considered as having involved a violation of this ethical duty of fairness and good faith. Even when this Article 5 was not cited, a case was also included if, from reading the announcement, the author considered that the *bengoshi* concerned has failed to respect the truth, be faithful or perform duties fairly and in good faith.

(12)   Examples include gambling, sexual misconduct etc.

(13)   This includes the duty to endeavour to provide the best defence to a suspect or accused and to secure opportunities for interviews with them and their release from custody.

Table 1. Most Common Misconduct in Discipline Cases (Pre- and Post-reform)

Rank	1999 – 2001	Rank	2013 – 2015
1	money issue	1	fairness and good faith
2	fairness and good faith	2	inaction/delay
3	inaction/delay	3	money issue
4	improper handling	4	failure to report progress/outcome
5	collaboration with non-*bengoshi*	5	improper handling
6	failure to report progress/outcome	6	failure in explanation or mandate preparation upon entrustment

Figure 2. Misconduct in Discipline Cases (Pre-and Post-Reform)

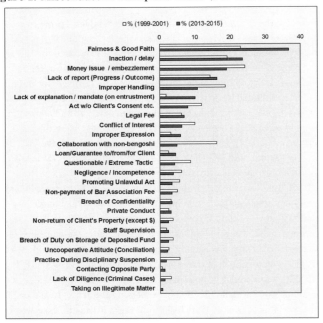

post-reform period but not in the pre-reform period. However, the non-binding ethical code before the justice system reform did not stipulate a duty to prepare a written mandate upon entrustment. This was introduced under the Basic Rules which became effective in 2005. The other exception is collaboration or affiliation with non-*bengoshi*. There is a significant decrease in such misconduct in the post-reform period (Figure 2). Detailed exploration of the

III Common Misconduct

reasons for such a change is beyond the scope of this chapter. In any case, the decrease is an improvement from the perspective of legal ethics.

In order to explore whether there is a deterioration in the different kinds of misconduct after the justice system reform, a comparison is made between the proportion of cases that involved the different kinds of misconduct in the pre- and post-reform periods respectively (Figure 2). A decrease in proportion (therefore an improvement in legal ethics) is found in fourteen types of misconduct. They are money embezzlement or other money issues, improper handling, acting against client's intention or without client's instructions or consent, conflict of interest, collaboration or affiliation with non-*bengoshi*, questionable or extreme tactics in handling cases, incompetence or negligence, promoting unlawful act, non-payment of bar association fees, failure to return client's property (excluding money), breach of duty regarding storage of deposited fund, uncooperative attitude in conciliation, continual practice or no resignation during disciplinary suspension, and lack of diligence in criminal cases.

An increase in proportion (therefore a deterioration in legal ethics) is found in the other 12 kinds of misconduct. Six of these 12 kinds of misconduct are not common. Their respective proportions in the discipline cases are very small, all less than 5 per cent in both the pre- and post-reform periods studied. They are loan relationship with client, breach of confidentiality, private conduct, failure in staff supervision, contacting opposite party, and taking on illegitimate matter. There is a clear increase in proportion for the misconduct of improper expression. But, regarding this misconduct, five *bengoshi* were disciplined in relation to the same incidence under five separate sanction orders in 2014. Regarding the other five kinds of misconduct, the extent of deterioration is small except that there is a moderate deterioration in delay or inaction and a significant deterioration in lack of fairness and/or good faith and failure to provide explanation or prepare mandate upon entrustment. These three kinds of misconduct were also among the six most common types of misconduct in the post-reform period. As discussed above, the ethical duty to prepare a written mandate upon entrustment was only introduced by the Basic Rules. As will be discussed below, the increase in proportion of cases with the misconduct of inaction or delay is inconsistent with a premise for the ethical concern induced by the expansion of the profession. There is a significant increase in the proportion of cases that involved a violation of the ethical duty of fairness and good faith. But, light penalties were imposed in the majority of such cases in both the pre- and post-reform periods.[14] As severity of the penalties can be considered as reflecting the seriousness of the misconduct, this tends to indicate that many of such cases involved less serious misconduct. Further, among the cases that involved such misconduct, there is an increase in the proportion in which either one of the two lightest penalties (reprimand and suspension of less than one year) were imposed. This indicates an increase in less serious ethics violation in cases that involved such misconduct. The deterioration in such misconduct does not seem to be a serious concern.

Are the changes (deterioration or improvement) in the different misconduct consistent with the legal ethics concern that is induced by the increase in *bengoshi*? In other words, do these changes confirm the premises upon which such concern is based? To investigate this issue, the analysis below focuses on two premises.[15] The first premise is that candidates of a low "quality" can join the profession because of its expansion while they would otherwise be unable to do so. As a result, there would be a decline in competence among the junior *bengoshi*. The second premise is that the expansion of the profession would intensify competition and as a result cause an increase in *bengoshi*'s unethical conduct.[16]

Under the logic of the first premise (a decline in the "quality" of the junior *bengoshi*), we would expect an increase in cases of incompetence or negligence after the reform. Instead, there was a decrease in the proportion of such cases (Figure 2). Under the logic of the second premise (intensification of competition), more *bengoshi* might face financial difficulties. This might lead to an increase in non-payment of bar association fee, cases with money issue (including embezzlement), breach of duty regarding storage of deposited funds, continual practice or no resignation during disciplinary suspension, collaboration or affiliation with non-*bengoshi*, and cases that *bengoshi* borrows money from client or requests client to guarantee his/her loan. Intensification of competition would affect the availability of work. This may give rise to the risk that some *bengoshi* may be so keen to get work and afraid of

---

(14) Either one of the two lightest penalties (reprimand and suspension for less than one year) was imposed in over three quarters of the cases in the pre-reform period and over 90 per cent in the post-reform period. Because one disciplinary case may involve more than one kind of misconduct (not necessarily just the misconduct of lack in fairness or good faith), the severity of the sanction order in a case may not reflect the severity of the misconduct of lack in fairness or good faith alone. However, if a light penalty was imposed in a case, we would expect that none of the misconduct in the case (which would include the misconduct of lack in fairness or good faith) was serious.

(15) Another premise is the weakening of intra-group monitoring capabilities by the expansion in the profession (see the discussions about this premise in the author's earlier study [Chan 2011: 99-103]). This premise will not be discussed in this chapter. This chapter does not assert that these three premises constitute an exhaustive list of the possible premises for the ethical concern but these three premises should be among the principal premises (if not being the only main premises).

(16) There were concerns that increase in *bengoshi* might intensify competition and that excessive competition might lead to a deterioration in legal ethics (Hanano 2007).

losing clients that they would be willing to deviate from the proper and normal manner in handling cases if this will "please" their clients. Cases that involved questionable or extreme tactics might as a result increase. There is also the risk that, in order to "please" clients, some *bengoshi* may become willing to lend money to clients or guarantee their debts. As discussed above, there is an increase in proportion of cases of loan relationship between *bengoshi* and clients. But, empirical investigation also finds that there is a decrease in cases concerning non-payment of bar association fee, money issue, questionable or extreme tactics, collaboration or affiliation with non-*bengoshi*, continual practice or no resignation during disciplinary suspension, or breach of duty regarding storage of deposited fund (Figure 2). If *bengoshi* have fewer work, we would expect them to be less busy. Intensified competition may heighten the need to maintain clients' satisfaction. In such circumstances, we would expect *bengoshi* to swiftly handle cases, diligently supervise staff, and report the progress and outcome to clients. This should result in a decrease in discipline cases of inaction or delay, failure in staff supervision, and failure to report on progress or outcome. But, there was an increase in such cases (Figure 2).

Thus, the changes (deterioration or improvement) in a number of misconduct, except loan relationship between *bengoshi* and clients, are inconsistent with the premises discussed above (decline in the "quality" of junior *bengoshi* and intensification of competition), upon which the legal ethics concern that is induced by the increase in *bengoshi* would be based.

Ⅳ Who Are the Common Violators?

As discussed above, the justice system reform has caused a rapid and dramatic expansion in the *bengoshi* population. As a result, the proportion of less experienced *bengoshi* has increased (Figure 3).[17] As of March 31, 2015, over 68 per cent of the *bengoshi* had less than 20 years of experience and more than 48 per cent had less than 10 years of experience (Figure 3). The author's earlier study (Chan 2011: 91-94) found that, in the years after the reform, a significant proportion of the *bengoshi* who were disciplined were *bengoshi* with 30 to 39 years of experience. In addition, a small proportion of the disciplined *bengoshi* were from the least experienced group (those with one to nine years of experience) although a high proportion of the *bengoshi* population was in this group (Chan, 2011: 91-94). This part of the chapter updates and expands the author's earlier study. Data that were subsequently published are included.

Figure 4 shows the distribution of disciplined *bengoshi* from 1989 to 2015 according to their years of experience. The data is from the *Bengoshi White Papers*. For the period from 1989 to 2004, the *Bengoshi White Papers* do not provide data for each individual year. Because such period covers the pre-reform period (up to 2000) and the majority of the reform

Figure 3. *Bengoshi* by Years of Experience (2006-2015) [18]

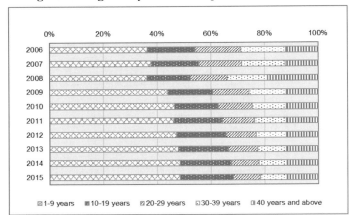

period of 2001-2005, we may consider the data for this period from 1989 to 2004 as representing the situation prior to the full implementation of the justice system reform. The

---

(17) Figure 3 is constructed with use of data from the various editions of the *Bengoshi White Papers*. Such data shows the distribution of *bengoshi* according to the respective cohorts of LTRI graduates. Such data omits those *bengoshi* who are not LTRI graduates but they only constitute a very small proportion of the profession. For example, over 96 per cent and over 98 percent of the *bengoshi* were LTRI graduates as of March 31, 2006 and March 31, 2015 respectively (JFBA 2016: 30; JFBA 2006: 5; and JFBA 2015: 45). The analysis in this chapter therefore does not take this omission into consideration. A LTRI graduate may have joined and worked in the judiciary or worked as a prosecutor before joining the *bengoshi* profession. In such a case, his or her length of practising experience as a *bengoshi* would be shorter than the other graduates in the same LTRI cohort who upon graduation joined the *bengoshi* profession and stayed in the profession. The analysis in this chapter has not taken this factor into consideration because the data used does not provide details in this respect. In addition, in the *bengoshi* profession, those who are former assistant judges, judges or prosecutors are the minority. They also had some legal professional experience (in the judiciary or as prosecutors), albeit not as a *bengoshi*.

(18) JFBA 2006: 5; JFBA 2007: 78; JFBA 2008: 14; JFBA 2009: 50; JFBA 2010: 66; JFBA 2011: 73; JFBA 2012: 106; JFBA 2013: 72; JFBA 2014: 63; JFBA 2015: 45. The data are as of the end of March of the respective years, except the data for 2008 which is the total number of registration up to October 1, 2008 and includes *bengoshi* whose registration has been cancelled.

IV Who Are the Common Violators?

Figure 4. Distribution of Disciplined *Bengoshi* by Years of Experience (1989-2015)[19]

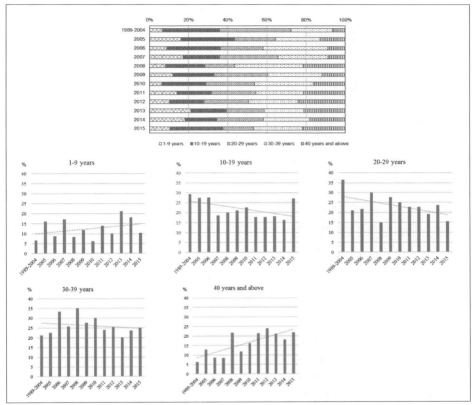

disciplined *bengoshi* are divided into five different groups according to their length of experience. They are under 10 years (1 - 9 years), 10 to 19 years, 20 to 29 years, 30 to 39 years, and 40 years and above. There are fluctuations in the respective proportions for these different experience groups in the period studied. However, generally, the least experienced group (less than 10 years of experience) constituted a small proportion of the disciplined *bengoshi* and the group with 30 to 39 years of experience constituted a significant proportion. Figure 4 also shows the trend of development for the different groups. There is a trend of decrease in their respective proportions of the disciplined *bengoshi* for all groups except the most experienced group (40 years of experience or more) and the least experienced group

---

(19) JFBA 2005: 60; JFBA 2008: 271; JFBA 2011: 236; JFBA 2015: 183; JFBA 2016: 163.

637

Figure 5. Discipline Rate (Percentage of *Bengoshi* Having Been Disciplined) for Each Experience Group (2006-2015)[20]

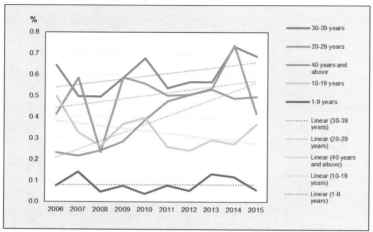

(less than 10 years of experience). But, the extent of decrease for *bengoshi* with 30 to 39 years of experience is small and the extent of increase in the least experienced group is moderate. In contrast, the increase in the most experienced group is steep.

As discussed above, the justice system reform has caused an expansion in the proportion of less experienced *bengoshi*. In the recent years of 2012 to 2015, *bengoshi* in the least experience group constituted over 47 per cent of the *bengoshi* (Figure 3). However, only 10 to 21 per cent of the disciplined *bengoshi* were in this group in the same period (Figure 4). In contrast, while only 10 to 11 per cent and 12 per cent of the *bengoshi* were in the group with 30 to 39 years of experience and the most experienced group respectively from 2012 to 2015, 20 to 25 per cent and 18 to 24 per cent of the disciplined *bengoshi* were in these two groups respectively (Figures 3 and 4). This hints that the disciplinary rate for the least experienced group is low and that for the two most experienced groups may be high in the recent years.

Figure 5 compares the disciplinary rate for each experience group (the number of disciplined *bengoshi* relative to the total number of *bengoshi* in each experience group) and their development between 2006 and 2015. Data on the *bengoshi* population in the different experience groups are obtained from the *Bengoshi White Papers*, which provide data regarding the distribution of *bengoshi* according to the cohorts of the Legal Training and

---

[20] Sources of data are the same as Figures 3 and 4.

IV Who Are the Common Violators?

Research Institute (LTRI) graduates from 2006. The analysis therefore does not cover earlier years. The data does not include *bengoshi* who are not LTRI graduates but there are very few *bengoshi* in this category. In the period studied (2006-2015), *bengoshi* with the least experience (less than 10 years) always had the lowest disciplinary rate. *Bengoshi* with 30 to 39 years of experience had the highest disciplinary rate, except the years of 2007, 2009 and 2014. In seven of the 10 years studied, the group with 20 to 29 years of experience had either the second highest or the highest disciplinary rate. But, there is a rapid and significant increase in the disciplinary rate for the most experienced group, which in 2015 became the group that had the second highest disciplinary rate. There is also a trend of increase, albeit at a slower pace, for the 30 to 39 years of experience group and the 20 to 29 years of experience group. On the other hand, there is not much change for the least experienced group and a trend of decrease for the group with 10 to 19 years of experience. From 2011, these two groups remain having the lowest disciplinary rates. In any year in the period from 2011 to 2015, all *bengoshi* who joined the profession after the launch of the justice system reform would be in either one of the two least experienced groups. This shows that, at this stage, *bengoshi* who joined the profession after the launch of the justice system reform are less prone to commit misconduct than their senior peers.

The trend of development regarding the disciplinary rates also tends to show that, as compared with their senior peers, *bengoshi* who joined the profession after the launch of the justice system reform have, up to now, remained less prone to ethical misconduct. We would expect that, every year during the period studied, some *bengoshi* in each experience group (except the most experienced group) would have moved to a higher experience group. As time passed, some *bengoshi* in the least experienced group (which consistently has the lowest disciplinary rate) would have moved into the second least experienced group (10 to 19 years of experience). At the same time, some *bengoshi* in the latter group would have moved into the group with 20 to 29 years of experience. In the period studied (namely 2006 to 2015), *bengoshi* who joined the profession after the launch of the justice system reform would first be in the least experienced group and then some of them would have moved into the second least experienced group. There is a declining trend in the disciplinary rate for the second least experienced group in the period studied. Such disciplinary rate remains the second lowest among the different experience groups since 2011. The disciplinary rate for the least experienced group remains the lowest in the period studied. These phenomena tend to indicate that, at this stage, *bengoshi* who joined the profession after the launch of the justice system reform seemingly have remained less prone to commit misconduct than their senior peers. For the time being, even if there is any ethical concern (which does not seem to be the case), it is not caused by the cohorts who joined the *bengoshi* profession after the launch of the justice system reform.

V Conclusion

The author's earlier study finds that the rate of disciplined cases relative to the number of *bengoshi* seems to have a slow declining trend (Chan 2016). Analysis based on statistical data finds that, despite the substantial expansion of the profession under the reform, the misconduct of *bengoshi* in the post-reform period studied (2006 – 2015) were less serious than both the reform period (2001 – 2005) and the pre-reform period (1991 – 2000) (Figure 1).

Empirical investigation above finds that the most common types of misconduct are the same before and after the reform, except the misconduct of collaboration or affiliation with non-*bengoshi* and the failure to provide explanation or prepare mandate upon entrustment. There was a significant decline in the proportion of cases where *bengoshi* were sanctioned for collaboration or affiliation with non-*bengoshi*. Among the most common misconduct, there was a significant increase in the proportion of cases in which *bengoshi* were disciplined for lack of fairness or good faith or failing to provide explanation or prepare mandate upon entrustment. However, the obligation to prepare a written mandate upon entrustment was introduced under the Basic Rules after the launch of the justice system reform. In the majority of cases that involved a lack of fairness or good faith, light penalties were imposed. This seemingly indicates that many of such cases involved less serious misconduct.

A moderate increase is found in the misconduct of inaction or delay. The substantial increase in *bengoshi* should have led to a decrease in such cases. The change is inconsistent with the premise (intensification of competition) for the legal ethics concern that arises from the expansion of the profession. Similarly, the changes (deterioration or improvement) in a number of other misconduct, except loan relationship between *bengoshi* and clients, are also inconsistent with this premise or another premise (a decline in the "quality" of the junior *bengoshi*) for such ethics concern. In other words, the actual situation (deterioration or improvement in the misconduct) does not conclusively confirm these premises.

At the same time, empirical analysis tends to indicate that the *bengoshi* who joined the profession after the launch of the justice system reform seemingly have, up to now, remained less prone to commit misconduct than their senior peers.

At this stage, there seems no serious ethics concern. Even if there is any concern (which does not seem to be the case for the time being), it is not caused by the cohorts who joined the *bengoshi* profession after the launch of the justice system reform.

V Conclusion

[References]

Chan, Kay-Wah(2011) "Justice System Reform and Legal Ethics in Japan," 14(1) *Legal Ethics* 73-108.
―― (2016) "Legal Malpractice Lawsuits in Japan: Past, Present and Future," *International Journal of the Legal Profession* DOI: 10.1080/ 09695958.2016.1247709.
Foote, Daniel H.(2007) "Introduction and Overview: Japanese Law at a Turning Point," in Daniel H. Foote, ed., *Law in Japan: A Turning Point*. Seattle: University of Washington Press.
Hanano, Yūta(2007) "*Shihōshiken Gōkaku Nen 3000 Nin Keikaku: Bengoshi Kai kara Hantai Zokuzoku* (The Plan to Have 3000 People Passing the National Legal Examination Yearly: Opposition from Bar Associations One after Another)," *Asahi Shimbun* (Morning Edition), 20 October, 1.
Japan Federation of Bar Associations(2005) *Bengoshi Hakusho 2005 Nenban (Bengoshi White Paper 2005)*. Tokyo: Japan Federation of Bar Associations.
―― (2006) *Bengoshi Hakusho 2006 Nenban (Bengoshi White Paper 2006)*. Tokyo: Japan Federation of Bar Associations.
―― (2007) *Bengoshi Hakusho 2007 Nenban (Bengoshi White Paper 2007)*. Tokyo: Japan Federation of Bar Associations.
―― (2008) *Bengoshi Hakusho 2008 Nenban (Bengoshi White Paper 2008)*. Tokyo: Japan Federation of Bar Associations.
―― (2009) *Bengoshi Hakusho 2009 Nenban (Bengoshi White Paper 2009)*. Tokyo: Japan Federation of Bar Associations.
―― (2010) *Bengoshi Hakusho 2010 Nenban (Bengoshi White Paper 2010)*. Tokyo: Japan Federation of Bar Associations.
―― (2011) *Bengoshi Hakusho 2011 Nenban (Bengoshi White Paper 2011)*. Tokyo: Japan Federation of Bar Associations.
―― (2012) *Bengoshi Hakusho 2012 Nenban (Bengoshi White Paper 2012)*. Tokyo: Japan Federation of Bar Associations.
―― (2013) *Bengoshi Hakusho 2013 Nenban (Bengoshi White Paper 2013)*. Tokyo: Japan Federation of Bar Associations.
―― (2014) *Bengoshi Hakusho 2014 Nenban (Bengoshi White Paper 2014)*. Tokyo: Japan Federation of Bar Associations.
―― (2015) *Bengoshi Hakusho 2015 Nenban (Bengoshi White Paper 2015)*. Tokyo: Japan Federation of Bar Associations.
―― (2016) *Bengoshi Hakusho 2016 Nenban (Bengoshi White Paper 2016)*. Tokyo: Japan Federation of Bar Associations.
―― (January 1999 - December 2003; January 2013 - June 2016) *Jiyū to Seigi* (*Liberty &*

27 What Have They Done Wrong? An Analysis of Disciplinary Actions against Japanese Lawyers〔Kay-Wah Chan〕

 Justice).

Miyazawa, Setsuo(2007)"Law Reform, Lawyers, and Access to Justice," in Gerald Paul McAlinn, ed., *Japanese Business Law*. Alphen aan den Rijn, Netherlands: Wolters Kluwer.

Takanaka, Masahiko(2003)"*Chōkai Seido no Kaisei*(The Reform of the Disciplinary System)," 54(7)*Jiyū to Seigi (Liberty & Justice)* 14-19.

裁判所と裁判官

28 最高裁における個別意見制の現状と活性化へ向けての課題
―― 行政事件の出身母体別反対意見数の分布とグループダイナミクスの作用 ――

大　塚　　　浩

I　はじめに

　最高裁では，各裁判官が個別に意見を示す個別意見制が採用されているが，多数意見に対する個別意見（反対意見，意見，補足意見）の数は少なく，その活性化が課題だとされている．他方，最高裁の裁判の報道を通して得られる一般的イメージは，比較的多くの個別意見を出しているのは弁護士出身の最高裁裁判官で，職業裁判官出身者による個別意見の表明は不活発であるというものだろう．しかし，そもそもそのような一般的イメージは実態を正確に反映しているのだろうか．つまり，個別意見は誰によってどのような場合に書かれるのだろうか．また，そもそも個別意見数がのびないのはどのような要因によるのであろうか．本稿では，行政事件における反対意見に限定されるという制限はあるが，これらの点について最高裁の判例データを分析することを主眼とする[1]．また，試論にとどまるものではあるが，小集団のグループダイナミクスに関する社会心理学の基本的な知見が，最高裁の意思決定過程にどの程度の合理的な説明を与えられるものなのか，検討を行う．なお，行政事件に限定したのは，後にも述べるように，原告敗訴確率が他の民事事件類型に比べて極めて高く，なおかつ原告である私人と被告である行政が争うという構造を有してい

---

[1]　最高裁裁判官が退官後その経験をもとに書かれた書物は数多く存在し，それらから，最高裁での実務がどのような環境の下で行われているのか，内部の事情をある程度知ることができる．たとえば，園部（2001），須藤（2014），大野（2000），奥田（2009），滝井（2009）などがあり，とくに個別意見のみに焦点を当てたものとしては田原（2014）が注目される．また，最高裁判所の役割について，多角的な視点から総合的に研究するプロジェクトの成果として，市川他（2015）．

ることから，分析を反対意見に限定することとあわせて，裁判官たちの判断を先例踏襲型と先例改革型に分けやすいという判断からである．

最高裁のありかたへのこのような視点は，裁判官のいわゆる出身別構成など，最高裁の組織面に対する批判的視点へと必然的に結びつく．実は，このような視点は，法過程における様々な法現象は，法学固有の何らかの原理によって説明しつくされるものではなく，むしろそれを政治過程の産物としてとらえる視点を採用することが有益であるとする宮澤の議論と軌を一にしている（宮澤 1994：15-28）．宮澤は，日本の裁判所機構全体のありかた，特に行政・企業など組織体に対して市民が争うようなケースにおいて，裁判所の判断枠組の偏り（いわゆる保守的傾向）が生み出される要因を，最高裁の人事構成や最高裁事務総局を頂点とする司法行政機構の作用を重視しつつ論じた（宮澤 1994：192-219）．本稿は，この宮澤の議論に示唆を得て，その視点を最高裁の個別意見に適用してみようというものである．

さて，分析を進める際には，反対意見が付されるケース数は実際にどの程度存在するのかをデータを下に検証することがまずもって必要だが，本稿の問題関心からは，さらに二つの視点が重要になってくる．

第一に，最高裁判事は近年，出身母体ごとに，通常，職業裁判官出身者 6，弁護士出身者 4，検察官出身者 2，その他に行政官・学者等というように，かなり異なったバックグラウンドをもつ者たちによって構成されるので，反対意見の総数のみならず，どのようなキャリアをもつ裁判官によって多く示されるのだろうかという点にも目を向ける必要があるという点である[2]．

第二に，最高裁判事はどのような場合に，反対意見を書く傾向があるのだろうか，という点がある．この点については，原告勝訴の場合の反対意見数の分布と，逆に原告敗訴の場合の反対意見数の分布に分けて分析を試みる．但し，最高裁が扱う事例の性質は多様なので，単に原告勝訴と原告敗訴に分類する分析は意義が乏しいといわざるを得ない面があるのは確かである．そこで，前述

---

(2) 職業裁判官 6，弁護士 4，学識経験者 5（検察官 2，行政官 1，外交官 1，学者 1）という出身母体別の最高裁裁判官ポスト数は，最高裁発足時の，各 5・5・5 から 1960 年代末に現在の比率となって以来ほぼ一貫して変わらない慣例となっていた．しかし，2017 年の定年退官に伴う人事で，現職は弁護士とはいえ，学者の経歴が長かった者が任命され，事実上弁護士枠が 1 つ減らされている状態にある．

の通り，本稿では判決がほとんどのケースで行政の公権力の行使に対する当不当の判断を意味することになる行政事件に絞った分析を行うこととした．

　被告が常に行政であるということは，原告の勝訴か敗訴かという分類を一定の意味のあるものにしてくれるだろう．一般的に日本では，下級審でも行政訴訟の原告勝訴率は非常に低い．そのような傾向を職業裁判官出身の最高裁裁判官が最高裁着任後も保持し続けているとすれば，彼らは原告の勝訴には反対の立場を示す傾向（あるいは原告の敗訴の際に多数意見に立つ傾向）を示すかもしれない．逆に，一般にリベラルな判断を下す傾向があるといわれている弁護士出身の最高裁裁判官は，原告の敗訴に反対の立場を示す傾向（あるいは原告の勝訴の際に多数意見に立つ傾向）がある可能性がある．以上のような一般的仮説をある程度の合理性をもって立てられるのが行政訴訟という類型であるということである．

　さらに本稿では，これらの検討から導かれた知見を説明する枠組みとして反対意見の数が少数にとどまる背景を社会心理学におけるグループの意思決定研究の知見と関連させて理解できるのではないかと考え，先述の通り，試論的にではあるが，その可能性についても論じることとした．

　なお，さらに進んで，当初少数派だった意見が多数派を形成し，法廷意見となるようなケースにみられる一般的特徴であるとか，ある事件での少数意見が後の事件での当事者の主張の法的リソースとなり，それが裁判所にも受け入れられていく過程など興味深い論点が多くあるが，本稿では紙幅の関係上これらの課題は割愛する．

II　対象とする事件

　本稿で対象とする事件の検索には，LEX/DB インターネットを利用した．このうち，結論は多数意見と同じでも理由が異なる「意見」と，理由，結論双方とも多数意見と同じ場合でも補足的につけることのできる「補足意見」はのぞき，多数意見の結論とは明らかに異なる反対意見を対象にした分析を行うこととした．行政事件の，その中でも特に反対意見に限定することで，より鮮明に裁判官の判決傾向の相異を観察できるのではないかと期待したからである．事件の種別については，件数の面で中心を占める上告事件（事件符号：行ツ）と，

上告受理事件（事件符号：行ヒ）を対象とする．検索対象期間は，平成13年1月1日から同23年6月30日までのほぼ10年間を対象とした．その理由は，結果的に反対意見の傾向に変化は見られなかったものの，この間のほぼ中間の2004年には行政事件訴訟法改正があり，その前後での変化が統計上観察されるか否かも検討することができると考えたからである．

　他の事件種別も含めた総事件数，反対意見のついた件数は以下の通りである．

　再審事件（行ナ）：総事件数　0件（反対意見付件数　0件）
　上告事件（行ツ）：総事件数　452件（反対意見付件数　32件）
　特別抗告事件（行ト）総事件数　7件（反対意見付件数　0件）
　雑事件（行ニ）　総事件数　2件（反対意見付件数　0件）
　上告受理事件（行ヒ）総事件数　610件（反対意見付件数　27件）
　許可抗告事件（行フ）総事件数　24件，（反対意見付件数　3件）

III　反対意見のデータ分析

1　データの概要

　反対意見が付された件数は，行ツ（上告事件）で452件中32件（約7%），内訳は大法廷21，第一小法廷4，第二小法廷2，第三小法廷5である．行ヒ事件（上告受理事件）については，610件中，27件（約4%）で，内訳は大法廷3，第一小法廷17，第二小法廷5，第三小法廷2であった．

　一見して際立っているのがこれらの事件での反対意見の少なさである．但し，少数意見はそもそもどの種別の事件でも少ないと考えられる．最高裁HPに公表されている行政事件以外も含めたすべての判決や決定について2001年から2010年までのデータを集計した山口らによれば，少数意見のついた件数は，2001年から2007年にかけては10%台を推移し，2008年以降は20%を超えている（山口他2011：12）．本稿で取り扱うのは反対意見の件数に限られることを考慮すると，行政事件での反対意見は他の事件類型，また，他の少数意見に比べて特に少ないというわけではないだろう．

Ⅲ 反対意見のデータ分析

2 大法廷と小法廷の相違

　上告事件，上告受理事件に分けて反対意見数を出身母体ごとに集計した表1および表2をみながら検討していこう．一般的には，憲法解釈や判例変更が焦点になる重要事件を取り扱う大法廷で，小法廷より反対意見が活発化するのではないかと思われるが，データからは特に大法廷で担当裁判官数の増加に比例するほどの反対意見数の上昇は見られなかった．他方，むしろ，上告受理事件（行ヒ）では第一小法廷での反対意見がこの時期活発化していた．これは，同法廷で民事中心のキャリアを重ねてきた職業裁判官出身の泉徳治が8件（内原告勝訴は1件）と相対的に多くの反対意見を出したことに加えて，原告勝訴事件で行政官出身の横尾和子が4件の反対意見を付していることが大きく影響している．特に泉については，キャリア裁判官出身者でありながら原告側に好意的な少数意見を多く出したことで評価されているが，別の視点からいえば，こ

表1　上告事件（行ツ）反対意見数分布表(LEX/DB インターネットの検索データより作成)

	大法廷	第一小法廷	第二小法廷	第三小法廷	合計(出身母体ごと)
民事系裁判官(泉徳治)	5(1)	1	0	0	6
民事系裁判官	3(2)	2(1)	0	0	5
刑事系裁判官	3(3)	0	0	1(1)	4
東京弁護士会	15	0	0	0	15
第一東京弁護士会	3(3)	0	0	0	3
第二東京弁護士会	2	0	0	1	3
大阪弁護士会	17	0	1	2	20
検察官	4(4)	0	0	0	4
行政官	7(5)	1(1)	0	0	8
外交官	1	0	1	0	2
学者	0	0	0	1	1
合計（法廷ごと）	60	4	2	5	71

（　）内は原告勝訴数．同一の出身母体に複数裁判官がいる場合には，特徴的な裁判行動を示した泉を除き，合算している．

表2 上告受理事件（行ヒ）反対意見数分布表(LEX/DBインターネットの検索データより作成)

	大法廷	第一小法廷	第二小法廷	第三小法廷	合計(出身母体ごと)
民事系裁判官(泉徳治)	2(2)	8(1)	0	0	10
民事系裁判官	1(1)	0	0	1	2
刑事系裁判官	2(2)	4(1)	0	1(1)	7
東京弁護士会	0	4	0	0	4
第一東京弁護士会	0	0	0	0	0
第二東京弁護士会	0	0	0	1(1)	1
大阪弁護士会	1(1)	0	3	0	4
検察官	1(1)	1(1)	1(1)	0	3
行政官	2(2)	4(4)	0	0	6
外交官	1(1)	0	1(1)	0	2
学者	0	0	0	1(1)	1
合計（法廷ごと）	10	21	6	3	40

（　）内は原告勝訴数．同一の出身母体に複数裁判官がいる場合には，特徴的な裁判行動を示した泉を除き，合算している．

のようにある一定期間の特定の個人の裁判行動が全体の統計に大きく影響を与えるほど，反対意見の数は少ないということでもある．

3　反対意見を書くのは誰か

著名事件において弁護士出身者の反対意見がメディアによく取り上げられることから反対意見は弁護士によるものが多いという印象をもつが，実際にはどうだろうか．上告事件（行ツ）では対象とした期間の反対意見数は71，上告受理事件（行ヒ）では40であったが，そのうち，弁護士出身者の反対意見は前者で41，後者で9であった．上告事件での弁護士出身者の反対意見が際立って多く，弁護士出身者の反対意見が多いというイメージに合致するが，実はこれらの反対意見のうち24は同一期日に言い渡された12件の選挙無効事件での2名の裁判官の各12の反対意見なので，再度計算すると，実質的には19とみ

ることもできる．

　他方，上告事件での職業裁判官出身者の反対意見総数は 15 なので，弁護士と裁判官でそれほどの差はないということになる．これが上告受理事件となると，裁判官出身者の反対意見数が 19 となり，同じ上告受理事件での弁護士出身者の反対意見 9 を逆に大きく上回ることになる．

　裁判官出身者は 6 名，弁護士出身者は 4 名という裁判官数の相異はあるが，反対意見を書くのは弁護士である，という一般的なイメージとは異なり，意外にも裁判官出身者も相対的には活発に反対意見を示している．

4　どのような場合に反対意見を書くのか

　ただし，反対意見をどのような場合に書くのか，という点では弁護士出身者と裁判官出身者では顕著な相違がみられる．上告事件では弁護士出身者の反対意見 41 うち，3 が原告勝訴，38 が原告敗訴とみられるケースで付されている．それに対して，裁判官出身者の反対意見は，総数 15 のうち半数以上の 8 が原告勝訴とみられるケースで付されている．

　同様に上告受理事件では，弁護士出身者の反対意見 9 のうち 2 が原告勝訴，7 が原告敗訴のケースであるのに対して，裁判官出身者の反対意見 19 のうち，8 が原告勝訴，11 が原告敗訴となっている．つまり，弁護士出身者が原告敗訴に反対する傾向をはっきり示している一方，裁判官出身者は弁護士の場合ほど明白ではないが，相対的には弁護士とは反対に，原告勝訴に反対する傾向が存在するといえる．裁判官出身者にみられるこの傾向は，行政官出身者ではより顕著に観察され，上告事件及び上告受理事件での反対意見 14 のうち，原告勝訴に対して示された反対意見が 12 にのぼる．

　このような全体的傾向の中で興味深いのは民事裁判官出身である泉徳治の裁判行動である．泉は前述のように積極的に少数意見を出したことで知られており，実際，上告事件では 6，上告受理事件では 10 の反対意見を付している．ただし，より注目すべきなのは，その内容であり，原告勝訴事件での反対意見は，上告事件では 6 件中 1 件，上告受理事件においては，10 件中 3 件にとどまり，原告側に立った，言い換えると弁護士出身者の傾向に類似したリベラルな裁判行動が目立つ．

5 小 括

著名事件において弁護士出身者の反対意見がメディアによく取り上げられることから反対意見は弁護士に多いという印象をもつのが一般的だと思われる．しかし，実際には行政事件において特に弁護士のみが活発に少数意見を出しているというわけではない．圧倒的に被告行政側の勝訴確率の高い行政訴訟で，原告を勝訴させるような判決になる事件では，むしろ裁判官出身者の方で活発な反対意見が付される傾向があるのではなかろうか．そのようなケースで彼らが原告勝訴の多数意見側に立つ場合ももちろんあるが少数にとどまり，多くは原告勝訴に対する反対意見である．

最高裁事務総局出身の民事系裁判官について，近年，泉，今井，近藤など積極的に少数意見を書く場合もでてきていると言われているが（山口他 2011：240），彼らが目立っているのは原告敗訴に対する反対意見や先例踏襲に対する反対意見を付す傾向があるからであり，反対意見そのものは原告勝訴ケースを中心に職業裁判官出身者によってもある程度書かれている．

それに対して，弁護士出身者であればどの裁判官も積極的に反対意見を書いているというわけではない．上告事件での弁護士の反対意見をみると，大阪弁護士会出身者が20，東京弁護士会出身者が15にたいして，第一東京弁護士会が3，第二東京弁護士会が3であった．しかも第一東京弁護士会の3はすべて原告勝訴事件に付されたものである．また，先述の通り，大阪弁護士会出身者と東京弁護士会出身者の反対意見数は選挙無効事件での12の反対意見がカウントされているので，実際には双方一桁（大阪弁護士会9, 東京弁護士会4）とみることもできる．

他方，上告受理事件では，大阪弁護士会4，東京弁護士会4，第一東京弁護士会0，第二東京弁護士会1なので，結局，上告事件での大阪弁護士会をのぞけば，出身母体ごとの反対意見数は職業裁判官出身者など他のグループと際立った差があるわけではない．これは，行政事件では原告敗訴事件が多いので，弁護士出身者による反対意見は必然的に職業裁判官出身者の反対意見よりもかなり多くなるはずだという予測を裏切るものである．

つまり，一部を除き，最大グループである裁判官出身者グループに対して，弁護士出身者グループが積極的に異を唱え続けるという構図にはなっていないということになろう．弁護士から最高裁入りする裁判官が，特に保守的傾向を

有するとは判断できないし，むしろ，一般にはリベラル派と目される人々も存在するので，意外だといえるだろう．

Ⅳ　なぜ反対意見を書くのが難しいのか

　このように，弁護士出身の最高裁裁判官が特に反対意見を活発に出しているとは評価し得ないこと，また逆に，職業裁判官出身者が弁護士出身者にほぼ劣らない頻度で反対意見を示しているのは，そのこと自体興味深い現象といえる．では，一般的なイメージと異なり，弁護士出身者など，職業裁判官出身者以外が少数意見を活発に書くことを妨げる要因は何だろうか．

1　法解釈の問題か，組織的要因の作用か

　行政事件に限定せず，また，メディアを通じたイメージ如何という点からすると，著名事件での弁護士出身者の反対意見は確かに目立っている．しかし，これまでみたように，行政事件では，リベラルな政治的志向を有する弁護士出身裁判官であっても必ずしも活発に反対意見を出し続けているというわけではない．

　これに対し，最大グループである職業裁判官出身の裁判官たちは，これまで裁判所組織の中枢でキャリアを積んできた人々であるので，最高裁が積み上げてきた先例を重視する判断枠組を共有していると考えるのが自然だろう．実際の判決の傾向もそのようなものが多数を占め，彼らには，原告敗訴事件で反対意見を示すという発想は乏しいのではないかと推測される．とすれば，原告敗訴が多数を占める行政事件で職業裁判官出身者による反対意見数が伸びないのも必然的である．

　両者を比較したうえで，ここで着目すべきなのは，前者の弁護士出身者による反対意見数が比較的少数にとどまるという点である．弁護士出身者は裁判所組織のような一体的なキャリアシステムを有する組織を出身母体とするわけではないので，判断枠組はより多様であり，したがって，先例を重視する傾向も職業裁判官よりも強いと想定するのは難しい．ではなぜ，原告敗訴事件が行政事件判決において数の上では多くを占めているにもかかわらず，弁護士出身者の反対意見数が伸びないのであろうか．

この疑問への回答を以下に検討してみたい．つまり，実際の行政訴訟は原告敗訴が多数を占めているにもかかわらず判決・決定に対する弁護士出身者の反対意見が職業裁判官出身者のグループのそれを一見して明らかに上回らないのには先例重視志向の程度等では説明し得ない他の要因が影響しているという仮定の検討である．

2 キャリア裁判官の判断枠組みと多数意見の形成

各出身母体ごとに最高裁裁判官が異なる判断枠組みを有しているはずであり，それが意見形成に作用する，という前提をいったん外して，それ以外にどのような要因の作用がありうるかを考えてみよう．小法廷は5名での合議によって多数意見を形成する仕組みなので，これは小集団の意思決定過程ということができる．このような視点で小法廷での合議のプロセスをとらえることはできないだろうか．実際，山口（山口他 2011）など，最高裁の内幕を記述したドキュメントなどをみると，一種のグループダイナミクスの帰結として多数意見への同調傾向とでも呼ぶべき現象が存在しているようにみえる．

「多数意見への同調傾向」とは，行政事件ではたいていの場合，原告敗訴の多数意見への支持を指すことになる．職業裁判官出身者は，出身母体別で分類した場合の最高裁における最大グループで，近年は6名で構成されている．そのため，各小法廷には2名ずつの職業裁判官出身者が配置されることになる．小法廷に出身母体別で必ず複数名が配されるのは職業裁判官出身者のみであるので，小法廷の多数意見形成に彼等が合議の端緒から有利な立場にいることになる．さらに，先述の通り，職業裁判官出身者相互や彼らと最高裁調査官とは，基本的には同傾向の判断枠組みを有していると考えられることから，多数意見は職業裁判官出身の最高裁裁判官が調査官室のサポートを受けて形成していくという傾向があろう．したがって，多数意見への同調傾向というのは，一般的には職業裁判官出身者のグループへの同調とみなしてよいように思われる．

近年でいえば，職業裁判官出身でありながら積極的にリベラルな少数意見を表明していた泉徳治などの例外はあるが，出身母体別配分ポストが固定化されている現状では，キャリア裁判官の先例踏襲型の判断枠組自体の変化が生じないかぎり，泉のようなケースのインパクトは偶然的かつ一時的なものにとどまると評価せざるを得ないだろう．

3　事件処理の圧力

　また，最高裁判事は業務負担が膨大で，その処理において調査官室のサポートに多くを負っているという事情が，少数意見を出さず多数意見に同調する傾向を促進している可能性も存在する[3]．調査官と職業裁判官出身者たちの意見が多数意見となりやすい前提が存在するのであれば，他の出身母体の裁判官たちの調査官の活動への依存の程度が強まるほど，多数意見への同調傾向が強まるだろうと思われる．

　このように，いわば組織環境的要因によって，最高裁裁判官の意見形成が影響を受けていると考えることにより，少数意見の現状を一定程度説明できると考えることはあながち的外れとはいえないように思われる．このような視点が適切であるといえるのか否か，これまで論じてきた点について，行動科学（社会心理学）における小集団のグループダイナミクス研究の視点からの説明が可能か，次節でさらに検討を進める．

V　なぜ少数意見は活性化しないか

1　初期多数派主導による意思決定の問題

　前節で論じた内容は最高裁の判決傾向を観察しさえすれば誰もが抱きうるものであるのだが，実際には，少数意見の不活発さを含む最高裁の「司法消極主義」へ加えられる批判の多くは，最高裁の人員構成や合議のプロセスがシステムとして有する根本的な問題について理論的な検討を踏まえたうえでのいわゆる内在的批判といいうるレベルには達していないように思われる．それゆえ本質的な改革への処方箋を描きえていないのではなかろうか．

　他方，行動科学の視点からはこれら最高裁における合議のプロセスはまさにグループの意思決定に関する社会心理学的研究の対象といいうるものであり，最高裁のあり方を批判的に検討する際には，その研究蓄積への関心を払わないのは当を失する．そこで，直接に最高裁の合議過程を説明しうるものではないが，以下では，今後の研究に示唆を与えてくれるであろうグループの意思決定に関する社会心理学の知見，特に初期多数派主導による意思決定の問題を，亀

---

[3]　平成27年度司法統計によれば，民事・行政事件の新受件数は7,223件であり，15名の裁判官により負担される件数としては，きわめて膨大である．

田（1997）に依拠しつつ，最高裁の合議過程研究への適用可能性と絡めながら検討してみよう．

　例えば，グループによる課題の遂行は，個人による課題遂行よりも優れており，集団は過ちを犯しにくいという一般的な信頼感が存在していると思われる．しかし，デイヴィスの社会的決定図式によれば，与えられた選択肢をめぐる6人のグループの意思決定場面では，課題に対する解の自明性の程度が低くなるほど，その解がグループの決定となるために必要な初期支持者の数は増大するとされる．つまり，解の正しさが外的（客観的にあるいは社会的・政治的に）保障されない意思決定場面では初期多数派主導型の社会過程が生じやすいとされるのである（亀田 1997：28）．

　そこで，裁判所における判決・決定だが，それらも本質的に事実認定・法解釈双方で常に判断に一定のゆらぎを伴い，自然科学的な意味での客観的な正解を確定し難いものであるのは当然である．むろん最高裁における法解釈に関する争いも，判決後，必ずしも社会的にそうあるべき正しい解としての評価を無条件に与えられるというわけではない．特に，最高裁の下す判決については，後に，学会・メディアなどから多くの批判を受けることが多いので，この，いわゆる法の不確定的な性格を強く印象付けられる[4]．そのように，客観的に正しいといえるような解を導き出せるわけではない最高裁の合議のプロセスにおいて，職業裁判官出身者が各小法廷に必ず2名ずつおり，最大グループ＝初期多数派を形成しているのであれば，判決が先例踏襲型判断に向かうのは必然的傾向といえる．原告寄りの判決となるケースは在外邦人選挙権など偶然の組み合わせに依存（山口他 2011：116-121）するという指摘があるが，逆に常にキャリア裁判官出身者が5名中2名を占める小法廷での初期意見の分布は偶然に左右されにくいので，この考え方に従えば，基本的にはキャリア裁判官グループの判断枠組が常時優勢となるはずである．

　このような初期支持人数のもつ社会的効果は，グループの合意形成過程においてはさらに重要な効果を発揮する．世論現象に関する「バンドワゴン効果」

---

[4]　そのような例は枚挙にいとまがないが，例えば，民法の夫婦同姓原則についての最高裁の判断（最高裁判所大法廷平成27年12月16日判決）は，女性裁判官3名全員を含む5名が合憲判断に対して反対に回ったこともあり，メディアに現れる言説における賛否が大きく分かれたことがはっきりと観察できた例である．

V なぜ少数意見は活性化しないか

と呼ばれる説明は，流動的な世論が，いったん優勢となった特定の立場が急速に賛同者を吸収して伸長するというものだが，小集団の意思決定過程においても，ノエル－ノイマンは「沈黙のらせん」という表現で同調に関する社会過程を説明している．これは，「沈黙を守る」という行為が他の人にとっての同調圧力を生みだすという社会的な循環過程が生じる結果，劣勢に立った少数派が自己の見解を公共的場面で訴えにくくなり，ますます状況が不利になるという現象を指しており，多数派は公共的場面での存在感をますます強めるというのである（亀田 1997：40）．

小法廷の5名という小規模集団の意思決定において，通常2名がキャリア裁判官であるという構成は，残り3名のうち，1名が多数派に賛同まではせずとも中間派となり沈黙すれば，キャリア裁判官グループが常に多数派を形成するチャンスに恵まれるということも意味する．

2 下位集団とのかかわり

最高裁のように，多様な出身母体から選ばれた者によって構成される小集団の決定が，そもそも特定の個人や集団の独裁的な決定よりも民主的であり優れていると単純に言えるのか，という点についても，示唆的な研究がある．当該の集団に属するメンバーが，出身母体（下位集団）の影響をどの程度受けるのか，また影響を受ける度合いが出身母体の下位集団によってどの程度異なるのかが，集団の決定において，メンバー固有の意見に下位集団の意見が優越して影響する可能性と関連するというものである．

実際，亀田らが行った研究によれば，集団帰属にいわゆる入れ子構造が存在する場合，下位集団での合議ののちメンバー全員の合議が行われる二段階手続きでは，直ちにメンバー全員が招集されて同時討論の上結論が下される一段階手続きよりも，ローカルな多数派（特定の下位集団における多数派）の支持する選択肢に対し，全体的多数派（集団全体の多数派）の支持する選択肢が集団の最終決定となる頻度が低下するという（亀田 1997：58-61）．

先に述べたように，調査官室の役割を，最高裁以外も含めた職業裁判官グループ全体という下位集団における多数意見と最高裁の職業裁判官出身者との間をつなぐ存在とみることができるとすると，他の下位集団では存在しない二段階手続きが職業裁判官系列でのみ存在し，調査官意見の採用の可能性をひろ

げることとなる可能性があるということになる．他方，キャリア裁判官グループに次ぐ人数を最高裁で占める弁護士の下位集団（日弁連および出身弁護士会）の凝集性はキャリア裁判官グループほど強固とはいえないので，最高裁の意思決定の最重要な下位集団として職業裁判官層が存在するという説明が可能となる．

3 初期共有知識と認知的中心

他方，合議のプロセス自体に影響を与える要因として，以上みたような選好ではなくメンバー間での認知や知識のあり方を基礎においた研究は，最高裁の分析にどのような視点を提供してくれるであろうか．

この点について，同じく亀田らは刑事事件の被告の量刑を合議させるという実験を基に，グループの意思決定とコミュニケーションの循環的性質を指摘している（亀田 1997：84）．

この研究によれば，属性ごとの効用を加算した価値に応じて決定をする多属性型の決定課題についての話し合いでは，選択肢の特徴に関する情報の交換がポイントとなるが，そこでは，共有情報は非共有情報に比べて合議のプロセスに投入される確率が高い．その結果，初期共有知識の機能として，有限の話し合いの時間の大半が，すでに知っていることの再確認に使われる傾向が生じることになる．また，初期知識がメンバーに共有されている程度が高いほど，コミュニケーションを通じて，共有の程度はさらに促進・増幅されやすい．したがって，知識の共有度にメンバー間で濃淡がある場合には，コミュニケーションは共有性の存在するところに局所化されやすく，メンバー間の知識の差異がコミュニケーションによりさらに増幅・拡大されるという逆説的現象も生じるのである（亀田 1997：71-104）．

最高裁においては認知的中心は最大グループを形成する職業裁判官出身者となり，上記の知見に従えば，初期共有情報提供元として，合議の主導権をより容易に握りやすいということになる．

ところで，陪審制を有する英米では，グループの意思決定に関する研究は陪審制のあり方への関心から導かれている面も存在し，以上の研究例も多くは非専門家から構成される小集団を対象にした実験を基にするものである．もちろん，法律専門家を中心にする最高裁と陪審を念頭に置いた研究とでは当然前提

が異なることになる．例えば，市民からなる陪審は自由な評議が可能だが，法専門家を中心とした最高裁では法に基づいた精緻な議論が必要なほか，小法廷は5名と非常に少ない人数という大きな相違がある．この点をとらえて，以上紹介してきた研究の知見の有用性に疑義を呈することも可能かもしれない．ただし，逆に，無作為に選ばれた陪審員ではなく，下位集団の支持を得て推薦されている最高裁裁判官は，逆に，より下位集団の影響を受けやすいと考えられるという側面もある．また，法の専門家である裁判官は合議において，当初からより確固とした初期意見を有しているであろうから，初期支持者数や初期知識に関する知見は，陪審員よりも裁判官の裁判行動の説明により適しているともいえる．むしろ，最高裁が有する特徴は以上の社会心理学上の知見をより強調する方向に作用するともいえるだろう．

VI 少数意見活性化へ向けて

職業裁判官出身者を中心とする従来の多数派の判断枠組みが変更されるひとつのパターンとして，少数意見が活発に出され，それがそのケース以降の事案の多数派の形成に影響するという道筋があるといわれている（山口他 2011：10-16）．しかし，そのようなケースは例外であり，一般的にはむしろ初期多数派である職業裁判官出身者グループ主導が原則となる力学が常に働き続けるのが，実際の最高裁の姿であるとみるのが適切であるように思われる．つまり，個別の事例で先例を覆すようなケースが時折見られるとしても，基本的には職業裁判官出身グループに支持される先例踏襲型判断が多数派を形成し，先例を覆す内容の見解はおおよそいつも少数意見にとどまるであろうということである．このような状況に，膨大な事件処理の圧力が相まって，少数意見を付すというインセンティブが減退していき，それをむしろ例外とみるようになっていったのではないだろうか．

このような閉じたループから抜け出すために，さしあたり一定の効果が見込まれそうな方策は，これまで見てきた社会心理学の知見を前提に考えると，最高裁裁判官の人数構成や出身母体別選出方法，任命過程の見直しなど最高裁各小法廷の構成そのものをドラスティックに変化させることであろう．

さらに，グループの意思決定のあり方を変化させるもう一つの方法として，

外界からの情報のフィードバックが有効とされている．たとえば，コミュニケーションの開始時期を遅らせ，メンバーが情報を個別に探索する機会を十分に保障する（亀田 1997：86-89）ということをすれば，知識の差異（この場合は先例とその適切さに関する情報）であるとか，職業裁判官出身者以外が自らの出身母体である下位集団とのコミュニケーションを通して事件に対する異なった意見に触れ，そのうえで自らの意見を深めてゆくことも可能になろう．ただし，もちろん制度的には審理の前に情報を外部に漏らすことはできないので，この方法をとることは事実上不可能だろう．

ほかにも，多数意見に立つ場合にも個別に意見を公表することを義務付ける制度への変更なども考えられなくはないが，現状で最高裁が負担しなければならない膨大な事件数を前提にすると，それらの方法はやや現実味を欠く．むしろ，最高裁判事の事件負担の軽減化のための方策を検討するのが有効であろう．たとえば，最高裁裁判官をサポートする調査官制度の拡充がありうる．ただし，現行の調査官制度の拡充では，少数意見の活性化の効果を見込むことは困難であり，裁判官ごとにつくアメリカ型の調査官制度などを参考にしていく必要がある．あるいはより根本的な方策として，上告制度の改革により事件負担を軽減させることも可能性としてはありうる．

グループにおける認知的中心性や，初期多数派の問題への対応としては，法改正により小法廷を増員し，職業裁判官出身者の占める割合を相対的に低下させることも検討の価値がある．また，最高裁裁判官の選任過程そのものを現在とは変えていくということもありうる．つまり，内閣による任命手続を実質化し，各出身母体ごとに推薦者を任命するというやり方と，その前提にある母体ごとのポスト配分の固定化を見直していくということである．

現在の最高裁人事は，例えば，職業裁判官出身者については，長官人事も含め最高裁側の案を内閣が認めるという手続，弁護士出身者については日弁連から最高裁に候補が示され，さらにそれを最高裁が内閣に候補として示す，という手続が取られている[5]．日弁連からの推薦候補について，最高裁が難色を示すこともあり，それは，内閣による任命手続きがスムーズに行われるか否かを

---

[5] 最高裁をはじめとする裁判官幹部人事については，西川（2010）が本格的な議論を展開している．職業裁判官出身者の判断枠組みはおおよそ一定のものであろうという本稿の前提も最高裁裁判官になる者の属性を詳細に分析するこの研究によっている．

忖度してのことだともいわれている．他の出身母体からの最高裁裁判官も含め，批判的にいえば，最高裁のポストが各出身母体にとり既得権化しつつ，内閣と最高裁との間にいわゆる本人-代理人理論的関係が構築されているともいえる[6]．

先に述べた内閣による任命手続きの実質化，とは，内閣による関与を単に強化することを意味するのではなく，現在一種の「潜在的政治過程」化している最高裁人事のプロセスを，むしろ政治過程として顕在化させ，出身母体ごとのポスト配分が行われている現状も政治的ないし民主的に再検討していくということを意味する．その際には，実現には困難がありつつも，内閣の任命権限の行使を国会が直接的にチェックする公聴会のような手続を導入し，議会の同意人事とすることは一定の効果を発揮するだろう．内閣と司法の間で政治的に潜在化してしまった最高裁人事のプロセスを国会の関与によって顕在化させる，という試みは，憲法の三権分立の枠組みにおける国会と裁判所のかかわりを再検討することともつながる．その意味で，ここでの議論の射程を超えるものの，連邦最高裁判事が議会の同意人事となっているアメリカの制度は，日本の現状にとって示唆的である．いずれにせよ，何らかの方法での最高裁人事の「顕在的政治化」が最高裁裁判官という存在の重要性やその任命過程の問題，本稿で主題にしてきた個別意見への注目と活性化へとつながっていくと思われる．

〔文　献〕

市川正人・大久保史郎・斎藤浩・渡辺千原(2015)『日本の最高裁判所 —— 判決と人・制度の考察』日本評論社．
亀田達也(1997)『合議の知を求めて —— グループの意思決定』共立出版．
西川伸一(2010)『裁判官幹部人事の研究 ——「経歴的資源」を手がかりとして』五月書房．
宮澤節生(1994)『法過程のリアリティ —— 法社会学フィールドノート』信山社．
宮澤節生・武蔵勝宏・上石圭一・大塚浩(2015)『ブリッジブック法システム入門 —— 法社会学的アプローチ（第3版）』信山社．

---

[6] 本人-代理人理論（Principal Agent Theory）とは，たとえば，与党と官僚との関係において，与党＝本人が，何を望んでいるのか，官僚＝代理人が忖度しつつ政策の内容を決定しているのであり，一見官僚が主導的に決定しているようにみえる政策過程も，実は与党による授権の範囲内で有効な監視・監督のもとにある，という考え方である（宮澤他 2015：15）．

28 最高裁における個別意見制の現状と活性化へ向けての課題〔大塚　浩〕

奥田昌道(2009)『紛争解決と規範創造 —— 最高裁判所で学んだこと，感じたこと』有斐閣．
大野正男(2000)『弁護士から裁判官へ —— 最高裁判事の生活と意見』岩波書店．
園部逸夫(2001)『最高裁判所十年 —— 私の見たこと考えたこと』有斐閣．
須藤正彦(2014)『弁護士から最高裁判所判事へ —— 折り折りの思索』商事法務．
滝井繁男(2009)『最高裁判所は変わったか —— 裁判官の自己検証』岩波書店．
田原睦夫編著(2014)『個別意見が語るもの —— ベテラン元裁判官によるコメント』商事法務．
山口進・宮地ゆう(2011)『最高裁の暗闘 —— 少数意見が時代を切り開く』朝日新聞出版．

29 倒産事件と裁判所
―― 日本型商事裁判所への布石 ――

佐 藤 鉄 男

I　は じ め に

　国家三権の一翼たる司法権を担う裁判所は，わが国では他の二権と比べるとややもすると存在感が薄い．普段の研究関心や問題のアプローチは異にしつつも，基本的な視点に共感して，宮澤節生先生らとともに私も司法問題を追い続けてきた[1]．
　民事の手続法，なかでも倒産法がメインの研究分野である私にとっては，司法問題は中心的な関心事では必ずしもない．私が法律学を学び始めた頃のわが国の民事手続法と言えば，大正年代に制定された旧民事訴訟法，旧破産法が現役であり，文語体で古めかしく，今となってはなつかしいものの，現実社会からはいかにもかけ離れた観があった．学生には定番の不人気科目，学会規模も今よりずっと小さいものであったと聞く．私自身が未熟であったこともあり，社会を映す鏡として法を意識することは少なく，むしろ民事の手続法に関してはその独特のドグマティークがいかにも法律学的だとただ感じ入っていた．しかし，民事訴訟が形骸化している，倒産しても裁判所の破産や和議が使われる比率は少ない，などの現実にいつまでも無関心でいられるものではない．折しも，打開に向けて法改正作業も進んで行ったし，真に法の支配がこの国の形となる上で司法も変える必要があると司法改革のための議論が進んだ．これらは

---

[1]　日本評論社刊の『テキストブック現代司法』（初版1992年〜第6版2015年）は，途中で共著者に変更があったが，宮澤節生先生，木佐茂男先生とはずっとご一緒し，また，その間において，『月刊司法改革』1号〜24号（現代人文社，1999〜2001年），『Causa』1〜12号（日本評論社，2002〜2004年）でも志を共にした．

一段落した観もあるが，理想どおり事が運んだわけではないから，ここで歩みを止めるわけにはいかない．

世界的な視野をもち，実証的分析を裏付けに建設的な提言を続けてこられた宮澤先生には多くの刺激を受けてきたところであるが，本稿では，私の主たる研究領域である倒産法と司法制度が交錯することになる問題について思うところを述べてみたい．宮澤先生の古稀を祝賀するには不十分なものとは自覚しつつ責めを塞ぎたい．

II　倒産事件と裁判所

一見，これには大きな問題はないようにも思える．教科書風に示せば，破産，再生などの倒産手続は，地方裁判所の専属管轄に属し，裁判所の主宰の下，倒産者とその債権者らの利害関係の調整という実質は弁護士が破産管財人などの現場を担う機関となってなされるものということになる．裁判所についてはその地位にふさわしく，法では多岐に渡って倒産事件にかかる役割が定められている．すなわち，手続の開始から終了に至るまでの節目でされる裁判，機関の選任・監督，債権調査期日や債権者集会の招集・指揮，派生する付随事件の裁判，（再建型手続の場合は）計画案の認可，等々である．争訟性の高いものから，行政事務的なものまで雑多な事項に及んでいる．そして，これを実際に行うものとして，倒産法においては，主たる担当として事件を扱う「法律上の裁判所」と包括的組織体としての「国法上の裁判所」が区別されている．法文で定義されているのは後者であり，個々の倒産事件が係属している地方裁判所が破産裁判所（破2条3項），更生裁判所（会更2条4項）であるとされている[2]．当然のことながら，後者のほうが広い範囲のものを指すことになり，それだけでは裁判体は特定されない．これに対し，前者は個々の事件を前提にそれを担当する特定の裁判体が指示されるものである．

両者は次のような形で意味をもってくる．破産事件を例に示すと，管轄規定

---

[2]　民事再生法においては，再生裁判所を定義する規定はおいていないが，破産法，会社更生法と同様の趣旨で，「裁判所」と「再生裁判所」を書き分けている．民事再生法において再生裁判所と明示するのは，18条3項，106条2項，135条2項，137条2項，145条2項，149条3項，183条3項等である．

Ⅱ　倒産事件と裁判所

（破4～6条）をもとに，ある債務者の破産手続の開始申立てが管轄の地方裁判所になされる．すると，それぞれの裁判所で定められた事務分配に従い特定された裁判体がこれを受理し，以後，「裁判所」は固定し，破産事件を進める上で多くの権限を行使するのは，圧倒的にこの「裁判所」である．これに対し，破産事件から派生して発生した一定の紛争の処理は「裁判所」とは区別して「破産裁判所」に委ねるものとされている．具体的には，債権の確定，否認権，役員の責任といった争訟性の高いものである[3]．「裁判所」も「破産裁判所」も通常複数の裁判体がありうるので，個々の派生紛争がどこの裁判体に係属するかは当該裁判所の事務分配に従うことになる．これを東京の例で示すと，まず，破産事件はすべて，民事第20部（破産再生部）という専門部で集中処理され，同部にも複数の係，裁判体があり，あらかじめ定められた基準に従い個々の事件の「裁判所」が決まる．そして，たとえば債権調査で異議が出ると，破産債権の査定決定は当該「裁判所」で扱い（破125条），それでも決着がつかず異議の訴えとなると，「裁判所」ではなく「破産裁判所」の管轄となり（破126条），東京地裁には50カ部を超える民事部があるのでその中で訴訟事件を扱う部に配点される．もっとも，決定手続と訴訟手続をリレーさせる方式も微妙に位置づけが異なる[4]．なお，破産事件から派生する紛争でも，こうした特別の管轄規定がない場合は，通常の例に従うことになるので，「破産裁判所」を越えて他の裁判所に訴訟が係属することもある[5]．

　ところで，「裁判所」にせよ「破産裁判所」にせよ，わが国において，これを担当する裁判官はと言えば，そこに裁判官としての基本的な差はなくすべて国法上の裁判官を意味していることは自明である．つまり，多少の個人差はあるにせよ，職業裁判官として同質であり，人事異動の一環で配属された先で破

---

[3] しかも派生した紛争につき，「裁判所」の決定手続で処理した後に「破産裁判所」の訴訟手続でさらに争う途を開くという形が多い．再生や更生では，これらのほか，担保権消滅許可請求における価額決定の請求等も「再生（更生）裁判所」で扱うものとされている（民再149条3項，会更105条3項）．

[4] このことについては，佐藤鉄男（2015a）「わが国における裁判所と倒産手続の関係」事業再生と債権管理149号81頁．

[5] 旧会社更生法では，更生会社の財産関係訴訟を更生裁判所に移送させる引取主義が採用されていた（旧会更71条）．これは，関連紛争をまとめる発想である．佐藤鉄男（2011a）「わが国のVis attractiva concursusに関する一考察」同志社法学62巻6号21頁．

産事件を，また関連紛争を，担当することになるものであり，裁判官と事件の結びつきは大きくは偶然でしかない．

　もっとも，現在，裁判所が扱う事件は多くの種類に及んでおり，特殊性・専門性があって毎年相当数の受理が見込まれる事件類型について，これを専門部ないし集中部体制で処理する実務が，規模の大きい裁判所においては確立している．倒産事件もその典型の一つであり，東京地裁や大阪地裁では専門部，その他の地裁でも機械的な事件配点ではなく特定の部に集中させる扱いとなっているようである[6]．この体制は，事件処理の高度化，効率化に資していると思われるが，裁判所の人事政策の中で，専門部・集中部への異動につき格別の方針が明示されているわけではないので，そこへの配属も基本的には偶然というほかない．

　しかし，倒産事件の特殊性・専門性は，考えようによっては，司法政策的にもっと意識的な配慮の余地はないのであろうか．少しばかり外国の例を参考にすることで考えてみたいと思う．

III　諸外国における倒産事件と裁判所

1　総　論

　倒産事件と裁判所の関係は，どこもが日本と同じようなものとなっているのではない．そもそも，倒産という現象に何らかの対処が必要であるとしても，それが当然に裁判所の出番を意味するとは限らない．信用経済の発展を前提に，その基本的要素が債権者と債務者の権利義務という私的自治の支配する領域のものであり，それが束になって現れたとしても商人世界では織り込み済みとも言えるので，内々にケリをつける術がないわけではなかった．債権者の怒りが倒産債務者に対する過酷な懲らしめをもたらすこともあったが，債務者は残余財産を債権者に差し出すことで許しを請い再起を期し，債権者はその残余財産

---

[6]　東京地裁の民事第20部が破産再生部，大阪地裁の第6民事部が倒産，として知られる専門部である．また，東京地裁の民事第8部も会社更生，特別清算を扱う専門部であるが，商事部として商事の訴訟・保全・非訟事件も扱っている．第8部の最新状況については，櫻井進（2016）「東京地裁民事第8部（商事部）の事件の概況」法曹時報68巻10号27頁．破産，再生事件についての専門部，集中部の状況は，定期的に雑誌で報じられている．たとえば，金法の毎年3月発行号の高裁所在地8地裁の破産事件の概況．

III 諸外国における倒産事件と裁判所

を分配する．そうした倒産処理の原型は権力によって押しつけられたのではなく，商人世界で培養されてきたものであると思われる．もっとも，それを場当たり的に行うのではなく，規律ある形で普遍的に行っていくとなると，それなりに煩わしさを伴うので，公共空間での展開が要請されるのも自然の流れであろう．実際，経済の発展により倒産の規模が大きくなってくると，倒産処理には多くの要素があるので，官民双方でこれを支えるプレーヤーの存在が不可欠となった．

すなわち，当事者たる登場人物である債務者と債権者（債権者は複数となる）の存在は当然として，彼らだけでの内々の処理（すなわち，私的整理）では限界があることから，これを公的に管理する視点，中立的に実践する視点で，ここに関与する者が現れることになる．公的に管理する視点とは，言わば倒産処理を主宰する立場の者を指し，それは裁判所や行政ということになろう．これに対して，中立的に実践する視点とは，裁判所や行政の監督の下，専門資格者が倒産処理の現場を担うことである．合わせて倒産処理の担い手ということになる[7]．

本稿では裁判所にターゲットを絞って述べる．それは，倒産処理を主宰する立場であり，開かれた恒常的なシステムとしてはほぼ世界に共通する．すなわち，倒産処理への行政の関与は，政治性のある倒産事件についての非常救済という意味合いが強く（巨大企業，金融機関など），一般の倒産事件にあってはそれが倒産に伴う権利義務の調整という作用との結びつきで裁判所が管理機関として要望されたのであると思われる．しかし，裁判所といってもそれは一律ではない．

というのも，倒産処理を主宰するとか管理するとか言っても，ある程度幅があるであろうし，またそもそも裁判所も国によって違っているからである．しかし，近代法治国家にあっては，裁判所は法を適用することで紛争を解決する機関である点は共通していると思われる．その意味で，基本的には過去志向的で，発生した問題について慎重な見極めをして判断を下す機関で，クオリティ

---

[7] 私どもは科学研究費を頂戴し，この点の研究を行ってきた（基盤研究(B)25285028）．その成果として，シンポジウム（2015）「倒産手続の担い手——その役割と考え方」民訴雑誌 61 号 85 頁，佐藤鉄男＝中西正編（2017）『倒産処理プレーヤーの役割——担い手の理論化とグローバル化への試み』民事法研究会など．

は高いが，時間と費用を覚悟すべきものと理解される傾向にある．したがって，倒産処理の現場を実践するより，あくまで解決のつかない問題の受け皿として背後に控えている，そういう存在であろう．

2 フランスの倒産法と商事裁判所

わが国の近代倒産法を基礎づけたのはフランスのそれであった．すなわち，最初の倒産法典となった，明治23年公布の旧商法の第3編破産は，フランス法に倣ったものであった．したがって，破産はもっぱら商人世界の現象として商法の一部という形でスタートをしたのであった．しかし，統治システムはドイツをモデルに創られた関係で，破産手続を管轄する裁判所に関してはフランスに倣うことはなかった．次に制定された大正の旧破産法がドイツ法に依拠したこともあり，フランス倒産法とわが国の倒産法との繋がりはその後薄れてしまった．

しかし，フランス倒産法は，改正の少なかったわが国とは違い，その後何度も改正を経たが，その間も変わっていないのが，倒産事件を主に管轄するのが商事裁判所（tribunaux de commerce）である点である．商事裁判所は，フランスの裁判所制度にあって最も伝統があるものであり，その独自性ゆえに批判に晒されることもあったが，完全に根づいたものである．その名が示すとおり，倒産事件を含む商事事件全般を扱う裁判所である．そして，その特徴をなすのが，裁判官が職業裁判官ではなく名誉職裁判官，すなわちビジネス界から選ばれる商人であるという点であり，現役のビジネスマンとしての本業を有する非常勤職で無給の扱いとされている．フランス全土で230箇所の商事裁判所に約3000人の商事裁判官が稼働している．任期は2～4年で二段階の間接選挙で選ばれ，再選は妨げないが10年が限度とされる．選任に際し法律学の素養は要求されていないが，商売のエキスパートとして商慣習には精通していることが前提でありまたウリとされる[8]．さらに，倒産事件に関しては，商事裁判官の中から経験等を踏まえ個々の事件につき主任裁判官（juge-commissaire）が指名されることとなっている[9]．

商事裁判所・裁判官の利点は，取り扱う事件の背景である商売に精通してい

---

[8] フランスの商事裁判所については，山本和彦（1995）『フランスの司法』有斐閣223頁以下が貴重な情報を提供している．

ることであり，無給のボランティアであるからキャリア競争とは無縁で，柔軟，迅速，安価であることとされる．しかし，清算型，再建型，倒産予防的な手続を含め相当数ある事件(10)を非常勤の商事裁判官が主宰するということは，現場で処理の実践に当たる他のプレーヤーを想定しないことには成り立たない．それは，司法管理人（administrateur），司法受任者（mandataire judiciare）等の手続機関が裁判所によって任命され，これらが債務者を監督・補佐，あるいは債権者利益を代表する，といった形で個別の事件処理の現場を支えているのである．そして，これらの手続機関になる者については，商法典において，学位等の資格要件，研修制度，試験，報酬といった詳細が定められている．したがって，日々の現場はこれら機関に委ねられ，裁判所は大所高所からの監督，そして事件処理にかかる重要な判断・決断の部分を担っていることがわかる．名誉職裁判官によって構成される商事裁判所は，やはり職業裁判官を入れることによって法的判断の安定性を確保すべき等の改革案が折にふれ唱えられることもあったが，扱う事件の性質のゆえであろう，ビジネス感覚への信頼で今も支持を集めているようである．

3 ドイツの倒産法と裁判所

大正 11 年に，ドイツの 1877 年破産法をモデルに制定された旧破産法が 80 年以上もの命脈を保ったこともあり，わが国の倒産法におけるドイツの影響は大きい．倒産手続と裁判所の関係に関しても，ある程度妥当する．

まず，明治 23 年商法第 3 編における破産手続が地方裁判所の管轄であったものが，大正 11 年の旧破産法の制定を機に，区裁判所の管轄と改められた．これはドイツが倒産事件の管轄を区裁判所（Amtsgericht）としていたことに

---

(9) この点は，商事裁判所こそ模倣できなかったが，明治 23 年商法第 3 編破産において，地方裁判所を破産事件の管轄裁判所として，合議体を構成する裁判体から 1 名を主任官とする形でわが国に応用された（同法 983 条）．

(10) 2003 年までの事件数については，小梁吉章（2005）『フランス倒産法』信山社 6 頁．フランス倒産法の近時の動きについては，山本和彦（2014）「フランス倒産法制の近時の展開」河野正憲先生古稀祝賀『民事手続法の比較法的・歴史的研究』慈学社 501 頁，杉本和士（2015）「フランスにおける物的担保法制と倒産法制の関係」池田真朗ほか編『動産債権担保――比較法のマトリクス』商事法務 237 頁，マリー＝エレーヌ モンセリエ＝ボン（荻野奈緒＝斎藤由起訳）（2015-2016）「フランス倒産法概説(1)(2)(3・完)」阪大法学 65 巻 4 号 157 頁・同 5 号 149 頁・同 6 号 85 頁．

よる．この点は，ドイツは現行法においても変わっていない．もっとも，すべての区裁判所において倒産事件が実施されているのではなく，「ラント裁判所所在地にある，指定の区裁判所」という扱いである（§2 InsO）．区裁判所は，通常事件では最下級の裁判所であるが，その後のわが国の簡易裁判所と異なり，裁判官は法曹資格を有する職業裁判官である．この点，第二次世界大戦後の裁判所改革との関係で，わが国は，設置場所や組織的位置づけでは戦前の区裁判所に対応する簡易裁判所が裁判官の任命資格や制度趣旨を違えたため，この段階で倒産事件の管轄を地方裁判所に移した[11]．その意味で，ドイツと日本では管轄裁判所の格付けを異にしたように映るが，担当するのがもっぱら法曹資格を有する職業裁判官である点ではなお共通している．しかし，ドイツの区裁判所は，通常の民事事件については訴額5000ユーロまでの事件，そして様々な非訟事件を扱う裁判所ということもあり，裁判官は倒産事件に特化するものではなく，これに積極的な関与意思を示さない例も少なくない状況にあるようである[12]．

また，理論的な問題として，破産手続が裁判所の事件として単線的なものではなく，多段階的なものであると同時に多数の紛争を内包したものであり，これらを裁判所としてどこまでをどうやって扱うかドイツで論じられていたことは，わが国でも参考とされていた[13]．もっとも，その際に鍵となっていた Vis attractiva concursus の発想は，現行のドイツ倒産法においては大きく後退し，むしろこの点は EU 圏内における倒産処理において関心を呼んでいる状況にある[14]．

4　イギリスの倒産法と裁判所

イギリスの倒産法は，昭和13年の商法改正の際に導入された会社整理と特

---

[11] 佐藤鉄男（2014）「担い手にみる我が国の倒産法概史」金法2005号79頁．
[12] この点は，科学研究費による共同研究のメンバーである名津井吉裕教授（大阪大学）による，2015年3月の現地ヒアリング調査で確認された．
[13] 中務俊昌（1970）「西独における Vis attractiva concursus 論の再生について」法学論叢88巻1・2・3・合併号43頁，栗田隆（1978）「ドイツ普通法の破産訴訟について」阪大法学39巻3・4合併号527頁．
[14] 河野憲一郎（2014）「倒産手続の手続構造──比較倒産手続法序説」河野古稀・前掲注[10] 616頁．

Ⅲ　諸外国における倒産事件と裁判所

別清算がイギリス法を参考にされたことがあるのを除くと，直接的な影響は少ない．早くから倒産法制を有し，多くの変遷を経て，今日でもコモン・ロー諸国の倒産法のルーツという意味で，常に比較対象とされてきた．そして，長い歴史の中で変遷する様は，倒産処理に誰がどう携わるかという点でも大いに参考に値する．

　イギリスの倒産法制は，個人のそれと会社のそれを別建てにしてきた経緯があり，現在でも法典こそ統一化されたものの制度としては別建てで，裁判所の管轄も異にしている．また，国内のみならず世界の中心都市でもあるロンドンとそれ以外では裁判所の構成も違っていることもあり，複雑である．現在，倒産法制の基本となっているのは，1986年の倒産法であるが，ロンドンの会社の倒産で考えてみよう．イギリスでは，基本的には倒産に関して国家（行政）の比重が大きい国であった．世界をリードする商業国家にとって倒産は公的な関心事であるというスタンスで行政機関の関与が強く，現場も管財官という行政職の果たす役割が大きく，現在も通産省の倒産局（Insolvency Service）がこれを統括している．これに対し，裁判所は，1986年倒産法が支払不能を前提とせず裁判所の関与も要しない手続も取り込んだハイブリッドな法典であることに象徴されるように，必ずしも倒産に関し積極的な役割を果たす存在ではなかった[15]．しかし，法システムとして倒産法制が確立している以上，裁判所がこれに関与していることは当然である．ロンドンでは，倒産事件の管轄裁判所は高等法院（High Court）であるが，高等法院には，女王座部，大法官部，家事部の3ヵ部があり，倒産を扱うのはエクイティの伝統を引き継ぐ大法官部であり，そこに3つ存在する専門法廷のうちの2つ，すなわち個人を扱う個人破産法廷（Bankruptcy Court）と会社法廷（Companies Court）である[16]．そして，専門法廷には裁判官のほかレジスターもいて，役割分担をしており，裁判官は手続の節目になる事項や否認権や債権確定などの争訟事項を扱うものとされている．

---

[15]　担い手としての管財人（官）にターゲットを絞って歴史的スパンでイギリス法の分析を試みているのは，高田賢治（2012）『破産管財人制度論』有斐閣である．

[16]　イギリスとアメリカのBankruptcy CourtとBankruptcy Judgeの比較については，中島弘雅＝田頭章一編（2003）『英米倒産法キーワード』弘文堂85頁以下〔高田賢治〕．幡新大実（2009）『イギリスの司法制度』東信堂101頁．

専門法廷として担当事件に関する専門性は高いが[17]，もちろん，裁判所が倒産処理の現場を担うわけではない．第三者の立場で倒産処理の日常業務を担う管財人の果たす役割がイギリスでも大きい．管財人（trustee）制度も変遷し，また会社の倒産事件ではこれに相当するのは管理人，清算人であるが，この点で現在のイギリスにおいて重要なのは，この倒産処理の現場に就くには，倒産処理実務家（Insolvency Practitioner）の資格を有していなければならないとされていることである．この資格を取得するには，通産省倒産局の認定する専門家団体のメンバーになる必要があり，公認会計士，ソリシタが資格を得て活躍している．担い手の質が保証されることで，倒産処理に対する国民の信頼の確保に資している．イギリスでは，法律家であるソリシタよりも公認会計士がことに会社の倒産事件ではメジャーな存在となっている[18]．

5 アメリカにおける倒産手続と裁判所

(1) 概　略

倒産事件と裁判所と言えば，アメリカが最も話題に富む．今や世界の倒産法をリードするアメリカ倒産法（Bankruptcy Code）であるが，この点の問題だけでも興味は尽きない．それ自体は国特有の事情に由来する問題が多くなるが，他国にも参考になるものである．

まず，アメリカにおいて倒産の規律は，憲法上，連邦事項とされており，連邦倒産法に基づく倒産手続は連邦裁判所で処理される．これを前提に，倒産事件の実際の処理は，連邦地裁に付設された倒産裁判所（Bankruptcy Court）にすべて委ねられており，当該裁判所において担当にあたるのが倒産裁判官（Bankruptcy Judge）と呼ばれる人材である．すなわち，裁判所にあってまさに倒産事件に特化した裁判所，そして裁判官が存在しているのがアメリカなのであるが，その微妙な成り立ちと位置づけは何かと問題の原因ともなってきた．というのも，倒産裁判所といっても，裁判所の機構の上ではあくまで連邦地裁

---

[17]　エクイティの伝統を引き継ぐ大法官部に対し，コモン・ローの伝統を承継するのが女王座部であり，女王座部の専門法廷の一つが商事法廷（Commercial Court）であり，諸外国の商事裁判所と比較されるのはこちらであるが，倒産事件そのものは扱わない．

[18]　この点は，科学研究費にかかる共同研究のメンバーである，高田賢治教授，北島（村田）典子教授，杉本純子准教授の2013年9月の現地インタビュー調査で確認できた．

の一部署にすぎないものであるし，一番の問題は，倒産裁判官が裁判所の職制上は連邦地裁の職員（judicial officer）であり，裁判官と称しても憲法で終身の身分保障のされた裁判官ではないことである[19]．さらに，アメリカの倒産手続で忘れてはならないのが，連邦管財官（United States Trustee）という司法長官によって任命された司法省の役人もこれに関与している点である．これはかつて破産審理人（referee）の名称で倒産手続に関係していたものが，1978年の倒産法改正の際に，倒産裁判官との役割分担を明確にするべく編制し直されたものである．すなわち，倒産事件に関係する行政事務的な部分を連邦管財官が引き受けることで，裁判官には判断作用に専念してもらおうという考えが根底にある．具体的には，管財人候補者のリストを整備したり，管財人の選任，倒産事件にかかる専門家報酬のチェック，債権者委員会の監督，倒産事件の進捗状況のモニタリング等々，言わば事件処理のマネージメント的な存在と位置づけられている[20]．

　そして，もちろん，個別の倒産事件の現場を実践する者も存在する．ここでも，アメリカはD.I.P.（Debtor in possession）という，管財人を選任せず，債務者に管理処分権を残す方式の採用という思い切った策に出た（わが国の再生債務者はまさにこれをモデルとしたものである）．もっとも，それは再建型の第11章手続においてであり，清算型の第7章手続では管財人が選任されるし，再建型でも第12章・第13章事件では複数事件処理を可能とする常置管財人方式が採られている．管財人になる者の資格は法定されていないため，弁護士や会計士に限定されることはないが相応の知識・経験を有する者が連邦管財官の名簿作成の際に選抜されている．個別の事件で管財人に就任した際には全体の利益を代表する立場に立つが，アメリカの場合，弁護士や会計士ほか各種専門家が，個々のプレーヤーをサポートする形も多い．

---

[19] 倒産裁判官の任期は14年とされている．豊富な実務経験を有する弁護士が選任される例が多く，再任も妨げない．また，倒産裁判所は連邦地裁の一部署ではあるが，独立した場所を有している場合が多い（2015年2月，ハワイの倒産裁判所を訪問する機会があり，Faris判事のご好意で倒産事件のヒアリングも傍聴させていただいた）．

[20] こうしたアメリカにおける担い手の歴史的経緯から1996年までの状況については，高木新二郎（1996）『アメリカ連邦倒産法』商事法務研究会の「第9章 倒産裁判所・倒産裁判官」「第10章 連邦管財官・管財人」．

(2) 倒産裁判官をめぐる問題点

あたかも倒産事件に特化した専門の裁判所，そして裁判官が存在しているかの如くであるが，特殊な位置づけは問題も生んできた．

原因は，アメリカの倒産手続のシステムの中核となる倒産裁判官が，終身身分保障のある憲法上の裁判官ではないことによる．やがてこれは，倒産裁判官は倒産事件に関係する多くの事項につき権限を行使するものの，その事項が有する性質如何で倒産裁判官に委ねられるべき権限の範囲を超えているのではないかという違憲問題に発展することになるのであった．

既に先行研究があるので，ここでは簡単に述べるが，著名なのは，1982年に連邦最高裁の違憲判断に至ったマラソン事件と同じく2011年のスターン事件である[21]．マラソン事件[22]は，某会社の第11章手続に絡み，これに派生して契約違反等に基づく損害賠償の紛争が派生したところ，これについて倒産裁判所が判断をしたところ，このような性質の紛争まで身分保障のない倒産裁判官に判断権限を与える管轄規定[23]が憲法に反するのではないか問題となったものである．連邦最高裁は，当時の規定を違憲であると結論づけた．それを受けて，合衆国議会は1984年に法改正を行い，連邦倒産法に基づく事件から派生した紛争の管轄権は連邦地方裁判所に属し，連邦地方裁判所がその地区の倒産裁判所に実際の処理を付託するという構成にした．ところが，それもまた違憲とされたのがスターン事件である[24]．本件は，ある富豪の相続に絡み若き後妻と富豪の実の息子の間で争いが起き，後妻が連邦倒産法第11章手続に入ったため，損害賠償請求に関し倒産裁判所が判断することとなった．敗訴となった息子の

---

[21] この二つを紹介するものとして，木南敦 (2013)「合衆国の司法権と破産裁判所」田原睦夫先生古稀・最高裁判事退官記念『現代民事法の実務と理論・下巻』きんざい2頁，浅香吉幹 (2015)「アメリカ破産法の憲法問題」伊藤眞先生古稀祝賀『民事手続の現代的使命』有斐閣711頁，河野 (2014)・前掲論文注(14)．

[22] 連邦最高裁判決は，Northern Pipeline Construction Co. v. Marathon Pipe Line Co., 458 U. S. 50 (1982)

[23] 連邦倒産法にかかる手続的な規律は，連邦倒産手続規則のほか，倒産法とは別の連邦法（司法および司法手続法，合衆国法典第28編）で詳細に定められており，本件では後者の規定が問題となった．手続規律については，松下淳一 (1999)「米国連邦倒産手続の規律の現状及び立法論の動向 —— 裁判権 (jurisdiction) 及び手続法上の諸問題について」学習院大学法学会雑誌34巻2号23頁．

[24] 連邦最高裁判決は，Stern v. Marshall, 131 S. Ct. 2594 (2011)

方が，倒産裁判所にはこうした請求について判断する権限があるのかと疑問を呈し連邦最高裁の判断を仰ぐこととなった．連邦最高裁の判断は5対4と割れたが，法廷意見は，合衆国法典28編の規定の上では倒産裁判所にかかる請求について判断権限があるが，憲法はそのような規定を許していると解することはできない，とまたもや違憲とされたのである．

(3) 倒産事件と裁判所の関係

上記の点は，確かにアメリカ特有の脈絡において問題となったにすぎないとも言えるが，倒産事件というものが性質を異にした様々な争いを抱えており，それを誰がどう裁くか，倒産事件にかかる主宰者がどうあるべきかを考えさせる貴重な題材と考えてよかろう．

アメリカでは，倒産事件にかかる現場の業務は管財人，行政的マネージメントは連邦管財官がそれぞれ担っている．ここに裁判所が関与する意味は，当然のことながら，法を適用するための判断作用を引き受けることであろう．これが裁判所に倒産に関する裁判権が与えられている意義であると言えるが，これを前述のような位置づけの特別な「裁判所」「裁判官」に付託しているのがアメリカである．マラソン事件における違憲判断を受け，合衆国議会は，倒産事件から派生する紛争を核心手続（core proceedings）と非核心手続（non-core proceedings or related proceedings）とに切り分け，前者については倒産裁判権の一環として倒産裁判官が審理・判断できるのに対し，後者については倒産裁判官に最終判断する権限がないとした．問題はその切り分けであるが，倒産実体法にかかる事項のほとんどは前者に位置づけられ，後者に属するのは州法に基づく契約関係訴訟等とされている．一つの試みとして興味深いものであるが，これ自体がスターン事件で疑問視されてしまったのである．

この点は，いずれにしても職業裁判官が担当するにもかかわらず，「裁判所」と「倒産裁判所」を使い分け，さらには決定手続によるか判決手続によるか，そこにおいて憲法問題が意識されてきたわが国も他人事と言ってはいられないだろう[25]．

---

[25] 佐藤鉄男（2010）「倒産法の憲法的考察」民訴雑誌56号1頁．

IV 専門部・集中部から日本型商事裁判所へ

　簡単にフランス，ドイツ，イギリス，アメリカにおける倒産手続の担い手としての裁判所，そして裁判官がどのような位置づけにあるかを眺めてきた．状況はこの4ヵ国に限ってもかなり異なっている．管轄裁判所のランクに違いはあるものの，もっぱら職業裁判官に倒産事件にかかる権限を委ね一般の民事裁判権の中に包括されている点で，ドイツと日本は似ている．これに対し，他の3ヵ国は倒産事件の特殊性・専門性に照らしてであろう，倒産事件にかかる特別の裁判システムが意識されている．イギリスはそれでもなお職業裁判官の権限に収まっているが，フランスとアメリカは位置づけを異にした裁判官を充てている．このうち，フランスは倒産事件を含む商事事件を広く扱う，名誉職裁判官からなる商事裁判所がこれを担い，アメリカは倒産事件に特化した裁判所，裁判官が独特な位置づけで制度を担っているということになる．

1 専門部制の意義と限界

　IIで触れたように，わが国では，倒産事件は専門部ないし集中部の方式で扱われる事件類型の典型であり，つまり裁判所において意図的な事件の振り分けがなされている．これは事件の性質に照らし裁判所の対応に特徴が現れるものと認識されていることを意味し，蓄積された事件処理のノウハウを効果的に活用するためには，受理事件全般の中に埋没させずに特定の裁判体に事件を回すに限るというわけであろう．こうした専門部制が試みられているものとしては，倒産事件のほかに，知財関係，労働事件，医療過誤事件，行政関係事件，民事執行，民事保全といったものが知られている．もちろん，専門部制には相応の事件数が必要であろうから，すべての裁判所でその条件が整っているわけではない．そして，専門部制といっても，わが国の裁判所人事では専門部に人材を長期間固定するようなことはされていないという意味で，専門部への配属は期間限定なので人材の専門化を想定したものではない．むしろ，部内に蓄積されたノウハウは新しく異動してきた者に直ちに継承され，同時に専門部の出身者はその経験を異動先（の対応部）で伝授するといったことが考えられるに止まる．しかし，わが国特有の事情によるが，専門部の発信力には注目すべき点も

IV　専門部・集中部から日本型商事裁判所へ

ある．それは，とりわけ東京と大阪の専門部の情報発信力である．人材の過度の都心集中の負の側面に注意する必要はあるが，充実した専門部体制でノウハウは深められ，それが部内限りのものとされることなく折に触れて発信されていることである[26]．たとえば，東京地裁から発信された個人破産事件における少額管財手続が全国に広がり，廃止率が減り管財事件が増えたのはこれを実感させる．また，裁判所だけではなく弁護士会との協力関係を含めてのものではあるが，倒産処理に東京方式と大阪方式がありいい意味での専門的知見の比較がされていたことが知られているし[27]，倒産事件を扱う弁護士が，会員数5000名にも及ぶ団体を組織したのも専門部制と無関係ではなかろう[28]．

まさに倒産事件は専門部制によって支えられていると言って間違いない．しかし，目下の専門部制は，人事面での任用，異動等で格別な扱いを想定したものではなさそうである[29]．その意味では，成果がどう現れるかは偶然に左右される面もあるし，わが国の場合，専門部の裁判官と言ってもキャリア裁判官のきわめて短い異動サイクルの一コマにすぎないのが実情である．

また，次のようなことも言えるだろう．倒産専門部と聞けば，あたかもそこで倒産事件の全てがワン・ストップで取り扱われているかの言葉の響きがあるが，実はそうではない．確かに，考え方として存在する Vis attractiva concur-

---

[26]　専門部の運用は法曹時報や民間法律雑誌で紹介される機会が多い．やや古くなったが，NBLにおける特集としては，山口和宏（2006）「東京地方裁判所商事部の実情と課題」NBL824号8頁，西謙二（2006）「東京地方裁判所破産再生部の現状と課題」NBL824号14頁，林圭介（2006）「大阪地方裁判所倒産部の実情と課題」NBL832号48頁．

[27]　倒産処理実務の東西比較が座談会形式で詳細に語られたのが，（1988～1989）『和議』『会社更生・会社整理』『破産・特別清算』（商事法務研究会）の3部作である．さらに，倒産処理の実務書には，弁護士の手によるもののほか，裁判所が編集した物が多く出されており，とりわけこれは現場への影響力が大きい．

[28]　2002年に設立された全国倒産処理弁護士ネットワーク（通称：全倒ネット）である．専門的知見の公開（研究活動，出版活動），メーリングリストによる情報交換等めざましい活動をしている．これについて，佐藤鉄男（2015b）「倒産手続の担い手団体の効用と可能性」NBL1061号19頁．

[29]　高木新二郎弁護士の任官がアメリカの倒産裁判官を意識したものであったことはよく知られているが，東京地裁民事第20部に配属された期間は短かった．倒産専門部の裁判官には適任者を得ていることが多い印象は受けるが，そこに明確な人事政策が意図されたものであるかは不明である．

sus は関連する紛争もひっくるめて1カ所で解決する，それが倒産処理全体の正義に資するという発想を読み取ることができるが，もともとそれほど徹底される考え方ではない．倒産事件は多様な紛争を派生させるものであるところ，現行法では，債権確定，否認権，法人の役員責任等の最終決着は専門部を意味しない「倒産裁判所」に委ねられているし，債務者の財産をめぐる取戻や担保，契約関係，相殺など倒産処理の過程でこじれる問題の多くは，訴訟当事者適格が手続機関に変わるだけで[30]，一般の訴訟事件に埋没する[31]．その意味では，倒産事件から派生する争訟性の強い紛争の決着は実は倒産専門部の権限外となっており，むしろ倒産専門部が引き受けているのは，倒産事件にかかる行政執行的な側面，マネージメント的側面であることに気づく．もちろん，それは正しく事態を認識し倒産法を解釈運用する法律作用を伴うものではあるが，権利義務にかかる最終決着に結びつくものは少ないし，重要度の高いものは即時抗告で上級審への途が開かれている[32]．言ってみれば，倒産専門部といえども，倒産処理全体に占める役割の比重は意外に小さいというわけである．

2　司法制度改革の脈絡と倒産事件

1996年に法制審議会の倒産法部会が設けられたことで始まった倒産法制の改正作業と，1999年の司法制度改革審議会の設置で本格化した一連の司法制度改革は，時期的にオーバーラップする．しかし，両者がクロスオーバーした形跡はほとんど見出せない．たとえば，裁判所における専門的知見の必要性から専門委員制度が導入されるに至ったが，そこで話題に上ったのは知財事件，医療過誤事件，建築瑕疵事件などであり，倒産事件は射程外であった．また，裁判所システムにかかる新機軸となった，裁判員制度，知財高裁，労働審判なども倒産事件に直接影響するところはない．つまり，専門部が設置される類型

---

[30] 破産法の条文でこれを示せば，破産財団に関する訴訟の当事者適格は破産管財人に属し（80条），開始前に係属していた関連訴訟は中断・受継を経る（44条・45条）．

[31] 倒産法のリーディング・ケースと目されるものの大半は，倒産専門部ではない通常部が第一審である．佐藤鉄男（2015a）・前掲論文注(4)81頁の注(21)参照．

[32] 破産法，民事再生法，会社更生法で合計すると90に近いものにつき即時抗告の途が開かれ，それに関しては利害関係人が鍵を握っている．佐藤鉄男（2015c）「倒産処理と社会正義——周辺的利害関係人をいかに遇するか」今中利昭先生傘寿記念『会社法・倒産法の現代的展開』（民事法研究会）384頁．

にあって，倒産事件は法自体の大改正はあったが司法制度改革の波は及ばなかったというわけである．

だが，世界に目を転じれば，倒産事件について職業裁判官に依存しない国があるのだから，ここに裁判員裁判，労働審判に見られるような工夫を試みることがあっても悪くはないだろう．刑事裁判にかかる裁判員制度は性質が違いすぎるので言及しないが，労働事件にかかる労働審判は経済が絡む民事事件の特別類型として倒産事件と通ずるところがなくはなかろう．少しく概観してみよう．

2006年4月に運用が開始された労働審判は，個別的労働関係にかかる民事紛争について，職業裁判官（労働審判官）1名と民間から選ばれた労働審判員2名で構成される労働審判委員会で，3回以内の期日で簡易迅速かつ柔軟な解決を目指す，特別な裁判制度である．現在までのところ，すべての地裁本庁と2地裁支部で実施されている[33]．すなわち，全国で展開されている制度であり，労働審判員には労働者側と使用者側がほぼ同数，全国で計1500人近くが任命されている[34]．審判員の候補者は，各地の労使の団体が推薦する体制が整い，労働関係に関する知識・経験を有する適格者を最高裁が任期2年の非常勤公務員の身分で任命し，具体的な担当は個別の事件を担当する労働審判官が当該地区の候補者から指名する形で決まる．事件数は全国合計で年間3500件ほどで推移しており，7割方が調停で終結しているとされる．概ね制度趣旨に沿った運用がされているようであるが，代理人として弁護士が就く率が高く，審判員の関与と合わせて考えるとコストのかかる制度でもある[35]．しかし，こうした制度がわが国でも定着しワークしていることは慶賀すべきことである．

3　日本型商事裁判所と倒産事件

フランスやアメリカでは倒産事件を支える裁判所の仕組みがわが国とは大き

---

[33]　東京地裁立川支部と福岡地裁小倉支部である．この2支部は本庁化運動もある，大型支部である．佐藤鉄男（2011b）「地域司法計画運動と弁護士会――点から線へ，目的から手段へ」自由と正義62巻2号35頁．

[34]　菅野和夫ほか座談会（2015）「労働審判創設10年」ジュリスト1480号40頁資料6「労働審判員の任命状況」参照．

[35]　制度の外観と評価については，山川隆一（2015）「個別労働紛争解決システムにおける労働審判制度」ジュリスト1480号14頁．

く異なる．フランスは，商人から選ばれた名誉職の商事裁判官で構成される商事裁判所の伝統があり，これが広く商事事件全般とともに（企業の）倒産事件も受け持つ[36]．これに対して，アメリカは，連邦地裁の一部局を倒産裁判所としそこに憲法上の裁判官の位置づけにはなく任期の定めのある倒産裁判官をおきこれが広く権限を行使している．ともにわが国では思い至ったことのない発想で運営されていると言えよう．とりわけ，明治23年商法第3編破産がフランス法に大きく依拠しながらも，この商事裁判所に破産事件を委ねる点は採用の限りではなかった．

しかし，この時代に改めて考えてどうであろうか．倒産事件は，裁判所が引き受けている種々の事件の中でもかなり特殊な部類に属する．もともと，訴えに始まり判決で終わる訴訟事件と異なり，倒産事件における裁判所は錯綜する関係者の利害調整過程のマネージメント役に比重がかかるものと理解できる．そこから派生する争訟性の強い紛争は必要に応じ，倒産事件を担当する狭義の裁判所の手を離れ別に通常の形で裁判所を利用する．このような特質に照らせば，職業裁判官の専属的権限領域という発想へのこだわりを捨て自由な試みを採り入れることがあっても良いであろう．そのような意図で，本稿における提言として，日本型商事裁判所を創設しそこに現在の倒産手続を委ねるアイディアを展開してみたい．

V 日本型商事裁判所構想

これは決して突拍子もない発想ではない．今のわが国はその素地が十分あると考える．

1 民事執行センターと労働審判からの示唆

まず，物理的に既存の裁判所庁舎から離れてみよう．既に，やはり裁判所が担っている事件としては異質の部類に属し，倒産事件とも関係の深い民事執行

---

[36] ドイツでは，倒産事件は区裁判所の管轄であるが，地方裁判所の商事部では，職業裁判官（1名）とともに商人から選任された名誉職裁判官（2名）が商事事件について合議体を形成している．ほかの裁判権でも様々な形で名誉職裁判官が活躍しているが，商事部の裁判官は特に商事裁判官（Handelsrichter）と呼ばれる．

V 日本型商事裁判所構想

事件につき，東京地裁と大阪地裁はこれを実現済みである．すなわち，東京地裁民事第21部は目黒区目黒本町に，大阪地裁第14民事部は淀川区三国本町に，民事執行センターとして地裁本庁舎とは別の場所で執務を行っている．くしくも，東京地裁は民事第8部と第20部を核としたサービスを本庁舎とは別の場所で提供する構想があると聞いている(37)．ハワイで見学の機会を得た倒産裁判所も，組織上は連邦地裁の一部局とされながら，地裁庁舎とは別のダウンタウン（商業地区）のビルの一角にあった．役所街に，裁判所と検察庁が並び，周辺に弁護士事務所が点在する，そのような光景にこだわる必要はない．執行センターの中で比重の大きい不動産競売では，こうした場所で民間の不動産屋とサービスを競うくらいでも良いのである．

そして，労働審判を支える審判員は，それが労使の団体の推薦を受けて就任し裁判所の一員として役割を果たしている点で意義深い．すなわち，労働分野の専門的知見をもった人材が全国に存在し，これを手当てする体制が整っているということである．倒産事件への関与に必要な専門的知見は労働分野のそれとは同じではないが，重なる部分もあり，心配は要らない．確かに，わが国は，フランスの商事裁判所を真似ることはしなかったが，同じフランスにルーツのあるとされる商工会議所，商工会という地域に根差した経済団体が明治以来活動してきた実績がある(38)．とりわけ，商工会議所は，倒産分野で，中小企業再生支援協議会の実働をこれまで担ってきていることも忘れてはいけない．仮に地裁本庁とある程度の事件数の見込まれる支部で，組織としては地裁に付属する「日本型商事裁判所」を立ち上げ，ここに，労働審判員に準じた「商事審判員」のような民間人を関与させるとした場合，人材の給源は確保できるのではないだろうか．

2 日本型商事裁判所の概要

どのようにこれを構想するか，いろいろな可能性がありえよう．叩き台のつ

---

(37) 通称は，倒産部，商事部，商事（ビジネス）裁判所と，どこまでのサービスをここで提供するかで変わってこよう．

(38) 商工会議所は，商工会議所法を根拠法として経産省の経済産業政策局の監督の下，市レベルで団体を形成し，現在500カ所あまり存在する．これに対し，商工会は，商工会法が根拠法で，経産省の中小企業庁の監督の下，町村レベルで小規模事業者が集っており，全国で1673ほどある．

もりで筆者のイメージしているところを述べておきたい．

　アメリカ式に倒産事件に特化するか，それともフランス式に商事事件全般とするか，どちらも可能ではあると思うが，この際，インパクトの強い後者で行っても良かろう．ただ，職業裁判官抜きの民間人のみでの発足は冒険がすぎるように思うし，商事訴訟事件も権限内とする構想では当面は職業裁判官は不可欠であろう．しかし，倒産事件に限って言えば，争訟性の強い紛争案件は通常の訴訟事件として外に出されているわが国の現行法を前提に考えると，マネージメント的作用は民間から選任された商事審判員に委ね，重要度が高い判断事項（即時抗告の途が開かれているものがこれに相当しよう）は職業裁判官と商事審判員の合議で扱う，といった運用が考えられよう．

　地裁本庁が50に，現在の支部数が203でこのうち合議事件取扱支部が63であるが，この数（50＋63）が一つの目安であろう．裁判員裁判が本庁プラス10支部，労働審判が本庁プラス2支部で実施されているが，倒産事件はこれらより事件数が多いからである．商事審判員は，商事裁判所の取扱事件に関する知識・経験を有する資格者（弁護士，公認会計士，税理士，中小企業診断士等）のほか，当該地区の商工会議所や商工会から推薦される者から選任すれば良いだろう．商工会議所には，企業の金融相談や倒産防止相談に従事する「商工調停士」という専門職員が配置されており，有力な給源である．原則2年ほどの任期で，本業を維持しながら非常勤職員として支えてもらえないだろうか．事件数がそれほど多くない地区では，独立の庁舎ではなく商工会議所に間借りすることも妨げない[39]．

　さしあたり裁判所内の制度としての発足を想定すればこんなところであるが，近時充実しつつある制度化された私的整理やその他倒産関連の施策をも視野に入れ，また全国の商事裁判所の連絡調整役という意味で何らかの全国委員会があっても良い[40]．

---

[39] 台湾では，従来から商會という業界団体による民間の和議が成果を収めており，破産法でも公認されている．

[40] 棚瀬孝雄＝伊藤眞（1979）『企業倒産の法理と運用』有斐閣275頁以下で提示された倒産処理委員会の構想はこれに近いものであろうか．あるいは，スウェーデンでワークしている倒産オンブズマンのような存在も有用かもしれない．

Ⅵ 結びにかえて

　以上，宮澤節生先生の古稀記念の場を借りて，筆者の本来の守備範囲と司法制度への関心を強引に結び付けた観もあるが，お許しいただきたい．司法改革の道のりはまだ続く．しかし，先の司法制度改革の評価は分かれるところであるが，議論上のタブーは随分減ったように思う．外国に目を向けると裁判所における倒産手続が，わが国とはかなり違った仕組みになっていることもわかったので，日本型商事裁判所を発足させここに倒産手続を委ねることを提言してみた．倒産事件の性質はこうした発想になじむものであり，また日本社会にはこれを支える人的基盤もあると考えたからである．倒産法，そして司法制度にとっても新機軸として活性剤になりうるものと信じる．

　拙い考察であるが，本稿をもって宮澤節生先生の古稀のお祝いとしたい．

〔文　献〕

浅香吉幹(2015)「アメリカ破産法の憲法問題」高橋宏志ほか編『民事手続の現代的使命　伊藤眞先生古稀祝賀』有斐閣，711頁．

幡新大実(2009)『イギリスの司法制度』東信堂，101頁．

林圭介(2006)「大阪地方裁判所倒産部の実情と課題」NBL832号48頁．

木南敦(2013)「合衆国の司法権と破産裁判所」金融財政事情研究会編『現代民事法の実務と理論・下巻　田原睦夫先生古稀・最高裁判事退官記念』金融財政事情研究会，2頁．

小梁吉章(2005)『フランス倒産法』信山社，6頁．

河野憲一郎(2014)「倒産手続の手続構造——比較倒産手続法序説」本間靖規ほか編『民事手続法の比較法的・歴史的研究　河野正憲先生古稀祝賀』慈学社，616頁．

栗田隆(1978)「ドイツ普通法の破産訴訟について」阪大法学39巻3・4合併号527頁．

マリー＝エレーヌ　モンセリエ＝ボン（荻野奈緒＝斎藤由起訳）(2015-2016)「フランス倒産法概説(1)(2)(3・完)」阪大法学65巻4号157頁・同5号149頁・同6号85頁．

松下淳一(1999)「米国連邦倒産手続の規律の現状及び立法論の動向——裁判権（jurisdiction）及び手続法上の諸問題について」学習院大学法学会雑誌34巻2号23頁．

中務俊昌(1970)「西独における Vis attractiva concursus 論の再生について」法学論叢88巻1・2・3・合併号43頁．

西謙二(2006)「東京地方裁判所破産再生部の現状と課題」NBL824号14頁．

櫻井進(2016)「東京地裁民事第8部（商事部）の事件の概況」法曹時報68巻10号27頁．

佐藤鉄男（2010）「倒産法の憲法的考察」民訴雑誌56号1頁.
── （2011a）「わが国のVis attractiva concursusに関する一考察」同志社法学62巻6号21頁.
── （2011b）「地域司法計画運動と弁護士会 ── 点から線へ，目的から手段へ」自由と正義62巻2号35頁.
── （2014）「担い手にみる我が国の倒産法概史」金法2005号79頁.
── （2015a）「わが国における裁判所と倒産手続の関係」事業再生と債権管理149号81頁.
── （2015b）「倒産手続の担い手団体の効用と可能性」NBL1061号19頁.
── （2015c）「倒産処理と社会正義 ── 周辺の利害関係人をいかに遇するか」『会社法・倒産法の現代的展開 今中利昭先生傘寿記念』民事法研究会，384頁.
佐藤鉄男＝中西正編（2017）『倒産処理プレーヤーの役割 ── 担い手の理論化とグローバル化への試み』民事法研究会.
シンポジウム（2015）「倒産手続の担い手 ── その役割と考え方」民訴雑誌61号85頁.
杉本和士（2015）「フランスにおける物的担保法制と倒産法制の関係」池田真朗ほか編『動産債権担保──比較法のマトリクス』商事法務，237頁.
菅野和夫ほか座談会（2015）「労働審判創設10年」ジュリスト1480号40頁資料6「労働審判員の任命状況」参照.
髙田賢治（2012）『破産管財人制度論』有斐閣.
── （2003）中島弘雅＝田頭章一編『英米倒産法キーワード』弘文堂，85頁以下.
髙木新二郎（1996）『アメリカ連邦倒産法』商事法務研究会「第9章 倒産裁判所・倒産裁判官」「第10章 連邦管財官・管財人」.
棚瀬孝雄＝伊藤眞（1979）『企業倒産の法理と運用』有斐閣，275頁以下.
山口和宏（2006）「東京地方裁判所商事部の実情と課題」NBL824号8頁.
山川隆一（2015）「個別労働紛争解決システムにおける労働審判制度」ジュリスト1480号14頁.
山本和彦（1995）『フランスの司法』有斐閣，223頁以下.
── （2014）「フランス倒産法制の近時の展開」本間靖規ほか編『民事手続法の比較法的・歴史的研究 河野正憲先生古稀祝賀』慈学社，501頁.

〔付記〕本稿は，科学研究費・基盤研究（B）〔課題番号25285028〕の研究成果の一部である.

30 裁判官幹部人事・2010年以降の傾向分析
―― いかなる変化がみられるか ――

西 川 伸 一

I　はじめに

　私が拙著『裁判官幹部人事の研究』（五月書房）を刊行したのは，2010年9月のことである．それから6年以上が経過した．この間の裁判官幹部人事は具体的にどのようになされ，いかなる傾向が把握できるのか．また，そこには従来の人事とは異なる特徴がみられるのか．結論を先に述べれば，女性幹部が着実に増え，各ポストに就く裁判官の出身大学や経歴の多様化も進んでいる．反面，意外感ないしは唐突感を否めない人事もある．
　以下，各級の幹部人事についてこれらの点を検証していく．なお，本稿の対象期間は2016年12月末日までであり，それ以降に生じた最高裁判事の異動については本文の末尾に〔追記〕として加筆した．

II　最高裁判所長官

　2014年3月31日付で竹﨑博允最高裁長官が依願退官し，翌4月1日付で寺田逸郎最高裁判事が第18代の最高裁長官に就任した．寺田の父は第10代最高裁長官の寺田治郎であり，親子2代にわたって最高裁長官を務めるはじめてのケースとなった．なお，寺田逸郎の父方の祖父・寺田正治郎[1]も裁判官である．
　前長官の竹﨑が依願退官したのは「健康上の理由」とされた．ただ，1944年7月8日生まれの竹﨑は2014年7月7日の定年退官日まで，あと3か月あまりだった．急いで依願退官するほどの健康面での問題を抱えていたとは考えにくい．というのも，2014年2月26日の最高裁裁判官会議で竹﨑は退官の意

向を表明し了承され，内閣に退官届を提出した．それでも，「急に体調が悪化したわけではなく，3月末まで執務を続けるという」（2014年2月27日付『朝日新聞』）と報じられたからだ．しかも，最高裁長官の依願退官は珍しい．第12代長官の草場良八が定年退官日より8日早く依願退官した例があるのみである．おそらく竹﨑は別の強い動機によって依願退官を選んだのだろう．

　2013年8月に安倍晋三首相は内閣法制局の内部昇格の人事慣行を無視して，小松一郎駐仏大使を内閣法制局長官に充てた．集団的自衛権行使を可能にする憲法解釈を引き出すため，自分の考えに近い小松を長官に抜擢したのだ．政権による露骨な人事介入といえる．竹﨑の定年退官日から逆算して，政権は最高裁に対しても同じ狙いで人事権を行使する準備を進めかねない．竹﨑の異例の依願退官はその機先を制する「予期反応」だったのではないか．あるいは，裁判所には介入させないという政権に向けた意思表示ではなかったか．

　あるベテラン裁判官は，「竹﨑長官の定年が近づいて注目が集まる前に先手を打ち，後任人事をスムーズに進める意図があったのかもしれない」と推測してみせた（2014年3月8日付『北海道新聞』）．「7月と思っていたはずの退任を前倒しで表明すれば，官邸は後任の候補者選びが間に合わない．官邸に準備の時間を与えなかったということではないか」という最高裁関係者の声もある（同年3月7日付『朝日新聞』）．

　第9代長官の服部高顯以来，東京高裁長官から直接最高裁長官に就いた竹﨑を例外として，長官には裁判官出身の最高裁判事が昇格してきた．その意味では，寺田の就任は順当といえる．竹﨑が依願退官の意向を明らかにした2014年2月26日時点で，次の5人の裁判官出身の最高裁判事がいた（表1）．

　彼ら5人のうち，金築，千葉，白木では長官に昇格しても1年弱から2年弱しか在職できないので，候補から外れよう．大谷ではなく寺田が選ばれた理由をどう考えればよいのか．

　大谷は最高裁事務総局[2]の官房事務部局である総務局と経理局でそれぞれ局

---

(1) 1877年11月3日生まれ．1901年日本法律学校卒業．同年に判事検事登用第1回試験に及第し，司法官試補．1903年判事．名古屋，福井，金沢，京都などの地方裁判所に勤務し，1930年に勅任官待遇，1932年に姫路区裁判所監督判事となり，1938年3月29日付で大審院判事に補され，同日退職を命じられた（1938年3月30日付『朝日新聞』夕刊）．

Ⅱ　最高裁判所長官

付と課長を歴任して最高裁事務総長（以下，事務総長）に就いたエリート司法官僚である．裁判官としては刑事系だった．これに対して，寺田は父が裁判所の要職に就いていたこともあって，任官後

表1：2014年2月26日時点での裁判官出身の最高裁判事（任命順）

	氏名	生年月日	期*	任命日	定年退官日
1	金築誠志	1945.4.1	21	2009.1.26	2015.3.31
2	千葉勝美	1946.8.25	24	2009.1.28	2016.1.27
3	白木　勇	1945.2.15	22	2010.1.15	2015.2.14
4	大谷剛彦	1947.3.10	24	2010.6.12	2017.3.9
5	寺田逸郎	1948.1.9	26	2010.12.27	2018.1.8

（出典）筆者作成．＊は司法修習の期を示す．以下，同じ．

7年目の1981年に法務省民事局に出された．その後法務省で民事局長まで栄進し，2009年に東京高裁判事として裁判所に復帰した．この間一度も法服を着ることはなく，法務官僚としてキャリアを積んだ．事務総局での勤務経験はない．

戦後の司法修習を経て裁判官となり最高裁長官にのぼりつめたのは，矢口洪一（高輪1期）から竹﨑まで7人を数え，全員事務総局での勤務経験がある．その点では寺田の起用は異色に映る．もちろん憲法上，最高裁長官を指名するのは内閣である．実際には，現職長官が後任長官候補者を内閣に推薦するのが慣例になっている．竹﨑が寺田を推したとみてほぼ間違いあるまい．実は両者には過去に強いつながりがあった．寺田は法務省大臣官房司法法制部長として，裁判員制度の制度設計をはじめとする司法制度改革に深く関わった．このとき，最高裁側のカウンターパートが当時事務総長だった竹﨑なのだ[3]．いわば二人三脚で，司法制度改革の実現に向けて尽力したのである．ここで竹﨑の寺田への信頼が培われたのではないか．竹﨑は寺田の「裁判官離れした行政手腕」を高く評価している[4]．

---

(2) 最高裁事務総局には官房事務部局として総務局，人事局，経理局の3局が，事件関係事務部局として民事局，刑事局，行政局，家庭局の4局が置かれている．局長ポストとしては民事局長と行政局長は必ず兼務するので6つである．
(3) 寺田の法務省大臣官房司法法制部長在職は2001年12月から2005年1月まで，竹﨑の事務総長在職は2003年11月から2006年6月まで．

また，竹﨑もその前任長官の島田仁郎も刑事系裁判官であった．はじめて2代連続で刑事系が長官の座を占めた．裁判員制度導入以降，刑事系裁判官の地位が再び上昇する傾向がみられる（瀬木 2014：72-74）．とはいえ，次に大谷を据えて3代続けて刑事系とするのはあからさますぎるという計算も働こう．さらに，寺田は法務省勤務が長く事務総局での勤務経験はないため，最高裁をはじめ裁判所の事情に疎い．そのため，竹﨑が「院政」を敷くのに好都合だったからではないか，との推理も成り立つかもしれない[5]．

Ⅲ　最高裁判所判事

1　小法廷別の異動

2010年以降で小法廷ごとにどのような異動が行われたのかを表2～4に掲げる（各小法廷のA～Eは各ポストの継承を明らかにするために，筆者が便宜的に付したもの．各小法廷で網掛けをした氏名は現職の最高裁長官・最高裁判事を示す．出身枠で民裁は民事裁判官を，刑裁は刑事裁判官を示す）．

2008年に61歳で任命された櫻井龍子以外は，この間にすべて定年退官を迎えて（近藤崇晴は在官中死亡）後任者が就いている．第一小法廷Eについては，

表2：第一小法廷の異動

	前任者氏名	退官日	出身枠		新任者氏名	着任日	出身枠
A	櫻井龍子	2017.1.15*	行政官	→			
B	横田尤孝	2014.10.1	検察官	→	池上政幸	2014.10.2	検察官
C	金築誠志	2015.3.31	民裁	→	小池裕	2015.4.2	民裁
D	白木　勇	2015.2.14	刑裁	→	大谷直人	2015.2.17	刑裁
E	宮川光治	2012.2.27	弁護士	→	山浦善樹	2012.3.1	弁護士
E	山浦善樹	2016.7.3	弁護士	→	木沢克之	2016.7.19	弁護士

＊定年退官該当日

---

[4]　最高裁長官に就任した寺田の人となりを伝える以下の3紙の記事に掲載された竹﨑の寺田評．2014年4月2日付『産経新聞』，『東京新聞』，『毎日新聞』．
[5]　筆者が匿名を条件にある裁判所関係者から得たコメント．

Ⅲ　最高裁判所判事

表3：第二小法廷の異動

	前任者氏名	退官日	出身枠	→	新任者氏名	着任日	出身枠
A	竹﨑博允	2014.3.31	刑裁	→	寺田逸郎*	2014.4.1	民裁
B	千葉勝美	2016.8.24	民裁	→	菅野博之	2016.9.5	民裁
C	須藤正彦	2012.12.27	弁護士	→	鬼丸かおる	2013.2.6	弁護士
D	古田佑紀	2012.4.7	検察官	→	小貫芳信	2012.4.12	検察官
E	竹内行夫	2013.7.19	行政官	→	山本庸幸	2013.8.8	行政官

＊最高裁長官就任に伴い第三小法廷より配置換え．

表4：第三小法廷の異動

	前任者氏名	退官日	出身枠	→	新任者氏名	着任日	出身枠
A	堀籠幸男	2010.6.15	刑裁	→	大谷剛彦	2010.6.17	刑裁
B	近藤崇晴	2010.11.21*	民裁	→	寺田逸郎	2010.12.27	民裁
B	寺田逸郎**	2014.3.31	民裁	→	山﨑敏充	2014.4.1	民裁
C	田原睦夫	2013.4.22	弁護士	→	木内道祥	2013.4.25	弁護士
D	那須弘平	2012.2.10	弁護士	→	大橋正春	2012.2.14	弁護士
E	藤田宙靖	2010.4.5	学者	→	岡部喜代子	2010.4.12	学者

＊在官中死亡．　＊＊最高裁長官就任に伴い第二小法廷へ配置換え．

　宮川光治の後任の山浦善樹が着任時にすでに65歳8か月と比較的高齢であったため，2016年7月に定年退官となり，さらにその後任を迎えている．いずれのポストも出身枠はすべて引き継がれ，裁判官6・弁護士4・学識者（検察官2・行政官2・学者1）の出身枠比率は維持されている．

　細かくみれば，第二小法廷の刑事裁判官出身の竹﨑長官が依願退官した後任に，民事裁判官出身の山﨑敏充が任命され第三小法廷に入った．これにより，長官に昇格した民事裁判官出身である寺田が第二小法廷に異動して竹﨑の椅子を引き継ぐことになった．刑事裁判官出身の最高裁裁判官は3人から2人に減った．しかし，司法行政や儀礼に多忙をきわめる長官は小法廷の審理にはほとんど加わることはないので，実質的な影響はない．偶数の4人で審理しなければならない長官所属小法廷のむずかしさについては，経験者である園部逸夫

元最高裁判事がこぼしている(6).

2 ジェンダー・バランスの変化

　岡部喜代子が 2010 年に就任して，櫻井とともに女性最高裁判事がはじめて同時に 2 人を占めることになった．加えて，鬼丸かおるが 2013 年に就いたことで女性最高裁判事が各小法廷に 1 人ずつ入った．ジェンダー・バランスの点から，これは大きな前進である．櫻井が 2017 年に定年を迎える際に，この配置が維持されるのみならず，女性最高裁判事がより増えることを望みたい(7). そのためには，裁判官出身の女性最高裁判事が誕生することが欠かせない．

　ただ，学者枠で岡部が入ったことには強い異論が出されている（瀬木 2014：78-81）．そもそも，岡部は司法修習 28 期で 1976 年 4 月に任官した裁判官であった．1993 年 4 月に依願退官して弁護士登録している．大学教員として研究生活に入ったのは 1997 年のことである．時間に限ってみれば，裁判官時代のほうが研究者時代より長い．学者枠で任命される最高裁判事は従来錚々たる学者ばかりだった．女性だからという理由ではあまりに弱い．人選にあたって，内閣や最高裁はうるさ型の学者ではなく，裁判所の「作法」をわきまえているほうが好ましいと考えたのか．だとしたら，学者枠の存在理由の放棄である．

　さて，次の事実はこの点との因果関係は不明である．岡部は自身が審査対象になった第 22 回国民審査（2012 年 12 月 16 日執行）では，「罷免を可とする投票」，即ち×印票を最も多く集めた．審査対象裁判官は 10 人であり，岡部の告

---

(6) 園部は第三小法廷に配属されたが，当時の矢口洪一長官が第三小法廷所属であった．「四人が困るのは，二対二に分かれないように，一所懸命やる．分かれてしまうと，大法廷に持って行かなければいけないでしょう．だから，なかなか難しいのですよ．（略）だから，今でも四人のところは，かなり無理をして三人の多数意見をつくっていると思います」（御厨 2013：233-234）．

(7) 女性最高裁判事は高橋久子が 1994 年 2 月 9 日に就任したのが最初である．この人事は，当時の細川護熙首相自身が同年 1 月 13 日の「女性問題に関する全国女性リーダー会議の懇親会」の場で明らかにした（1994 年 1 月 14 日付『朝日新聞』）．首相が最高裁判所裁判官の人事について，公の席で発言することはまずない．高橋の起用に細川の強い意向が働いていたことがわかる．しかし，高橋が 1997 年 9 月 20 日に定年退官したあと，再び 15 人全員が男性に戻った．2 人目の女性最高裁判事は 2001 年 12 月 19 日に就いた横尾和子である．横尾が 2008 年 9 月 11 日に依願退官した同日に櫻井龍子が就いた．従って，横尾以降は必ず一人は女性最高裁判事がいることになる．

示順は 2 番目であった．国民審査では順序効果といって，告示順の 1 番目の裁判官に最も多くの×印票が集まり，その後告示順に従って漸減していく傾向がある（西川 2012：98-99）．第 22 回の告示順 1 番の山浦は，総有効投票数に占める×印票率は 8.19% であった．岡部は 8.6%，告示順 3 番の須藤が 8.13% であるから，岡部の×印票の多さは際立っている（西川 2013：3）．

3　任命時年齢の低下

　この第 22 回国民審査と同時に行われた第 46 回総選挙は，2012 年 11 月 16 日の解散を受けてのものであった．もし当時の野田佳彦首相の「英断」がなく解散が先送りされていたなら，第二小法廷 C の須藤正彦は国民審査を受けずに定年退官まで務めたはじめての最高裁判所裁判官になるところだった[8]．というのも，須藤が最高裁判事に任命されたのはちょうど 67 歳の誕生日の 2009 年 12 月 28 日であった．定年まで 3 年しかない．一方，2009 年 8 月 30 日に第 45 回総選挙が行われている．おそらく任命時には，それから 3 年 4 か月以内には総選挙は必ずあるものと楽観していたのだろう[9]．

　国民審査にかからずに定年退官を迎える事態は，国民審査制度の自己否定である．最高裁裁判官が新たに任命される場合，その者が定年退官するまでに国民審査が必ず行われることを，任命年齢の事実上の上限とすべきである．任期満了総選挙をも考慮すれば，目安は 66 歳となる．この点を 2010 年以降任命された 15 人で確認する（表 5）．

---

[8]　最高裁裁判官で国民審査を受けずに退官した者は庄野理一と穂積重遠の 2 名しかいない．いずれも最高裁草創期の事例である．庄野は「失言」の責任を引いて在職 11 か月で依願免官となった．その後任となった穂積は在職 2 年 5 か月で病没した．本来であれば，庄野は第 1 回国民審査（1949 年 1 月 23 日）に，穂積は第 2 回国民審査（1952 年 10 月 1 日）にかけられるはずであった．

[9]　とはいえ，戦後に総選挙の間隔が 3 年 4 か月以上あいた事例は次の 8 例もある．①第 24 回（1949 年 1 月 23 日）と第 25 回（1952 年 10 月 1 日）の間，②第 33 回（1972 年 12 月 10 日）と第 34 回（1976 年 12 月 5 日）の間，③第 36 回（1980 年 6 月 22 日）と第 37 回（1983 年 12 月 18 日）の間，④第 38 回（1986 年 7 月 6 日）と第 39 回（1990 年 2 月 18 日）の間，⑤第 39 回（1990 年 2 月 18 日）と第 40 回（1993 年 7 月 18 日）の間，⑥第 41 回（1996 年 10 月 20 日）と第 42 回（2000 年 6 月 25 日）の間，⑦第 42 回（2000 年 6 月 25 日）と第 43 回（2003 年 11 月 9 日）の間，および，⑧第 44 回（2005 年 9 月 11 日）と第 45 回（2009 年 8 月 30 日）の間．

表5：2010年以降に任命された最高裁判事の任命時年齢

任命順	最高裁判事	生年月日	任命日	任命時年齢	出身枠
1	岡部喜代子	1949.3.20	2010.4.12	61	学者
2	大谷剛彦	1947.3.10	2010.6.17	63	裁判官
3	寺田逸郎	1948.1.9	2010.12.27	62	裁判官
4	大橋正春	1947.3.31	2012.2.14	64	弁護士
5	山浦善樹	1946.7.4	2012.3.1	65	弁護士
6	小貫芳信	1948.8.26	2012.4.12	63	検察官
7	鬼丸かおる	1949.2.7	2013.2.6	64	弁護士
8	木内道祥	1948.1.2	2013.4.25	65	弁護士
9	山本庸幸	1949.9.26	2013.8.8	63	行政官
10	山﨑敏充	1949.8.31	2014.4.1	64	裁判官
11	池上政幸	1951.8.29	2014.10.2	63	検察官
12	大谷直人	1952.6.23	2015.2.17	62	裁判官
13	小池裕	1951.7.3	2015.4.2	63	裁判官
14	木沢克之	1951.8.26	2016.7.19	64	弁護士
15	菅野博之	1952.7.3	2016.9.5	64	裁判官

表6：出身枠別の最高裁裁判官就任時の平均年齢

出身枠	西川（2010）刊行時	本稿執筆時
裁判官（6人）	63.5	63
弁護士（4人）	65	64.3
検察官（2人）	64	63
行政官（2人）	63	62
学者（1人）	62	61
全体（15人）	63.8	63.1

（注）月齢は無視した．

西川（2010）刊行時の15人の最高裁裁判官のうち，66歳以上で任命された者には宮川（66歳）と須藤の2人がいた．いずれも弁護士出身者である．須藤で肝を冷やしたためか，本稿執筆時では全員の任命時年齢は65歳以下になっている．出身枠別の平均就任時年

Ⅲ　最高裁判所判事

齢でみると，表6のとおりである．

　いずれの出身枠でも就任時の平均年齢は下がっており，全体で約0.7歳若返っている．これはもちろん偶然ではなく，各出身母体が意識して65歳以下の者を候補者として推薦した結果であろう．最高裁裁判官を各出身母体の「上がり」ポストとせず，いっそうの若返りを望む[10]．

4　裁判官出身の最高裁裁判官にみられる変化

　ところで，西川（2010）は裁判官出身の最高裁裁判官の経歴を分析した結果，彼らには二つの共通する経歴があることを指摘した．第1に，最高裁裁判官に昇格する直前のポストは高裁長官である点である．第2に，それ以前に同書で「要職4ポスト」と位置づけた事務総長，司法研修所長，最高裁首席調査官（以下，首席調査官），および法務省民事局長のいずれか一つを経由している点である（西川2010：34-35）．これら2点は現在の6人にも当てはまるのだろうか（表7）．

　高裁長官ポストが最高裁裁判官になるために「必修」ポストであることに変わりはない．ただし，同じ高裁長官ポストでも最高裁裁判官に直接上がれるポ

表7：裁判官出身の最高裁判事直近6人の前職など

任命順	最高裁判事	前職	在職期間	要職4ポスト
1	大谷剛彦	大阪高長官	2009.1.25-2010.6.11	事務総長
2	寺田逸郎	広島高長官	2010.2.24-2010.12.26	法務省民事局長
3	山﨑敏充	東京高長官*	2013.7.8-2014.3.31	事務総長
4	大谷直人	大阪高長官	2014.7.18-2015.1.16	事務総長
5	小池　裕	東京高長官	2014.4.1-2015.4.1	未就任
6	菅野博之	大阪高長官	2015.2.17-2016.9.4	未就任

＊東京高長官の前には名古屋高長官を務める．

[10]　泉徳治（15期）・元最高裁判事は，最高裁の違憲立法審査権行使を活性化させる方策の一つとして，「〔最高裁〕裁判官を60歳未満の者から任命し，在任期間を少なくとも10年とする」ことを主張している（市川ほか2015：326）．その行使には三権における司法の位置づけを十分に理解する必要があり，それ相応の時間がかかるという．

ストとそうでないポストがある．

　たとえば，東京，大阪，名古屋，福岡，仙台の各高裁長官から直接最高裁入りした事例は従来からみられた．一方で，広島，札幌からは直接最高裁に上がれず，その後東京か大阪を経由して最高裁入りした．さらに高松高裁長官経験者は他の高裁長官を経由した者も含めて，一人も最高裁裁判官になっていない（西川2010：229-230）．その点で，寺田は広島高裁長官から直接最高裁入りしたはじめての事例となった．前述の近藤の急死を受けての人事だったためだろうか．ちなみに，涌井紀夫最高裁判事の急死のあと着任した白木勇には，要職4ポストの経験がなかった．

　その上，寺田は要職4ポストのうち法務省民事局長を経ている．このルートで最高裁入りした事例は，藤井正雄（最高裁判事在任：1995.11.7-2002.11.6（9期））を最後に途絶えていた．私は「藤井正雄（略）を最後にそれ以降の一三人の最高裁裁判官就任者は，だれもこのルートには該当しない（略）．もはや消えてしまったルートである」（西川2010：39）と書いた．それが復活したのである．広島高裁長官であった点も含めて，寺田の最高裁入りには，ややイレギュラーな印象を受ける．

　イレギュラーという意味では，小池裕，菅野博之と2人続けて要職4ポスト未経験者が最高裁判事となっているのも見逃せない．矢口から大谷直人までの裁判官出身の最高裁裁判官31人のうちで，要職4ポスト未経験者は4人のみである（西川2010：229-230）．2人続けて未経験者が任命されたのは今回がはじめてだ．

　表7の6人のうち，大谷の経歴は抜きんでいる．「三冠王ポスト」とよばれるエリート司法官僚の証である最高裁調査官，司法研修所教官，そして事務総局の課長のすべてを歴任している．さらに，矢口が「〔事務〕総局で本当に必要なのは，長官，事務総長，事務次長，それから総務・人事・経理の各局長，それと秘書課長です」（矢口2004：151）とその別格性を指摘する秘書課長にも就いている．事務総局の局長として最も重責の人事局長も経験した．大阪高裁長官在任がわずか半年なのは，高裁長官の経歴という最高裁入りの必須要件を満たすための人事であることを示唆していよう．大谷が立場を再び強めつつある刑事系裁判官であることも考え合わせれば，彼は寺田の次の最高裁長官ではないか．

5　その他の変化

弁護士出身の最高裁裁判官については，その4枠は東京3会（東京弁護士会，第一東京弁護士会，第二東京弁護士会）および大阪弁護士会の出身者でほぼ独占されてきた．日弁連内部では「候補者の適性より，出身弁護士会と，その弁護士会での有力者の順送りが優先されている」との不満の声がかねてよりきかれていた（2009年11月18日付『朝日新聞』夕刊）．こうした現状に鑑み，日弁連理事会は2009年11月17日に全部改正した「日本弁護士連合会が推薦する最高裁判所裁判官候補者の選考に関する運用基準」を議決し，翌年4月1日から施行した．

それによれば，候補者の第一次推薦にあたっては，推薦できるのは弁護士会のみならず「50名以上の会員の推薦」を得た会員も可能とした（基準3条2項）．弁護士会の推薦を受けない会員にも候補者となる途を開いたのである．第一次推薦のあった候補者については「最高裁判所裁判官推薦諮問委員会」（委員長は日弁連会長）が選考して，「適正な人数の候補者」を順位をつけて議決することになった（同6条）．

弁護士の水野武夫は，この運用基準に則って行われた候補者選考の事例を紹介している．それは，2012年12月27日に最高裁判事を定年退官する須藤と2013年4月22日に定年退官する田原睦夫の後任推薦をめぐるものである（市川ほか2015：310-311）．

2011年11月4日に推薦依頼がかけられた．その結果，東京，第一東京，第二東京（2人），大阪（2人），京都，および札幌の各弁護士会から合計8人が推薦された．委員会はこの8人に対して面談を実施し，投票の結果8人全員を順位をつけて推薦することを決定した．委員長である日弁連会長はそれを最高裁長官に，そして最高裁長官が内閣官房長官に伝えた．この過程で，8人の順位は会長のみが知ることとされたので会長が投票どおりの順位で最高裁長官に伝えたか，最高裁長官がその順位に従って内閣官房長官に推薦したか，さらに内閣官房長官がその順位を尊重して候補者を選任したか．これらはわからない．

結果として，いずれも前任者と同じ弁護士会所属の者が就任した．東京弁護士会の「株」は須藤から鬼丸へと継承され，大阪弁護士会の「株」は田原から木内道祥へと引き継がれた．

出身大学の点では，木沢克之が立教大学出身初の最高裁裁判官となった．

Ⅳ 高等裁判所長官

次に，2010年以降で高裁長官人事に傾向の変化がみられたかを，高裁ごとに分析していく(11)．

1 東京高裁長官

表8：2010年以降に就任した東京高裁長官

順*	氏名	性別	出身大学	期	任	免	その後
19	安倍嘉人	男	東大	23	2010.1.15	2011.4.27	定年退官
20	富越和厚	男	東大	24	2011.5.10	2012.3.23	定年退官
21	吉戒修一	男	九大	25	2012.3.27	2013.7.6	定年退官
22	山﨑敏充	男	東大	27	2013.7.8	2014.4.1	最高裁判事
23	小池　裕	男	東大	29	2014.4.1	2015.4.2	最高裁判事
24	倉吉　敬	男	京大	28	2015.4.2	2016.3.24	定年退官
25	戸倉三郎	男	一橋大	34	2016.4.7	○	

＊戦後の司法修習終了者での着任順を示す．以下，同じ．

司法修習終了者で最初に東京高裁長官に就いたのは矢口である．それ以降，歴代就任者は全員が男性で，出身大学は東大か京大であった．安倍嘉人以降でも男性ばかりは変わらない．東大・京大以外の出身者がようやく2人就いている．倉吉敬と戸倉三郎の間が司法修習の期で6期もあいている点にも注目したい．それまで4期あいたのが「最長」であった（西川 2010：233）．戸倉のエリートぶりがわかる．戸倉の最高裁入りはほぼ確実であろう．

さらに，彼ら7人の経歴をさかのぼって検討する．

8つある高裁長官ポストには事実上の格付けがある．その指標となるのが，高裁長官の初任ポストとしてそのポストに就けるかどうかである．後述のよう

---

(11) 戦後の司法修習終了者のうちで2010年までの各高裁長官の歴代就任者については，西川（2010）の233頁から240頁に経歴データが掲載されている．それに基づく記述の場合，煩雑さを避けるため，いちいち典拠を示さない．

Ⅳ　高等裁判所長官

表9　2010年以降に就任した東京高裁長官の前歴

順	氏名	前職	要職4ポスト	地家裁所長*	事務総局局長
19	安倍嘉人	福岡高長官	未就任	東京	家庭局長
20	富越和厚	高松高長官	未就任	大阪，東京	未就任
21	吉戒修一	大阪高長官	未就任	東京	未就任
22	山﨑敏充	名古屋高長官	事務総長	東京	人事局長
23	小池　裕	東京地所長	未就任	東京	経理局長
24	倉吉　敬	仙台高長官	未就任	東京	未就任
25	戸倉三郎	事務総長	事務総長	東京	総務局長

＊就任した所長ポストがどこの高裁管内であるかを示す．以下，同じ．

に，仙台，札幌，高松の各高裁長官は歴代就任者全員が，高裁長官の初任ポストとして当該ポストに就いている．それに対して，東京高裁長官就任者の多くは，他の高裁長官ポストを務めたあとに就いている．いわば，よそで高裁長官としての「修行」を積んだ者が就ける格上のポストなのである．大阪，名古屋，福岡の各高裁長官ポストにも，高裁長官2ポスト目として就いた者がいる．これは東京に次ぐ格付けを暗示している．

さて，表9の7人のうち小池と戸倉はそれまで高裁長官歴がなく，いきなり東京高裁長官に就いた．矢口からの18人をみると，こうした事例は5例しかない．つまり，彼らは他の高裁で長官「修行」をせずとも，東京高裁長官を務められる「能力」の持ち主と評価されたのである．その「能力」を裏づけるかのように，小池を含む6人全員が東京高裁長官のあと最高裁入りしている．この点からも戸倉最高裁判事の誕生は時間の問題といえる．

また，18人のうち3人を例外として，全員が東京高裁管内の地家裁所長を務めている．この点で表9の7人も変わりはない．一方で，18人のうち4人以外には全員が事務総局の局長を務めた経歴がある．安倍以降では7人中3人にその経歴がなく，東京高裁長官で定年退官している．局長歴のない合わせて7人のうち，最高裁長官となる三好達以外は最高裁入りしなかった．三好は首席調査官経験者なので別格である．事務総局の局長歴がないと，東京高裁長官まで達しても最高裁入りは望めないのである．

異例なのは，小池が東京地裁所長から東京高裁長官に直接上がっている点である．両ポストを経験した4人のうち，小池を除く3人は東京地裁所長のあと，東京高裁以外の高裁長官を経て東京高裁長官に就いている[12]．全国に50ある地裁・家裁のトップである東京地裁の所長のあと，すぐに高裁の中で最上位の東京高裁長官では，過度に優遇しているとの批判が出かねない．なので，いったんは東京高裁以外の高裁に回すのであろう．小池の特例的な扱いには，なにか機微に触れる力学が働いたのではないかとさえ勘繰ってしまう．

2　大阪高裁長官

表10：2010年以降に就任した大阪高裁長官

順	氏名	性別	出身大学	期	任	免	その後
16	大野市太郎	男	東大	24	2010.6.17	2011.5.9	定年退官
17	吉戒修一	男	九大	25	2011.5.10	2012.3.26	東京高長官→定年退官
18	佐々木茂美	男	京大	26	2012.3.27	2013.3.2	定年退官
19	永井敏雄	男	東大	26	2013.3.5	2014.7.12	定年退官
20	大谷直人	男	東大	29	2014.7.18	2015.1.16	最高裁判事
21	菅野博之	男	東北大	32	2015.2.17	2016.9.4	最高裁判事
22	井上弘通	男	九大	29	2016.9.5	○	

司法修習終了者としては貞家克己（2期）からはじまる大阪高裁長官の就任者も全員が男性で，出身大学は東大，京大のほか中大が1人であった．大野以降も依然として男性ばかりである．出身大学には九大と東北大が加わった．菅野の3期先輩の井上弘通が菅野の最高裁入りを受けて，大阪高裁長官に就いた．井上は2011年1月から東京高裁部総括にあって，そこに留め置かれていた感がある．菅野は，東京高裁部総括の在任はわずか10か月（2014.4.1-2015.2.16）で大阪高裁長官に上がった．人事当局の評価が如実にわかる．

東京高裁長官のあとは，最高裁入りするか定年退官するかのいずれかであっ

---

[12] 大内恒夫（高輪2期）は東京地裁所長のあと，名古屋高裁長官を務めて東京高裁長官となった．白木は広島高裁長官を，吉戒は大阪高裁長官をはさんでいる．

Ⅳ　高等裁判所長官

表11：2010年以降に就任した大阪高裁長官の前歴

順	氏名	前職	要職4ポスト	地家裁所長	事務総局局長
16	大野市太郎	福岡高長官	司法研修所長	東京	刑事局長
17	吉戒修一	東京地所長	未就任	東京	未就任
18	佐々木茂美	高松高長官	司法研修所長	大阪	未就任
19	永井敏雄	広島高長官	首席調査官	東京	未就任
20	大谷直人	事務総長	事務総長	東京	刑事局長，人事局長
21	菅野博之	東京高部総括	未就任	東京	未就任
22	井上弘通	東京高部総括	未就任	福岡，東京	未就任

た．大阪高裁長官についてもほぼ同様である．かつて1人だけ東京高裁長官へ異動した例があった（川嵜義徳（8期））が，吉戒修一の異動はそれ以来となる．

　大阪高裁長官の前職は貞家から大谷までの20人でずっと，東京高裁以外の高裁長官，事務総長，司法研修所長，あるいは東京地裁，横浜地裁，大阪地裁のいずれかの所長[13]，のどれかであった．直近の2人が東京高裁部総括から就いているのは新たな傾向である．加えて，福岡高裁管内の地家裁所長経験者が大阪高裁長官に就いたのは井上がはじめてである．期の順を3期さかのぼって就任したことを含めて，井上の就任は3つの意味で従来の人事からはずれている．

　司法研修所長を経験して東京高裁長官となった者は1人しかいない（櫻井文夫（11期））．これに対して，貞家からの15人までで，司法研修所長を経て大阪高裁長官に就いた者は5人おり，表11にも2人いる．事務総長となった者は東京高裁長官へ，司法研修所長になった者は大阪高裁長官へというルートは，依然として確認できる．一方，貞家からの15人で10人が事務総局の局長に就いてきた．それ以降は7人中2人しか就いていない．菅野は事務総局局長も要職4ポストのいずれも経験せずに最高裁判事に任命された．これは四ツ谷巌

---

[13] 西川（2010）では，東京地裁所長，東京家裁所長，および横浜地裁所長を「三強所長」と称した．これらの所長の次のポストはほぼ例外なく高裁長官であるからだ．大阪地裁所長も同様である（西川 2010：89-90，105）．

(最高裁判事在任：1987.1.28-1992.2.8（1期））以来のことだ．前出の小池同様に異例の優遇と考えざるを得ない．

3　名古屋高裁長官

表12：2010年以降に就任した名古屋高裁長官

順	氏名	性別	出身大学	期	任	免	その後
20	房村精一	男	東大	23	2011.1.11	2012.3.17	定年退官
21	山﨑敏充	男	東大	27	2012.3.27	2013.7.7	東京高長官→最高裁判事
22	岡田雄一	男	京大	27	2013.7.8	2015.6.25	定年退官
23	山名　学	男	東大	30	2015.6.29	2016.7.23	定年退官
24	原　優	男	東大	31	2016.7.29	○	

名古屋高裁の場合，大内恒夫（高輪2期）から司法修習終了者の長官着任ははじまる．ここも男性しか就いていない．出身大学も2人を例外として全員が東大か京大である．房村精一以降もその傾向は変わっていない．名古屋高裁長官はいわば「上がり」のポストで，大内からの19人の就任者の中で東京高裁長官へ栄転した者，あるいは最高裁入りした者はそれぞれ3人しかいない（前者3人のうち2人はそのあと最高裁裁判官）．山﨑はどちらの点でも4人目となった．

表13：2010年以降に就任した名古屋高裁長官の前歴

順	氏名	前職	要職4ポスト	地家裁所長	事務総局局長
20	房村精一	仙台高長官	法務省民事局長	東京	未就任
21	山﨑敏充	事務総長	事務総長	東京	人事局長
22	岡田雄一	東京地所長	未就任	東京	未就任
23	山名　学	司法研修所長	司法研修所長	東京	未就任
24	原　優	千葉地所長	法務省民事局長	東京	未就任

Ⅳ 高等裁判所長官

名古屋高裁長官ポストは1996年8月に就任した神垣英郎（11期）から房村の前任の門口正人（23期）まで，9人中1人を除いて高裁長官としてはじめて就くポストになっていた．房村が例外的に高裁長官2ポスト目として名古屋に着任した．司法研修所長から名古屋に来るのも珍しく，山名学は2例目である．要職4ポスト経験者自体も房村の前までは，19人中5人に留まっていた．翻って表13の5人のうち4人がその経験者である．のちに最高裁長官となる竹﨑が2006年6月に就いて以降，名古屋の格付けは上がったようだ．地家裁所長経歴については，地家裁所長を「飛び級」した竹﨑を除けば，1人以外全員が東京高裁管内の地家裁所長経験者だった．房村以降の5人でもこれは変わっていない．言い換えれば，名古屋高裁長官ポストには名古屋高裁管内の地家裁所長からは上がれないのである．

4　広島高裁長官

表14：2010年以降に就任した広島高裁長官

順	氏名	性別	出身大学	期	任	免	その後
22	中山隆夫	男	東大	26	2010.12.27	2012.3.26	福岡高長官→定年退官
23	永井敏雄	男	東大	26	2012.3.27	2013.3.4	大阪高長官→定年退官
24	西岡清一郎	男	慶大	27	2013.3.5	2014.9.27	定年退官
25	松本芳希	男	京大	28	2014.10.2	2016.1.25	定年退官
26	川合昌幸	男	東大	29	2016.2.22	○	

広島高裁長官就任者は男性のみである傾向は表14の5人でも変わっていない．出身大学では中山隆夫より前には1人を除いて全員が東大か京大であった．西岡がようやく2人目の私大出身者となった．他の高裁長官へ転出する場合，東京，大阪，福岡のいずれかであり，中山，永井敏雄の転出先でもそれは踏襲されている．

他の高裁長官から広島高裁長官に異動する場合，前任地は仙台か高松である．松本芳希もその例である．地家裁所長経歴は東京高裁管内が多く，2007年5

表15：2010年以降に就任した広島高裁長官の前歴

順	氏名	前職	要職4ポスト	地家裁所長	事務総局局長
22	中山隆夫	東京高部総括	未就任	東京	総務局長
23	永井敏雄	首席調査官	首席調査官	東京	未就任
24	西岡清一郎	東京家所長	未就任	東京	未就任
25	松本芳希	高松高長官	未就任	大阪	未就任
26	川合昌幸	大阪家所長	未就任	大阪	未就任

月に就任した田尾健二郎（20期）から7人連続で東京高裁管内所長経験者が占めてきた．直近の松本，川合昌幸と2人連続でこれが途切れたのは新しい傾向である．ただし，名古屋と同様に広島高裁長官にもその管内所長経験者は就いていない．

5　福岡高裁長官

表16：2010年以降に就任した福岡高裁長官

順	氏名	性別	出身大学	期	任	免	その後
20	池田　修	男	東大	24	2010.6.17	2012.3.27	依願退官
21	中山隆夫	男	東大	26	2012.3.27	2013.10.10	定年退官
22	安井久治	男	東大	28	2013.10.11	2015.6.8	依願退官
23	荒井　勉	男	東大	29	2015.6.8	○	

　福岡高裁長官就任者もずっと男性である．出身大学では，池田修より前の19人で東大卒が13人と多かった．表16のとおり，そこにさらに4人が加わった．福岡から他の高裁への転出は，その19人中8人が東京，大阪，名古屋のいずれかだった．しかし直近では，3人続けてここで退官している．
　東京地裁所長から福岡高裁長官に上がる例は，千葉和郎（2期），猪瀬慎一郎（9期），そして青山正明（15期）以来途絶えていた．ここに来て池田，荒井勉と復活した．司法研修所長からの就任は安井久治で4人目である．他の高裁長官からの異動は池田より前の19人で仙台，札幌，広島からの3例があり，中

Ⅳ　高等裁判所長官

表17：2010年以降に就任した福岡高裁長官の前歴

順	氏名	前職	要職4ポスト	地家裁所長	事務総局局長
20	池田　修	東京地所長	未就任	東京	未就任
21	中山隆夫	広島高長官	未就任	東京	総務局長
22	安井久治	司法研修所長	司法研修所長	東京	未就任
23	荒井　勉	東京地所長	未就任	東京	未就任

山は4例目となった．合計で23人中19人は，はじめての高裁長官ポストとして福岡高裁長官に就いている．要職4ポスト経験者のうち，福岡に来るのは司法研修所長と首席調査官の経験者に限られる．安井を含めてそれぞれ4人ずついる．

6　仙台高裁長官

表18：2010年以降に就任した仙台高裁長官

順	氏名	性別	出身大学	期	任	免	その後
19	一宮なほみ	女	中大	26	2011.1.11	2013.6.14	依願退官
20	倉吉　敬	男	京大	28	2013.6.17	2015.4.1	東京高長官→定年退官
21	市村陽典	男	一橋大	28	2015.4.2	2016.1.18	定年退官
22	河合健司	男	早大	32	2016.2.22	○	

一宮なほみが女性としてはじめて仙台高裁長官に就いた．それまで，女性高裁長官は野田愛子（2期）が札幌高裁長官を務めた例があるだけで，一宮で2人目となる．加えて，出身大学でもそれまでは1人を除き東大と京大で占められてきたのに対して，表18の4人のうち3人は東大・京大以外の出身である．他の高裁への転出は，一宮より前の18人で10人おり，倉吉も栄転した．依然として，格上の高裁長官への異動が期待できるポストである．

他の高裁長官から仙台高裁長官に異動する例は一宮より前にもなかった．仙台高裁長官は高裁長官として初任の者が就くポストである性格に変化はない．

表19：2010年以降に就任した仙台高裁長官の前歴

順	氏名	前職	要職4ポスト	地家裁所長	事務総局局長
19	一宮なほみ	東京高総括	未就任	東京	未就任
20	倉吉 敬	横浜地所長	未就任	東京	未就任
21	市村陽典	横浜地所長	未就任	東京	未就任
22	河合健司	さいたま地所長	未就任	東京	未就任

　要職4ポスト経験者のうち事務総長経験者以外は，一宮より前には7人いた．ところが，直近4人にはいない．1999年8月就任の佐藤文哉（12期）以降，東京高裁管内での地家裁所長経歴がある者が，現職の河合まで13人連続で就いている．ここへも地元の仙台高裁管内の地家裁所長経験者はだれも上がっていない．事務総局局長経験者は一宮より前には6人いた．直近4人は全員未就任である．着任者4人連続で要職4ポスト経験者と事務総局局長経験者のいずれもがいないことは，これまでなかった．仙台の格付けはやや下がっているのだろうか．

7　札幌高裁長官

表20：2010年以降に就任した札幌高裁長官

順	氏名	性別	出身大学	期	任	免	その後
18	山﨑 恒	男	東大	26	2011.2.9	2013.3.21	依願退官
19	大橋寛明	男	京大	26	2013.3.21	2014.11.8	定年退官
20	金井康雄	男	京大	30	2014.11.11	2016.4.12	定年退官
21	綿引万里子	女	中大	32	2016.4.25	○	

　札幌高裁長官としては野田に次いで2人目の女性長官として綿引万里子が就いた．仙台高裁長官を務めた一宮と後述の高松高裁長官に就いた安藤裕子を含めれば4人目の女性高裁長官である．綿引は1955年5月2日生まれであるから65歳の定年退官日は2020年5月1日である．今後4年間も札幌高裁長官に留まることはあり得ないので，東京などより上位の高裁長官へ栄転するか，さ

Ⅳ　高等裁判所長官

表21：2010年以降に就任した札幌高裁長官の前歴

順	氏名	前職	要職4ポスト	地家裁所長	事務総局局長
18	山﨑　恒	東京家所長	未就任	東京	家庭局長
19	大橋寛明	東京高部総括	未就任	東京	未就任
20	金井康雄	首席調査官	首席調査官	東京	未就任
21	綿引万里子	東京高部総括	未就任	東京	未就任

らにそれを経て最高裁入りも考えられなくはない．彼女の経歴をみると事務総局民事局の局付判事補，最高裁調査官，司法研修所教官，および最高裁上席調査官を歴任しているので，キャリア的にも可能性はある．裁判官出身初の女性最高裁判事の誕生へと実を結ぶか．

　ここは東大出身者が21人中10人と他の高裁に比べて少ない．京大出身者も大橋貴明，金井康雄を含めて4人しかいない．中大出身の札幌高裁長官としては綿引が3人目となった．

　札幌もそれ以前に他の高裁長官から異動して就いた事例はなく，表21の4人も同じである．依然として初任の高裁長官ポストである．彼ら4人はいずれも東京高裁管内での地家裁所長経歴がある．だが，札幌高裁長官の歴代就任者の地家裁所長経歴をみると，高松高裁管内以外いずれかの地家裁所長経歴がある．札幌高裁管内の地家裁所長を務めた者も2人いる．要職4ポスト経験者は香川保一（1期）と三好のみだった．そこに久しぶりに金井が着任した．事務総局局長経験者は山﨑恒が4人目である．

8　高松高裁長官

　安藤は高松高裁初の女性長官となり，野田，一宮に次いで3人目の女性高裁長官となった．その上，高松高裁初の私大出身の長官でもある．ただ，在任は半年に満たず定年間際の箔付け人事の印象を拭えない．

　戦後の司法修習を終えた司法研修所長経験者は，その最初の就任者である田宮重男（1期）が依願退官したほかは，1人以外全員が札幌と高松を除く高裁長官に就いてきた（西川2010：249）．彼らの中で，佐々木茂美ははじめて高松に着任した．高松高裁管内の地家裁所長経験者が高松高裁長官に就いたのは，

表22：2010年以降に就任した高松高裁長官

順	氏名	性別	出身大学	期	任	免	その後
18	佐々木茂美	男	京大	26	2011.5.10	2012.3.26	大阪高長官→定年退官
19	出田孝一	男	東大	27	2012.3.27	2013.11.28	定年退官
20	松本芳希	男	京大	28	2013.12.4	2014.10.1	広島高長官→定年退官
21	安藤裕子	女	中大	29	2014.10.2	2015.3.16	定年退官
22	福田剛久	男	京大	29	2015.3.18	2016.5.6	定年退官
23	小久保孝雄	男	広島大院	33	2016.5.10	○	

表23：2010年以降に就任した高松高裁長官の前歴

順	氏名	前職	要職4ポスト	地家裁所長	事務総局局長
18	佐々木茂美	司法研修所長	司法研修所長	大阪	未就任
19	出田孝一	東京高部総括	未就任	福岡	未就任
20	松本芳希	大阪家所長	未就任	大阪	未就任
21	安藤裕子	千葉家所長	未就任	高松，名古屋，東京	未就任
22	福田剛久	東京高部総括	未就任	東京	未就任
23	小久保孝雄	京都地所長	未就任	福岡	未就任

安藤がほぼ30年ぶりである．事務総局局長経験者は4半世紀以上前の1例を除いて，高松には来ていない．

V　その他の幹部ポストでの注目すべき人事

1　要職4ポスト[14]

要職4ポストについて，2010年以降の就任者の属性的傾向をみていく．
まず事務総長には，大谷直人，戸倉三郎，今崎幸彦（35期）の順に就いてい

V その他の幹部ポストでの注目すべき人事

る．歴代就任者の出身大学はずっと東大か京大であった．それ以外の大学出身者として一橋大卒の戸倉が 2014 年 7 月に就任した．また，1 人を除いて全員が事務総局の局長歴があった．ただし，刑事局長，家庭局長経験者は事務総長になってはいなかった．大谷は人事局長も経験しているとはいえ，刑事局長歴をもつはじめての事務総長となった．そして，現職の今崎は刑事局長歴のみの最初の事務総長である．前述した刑事系裁判官の復権がここにも現れていよう．

次に，司法研修所長の就任者は安井久治，山名学，小泉博嗣（31 期）の順である．歴代就任者のうち，事務総局局長の勤務歴がある者は，総務局長，人事局長，刑事局長のいずれかであった．2015 年 6 月に就任した小泉は，民事・行政局長に就いて司法研修所長になったはじめての事例である．新しい傾向として，彼ら直近の 3 人の就任者がいずれも裁判所職員総合研修所の所長を経ている点が指摘できる．

裁判所職員総合研修所は，2004 年 4 月にそれまでの裁判所書記官研修所と家庭裁判所調査官研修所が統合され設置された．初代所長は一宮であり，安井，山名，小泉，小久保孝雄の順に就任している．表 12・16・22 のとおり，小泉を除く全員が高裁長官に到達しているし，小泉も現在は司法研修所長であるから次のポストは確実に高裁長官である[15]．裁判所職員総合研修所長から司法研修所長を経て高裁長官に至る昇進ルートが確立されたものと解される．

第 3 に首席調査官は，金井康雄，林道晴（34 期）と続いている．1984 年 2 月就任の可部恒雄（4 期）から 7 人続けて高裁長官を経て最高裁判事（三好達はさらに最高裁長官）に就いていた．しかし，次の永井敏雄は大阪高裁長官で定年退官し，その後任の金井は札幌高裁長官で定年退官を迎えた．2 人連続で最高裁入りはしなかった．位置づけに変化が生じている．

最後に法務省民事局長には，深山卓也（34 期），小川秀樹（37 期）の順で着任している．深山の前任者の原優は法務省民事局長の後，歴代就任者と同様に，東京高裁部総括，千葉地裁所長とキャリアを重ねて名古屋高裁長官に至ってい

---

[14] 2010 年までの各ポストの歴代就任者の経歴については，西川（2010：232, 245, 249）を参照のこと．
[15] 要職 4 ポストで高裁長官に達しなかったのは，司法研修所長を務めた柳瀬隆次（3 期），法務省民事局長を務めた枇杷田泰助（6 期），さらに事務総長から高裁長官を「飛び級」して最高裁判事に就いた千種秀夫（7 期）の 3 人だけである．

707

る.深山もさいたま地裁所長まで来ている.この2人もいずれ高裁長官に就く.

2 地家裁所長

地裁・家裁はそれぞれ都府県に1庁ずつ,北海道には4庁ずつ置かれている.合計50庁ずつとなる.これらのうち,それぞれに所長がいる所長専任庁と,1人が地裁・家裁の所長を兼務する庁がある.後者は24庁であった.

山口地裁と山口家裁は設置以来ずっと所長専任庁であった.ところが,林田宗一(30期)・山口家裁所長が2015年12月15日に定年退官した後任は,山口地裁所長である宇田川基(29期)が兼ねることになった.山口地裁と山口家裁は所長専任庁ではなくなったのである.宇田川が2016年1月28日に定年退官した後任には,小西義博(38期)が両所長兼務で就いている.

金沢地裁と金沢家裁もかねてより所長専任庁であった.2016年6月7日に原啓一郎(35期)・金沢家裁所長が富山地家裁所長に異動して,その後任に田近年則(35期)が就いた.同年6月25日に萩原秀紀(35期)・金沢地裁所長が名古屋家裁所長に転ずると,田近が金沢地裁所長を兼務した.これにより,金沢地裁と金沢家裁も所長専任庁ではなくなった.

松山地裁と松山家裁にもそれぞれ専任の所長が置かれてきた.ところが,2016年12月10日付で大阪高裁部総括の角隆博(32期)が依願退官すると,河合裕行(37期)・松山地裁所長が角の後任に異動した.そして,あいた松山地裁所長を伊名波宏仁(37期)・松山家裁所長が兼任することになったのである.

この2年間で3つ所長ポストが減らされた.今後も,地裁所長か家裁所長の異動をとらえて,両所長を兼務させる「司法行革」が行われるのではないか.

地家裁所長のジェンダー・バランスはどうか.西川(2010)刊行時の現職女性所長は筏津順子(30期)・那覇家裁所長の1人だけであった.2016年12月末日時点での現職女性所長は,秋吉仁美(35期)・さいたま家裁所長,山崎まさよ(30期)・静岡家裁所長,川口代志子(31期)・新潟家裁所長,稲葉重子(35期)・奈良地家裁所長の4人いる.相変わらず「女性は家裁」のイメージが気になる.だが,地裁専任庁の所長も西川(2010)刊行時までの各地裁専任庁の所長就任者合計472人の中で,女性所長は3人しかいなかった.なのに,その後の6年間で早くも3人が着任している[16].

VI まとめ

　裁判官幹部人事をめぐるこの 6 年間で一番大きな変化は，女性幹部裁判官の増加である．最高裁の各小法廷に 1 人ずつ女性が入り，西川（2010）刊行時まで野田 1 人しかいなかった女性高裁長官が，この 6 年間に 3 人も就いている．女性地家裁所長の増加は上記のとおりである．幹部ポストに就く裁判官の出身大学も立教大学出身初の最高裁判事が誕生したのをはじめ，これまで東大卒・京大卒で占められていた高裁長官ポストに他大学出身者が就くなど，少しずつ多様化してきている．各ポスト就任者の他の経歴的属性にも若干の変化が認められる．

　弁護士の木佐茂男は 1990 年代に強く主張された「司法改革」が「司法制度改革」にとどまったことを振り返り，司法関係者の意識改革こそが「司法改革」だと述べている（木佐 2016：8-9）．これらの変化に加えて裁判員制度も順調に運営されていけば，裁判官の意識改革は徐々にではあれ進んでいこう[17]．

　ただ，その間隙を縫って異例の人事がいくつか行われていることに，不気味なものを感じざるを得ない．

〔追記〕2017 年に入って生じた最高裁判事の異動について，追記として書いておきたい．
　1 月 13 日の閣議で 2 名の最高裁判事の人事が決定された．1 月 15 日に定年退官する櫻井龍子（行政官出身）の後任に山口厚（弁護士・早稲田大学法学学術院教授）を，また 3 月 30 日に定年退官する大橋正春（弁護士出身）の後任に林景一（前駐英大使）を充てるとした．この 2 件の人事を合わせれば，行政官枠と弁護士枠は維持されたようにみえる．
　なるほど，山口は弁護士ではあるが，彼の弁護士登録（第一東京弁護士会）は 2016 年 8 月であり，とても弁護士プロパーとはいえない．1976 年に東大法学部助手に就任して以来，東大助教授，東大教授を務め，2014 年に定年退官した．その後早大教

---

[16] 西川（2010）刊行時までの 3 人は，丹宗朝子（9 期）・浦和地裁所長，大城光代（期外）・那覇地裁所長，一宮なほみ・水戸地裁所長である．その後の 6 年間の 3 人は，綿引万里子・宇都宮地裁所長，江口とし子（33 期）・長崎地裁所長，後藤眞理子（35 期）・熊本地裁所長である．

[17] 渡辺千原・立命館大学教授は，裁判員制度が裁判官にもたらす影響を次のように指摘する．「裁判員制度を経験した地裁判事が司法の中枢を担うようになったとき，司法のとらえ方に変化が生じてくる可能性もあるだろう」（市川ほか 2015：22）．

授に転じた．弁護士としての開業経験はない．

最高裁裁判官の弁護士枠の後任候補者については，前述のとおり最高裁判所裁判官推薦諮問委員会の選考に基づき，日弁連会長が最高裁に複数の候補者を順位をつけて伝える．それを最高裁は内閣に伝える．内閣は日弁連の意向を受けた最高裁の意見を尊重して，後任の最高裁裁判官を決定する慣行が定着していた．泉徳治元最高裁判事は，「歴代内閣は，最高裁長官の意見を尊重してきたと思います．内閣の任命権と司法の独立を調和させるという考えから，こういう慣行ができたのだと思います」（泉 2017：157）と推測している．

今回の人選では，7人の候補者を日弁連は最高裁に推薦した．この7人に山口は入っていなかった．1月20日の日弁連の理事会で，中本和洋・日弁連会長が「政府からこれまでより広く候補者を募りたいとの意向が示された」（2017年3月2日付『朝日新聞』）と事情を説明している．最高裁はまず日弁連の意向に沿った候補者を内閣に推薦したが，内閣はこれを「尊重」せず再考を求めた．そこで，最高裁はその内意を「忖度」して日弁連と協議した結果，山口を推すことになった，ということではないか．本質は「官邸主導」人事だったと考えるほかない．安保法の違憲訴訟が各地で相次いで提訴されている．弁護士枠を実質的に1名減とした官邸の内意は，それが最高裁まで上がってきたときの布石ということであろう．

政権は2013年8月の内閣法制局長官人事の際に慣行を無視して，恣意的な人事を行った結果，安保法を成立させた．今回はその合憲判決を最高裁で出させるために再び慣行に従わなかった．司法の独立の観点から強い違和感を禁じ得ない．

また，山口の専門は刑法である．櫻井は第一小法廷に所属していたので，第一小法廷は池上政幸（検察官出身），大谷直人（刑事裁判官出身），そして山口と刑事系が3人を占める異例の法廷構成となった．

加えて，この人事で女性最高裁裁判官は3名から2名へと減ってしまった．2013年2月の鬼丸かおる判事就任以降，各小法廷に女性裁判官が一人ずついたが，逆戻りである．

上記2件に加えて，2月10日の閣議で，3月9日に定年退官する大谷剛彦最高裁判事（刑事裁判官出身）の後任として，戸倉三郎・東京高裁長官が決まった．戸倉は刑事裁判官である．本文で記したとおり，その経歴からみて順当な任命である．戸倉は一橋大学出身であり，同大出身の最高裁裁判官としては弁護士枠で入った山浦善樹以来二人目となる．

山口は63歳，林は66歳，そして戸倉は62歳での任命となる．そのため，最高裁判官15人の任命時の平均年齢は表6に示した63.1歳から63.3歳へとわずかに上がる．

〔文　献〕

「弁護士・裁判官・検察官 司法エリートの没落」(2017)『週刊ダイヤモンド』2017年2月25日号．

大日本法曹大観編纂会編(1936)『昭和十一年版　大日本法曹大観』国民社．

市川正人ほか編著(2015)『日本の最高裁判所』日本評論社．

Ⅵ　まとめ

泉徳治ほか(2017)『一歩前へ出る司法』日本評論社.
木佐茂男(2016)『司法改革と行政裁判』日本評論社.
御厨貴編(2013)『園部逸夫オーラル・ヒストリー』法律文化社.
西川伸一(2010)『裁判官幹部人事の研究』五月書房.
── (2012)『最高裁裁判官国民審査の実証的研究』五月書房.
── (2013)「第二十二回最高裁判所裁判官国民審査の結果をどうみるか」『連合駿台会報』308号.
瀬木比呂志(2014)『絶望の裁判所』講談社現代新書.
矢口洪一(2004)『矢口洪一オーラル・ヒストリー』政策研究大学院大学.
全裁判官経歴総覧編集委員会編(2010)『全裁判官経歴総覧（第5版）期別異動一覧編』公人社.

31 分析枠組みとしてのストリート・レベル・ビュロクラシー
── 「第一線裁判官」という理解は可能なのか ──

平田彩子

I　はじめに：本稿の目的と構成

　法は，解釈され適用されて，初めて実社会において効果を発揮する．その内容が離婚・相続といった家族法であれ，生活保護や各種給付サービスの認定であれ，規制法規や刑罰法規であれ，法が定めている便益・制裁が現実に各個人・組織に対して実際的効果を及ぼすのは，法適用の場面においてである．法が現場の人々にどのように理解され，現実にどのような機能を果たしているのかを理解する上で，法適用の第一線場面の持つ重要性は，すでに広く認識されている（例えば，宮澤 1985）．
　現代社会における法の適用判断を理解する際，公務員の存在はきわめて重要であり，無視できるものではない．警察官や規制担当職員であれ，介護認定や生活保護認定といった給付業務担当職員であれ，あるいは第一審裁判官であれ，彼らが現実に生じる多種多様な大量の事例に1つ1つ対応し，現場において実際に法を適用していく役割を担っているからである．この現場レベルの公務員のことを，Lipsky（1980）はストリート・レベル・ビュロクラット（street-level bureaucrats）と呼んだ（以下，本稿では「第一線公務員」と呼ぶ）．彼らは，市民との頻繁な接触を通じて業務を遂行し，また組織上層部からの監督下にはあるものの，それは全面的なものではなく，彼らの判断には広い裁量の余地が事実上存在している．
　リプスキーの嚆矢的研究以前から，古典的なウェーバーの官僚制モデルが現実にそぐわないことはすでに指摘されていたものの，第一線公務員は顔もなく実質的影響力もなく，機械的に法ルールを適用する存在にすぎないものとして

扱われ，研究対象とはなっていなかった．しかし，リプスキーは，市民と直接相対し法を適用する第一線の場面においてこそ，法政策目的が相互相反するというジレンマ[1]，誰が何を給付されるのかという分配と衡平の判断，事実の不確実性のもとでの判断，また法ルールの一律性と柔軟性のジレンマという，法政策自体や適用行為に内在する数々のジレンマが表出するのであり，その判断を行い法政策の具体化を担っている第一線公務員は「究極的な政策策定者（ultimate policy makers）」であるという理解を提示した（Lipsky 1980）．

市民の視点に立てば，第一線公務員との接触及び彼らの法適用判断が，行政活動・法制度の内実そのものである．多くの市民が接するのは，議員や上級管理職公務員ではなく，実際に自分たちの事例に法を適用する第一線公務員に他ならない．これは，誰がいつ法による便益・制裁を受けるのかという法政策の具現化という側面からのみならず，第一線公務員との接触の経験が，市民による法制度及び行政活動の理解と評価を形成するという側面でも重要である．例えば，Epp ら（2014）の研究では，自動車を運転中，警察官による捜査目的での停止命令（investigatory stop）に遭遇する頻度が人種によって異なり（アフリカ系アメリカ人は白人系アメリカ人と比較し，より頻繁に捜査目的の停止命令を受けやすい），また警察による強要的な停止命令を受けた経験が，警察に対する信頼感を低下させていることを示している（Epp, Maynard-Moody, and Haider-Markel 2014）．第一線公務員との接触経験の影響は，当該法政策領域にとどまらない．例えば，Soss（1999）は，社会福祉受給者は福祉プログラムでの経験を通じて当該プログラムのみならず，広く行政全般についての認識も形成することを示している．このように，第一線公務員行動は，法制度及び行政活動に対する市民の認識と評価形成に大きな影響を及ぼし，当該法政策領域のみならず，広く行政全体への信頼感を左右しうるという点からも，重要性をもつものであると指摘できる[2]．

このように，第一線公務員は組織ヒエラルキーの末端に位置するにも拘わら

---

[1] 例えば，生活保護法制では，自助支援と最低生活の維持という，2つの相反しうる政策目標が存在する．
[2] 上記に加え，第一線公務員と市民との接触の様態と法適用判断は，市民自身の自己評価や，社会における自身の地位に関する自己理解の形成にも影響を与えるということも頻繁に指摘される（e.g., Epp, Maynard-Moody, and Haider-Markel 2014; 田辺 1998）．

I はじめに

ず，いや，それゆえにこそ，市民との接触を通じた彼らの法適用判断は，法の具体的意味を形成し，法制度が現実社会においてどのように機能するのかに影響を与える．Lipsky (1980) 以後，第一線公務員の行動分析は多く行われており，ストリート・レベル・ビュロクラシー (street-level bureaucracy) の研究として一つの研究分野を形成している．第一線公務員の視点から法の具体化プロセスを分析し，また法政策の実質的内容はボトム・アップ的に形作られると理解する点が，その特徴として指摘できる．

我が国の学会においては，ストリート・レベル・ビュロクラシーの議論は，主に行政学の分野において，とくに行政裁量の行使をめぐる側面から紹介されることが多かった（例えば，西尾 2001）．法社会学においては，ストリート・レベル・ビュロクラシーという用語自体を用いたり，当該理解枠組みを体系的に用いた例は少ないものの，法適用の第一線は分析の対象となってきたし（例えば，宮澤 1985），法適用場面での現場裁量や多大なケースロードといったストリート・レベル・ビュロクラシーが注目する第一線公務員の職務状況についての指摘は決して目新しいものではない．その一方，従来の議論はアドホック的になされているという側面もあり，第一線公務員の置かれている状況，その制約面や彼らの行動パターン，規範意識と行動との関係性等について，ストリート・レベル・ビュロクラシーという1つの理解枠組みとして，体系的な議論がなされてきた例はあまりなかったと思われる．

以上の状況を踏まえ，本稿では，まず前半で現在までの国内外の研究をもとに，第一線公務員の法適用行動をめぐる主要な議論を概観する．第一線公務員とは誰であり，何が特徴なのか，そして第一線公務員行動が示す行動・法適用判断のパターンとはどのようなものなのかを考察する．

後半では，ストリート・レベル・ビュロクラシーを1つの分析モデルとして捉え，その応用可能性について考察する．具体的には，第一審裁判官行動を理解する上で，ストリート・レベル・ビュロクラシーを分析枠組みとして用いることができるのかという可能性と，それが与える示唆について考える．社会と司法サービスの関係性をみる際，第一審裁判所という，裁判所組織の中でもっとも市民との距離が近い裁判所と，そこで働く裁判官の行動を理解する試みは重要であると考える．そして，その第一審裁判官の行動を理解する上で，ストリート・レベル・ビュロクラシーという理解枠組みも，一つの有益な視点を提

供できるのではないかという可能性を模索してみたい．本稿は，主に海外での下級裁判所裁判官に関する質的研究を手がかりに理論的考察を進めるものであり，我が国の裁判所についての経験的分析には及んでいない．本稿後半の議論は従来の裁判官行動分析に新たな視角を持ち込むことができるのかどうか，ささやかな思考実験と提案である．

　裁判官は第一線公務員の特徴を有してはいない，と直感的に思われるかもしれない．もちろん，本稿が対象とするのは，最高裁判所や高等裁判所の裁判官ではなく，我が国の分類では簡易裁判所や家庭裁判所や地方裁判所という，裁判所ヒエラルキー構造の末端に位置する第一審裁判所において，市民との頻繁な直接的接触を通じて業務を遂行する第一審裁判官を想定している．従来の第一線公務員研究は，その典型例として，社会秩序の維持に関わる警察官や規制当局職員，あるいは福祉給付サービスを担当するケースワーカー，教師が挙げられ，上記のいずれかの具体的領域で研究がなされることが多かった．しかし，第一線公務員は，その定義上，市民との接触を常に持ち，かつ，裁量判断を行う公務員のことであり（Lipsky 1980: 3），実際，Lipsky（1980）は，現場公務員の一例として，第一審裁判官をあげ，この司法分野におけるプロフェッショナルも第一線公務員の一例として明示している（Lipsky 1980: 3）．第一審裁判官も，市民との接触を通じ裁量をもって法適用判断を行っているという点が認められるならば，第一線公務員の要件を満たすからである．また海外における下級裁判所に関する近年の経験的研究では，裁判官への聞き取り調査や裁判傍聴といった質的手法が用いられることも増え，これに従ってストリート・レベル・ビュロクラシーという分析視角をもって第一審裁判所を理解するという動きも出てきている．以上より，本稿後半では，ストリート・レベル・ビュロクラシーという理論的枠組みから光を当てると，第一審裁判官の事例処理行動及び判断行動はどのように理解できるのかを考察する．

II　ストリート・レベル・ビュロクラシー

1　第一線公務員の特徴

　第一線公務員が従事する具体的業務内容は様々であるが，彼らが置かれている業務状況には共通の特徴のあることが指摘されており，それが第一線公務員

Ⅱ　ストリート・レベル・ビュロクラシー

の行動を理解する上での出発点である．すなわち，(1) 自律性の存在，(2) 現場裁量の存在，(3) 大量のケースロードと恒常的なリソース不足，(4) 市民との接触，である．ストリート・レベル・ビュロクラシーの議論では，この共通した業務構造上の特徴とそこから生じるジレンマを軸に，第一線公務員がいかにボトム・アップ式に法政策を具体化していくのか，考察を進める．本節でも，まず第一線公務員が置かれている業務状況の共通の特徴を素描する．以下で述べる各特徴は，ある具体的な公務員行動を理解する際，ストリート・レベル・ビュロクラシーが分析枠組みとして適切なのかどうか，その判断指針としても利用することができよう．

(1) 現場裁量の存在

　第一線公務員の判断には，現場裁量が常に存在している．いつ，誰に対し，どのように，どの法ルールを当てはめるのかという判断を第一線公務員は担っており，その判断には，裁量が不可避的・不可欠的に介入している．例えば，パトロール中の警察官は，どの車・人に声がけするのか，規制担当職員は被規制者のどの部分を問題視し，どの程度の制裁を適用するのか，給付行政職員はどの程度の情報収集を行い，どのような具体的事実をもって申請者の保護必要性を判断するのか，という場面を想像すれば，現場裁量が不可避的・不可欠的に存在していることが容易に想像されよう．

　もちろん，下記に述べるように，彼らには従うべき法令やマニュアルといった数々のルールがある．実際，第一線公務員の業務には数多くのルールが付随している．しかし，数多くのルールがあるからといって，現場裁量が判断内容に介入しないわけでは決してない．

　この背後には，彼らが担当する現実事例は多種多様で複合的な要素が絡み合ったものであり，個別的性質が強いという点がある．この事例の個別性にきめ細かく対応できるよう，多くの場合，明文化されたルールは一般的，抽象的規定というスタイルをとることが多く，法目的に合致する判断を行うには，事例の個別的事情に即した柔軟なルール適用が必要不可欠なのである．ここに，裁量の不可避的必要性がある．また，仮にルールがきめ細かく規定されていたとしても，現実事例が保有する個別性・複合性・複雑性は，統一的なルールの適用になじまず，詳細かつ統一的ルールを適用した場合，かえって法目的の実現に沿わない結果となる可能性もある．さらに，現場裁量を統制するため，上

級機関や統治機関は多くのルールを制定しようとするが，ルールが多すぎると，かえってどのルールを適用するのかという点でも，再び現場裁量は拡大することとなるのである．

　従来のストリート・レベル・ビュロクラシーの議論では，(1) 現場裁量の存在は，第一線公務員による恣意的判断を助長するものとして，統治機構，ひいては市民の信託から逸脱する危険性が高いものとして規範的に望ましくないもの，(2) ルールの遵守は裁量行使ではなく，ルールに従わない場合が裁量行使であるという，裁量のオンとオフという二分法的理解で裁量行為を捉えていた．しかし，現場裁量の精緻な理解には，そのような二分法的捉え方では不十分であり，また現在の議論もその点を認めている．上に記したように，法適用においては，事実把握活動や具体的事実へ法を当てはめる際，法適用者の判断が必然的に介在する．むしろ，裁量の必要性・不可避性を認めた上で，どのようにその裁量が行使されるのか，という視点で現象を捉える方がより適切である．裁量の程度・限度は，現場のプロフェッショナルとしての判断機会を（事実上）与えられているのはどの程度・限度であるのかという問いに言い換えることができ，それをプロフェッショナルとして全うするのか濫用するのか，どのように行使するのか，という観点の方がより生産的な視点である．

(2) 自律性の存在

　第一線公務員は，比較的自律的な判断領域を持っていることも，共通する特徴である．彼らの法適用判断は，上位管理者からの監督を常に受けているわけではない．例えば，パトロール中の警察官の行動，被規制者・申請者といった市民・事業者とのやり取りなど，第一線公務員の適用判断は，道路上や被規制者，申請者，市民の生活空間・事業場というように物理的に上位管理者から見えない場所で行われることが多い．また，たとえ行政部署内だとしても，市民とのやり取りの場には通常上位管理職は同席しない．このように第一線公務員の判断行動は上位管理職が介しない場面でなされることが多く，密な監督の外で判断が行われているという点で，第一線公務員の業務には自律的な判断領域が存在するといえる．

　また，第一線公務員が担当する事例数が多い点も，上位管理者が第一線公務員の1つ1つの判断を監督することが困難であるもう1つの理由である．数多くの事例を処理する必要がある現場部署では，1人の管理職の下に複数の第一

線公務員がおり，それぞれの第一線公務員が大量の事例に対処している．各事例には，それぞれの個別的な事実背景があり，質的に異なっている．また量的観点からも，各現場公務員が担当している事例の1つ1つに関し，管理職がすべて監督することは当然ながら極めて困難であるという特徴がある．

このように，質・量双方の面からも，上位管理職からの監督の程度は弱くなり，結果的に第一線公務員の法適用判断には，自律的な領域が残らざるを得ないのである．

(3) 大量のケースロードと恒常的なリソース不足

第一線公務員が保有する自律的な判断領域と現場裁量にのみ着目すると，彼らは事実上の大きな権限を持っているという側面が過大に強調されることになるだろう．実際，広範囲な裁量判断と，上位管理者から自立した領域の広さという2点が，第一線公務員が「政策策定者（policy makers）」として機能する背景となっている．

しかし，現実には，彼らは多くの制約の中で適用判断をしていることも，第一線公務員に共通する特徴である．まず，第一線公務員は大量のケースロードを抱えている．生活保護ケースワーカーの抱える大量のケースロードは1つの典型例であろう．例えば，熊本市では正規ケースワーカーが各自100~130世帯を担当しており，職員の多忙化が問題視されている[3]．複雑化を極める給付行政の現場部署では，大量のケースロードに対応する必要性から，職員は絶えず効率的な事例対応を求められる．過大なケースロードは何も給付行政に限ったことではない．筆者が先の研究で行った土壌汚染対策法担当の現場職員は，自治体によっては1人当たり300件超の法4条届出受理を担当していた（平田2017）．また，現場部署では，単一の法実施から生じるケースロードだけではなく，複数の法政策の実施を1人の第一線公務員が担当している場合も多い．このように，現実の1つ1つの事例に対応する現場部署であるがゆえ，第一線公務員が担うケースロードの負荷は大きい．

大量のケースロードは，現場部署が保有するリソース（すなわち時間と人員）の恒常的不足と不可分の関係にある．法適用判断には，事実についての情報収集とその把握・選別，そして該当する法規範や準則・基準といった法ルールの

---

[3] 朝日新聞 2016 年 1 月 30 日．

選定と照合が不可欠であるが，抱えているケースロードが多いほど，1つ1つの事例に対する情報収集やその判断に費やす時間が不足する．しかも，事実は常に変動する．実際の人間行動を相手にする現場の法適用判断は，大量のケースロードの下，限られたリソースをもとに不確実性の下での法適用判断とならざるを得ない．

恒常的リソース不足の背景には，(1) 現場公務員に使用可能なリソース（時間的資源，人員）が不足しているという上記の点のみならず，(2) 公的機関サービスの需要が量・質とも増加する傾向にあるという点も指摘される．ある新しいサービスが提供されると，それに加えてさらに新たなサービスの需要が生じる．あるいは，仮に新たなリソースが投入されると，よりサービスの供給が期待されるという具合に，第一線公務員に期待されるサービスの質と量は増加することはあっても減少することはない．結果的に第一線公務員の業務状況は，恒常的なリソース不足となる．

(4) 市民との直接の接触と感情労働（emotional labor）

最後に，法対象者である市民との直接の接触を通じて業務を行うことも，第一線公務員の主要な特徴である[4]．その接触は，例えば，交通違反取締のように，短時間かつ一回性のものである場合もあれば，安全規制実施の立入検査や違反後の対応といった規制執行（平田2009），あるいはケースワーカーと生活保護受給者のように，接触期間が長期間に及ぶものもある．第一線公務員は，その定期的な法対象者（市民[5]）との接触を通じて，その組織的制度的位置づけ上，自らの組織の「顔」として市民と直接に接触する位置に身を置いている．

市民との直接の接触の中で，第一線公務員は，法対象者をなだめたり，納得させたり，不安を取り除いたりするなど，法対象者の感情にも配慮して業務を行う必要性が出てくる．また第一線公務員自身も市民との接触において自らの感情と決して無縁ではない．共感，同情，嫌悪，恐れ，煩わしさなど，第一線公務員は市民との直接的接触を通じて，様々な感情を抱くことにもなる．この

---

[4] 公務員数の減少やテクノロジーの発達，第三者機関へのアウトソーシングなど，第一線公務員と市民・民間団体といった法対象者との直接の接触の機会は今後は減少，あるいは電子的に実施される傾向が強まると思われる．

[5] 本稿では，第一線公務員が直接接する法対象者（それは自然人であったり組織体であったりする）を広く「市民」と呼ぶことにする．

点に注目すると，第一線公務員は，感情労働（emotional labor）を行っているということができる[6].

2　第一線公務員の業務行動

　このように，第一線公務員は，幅広い裁量領域を有する一方，過重なケースロードと恒常的なリソース不足の下，法の事実への当てはめ判断を行っている．このような職務状況の下，彼らはどのような行動や意思決定パターンを示すのであろうか．

　第一に指摘されるのは，彼らは有している幅広い裁量を恣意的に行使しているのではなく[7]，大量の事例に対処するためにルーティーンを発達させ，事前に想定した一定の様式に市民を類型化，画一化して処理をする，というものである．法対象者である市民は，様々な背景事実や状況を抱えている．しかし，第一線公務員は市民とのやり取りを通じて，彼らについて一定のカテゴライズ化を行い，該当するカテゴリーに応じた対応をしようとする．当然，カテゴリー化の判断基準から漏れた事実は考慮の対象とはならず，この点事実の捨象が行われている．これは，対応する数多くのケースに効率的に対応するためであり，また同時に心理的負担の緩衝剤として作用している．

　ルーティーン化した対応パターンの一つに，現状追認判断が指摘される．これは，何が適切な対応なのかを第一線公務員自身が考慮し決定するというよりも，むしろ，知識や情報を保有し，また適切な判断をしているだろうと推測できる他者が表明した判断をそのまま受け入れ，なぞり，自らの判断にするという行動である．リプスキーはこの判断傾向を「現状追認的対応（rubber stamping attitude）」と呼んでいる（Lipsky 1980; 129）[8]．このように，第一線公務員

---

[6]　感情労働とは，通常業務において広く市民との直接の接触があり，その相手方に一定の感情状態を引き起こすため，自らの感情をかき立てたり抑制したりすることが求められる労働を指す（Hochschild 1985）．

[7]　もちろん，第一線公務員の判断が認められた範囲を逸脱するような行動をとる場合も想定されるが，それは例外的事象である．

[8]　Lipsky（1980）は，この現状追認的傾向を，望ましくない行動パターンであるとみなしている．というのも，本来は，第一線公務員自身が，中立的立場で判断を行うべきところ，実質的判断を他者任せにしているからである．しかし，このような行動パターンは，大量の事件処理を行う必要性に照らせば，極めて合理的な反応である．

は，過重なケースロードに対処するため，ルーティーン化，標準化した運用スタイルを発達させ，画一的な対応を行うという側面がまず指摘される．

第二に，しかし，ルーティーンに沿った活動がなされているとはいえ，第一線公務員の有する裁量は別の形で発現している．近年のストリート・レベル・ビュロクラシー研究では，第一線公務員自身が有する価値観・規範意識や，第一線公務員自身の人種やジェンダーや年齢といった社会的要素と，彼らの法適用行動との関係性について注目されている．1人1人の市民に対し，第一線公務員が自身の価値判断を通じてどのようなタイプかを判断し，その判断によって，ルーティーン化された対応に落とし込むのか，あるいは個別事象を考慮した対応をとるのかが決定される，と報告されている．第一線公務員が行う事実認識と法対象者に対する評価という両要素が法適用の過程に介在し，ここに，第一線公務員の有する裁量が発現するのである．

Maynard-Moody & Musheno（2003）は，第一線公務員が有するメタ的な2つのアイデンティティの存在を指摘する．警察官，社会福祉職員，教師という，代表的な第一線公務員に対するフィールドワークを通じて，Maynard-Moody & Musheno（2003）は，第一線公務員には相互に競合する2つのアイデンティティが同時に存在し，市民に対する評価判断を通じて，そのどちらかのアイデンティティが表出し，当該アイデンティティに沿った法実施判断がなされると報告している．1つは，法ルールの公正で一律的，厳格な適用を行う「国家の代理人」としてのアイデンティティであり，いま1つは，各市民の状況に応じ，柔軟できめ細やかに法ルール適用を行う「市民の代理人」としてのアイデンティティである．この2つのアイデンティティは，法の適用場面において競合的関係にある．第一線公務員は，双方のアイデンティティを保有しており，対応する市民が手を差し伸べる価値がある（worthy）のかどうか，という彼らの評価によって，どちらかのアイデンティティが発現し，その結果，ルール適用行動が異なってくると報告されている．例えば，ケースワーカーは，保護申請者が給付を受ける価値があるのかどうか，申請者の職務学校への参加頻度やケースワーカーとの面会キャンセルの有無，面会時の様子などを通じて，第一線公務員自身の価値観をもとに，申請者を評価する．そして手を差し伸べる価値があると判断した場合，「市民の代理人」としてのアイデンティティが優越し，個別申請者に応じたルールの適用がなされる．このような判断と評価には，

第一線公務員が保有する価値観や規範意識が反映しており，裁量と不可分である．なお，この価値観や規範意識とは，公務員個人が独自に発達させたものである場合もあれば，社会全体の中で，あるいは行政組織内で醸成され受け入れられている規範意識をも含んだ概念である．

　以上のように，近年の学説では，第一線公務員が有する価値観や規範意識と法ルールの適用行動との関係，また性別や人種といった第一線公務員自身が有する社会的要素と法ルールの適用行動との関係性というように（Portillo 2010; Portillo and DeHart-Davis 2009; Watkins-Hayes 2009），裁量に関する議論は従前の単純な二分法的理解に比べ，一層精緻化している．第一線公務員の職務状況は，数多くのルールに満たされており，ルーティーンが確立しており，また画一的で一律的なルール適用という「国家の代理人」としての文脈にあるものの，第一線公務員の法ルール適用は決して一様ではない．対応する事例の個別状況に応じて，また社会全体や職場内で醸成された価値観や規範意識，ジェンダーや年齢や人種といった第一線公務員自身の有する社会的要素に応じて，どのように市民に接するのか，また法ルールの適用判断をいかに行うのかには違いが出てくる．第一線公務員の法ルール適用は一定の系統だったパターンが現れる一方，多様な面も同時に保有していることが指摘されている（Maynard-Moody and Portillo 2010）．

Ⅲ　第一線公務員の一類型としての「第一線裁判官」？
：ストリート・レベル・ビュロクラシーという分析枠組みの応用可能性

　従来，裁判官の行動分析といえば，最高裁判所の裁判官といった上級審裁判官を対象に，合理的選択モデルや新制度論等による分析が主流であった．しかし，Shapiro（2005）が指摘するように，近年では第一審裁判所である下級裁判所やそこでの裁判官行動も研究の対象領域となり，また分析手法も，エスノグラフィー観察やインタビューといった質的分析手法による裁判官研究も増加してきている．

　以上の流れに沿うように，第一審裁判官の行動分析にストリート・レベル・ビュロクラシーという枠組みを用いた分析も，近年なされつつある（例えば，Cowan & Hitchings 2007; Biland & Steinmetz 2016）．Lipsky（1980）は，第一審裁判官も第一線公務員の1形態として分析対象に含めていたが，明示的にスト

リート・レベル・ビュロクラシーの枠組みを用いて第一審裁判官の行動分析を行うものはいまだ少なく，また先行研究も第一審裁判官行動の描写的な分析が多く，研究はまだ初期段階といえる．しかし，そもそも第一審裁判所が市民の紛争処理に果たす役割の大きさは以前から認識されており（例えば，Silbey 1981)，事実上の政策決定者として第一審裁判官を理解する必要性も指摘されてきた（Mather 1991)．ストリート・レベル・ビュロクラシーの枠組みを用いた裁判官研究も，今後議論の精緻化が期待される．

　以下では，第一線公務員という理解枠組みが，第一審裁判所（我が国でいえば，簡易裁判所，家庭裁判所，地方裁判所）で働く裁判官にも応用可能であるのか，主に海外での研究を参考に考察を進め，同時に我が国の第一審裁判官に関する行動分析に対しヒントを得たいと考える．第一線公務員という理解枠組みを使うことによって，どのような側面が明らかになるのか，市民に対する司法サービスのあり方についても示唆的であろう．第一線公務員同様，第一審裁判官も，裁判所という組織体の最前線に位置し，市民に直接働きかける位置にある．市民にとってこの裁判所においての経験は，裁判システムに対する認識を形成し，ひいては市民にとっての司法サービスの理解増進にもつながるものであろう．また，ストリート・レベル・ビュロクラシー枠組みを用いることで，裁判官の判断内容のみならず，第一審裁判官がどのように裁判利用者である市民と接し，また事例を取り扱うのかについても考慮にいれることができる．以下では，Ⅱで整理した第一線公務員の特徴が，第一審裁判官に関してどの程度当てはまるのか，海外での経験的研究をもとに，それぞれ見ていこう．

1　第一審裁判官は「第一線裁判官」といえるのか：第一線公務員の特徴との適合性について

(1)　現場裁量と自律性

　第一審裁判官には，法のプロフェッショナルとして幅広い裁量が付与されており，判断内容の高度の自律性も認められている．むしろ，この高度の自律性と幅広い裁量ゆえに，ストリート・レベル・ビュロクラシーの枠組みは第一審裁判官の行動分析には従来用いられなかったといえる．というのも，第一線公務員の核心的特徴として，現場裁量と自律的な判断領域を保持していることをすでに指摘したが，この背景には，第一線公務員は組織ヒエラルキー上層部か

III 第一線公務員の一類型としての「第一線裁判官」?

らの指示や，法令その他多数のルールに従うことが要求されている官僚制機構の末端である，という暗黙の前提があるからこそである．そして，第一線公務員は定められた通りにルールを適用すべきであり，ルールから逸脱してはならないという強いコミットメントが，ストリート・レベル・ビュロクラシー研究の出発点となっていたからである．この点，裁判官に付託されている裁量や判断の自律性は，第一線公務員のそれと比較して，その程度が大きく，また裁量及び自律性そのものが正当なものとして受け止められている．これは，第一線公務員の判断内容に付随している事実上の現場裁量・自律性と比較して，大きな違いである．

上記の違いは，ストリート・レベル・ビュロクラシーというモデルを第一審裁判官に対して用いる際，留意しておくべき点である．しかし，だからといって，完全にこのモデルを拒否する決定的理由ともならないだろう．第一審裁判官が扱う事件の多くは，どの法令や判例を用いるべきなのか，ある程度定まっている場合が多いであろう．また，事件が控訴された場合，上級審で自らの判決内容の審査・精査が行われる．この2点に注目すると，第一審裁判官も，一定程度ではあるものの，自らの判断において従うべき法的ルールや組織上層部からの緩やかな監督の下に置かれているということができる[9]．このように考えると，第一審裁判官は，一方で，適用すべき法令・判例や裁判所という一つの組織体として上層部から示される望ましさのシグナル等，様々な法的・組織的ルールに従いつつ，他方で目前の事例にどのルールをどのように適用するべきか，市民との直接の接触をもとに個別具体的な事例を通じて法の実現を図るという役割を担っているといえる．自らが保有する裁量と自律的領域をもって，上記2つの狭間でどのように目前の事件に対応するのかという彼らの職務状況には，第一線公務員との共通点も見いだせる．

なお，裁判官の自由裁量という論点は，従来，立法者との対比において法創造機能を（どの程度）認めるのかという文脈で議論されてきた．しかし，本稿で注目しているのは，そのような立法者との関係性における裁判官のもつ裁量ではなく，第一審という裁判制度の第一線に位置する裁判所を想定し，そこで

---

[9] なお，裁判所組織を一つの官僚組織として分析する研究は多い．我が国の下級審裁判官についても，従来より最高裁判所事務総局を頂点とした組織的統制の強さが指摘されている（例えば，宮澤 1999 やフット 2007）．

の裁判官が行使する法律上，事実上認められている，判断内容に対する裁量であり自律性である．この判断内容には，判決内容のみならず，訴訟指揮の内容，裁判利用者への対応等，事件の進め方についての判断内容全般をも含めている．

(2) 大量のケースロードとリソース不足

前述したように，第一線公務員は過重のケースロードと恒常的なリソース不足に悩まされている．この点は，第一審裁判官の職務状況についても同様に当てはまることに疑いの余地はない．限られた時間と人員をもって，一定の公平性と衡平さを保ちつつ，大量に流れ込む事例にいかに対処するか（Lipsky 1980），これは第一線公務員にとっても第一審裁判官にとっても，業務遂行上の中心的な課題である．

第一審裁判官が大量の事件処理に追われている実例は，枚挙にいとまがない．例えば，オーストラリアの第一審刑事裁判所の観察を行った Mack & Roach Anleu（2007）は，第一審刑事裁判官は大量の事件の「リストをさばく（getting through the list）」必要性に直面しており，また裁判官として求められている公平性と正当性を保持しつつ，いかに事件にかかるタイム・マネジメントを行っているのかを報告している．例えば，彼らは多くの事件に対処するため，当日の審理事件リストに載っているものの，審理が進まない事件を後回しにしたり，また，より審理に積極的に介入し，審理速度を効率化するように行動しているという（Mack and Roach Anleu 2007）．Biland & Steinmetz（2016）によると，フランスの家庭裁判所は裁判官一人当たり年間885件の新規事件を受け付けるという．アメリカ合衆国での第一審刑事裁判所においても，ケースロードのプレッシャーは1970年代から指摘されてきた（Mileski 1971）．過重なケースロードとそれに伴う事件処理の効率化の要請は，第一審裁判官にもそのまま当てはまる．

我が国の第一審裁判官においても，膨大な事件数の存在は常に指摘されてきた．大量の事件処理に追われている裁判官の職務状況は，それに起因する訴訟遅延と関連付けられ，日本の訴訟率の低さの原因として指摘されたり（ヘイリー 1979），裁判官の市民活動の消極性の一つの理由として語られたりするほどである（フット 2007）．

大量のケースロードと審理迅速化の要請は，大多数の事件をルーティーン化し処理することを促すこととなる．例えば，カナダ・ケベックでの家庭裁判所

Ⅲ　第一線公務員の一類型としての「第一線裁判官」？

裁判官は，多くの場合，現状追認的な判断をしたり，子の養育費算定に関してガイドラインに従った一律的な判断を下すという行動をとることが報告されている（Biland & Steinmetz 2016）．

　また，限られた時間で多くの事件に対応する必要性から，1 つ 1 つの事件について丁寧な審理ができていないことに対し，ジレンマを感じている裁判官の様子も取り上げられている．フランスで家事事件を担当するある裁判官は，1 つの事件に時間を費やすと別の事件にかける時間がなくなることを指摘し，「金銭を巡る訴訟は時間がかかる．事件の根本的問題点について望ましい決定を行うだけの時間がない」と語っている（Biland & Steinmetz 2016: 10）．

(3) 市民との直接の接触

　第一線公務員の特徴のいま 1 つは，市民との直接の接触を通じた業務である点にあった．状況把握といった事実確認から，ルール適用の理由説明に至るまで，第一線公務員は市民との直接のやり取りを通じて法ルールの適用という業務を行っている．この過程で，感情労働を行っているという側面もすでに指摘した．

　第一審裁判官はどの程度，裁判利用者（市民）との直接の接触があるのだろうか．これは，各国の法制度や各裁判所のあり方によって異なってくると思われる．例えば，書記官や裁判所事務職員といった裁判所職員が多い場合，あるいは裁判利用者に弁護士等代理人がついている場合，第一審裁判官が事件の処理をする上で直接に接するのは裁判所職員や代理人であって，裁判利用者との直接のやり取りは少ないであろう．この場合，裁判所職員や代理人は，裁判官と市民との間に介在するバッファーとして機能する．

　フランスとカナダ・ケベックでの家庭裁判所の観察及び裁判官に対するインタビュー調査を行った研究によると，各国の裁判所制度によって，裁判官と市民との直接的な接触の機会は異なってくる点が指摘された（Biland and Steinmetz 2016）．フランスでは，第一審裁判官が 1 人で裁判利用者と接し審理を進め，時に裁判官は不満のある市民への対応にも迫られるなど，市民との密な接触が報告されている一方，カナダ・ケベックでは裁判所職員が市民との直接のやり取りを担い，裁判官と裁判利用者の接触は最小限であったことが報告されている．

　我が国において，第一審裁判官と裁判利用者との直接の接触がどの程度のも

のなのか，そして感情労働がどの程度必要なのか，これらについては経験的検証が必要である．司法統計（平成 27 年度版）によると，我が国における本人訴訟の割合は，地方裁判所では，一方のみが本人訴訟であったものは 42.3%，双方とも本人訴訟であったものは 13.5%，家庭裁判所では一方のみが本人訴訟であったものは 32.2%，双方とも本人訴訟であったものは 4.6% であった．そして簡易裁判所においては，双方とも本人訴訟であったものは 71.1% ときわめて高い数値であった．弁護士（あるいは司法書士）を介在させず，裁判所と裁判利用者とが直接にやり取りする機会は，裁判所によって違いはあるものの，決して少なくない数である．

その一方で，市民との直接的な接触において，裁判所職員の果たす役割も大きいと推測される．また，どの程度頻繁に，裁判所利用者と接触するのかという点自体においても，各裁判官の裁量判断の範疇に属すると考えられる．市民との直接接触という点では，ストリート・レベル・ビュロクラシーという理解モデルが当てはまるのかどうかは，検討する必要がある．

(4) 予測される行動パターン

さて，ストリート・レベル・ビュロクラシーのモデルに従うならば，第一審裁判官の行動様式について以下のような予測が得られる．すなわち，大量のケースロードを迅速に処理する必要性のもと，また心理的負担を軽減する必要性のもと，事件処理においてはルーティーン化され標準化された対応が促進されるものの，他方で，当該事件をどの判断類型に落とし込み，またどの事件に個別的対応を施す価値があるとみなして処理するのか，この判断に裁量が発揮される，という理解が導かれる．

このような行動パターンは，海外先行研究ですでに観察されている．イギリスにおいて公的住居の明渡事件を担当する第一審裁判官の行動研究を行った Cowan & Hitchings（2007）によると，当該事件をよくある通常の型だとみなすと，細かい事実まで詳細に検討せずルーティーン化された対応を行なう一方，第一審裁判官は原告である公的住宅所有者（行政）と被告である賃借人（生活保護受給者である場合が圧倒的である）それぞれについて，とくに後者について，手を差し伸べる価値がある当事者であるかどうかを見極めようとしていると指摘している．とりわけ，事件の判断に決定的な判断基準として，被告である賃借人に対する評価を指摘し，審理への出席や，今まで賃料を払うよう努力の形

Ⅲ　第一線公務員の一類型としての「第一線裁判官」?

跡が見られるのか，賃借人は賃料を払うことができないのか，あるいは払いたくないのか，また賃借人の性別，子の有無，社会的弱者かどうか，といった点を考慮し，単純類型化された類型のどれに落とし込むことができるのか，また個別的救済の価値があるのかどうかを判断しようとしていたことが報告されている（Cowan & Hitchings 2007）．この際の判断には，裁判官の価値観や規範意識が介在していることも示されている．

また，Cowan & Hitchings (2007) は，大量のケースロードに対応するため第一審裁判官が身につける，現状追認的傾向も指摘している．すなわち，裁判官は，当該事件について最も詳しい背景を知っている公的住居担当の行政職員（これは明渡事件の原告である）が主導するだろう当事者間の裁判外和解を促進させ，和解案が作成され裁判官の前に示されると，それをそのまま受理するという行動パターンを指摘している[10]．

第一線裁判官は感情労働に従事しているという分析結果を報告する研究もある．これは，代理人をつけない本人訴訟を多く扱う場合に，とくに当てはまる．すなわち，(1) 裁判所利用者との直接的な接触があり，その過程で利用者の抱く感情にも直接的に接することとなり，また (2) 裁判所での経験が，司法に対する裁判所利用者の認識を形成するため，裁判所は中立，平等で公平であるという認識を抱かれるよう，第一審裁判官は，裁判所利用者の抱く情感に配慮し，かつ同時に裁判官自身の抱く情感を抑制する必要もあるからである．

第一審裁判所における感情労働の存在は，手続的公正の理念につながるものである．裁判利用者が，自らの主張を表明する機会を得，裁判所が自らの主張を聞いてくれたと感じることが，裁判手続が公平であったと感じ，また裁判所の判断を正当なものとして受け入れることを可能にする（Tyler 2006）．このために，第一審裁判官は裁判利用者の抱く感情に配慮するのである．

オーストラリアの第一審裁判官（magistrates）に対する質的・量的調査を基に，Roach Anleu & Mack (2005) は，第一審裁判官が感情労働に従事している様子を描写している．オーストラリアの第一審裁判官は，代理人を立てない本人訴訟事件を扱うことが多いため，裁判所利用者との直接的な接触が彼らの

---

[10] この現状追認的傾向が見られるのは，原告である公的住居提供者である行政が，訴訟のリピートプレイヤーであり，その継続性ゆえの強みを行使しているからであると理解できる（Galanter 1974）．

業務の多くを占める（Roach Anleu and Mack 2005: 591）．第一審裁判官に対する質問票調査において，日常業務を遂行する上で裁判官に必要であるスキルについて尋ねたところ，66％の第一審裁判官は，裁判利用者の抱く感情にうまく対処するスキルが非常に重要だと回答したという（Roach Anleu and Mack 2005: 606）．また，ある第一審裁判官は，自らの仕事を「80％が人とのやり取りで，20％が法的なこと」と描写している（Roach Anleu and Mack 2005: 608）．裁判利用者に対して，裁判所の公平性，中立性，公正性という司法システムの正当性を保持するため，第一審裁判官は，時に裁判所利用者に気の済むまで語らせたり，クールダウンのための休憩を取ったり，また時に自らの嫌悪感や感情を押し殺し，事件処理を行っている様子が報告されている．

(5) 第一線公務員の正当性とのリンク

さて，このようにストリート・レベル・ビュロクラシーという枠組みをもって，第一審裁判官行動を理解しようとすると，以下の問いが浮かんでくる．それは，裁判所利用者が抱く，第一審裁判所の公平さ，中立さという認識を獲得・維持するため，どのように第一審裁判官が振る舞うべきか，という点である．

本稿に関連して以下２つの考え方が指摘できるが，それらは，お互い相反する方向性を持っている．１つは，当事者から距離を置き，受動的な役割に徹することで中立的な立場をとるべきであるという考え方である．他方，手続的公正の観点からは，裁判所利用者が，自分たちの主張がどの程度第一審裁判官に聞いてもらえたと感じるかどうかが重要であり，これには裁判官の積極的な介入を必要とする．

そして，第一審裁判官を第一線公務員として理解するならば，それは裁判利用者である市民との直接的接触が頻繁であるという文脈にあるから，前者の考え方よりも，後者の手続的公正・公平という側面からの正当性の獲得という考え方により沿いやすい．しかし他方で，仮に後者による正当性の確保に努める場合，大量のケースロードを抱えている第一審裁判官にとって，その対応は困難になるかもしれない．１つ１つの事件に費やすことのできる時間的人員的リソースが有限であるため，多様な事件を標準化し，一律的な事件対応が促されるという文脈も同時に指摘できるからである．ここに，第一線公務員と同様のジレンマ，すなわち，多くの事例の一律的な対応か（表層的な扱いにとどまって

Ⅲ 第一線公務員の一類型としての「第一線裁判官」？

しまう），個別事例に応じた柔軟な対応か（時間がかかる）の間でのバランスをいかにとるのか，という問題意識が鋭く意識されることとなる．

2 留　保

これまで，第一審裁判官の行動を理解する上で，ストリート・レベル・ビュロクラシーというモデルの有用性を述べてきたが，もちろん，この理解枠組みが常にどの第一審裁判官にも当てはまるわけではない．第一審裁判官といっても，それぞれが置かれている職務状況はきわめて異なるためである．例えば，扱う事件数のうち類似事件を扱う割合がどの程度なのか（扱う事件の多くが，例えば，覚せい剤取締法違反事件であったり，親権に関する事件であったり，公的住居明渡の事件であるなど，一定の事件類型が担当事件の多くを占めるほど，ストリート・レベル・ビュロクラシー・モデルに近づく），裁判官以外の法専門家（弁護士等）や裁判所職員との分業体制はどのようなものなのか（分業が少なく，第一審裁判官自身が幅広く事件処理過程を担っているほど，ストリート・レベル・ビュロクラシー・モデルに近づく），どの程度第一審裁判官は裁判所利用者と直接の接触を持っているのか（裁判所利用者との直接の接触が多いほど，ストリート・レベル・ビュロクラシー・モデルに近づく）等によって，ストリート・レベル・ビュロクラシーというモデルの当てはまりやすさが異なってくる．

本稿では，海外での第一審裁判所に対する経験的研究を取り上げたが，当然ながら国ごとに裁判制度は異なるため[10]，我が国においてもストリート・レベル・ビュロクラシーのモデルがどの程度当てはまるのかは，経験的分析を行い検証するほかない．また，国内においても，例えば，簡易裁判所，家庭裁判所，地方裁判所といった複数の裁判所の種類がある場合，どの裁判所に着目するのかによっても，モデルの適合性と有用性は変わってくる．

その一方，過重なケースロードや，裁判所組織と市民との境界線上に身を置く第一審裁判官には，第一線公務員としての職務状況との共通点も見いだせ，この点，海外先行研究で指摘されている通り，下級審裁判官の行動分析の１つの視点としての可能性も指摘できるだろう．

---

[10] 当該国がコモンローの伝統を持つのか，大陸法の伝統を持つのかという点も，裁判官の行動に関わってくるものと思われる．

Ⅳ　おわりに

「裁判所は国家機構であり，複雑組織であり，裁判官はそこで勤務する組織人である．そのような存在としての裁判官の行動は，当然に組織内統制の影響を受けていると考えるべきであった．その動態の分析は，法律学の枠にとらわれない，政治学的，組織社会学的，職業社会学的な枠組みを必要としている」（宮澤 1999: 195）．本稿は，この指摘に勇気を与えてもらい，行ってみた試論である．

我が国の裁判官研究では，人事や配置転換を通じた内部統制とそれによる判決行動という観点からの分析が多く，あるいは最高裁判所研究といった上級裁判所の動向を中心としていた．もちろん，それらは非常に価値のある分析視点である．しかし，それのみならず，他の分析モデルを使用すれば，また異なった裁判官の業務状況と行動パターンが浮かび上がってくるのではないだろうか．ストリート・レベル・ビュロクラシーのモデルは，第一審裁判官の置かれている業務状況，そして業務が抱えている感情労働を考える上で，一つの有益な分析枠組みを提供してくれる．

日常のありふれたところでの法の働きをみるという視点は，法社会学の１つのテーゼである（Ewick and Silbey 1998）．本稿は，第一審裁判官という，伝統的な裁判官研究では目立たなかったものの，日常の市民への司法サービス提供という点では，非常に重要な位置を占める彼らについても研究の必要性を認識し，ストリート・レベル・ビュロクラシーという枠組みを用いてその分析を試みた．新しい視角を導入してみることは，より多面的に裁判官のすがたを理解し，ひいてはグラウンドレベルでの司法のすがたを理解する１つの試みにつながると思う．

〔文　献〕

Biland, Émilie, and Hélène Steinmetz (2016) "Are Judges Street-Level Bureaucrats? Evidence from French and Canadian Family Courts," *Law & Social Inquiry*, Early View Version. online: 4 NOV 2016 | DOI: 10.1111/lsi.12251

Cowan, Dave, and Emma Hitchings (2007) "Pretty Boring Stuff: District Judges and

Housing Possession Proceedings," *Social & Legal Studies* 16 (3): 363-82.

Epp, Charles R., Steven Maynard-Moody, and Donald P. Haider-Markel (2014) *Pulled Over:* How Police Stops Define Race and Citizenship, University of Chicago Press.

Ewick, Patricia, and Susan S. Silbey (1998) *The Common Place of Law:* Stories from *Everyday Life*, University of Chicago Press.

フット, ダニエル（溜箭将之訳）(2007)『名もない顔もない司法 —— 日本の裁判は変わるのか』NTT出版.

Galanter, Marc (1974) "Why the 'Haves' Come out Ahead: Speculations on the Limits of Legal Change," *Law & Society Review* 9 (1): 95-160.

ヘイリー, ジョン（加藤新太郎訳）(1979)「裁判嫌いの神話（下）」判例時報907号, 13-20頁.

平田彩子(2009)『行政法の実施過程 —— 環境規制の動態と理論』木鐸社.

—— (2017)『自治体現場の法適用 —— あいまいな法はいかに実施されるか』東京大学出版会.

Hochschild, Arlie Russell (1985) *The Managed Heart: Commercialization of Human Feeling*, University of California Press.

Lipsky, Michael (1980) *Street-Level Bureaucracy: Dilemmas of the Individual in Public Service*, 30th Anniversary Expanded Edition, Russell Sage Foundation.

Mack, Kathy, and Sharyn Roach Anleu (2007) "Getting Through the List': Judgecraft and Legitimacy in the Lower Courts," *Social & Legal Studies* 16 (3): 341-61.

Mather, Lynn (1991) "Policy Making in State Trial Court," in John B. Gates & Charles A. Johnson, ed., *The American Courts*: A Critical Assessment. p. 119-157.

Maynard-Moody, Steven and Michael Musheno (2003) *Cops, Teachers, Counselors: Stories from the Front Lines of Public Service*. University of Michigan Press.

Maynard-Moody, Steven, and Shannon Portillo (2010) "Street-Level Bureaucracy Theory." In Robert Durant ed., *The Oxford Handbook of American Bureaucracy*, Oxford University Press. p. 252-277.

Mileski, Maureen (1971) "Courtroom Encounters: An Observation Study of a Lower Criminal Court," *Law & Society Review* 5: 473-538.

宮澤節生(1985)『犯罪捜査をめぐる第一線刑事の意識と行動』成文堂.

—— (1999)『法過程のリアリティ —— 法社会学フィールドノート』信山社.

西尾勝(2001)『行政学〔新版〕』有斐閣.

Portillo, Shannon (2010) "How Race, Sex, and Age Frame the Use of Authority by Local Government Official," *Law & Social Inquiry* 35 (3): 603-23.

Portillo, Shannon, and Leisha DeHart-Davis (2009) "Gender and Organizational Rule Abidance," *Public Administration Review* 69 (2): 339-47.

Roach Anleu, Sharyn, and Kathy Mack (2005) "Magistrates' Everyday Work and

Emotional Labour," *Journal of Law and Society* 32 (4): 590-614.

Shapiro, Martin (2005) "Law, Courts, and Politics" In Tom Ginsburg and Robert Kagan ed., *Institutions & Public Law: Comparative Approaches* p.275-298. Peter Lang.

Silbey, Susan S (1981) "Making Sense of the Lower Court," *The Justice System Journal*, 13-27.

Soss, Joe (1999) "Lessons of Welfare: Policy Design, Political Learning, and Political Action," *American Political Science Review* 93 (2): 363-80.

田辺国昭 (1998)「生活保護政策の構造(2)——公的扶助行政における組織次元の分析」国家学会雑誌 101 巻 3・4 号 363-307 頁.

Tyler, Tom R (2006) *Why People Obey the Law* Princeton University Press.

Watkins-Hayes, Celeste (2009) *The New Welfare Bureaucrats: Entanglements of Race, Class, and Policy Reform*, University of Chicago Press.

32 Speaking Truth to Power: Professor Setsuo Miyazawa's Impact on Overseas Understandings of the Japanese Judiciary

Mark Levin

The court's case assignment procedure through which a judge is assigned on a given case is closely related to the realization of judicial fairness and trial independence.... Without a doubt the principle that case assignment of the courts shall not be subject to arbitrary manipulation shall be the constitutional principle adhered to by a rule of law country. [B]ased upon the constitutional guarantees of people's right to institute legal proceedings and the constitutional mandate of judges' lawful, independent adjudications, our Constitution also embraces the same meaning and purpose.[1]

In 1991, Professor Setsuo Miyazawa presented in a conference and then published in the Kobe University Law Review an article titled *Administrative Control of Japanese Judges* (Miyazawa 1991), subsequently reproduced in a 1994 monograph, Law and Technology in the Pacific Community, edited by Philip S.C. Lewis (Lewis 1994). Though some authors had previously introduced Japanese systems of judicial administration to English-language audiences,[2] Professor Miyazawa's piece gave clear, critical, and detailed reporting as to the methodology and impacts of ideologically instrumental endeavors that biased judicial outcomes in certain categories of cases, which I have more recently labeled "instrumental judicial administration."[3] This work, just one among many crucial writings by Professor Miyazawa, opened a path for a substantial line of scholarship with regards to our views of the Japanese judiciary that continues to resonate today. Together with writing by Professor Hiroshi Itoh published just ahead of Professor Miyazawa's (Itoh 1989), the paper helped reshape academic views of the Japanese judiciary around the world.

---

(1) Collection of Grand Justices Council Interpretations, Taiwan, ROC, Shizi No. 665, Oct. 16, 2009, http://www.judicial.gov.tw/constitutionalcourt/EN/p03_01.asp?expno=665.

(2) This is not meant to overlook Japanese language writings that were already available. Professor Miyazawa's article gives a substantial bibliography of prior works written in Japanese upon which he built his contribution (Miyazawa 1991, 60-61).

(3) In short, these dynamics represent ideological biases in judicial administration that "aim to distort a structurally neutral court proceeding towards a result determined extrinsically from the litigation process between the parties" (M. Levin 2011, 267-68).

32 Speaking Truth to Power [Mark Levin]

Professor Miyazawa reports having organized a panel for the 1990 annual meeting of the Japanese Association of the Sociology of Law on May 12, 1990. Drawing from papers given there by three private attorneys as well as recent Japanese language scholarship by leading professors including Shigeo Kisa and (later Justice) Itsuo Sonobe, Professor Miyazawa gave a version of the paper at the joint annual meeting of the Law and Society Association and the International Sociological Association's Research Committee on the Sociology of Law in Amsterdam on June 25-29, 1991. Finally, the work was fully developed for a presentation at a conference held at Stanford Law School on October 5-8, 1991 on "The Role of Law in the Pacific Community."

I vividly remember discovering *Administrative Control of Japanese Judges* while standing in front of the newly assembled English-language collection of writings on Japanese law in the law library at Hokkaido University's law faculty.[4] This was a "light bulb" moment for me when my own understanding of Japanese law was transformed.[5] I have since spent much time researching issues that pertain to Professor Miyazawa's article and I regularly assign it to my students studying Japanese law.

In this short essay, I wish to honor Professor Miyazawa by calling out the work's path-breaking significance. I will first summarize the state of the literature that preceded his work, briefly summarize the work itself, and then consider its implications in the context of subsequent scholarship about Japan with contemplations of further judicial reform possibilities in Japan's future.

I   English-Language Writings on Japanese Judicial Administration and Jurisprudential Consciousness ahead of Professor Miyazawa

Prior to 1991, there was little attention in English language scholarship given to methods of judicial administration in Japan, particularly with respect to suggestions of ideological biases affecting judicial outcomes. With the exception of Professor Hiroshi Itoh's detailed report in 1989 discussed below (Itoh 1989), the field was mainly open territory when Professor Miyazawa picked up his pen.

The classic work which opened the comparative law field of legal scholarship on Japan, Law in Japan: the Legal Order in a Changing Society, (Von Mehren 1963) gathered together scholarship by an extraordinary set of participants at a conference on Japanese law held at the

---

(4) Prof. Miyazawa's *alma mater* for his LL.B., LL.M., and J.S.D. degrees. I was teaching there at the time.

(5) The reference is to "a moment of sudden inspiration, revelation, or recognition," originally from the cartoon image of a light bulb lighting up above a character's head when he or she has an idea. http://www.dictionary.com/browse/light-bulb-moment.

I English-Language Writings on Japanese Judicial Administration and Jurisprudential Consciousness ahead of Professor Miyazawa

Harvard Law School in September 1961. One can find some critical assessments of the Supreme Court's jurisprudence, such as in Masami Ito's chapter on constitutional development (Ito 1963), but nothing discusses, let alone critiques, judicial administration methods. Rather, Judge (later Justice) Takaaki Hattori's contribution titled *"The Legal Profession in Japan:* Its Historical Development and Present State," gives a rose-colored portrayal of circumstances that lands *precisely opposite* from the depiction subsequently laid out by Professor Miyazawa:

> [A]dministration within each court is now in the hands of a conference of judges of the court concerned; under the old system it was in the hands of the president of the court. *This revision has eliminated the possibility that a judge, either consciously or unconsciously, will accommodate himself to the particular judge who is his administrative superior.* (Hattori 1963, 131 (emphasis added)).

Judge Hattori found optimism in the freedom that Japanese judges had obtained from the "undesirable" supervisory power of the Minister of Justice that had existed under the Meiji Constitution. Under the new postwar Constitution, supervision over judges' careers shifted to the Supreme Court, which had the unfettered authority to assign judges among the courts. He raised no question in his report whether that authority was being suitably deployed.

Similarly, Professor Akira Mikazuki's 1969 article on comparative judicial systems in Volume 3 of the prestigious journal Law in Japan, published by the Japanese American Society for Legal Studies, appears to be the sole discussion of this topic in journal prior to the 1990s (Mikazuki 1969). This was a substantial original work, impressively translated by Professor Hiroshi Itoh and Eugene H. Lee. The problems identified in that writing mainly pertain to the lack of localism among the unified Japanese courts in contrast to the court systems of federal states such as the United States and Germany, and a critique of Japanese judicial attitudes in jurisprudence which he described as "a tendency for a schematic and formalistic way of thinking to prevail" (Mikazuki 1969, 32). Section V of the article addresses judicial administration and generally critiques processes relating to the centrality of the administrative mechanisms and budgetary inadequacies. Professor Mikazuki's phrasing here is oblique, but resonates with a force that we may understand as an objection to administrative control from the Supreme Court's bureaucratic center:

> The court system, so long as it is a national institution, has the same dimensions as other administrative agencies. However, if attention is focused on the peculiarities of its role as the central mechanism of law, then it is a

special kind of national institution, an institution which must be promoted or in foreign countries is indeed being promoted, by the professional class—as distinct from the people themselves—who are not public officials but are bearers of law.··· *Thus, the issue of the judicial system must be freed from the problems of mere bureaucratic organization and from scholarly preoccupation with narrow procedural law and must be solved resolutely as part of larger and fundamental problems of law.* (Mikazuki 1969, 42 (emphasis added))

Judicial administration was nearly overlooked in the most significant early textbook on Japanese law in English, The Japanese Legal System: Introductory Cases and Materials edited by Hideo Tanaka, with the assistance of Malcolm Smith, published in 1976 (Tanaka and Smith 1976). A subsection of the book's chapter 5 on Courts and Procedure was titled *"Problems in the Japanese Judicial System"* and re-published much of the lengthy translation of Akira Mikazuki's work on the Japanese judicial system discussed above (Mikazuki 1976). While Professor Mikazuki's views were unmistakably critical of the status quo at the time, problems pertaining to ideological biases in judicial administration as later identified by Professor Miyazawa had no yet found any definite or detailed portrayal for the foreign reader.

Contemporaneous writings by Professor Hiroshi Itoh and a later work by Justice Hattori also quietly pointed the arrows in the right direction for careful observers to take note from later. These publications plowed the ground for Professor Miyazawa's fertile seedling.

First was Professor Itoh's 1969 piece titled *Judicial Decision-Making in the Japanese Supreme Court* (Itoh 1969). While this article's primary focus was on the adjudicative process and deliberations at the Supreme Court, the writing introduces some administrative mechanisms and processes, most significantly noting the role of the law clerks at the Supreme Court (Itoh 1969, 152).[6] In the piece, which celebrates the Supreme Court justices' autonomy of "no longer being under the control of the Ministry of Justice" (Itoh 1969, 131), Japan's judges were represented as conservative and thoughtful, but no question was raised as to their ideological objectivity or concerning confrontations with ideological institutional biases imposed upon them by senior administrators.

Itoh followed this work with an important 1970 article titled *How Judges Think in Japan* in the American Journal of Comparative Law (Itoh 1970). I assess this writing as a *proto-analysis* of instrumental judicial administration, *i.e.* a step in the right direction. This article surveys what leading scholars in Japan had written about Japanese judicial consciousness. No suggestion was brought forward that judges might be deciding their cases based on impacts from instrumental judicial administration, but the potential was implied

---

(6) Foreshadowing David Law's important work, described below.

through his endorsement of discussions by the "experimentalists" who, like American legal realists, were willing to acknowledge that fictions may be covertly present in Japanese judicial decision-making, as well by taking note of critical investigations made possible by contemporary Marxist scholarship.

Citing Takeyoshi Kawashima as its most prominent proponent, Itoh introduced the experimentalist school of thought which "insists that a judge's value system or law-consciousness and also his desire to justify his conclusion in terms of harmony with existing legal norms are more responsible for reaching a decision then the rule of law" (Itoh 1970, 790). Accordingly, "it is generally recognized that the multiplicity of legal interpretations primarily rests upon multiple value systems existing simultaneously in a society, and that judges exercise their own value judgment to reconcile different interests" (Itoh 1970, 790). Itoh describes Kawashima's scholarship as conforming to the realist tradition famous from the United States, and holding that the judicial interpretation of legal acts is basically determined by the "configuration of interests in a society" (Itoh 1970, 792). In short, Itoh's 1970 writing failed to identify instrumental judicial administration as a factor in judicial decision-making, but gave credence to its possibility by extending the understanding of judicial decision-making as one that goes beyond pure formalism.

Moreover, again citing Kawashima, Itoh noted the existence of underlying political forces that may explain what motivates Japanese judicial elites to carry out instrumental judicial administration as a means of protecting the institutional autonomy of the judiciary as a whole. "Kawashima argues that a basic framework is established by the power relationship among different branches of government and by various socio-economic forces as these forces are differently perceived by legal interpreters" (Itoh 1970, 795). Even while not yet recognizing or presenting instrumental judicial administration as an active dynamic, Itoh's discussion of Kawashima here represents a prescient portrayal of the debate that remains active between Professors Mark Ramseyer and John Haley vis-à-vis autonomy of the Japanese judiciary.

Lastly in this work, Itoh shared the views of Marxist-oriented scholars in Japan. Itoh assessed the Marxist-approach as tainted by the strictness of its ideological filters, but found value in terms of its having the most aggressive readiness to look beyond fictions that may not be manifested in judicial opinions as written. Itoh reported the work of Masyasu Hasegawa to see "the judicial ideology in a capitalist society as 'fragmented, arbitrary, prejudiced, bureaucratic, and even ruling class oriented.'" This opens the door to critical investigations of judicial consciousness that pierce the fictional rhetorical constructs expressed in formal decisions and raise awareness that judges in Japan may well be carrying out their decision-making influenced by externalities from their lives, even if these decisional biases may be unconscious, subconscious, or intentionally masked (Itoh 1970, 799).

Thus, Itoh sides with the experimentalists and takes note of the Marxists in looking beyond formally stated reasoning, albeit without uncovering the particulars of underlying forces at play. His writing does not yet bring us to see the dysfunctional circumstances illuminated later, but it demonstrates a commendable intellectual readiness to receive and process such information.

Another English-language work of meaningful value in this field prior to Professor Miyazawa's article is a contribution in the Washington Law Review published in 1984 by Takaaki Hattori (Hattori 1984), by then a retired Chief Justice of the Japanese Supreme Court. Hattori came into the discussion quite obviously as a cheerleader. He was first appointed to the bench in 1938, and apart from some temporary postings outside of the judiciary and overseas study, fulfilled a lifelong career of service on the bench in the most elite postings. He was appointed as a justice of the Supreme Court in December 1975, and then appointed as Chief Justice in April 1979, a position he held through to his retirement in September 1982. Thus, perhaps it is no surprise that his factual reporting was thorough while his critical assessment was limited.

As in his earlier contribution in von Mehren's Law in Japan, Hattori draws from first-hand experience in pointing out the limitations on judicial autonomy in Imperial Japan:

> *[T]he prewar judges were beholden to the executive branch to some extent. They were appointed by the government, and were under the general supervision of the Minister of Justice, rather than that of the judiciary itself. Accordingly, there was always the possibility of yielding to the bureaucratic influence of the Minister of Justice, or indirectly succumbing to political pressure from the government (Hattori 1984, 70).*

The article then presents extensive detail on the structure of the Japanese court system, its basic operations, and debates in the postwar years surrounding appointment methods such as the "unification of the legal profession" proposal to select judges from among senior members of the bar rather than Japan's existing (and current) methodology of primarily selecting career-fresh judges immediately after their completion of professional training at the Supreme Court's Legal Training and Research Institute.

From there, the article gives extensive reporting on numerous aspects of judicial administration in Japan. These pages offer a comprehensive set of insights into the real processes in the selection of judges, assignment of judges to particular courts, promotion of judges, in-service training of judges, and the administrative supervision of judges. No other English-language report at the time provided such detail. The only other mechanism of access to the information in English would have been by finding a translation of the Court

Organization Law, if one were fortunate to have access to the EHS Law Bulletin Series published by Eibun-Horei-Sha (EHS Co.) in Tokyo (Britt and Strouse 1995) (Britt 2000).

But while Justice Hattori's report was genuinely substantial, it gives no assessment and no revelation of the circumstances that Professor Miyazawa would describe just a few years later. This may be seen in two ways. On the one hand, none of the Japanese language sources included in *Administrative Control of Japanese Judges* date prior to 1986, and so perhaps these issues had not yet arisen in Japanese scholarly discourse. On the other hand, most of the anecdotal stories highlighted by Professor Miyazawa in his article pertained to events taking place from the 1970s forward. Given Justice Hattori's perfect front row seat throughout those years (and perhaps his own personal participation in the events), it seems fair to believe that the facts reported by Professor Miyazawa should have been known to Justice Hattori while he was writing for the Washington Law Review.

Two examples demonstrate the gap between Justice Hattori's description and Professor Miyazawa's.

First, Justice Hattori's benign description of how new judges are selected by the Supreme Court stands in striking contrast to the allegations by Professor Miyazawa, in my writing, and most thoroughly presented by David Law:

> *In preparing its list of nominees for inferior court judges, the Supreme Court is most prudent and cautious about its constitutional responsibility. It carefully examines not only whether the applicant satisfies the formal requirements prescribed by law, but also considers his or her aptitude as a judge including the applicant's overall personality, personal history, legal ability, and health. ... Every effort is made to recruit the ablest and most promising persons to the judiciary (Hattori 1984, 77-78).*

This favorable description was surely correct, but missed a key point. Contrast David Law's representation that "a 'systematic purge' of ideologically unsuitable judges. . . begins with the first day of the LTRI training" (Law 2008, 1552). The circumstances were not simply a cautious selection of persons of ability and promise, but rather "an elite 'self replicating clique of judges' in the General Secretariat [that] captured the judicial hiring process and employs it so as to make its best efforts in ideologically screening who will become lower court judges" (Law 2008, 1590; M. Levin 2011, 273).

Similarly, Justice Hattori offers an appealing description of the judiciary's internal personnel governance with unbounded authority over geographic transfers as well as salary determinations. Justice Hattori advises readers that these matters were handled by the Supreme Court dutifully: "it is one of the important administrative functions of the Supreme

Court *to grade the individual appropriately*, taking into account factors such as his age, length of service, ability, achievement and the like" (Hattori 1984, 79, n.51 (emphasis added.)) But this notion of appropriateness shares nothing as to the realpolitik handling of these matters reported by Professor Miyazawa and later proven on a solid foundation of empirical evidence by Professor Mark Ramseyer.

I wrote of this in 2011:

> *This is where the rubber hits the road. With the power to control the professional lives of every single full-time career judge apart from Supreme Court justices, the judicial administrators in the Personal Affairs Bureau have and exercise the license to incentivize judicial decision-making that conforms to their values, to punish judicial making that confronts their values, and even to disempower or remove entirely judges who refuse to toe the line. In Professor Mark Ramseyer's words, this represents a "managed judges" system of lower court judges who lack independence. "They are free of direct control by politicians, but the Supreme Court and Secretariat control their careers." Or, in Professor David Law's succinct conclusion: "the prevailing view among observers is that Japanese judges march out of ideological sync with the [judicial] bureaucracy at their own peril."* (M. Levin 2011, 276-77)

Thus, Justice Hattori's article valuably contributed to outside understandings of the Japanese judiciary. As to the nuts and bolts descriptions of the operations, his report is consistent with Professor Miyazawa's and adds credence to its validity. But Justice Hattori, either blithe or without candor, revealed the circumstances uncritically. In his report, these important responsibilities were surely being carried out appropriately; he gave no hint that ideological biases might instead be at play.

Just one writing appears to have "scooped" Professor Miyazawa's publication when Professor Hiroshi Itoh addressed instrumental judicial administration in his 1989 monograph on the Japanese Supreme Court's constitutional decision-making (Itoh 1989). In this work, Professor Itoh presents a full chapter on judicial administration in Japan and gives voice to concerns regarding bureaucratic control of lower court judges, albeit alleviating some concern by contextualizing this as the dividing line between "senior judges trained under the Meiji Constitution [and] judges of a new generation who are oriented to the new democratic constitutional ideals" (Itoh 1989, 249).

Professor Itoh's chapter gives extensive detail on the mechanisms of judicial

II *Administrative Control of Japanese Judges*

administration from the Supreme Court down through the lower courts operations. He advises readers of the powerful role played by the General Secretariat, including judicial training programs, judicial personnel policies, and the like. More importantly, he presents a full report of clashes between senior and lower court judges with ideological underpinnings including the Supreme Court's reaction to the Osaka District Court trial in the *Suita* case, the reappointment denial of assistant judge Yasuaki Miyamoto, and the infamous Hiraga Memorandum incident arising in connection with the Naganuma Nike missile case.

As with Professor Miyazawa, Professor Itoh makes clear his view that serious concerns about administrative methods deserve recognition. For example, "[a] *fear* has often been expressed that the Supreme Court, singly or jointly with judge–bureaucrats in the General Secretariat and lower court, adversely influences the free exercise of the judicial power by lower court judges" (Itoh 1989, 249 (emphasis added)). Similarly, he criticizes personnel policies that "have caused the emergence of tightly knit working relationships between the Supreme Court judicial conference in the top echelon of both judge–administrators in the General Secretariat and the lower courts [that[often affects the attitude of rank–and–file judges engaged in adjudication" (Itoh 1989, 255). And "the Hiraga Memorandum incident revealed administrative influence upon the substance of an ongoing judicial decision–making matter *in a gross manner*" (Itoh 1989, 268 (emphasis added)).

II *Administrative Control of Japanese Judges*: A Brief Summary

I will assume that Professor Miyazawa's article is well-known to readers of this chapter. Nevertheless, a brief summary of its contents may be helpful in order to contextualize it with the writings that preceded and followed it.

The paper opens with a claim that a detrimental influence on civil litigation rates in Japan was being caused by administrative mechanisms that "make it possible for the Supreme Court to control or influence lower–court judges and ensure that lower–court judges do not cause problems to the government, business, and friendly foreign governments." Professor Miyazawa highlights "litigation that challenges the legality or constitutionality of government actions" as the locus of where this bias occurs.

Thus, from the outset, there is a striking difference between Professor Miyazawa's report and most of what had preceded it. Prior writings such as Professor Itoh's earlier works and Justice Hattori's at most acknowledged the *possibility* of ideological influence being present in Japanese jurisprudence. Professor Miyazawa's accusation is far more damning. The assessment is not merely of a potentiality, but that these circumstances *were actively occurring* and that they were *causing an actual failure* in the Supreme Court's constitutional obligation under Article 81 as the nation's "court of last resort with power to determine the constitutionality of any law, order, regulation or official act." Citing Article 76(3) of the Japanese Constitution, Professor Miyazawa explicitly asks: "then, how does the Japanese judicial system maintain such uniformity among professional judges who are supposed to make independent decisions according to their own conscience, found only by the Constitution and statutes?"

The following sections of the paper detail precisely the mechanisms that enable the Supreme Court to carry out such a striking degree of administrative control. Much of this, he explains, pertains to "the occupational status of most judges in Japan [being] similar to that of employees of the executive branch of the government [who] are virtually life-time employees of a national government bureaucracy called the judiciary." Accordingly, judges' career progression rests in the hands of those who have the discretion to advance or impede the career progress of all other judges, based upon managerial preferences and views of the decisions and professional capacity exhibited by judges.

Much as Justice Hattori had done, Professor Miyazawa explains the operations of the General Secretariat of the Supreme Court (GS), where the Bureau of Personnel Affairs has this managerial responsibility. But Professor Miyazawa's report aims to disavow readers of a simple understanding of the entity as one controlled by the entire Supreme Court and serving "a mere support function." We learn instead that "among justices, only the Chief Justice is involved in it" and that the GS "is actually the most powerful part of the Japanese judiciary." Moreover, its members represent an internal clique "virtually appointing each other to GS positions.··· GS positions are retained by a small group of self-appointed elite judges who spend a large part of their career in administrative control of other judges."

The linchpin of the discussion follows. Professor Miyazawa tells us that he "suspect[s] that the specific content of decisions and outside activities of judges, rather than the efficiency of case disposition or the ability in legal reasoning, are major considerations in deciding judicial assignment." (7) Professor Miyazawa differs quite dramatically with Justice Hattori's report and obviously begs the question whether such ideologically biased efforts ought to be viewed as carrying out the "important administrative functions of the Supreme Court to grade the individual judge *appropriately*" (Hattori 1984, 79, n.51 (emphasis added)).

As anyone careful with words understands, expressing that one "suspects" certain

---

(7) To be sure, this is a debatable claim, though perhaps it comes down to semantics as to what is "major" and assessing the salience of a secondary factor in shaping judges' behavior. Professors John Haley plainly attributes ideological issues as being less significant among operative forces in individual judges' career tracks, below case management or other non-ideological markers of merit, and Professor Mark Ramseyer would appear to agree. (Haley 1995; Ramseyer and Rasmusen 2005).

II   *Administrative Control of Japanese Judges*

circumstances is hardly a forceful affirmation of their existence in fact. Professor Miyazawa's phrasing here is cautious, befitting his standing as an outsider lacking direct experience of working in the judiciary. Nevertheless, he next introduces a number of specific mechanisms and stories to demonstrate circumstantial evidence to give credible support to his allegations.

Professor Miyazawa introduces four distinct mechanisms of instrumental judicial administration. I characterized these methods as four tiers that spread across a continuum from diffuse to direct intervention:

- Tier 1: Administrators' *de facto* powers over judicial selection, which are used to generate a cadre of judges reflecting certain social and political mindsets and to exclude others;
- Tier 2: Administrators' powers over assignments, transfer, promotion, and retention, which may be employed with carrots and sticks aiming to influence the ideological and political behavior of judges and/or to sequester noncompliant judges in less significant postings or remove them from the judiciary entirely;
- Tier 3: Using judicial working groups and internal position papers to influence judge's decisions in specific categories of cases; and,
- Tier 4: Direct actions by administrators to achieve results in *particular* cases. Potential mechanisms are assigning or transferring into a particular case a judge who can be expected to give the desired result or hidden interventions taken by senior judges to steer junior judges in the exercise of their decision making authority. (M. Levin 2011, 271)

Professor Miyazawa shares several stories which illustrate these operations. One story, uncovered out of a previously secret internal document that had been found in a used bookstore, contained a record of a judicial conference which appeared to be aimed at informing lower court judges of an imminent Supreme Court decision so that pending cases that might be decided before the decision was handed down would be resolved with consistent results. In another set of cases, Professor Miyazawa reports questionable circumstances where a judicial transfer looked suspiciously as if it was designed to switch out the Chief Judge in the Gifu District Court, who had ruled against the government in an important case, and then to replace him with a judge whose career had a substantial background as a Justice Ministry solicitor – "in order to get a desired result in a particular case at a local court."[8] Other stories present judges who had seen their careers dead-end after handing down decisions unpopular with senior judicial administrators and the infamous Hiraga Memorandum incident where Judge Shigeo Fukushima, a Sapporo District Court judge presiding over a case relating to the constitutionality of Japan's Self Defense Forces was pressured by his superior to hand down a pro-government result and later penalized for making the circumstances public.

In conclusion, Professor Miyazawa states: "Japanese judges appear to need tremendous courage to decide a case in a way that is likely to displease the GS." And he wishes for readers to remember that these professional judges "are supposed to make independent decisions according to their own conscience, found only by the Constitution and statutes." In the end, Professor Miyazawa proposes reforms favoring the abolition of the system of "recruiting the vast majority of judges directly after they finish their two-your practical training at the Judicial Research and Training Institute," appointment of judges "to specific courts until their retirement," or, as a "more radical possibility⋯ to politicize the judiciary in such a way that judicial appointments, at least those at the Supreme Court, are publicly reviewed and different political perspectives are guaranteed to have representation." But sadly, his final note in 1991 was "pessimistic about the possibility to implement any of these reforms in the foreseeable future." (Miyazawa 1991, 60)

III Post-Work: English-Language Writings on Japanese Judicial Administration and Jurisprudential Consciousness in Professor Miyazawa's Footsteps

Professor Miyazawa's article shifted the paradigm of how the Japanese judiciary would be observed. He had plainly suggested that the justice system was impaired by institutional bias, particularly in cases that focused on the government, hot button social issues, and some others. But he framed this as a suspicion, albeit one substantiated by anecdotal evidence, so that it fell upon others to pick up the task of establishing the case more concretely. Studies drawing from solid empirical data followed soon after. In a pattern that befits Copernicus, who hypothesized a heliocentric celestial system, and Galileo, who then the proved it, we might say that Professor Miyazawa hypothesized instrumental judicial administration in Japan and Professor Mark Ramseyer then came forward to prove it. More recently numerous writers have looked at these issues of instrumental judicial administration in Japan as an obvious reality.

In two full-blown monographs (Ramseyer and Rosenbluth 1993; Ramseyer and Rasmusen 2003) and a series of articles beginning from 1994, (Ramseyer 1994; Ramseyer and Rasmusen 1997; Ramseyer and Rasmusen 2005), Professor Mark Ramseyer and colleagues carefully explored the career tracks of Japanese judges made easily accessible by

---

(8) While noting the evidence is "inherently anecdotal" and conclusions are "no more than tentative, Mark Ramseyer retells the story regarding the Nagara River cases and adds the report of similarly questionable judicial reassignments in cases concerning of Kanemi Yusho's PCB tainted cooking oil and chicken feed. (Ramseyer and Rosenbluth 1997, 178)

III Post-Work

an important publication known as the Zensaibankan keireki sōran (Zensaibankan Keireki Sōran Henshū Iinkai 2010). Distinctive patterns emerged wherein it became empirically evident that the Supreme Court Secretariat used its authority to penalize judges for writing "politically incorrect opinions-most readily when the decisions threatened vital LDP positions" (Ramseyer and Rosenbluth 1997, 170) and in other circumstances such as where judges had been critical of the Secretariat administrative policies (*id.* at 168.) In Professors Ramseyer and Rasmussen's words, "they are free of direct control by politicians, but the Supreme Court and Secretariat control their careers" (Ramseyer and Rasmusen 2005, 1924).

The literature that follows is substantial. In an early uptake on the topic, Professor John Haley took a critical view of this work, not by denying the circumstances of institutional judicial administration, but by suggesting that a negative assessment of those circumstances was missing the point:

> *This is not to say, however, that judges in Japan have the sort of individual autonomy common in the British and American traditions or even the French civil law tradition. To the contrary, judges in Japan are intentionally denied such independence. Many Japanese scholars, such as Setsuo Miyazawa, criticize this lack. They tend to neglect, however, the benefits of both certainty and uniformity that such independence would preclude. (Haley 1995, 14).*

Soon thereafter, drawing primarily from Professors Miyazawa's and Ramseyer's leading works, Professors David O'Brien and Yasuo Okoshi gave a harsh report of how judges in the Japanese lower courts have their independence "crushed" and Supreme Court justices have their independence "thwarted" (Russell and O'Brien 2001, 44, 50). Also drawing from Professors Miyazawa's and Ramseyer's works, Professor Osamu Arakaki gives similar indications as the foundation for "almost universally negative conclusions in refugee cases in Japan." With understated phrasing, Professor Arakaki regrets that, in an environment where administrative controls impede the independence of Japanese judges, "judges may lose sight of their responsibility to check and challenge the administrative authority." (Arakaki 2008, 190).[9]

---

(9) While this paper is focusing on English-language academic reports, it warrants mention that the idea of instrumental judicial administration was also introduced to foreign audiences through a cinematic portrayal of a change in judges being suspiciously designed to bring about a conviction in a sexual molestation case, in the 2007 film I Just Didn't Do It, which is presented as being loosely based upon a true story. ("I Just Didn't Do It (2006) - IMDB" 2016), (Mark Schilling 2007) (Setsuo Kamiya 2007)

More recently, two other writings placed these issues at the center of their purview. Professor David Law's research published in 2009 in the Texas Law Review provides detailed and qualitative insights into judicial administration in Japan that draws from a panoply of first-person interviews including many current and former Japanese judges and justices. It describes:

> ... the formal and informal institutions and practices that have stacked the deck heavily against liberal constitutional decision making by the SCJ [Supreme Court of Japan]. These include the education, recruitment, and promotion of Japan's career judges; the screening and selection of Supreme Court justices; the resource limitations and practical constraints faced by a sitting justice; and the influence of the Chief Justice and select administrators within the judiciary over the behavior of the lower courts and the composition of the SCJ. (*Law 2008, 1548*).

Professor Law reveals an extraordinary capacity to carry out instrumental judicial administration in the Chief Justice, the Secretary-General and the Director of the Personal Affairs Bureau within the Supreme Court's General Secretariat, and frankly describes how this authority is effectuated with ideological intents.

As noted above, I have also put attention to these issues, most directly in my 2011 article in the Pacific Rim Law & Policy Journal. A primary goal of this work was to explore the doctrinal constitutional and statutory underpinnings of these circumstances. Among other facets, I explored the history of Article 32 of the Constitution, the "right of access to the courts," as well as jurisprudence and scholarship leading to an understanding of Article 32 as a civil procedural right. I looked at other constitutional provisions, Japan's obligations under international treaties, and various statutory frameworks within the Code of Civil Procedure and the Court Act pertaining to procedural civil justice. In the end, I introduced the potential for effective reform as articulated by scholars within Japan and abroad. (M. Levin 2011)[10]

IV Looking at Social Justice-Related Litigation in Japan Today

There seems to be little debate that the depiction of instrumental judicial administration in

---

[10] In 2013, at Professor Miyazawa's instigation, I continued my study with an exploration of "the meaning of fairness" in Japanese jurisprudence. I found some grounds for optimism in imagining a future where civil procedural justice would improve in the years ahead, though I was only cautiously optimistic noting that "optimism demands that the system retain fluidity, introspection, and openness to change." (Levin 2013, 515).

IV   Looking at Social Justice-Related Litigation in Japan Today

Administrative Control of Japanese Judges was accurate at the time. Moreover, it may be less well established, but it seems safe to say that circumstances have not changed significantly in the intervening quarter century. In that interim, a massive millennial national project of judicial reform took place with substantial media and public debate, engagements of the nation's foremost legal scholars, senior judges, procurators, and lawyers. This led to Japan's Justice System Reform Council's 2001 important report and 25 separate pieces of implementing legislation from 2001 to 2004. Nevertheless, though judicial appointment and re-appointment processes were substantially re-engineered, ongoing reports and current evidence suggests that little has changed (Ii 2013; Foote 2010). The processes identified in *Administrative Control of Japanese Judges* appear to be, for the most part, still extant and still imbalancing judicial processes in Japan today to favor "the government, business, and friendly foreign governments."

Recent indications of instrumental judicial administration in judicial assignments appear in various instances. In some of my work on tobacco products liability litigation in Japan, I have documented stories of judicial transfers which resemble the Gifu Prefecture flooding liability cases, perhaps demonstrating circumstances even more egregious in swapping out judges who might have been more likely to hold government and powerful business interest liable, replacing them with a cadre of judges with demonstrated pro-government careers and jurisprudential backgrounds. (M. Levin 2011; M. Levin 2013; M. Levin 2016)

Moreover, in the high-stakes, high profile litigation between Okinawa Prefecture and the national government, activists expressed alarm at a judicial transfer which seemed to be designed to bring in a pro-Tokyo jurist as chief of the relevant High Court bench in advance of Okinawa's anticipated appeal to that court. Media reports noted Judge Tamiya's unusually timed transfer and one critic outside Japan has expressed suspicion of actual collusion between Judge Tamiya and the government in advance of the litigation proceedings. (朝日新聞デジタル 2015; McCormack 2016).

And while the degree to which instrumental judicial administration factors into the circumstances is unclear, it remains "uniformly difficult for plaintiffs to win" in cases the challenges the legality or constitutionality of government actions in cases involving individual rights. Professor Lawrence Repeta recently expressed this with striking clarity with regards to freedom of expression: "Japan's constitutional scholars inform us that this Supreme Court has never found a single case in which the actions of the police violated the free-speech rights of anyone." (Repeta 2014).

Despite the passing of time and the massive undertaking of the millennial reforms associated with the Judicial System Reform Council, these new stories are consistent with Professor Miyazawa's depiction of instrumental judicial administration processes in the 1970s and '80s.⁽¹¹⁾

What remains is to assess whether these circumstances should be seen as beneficial, as an optimized trade-off, or as harmful and warranting further reform.

Beauty, or the lack thereof, lies in the eyes of the beholder.⁽¹²⁾

There is no doubt that some degree of administrative control can accomplish beneficial results. As described by Justice Hattori when he noted "promotions are based mainly on the ability and achievement of the judge concerned" (Hattori 1984, 80), this enables what Professor Mark Ramseyer has described as a "managed judges" system which attracts the best and the brightest university graduates (Ramseyer and Rasmusen 2005). Writers have attributed to these circumstances high levels of efficiency and rapid case resolution (Abe 1995), having difficult cases decided well, (Ramseyer and Rasmusen 2003), and uniform and predictable legal standards (Ramseyer and Rasmusen 2005). Professor Haley agrees, arguing that this has led to Japan's judiciary becoming one of "most honest, politically independent, and professionally competent in the world today" (Haley 2007, 99).

These positive assessments sometimes recognize only one set of weights on the scales of justice.⁽¹³⁾ In my 2011 writing, I described the circumstances of instrumental judicial administration as a "metaphorical thumb placed from above on the scale that tilts the balance of favor to one side over the other. And thus, by definition, it is always unfair to some party or parties in the judicial process." In these cases, the unfairness almost invariably favors the government and powerful interests against social justice activists, in cases that are "important precisely when the losing party's aims may be counter-majoritarian and the courts are their principal means for seeking recourse" (M. Levin 2011, 268, 289).

---

(11) While the work is not yet been translated to English, Judge Hiroshi Segi's memoir gives a substantial and consistent report of instrumental judicial administration continuing in full force throughout his 30 years of tenure on the bench (Segi 2014; Tomohiro Osaki 2014).

(12) I ignore here the system's beauty for business interests, the national government, and conservative political interests who benefit most from instrumental judicial administration's biases with results in Japanese courts favorable to their causes.

(13) As to the notion of an optimized trade-off, Mark Ramseyer continues to argue powerfully that Japan reflects a virtuous compromise and celebrates its "second-best" justice (Ramseyer 2015). I agree, in part. Certainly, one should acclaim the positive. Moreover, one can recognize merits in trading off the judiciary's capacity to adequately address social justice issues for the benefits of having a judiciary that does its job fairly and appropriately in the vast majority of quotidian court cases. But this does not excuse failures in the system; maximizing real justice for all ought to remain the goal, especially where there may be remedies close at hand.

V Afterward

Admittedly, such cases may be relatively few among the "vast majority" of cases (Ramseyer and Rasmusen 2005, 1928), but as one can observe from the legacy of U.S. cases such as Brown vs. Board of Education, Roe v. Wade, or more recently, Obergefell v. Hodges, they matter profoundly in advancing the most significant societal changes. Moreover, the fact that Professor Miyazawa and numerous other Japanese authors express passionate concerns on this subject gives me confidence that my criticism here is not culturally based.

People are still "Going to Court to Change Japan" with important social justice causes (Steinhoff 2014). The cases mentioned above concerning tobacco products liability, Okinawa, and activists arrested for the exercise of free expression, are merely a tiny slice of today's cause–based actions. Even setting aside legacy cases that are still unresolved such as with regards to Minamata and other industrial pollution tragedies, one can also look at current examples of cases pertaining to the March 2011 triple disaster, other cases regarding nuclear power plants placed near seismic fault lines, and the fallout from aggressive police surveillance of Japan's Islamic faith community. In all of these cases, one may only guess, but it seems most plausible that instrumental judicial administration is still powerfully active behind the scenes.

Although Japan may have launched important judicial reforms at the turn of the millennium, that reform project does not appear to have accomplished the progress that many of us looking at these issues had hoped for. But while there is vital work still to be done, the judiciary's interest in meaningful reform seems to have passed (Itoh 2010, 279). I believe that Japan's citizenry deserves better.

V Afterward: Any Colour You Like

Law and society scholarship almost invariably comes back to culture in some aspect of its review (Ozaki 2014). For this work honoring Professor Miyazawa, I wish to come back to culture – that is, popular culture and the Classic Rock musical genre. For many Americans of my generation, the cover of Pink Floyd's Dark Side of the Moon record album is often described as iconic. The image portrays a thin band of white light that enters a prism and emerges on the other side in six bands of rainbow color. (Perhaps this cultural reference is familiar to many Japanese readers of this chapter as well.)[14] The meme serves for me as a visual representation of the prismatic significance of *Administrative Control of Japanese Judges*. Given the paucity of prior writings, one may say the topic had been illuminated only by a thin band of white light; with the publication of his work, Professor Miyazawa broadened

---

(14) One can see the image at https://en.wikipedia.org/wiki/The_Dark_Side_of_the_Moon.

the field and revealed vivid colors in the portrait.

I still have the photocopy of Professor Miyazawa's article that I discovered on a library shelf in 1994. As with Pink Floyd's status in my popular culture background, Professor Miyazawa's scholarship holds iconic status in my education and understanding of Japan. Like Pink Floyd, Professor Miyazawa rocks.

[**References**]

Abe, Masaki (1995) "The Internal Control of a Bureaucratic Judiciary: The Case of Japan." *International Journal of the Sociology of Law* 23: 303.

Arakaki, Osamu (2008) *Refugee Law and Practice in Japan.* Law and Migration. Aldershot, England; Burlington, VT: Ashgate Pub.

Britt, Robert R., ed. (2000) *Japanese Laws in English:* An Index to the EHS Law Bulletin Series. 2nd ed. Marion Gould Gallagher Law Library Research Study Series, no. 11. Seattle, Wash: Marion Gould Gallagher Law Library, Univ. of Washington School of Law.

Britt, Robert R., and Mary Strouse, eds. (1995) *Japanese Laws in English:* An Index to the EHS Law Bulletin Series. Marion Gould Gallagher Law Library Research Study Series, no. 8. Seattle, Wash: Marion Gould Gallagher Law Library, Univ. of Washington School of Law.

Foote, Daniel H. (2010) "The Supreme Court and the Push for Transparency in Lower Court Appointments in Japan Decision Making on the Japanese Supreme Court: Judicial Recruitment and Promotion." *Washington University Law Review* 88: 1745-64.

Haley, John O. (1995) "Judicial Independence in Japan Revisited." *Law in Japan* 25: 1-18.

―― (2007) "The Japanese Judiciary: Maintaining Integrity, Autonomy, and Public Trust." In *Law in Japan*: A Turning Point, edited by Daniel H. Foote, 99-135. Asian Law Series, no. 19. Seattle: University of Washington Press.

Hattori, Takaaki. 1963. "The Legal Profession in Japan: Its Historical Development and Present State." In *Law in Japan*: The Legal Order in a Changing Society, 111-52. Cambridge, MA: Harvard University Press.

―― (1984) "The Role of the Supreme Court of Japan in the Field of Judicial Administration." *Washington Law Review* 60: 69-86.

Ii, Takayuki (2013) "Japan's Judicial System May Change, but Its Fundamental Nature Says Virtually the Same: Recent Japanese Reforms on the Judicial Appointment and Evaluation Symposium: Successes, Failures, and Remaining Issues of the Justice System Reform in Japan." *Hastings International and Comparative Law Review* 36: 459-74.

Ito, Masami (1963) "The Rule of Law: Constitutional Development." In *Law in Japan*: The Legal Order in a Changing Society, 205-38. Cambridge, MA: Harvard University Press.

Itoh, Hiroshi. 1969. "Judicial Decision-Making in the Japanese Supreme Court." *Law in Japan* 3:

128-61.
—— (1970) "How Judges Think in Japan." *American Journal of Comparative Law* 18: 775-804.
—— (1989) *The Japanese Supreme Court:* Constitutional Policies. New York: M. Wiener.
—— (2010) *The Supreme Court and Benign Elite Democracy in Japan.* Burlington, VT: Ashgate Pub.
Law, David S. (2008) "The Anatomy of a Conservative Court: Judicial Review in Japan Symposium: What, If Anything, Do We Know about Constitutional Design: Lessons of Experience in the Enterprise of Constitutional Design." *Texas Law Review* 87: 1545-94.
Levin, Mark (2011) "Civil Justice and the Constitution: Limits on Instrumental Judicial Administration in Japan." *Pacific Rim Law & Policy Journal* 20: 265-318.
—— (2013) "Tobacco Control Lessons from the Higgs Boson: Observing a Hidden Field behind Changing Tobacco Control Norms in Japan." *American Journal of Law & Medicine* 39: 471-90.
——. 2016. "Puffing Precedents: The Impact of the WHO FCTC on Tobacco Product Liability Litigation in Japan." *Asian Journal of WTO & International Health Law and Policy* 11(1). http://papers.ssrn.com/abstract=2741874.
Levin, Mark A. (2013) "Circumstances That Would Prejudice Impartiality: The Meaning of Fairness in Japanese Jurisprudence." *Hastings International and Comparative Law Review* 36: 475.
Lewis, P. S. C., ed. (1994) *Law and Technology in the Pacific Community.* Boulder: Westview Press.
Mark Schilling (2007) "'Soredemo Boku Wa Yattenai' Portrait of a Dodgy Legal System." *The Japan Times*, January 5, sec. Culture. http://www.japantimes.co.jp/culture/2007/01/05/culture/soredemo-boku-wa-yattenai.
McCormack, Gavan (2016) "'Ceasefire' on Oura Bay: The March 2016 Japan–Okinawa 'Amicable Agreement' Introduction and Six Views from within the Okinawan Anti-Base Movement | The Asia-Pacific Journal: Japan Focus." *The Asia–Pacific Journal:* Japan Focus 14 (7, No. 1). http://apjjf.org/2016/07/McCormack.html.
Mikazuki, Akira (1969) "A Comparative Study of Judicial Systems." *Law in Japan* 3: 1-42.
—— (1976) "Judicial System." In *The Japanese Legal System:* Introductory Cases and Materials, translated by Malcolm D. H. Smith, 444-74. [Tokyo]: Forest Grove, Or: University of Tokyo Press; distributor, ISBS.
Miyazawa, Setsuo (1991) "Administrative Control of Japanese Judges." *Kobe University Law Review*, no. No. 25: 45-61.
Ozaki, Ichiro (2014) "Law, Culture and Society in Modernizing Japan." In *The Changing Role of Law in Japan:* Empirical Studies in Culture, Society and Policy Making. Cheltenam, UK: Edward Elgar Publishing Limited.
Ramseyer, J. Mark (1994) "The Puzzling (In) Dependence of Courts: A Comparative Approach."

Journal of Legal Studies 23: 721–48.

―― (2015) *Second-Best Justice:* The Virtues of Japanese Private Law. Chicago; London: The University of Chicago Press.

Ramseyer, J. Mark, and Eric Rasmusen (2003) *Measuring Judicial Independence:* The Political Economy of Judging in Japan. Studies in Law and Economics. Chicago: University of Chicago Press.

Ramseyer, J. Mark, and Eric B. Rasmusen (1997) "Judicial Independence in a Civil Law Regime: The Evidence from Japan." *Journal of Law,* Economics, & Organization 13: 259–86.

―― (2005) "The Case for Managed Judges: Learning from Japan after the Political Upheaval of 1993 Symposium: The Chief Justice and the Institutional Judiciary: A Comparative View of the Chief Justice's Role." *University of Pennsylvania Law Review* 154: 1879–1930.

Ramseyer, J. Mark, and Frances McCall Rosenbluth (1993) *Japan's Political Marketplace.* Cambridge, Mass: Harvard University Press.

―― (1997) *Japan's Political Marketplace.* First Harvard University Press paperback edition. Cambridge, Mass: Harvard University Press.

Repeta, Lawrence (2014) "Limiting Fundamental Rights Protection in Japan: The Role of the Supreme Court." In *Critical Issues in Contemporary Japan*, edited by Jeff Kingston, 36–51. London; New York: Routledge, Taylor & Francis Group.

Russell, Peter H., and David M. O'Brien, eds. (2001) "Stifling Judicial Independence from Within: The Japanese Judiciary." In *Judicial Independence in the Age of Democracy:* Critical Perspectives from around the World. Constitutionalism and Democracy. Charlottesville: University Press of Virginia.

Segi, Hiroshi (2014) *Zetsubō No Saibansho.* Kōdansha Gendai Shinsho 2250. Tōkyō: Kōdansha.

Setsuo Kamiya (2007) "'I Just Didn't Do It' Questions Court System." *The Japan Times*, February 2, sec. National. http://www.japantimes.co.jp/news/2007/02/02/news/i-just-didnt-do-it-questions-court-system.

Steinhoff, Patricia G., ed. (2014) *Going to Court to Change Japan:* Social Movements and the Law in Contemporary Japan. Michigan Monograph Series in Japanese Studies, number 77. Ann Arbor, MI: Center for Japanese Studies, The University of Michigan.

Tanaka, Hideo, and Malcolm D. H. Smith, eds. (1976) *The Japanese Legal System:* Introductory Cases and Materials. [Tokyo]: Forest Grove, Or: University of Tokyo Press; distributor, ISBS.

Tomohiro Osaki. (2014) "Ex-Judge Lifts Lid on Japan's 'corrupt' Judicial System: Tell-All Memoir Brings to Light Collusion, Bias among Justices." *The Japan Times*, April 30, sec. National / Crime & Legal. http://www.japantimes.co.jp/news/2014/04/30/national/crime-legal/ex-judge-lifts-lid-japans-corrupt-judicial-system.

Von Mehren, Arthur Taylor (1963) *Law in Japan:* The Legal Order in a Changing Society.

Cambridge, MA: Harvard University Press.

Zensaibankan Keireki Sōran Henshū Iinkai, ed.（2010）*Zensaibankan Keireki Sōran:* Kibetsu Idō Ichiranhen. Dai 5-Han. Tōkyō: Kōjinsha.

朝日新聞デジタル（2015）"（沖縄）辺野古代執行前の人事に憶測飛ぶ 高裁支部裁判長," November 18. http://www.asahi.com/articles/ASHCK6HLRHCKUEHF00T.html.

現代日本の法過程 上巻
── 宮澤節生先生古稀記念 ──
The Legal Process in Contemporary Japan:
A Festschrift in Honor of Professor Setsuo Miyazawa's 70th Birthday

2017（平成29）年5月13日　第1版第1刷発行

編　者	上石圭一・大塚　浩 武蔵勝宏・平山真理
発行者	今井　貴　今井　守
発行所	株式会社 信 山 社

〒113-0033　東京都文京区本郷6-2-9-102
Tel 03-3818-1019　Fax 03-3818-0344
info@shinzansha.co.jp
出版契約 2017-8211-5-01010　Printed in Japan

Ⓒ 編著者, 2017　印刷・製本／亜細亜印刷・渋谷文泉閣
ISBN978-4-7972-8211-5 C3332　分類321.300-a001 法社会学
8211-01011：012-040-010《禁無断複写》．p.784

JCOPY 〈(社)出版者著作権管理機構 委託出版物〉
本書の無断複写は著作権法上での例外を除き禁じられています。複写される場合は、そのつど事前に、(社)出版者著作権管理機構（電話 03-3513-6969，FAX03-3513-6979，e-mail:info@copy.or.jp）の許諾を得てください。信山社

法過程のリアリティ―法社会学フィールドノート
　宮澤節生 著

ブリッジブック 法システム入門（第3版）
　宮澤節生・武蔵勝宏・上石圭一・大塚浩 著

罪と罰・非情にして人間的なるもの
小暮得雄先生古稀記念論文集
　吉田敏雄・宮沢節生・丸山治 編

議員立法の実証研究　谷（武蔵）勝宏 著
現代日本の立法過程　一党優位制議会の実証研究
　谷（武蔵）勝宏 著

信山社